I0009846

PIC-Microcontroller

Programmierung in Assembler und C -
Schaltungen und Anwendungsbeispiele für die
Familien PIC18, PIC16, PIC12, PIC10

von
Prof. Dipl.-Ing. Günter Schmitt

2., wesentlich erweiterte Auflage

Oldenbourg Verlag München

Prof. Dipl.-Ing. Günter Schmitt studierte Elektrotechnik an der TU Berlin und arbeitete nach seinem Diplom bei Siemens auf dem Gebiet der Messtechnik. Er lehrte ab 1969 an der Hochschule Dieburg und später als Gast an der Hochschule Darmstadt.

Im Oldenbourg Verlag veröffentlichte er Lehrbücher über die Programmiersprachen Fortran, Pascal und C, über die 8-bit-Prozessoren der ersten Generation sowie über die modernen Mikrocontroller. Auch nach seiner Pensionierung im Jahr 2002 kann er immer noch nicht die Finger von Tastatur, Maus, Lötkolben und dicken Controller-Handbüchern lassen.

Bibliografische Information der Deutschen Nationalbibliothek

Die Deutsche Nationalbibliothek verzeichnet diese Publikation in der Deutschen Nationalbibliografie; detaillierte bibliografische Daten sind im Internet über <http://dnb.d-nb.de> abrufbar.

© 2010 Oldenbourg Wissenschaftsverlag GmbH
Rosenheimer Straße 145, D-81671 München
Telefon: (089) 45051-0
oldenbourg.de

Lektorat: Anton Schmid
Herstellung: Anna Grosser
Coverentwurf: Kochan & Partner, München
Gedruckt auf säure- und chlorfreiem Papier
Druck: Grafik + Druck, München
Bindung: Thomas Buchbinderei GmbH, Augsburg

ISBN 978-3-486-59706-6

Inhalt

Vorwort

Dieses Buch wendet sich an Studierende technischer Fachrichtungen, an industrielle Anwender und nicht zuletzt an technisch Interessierte, die den Einstieg in die Computertechnik suchen, aber an der komplexen PC-Technik verzweifeln.

Mikrocontroller sind die kleinen, fast immer übersehenen Brüder der großen PCs und Laptops, da sie in vielen Dingen des täglichen Lebens eingebaut sind und diese zum Leidwesen einiger unbedarfter Benutzer programmierbar machen. Dies betrifft vor allem Geräte mit Tastaturen und unverständlichen Bedienungsanleitungen:

- den Fahrradcomputer mit einstellbarer Weckzeit,
- die Eieruhr mit programmierbarem Härtegrad,
- die Wetterstation mit zufälliger Vorhersage,
- die Kaffeemaschine mit einstellbarem Herzklopfen und nicht zuletzt
- das Mobiltelefon, auch Handy genannt, das so programmiert werden kann, dass jeder Werbungsanruf erkannt und automatisch mit *nein* beantwortet wird.

In der technischen Ausbildung ist es fast unmöglich, den PC als Beispiel für die „Computertechnik" einzusetzen; eine Ausnahme sind Veranstaltungen für Spezialisten, die sich mit dem PC auf Hardwareebene beschäftigen wollen. Für die Vermittlung von Grundlagen auf der Basis kleiner Anwendungen sind Mikrocontroller wesentlicher geeigneter, da sie der Studierende noch überschauen und nachvollziehen und notfalls auch mit Lötkolben oder Stecksystem nachbauen kann. Nichts motiviert mehr als ein kleines Erfolgserlebnis und wenn es auch nur ein selbstgebauter Lottozahlengenerator ist, mit dem man Millionär werden könnte, wenn er nur richtig programmiert wäre. Den Erfolg des entsprechenden Projektes, das in diesem Buch vorgestellt wird, können weder Autor noch Verlag garantieren.

Das erste Kapitel liefert eine kurze Einführung in die Grundlagen der Computertechnik und der Programmierung. Es passt für jeden Mikrocontrollertyp und kann nach Bedarf durch weiterführende Literatur über Digitaltechnik vertieft werden. Von der Vielzahl der auf dem Markt befindlichen Mikrocontroller wurden vier PIC-Familien des Herstellers Microchip unter folgenden Gesichtpunkten ausgewählt:

- preiswerte Entwicklungssysteme mehrerer Anbieter,
- Entwicklungssoftware und Literatur von der Homepage des Herstellers herunterladbar,
- ergänzende Literatur und Projekte z.T. mit kompletter Software in Fachzeitschriften sowie
- leichte Beschaffbarkeit der Bausteine im einschlägigen Versandhandel.

Und nun zur Frage der Programmiersprache: Assembler oder höhere Sprache wie C oder BASIC?

Nach den Lehrerfahrungen des Autors sollte man nach einer kurzen Einführung in die digitale Rechentechnik mit dem Assembler beginnen, diesen aber nicht bis in alle Feinheiten vertiefen. Der Übergang zur Programmiersprache C ist relativ einfach, da in den meisten Fällen bereits Grundkenntnisse vorhanden sind und nur noch die Besonderheiten der Mikrocontrollerprogrammierung behandelt werden müssen. Die Schwierigkeiten liegen meist in der Anwendung der Peripherie und nicht in der Sprache! In besonderen Fehlerfällen kann es nötig sein, den vom Compiler erzeugten Maschinencode zu untersuchen; dann sind Assemblerkenntnisse angesagt!

Die Entwicklungssysteme sowie der Assembler und der C18-Compiler lassen sich über die Homepage des Herstellers Microchip www.microchip.com beziehen; die Programmbeispiele sind auf der Homepage des Verlags www.oldenbourg-wissenschaftsverlag.de verfügbar.

Die vorliegende zweite Auflage wurde durchgesehen und um das Kapitel 9 *Anwendungen* mit weiteren Beispielen erweitert.

Ich danke meiner Frau für die Hilfe bei der Korrektur und Herrn Anton Schmid vom Oldenbourg Verlag für sachkundige Unterstützung.

Günter Schmitt

1   Einführung

In der heutigen Welt der Computer finden sich hauptsächlich zwei Anwendungsbereiche, die Personalcomputer (PC) sowie die Mikrocontroller zur Steuerung von Geräten. Diese werden auch als „Embedded Systems" bezeichnet, die in die Anwendung eingebettet sind und als Bestandteil des zu steuernden Gerätes angesehen werden. Entsprechend dem hohen Marktanteil der Mikrocontroller gibt es viele Hersteller, die „Familien" entwickeln und vertreiben. Sie reichen von einfachen 4bit Controllern z.B. für Fahrradcomputer bis zu 32bit Bausteinen z.B. für moderne Mobilfunkgeräte. Eine Familie umfasst mehrere Bausteine mit gleichem Befehls- und Registersatz, die sich jedoch in der Ausführung der Peripherieeinheiten und in der Speichergröße voneinander unterscheiden.

Aus der Vielzahl der Hersteller seien einige herausgegriffen, die Bausteine und Entwicklungssysteme auch für nichtprofessionelle Anwender zur Verfügung stellen.

- Firma Microchip: PIC-Familien wie z.B. PIC10, PIC12, PIC16, PIC17 und PIC18.
- Firma Infineon: 80xxx-Familie und C16x-Familie.
- Firma Atmel: die Familien ATtiny und ATmega.

In diesem Buch werden schwerpunktmäßig die Familien PIC16 und PIC18 des Herstellers Microchip beschrieben. Sie sind gekennzeichnet durch folgende Eigenschaften:

- Programmbereich in einem Flash-Festwertspeicher (über 1000 mal programmierbar).
- Datenbereich für flüchtige Daten (RAM).
- Datenbereich für nichtflüchtige Daten (EEPROM) (über 100000 mal beschreibbar).
- File-Register für variable Daten.
- Arithmetisch-Logische Einheit (ALU) für 8bit Daten.
- Parallele Schnittstellen für die Eingabe und Ausgabe digitaler Signale.
- Serielle Schnittstellen z.B. für eine Verbindung zum PC.
- Analog/Digitalwandler zur Eingabe analoger Daten.
- Timer zur Messung von Zeiten und Ausgabe von Signalen.
- RISC-Struktur zur Ausführung der meisten Befehle in einem Takt.
- Systemtaktfrequenzen bis zu 40 MHz.

1.1   Grundlagen

1.1.1   Rechnerstrukturen

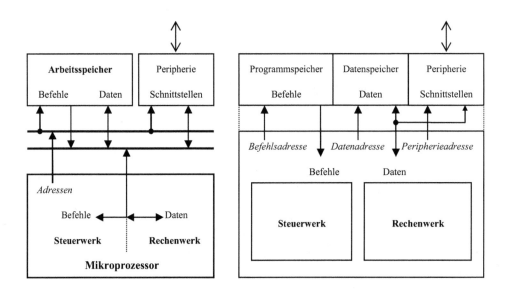

Von-Neumann-Struktur (PC)   Harvard-Struktur (Controller)

Bild 1-1: Rechnerstrukturen

In der *Von-Neumann-Struktur* des PC liegen die Befehle und Daten in einem gemeinsamen Arbeitsspeicher. Die durch Befehlsadressen über den Adressbus ausgelesenen Befehle gelangen in das Steuerwerk und werden dort in Steuersignale umgesetzt. Die durch Datenadressen über den Adressbus adressierten Daten werden ebenfalls über den Datenbus zum und vom Rechenwerk übertragen. Die peripheren Schnittstellen sind eigene Bausteine, die z.B. die Disk- und CD-Laufwerke ansteuern sowie die externen Schnittstellen bedienen.

In der bei Controllern meist verwendeten *Harvard-Struktur* liegen Befehle und Daten in getrennten Speicher- und Adressbereichen. Das Programm kann seinen eigenen Speicherbereich nur mit Sonderbefehlen lesen. Die peripheren Schnittstellen liegen im Adressbereich der Daten oder können über Peripherieadressen angesprochen werden. Sie übertragen digitale und analoge Signale zum Anschluss von Tastaturen, Anzeigeeinheiten und Messwertaufnehmern. Externe Bausteine werden meist über serielle Bussysteme angeschlossen.

1.1.2   Rechenwerk und Registersatz

Die grundlegende Rechenoperation ist die Addition im dualen Zahlensystem. Zwei einstellige Dualzahlen ergeben unter Berücksichtigung führender Nullen eine zweistellige Summe.

```
0 + 0 -> 0 0
0 + 1 -> 0 1
1 + 0 -> 0 1
1 + 1 -> 1 0
```

Das Rechenwerk führt die Addition mit logischen Schaltungen durch. Die Grundfunktionen sind das logische UND, das logische ODER und das EODER.

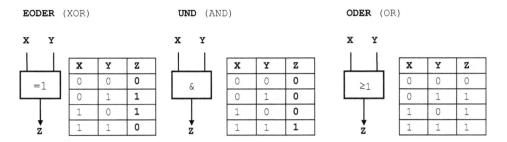

Das logische EODER (XOR) liefert die wertniedere Stelle der zweistelligen Summe. Bei logischen Operationen ergibt das Exklusive ODER immer dann am Ausgang eine 1, wenn beide Eingänge ungleich sind.

Das logische UND (AND) liefert die werthöhere Stelle der zweistelligen Summe. Bei mehrstelligen Additionen wird sie auch als Carry (Übertrag) bezeichnet. Bei logischen Operationen liefert das UND nur dann am Ausgang eine 1, wenn *alle* Eingänge 1 sind.

Das logische ODER (OR) ist für eine Addition nur brauchbar, wenn der Fall 1 + 1 => 1 0 ausgeschlossen wird. Bei logischen Operationen liefert das ODER immer dann am Ausgang eine 1, wenn mindestens ein Eingang 1 ist. Ein ODER mit mehreren Eingängen wird dazu verwendet, ein Ergebnis auf Null zu prüfen, da der Ausgang nur dann 0 ist, wenn *alle* Eingänge 0 sind.

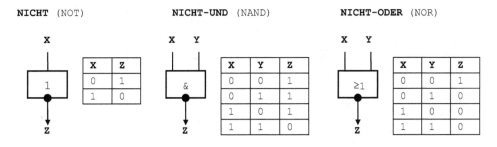

Das logische NICHT (NOT) negiert alle Bitpositionen des Operanden nach der Regel „aus 0 mach 1 und aus 1 mach 0" und wird dazu verwendet, die Subtraktion auf eine Addition des Komplements zurückzuführen. Schaltet man hinter ein UND bzw. ODER direkt ein NICHT (NOT) so entsteht ein NICHT-UND (NAND) bzw. ein NICHT-ODER (NOR).

Der *Halbaddierer* verknüpft zwei Dualstellen a und b zu einer Summe S und einem Übertrag Cn. Dies ist eine Addition zweier einstelliger Dualzahlen zu einer zweistelligen Summe.

Der *Volladdierer* verknüpft zwei Dualstellen und den Übertrag Cv der vorhergehenden Stelle zu einer Summe und einem Übertrag Cn auf die nächste Stelle. Dabei addiert das ODER die Teilüberträge der beiden Halbaddierer, die niemals beide 1 sein können.

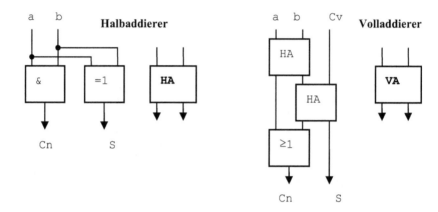

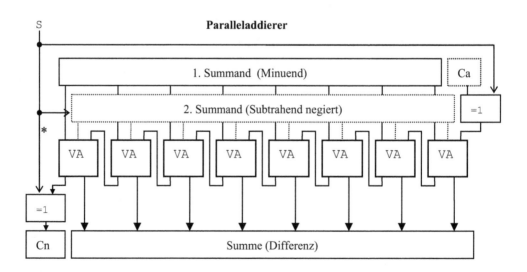

Der *Paralleladdierer* besteht aus mehreren Volladdierern, mit denen zwei mehrstellige Dual-zahlen unter Berücksichtigung der Stellenüberträge addiert werden; dabei ist das Steuerbit S = 0. Die Subtraktion wird auf eine Addition des Zweierkomplements zurückgeführt. Ein Steuerbit S = 1 negiert den Eingang Ca des letzten Volladdierers und den gesamten Subtra-henden. Bei PIC-Controllern wird das Carrybit Cn nicht komplementiert, die mit * gekenn-zeichnete Verbindung entfällt. PIC-Beispiel für eine Subtraktion 3 − 2 = 1:

```
3 = 00000011  Minuend bleibt         00000011
2 = 00000010  Subtrahend negiert + 11111101
Eingang Ca = 0            negiert +          1
```
```
            Carry Cn = 1 00000001 Cn = 1 Differenz positiv!
```

Mit Zusatzschaltungen lassen sich folgende arithmetische Operationen durchführen:

- Addieren zweier Dualzahlen mit Ca = 0.
- Addieren zweier Dualzahlen und eines alten Übertrags am Eingang Ca.
- Inkrementieren des ersten Operanden (Ca = 1 und zweiter Operand Null gesetzt).
- Subtrahieren 1. Operand – 2. Operand (Komplement) mit Ca = 0.
- Subtrahieren 1. Operand – 2. Operand (Komplement) – alter Übertrag Ca.
- Dekrementieren des 1. Operanden durch Subtraktion einer 1.
- Negieren des 1. Operanden (Zweierkomplement).

Der Ausgang Cn des werthöchsten Volladdierers wird im Carrybit gespeichert. Es kann sowohl als Zwischenübertrag als auch zur Fehlerkontrolle verwendet werden. Bei einer Ad-dition ergibt sich für Cn = 1 ein Zahlenüberlauf; bei PIC-Controllern zeigt Cn = 0, dass bei einer Subtraktion ein Zahlenunterlauf aufgetreten ist.

Mit Zusatzschaltungen lassen sich die logischen Schaltungen des Addierers auch für logische Operationen wie z.B. UND ohne Berücksichtigung benachbarter Bitpositionen verwenden.

Logikfunktionen

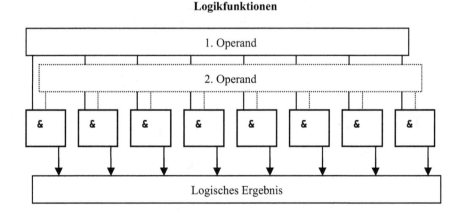

Die Schaltungen führen folgende logische Operationen aus:

- Logisches UND zum Ausblenden (Löschen) von Bitpositionen.
- Logisches ODER zum Einblenden (Setzen) von Bitpositionen.
- Logisches EODER zum Komplementieren einzelner Bitpositionen.
- Logisches NICHT zum Komplementieren aller Bitpositionen.

Das *Rechenwerk* führt neben den angegebenen arithmetischen und logischen Funktionen der Länge byte (8 bit) weitere Operationen durch, die dem Funktionscode der Befehle entnommen werden. Bei einem 6bit Code sind insgesamt $2^6 = 64$ Befehle vorhanden. Dazu gehören:

- Laden und Speichern von Daten.
- Verschiebungen und Vergleiche.
- Multiplikationen (nur PIC18-Familie).
- Bitoperationen und Wortoperationen.

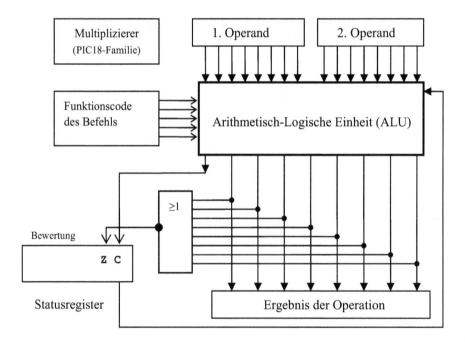

Das Rechenwerk enthält neben der Arithmetisch-Logischen Einheit (ALU) Bewertungs-schaltungen, deren Ergebnisse im Statusregister gespeichert werden. Dazu gehören das Carrybit, das einen Überlauffehler anzeigt bzw. als Zwischenübertrag dient, und das Zerobit, das anzeigt, ob das Ergebnis Null ist. Das Steuerwerk wertet die Anzeigebits des Statusregisters für bedingte Sprungbefehle aus.

Die Operanden werden aus Registern ausgelesen; Ergebnisse werden in Registern gespeichert. Byteregister bestehen aus acht Speicherstellen (Flipflops), die parallel gelesen und beschrieben werden. Ein Lesesignal kopiert den Inhalt des Speichers; der alte Inhalt der Quelle bleibt dabei erhalten. Ein Schreibsignal überschreibt den alten Speicherinhalt des Ziels mit einem neuen Wert, der solange erhalten bleibt, bis er mit dem nächsten Schreibsignal überschrieben wird. Nach dem Einschalten der Versorgungsspannung ist der Inhalt der Arbeitsregister undefiniert; bei einem Reset bleibt ihr Inhalt erhalten.

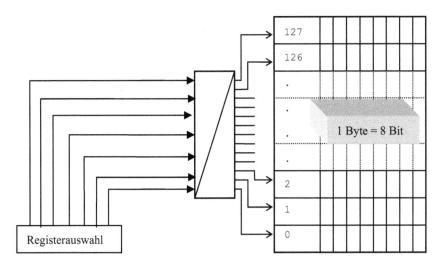

Bei einem Registersatz von 127 File-Registern sind sieben bit für die Auswahl eines Registers erforderlich. Man unterscheidet:

- Befehle für Operationen in einem Register.
- Befehle für Operationen mit einem Register und einer im Befehl abgelegten Konstanten.
- Befehle für Operationen mit zwei Registern.
- Befehle mit indirekter Adressierung legen die Datenadresse in einem Adressregister ab.
- Bitbefehle enthalten zusätzlich die Adresse der Bitposition.
- Befehle, die sich auf bestimmte Register oder Bitpositionen beziehen und keine Adressen enthalten.
- Sprungbefehle mit der Adresse des Ziels.

In der Assemblerprogrammierung wird man mit häufig benutzten Variablen wie z.B. Zählern in Registern und nicht im Datenspeicher arbeiten. C-Compiler versuchen auch ohne den Speicherklassenspezifizierer `register` Variablen möglichst in Registern anzulegen.

1.1.3 Zahlendarstellungen

Vorzeichenlose (unsigned) Dualzahlen werden in allen Bitpositionen als Zahlenwert abgespeichert. Beispiele in der 8bit Darstellung.

$$0_{10} = 00000000_2 \text{ kleinste vorzeichenlose Zahl}$$
$$127_{10} = 01111111_2$$
$$128_{10} = 10000000_2$$
$$255_{10} = 11111111_2 \text{ größte vorzeichenlose Zahl}$$

In dem Modell des Rechenwerks für vorzeichenlose Dualzahlen wird der Überlauf des werthöchsten Volladdierers im **Carrybit C** gespeichert und dient sowohl zur Fehleranzeige als auch als Zwischenübertrag. Das Nullanzeigebit **Z** (**Z**ero) ergibt sich aus einer NOR-Verknüpfung aller Bitpositionen des Resultats.

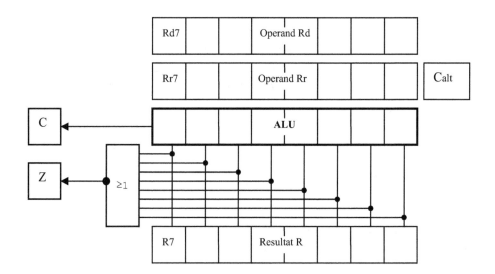

Bei einer vorzeichenlosen *Addition* nimmt das Carrybit die nicht darstellbare neunte Stelle der dualen Summe auf und kann zur Überlaufkontrolle bzw. bei mehrstufigen Additionen als Zwischenübertrag verwendet werden. Beispiele:

```
        11111110 = 254              11111110 = 254               11111110 = 254
      + 00000001 =  +1            + 00000010 =  +2             + 00000011 =  +3
C = 0 11111111 = 255      C = 1 00000000 =   0       C = 1 00000001 =    1
      Z = 0                       Z = 1                         Z = 0
      Nicht Null                  Null                          Nicht Null
Kein Überlauf             Überlauf                     Überlauf
```

Bei einer vorzeichenlosen *Subtraktion* wird das Zweierkomplement addiert. Das Rechenwerk der PIC-Controller übernimmt das Carrybit unverändert, während es bei anderen Herstellern durch Komplementieren korrigiert wird. Beispiele für die Subtraktion bei PIC-Controllern:

```
+1 = 00000001      Zweierkomplement für Subtraktion:  -1 = 11111111
+2 = 00000010      Zweierkomplement für Subtraktion:  -2 = 11111110
- - - - - - - - - - - - - - - - - - - - - - - - - - - - - - - - - - -
        00000010 =  2          00000010 =  2          00000001 =   1
      + 11111111 = -1        + 11111110 = -2        + 11111110 =  -2
C = 1 00000001 =  1    C = 1 00000000 =  0   C = 0 11111111 = 255
      Z = 0                  Z = 1                  Z = 0
      Nicht Null             Null                   Nicht Null
Kein Unterlauf         Kein Unterlauf         Unterlauf
```

Für PIC-Controller gilt nach einer *Subtraktion*:

> Carry = 1: Differenz positiv: kein Unterlauf
> Carry = 0: Differenz negativ: Unterlauf

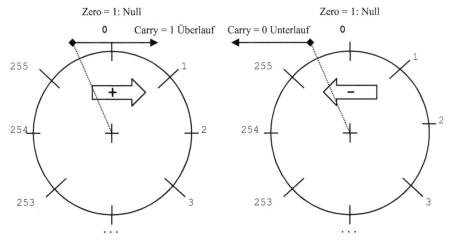

Addition vorzeichenlos

Zero = 1: Null

Carry = 1 Überlauf

Subtraktion vorzeichenlos

Zero = 1: Null

Carry = 0 Unterlauf

Bei *positiven* **vorzeichenbehafteten** (signed) Dualzahlen erscheint in der linkesten Bitposition, dem Vorzeichenbit, immer eine 0. Beispiele in der 8bit Darstellung:

$$0_{10} = \mathbf{0}0000000_2 \text{ kleinste positive Zahl}$$
$$+127_{10} = \mathbf{0}1111111_2 \text{ größte positive Zahl}$$

Bei *negativen* **vorzeichenbehafteten** (signed) Dualzahlen erscheint in der linkesten Bitposition, dem Vorzeichenbit, immer eine 1. Beispiele in der 8bit Darstellung:

$$-1_{10} = \mathbf{1}1111111_2 \text{ größte negative Zahl}$$
$$-128_{10} = \mathbf{1}0000000_2 \text{ kleinste negative Zahl}$$

Negative Dualzahlen werden im *Zweierkomplement* dargestellt. Zur Beseitigung des Vorzeichens addiert man einen Verschiebewert aus den höchsten Ziffern des Zahlensystems (z.B. 11111111 bei 8 bit). Dies lässt sich durch einen einfachen Negierer (aus 0 mach 1 und aus 1 mach 0) realisieren. Das dabei entstehende Einerkomplement wird durch Addition von 1 zum Zweierkomplement, das sich durch Weglassen der neunten Stelle besser korrigieren lässt. Beispiel für den Wert -1:

```
Verschiebewert:      11111111
 negative Zahl:    - 00000001
                     --------
Einerkomplement:     11111110
                   +        1
                     --------
Zweierkomplement:    11111111        größte negative Zahl -1
```

Für eine *Rückkomplementierung* negativer Dualzahlen, die in der linkesten Bitposition eine 1 aufweisen, ist das gleiche Verfahren anzuwenden.

1. Komplementiere die negative Zahl.

2. Addiere eine 1.

Das Beispiel zeigt die Rückkomplementierung der vorzeichenbehafteten Dualzahl **1**0000000:

10000000 -> 01111111 + 1 -> -10000000 = -128   kleinste negative Zahl

Für vorzeichenbehaftete Dualzahlen erscheinen im Modell des Rechenwerks zwei *Bewertungsschaltungen*, die das Vorzeichen berücksichtigen.

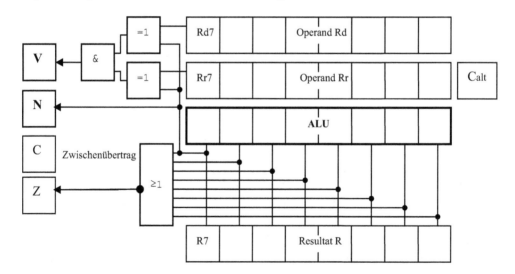

Das Carrybit wird zwar verändert, darf aber als Überlaufanzeige nicht ausgewertet werden. An seine Stelle tritt das **V**-Bit (o**V**erflow) zur Erkennung eines Überlaufs bzw. Unterlaufs. Es entsteht durch einen Vergleich des Vorzeichens des Ergebnisses mit den Vorzeichen der beiden Operanden. Zwei positive Zahlen müssen ein positives Resultat liefern, zwei negative Zahlen ein negatives. Bei einem Über- bzw. Unterlauf tritt ein Vorzeichenwechsel auf. Für die Fälle Rd7 = 0, Rr7 = 0 und R7 = 1 sowie Rd7 = 1, Rr7 = 1 und R7 = 0 liefert die Vergleicherschaltung V = 1. Das an der linkesten Stelle des Resultates stehende Vorzeichen erscheint im **N**-Bit (**N**egativ). Wie bei vorzeichenlosen Zahlen speichert das Z-Bit die Null-bedingung; das Carrybit enthält bei mehrstelligen vorzeichenbehafteten Operationen den Zwischenübertrag.

Die Darstellung im Zahlenkreis zeigt die recht überraschenden Ergebnisse, dass +127 + 1 die Summe -128 und nicht +128 liefert und dass -128 − 1 die Differenz +127 und nicht -129 ergibt.

Addition vorzeichenbehaftet   **Subtraktion vorzeichenbehaftet**

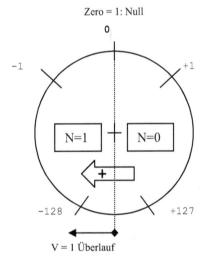
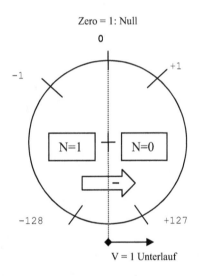

Das Rechenwerk addiert und subtrahiert nur Bitmuster; die entsprechenden Befehle sind für alle Zahlendarstellungen gleich. Bei *jeder* arithmetischen Operation werden *alle* Bedin-gungsbits durch das Ergebnis gesetzt bzw. gelöscht; es ist die Aufgabe des Programms diese auch entsprechend der Zahlendarstellung auszuwerten, um einen Überlauf bzw. Unterlauf abzufangen. In der Assemblerprogrammierung stehen die entsprechenden Befehle zur Ver-fügung, in der C-Programmierung gibt es dazu keine Möglichkeit. In kritischen Fällen ist es erforderlich, mit höherer Genauigkeit zu rechnen und den Zahlenbereich zu überprüfen.

Binär codierte Dezimalzahlen (BCD) werden vorzugsweise für die dezimale Ausgabe von Werten auf Siebensegmentanzeigen und LCD-Modulen verwendet, bei denen jede Dezimalstelle binär codiert werden muss. Der BCD-Code (**B**inär **C**odierte **D**ezimalziffer) stellt die Ziffern von 0 bis 9 durch die entsprechenden vierstelligen Dualzahlen von 0000 bis 1001 dar. Die Bitkombinationen 1010 bis 1111 nennt man Pseudotraden, die von den üblichen Decoderbausteinen in Sonderzeichen umgesetzt werden. Für die Arbeit mit BCD-codierten Dezimalzahlen gibt es folgende Verfahren:

- Duale Darstellung und Rechnung mit dezimaler Umwandlung zur Eingabe und Ausgabe.
- Dezimale Rechnung in der BCD-Darstellung mit direkter Ausgabe.
- Ungepackte BCD-Darstellung mit einer Dezimalziffer in einem Byte.
- Gepackte BCD-Darstellung mit zwei Dezimalziffern in einem Byte.

Durch die Darstellung der BCD-Ziffern als vierstellige Dualzahl kann ein duales Rechenwerk auch für dezimale Additionen und Subtraktionen verwendet werden; jedoch ist eine Korrektur des Ergebnisses durch Auswertung des C-Bits (**C**arry) und des DC-Bits (**D**igit **C**arry) erforderlich, die vom Programm durchgeführt werden muss. Sie ist erforderlich, wenn bei der dualen Addition einer Stelle entweder eine Pseudotetrade oder ein Übertrag aufgetreten ist.

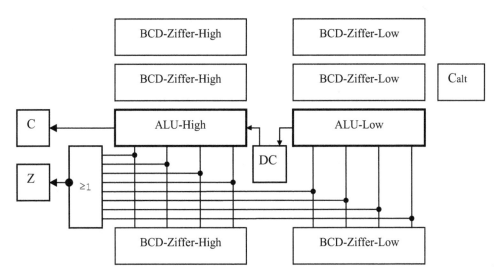

In der Assemblerprogrammierung wird die Dezimalkorrektur meist mit Funktionen oder Makroanweisungen durchgeführt, die das DC-Bit auswerten. Bei C-Compilern, die keinen Datentyp `bcd` definieren, müssen die mit den Datentypen `char` oder `int` berechneten dualen Ergebnisse zur Ausgabe dezimal umgewandelt ausgegeben werden.

Reelle Zahlen bestehen aus einem ganzzahligen Anteil (Vorpunktstellen) und einem gebrochenen Anteil (Nachpunktstellen). Das Beispiel speichert die Nachpunktstellen linksbündig und nimmt an, dass der Dualpunkt vor der werthöchsten Stelle steht. Eine andere Darstellung legt den Dualpunkt zwischen Bit 6 und Bit 7.

Bit 7	Bit 6	Bit 5	Bit 4	Bit 3	Bit 2	Bit 1	Bit 0
2^{-1}	2^{-2}	2^{-3}	2^{-4}	2^{-5}	2^{-6}	2^{-7}	2^{-8}
0.5	0.25	0.125	0.0625	0.03125	0.015625	0.0078125	0.00390625

Die dezimale Summe aller acht Stellenwertigkeiten ergibt in dieser Darstellung den Wert 0.99609375_{10}. Bei der Dezimal/Dualumwandlung der Nachpunktstellen können Restfehler auftreten, wenn ein unendlicher Dualbruch erscheint, der wegen der beschränkten Stellenzahl abgebrochen werden muss. Ein Beispiel ist die Umwandlung von 0.4_{10} mit acht Stellen hinter dem Dualpunkt.

```
0.4₁₀ -> 0.0110 0110    Periode 0110    ->    0.3984375₁₀
```

In der *Festpunktdarstellung* (Fixed Point) legt man Vorpunkt- und Nachpunktstellen hintereinander ab und denkt sich den Punkt zwischen den beiden Anteilen. Beispiele für acht Dezimalstellen und für 16 Dualstellen, die in zwei Bytes gespeichert werden.

```
15.75₁₀ = 0015●7500  ->  1111.11₂ = 00001111●11000000
```

Behandelt man beide Anteile zusammen als eine ganze Zahl, so ergibt sich aus der Anzahl der Nachpunktstellen ein konstanter Skalenfaktor f = Basis $^{\text{Anzahl der Nachpunktstellen}}$. Bei vier dezimalen Nachpunktstellen ist $f = 10^4 = 10000$; bei acht dualen Nachpunktstellen ist $f = 2^8 = 256_{10}$. Unter Berücksichtigung des Skalenfaktors lassen sich reelle Festpunktzahlen mit den für ganze Zahlen vorgesehenen Operationen berechnen.

addieren: (a *f) **+** (b *f) = (a **+** b) *f   *ohne Korrektur*

subtrahieren: (a *f) **–** (b *f) = (a **–** b) *f   *ohne Korrektur*

multiplizieren: (a *f) **＊** (b *f) = (a **＊** b) *f*f   *Korrektur Produkt* **/f**

dividieren: (a *f) **/** (b *f)   *Korrektur vor Division: Dividend* **＊f**

(a *f) **＊f /** (b *f) = (a **/** b) *f

Bei der Multiplikation und Division (Rest) können Nachpunktstellen, die nicht mehr in die Speicherlänge passen, verloren gehen. Durch einen Übergang von einem festen zu einem variablen Skalenfaktor, der mit abgespeichert wird, lässt sich der Zahlenumfang erweitern.

In der *Gleitpunktdarstellung* (Floating Point) wird die Zahl mit einer normalisierten Mantisse und einem ganzzahligen Exponenten zur Basis des Zahlensystems gespeichert. Beispiele:

```
15.75₁₀ = 1.575 · 10¹ -> 1111.11₂ = 1.11111 · 2³
```

Normalisieren bedeutet, den Punkt so zu verschieben, dass er hinter der werthöchsten Ziffer steht. Der Exponent enthält dann die Anzahl der Verschiebungen. Bei Zahlen größer als 1 ist der Exponent positiv (Punkt nach links schieben); bei Zahlen kleiner als 1 (Punkt nach rechts schieben) ist er negativ. Die folgenden Beispiele entsprechen dem Datentyp `float` der Programmiersprache C, der standardmäßig vier Bytes (32 Bits) belegt. Im Speicher steht das Vorzeichen der Zahl in der linkesten Bitposition, dann folgt in 23 Bitpositionen der Absolutwert, nicht das Zweierkomplement. Die acht bit lange Charakteristik setzt sich zusammen aus dem dualen Exponenten und einem Verschiebewert von $127_{10} = 01111111_2$, der das Vorzeichen des Exponenten beseitigt. Damit ergibt sich ein dezimaler Zahlenbereich von etwa $-3.4 \cdot 10^{-38}$ bis $+3.4 \cdot 10^{+38}$. Die 23 bit lange Mantisse entspricht einer Genauigkeit von etwa sieben Dezimalstellen. Die führende 1 der normalisiert dargestellten Vorpunktstelle wird bei der Speicherung unterdrückt und muss bei allen Operationen wieder hinzugefügt werden. Das Beispiel zeigt die Dezimalzahl +15.75 als normalisierte Gleitpunktzahl in der Darstellung des Datentyps `float`.

```
+15.75 = + 1111.110000000000000000
       = + 1.11110000000000000000 * 2³   normalisiert mit Vorpunktstelle
Charakteristik: 127₁₀ + 3₁₀ = 130₁₀ = 10000010₂
Zusammensetzung:
Vorzeichen:        0
Charakteristik:   10000010
Mantisse:                  11111000000000000000000   ohne Vorpunktstelle!
Speicher binär:  01000001011111000000000000000000
hexadezimal:        4   1   7   C   0   0   0   0
```

Diese Gleitpunktdarstellung ist in IEEE 754 genormt. Dort finden sich weitere Angaben über nichtnormalisierte Zahlen verminderter Genauigkeit, über die Darstellung von Unendlich (INF) und über Fehlermarken (NAN). Bei der Berechnung von Gleitpunktzahlen mit den für ganze Zahlen vorgesehenen Operationen sind Mantisse und Charakteristik getrennt zu behandeln. Die Mantissen der Ergebnisse werden wieder normalisiert. Vor Additionen und Subtraktionen wird der Exponent der kleineren Zahl durch Verschiebung der Mantisse an den Exponenten der größeren Zahl angepasst. Dezimales Beispiel:

```
1.2·10⁴ + 3.4·10² -> 1.2·10⁴ + 0.034·10⁴ -> 1.234·10⁴   Addition
```

Bei Multiplikationen werden die Exponenten addiert und die Mantissen multipliziert; bei Divisionen subtrahiert man die Exponenten und dividiert die Mantissen. Dezimale Beispiele:

```
1.2·10² * 1.2·10³ -> (1.2 * 1.2)·10²⁺³ -> 1.44·10⁵   Multiplikation
1.44·10⁵ / 1.2·10² -> (1.44 / 1.2)·10⁵⁻² -> 1.2·10³   Division
```

Bei arithmetischen Operationen mit reellen Zahlen sind die Vorpunktstellen immer genau; bei Nachpunktstellen muss jedoch mit Ungenauigkeiten durch Umwandlungsfehler und Abschneiden von nicht darstellbaren Stellen gerechnet werden.

Für die Eingabe und Ausgabe von Dezimalzahlen sind Umwandlungsverfahren von dezimal nach dual und von dual nach dezimal erforderlich.

Ganze Zahlen bzw. die Vorpunktstellen werden nach dem Divisionsrestverfahren fortlaufend durch die Basis des neuen Zahlensystems dividiert, die Reste ergeben die Ziffern des neuen Zahlensystems. Der Rest der ersten Division liefert die wertniedrigste Stelle. Das Beispiel wandelt die Dezimalzahl 123_{10} in eine Dualzahl.

```
123 : 2 = 61 Rest 1────────────────────┐        (wertniedrigste Stelle)
 61 : 2 = 30 Rest 1──────────────────┐ │
 30 : 2 = 15 Rest 0────────────────┐ │ │
 15 : 2 =  7 Rest 1──────────────┐ │ │ │
  7 : 2 =  3 Rest 1────────────┐ │ │ │ │
  3 : 2 =  1 Rest 1──────────┐ │ │ │ │ │
  1 : 2 =  0 Rest 1────────┐ │ │ │ │ │ │
```

$$123_{10} = 1111011_2 = 7B_{16} = \$7B = 7*16 + 11 = 123$$

Nachpunktstellen werden fortlaufend mit der Basis des neuen Zahlensystems multipliziert. Das Produkt wird in eine Vorpunktstelle und in Nachpunktstellen zerlegt. Die Vorpunktstelle ergibt die Stelle des neuen Zahlensystems; mit den Nachpunktstellen wird das Verfahren fortgesetzt, bis das Produkt Null ist oder die maximale Stellenzahl erreicht wurde. Im ersten Schritt entsteht die erste Nachpunktstelle. Das Beispiel wandelt die Dezimalzahl 0.6875_{10} in eine Dualzahl.

```
0.6875 * 2 = 1.3750 = 0.3750 + 1 ──────────────────┐      (werthöchste Stelle)
0.3750 * 2 = 0.7500 = 0.7500 + 0 ────────────────┐ │
0.7500 * 2 = 1.5000 = 0.5000 + 1────────────────┐│ │
0.5000 * 2 = 1.0000 = 0.0000 + 1──────────────┐ ││ │
0.0000 * 2 = 0.0000 = 0.0000 + 0────────────┐ │ ││ │
```

$$0.6875_{10} = 0.10110000_2 = \$B0 = 11/16$$

Wird das Verfahren mit dem Produkt Null vorzeitig beendet, so füllt man die restlichen Stellen mit Nullen auf. Muss das Verfahren beim Erreichen der maximalen Stellenzahl vorzeitig abgebrochen werden, so entsteht ein Umwandlungsfehler. Beispiel:

0.4_{10} => $0.01100110011001100110\ldots\ldots$ Periode 0110
0.4_{10} => 0.01100110_2 + Restfehler bei acht Nachpunktstellen
0.4_{10} => 0.66_{16} => $6/16 + 6/256 = 0.375 + 0.0234375$ => 0.3984375_{10}

Die Rückwandlung der bei acht Nachpunktstellen abgebrochenen Dualzahl in eine Dezimalzahl ergibt 0.3984375_{10} und nicht 0.4_{10} wie zu erwarten wäre.

In der Assemblerprogrammierung führt man die Zahlenumwandlung mit entsprechenden Unterprogrammen durch. Die in den C-Funktionen `scanf` und `printf` enthaltenen Umwandlungsfunktionen sind nur bedingt brauchbar, sodass man auch hier auf eigene Funktionen angewiesen ist.

1.1.4   Steuerwerk und Programmstrukturen

Das Steuerwerk des Mikrocontrollers besteht wie das Rechenwerk aus logischen Schaltungen, die binär codierte Befehle in mehreren Schritten ausführen:

- Befehlsadresse aus dem Befehlszähler PC an den Befehlsspeicher aussenden.

- Befehl vom Befehlsspeicher auslesen und decodieren.

- Operationscode an die ALU übergeben.

- Operanden aus dem Datenspeicher holen und Operation ausführen.

- Ergebnis an den Datenspeicher übergeben.

- Den nächsten Befehl vorbereiten.

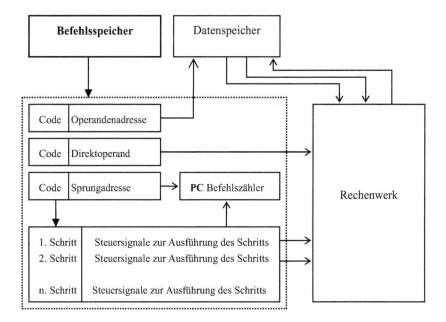

Steuerwerk

Die Mikroprogrammsteuerwerke der CISC-Architektur (**C**omplex **I**nstruction **S**et **C**omputer) holen die Verarbeitungsschritte aus einem Mikrocodespeicher und führen Befehle, die mehrere Operationen umfassen können, in mehreren Takten aus. Steuerwerke der RISC-Architektur (**R**educed **I**nstruction **S**et **C**omputer) bestehen im Wesentlichen aus Logikschaltungen und können daher einfache Befehle in wenigen Takten ausführen. Durch die Überlappung der Befehlsausführung mit dem Holen des nächsten Befehls werden die meisten Befehle der PIC-Controller in einem aus vier Systemtakten bestehenden Befehlstakt ausgeführt; der Additionsbefehl benötigt z.B. bei einem Befehlstakt von 1 MHz eine Zeit von 1 µs.

Ein *Programm* besteht aus Maschinenbefehlen, die binär codiert im Programmspeicher liegen und nacheinander in das Steuerwerk geladen werden. Das Rechenwerk führt die arithmetischen und logischen Operationen wie z.B. die Addition in der ALU durch; Steuerbefehle wie z.B. Sprünge steuern die Reihenfolge, in der die Maschinenbefehle aus dem Programmspeicher geholt werden. Bei bedingten Sprüngen liefert das Ergebnis einer ALU-Operation (z.B. das Null-Bit) die Sprungbedingung.

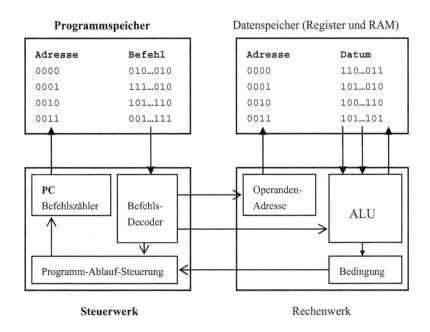

Ein Assembler übersetzt die symbolischen Assemblerbefehle 1:1 in binäre Maschinenbefehle. Ein Compiler übersetzt in einer höheren Programmiersprache wie z.B. C geschriebene Anweisungen meist in mehrere Maschinenbefehle, die in den Programmspeicher geladen und dann ausgeführt werden. Ein Interpreter wie z.B. BASIC übersetzt jede Anweisung bzw. vorübersetzte Marke (token) vor ihrer Ausführung erneut in Maschinenbefehle und arbeitet daher langsamer als ein Compiler, der die Übersetzung nur einmal vornimmt.

Assemblerprogramme werden grafisch meist als Programmablaufplan dargestellt, während die C-Programmierung fast ausschließlich Struktogramme verwendet. Eine Zusammenstellung der Symbole findet sich im Anhang. Das Grundsymbol für eine arithmetische oder logische Operation ist in beiden Darstellungen ein Rechteck, das aber auch eine Folge von Befehlen bzw. Anweisungen zusammenfassen kann.

Bei einem *linearen Programm* werden die Maschinenbefehle nacheinander aus dem Programmspeicher geholt und ausgeführt. Dabei wird der Befehlszähler **PC** laufend mit der Schrittweite 1 erhöht.

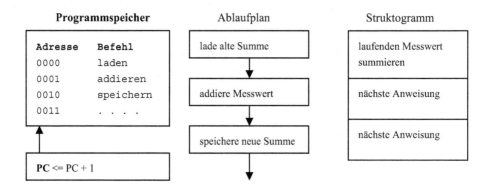

Der Programmablaufplan verbindet die Rechtecksymbole mit Ablaufpfeilen; das Struktogramm reiht die Rechtecke aneinander und führt sie in der Reihenfolge von oben nach unten aus.

Bei einem *unbedingten Sprungbefehl* wird der Befehlszähler **PC** nicht um 1 erhöht, sondern mit der Adresse des Sprungziels geladen. Dafür gibt es folgende Möglichkeiten:

- Die Zieladresse steht im zweiten Wort des Befehls (absoluter Sprung).

- Zum Befehlszähler wird ein Abstand addiert (relativer Sprung).

- Der Befehlszähler wird aus einem Register geladen (berechneter Sprung).

- Der Befehlszähler wird vom Stapel mit einer Rücksprungadresse geladen.

Eine wichtige Anwendung ist die *Arbeitsschleife*, in der das Programm Eingangsdaten kontrolliert und entsprechende Ausgaben vornimmt.

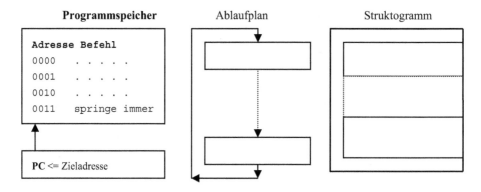

Der Programmablaufplan stellt den unbedingten Sprungbefehl mit einem Pfeil zum Sprungziel dar. Die in der C-Programmierung zwar vorhandene aber selten verwendete goto-Anweisung ist im Struktogramm nicht darstellbar. Die Arbeitsschleife erhält entweder keine Laufbedingung oder als Laufbedingung *immer*.

Die *bedingten Sprungbefehle* führen bei *ja* (Bedingung erfüllt) den am angegebenen Ziel befindlichen Befehl oder bei *nein* (Bedingung nicht erfüllt) den nächsten Befehl aus. Die Programmablaufsteuerung wählt mit einem Bedingungsbit des Rechenwerks den Befehl aus, der als nächster ausgeführt wird. Ist das Bedingungsbit 1 (*ja*, erfüllt), so wird der Befehlszähler mit der Zieladresse geladen; ist das Bedingungsbit 0 (*nein*, nicht erfüllt), so wird der Befehlszähler um 1 erhöht. Die Verzweigungsbefehle (branch) werten ein Bewertungsbit des Rechenwerks aus und erhöhen bzw. vermindern bei *ja* den Befehlszähler um einen im Befehl enthaltenen Abstand; die Sprungbefehle (skip) werten ein Testbit der Peripherie oder eines Registers aus und überspringen bei *ja* den nächsten Befehl (PC <- PC + 2).

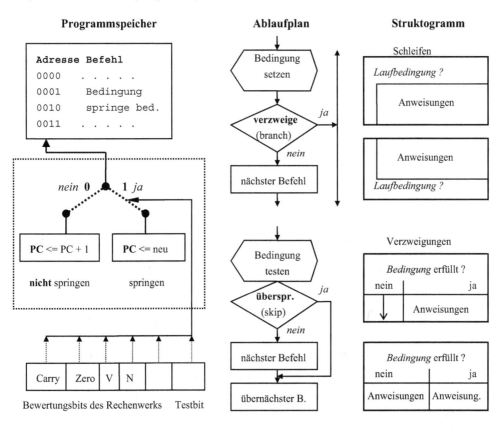

Vor dem *Verzweigungsbefehl* (branch) steht in den meisten Anwendungen ein ALU-Befehl, der die als Bedingung dienende Bitposition im Sinne des bedingten Befehls verändert. Bedingte Verzweigungen untersuchen z.B. das Ergebnis einer Addition auf Null (Zero) oder Überlauf (Carry). Bei *Sprungbefehlen* (skip) wird die als Bedingung dienende Bitposition im Befehl angegeben (überspringe, wenn…). Der Programmablaufplan stellt die bedingten Sprünge als Raute mit zwei Ausgängen dar, die entweder zum Ziel oder zum nächsten Befehl führen. Bedingte Sprungbefehle dienen zur Programmierung von Schleifen und Verzweigungen, die im Struktogramm mit entsprechenden Symbolen dargestellt werden.

Unterprogramme (Funktionen) fassen Programmteile zusammen, die eine bestimmte Teilaufgabe ausführen. Sie werden mit einem `call`-Befehl aufgerufen, der die Adresse des folgenden Befehls auf den Stapel rettet und dann den Befehlszähler PC unbedingt mit der Adresse des ersten Unterprogrammbefehls lädt. Der `return`-Befehl am Ende des Unterprogramms lädt den Befehlszähler PC mit der Rücksprungadresse vom Stapel und kehrt an die Stelle des Aufrufs zurück.

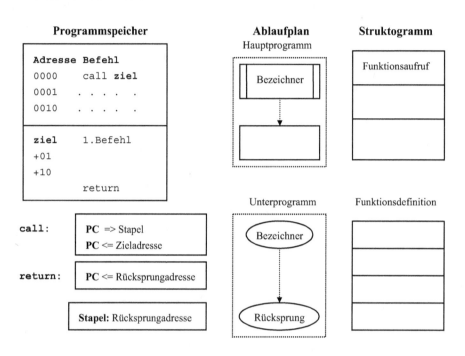

Der Programmablaufplan kennzeichnet den Unterprogrammaufruf durch ein Rechteck mit senkrechten Balken und stellt das Unterprogramm in einem besonderen Ablaufplan dar. Die Funktionen der C-Programmierung erscheinen ebenfalls in eigenen Darstellungen.

Ein *Interrupt* ist ein Ereignis durch ein externes Signal oder einen Peripheriezustand, das über eine besondere Interruptsteuerung das laufende Programm unterbricht. Wie bei einem Unterprogrammaufruf wird der laufende Befehlszähler auf den Stapel gerettet und am Ende des gestarteten Serviceprogramms wieder zurückgeladen. Im Ablaufplan bzw. Struktogramm erscheinen Serviceprogramme wie Unterprogramme bzw. Funktionen in eigenen Darstellungen, für ihren Aufruf sind keine Symbole vorgesehen, da dieser nicht durch einen Befehl, sondern durch ein programmunabhängiges Ereignis ausgelöst wird. Beispielsweise kann der Timer im Sekundentakt ein Interruptserviceprogramm aufrufen, das eine in Speicherstellen laufende Uhr weiterstellt.

2 Die PIC-Controller

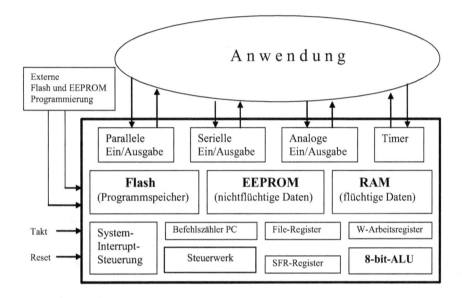

Bild 2-1: Blockschaltplan eines PIC-Controllers eingebettet in eine Anwendung

Das **Programm** befindet sich in einem wortorganisierten Festwertspeicher (Flash), in dem auch Konstanten, also unveränderliche Daten, abgelegt werden können. Er wird bei der Entwicklung des Gerätes durch ein externes Programmiergerät gebrannt (geladen). Die Breite des Speicherwortes liegt je nach Controllertyp zwischen 10 und 16 bit.

Der **EEPROM-Bereich** ist byteorganisiert und kann sowohl bei der Entwicklung zusammen mit dem Flash-Speicher als auch während des Betriebes mit Daten beschrieben werden.

Der **RAM-Bereich** bildet den statischen Schreib/Lese-Speicher mit den File-Registern. Ihr Inhalt geht nach dem Abschalten der Versorgungsspannung verloren.

Die **Peripherieeinheiten** verbinden den Controller mit der Anwendungsschaltung. Die parallelen Schnittstellen und die Register der seriellen und analogen Datenübertragung sowie die Timer sind byteorganisiert, 16bit Timer bestehen aus zwei 8bit Hälften.

2.1   Die Struktur der PIC-Controller

Ausgehend von der Abkürzung **PIC** für **P**rogrammable **I**ntegrated **C**ircuit wurden Controller ursprünglich als Ersatz für Logikschaltungen entwickelt. Ihre Anwendung bewegt sich heute bis in den Bereich der Computer für den Betrieb von Mobilfunkgeräten. Die Bausteine des Herstellers Microchip reichen vom einfachen PIC10 mit sechs Anschlüssen bis zu einem PIC18 mit 100 Beinchen und mehr als 64 kByte Programmspeicher. Dieses Buch behandelt schwerpunktmäßig vier Typen.

Baustein	Stifte	Flash	RAM	EEPROM	Peripherie
PIC 10F206	8 6 belegt	512 Wörter	24 Bytes	-	1 Eingang, 3 Ein/Ausgänge, 1 Timer, Analogkomparator
PIC 12F629	8	1024 Wörter	64 Bytes	128 Bytes	1 Eingang, 5 Ein/Ausgänge, 2 Timer, Analogkomparator
PIC 16F876	28	8192 Wörter	368 Bytes	256 Bytes	22 Ein/Ausgänge, 3 Timer, MSSP, USART, A/D-Wandler
PIC 18F2220	28	2048 Wörter	512 Bytes	256 Bytes	22 Ein/Ausgänge (max. 25), 4 Timer, MSSP, USART, A/D-Wandler, 2 Analogkomparatoren

Eine Bausteinfamilie umfasst mehrere Typen mit gleichem Befehlssatz, die sich jedoch in der Speichergröße und in der Ausführung der Peripherie voneinander unterscheiden. Das zentrale Register für alle arithmetischen und logischen Operationen, der Akkumulator, ist das **W-Arbeitsregister** (*Working Register*). In ihm befindet sich einer der beiden Operanden, der andere wird einem File-Register des RAM-Bereiches entnommen oder ist eine Konstante. Das Ergebnis erscheint wieder im W-Arbeitsregister oder im File-Register.

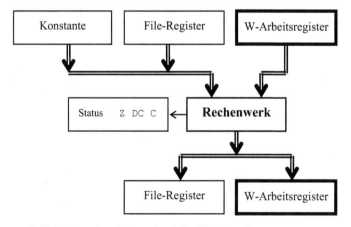

Bild 2-2: Das zentrale W-Arbeitsregister (Akkumulator) der PIC-Controller

2.1.1 Der RAM-Datenspeicher

Variablen mit den veränderlichen Daten werden in File-Registern des RAM-Bereiches angelegt. Dieser liegt zusammen mit den Systemregistern SFR (*Special Function Register*) in einem gemeinsam direkt oder indirekt adressierbaren Speicherbereich. Alle Operationen lassen sich unterschiedslos sowohl auf die SFR-Register des Systems als auch auf die File-Register und den Arbeits-RAM des Benutzers anwenden.

Mit dem Adressteil der Befehle ist nur ein kleiner Teil der Register erreichbar. Bei der PIC16-Familie sind es in der direkten Adressierung 128 Register für eine 7bit Adresse. Für die Adressierung weiterer Register ist daher eine Bankauswahl mit einem besonderen Auswahlregister erforderlich (*Bild 2-3*).

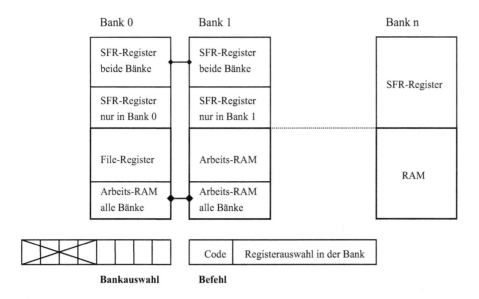

Bild 2-3: Die Struktur eines Speicherbereiches mit Bankaufteilung (PIC16-Familie)

Die Adresse eines Registers ist bestimmt durch die Bank im Bankauswahlregister und durch den Adressteil des Befehls. In der praktischen Anwendung legt man häufig angesprochene Register in die Bank 0 und schaltet nur bei einem Bankwechsel das Auswahlregister auf die neue Bank um.

Die Adressen der SFR-Register werden vom Hersteller vorgegeben und müssen den Datenbüchern entnommen werden. Wichtige Register wie z.B. das Statusregister sind in allen Bänken erreichbar, andere nur in bestimmten Bänken.

Der Benutzer legt seine File-Register für variable Daten meist in die Bank 0 mit direkter Adressierung und benutzt die anderen Bänke für Listen, die indirekt adressiert werden.

Die Bankauswahl *Bild 2-4* wählt eine von drei Bänken aus. In jeder Bank adressiert die Registeradresse ein SFR-Register bzw. RAM-Byte. Durch eine ODER-Verknüpfung von zwei oder mehreren Ausgängen können Speicherstellen in mehreren Bänken liegen.

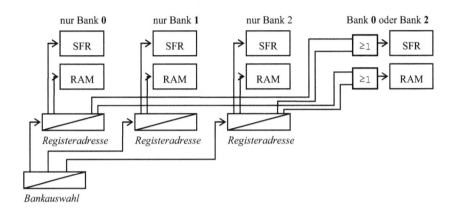

Bild 2-4: Modell der Einzel- und Mehrfachadressierung von Registern

Bei einer indirekten Adressierung steht die Datenadresse nicht im Befehl, sondern in einem 8bit Adressregister, das 256 Bytes adressieren kann. Bei einem größeren Speicher ist wieder eine Bankauswahl erforderlich. Das Datenregister enthält das zu übertragende Datenbyte.

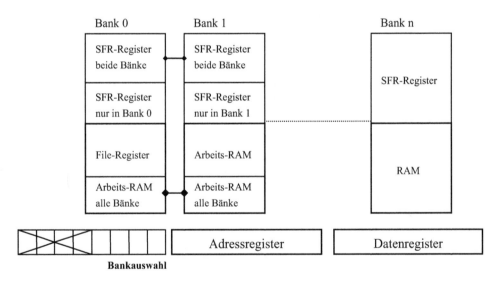

Bild 2-5: Indirekte Adressierung durch ein Adressregister

2.1.2   Der Flash-Programmspeicher

Die Befehle des Programmspeichers werden durch den Befehlszähler PC (*Program counter*) adressiert, der bei Sprungbefehlen goto mit der Zieladresse zu laden ist. Werden bei einem 14 bit langen Befehlswort der PIC16-Familie drei Bits für den Code des Befehls verwendet, so stehen für die Adresse nur 11 Bits zur Verfügung, mit denen sich 2048 Speicherwörter in einer Seite (*page*) adressieren lassen. Für umfangreichere Speicherbereiche mit mehreren Seiten sind weitere Auswahlbits in einem Seitenauswahlregister erforderlich.

Der Low-Teil des Befehlszählers steht im 8bit Register PCL (*Program Counter Low*) zur Verfügung. Für den High-Teil gibt es einen 8bit Zwischenspeicher PCLATH (*Program Counter Latch High*). Bei der Ausführung eines Sprungbefehls werden die unteren acht Bits der 11bit Adresse nach PCL und die oberen drei Bits in die drei unteren Bitpositionen B0, B1 und B2 von PCLATH geladen. Bei einem Seitenwechsel ist vor dem Sprungbefehl die Seitenadresse des Ziels in die oberen Bitpositionen von PCLATH zu bringen.

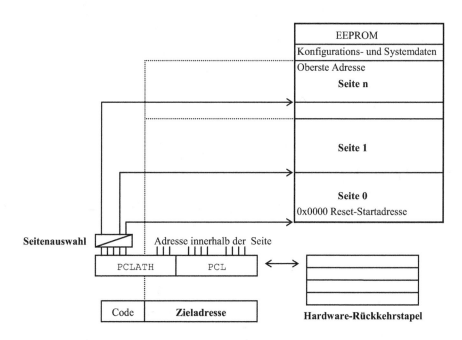

Bild 2-6: Die Struktur eines Programmspeichers mit Seitenaufteilung (PIC16-Familie)

Bei einem seitenstrukturierten Programmspeicher *Bild 2-6* führt die im Befehl enthaltene Adresse zu einem Ziel innerhalb einer Seite. Für einen Sprung über die Seitengrenze ist vorher ein Seitenregister mit der Adresse der Zielseite zu laden. Bei den Controllern der PIC18-Familie entfällt die Seitenaufteilung, da die volle 21bit Zieladresse in zwei Befehlswörtern abgelegt wird.

Bei einem Unterprogrammaufruf mit dem Befehl `call` sowie bei einer Programmunterbrechung durch einen Interrupt wird die Rückkehradresse auf einen Stapel gerettet und beim Rücksprung wieder in den Befehlszähler zurückgeladen. Der Rückkehrstapel der PIC-Controller befindet sich in einem besonderen RAM-Speicherbereich, der nicht zugänglich ist und der sich nicht zum Retten von Datenregistern verwenden lässt. Die Anzahl der möglichen Einträge ist begrenzt und bestimmt die Schachtelungstiefe von Unterprogrammaufrufen bzw. Interrupts.

Konfigurationswörter, die sich in einem nicht durch das Programm zugänglichen Flash-Bereich befinden, stellen bereits beim Einschalten der Versorgungsspannung Betriebsgrößen ein. Sie müssen bei der Programmierung oder beim Aufruf des Laders angegeben werden. Beispiele:

- Auswahl der Taktquelle (z.B. externer Quarz oder interner RC-Oszillator),
- Einstellung des Lese- und Schreibschutzes für EEPROM- und Flash-Bereiche,
- Freigabe eines Watchdog Timers (Wachhund) und
- Voreinstellung von Peripherieanschlüssen für analoge oder digitale Eingabe.

Der EEPROM-Speicher, der ebenfalls in einem besonderen Flash-Bereich angeordnet ist, kann nicht direkt, sondern nur indirekt über Steuer-, Adress- und Datenregister gelesen und beschrieben werden. Da die Schreibzeit nach Angaben des Herstellers im Millisekundenbereich liegt, sollte er nur zur längerfristigen Aufbewahrung von Betriebsparametern und nicht als Arbeitsspeicher verwendet werden.

Standardmäßig kann der Flash-Speicher nach dem Laden des Programms, der Konfigurationswörter und der EEPROM-Daten im Betrieb nicht mehr verändert werden; eine Neuprogrammierung kann nur durch eine externe Programmiereinrichtung erfolgen. Jedoch ist es bei einem Teil der PIC-Controller möglich, während des Betriebes Teile des Flash-Speichers zu löschen und neu zu beschreiben. Ein BOOT-Lader ist ein fest im Flash eingelagertes Programm, das weitere Programme in den Flash-Programmspeicher laden kann. Diese können dann unter der Kontrolle eines Betriebssystems zeitlich verschachtelt ausgeführt werden.

Anwendung_1	Anwendung_2	Anwendung_3	**BOOT-Lader**
Programm_1	Programm_2	Programm_3	
			Betriebssystem

Bild 2-7: Selbstprogrammierung durch einen BOOT-Lader

Bei der Arbeit in einer anwendungsorientierten Sprache wie z.B. C oder BASIC bleiben die Speicherstrukturen verborgen; der Anwender kann sich auf die Peripherie konzentrieren.

2.1.3   Die Peripherie

Als periphere Einheiten, die den Controller mit der Anwendung verbinden, stehen auf dem Baustein programmierbare Schnittstellen zur Verfügung, die möglichst viele Anwendungs-fälle abdecken müssen. *Bild 2-8* zeigt einen Anschluss, der für mehrere Schnittstellen konfigurierbar ist. Die Auswahl der aktiven Schnittstelle erfolgt durch Programmieren von Steuerregistern, die beim Einschalten der Versorgungsspannung bereits voreingestellt sind oder durch die Konfigurationswörter.

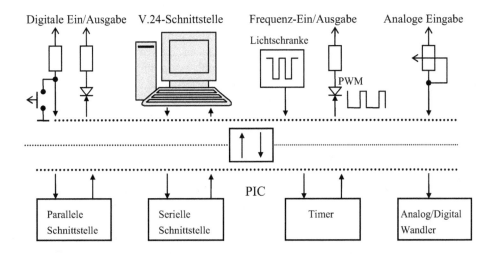

Bild 2-8: Bidirektionaler Portanschluss mit Standardschnittstellen

Am flexibelsten sind Parallelschnittstellen, die bitweise als Eingang oder als Ausgang pro-grammiert werden können und die auch bidirektional verwendbar sind. Mit ihnen lassen sich serielle Schnittstellenprotokolle simulieren und externe Analog/Digitalwandler ansteuern.

Serielle Schnittstellen sind sowohl für den Einzelbetrieb wie z.B. den Anschluss eines PC über die V.24-Schnittstelle als auch für den Busbetrieb wie z.B. den I^2C-Bus vorhanden.

Timer können im Zählbetrieb Impulse z.B. einer Lichtschranke zählen oder ein puls-weitenmoduliertes Taktsignal (PWM) ausgeben, das z.B. mit einem variablen Tastverhältnis zwischen High und Low die Helligkeit einer Leuchtdiode steuert.

Analoge Schnittstellen sind nur als mehrkanaliger Analog/Digitalwandler vorhanden. Anstel-le der quasi-analogen PWM-Ausgabe müssen externe Digital/Analogwandler z.B. über eine Schnittstelle eingesetzt werden.

Neben diesen bei fast allen größeren PIC-Controllern vorhandenen Standardschnittstellen gibt es Sonderausführungen, die den CAN-Bus oder den USB-Bus ansteuern.

2.2   Die Entwicklung von Software

Im Flash-Programmspeicher bestehen die Befehle und Konstanten aus elektrischen Ladungen oder Nicht-Ladungen kleinster Kondensatoren, die ein binäres Low- oder High-Potential darstellen. Der Weg dorthin führt über eine Programmiersprache.

Die **Assemblersprache** ist die hardwarenächste Sprache, deren Befehle von einem Übersetzer, auch Assembler genannt, in binären und ladbaren Code übersetzt werden. Dieser erscheint in einer hexadezimalen Darstellung, die vier Bitpositionen zu einer Ziffer von 0 bis 9 und von A bis F zusammenfasst. Der Assemblerprogrammierer benötigt Kenntnisse über die Maschinenbefehle, den Registersatz, die Speicherstrukturen und die peripheren Schnittstellen. Eine Erleichterung bieten Unterprogrammbibliotheken, die der Hersteller anbietet oder die aus dem Internet gezogen werden können. Assemblerprogramme sind immer auf einen bestimmten Controllertyp zugeschnitten. Eine Portierung (Übertragung) auf eine andere PIC-Familie verlangt geringe Anpassungen an den Befehlssatz und an die Speicherstruktur; eine Portierung auf Controller anderer Hersteller ist nicht möglich. Die Programme dieses Buches wurden mit dem Assembler MPASM des Herstellers Microchip übersetzt.

Die **problemorientierte Sprache C** benötigt einen Compiler, der direkt oder im Umweg über einen Assembler ausführbaren und ladbaren Maschinencode erzeugt. Die Controllerprogrammierung benutzt zwar die gleichen Sprachelemente, die auch in der PC-Programmierung verwendet werden, jedoch sind andere Programmiertechniken besonders für die Peripherie erforderlich, für die der Compilerhersteller auch Funktionsbibliotheken zur Verfügung stellt. Eine Portierung des Quellcodes auf eine andere PIC-Familie erfordert nur geringe Anpassungen; für Controller anderer Hersteller sind besondere Änderungen in der Peripherieprogrammierung nötig. In besonderen Fehlerfällen kann es erforderlich sein, den compilierten Maschinencode mit einem Disassembler in die Assemblersprache rückübersetzen zu lassen und auf Unstimmigkeiten zu untersuchen. Für umfangreiche Anwendungen werden besonders die Controller der PIC18-Familie in C programmiert; für die Familien PIC10 und PIC12 ist C nicht besonders geeignet. Die C-Programme der PIC18-Familie in diesem Buch wurden mit dem Compiler MPLAB C18 des Herstellers Microchip übersetzt.

Programme in der **anwendungsorientierten Sprache BASIC** werden von einem Übersetzer in Codebausteine (Token) überführt, die ein Betriebssystem interpretiert und ausführt. Dieses ist in der Regel Bestandteil eines speziellen Gerätes. Ein Beispiel dafür ist das Übungssystem iL-TROLL mit einem PIC 16F872, das ausführlich in dem Buch „PIC-Microcontroller-Programmierung" [5] dokumentiert ist. Das ebenfalls in BASIC programmierbare industrielle System C-Control [2] stellt für die Peripherie Funktionen zur Verfügung und ist daher unabhängig vom Controllertyp.

Bei rein anwendungsorientierten **Kommandosprachen** für industrielle Anwendungssysteme, die durch Ablaufpläne und Struktogramme beschriebene Aufgaben der Mess-, Steuerungs- und Regelungstechnik in Befehle umsetzen, geht der Bezug zu den Controllerbausteinen völlig verloren.

Die **Softwareentwicklung** wird üblicherweise am PC unter Windows durchgeführt. Der Hersteller Microchip stellt kostenlos die Entwicklungsumgebung MPLAB IDE (*Bild 2-9*) zur Verfügung, mit der ein Teil der Beispiele entwickelt wurde.

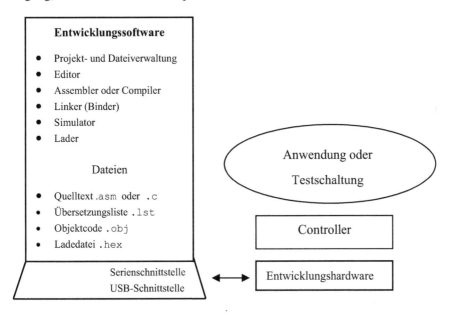

Bild 2-9: Die Entwicklungsumgebung

Nach der Einrichtung eines Projektes, das alle Dateien einer Anwendung enthält, wird der Quelltext mit einem Editor eingegeben. Dabei ist es hilfreich, wenn bestimmte Programmteile wie z.B. Befehle, Konstanten und Kommentare farblich gekennzeichnet sind.

Bei der Übersetzung mit dem Assembler oder Compiler können Fehlermeldungen erscheinen. Der Quelltext ist mit dem Editor solange zu korrigieren, bis das Programm fehlerfrei übersetzt ist. Dies ist jedoch noch keine Garantie dafür, dass es auch korrekt läuft.

Steht keine Hardware zum Testen des Programms zur Verfügung oder ist es notwendig, kritische Programmteile zu untersuchen, so kann das Programm auf dem PC mit einem Simulator getestet werden. Durch Setzen von Haltepunkten und im Einzelschrittbetrieb lässt sich der Ablauf des Programms verfolgen; die Inhalte der Speicher und Register werden dabei angezeigt. Auch nach einem erfolgreichen Simulationstest kann der Teufel immer noch in der Hardware stecken.

Ein Echtzeittest lässt sich nur durchführen, wenn das Programm mit einer Entwicklungshardware in den Programm-Flash des Controllers geladen wird und zusammen mit der Anwendung oder in einer Testschaltung abläuft.

2.3   Entwicklungssysteme

Vom Hersteller der PIC-Controller, der Firma Microchip, werden neben den Bausteinen auch
Entwicklungssysteme angeboten, die mit der Entwicklungssoftware MPLAB IDE sowie mit
dem Assembler und den Compilern des Herstellers zusammenarbeiten. Daneben gibt es eine
Reihe von Herstellern, die kostengünstige Test- und Übungssysteme für den Einstieg und
den Lehrbetrieb anbieten. In Fachzeitschriften und im Internet finden sich z.B. unter dem
Stichwort „*PIC-Programmer*" Anregungen für den Bau eigener Geräte.

Einfache **Programmiergeräte** *Bild 2-10* bestehen aus einem V.24- oder USB-Interface und
einem meist 40poligen Programmiersockel, der den zu programmierenden Controller aufnimmt. Dieser muss dann in die Schaltung eingesetzt werden.

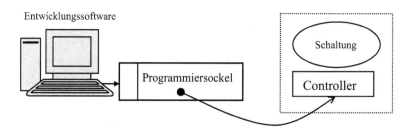

Bild 2-10: Programmiergerät zum Laden von Programmen

Das Gerät PICSTART PLUS des Herstellers Microchip wird aus der Entwicklungssoftware
MPLAB IDE aufgerufen und ist in der Lage, fast alle PIC-Controller von acht bis 40 An-
schlüssen zu programmieren. In der mitgelieferten README-Datei finden sich Hinweise auf
Probleme; die PIC10-Bausteine müssen anders als beschriftet eingesetzt werden und die
PIC18-Bausteine erfordern zusätzliche Kondensatoren.

Das Programmiergerät K8076 des Herstellers Velleman enthält neben dem 40poligen Programmiersockel Anschlüsse für die ICSP-Programmierung externer Bausteine. An die herausgeführten Anschlüsse des Sockels lassen sich Testschaltungen anschließen. Die mitgelie-
ferte Entwicklungssoftware besteht nur aus dem Assembler und dem Lader; als Editor kann
jedes Textbearbeitungssystem dienen.

Test- und Übungssysteme sind mit einem oder mit mehreren Sockeln für den Controller
sowie mit peripheren Schaltungen ausgerüstet:
- Taster, Schalter und Leuchtdioden für digitale Ein/Ausgabe,
- Siebensegmentanzeigen für dezimale Ergebnisse,
- LCD-Anzeigen für die Ausgabe von Zahlenwerten und Texten sowie
- Potentiometer und Sensoren für analoge Eingaben.

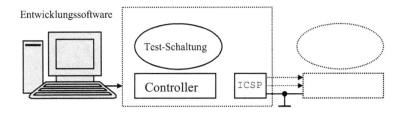

Bild 2-11: Test- und Übungssystem mit ICSP-Programmierung externer Bausteine

Ein Beispiel ist das einfache Programmier- und Experimentiersystem K8048 des Herstellers Velleman für eine Reihe von PIC-Controllern mit 4, 14, 18 und 28 Anschlüssen, das mit vier Eingabetastern und sechs Anzeige-Leuchtdioden ausgestattet ist und Anschlüsse für die ICSP-Programmierung externer Bausteine enthält. Die Entwicklungssoftware entspricht der des K8076 des gleichen Herstellers.

Bei der **ICSP-Programmierung** (*In Circuit Serial Programming*) *Bild 2-11* verbleibt der Controller in der Anwendungs- oder Testschaltung. Diese Programmiereinrichtung benötigt nur zwei allerdings während der Programmierung potentialfrei zu schaltende Anschlüsse GPD und GPC des Controllers, um das Programm in den Baustein zu laden.

Die bisher beschriebenen Programmiereinrichtungen laden lediglich das Programm, den vorbesetzten EEPROM-Bereich und die Konfigurationswörter. Während der Ausführung des Programms sind keine Eingriffe durch Haltepunkte und Einzelschrittsteuerung wie beim Simulator möglich. Die Ausgabe von Testwerten und Registerinhalten muss besonders programmiert werden.

Ein **In Circuit Debugger** greift während des Programmlaufs in das Steuerwerk des Controllers ein und ermöglicht dabei wie bei der Simulation Haltepunkte, Einzelschrittsteuerung und die Ausgabe von Registerinhalten. Das Gerät MPLAB ICD 2 des Herstellers Microchip kann sowohl als Programmer als auch als Debugger eingesetzt werden. Der Debug-Betrieb ist nur für einen Teil der PIC-Controller verwendbar und verlangt programm- und schaltungstechnische Einschränkungen.

An das Gerät lassen sich Testschaltungen (*demo boards*) wie z.B. PICDEM 2 PLUS und PICDEM 4 mit Tastern, Leuchtdioden, LCD-Anzeigen, Lautsprechern, Sensoren, Potentiometern und einem freien Lochrasterfeld anschließen, deren Test durch Beispielprogramme unterstützt wird.

2.4   Einführendes Assemblerbeispiel

Das Beispiel verwendet den Baustein PIC 16F876. Er wurde für die Assemblerprogrammierung (Kapitel 3) und Peripherieprogrammierung (Abschnitt 3.9) unter folgenden Gesichtspunkten ausgewählt:

- 8 kByte Programm-Flash, 368 Bytes RAM sowie 256 Bytes EEPROM Speicher,
- 28 Anschlüsse, davon 22 digitale Ein/Ausgänge,
- sechs Anschlüsse als analoge Eingänge programmierbar,
- zwei 8bit Timer und ein 16bit Timer mit Capture-, Compare- und PWM-Betrieb sowie
- die seriellen Schnittstellen USART, SPI und I^2C.

Mit diesem nicht ganz billigen Baustein werden die grundlegenden Programmiertechniken und Anwendungen der Peripherie demonstriert. Die meisten Beispiele lassen sich auch mit anderen PIC-Bausteinen nachvollziehen; jedoch sollte darauf geachtet werden, dass acht Anschlüsse für die parallele Eingabe von Testdaten und acht Ausgänge für die parallele Anzeige von Ergebnissen zur Verfügung stehen. Dies trifft besonders auf die 28poligen und 40poligen Bausteine der Reihen 16F7x und 18F222x zu. Bausteine mit weniger Anschlüssen lassen sich durch serielle Schieberegister erweitern, die jedoch einen größeren Aufwand an Software erfordern. Für den Test der seriellen Busschnittstelle, der Timer und der analogen Eingabe wurde für die zusätzlichen Bausteine ein Stecksystem verwendet, das durch einfache Drahtverbindungen mit den Peripherieanschlüssen des Controllers verbunden wurde.

Das einführende Beispiel besteht aus einem Vorspann zur Programmierung der Peripherie und aus einer Testschleife, die am Port B eingegebene Bitmuster am Port C wieder ausgibt.

Programmablaufplan   **Struktogramm**

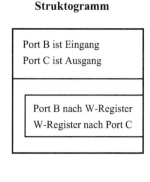

Das einführende Assemblerbeispiel wurde in der Schaltung *Bild 2-12* getestet. Das an den Kippschaltern am Port B eingestellte Bitmuster wird in einer Arbeitsschleife auf dem Port C ausgegeben; die sechs Anschlüsse des Ports A werden in dem Beispiel nicht verwendet.

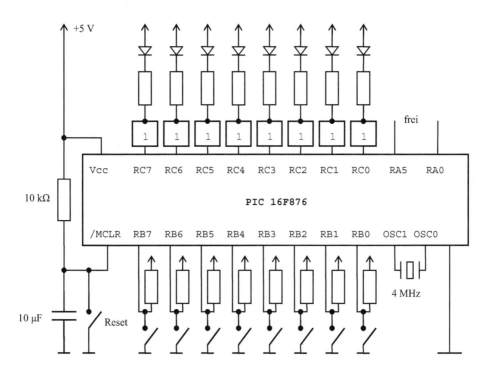

Bild 2-12: Vereinfachte Testschaltung des einführenden Assemblerbeispiels

Der Baustein wird mit einem Quarz von 4 MHz als Taktgeber für den Systemtakt betrieben; die Stützkondensatoren von ca. 15 pF gegen Ground sind nicht eingezeichnet. Der Reset-Taster bringt das System in die Grundstellung. Die acht Eingänge des Ports B werden durch externe Widerstände auf High gehalten und können durch Kippschalter auf Low gelegt werden. Ein High wird als logische 1, ein Low wird als logische 0 bewertet. Nicht eingezeichnet sind parallel zu den Schaltern liegende entprellte Taster zur Eingabe von Signalflanken. An den acht Ausgängen des Ports C werden mit invertierenden Treibern Leuchtdioden betrieben. Eine logische 0 am Controllerausgang erscheint invertiert als High am Treiberausgang und die Leuchtdiode geht aus, da Anode und Katode auf gleichem Potential liegen. Eine logische 1 am Controllerausgang erscheint invertiert als Low am Treiberausgang und die Leuchtdiode wird eingeschaltet. An den Ausgängen des Ports C sind zusätzlich über BCD-Decoder zwei Siebensegmentanzeigen angeschlossen, die eine zweistellige dezimale Ausgabe von Zahlen ermöglichen.

```
;  k2p1.asm PIC 16F876 Einführendes Beispiel
;  Eingabe Port B nach Ausgabe Port C
;
                LIST     P=16F876      ; Baustein
                __CONFIG 0x3F72        ; Konfigurationswort 16F876
;
w               EQU      0             ; Bit für Working Register
f               EQU      1             ; Bit für File Register
;
STATUS          EQU      0x003         ; Adresse Statusregister
RP0             EQU      5             ; Bit für Registerbank 0/1
PORTB           EQU      0x006         ; Adresse Port B
PORTC           EQU      0x007         ; Adresse Port C
TRISB           EQU      0x086         ; Adresse Tristatekontrolle PORT B
TRISC           EQU      0x087         ; Adresse Tristatekontrolle PORT C
;
                ORG      0             ; Programm-Flash
                goto     start         ; Sprung zum Programmanfang
                ORG      4             ; Interrupt-Einsprung
                goto     start         ; nicht besetzt
                ORG      5             ; Anfang des Programms
start           bsf      STATUS,RP0    ; RP0 <- 1: Registerbank 1
                movlw    0xff          ; 1111 1111 nach W-Register
                movwf    TRISB         ; W-Register nach Steuerung Eingang
                clrf     TRISC         ; 0000 0000 Port C ist Ausgang
                bcf      STATUS,RP0    ; RP0 <- 0: Registerbank 0
; unendliche Arbeits-Schleife
loop            movf     PORTB,w       ; speichere Eingabe nach W-Register
                movwf    PORTC         ; speichere W-Register nach Ausgabe
                goto     loop          ; springe immer (Schleife)
                END
```

Bild 2-13: Einführendes Assemblerprogramm

Die mit einem Semikolon beginnenden Zeilen des Assemblerprogramms *Bild 2-13* sind Kommentare, die bei der Übersetzung nicht beachtet werden; ebenso die hinter dem Semikolon stehenden Kommentare auf den Programmzeilen.

Die Direktive LIST legt den Bausteintyp fest, mit __CONFIG wird ein Konfigurationswort vereinbart, das der Lader in einen dem Programmierer nicht zugänglichen Bereich des Programmspeichers bringt. Das Beispiel sperrt den Speicherschutz und den Watchdog Timer und legt den Quarz für den Systemtakt fest.

Die Direktiven EQU vereinbaren für die Symbole von File-Registern und ihren Bitpositionen Adressen in hexadezimaler Schreibweise, die den Unterlagen des Herstellers entnommen werden müssen.

Die Direktiven ORG bestimmen die Adressen im Programm-Flash, auf denen die folgenden Befehle bzw. Daten fortlaufend abzulegen sind. Beim Einschalten der Versorgungsspannung bzw. bei einem Reset wird immer der auf der Flash-Adresse 0 liegende Befehl ausgeführt, in dem Beispiel ein Sprung goto zum frei gewählten Symbol start. Damit wird in dem Beispiel der Interrupteinsprungpunkt übergangen. Der zweite goto Befehl springt ebenfalls zum Startpunkt für den Fall, dass trotz der nach einem Reset gesperrten Steuerung ein Interrupt ausgelöst wird.

Am Startpunkt mit der symbolischen Adresse start beginnt die Programmierung der Richtung für die Eingabe und Ausgabe der Daten. Der Befehl bsf   STATUS, RP0 setzt das Bit RP0 und schaltet die Registerbank 1 ein, in der sich die Richtungsregister befinden. Das Register TRISB wird mit 11111111 als Eingang für den Port B programmiert, der Befehl clrf bringt 00000000 in das Register TRISC und programmiert den Port C als Ausgang. Der Befehl bcf   STATUS, RP0 löscht das Bit RP0 und schaltet die Registerbank 0 ein, in der sich die Datenregister der Ports B und C befinden.

In der mit dem frei gewählen Symbol loop gekennzeichneten unendlichen Schleife bringt der Befehl movf   PORTB, w das am Port B anliegende Potential der Eingabeschalter in das Arbeitsregister, das mit dem Befehl movwf   PORTC am Port C wieder ausgegeben wird. Mit dem unbedingten Sprungbefehl goto   loop gelangt das Programm wieder zur Eingabe neuer Daten.

Die Direktive END markiert das Ende des Programmtextes. In der verkürzten Darstellung der Übersetzungsliste *Bild 2-14* erscheinen die vom Assembler übersetzten Programmwörter in hexadezimaler Darstellung und in Fettschrift. Die Direktive __CONFIG erzeugt das Konfigurationswort 3F72, das der Lader auf die Adresse 2007 bringen muss. Alle anderen Direktiven erzeugen keinen Maschinencode.

```
MPASM  5.01          K2P1.ASM   6-18-2007  12:08:45              PAGE   1
                     00001
                     00002
                     00003 ; k2p1.asm PIC 16F876 Einführendes Beispiel
                     00004 ; Eingabe Port B nach Ausgabe Port C
                     00005 ;
                     00006           LIST     P=16F876    ; Baustein
2007    3F72         00007           __CONFIG 0x3F72      ; Konfig.
                     00008 ;
 00000000            00009 w         EQU      0           ; Bit für
 00000001            00010 f         EQU      1           ; Bit für
                     00011 ;
 00000003            00012 STATUS    EQU      0x003       ; Adresse
 00000005            00013 RP0       EQU      5           ; Bit
 00000006            00014 PORTB     EQU      0x006       ; Adresse
 00000007            00015 PORTC     EQU      0x007       ; Adresse
 00000086            00016 TRISB     EQU      0x086       ; Adresse
 00000087            00017 TRISC     EQU      0x087       ; Adresse
```

```
                           00018 ;
0000                       00019                ORG     0          ; Programm
0000    2805               00020                goto    start      ; Sprung
0004                       00021                ORG     4          ; Interrupt
0004    2805               00022                goto    start      ; nicht
0005                       00023                ORG     5          ; Anfang
0005    1683               00024 start          bsf     STATUS,RP0 ; RP0 <- 1
0006    30FF               00025                movlw   0xff       ; 1111 1111
0007    0086               00026                movwf   TRISB      ; W-Register
0008    0187               00027                clrf    TRISC      ; 0000 0000
0009    1283               00028                bcf     STATUS,RP0 ; RP0 <- 0
                           00029 ; unendliche Arbeits-Schleife
000A    0806               00030 loop           movf    PORTB,w    ; speichere
000B    0087               00031                movwf   PORTC      ; speichere
000C    280A               00032                goto    loop       ; springe
                           00033                END

Program Memory Words Used:     10
Program Memory Words Free:   8182

Errors   :      0
Warnings :      0 reported,    0 suppressed
```

Bild 2-14: Die Übersetzungsliste des einführenden Beispiels (Auszug)

Die vom Assembler erzeugte Ladedatei des *Bildes 2-15* enthält die mit Fettschrift markierten hexadezimalen Maschinenwörter in der Reihenfolge erst Low-Byte dann High-Byte, also gegenüber der Übersetzungsliste vertauscht. Eine Zeile enthält in hexadezimaler Darstellung:

- den Doppelpunkt als Beginn eines Datensatzes,
- die Anzahl der Ladebytes (unterstrichen dargestellt),
- die Ladeadresse (gegenüber der Übersetzungsliste * 2),
- die Satzkennung (unterstrichen dargestellt),
- die Ladebytes (in Fettschrift dargestellt) und
- die Prüfsumme (unterstrichen dargestellt).

:02000000**0528**D1
:08000800**05288316FF3086**0075
:0A001000**87018312060887000A28**02
:02400E00**723F**FF
:00000001FF

Bild 2-15: Die Ladedatei des einführenden Beispiels

3   Assembler für PIC 10/12/16

Die Programme für die Familien PIC 10Fxx, 12Fxx und 16Fxx wurden mit dem Assembler
MPASM in der Version v5.01 des Herstellers Microchip übersetzt, der in den meisten Entwicklungssystemen enthalten ist und auch von der Website des Herstellers heruntergeladen
werden kann. Wenn nicht anders angegeben wurde der **Controller PIC 16F876** des einführenden Beispiels (Abschnitt 2.4) eingesetzt. Im Arbeitsfenster des Assemblers (*Bild 3-1*)
werden der Name der zu übersetzenden Quelldatei, der Prozessortyp sowie Optionen eingestellt, welche die Vorgaben der im Programm angegebenen Direktiven übersteuern. Gleiches
gilt für den Lader, mit dem sich die Vorgaben der Direktive `__CONFIG` ändern lassen.

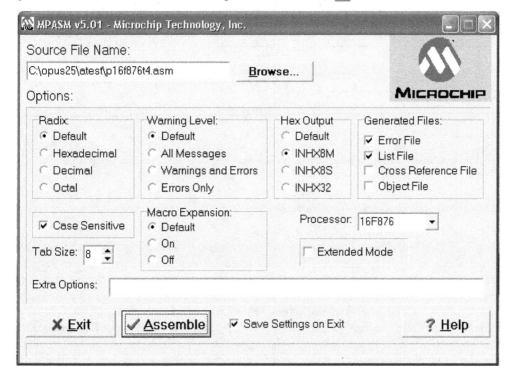

Bild 3-1: Das Auswahlmenü des Assemblers MPASM

Für die grafische Darstellung von Programmstrukturen verwendet man im Assembler vorwiegend die in *Bild 3-2* dargestellten Programmablaufpläne. Die einzelnen Symbole sind zusammen mit den ebenfalls üblichen Zeichen für Struktogramme im Anhang zusammengestellt.

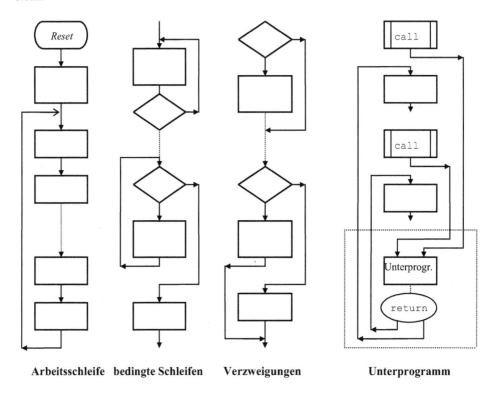

Arbeitsschleife bedingte Schleifen   Verzweigungen   Unterprogramm

Bild 3-2: Programmstrukturen im Programmablaufplan

Der Startpunkt jedes Programms nach dem Einschalten der Versorgungsspannung bzw. nach einem Reset ist der erste Befehl auf der Flash-Adresse 0. Auf die Initialisierung der Peripherie z.B. durch die Programmierung der Richtungsregister der parallelen Schnittstellen folgt meist eine **Arbeitsschleife**, die nur durch ein Reset abgebrochen oder durch einen Interrupt unterbrochen werden kann. Bei **bedingten Schleifen** sorgt eine innere Laufbedingung wie z.B. ein Zähler oder ein äußeres Ereignis wie z.B. die fallende Flanke einer Eingabetaste für das Ende der Schleife. **Programmverzweigungen** werten Bedingungen aus und entscheiden, welche Programmteile anschließend auszuführen sind. Häufig verwendete Verfahren wie z.B. die Multiplikation werden als **Unterprogramm** geschrieben und können dann mehrmals und von verschiedenen Stellen aus aufgerufen werden. *Bild 3-3* zeigt die Schaltung, mit der die Assemblerbeispiele getestet wurden. Der Anhang enthält die Stiftbelegung des Bausteins PIC 16F876.

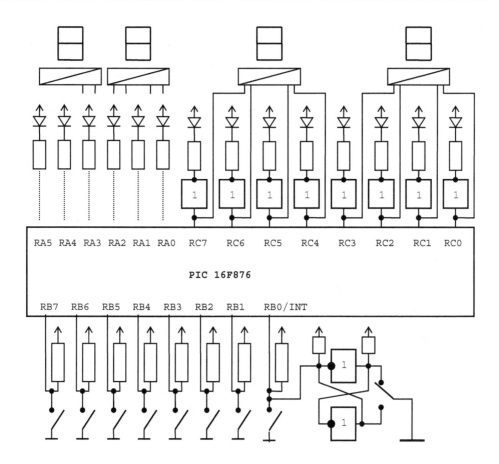

Bild 3-3: Testschaltung der Assemblerbeispiele (PIC 16F876)

Die acht Anschlüsse des Ports B werden als Eingänge programmiert und können mit Kipp-schaltern wahlweise auf den Zustand High oder Low gelegt werden. Am Eingang RB0 befindet sich zusätzlich ein entprellter Taster zur Eingabe von Signalflanken, da dieser Anschluss auch als Interrupteingang INT verwendet werden kann.

Die acht Anschlüsse des Ports C werden als Ausgänge programmiert und dienen mit acht Leuchtdioden zur Anzeige von binären Zuständen bzw. zur Ausgabe von Ergebnissen im dualen Zahlensystem. Für eine zweistellige dezimale Ausgabe stehen zwei über BCD-Decoder angesteuerte Siebensegmentanzeigen zur Verfügung. Nur mit einer besonderen Decoderschaltung könnten auch die Hexadezimalziffern von A bis F dargestellt werden. Die sechs Anschlüsse des Ports A lassen sich ebenfalls zur Anzeige von sechs binären Zuständen bzw. zur Ausgabe von Zahlen bis zur 63 verwenden; jedoch ist eine besondere Umschaltung von der analogen Eingabe in die digitale Ein/Ausgabe erforderlich.

Für jeden der drei Ports gibt es ein 8bit Datenregister und ein 8bit Tristateregister, mit dem für jeden Anschluss einzeln die Übertragungsrichtung programmiert werden kann; eine logische 1 bedeutet Eingang; eine logische 0 bedeutet Ausgang. Nach dem Einschalten der Versorgungsspannung bzw. nach einem Reset sind die Ports durch eine 1 in den Tristateregistern als Eingänge voreingestellt, die Datenregister haben einen undefinierten Anfangszustand. Die Tabelle enthält die Portadressen des **PIC 16F876** und ihre symbolischen Bezeichnungen.

Bank	Adresse	Name	Bit 7	Bit 6	Bit 5	Bit 4	Bit 3	Bit 2	Bit 1	Bit 0
0	0x005	PORTA	–	–	RA5	RA4	RA3	RA2	RA1	RA0
0	0x006	PORTB	RB7	RB6	RB5	RB4	RB3	RB2	RB1	RB0
0	0x007	PORTC	RC7	RC6	RC5	RC4	RC3	RC2	RC1	RC0
1	0x085	TRISA	–	–	TRIA5	TRIA4	TRIA3	TRIA2	TRIA1	TRIA0
1	0x086	TRISB	TRIB7	TRIB6	TRIB5	TRIB4	TRIB3	TRIB2	TRIB1	TRIB0
1	0x087	TRISC	TRIC7	TRIC6	TRIC5	TRIC4	TRIC3	TRIC2	TRIC1	TRIC0
1	0x09F	ADCON1	ADFM	–	–	–	PCFG3	PCFG2	PCFG1	PCFG0

Die drei Portregister liegen in der Bank 0; die drei Tristateregister und das Register ADCON1 liegen in der Bank 1. Das Beispiel programmiert den Port B als Eingang und die Ports A und C als Ausgänge und schaltet mit dem Befehl bsf die für die Adressierung notwendige Registerbank ein.

```
start           bsf     STATUS,RP0  ; RP0 <- 1: Registerbank 1
                clrf    TRISA       ; 0000 0000 PORT A Ausgabe
                movlw   0xff        ; 1111 1111 für Eingabe
                movwf   TRISB       ; PORT B Eingabe
                clrf    TRISC       ; 0000 0000 PORT C Ausgabe
                movlw   B'00000110' ; RA5, RA3 - RA0 digital ein
                movwf   ADCON1      ; analog aus
                bcf     STATUS,RP0  ; RP0 <- 0: Registerbank 0
; Arbeitsschleife
loop            movf    PORTB,w     ; Eingabe Port B nach W-Register
                movwf   PORTA       ; W-Register nach Ausgabe Port A
                movwf   PORTC       ; W-Register nach Ausgabe Port C
                goto    loop        ; unendliche Schleife
```

Für eine automatische Registerbankauswahl mit der Direktive BANKSEL sind besondere Vereinbarungen erforderlich. Die einfachen Programmbeispiele dieses Kapitels verwenden den Befehl bsf zur Registerbankauswahl.

3.1   Assembleranweisungen

Eine Eingabezeile besteht aus Feldern, die durch mindestens ein Leerzeichen oder Tabulatorzeichen zu trennen sind. Die in eckige Klammern gesetzten Teile können entfallen.

> [Label]   Direktive *oder* Makro *oder* Befehl   [Operanden]   [; Kommentar]

Label sind Bezeichner für benutzerdefinierte Sprungziele, Konstanten und Variablen.

- Beginn in Spalte 1 mit einem Buchstaben oder Unterstrich.
- Abschluss mit einem Leerzeichen oder Tabulatorzeichen oder Doppelpunkt.
- Sie können max. 32 Buchstaben, Ziffern oder den Unterstrich _ enthalten.
- Unzulässig sind herstellerdefinierte Direktiven und Befehle, der Beginn mit zwei Unterstrichen sowie reservierte Kennwörter.
- In der Standardeinstellung unterscheidet der Assembler zwischen Groß- und Kleinschreibung (case sensitive).

Direktiven sind Assembleranweisungen, die den Übersetzungsvorgang steuern und die nicht in Code übersetzt werden. Makros sind benutzerdefinierte Gruppen von Direktiven und Befehlen, die der Assembler an der Stelle des Aufrufs einsetzt. Befehle sind herstellerdefinierte symbolische Bezeichner von Maschinenbefehlen. Direktiven, Makros und Befehle dürfen erst ab Spalte 2 beginnen. In der Standardeinstellung unterscheidet der Assembler nicht zwischen Groß- und Kleinschreibung (non case sensitive).

Operanden bezeichnen die von Befehlen zu verwendenden Register oder Bitpositionen, Sprungziele oder die von Speicheranweisungen abzulegenden Daten. Mehrere Operanden werden durch Kommata getrennt.

Kommentare stehen hinter dem Semikolon bis zum Ende der Zeile und werden bei der Übersetzung nicht ausgewertet. Ein Semikolon in einer Stringkonstanten wird als Zeichen und nicht als Beginn eines Kommentars angesehen. Mit Leerzeilen und Kommentaren lassen sich die Programme übersichtlich gestalten.

In den Programmbeispielen erscheinen die vom Hersteller vorgegebenen Bezeichner der Direktiven sowie die Adressen der SFR-Register und ihrer Bitpositionen in Großschrift.

Für die Befehle und benutzerdefinierten Bezeichner wie z.B. Variablen und Sprungziele wurde die Kleinschrift gewählt.

Die Assembler-Direktiven der folgenden Tabelle werden vorzugsweise für die Übersetzung in absoluten ladbaren Code verwendet. In den Beispielen erscheinen sie meist in Großschrift. Weitere weniger gebräuchliche Direktiven können den Unterlagen des Assemblers entnommen werden.

Direktive	Operand	Anwendung	Beispiel
#INCLUDE	datei im Arbeitsverzeichnis "datei" mit Pfadangabe <datei> im Standardverzeichnis	fügt Textdatei ein	#INCLUDE "P16F876.inc"
#DEFINE	Name Text	Text einfügen	#DEFINE cbit STATUS,C
RADIX	hex oder dec oder oct	Basis des Zahlensystems	RADIX dec
__CONFIG	Ausdruck	Konfigurationswort	__CONFIG 0x3F72
EQU	Ausdruck	Assemblerkonstante	PORT EQU 0x123
ORG	Ausdruck	legt Adresszähler für Programm-Flash fest	ORG 0x0010
END		Ende des Quelltextes	END
__MAXRAM	Ausdruck	höchste RAM-Adresse	__MAXRAM 0x1FF
__BADRAM	Liste oder Bereich	nicht verfügbarer RAM	__BADRAM 0x18E,0x18F

Die Operanden der folgenden Tabelle werden meist symbolisch angegeben und vom Assembler in binären Code bzw. in die binäre Zahlendarstellung überführt.

Operand	Anwendung		Beispiel
Bezeichner	für Sprungziele, Register, Daten		goto loop
$	aktueller Adresszähler		goto $-1
Symbol	vereinbart mit EQU		movwf PORT
Zahl	dezimal D'Ziffern' *oder* . Ziffern		movlw .123
	hexadezimal H'Ziffern' *oder* 0xZiffern		movlw 0xff
	binär B'Ziffern'		movlw B'11110000'
	oktal O'Ziffern'		
Zeichen	A'Zeichen' *oder* 'Zeichen'		movlw 'X'
String	"Zeichenfolge"		data "Hallo"

Die Direktive RADIX legt das Zahlensystem nur für Ziffernfolgen ohne besondere Kennung wie z.B. durch 0x oder durch den Punkt fest. Es lässt sich auch im Menü des Assemblers einstellen. Die Beispiele verwenden immer den Punkt für Dezimalzahlen, die Zeichen 0x für Hexadezimalzahlen und B'Binärziffern' für Bitmuster.

Die Assembler-Operatoren der folgenden Tabelle sind nur während der Übersetzungszeit zur Berechnung von Ausdrücken wirksam. Die Rangfolge und Anwendung entsprechen den Konventionen der Sprache C; dabei werden runde Klammern vorrangig ausgeführt.

Typ	Operator	Anwendung	Beispiel
arithmetisch ganzzahlig	–	Negation (2er Komplement)	`movlw   -1.`
	+ – *	Addition Subtr. Multpl.	`movlw   wert+1`
	/ %	Quotient Rest ganzzahlig	`movlw   takt/100`
Bitoperation	~	1er Komplement	`movlw   ~B'01010101'`
	& | ^	UND ODER EODER	`movlw   0x80 | 0x01`
	<< >>	links rechts schieben	`movlw   (1 << PCFG3)`
Vergleich	< <= == != >= >	vergleicht Ausdrücke	`if (a == b)`
logische Verknüpfung	!	negiert Bedingung	`if !(a == b)`
	&& ||	UND bzw. ODER Beding.	`if (a==b)&&(b==c)`
Zuweisung	=	Zuweisung	`a = 1`
Klammern	( )	legt Rangfolge fest	`movlw   (wert + 1)*2`
	LOW *Ausdruck*	liefert das Low-Byte	`movlw   LOW 0x1234`
	HIGH *Ausdruck*	liefert das High-Byte	`movlw   HIGH 0x1234`

Von den Direktiven zu Steuerung der Übersetzungsliste wird meist nur LIST mit der Angabe des Prozessortyps verwendet. Dieser kann auch durch die Direktive PROCESSOR oder im Menü des Assemblers angegeben werden.

Direktive	Operand	Anwendung	Beispiel
LIST	Optionsliste p = Prozessortyp r = Radix	Übersetzungsliste ausgeben Prozessortyp festlegen Basis des Zahlensystems angeben	LIST p=16F876
NOLIST		keine Übersetzungsliste ausgeben	
MESSG	"Meldung"	Text in Übersetzungsliste einfügen	

Die Direktiven für die bedingte Assemblierung sind nur zur Übersetzungszeit wirksam. Durch sie ist es möglich, Programme für unterschiedliche Controllertypen zu entwickeln, die erst bei der Übersetzung ausgewählt werden.

Direktive	Operand	Anwendung
IF	*Ausdruck*	bei *wahr* die folgenden Anweisungen ausführen bis ELSE oder ENDIF
IFDEF	*Symbol*	bei *definiert* die folgenden Anweisungen ausführen bis ELSE oder ENDIF
IFNDEF	*Symbol*	bei *nicht definiert* die folgenden Anweisungen ausführen bis ELSE oder ENDIF
ELSE		alternative Anweisungen zu IF IFDEF IFNDEF
ENDIF		Ende der Anweisungen IF IFDEF IFNDEF oder ELSE
WHILE	*Ausdruck*	Anweisungen ausführen solange *Ausdruck wahr*
ENDW		Ende des WHILE

Weitere Direktiven finden sich in den Abschnitten 3.4 Makrovereinbarungen und 3.7 Speicherbereiche.

3.2   Operationen

Die Controller der in diesem Kapitel behandelten Familien PIC 10Fxxx, PIC 12Fxxx und PIC 16Fxxx unterscheiden sich in der Länge des Befehlswortes. Dabei ergeben sich geringfügige Abweichungen im Befehlssatz. Kapitel 4 behandelt den wesentlich erweiterten Befehlssatz der PIC18-Familie mit einem 16bit Befehlswort.

Zu den Bausteinen mit einem 12bit Befehlswort gehören die Typen PIC 10F2xxx und PIC 16Fx5x. Die für diese Typen *nicht* verfügbaren Befehle werden in den Listen durch das Zeichen * gekennzeichnet. Kapitel 8 behandelt die Programmierung der PIC10-Familie.

Zu den Bausteinen mit einem 14bit Befehlswort gehören die Typen PIC 12F629 und PIC 12F675 sowie die meisten PIC 16Fxxx. Für die Programmbeispiele wurde der PIC 16F876 verwendet, auf den sich auch die Adressen und Funktionen der SFR-Register beziehen.

In den **Befehlslisten** erscheint der vom Hersteller vorgegebene Name des Befehls wie auch in den Programmbeispielen in Kleinschrift. Ein * in Spalte 2 bedeutet, dass der Befehl für die Bausteine mit einem 12bit Befehlswort nicht verfügbar ist.

Befehl		*Operand*	*Z*	*D*	*C*	*W*	*T*	*Wirkung*
Name		Quelle -> Ziel	Statusregister Bedingungen			Wörter	Takte	Ergebnis -> Ziel
`movlw`		*Konstante*				1	1	Konstante -> w-Register
`movf`		*Register,w*	z			1	1	f-Register -> w-Register
`movf`		*Register,f*	z			1	1	f-Register -> f-Register (Test!)

Der Befehl ergibt zusammen mit den Operanden die Quelle der Daten und das Ziel, in welches das Ergebnis zu speichern ist. Findet eine Bewertung statt, so erscheinen in den Spalten **Z**, **D** und **C** die entsprechenden Kennbuchstaben für eine Änderung des Z-Bits (Zero), des DC-Bits (Digital Carry) und des C-Bits (Carry) bzw. eine 0 oder 1.

Die Spalte **W** gibt die Anzahl der Befehlswörter an. In der Spalte **T** erscheint die Anzahl der Befehltakte; für die Ausführung eines Befehls sind vier Systemtakte erforderlich. Bei einem Quarz und einem Systemtakt von 4 MHz ergibt sich ein Befehltakt von 1 MHz und damit eine Zeit von 1 µs für die Ausführung eines Befehls mit einem Befehltakt. Bei bedingten Sprungbefehlen unterscheidet man je nach Ausführung zwischen einem und zwei Befehlstakten.

Die Datenquelle ist im Befehl mit den Kennbuchstaben l, w und f enthalten. Das Zielregister wird im zweiten Operanden entweder durch eine 0 (W-Register) oder eine 1 (F-Register) angegeben. In den meisten Anwendungen vereinbart man jedoch dafür die beiden Symbole w für *working register* und f für *file register*. Beispiel:

```
w    EQU    0      ; working register Arbeitsregister Akkumulator
f    EQU    1      ; file register SFR-Register Datenregister
```

Der Befehl `movlw` speichert z.B. eine Konstante in das W-Register. Er verändert keine Statusbits und besteht aus einem Befehlswort, das in einem Befehlstakt ausgeführt wird. Bei einem Systemtakt von 4 MHz also in einer Mikrosekunde. Beispiel:

```
movlw    0xff        ; Bitmuster 11111111 -> W-Register
```

Der Befehl `movf` speichert den Inhalt des im ersten Operanden angegebenen File-Registers in den zweiten Operanden. Ist der Wert Null, so wird das Z-Bit auf 1 gesetzt, ist er nicht Null, so wird es gelöscht. Beispiele:

```
movf     PORTB,w     ; Eingabeport -> W-Register
movf     PORTB,f     ; Eingabeport -> Eingabeport (testet auf Null!)
```

Die Bezeichnungen der Befehle und Direktiven des Herstellers können wahlweise groß oder klein geschrieben werden (*non case sensitive*). Für alle vom Benutzer vergebenen Bezeichnungen ist zwischen Groß- und Kleinschreibung zu unterscheiden (*case sensitive*). Die Ergebnisse der arithmetischen und logischen Operationen sowie einiger Speicherbefehle werden im Statusregister in den Bitpositionen **C** = Carry, **DC** = Digit Carry und **Z** = Zero als *vorzeichenlose Dualzahlen* bewertet. Für eine vorzeichenbehaftete Arithmetik sind für die Familien PIC 10/12/16 hardwaremäßig keine Bewertungsschaltungen vorgesehen.

Statusregister **STATUS** (Adressen 0x03, 0x83, 0x103, 0x183) alle Registerbänke

Bit 7	*Bit 6*	*Bit 5*	*Bit 4*	*Bit 3*	*Bit 2*	*Bit 1*	*Bit 0*
RW - 0	RW - 0	RW - 0	R - 1	R - 1	RW - x	RW - x	RW - x
IRP	RP1	RP0	/TO	/PD	**Z**	**DC**	**C**
					Zero (Null) Nullanzeige 0: **nicht** Null 1: ist Null	Digit Carry Halbübertrag 0: kein Carry 1: Carry	Carry/Borrow 0: kein Carry 1: Carry

R = Bit lesbar   **W** = Bit beschreibbar   Vorgabewert nach Reset: **0** oder **1** oder **x** (unbestimmt)

Das **Z**-Bit ist 0, wenn das Ergebnis ungleich Null ist (nein).
Das **Z**-Bit ist 1, wenn das Ergebnis gleich Null ist (ja).

Das **C**-Bit speichert den Übertrag der werthöchsten Stelle (Bit 7).
Das **DC**-Bit speichert den Übertrag der wertniedrigeren Dezimalstelle (Bit 3 nach Bit 4).

Addition: C bzw. DC gleich 0: *kein* Übertrag/Überlauf
          C bzw. DC gleich 1: Übertrag/Überlauf

Subtraktion: C bzw. DC gleich 0: Borgen/Unterlauf weil die Differenz negativ ist.
             C bzw. DC gleich 1: *kein* Borgen/Unterlauf weil die Differenz positiv ist.

3.2.1   Byteoperationen

Alle Operationen werden in der Länge byte gleich acht bit ausgeführt. Bei vorzeichenlosen Dualzahlen im Bereich von 0 bis 255 hat das ganz links stehende Bit die Wertigkeit $2^7 = 128$. Für Dualzahlen mit Vorzeichen sind weder Befehle noch Bewertungsbits im Statusregister vorgesehen. Der Halbübertrag DC wird für eine dezimale Arithmetik verwendet.

Die **Literal-Adressierung** nimmt den Operanden als 8bit Konstante aus den unteren acht Bitpositionen des Befehlswortes. Sie lässt sich nur auf das W-Register als Ziel anwenden.

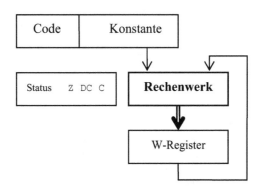

Befehl		Operand	Z	D	C	W	T	Wirkung
movlw		Konstante				1	1	speichere Konstante (literal) -> w-Register
addlw	*	Konstante	Z	D	C	1	1	Konstante (literal) + w-Register -> w-Register
sublw	*	Konstante	Z	D	C	1	1	Konstante (literal) – w-Register -> w-Register
andlw		Konstante	Z			1	1	Konstante (literal) UND w-Register -> w-Register
iorlw		Konstante	Z			1	1	Konstante (literal) ODER w-Register -> w-Register
xorlw		Konstante	Z			1	1	Konstante (literal) EODER w-Register -> w-Register

Die File-Register können nur im Umweg über das W-Register mit konstanten Werten geladen werden. Bei der Addition und bei den logischen Operationen sind die Operanden vertauschbar; bei der Subtraktion ist jedoch zu beachten, dass das W-Register *von der* Konstanten subtrahiert wird, nicht umgekehrt, wie zu vermuten wäre. Ersatzweise kann man jedoch zur *negativen* Konstanten das W-Register *addieren*. $-k + w = w - k$. Beispiele:

```
; lade F-Register mit einer Konstanten
    movlw   0xff    ; hexadezimale Konstante -> W-Register
    movwf   hilfe   ; Konstante -> F-Register hilfe
; subtrahiere vom W-Register die Konstante 10
    addlw   -.10    ; - Konstante + W-Register -> W-Register
                    ; DC und C wie bei einer Subtraktion!
```

Die **direkte File-Adressierung** wählt das File-Register je nach Größe und Struktur des RAM-Bereiches mit den unteren Bits des Befehlswortes aus; das Statusregister bestimmt die Registerbank. Die Ergebnisse gelangen je nach Programmierung in das F-Register *oder* in das W-Register. Die File-Register können auch als Variable angesehen werden.

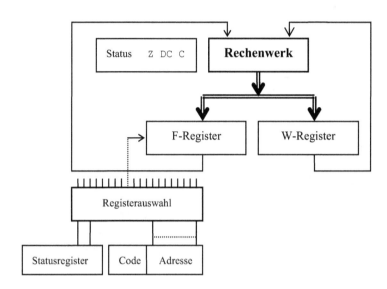

Der RAM-Speicher des PIC 16F876 besteht entsprechend *Bild 3-4* aus vier Bänken zu je 128 Bytes. Innerhalb der Bänke stehen die Adressen von 0x00 bis 0x7F, die im 7bit Operandenteil der Befehle erscheinen. Die außen angegebenen absoluten 9bit Adressen werden mit den beiden Auswahlbits des Statusregisters gebildet. Auf den Adressen 0x00 bis 0x1F bzw. 0x0F jeder Bank liegen die vom Hersteller vergebenen Special Function Register SFR. Ihre Adressen werden den Unterlagen oder der inc-Datei des Herstellers entnommen. Den oberen Adressbereich ab Adresse 0x20 bzw. 0x10 kann der Benutzer für eigene Register bzw. Variablen verwenden. Der Bereich von 0x70 bis 0x7F ist allen Bänken gemeinsam.

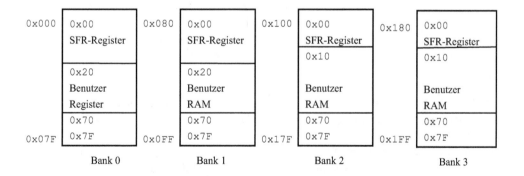

Bild 3-4: Die Datenspeicherbänke für direkte Adressierung (PIC 16F876)

Die Bankauswahl der direkten Adressierung erfolgt mit den beiden Bitpositionen RP1 und
RP0 des Statusregisters. Es ist in allen Registerbänken verfügbar. Die Angaben beziehen sich
auf den PIC 16F876.

Statusregister **STATUS** (Adressen 0x03, 0x83, 0x103, 0x183) alle Registerbänke

Bit 7	Bit 6	Bit 5	Bit 4	Bit 3	Bit 2	Bit 1	Bit 0
RW - 0	RW - 0	RW - 0	R - 1	R - 1	RW - x	RW - x	RW - x
IRP	**RP1**	**RP0**	/TO	/PD	Z	DC	C
Bankauswahl der indirekten Adressierung	**Direkte Adressierung** 0 0: Bank 0 0 1: Bank 1 1 0: Bank 2 1 1: Bank 3						

Nach dem Einschalten der Versorgungsspannung bzw. nach einem Reset ist die Bank 0 voreingestellt. Hier werden vorzugsweise die F-Register ab Adresse 0x20 als Variablen angelegt. Abschnitt 3.7.2 zeigt die indirekte Adressierung der Bänke als Speicherbereiche. Das
Beispiel vereinbart die drei Variablen x, y und z und weist ihnen mit dem Befehl clrf die
Anfangswerte 0 zu. Dazu wird trotz Voreinstellung die Registerbank 0 eingeschaltet.

```
; Vereinbarungen für SFR-Register sowie für die Symbole w und f
STATUS  EQU   0x03      ; Adresse des Statusregisters
RP0     EQU   5         ; Bankauswahlbit 0
RP1     EQU   6         ; Bankauswahlbit 1
w       EQU   0         ; Symbol für working register
f       EQU   1         ; Symbol für file register
; Vereinbarungen für Benutzer F-Register bzw. Variable
x       EQU   0x20      ; Variable x
y       EQU   0x21      ; Variable y
z       EQU   0x22      ; Variable z
; Befehlsbereich
        bcf   STATUS,RP0  ; RP0 löschen
        bcf   STATUS,RP1  ; RP1 löschen RP0 = RP1 = 0 wählt Bank 0
        clrf  x           ; Variable x löschen (Null)
        clrf  y           ; Variable y löschen (Null)
        clrf  z           ; Variable z löschen (Null)
```

Der Assembler ersetzt in den Befehlen die Symbole x, y und z durch die mit EQU vereinbarten Zahlenwerte und setzt diese in den Adressteil der Befehlswörter ein. Zur Ausführungszeit
der Befehle dient die Adresse zusammen mit den beiden Bits des Statusregisters zur Auswahl
der Operanden bzw. Speicherung des Ergebnisses. In dem Beispiel des clr-Befehls werden
die Register gelöscht und das Z-Bit wird auf 1 gesetzt, da das Ergebnis der Operation Null
ist.

Die **Speicheroperationen** kopieren den links stehenden Operanden in das rechts stehende
Ziel; der Inhalt der Quelle bleibt erhalten.

Befehl		Operand	Z	D	C	W	T	Wirkung
movlw		Konstante				1	1	speichere Konstante (literal) -> **w**-Register
movwf		Register				1	1	speichere **w**-Register -> **f**-Register
movf		Register, **w**	**z**			1	1	speichere **f**-Register -> **w**-Register
movf		Register, **f**	**z**			1	1	speichere **f**-Register -> **f**-Register (Testbefehl)

Die beiden Befehle `movf` verändern das Z-Bit entsprechend den gespeicherten Daten und
können zur Nullabfrage dienen. Speicheroperationen zwischen zwei F-Registern sind nicht
möglich. Der Befehl `movf` mit einem F-Register als Ziel testet dieses Register auf Null.

Befehl		Operand	Z	D	C	W	T	Wirkung
swapf		Register, **w**				1	1	vertausche **f**-Registerhälften, speichere nach **w**-Reg.
swapf		Register, **f**				1	1	vertausche **f**-Registerhälften, speichere nach **f**-Reg.
clrw			1			1	1	lösche das **w**-Register
clrf		Register	1			1	1	lösche das **f**-Register
nop						1	1	no operation (tu nix)

Die Befehle `swapf` vertauschen die beiden Halbbytes eines F-Registers. Dabei entscheidet
der zweite Operand, in welches Register das Ergebnis gespeichert werden soll. Für das W-
Register als Ziel bleibt der alte Inhalt des F-Registers erhalten. Die Befehle `clr` löschen das
angegebene Register und setzen das Z-Bit auf 1. Der Befehl `nop` führt keine Operation
durch und dient als Platzhalter oder zum Einfügen von Wartetakten.

Die **arithmetischen Operationen** verknüpfen eine Konstante bzw. ein F-Register mit dem
W-Register. Der zweite Operand entscheidet, in welches Register das Ergebnis gespeichert
wird. Ist das W-Register das Ziel, so bleibt der Inhalt des F-Registers erhalten.

Befehl		Operand	Z	D	C	W	T	Wirkung
addlw	*	Konstante	z	D	C	1	1	addiere Konstante + **w**-Register, Summe nach **w**-Reg.
addwf		Register, **w**	z	D	C	1	1	addiere **w**-Register + **f**-Register, Summe nach **w**-Reg.
addwf		Register, **f**	z	D	C	1	1	addiere **w**-Register + **f**-Register, Summe nach **f**-Reg.
sublw	*	Konstante	z	D	C	1	1	subtrahiere Konstante − **w**-Register, Diff. nach **w**-Reg.
subwf		Register, **w**	z	D	C	1	1	subtrahiere **f**-Register − **w**-Register, Diff. nach **w**-Reg.
subwf		Register, **f**	z	D	C	1	1	subtrahiere **f**-Register − **w**-Register, Diff. nach **f**-Reg.

Bei der Addition sind die Operanden vertauschbar. Das Carrybit C speichert den Übertrag
des werthöchsten Volladdierers; das Ziffernübertragbit DC speichert den Übertrag des wertniedrigeren Halbbytes. C = 1 bedeutet entweder einen Zahlenüberlauf oder einen Übertrag
auf das nächste werthöhere Byte.

Bei der **Subtraktion** ist zu beachten, dass das W-Register *vom* ersten Operanden abgezogen wird und dass die Subtraktion im Rechenwerk auf eine Addition des Zweierkomplements zurückgeführt wird. Dadurch bedeutet C = 1 bzw. DC = 1 eine positive Differenz und damit keinen Unterlauf bzw. kein Borgen. Dagegen bedeutet C = 0 bzw. DC = 0 eine negative Differenz und damit einen Unterlauf bzw. ein Zeichen, dass ein Borgen von der werthöheren Stelle erforderlich ist. Die Verhältnisse lassen sich mit folgendem Programmstück testen.

```
; Nach Reset Minuend vom Port B laden
                movf    PORTB,w     ; Anfangswert -> W-Register
                movwf   minu        ; Anfangswert -> Minuend
; Arbeitsschleife Subtrahend vom Port B laden
loop            movf    minu,w      ; Minuend -> W-Register
                movwf   diff        ; Minuend -> Differenz
                movf    PORTB,w     ; Subtrahend -> w-Register
                subwf   diff,f      ; Minuend - Subtrahend -> Differenz
                movf    STATUS,w    ; Z DC C -> W-Register
                movwf   PORTA       ; Flags auf Port A ausgeben
                movf    diff,w      ; Differenz -> W-Register
                movwf   PORTC       ; Differenz auf Port C ausgeben
                goto    loop        ; Schleife
```

Ergebnisse:

```
3 - 1 -> 2         Z = 0   DC = 1   C = 1   Differenz ungleich Null positiv
3 - 2 -> 1         Z = 0   DC = 1   C = 1   Differenz ungleich Null positiv
3 - 3 -> 0         Z = 1   DC = 1   C = 1   Differenz Null positiv
3 - 4 -> 0xff = -1   Z = 0   DC = 0   C = 0   Differenz ungleich Null negativ
3 - 5 -> 0xfe = -2   Z = 0   DC = 0   C = 0   Differenz ungleich Null negativ
```

Die **Zähloperationen** dienen zum Aufbau von Schleifen, die sich durch eine Abfrage des Z-Bits auf Null prüfen lassen. Das Beispiel zählt in einer Schleife abwärts von 100 bis Null.

Befehl	Operand	Z	D	C	W	T	Wirkung
inc**f**	*Register,* **w**	z			1	1	incrementiere (+1) **f**-Register, Summe nach **w**-Register
inc**f**	*Register,* **f**	z			1	1	incrementiere (+1) **f**-Register, Summe nach **f**-Register
dec**f**	*Register,* **w**	z			1	1	decrementiere (-1) **f**-Register, Differenz nach **w**-Reg.
dec**f**	*Register,* **f**	z			1	1	decrementiere (-1) **f**-Register, Differenz nach **f**-Reg.

```
                movlw   .100        ; dezimaler Anfangswert -> W-Register
                movwf   zael        ; Anfangswert -> Zähler
loop            decf    zael,f      ; Zähler - 1 -> Zähler
                btfss   STATUS,Z    ; überspringe wenn Z=1 Differenz gleich Null
                goto    loop        ; Schleife wenn Z=0 Differenz ungleich Null
weiter . . . . . . . . . ; hier geht es nach der Schleife weiter
```

Die **rotierenden Schiebeoperationen** verschieben den Inhalt eines Registers zusammen mit dem Carrybit nach rechts bzw. nach links. Register und Carrybit bilden ein 9bit Schieberegister. Die frei werdende Bitposition wird mit dem alten Carrybit aufgefüllt. Die herausgeschobene Bitposition gelangt in das neue Carrybit.

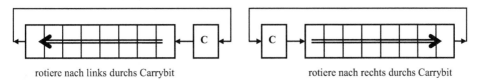

rotiere nach links durchs Carrybit   rotiere nach rechts durchs Carrybit

Befehl	Operand	Z	D	C	W	T	Wirkung
rlf	Register, w			C	1	1	rotiere links f-Register und Carry, speichere nach w-Reg.
rlf	Register, f			C	1	1	rotiere links f-Register und Carry, speichere nach f-Reg.
rrf	Register, w			C	1	1	rotiere rechts f-Register und Carry, speichere nach w-Reg.
rrf	Register, f			C	1	1	rotiere rechts f-Register und Carry, speichere nach f-Reg.

Für **logische Schiebeoperationen**, bei denen die frei werdende Bitposition mit einer 0 aufgefüllt wird, muss vorher das Carrybit gelöscht werden. Dann bedeutet ein logisches Rechtsschieben eine Division durch 2; der Divisionsrest erscheint im Carrybit. Ein logisches Linksschieben multipliziert mit dem Faktor 2, das Carrybit nimmt die herausgeschobene Bitposition auf, die als Überlauf- oder Übertraganzeige ausgewertet werden kann.

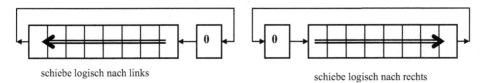

schiebe logisch nach links   schiebe logisch nach rechts

Eine Multiplikation mit dem Faktor 10 ergibt sich durch zweimaliges logisches Linksschieben, eine Addition mit dem alten Faktor und ein nochmaliges logisches Linksschieben. Das Beispiel multipliziert die Eingabe vom Port B mit dem Faktor 10 und gibt das Produkt auf dem Port C aus. Auf eine Überlaufkontrolle mit dem herausgeschobenen Bit wird verzichtet.

```
; Arbeitsschleife Faktor von Port B laden * 10 Produkt nach Port C
loop         movf      PORTB,w      ; Eingabe nach W-Register
             movwf     hilf         ; Eingabe nach Hilfsregister
             bcf       STATUS,C     ; Carry_alt löschen
             rlf       hilf,f       ; *2
             bcf       STATUS,C     ; Carry_alt löschen
             rlf       hilf,f       ; *4
             addwf     hilf,f       ; + Eingabe = *5
             bcf       STATUS,C     ; Carry_alt löschen
             rlf       hilf,f       ; *10
             movf      hilf,w       ; Produkt -> W-Register
```

```
        movwf    PORTC        ; und nach Anzeige Port C
        goto     loop         ; Schleife
```

Für ein nicht im Befehlssatz enthaltenes 8bit Rotieren **ohne** das Carrybit ist eine besondere Behandlung des Carrybits erforderlich. Die Beispiele verschieben den Operanden *oper* um eine Bitposition zyklisch nach rechts.

```
            bcf      STATUS,C     ; Carry_alt löschen
            btfsc    oper,0       ; überspringe wenn Bit_0 eine 0
            bcf      STATUS,C     ; sonst Carry_alt auf 1 setzen
            rrf      oper,f       ; Bit_0 nach Bit_7 schieben
; alternative Lösung mit zwei Schiebebefehlen  W-Register zerstört!
            rrf      oper,w       ; Bit_0 nach Carry  oper bleibt
            rrf      oper,f       ; Carry mit Bit_0 nach Bit_7
```

Die **logischen Operationen** verknüpfen eine Konstante bzw. ein F-Register mit dem W-Register. Der zweite Operand entscheidet, in welches Register das Ergebnis gespeichert wird. Ist das W-Register das Ziel, so bleibt der Inhalt des F-Registers erhalten.

Befehl	Operand	Z	D	C	W	T	Wirkung
andlw	Konstante	Z			1	1	**w**-Register UND Konstante, speichere nach **w**-Register
andwf	Register, **w**	Z			1	1	**w**-Register UND **f**-Register, speichere nach **w**-Register
andwf	Register, **f**	Z			1	1	**w**-Register UND **f**-Register, speichere nach **f**-Register
iorlw	Konstante	Z			1	1	**w**-Register ODER Konstante, speichere nach **w**-Register
iorwf	Register, **w**	Z			1	1	**w**-Register ODER **f**-Register, speichere nach **w**-Register
iorwf	Register, **f**	Z			1	1	**w**-Register ODER **f**-Register, speichere nach **f**-Register
xorlw	Konstante	Z			1	1	**w**-Register EODER Konstante, speichere nach **w**-Reg.
xorwf	Register, **w**	Z			1	1	**w**-Register EODER **f**-Register, speichere nach **w**-Reg.
xorwf	Register, **f**	Z			1	1	**w**-Register EODER **f**-Register, speichere nach **f**-Reg.
comf	Register, **w**	z			1	1	NICHT **f**-Register, speichere nach **w**-Register
comf	Register, **f**	z			1	1	NICHT **f**-Register, speichere nach **f**-Register

Das Beispiel liest ein Byte vom Eingabeport B. Die Bitpositionen B7 und B6 werden durch eine UND-Maske gelöscht, die Bitpositionen B5 und B4 werden durch eine ODER-Maske auf 1 gesetzt, die Bitpositionen B3 und B2 werden durch eine EODER-Maske komplementiert und die beiden Bitpositionen B1 und B0 werden für die Ausgabe auf dem Port C übernommen.

```
; Arbeitsschleife
loop    movf     PORTB,w       ; Eingabe nach W-Register
        andlw    B'00111111'   ; Maske B7 und B6 nach 00 löschen
        iorlw    B'00110000'   ; Maske B5 und B4 auf 11 setzen
        xorlw    B'00001100'   ; Maske B3 und B2 komplementieren
        movwf    PORTC         ; W-Register nach Ausgabe
        goto     loop          ; Schleife
```

3.2.2   Bitoperationen

Für die Adressierung eines Bits im F-Register werden die Positionen entsprechend der dualen Stellenwertigkeit von 0 bis 7 durchnummeriert.

Bit 7	Bit 6	Bit 5	Bit 4	Bit 3	Bit 2	Bit 1	Bit 0

Das Befehlswort der Bitbefehle enthält den Code des Befehls, die Bitposition und die Adresse des F-Registers. Die Befehle lassen sich nicht auf das W-Register anwenden.

Befehl		Operand	Z	D	C	W	T	Wirkung
bcf		Register, Bit				1	1	lösche (clear) Bitposition im f-Register
bsf		Register, Bit				1	1	setze (set) Bitpositon im f-Register

Die Bitpositionen werden meist wie die Adressen der F-Register als Symbole definiert. Das Beispiel vereinbart für das Carrybit des Statusregisters das Symbol C, löscht das Carrybit vor einem Rotierbefehl und verwendet den dadurch entstehenden logischen Schiebebefehl für eine Multiplikation mit dem Faktor 2. Ein bedingter Sprungbefehl führt bei einem Überlauf zu einem Programmteil, in dem der Fehlerfall behandelt wird.

```
; Vereinbarungen
STATUS          EQU     0x003       ; Statusregister
C               EQU     0           ; Carry = Bit_0
; Befehlsbereich
                bcf     STATUS,C    ; Carry_alt löschen
                rlf     hilf,f      ; hilf * 2
                btfsc   STATUS,C    ; überspringe bei C = 0
                goto    error       ; Überlauf für C = 1
; hier geht es für C = 0 nach dem Überspringen weiter
```

Die Bitpositionen eines F-Registers lassen sich mit bedingten Sprungbefehlen auf 0 (clear) bzw. auf 1 (set) untersuchen. Ist die Bedingung erfüllt, so wird der folgende Befehl übersprungen; ist sie *nicht* erfüllt, so wird der folgende Befehl ausgeführt.

Befehl		Operand	Z	D	C	W	T	Wirkung
goto		Ziel				1	2	unbedingter Sprung, lade PC mit Zieladresse
btfsc		Register, Bit				1	1/2	bit test im f-Register, überspringe bei clear (0)
								2 Takte für Bit 0, nächster Befehl wird übersprungen
								1 Takt für Bit *nicht* 0, nächster Befehl wird ausgeführt
btfss		Register, Bit				1	1/2	bit test im f-Register, überspringe bei set (1)
								2 Takte für Bit 1, nächster Befehl wird übersprungen
								1 Takt für Bit *nicht* 1, nächster Befehl wird ausgeführt

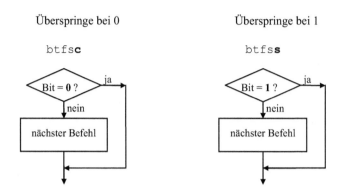

Ist der folgende Befehl ein unbedingter Sprung goto, so entsteht bei einem Rücksprung eine Programmschleife. Bei einem Vorwärtssprung entsteht eine Programmverzweigung.

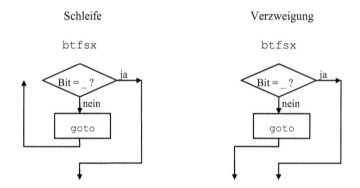

Die Bitoperationen lassen sich auch auf die Portregister anwenden. Das Beispiel wartet auf eine Tastenbetätigung am Eingang RB7 und testet die Operatoren LOW und HIGH.

```
; Arbeitsschleife wartet auf Taste RB7 gibt Low- dann High-Byte aus
loop            movlw   LOW .1024     ; Low-Byte von 0x400 -> W-Reg.
                movwf   PORTC         ; nach Port C
loop1           btfsc   PORTB,7       ; überspringe bei Taste gedrückt
                goto    loop1         ; warte bei Taste oben
loop2           btfss   PORTB,7       ; überspringe bei Taste gelöst
                goto    loop2         ; warte solange Taste gedrückt
                movlw   HIGH 0xff00   ; High-Byte nach W-Register
                movwf   PORTC         ; 0xff nach Port C
loop3           btfsc   PORTB,7       ; überspringe bei Taste gedrückt
                goto    loop3         ; warte bei Taste oben
loop4           btfss   PORTB,7       ; überspringe bei Taste gelöst
                goto    loop4         ; warte solange Taste gedrückt
                goto    loop          ; Schleife
```

3.2.3   16bit Wortoperationen

Für Operationen mit Datenwörtern der Länge 16 bit sind zwei 8bit Byteoperationen erforderlich. Beim Linksschieben und bei arithmetischen Operationen beginnt man mit dem Low-Byte und verwendet das Carrybit als Zwischenspeicher. Für die Rechtsschiebeoperationen ist mit dem High-Byte zu beginnen.

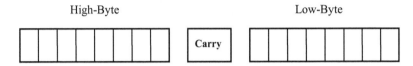

Das Beispiel lädt eine 16bit Konstante mit den Operatoren LOW und HIGH in das X-Register aufgeteilt in die beiden Bytes xlow und xhigh.

```
; Wortkonstante 0x1234 -> X-Register
        movlw   LOW 0x1234  ; Low-Byte -> W-Register
        movwf   xlow        ; nach X-Register-Low
        movlw   HIGH 0x1234 ; High-Byte -> W-Register
        movwf   xhigh       ; nach X-Register-High
```

Das Beispiel speichert die beiden Bytes des 16bit X-Registers in das Y-Register aufgeteilt in die beiden Bytes ylow und yhigh.

```
; X-Register -> Y-Register
        movf    xlow,w      ; X-Low -> W-Register
        movwf   ylow        ; X-Low -> Y-Low
        movf    xhigh,w     ; X-High -> W-Register
        movwf   yhigh       ; X-High -> Y-High
```

Das Beispiel addiert die beiden 16bit Register und speichert die Summe in das Y-Register. Das Carrybit dient dabei als Zwischenübertrag. In Sonderfällen sind nach der 16bit Operation das Carrybit und das Zerobit nicht auswertbar!

```
; Y-Register + X-Register -> Y-Register ohne Überlaufkontrolle
        movf    xlow,w      ; X-Low -> W-Register
        addwf   ylow,f      ; Y-Low + W-Register -> Y-Low
        btfsc   STATUS,C    ; überspringe C = 0 kein Übertrag
        incf    yhigh,f     ; C = 1: addiere Übertrag
        movf    xhigh,w     ; X-High -> W-Register
        addwf   yhigh,f     ; Y-High + W-Register -> Y-High
```

Das Beispiel multipliziert das X-Register mit dem Faktor 2 durch logisches Linksschieben, das mit dem Low-Byte beginnen muss.

```
; X-Register * 2 -> X-Register logisch links schieben
                bcf     STATUS,C    ; Carry löschen vor log. Schieben
                rlf     xlow,f      ; Low * 2 Low beginnt
                rlf     xhigh,f     ; High * 2 mit Übertrag
```

Das Beispiel subtrahiert das X-Register vom Y-Register und speichert die Differenz in das Y-Register. Das Carrybit übernimmt das Zwischenborgen. In Sonderfällen sind nach der 16bit Operation das Carrybit und das Zerobit nicht auswertbar!

```
; Y-Register - X-Register -> Y-Register ohne Unterlaufkontrolle
                movf    xlow,w      ; X-Low -> W-Register
                subwf   ylow,f      ; Y-Low - W-Register -> Y-Low
                btfss   STATUS,C    ; überspringe C = 1 kein Borgen
                decf    yhigh,f     ; C = 0: subtrahiere Borgen
                movf    xhigh,w     ; X-High -> W-Register
                subwf   yhigh,f     ; Y-High - W-Register -> Y-High
```

Das Beispiel dividiert das Y-Register durch 2 mit zwei logischen Rechtsschiebebefehlen und beginnt mit dem High-Byte; das Carrybit nimmt den Zwischenübertrag auf.

```
; Y-Register / 2 -> Y-Register logisch rechts schieben
                bcf     STATUS,C    ; Carry löschen vor log. Schieben
                rrf     yhigh,f     ; High / 2 High beginnt
                rrf     ylow,f      ; Low / 2 mit Übertrag
```

Das Beispiel erhöht das Y-Register um 1, gibt die Summe auf den Ports A und C aus und wartet auf die Taste RB7. In der Schleife wird der 16bit Dualzähler bei jedem Tastendruck um 1 erhöht.

```
; Y-Register um 1 erhöhen
loop            incf    ylow,f      ; Low-Byte + 1
                btfsc   STATUS,Z    ; überspringe Z = 0 nicht Null
                incf    yhigh,f     ; Z = 1 Summe 0 High-Byte + 1
; 16bit Y-Register auf Port A und Port C ausgeben
                movf    ylow,w      ; Low-Byte -> W-Register
                movwf   PORTC       ; auf Port C ausgeben
                movf    yhigh,w     ; High-Byte -> W-Register
                movwf   PORTA       ;
; warte auf Taste RB7
loop1           btfsc   PORTB,7     ; überspringe bei Low gedrückt
                goto    loop1       ; warte bei nicht gedrückt
loop2           btfss   PORTB,7     ; überspringe bei High gelöst
                goto    loop2       ; warte bei gedrückt
                goto    loop        ; Schleife erhöht Ausgabe um 1
```

3.3 Verzweigungen und Schleifen

Der **Programmspeicher** ist wie der Datenspeicher in Seiten, *pages* genannt, aufgeteilt. Die Bitbreite ist abhängig von der PIC-Familie; die Anzahl der Programmwörter ist abhängig vom Typ. Der PIC 16F876 hat vier Seiten zu je 2048 oder 2 k Wörter, also insgesamt 8192 oder 8 k Wörter Programmspeicher bei einer Programmwortbreite von 14 bit. *Bild 3-5* zeigt die Aufteilung zusammen mit dem Befehlszähler PC (*Program Counter*).

0x1FFF	Page 3
0x1800	
0x17FF	Page 2
0x1000	
0x0FFF	Page 1
0x0800	
0x07ff	Page 0
0x0005	
0x0004	Interrupt-Vektor
0x0000	Reset-Vektor

Pageauswahl : Programmwortauswahl in der Page   13bit Adresse   Programmwörter 14 bit lang

PC   +1

PCL   Adressen 0x02, 0x82, 0x102, 0x182
alle Registerbänke nach Reset 0x00

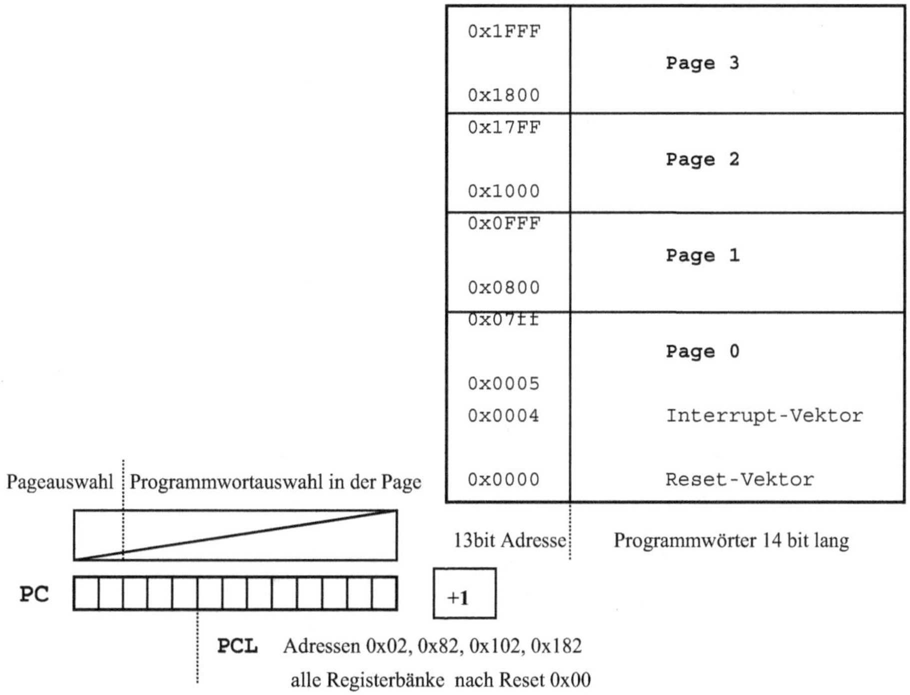

Bild 3-5: Der Programmspeicher (PIC 16F876)

Der 13bit breite **Befehlszähler PC** (*program counter*) enthält die Adresse des nächsten auszuführenden Befehls. Er wird beim Einschalten der Versorgungsspannung bzw. bei einem Reset mit dem Anfangswert 0x000 geladen. Dort befindet sich der erste Befehl. Das Low-Byte **PCL** des Befehlszählers kann in allen Registerbänken gelesen und beschrieben werden. Das High-Byte ist nicht lesbar, sondern kann nur über das Speicherregister PCLATH (*Program Counter Latch High*) beschrieben werden. In einem linearen Programmteil wird der Befehlszähler ohne Rücksicht auf die Seitengrenzen bei jedem Befehl um 1 bzw. 2 erhöht. Bei einem Überlauf über die obere Grenze beginnt er wieder auf der Seite 0.

Der **unbedingte Sprungbefehl** `goto` enthält im Programm die symbolische Adresse des Befehls, der als nächster auszuführen ist. Für den laufenden Adresszähler kann man auch das vordefinierte Zeichen **$** setzen.

Befehl		Operand	Z	D	C	W	T	Wirkung
goto		Zieladresse				1	2	unbedingter Sprung, lade PC mit Zieladresse

Bei einem 14bit Befehlswort verwendet der Assembler 3 bit für den Code und 11 bit für die Adresse des Sprungziels, die bei der Ausführung des Befehls entsprechend *Bild 3-6* in den unteren Teil des Befehlszählers gelangen und die Adresse innerhalb einer Seite bilden. Die oberen beiden Bits zur Auswahl der Seite (*page*) werden den Bitpositionen 3 und 4 des Registers `PCLATH` (*program counter latch high*) entnommen, das dadurch die Seite des Sprungziels bestimmt. Dieses Register kann gelesen und beschrieben werden und ist nach dem Einschalten der Versorgungsspannung bzw. nach einem Reset mit 0x000 vorbesetzt und zeigt damit auf die Page 0 mit dem Resetvektor.

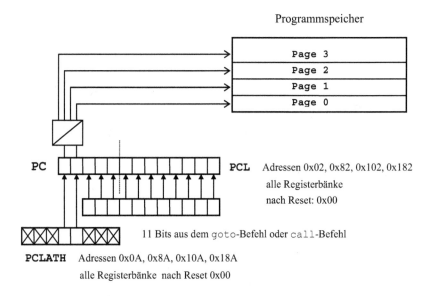

Bild 3-6: Seitenauswahl beim unbedingten Sprung (PIC 16F876)

Das Register `PCLATH`, das bei *jedem* Befehl `goto` und `call` zur Seitenauswahl verwendet wird, muss nur bei einem Sprung über eine Seitengrenze neu geladen werden; die folgenden Sprünge finden dann wieder innerhalb der neuen Seite statt. Das Beispiel springt von der vorgegebenen Seite 0 in die Seite 1 und gibt dort `PCL` und `PCLATH` auf den Ports C und A aus. Bei einem Übergang von z.B. Seite 1 nach Seite 2 in einem linearen Programmteil ändert sich der Inhalt von `PCLATH` nicht!

```
; Vereinbarung der Registeradressen
PCL            EQU      0x002      ; Befehlszähler Low
PCLATH         EQU      0x00A      ; Befehlszählerspeicher High
; Sprung von Page 0 nach Page 1
               movlw    HIGH seite1 ; High-Adresse
               movwf    PCLATH     ; nur Bit 3 und 4 verwendet
               goto     seite1     ;
; neue Programmseite PCL und PCLATH ausgeben
               ORG      0x0800     ; Adresszähler Anfang Page 1
seite1         movf     PCL,w      ; PCL -> W-Register
               movwf    PORTC      ; nach Port C
               movf     PCLATH,w   ; PCLATH -> W-Register
               movwf    PORTA      ; nach Port A
schleife       goto     $          ; statt goto schleife
```

Bei einem **berechneten Sprung** wird die Adresse des Sprungziels mit der 8bit Datenarithmetik berechnet. Speichert man den Low-Teil nach PCL, so gelangt auch der vorher nach PCLATH gespeicherte High-Teil in den Befehlszähler; die drei oberen Bitpositionen bleiben unberücksichtigt. Mit dem berechneten Sprung lassen sich Verzweigungen programmieren.

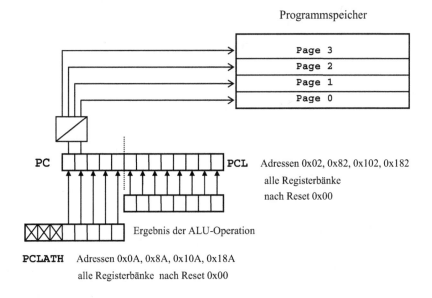

Bild 3-7: Berechneter Sprung (PIC 16F876)

Das Beispiel springt von der Seite 0 in die Seite 1 nicht mit dem Befehl goto, sondern durch Speichern der Zieladresse in den Befehlszähler. Bei Sprüngen innerhalb der augenblicklich eingeschalteten Programmseite kann das Laden von PCLATH entfallen.

```
; Vereinbarung der Registeradressen
PCL             EQU    0x002      ; Befehlszähler Low
PCLATH          EQU    0x00A      ; Befehlszählerspeicher High
; Sprung von Seite 0 nach Seite 1
                movlw  HIGH seite1 ; High-Teil vorbereiten
                movwf  PCLATH     ; High-Teil speichern
                movlw  LOW seite1 ; Low-Teil vorbereiten
                movwf  PCL        ; Low-Teil speichern: Sprung!!!
; neue Programmseite PCL und PCLATH ausgeben
                ORG    0x800      ; Anfang Seite 1
seite1          movf   PCL,w      ; PCL -> W-Register
                movwf  PORTC      ; nach Port C
                movf   PCLATH,w   ; PCLATH -> W-Register
                movwf  PORTA      ; nach Port A
schleife        nop               ;
                goto   $-1        ; statt goto schleife
```

Bedingte Befehle überspringen den nachfolgenden Befehl, wenn ein bestimmtes Bit eines F-Registers gelöscht (**c**lear) oder gesetzt (**s**et) ist. Ist der folgende Befehl ein unbedingter Sprung goto, so entsteht bei einem Rücksprung eine Programmschleife. Bei einem Vorwärtssprung entsteht eine Programmverzweigung.

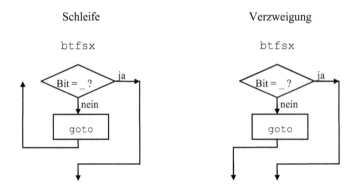

Befehl		Operand	Z	D	C	W	T	Wirkung
btfs**c**		*Register*, Bit				1	1/2	**b**it **t**est im **f**-Register, über**s**pringe bei **c**lear (0)
								2 Takte für Bit 0, nächster Befehl wird übersprungen
								1 Takt für Bit *nicht* 0, nächster Befehl wird ausgeführt
btfs**s**		*Register*, Bit				1	1/2	**b**it **t**est im **f**-Register, über**s**pringe bei **s**et (1)
								2 Takte für Bit 1, nächster Befehl wird übersprungen
								1 Takt für Bit *nicht* 1, nächster Befehl wird ausgeführt

Für die Programmierung von Zählschleifen mit der Schrittweite 1 verwendet man anstelle der Zählbefehle `incf` bzw. `decf` mit nachfolgenden bedingten Befehlen besser Schleifenbefehle, die keine Bedingungsbits verändern.

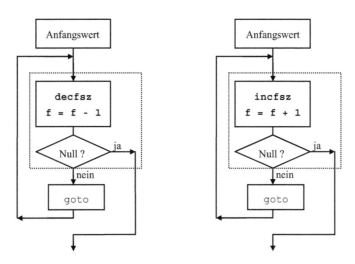

Befehl	Operand	Z	D	C	W	T	Wirkung
incf**sz**	*Register*, **w**				1	1/2	**inc**rementiere (+1) **f**-Register, Summe nach **w**-Register über**s**pringe nächsten Befehl für Summe Null (**z**ero) 2 Takte für Summe Null, nächster Befehl übersprungen 1 Takt für Summe nicht Null, nächster Befehl ausgeführt
incf**sz**	*Register*, **f**				1	1/2	**inc**rementiere (+1) **f**-Register, Summe nach **f**-Register über**s**pringe nächsten Befehl für Summe Null (**z**ero) 2 Takte für Summe Null, nächster Befehl übersprungen 1 Takt für Summe nicht Null, nächster Befehl ausgeführt
decf**sz**	*Register*, **w**				1	1/2	**dec**rementiere (-1) **f**-Register, Diff. nach **w**-Register über**s**pringe nächsten Befehl für Diff. Null (**z**ero) 2 Takte für Diff. Null, nächster Befehl übersprungen 1 Takt für Diff. nicht Null, nächster Befehl ausgeführt
decf**sz**	*Register*, **f**				1	1/2	**dec**rementiere (-1) **f**-Register, Diff. nach **f**-Register über**s**pringe nächsten Befehl für Diff. Null (**z**ero) 2 Takte für Diff. Null, nächster Befehl übersprungen 1 Takt für Diff. nicht Null, nächster Befehl ausgeführt

Die Schleifenbefehle arbeiten wiederholend; erst nach der Zähloperation wird der neue Zählerstand auf Null geprüft. Das bedeutet, dass ein mit Null beginnender Abwärtszähler nach dem ersten Dekrementieren den Wert 255 ungleich Null erhält und damit 256 mal durchläuft. Das Beispiel liest den Anfangswert einer Verzögerungsschleife vom Port B und erhöht nach der sich daraus ergebenden Wartezeit einen dualen 16bit Aufwärtszähler auf den Ports C (Low-Teil) und A (High-Teil).

```
; Register vereinbaren
xlow              EQU      0x20      ; Ausgabezähler Low
xhigh             EQU      0x21      ; Ausgabezähler High
zael              EQU      0x22      ; Wartezähler
; Ausgabezähler löschen
                  clrf     xlow      ; Ausgabezähler
                  clrf     xhigh     ; löschen
; Wartezeit ca. 15 Takte + Wartefaktor * 3
loop              movf     xlow,w    ; 1 Takt Ausgabe Low
                  movwf    PORTC     ; 1 Takt nach Port C
                  movf     xhigh,w   ; 1 Takt Ausgabe High
                  movwf    PORTA     ; 1 Takt nach Port A
                  movf     PORTB,w   ; 1 Takt Wartefaktor -> W-Reg.
                  movwf    zael      ; 1 Takt nach Wartezähler
                  btfsc    STATUS,Z  ; 1 Takt überspr. bei nicht Null
                  goto     weiter    ; 2 Takte bei Null kein Durchlauf
; Wartezähler: drei Befehlstakte für jeden Durchlauf
warte             decfsz   zael,f    ; 1 Takt  überspringe bei Null
                  goto     warte     ; 2 Takte zähle bei nicht Null
; 16bit Ausgabezähler zählt aufwärts mit incf-Befehlen
weiter            incf     xlow,f    ; 1 Takt Low-Ausgabezähler + 1
                  btfsc    STATUS,Z  ; 2 Takte überspr. bei nicht Null
                  incf     xhigh,f   ; 1 Takt bei Null High-Zähler + 1
                  goto     loop      ; 2 Takte zur Ausgabe
```

Durch die abweisende Programmierung des Wartezählers ergab sich für den Eingabewert Null am Ausgang RC0 die höchste Frequenz von 35 kHz. Die längste Wartezeit 0xff = 255 lieferte 644 Hz. Eine Berechnung der Wartezeit bzw. Frequenz aus den Ausführungszeiten der Befehle ergab bei einem Systemtakt (Quarz) von 4 MHz etwa die gleichen Ergebnisse. Dabei ist zu berücksichtigen, dass für die Ausführung eines Befehls vier Systemtakte erforderlich sind und dass sich die Ausgabefrequenz aus zwei Schleifendurchläufen ergibt.

$$\text{Frequenz an RC0} = \frac{\text{Systemfrequenz (Quarz)}}{4 * 2\,(15 + 3 * \text{Faktor})}$$

Mit dem folgenden Beispiel ist es möglich, am Ausgang RC0 den durch 10 geteilten Befehlstakt zu messen. Bei einem Systemtakt von 4 MHz (Quarz) ergaben sich 100 kHz.

```
; Schleife 5 Takte High  5 Takte Low  gibt Befehlstakt / 10
loop              incf     PORTB,f   ; 1 Takt Zähler + 1
                  nop                ; 1 Takt
                  nop                ; 1 Takt
                  goto     loop      ; 2 Takte
```

3.4   Makroanweisungen und Pseudobefehle

Makroanweisungen enthalten vom Benutzer definierte Befehle oder Befehlsfolgen, die bei *jedem* Aufruf, Expansion genannt, in den Code eingebaut werden. Sie erhalten bei ihrer Definition einen Namen mit einer Liste von formalen Argumenten, die bei ihrem Aufruf durch aktuelle Werte wie z.B. Konstanten oder Register ersetzt werden. Das Beispiel vereinbart ein Makro M_mul10, das ein F-Register mit dem Faktor 10 multipliziert.

Direktive	*Operand*	*Anwendung*	*Beispiel*

MACRO	Argumentenliste	Name **MACRO** Liste Befehlsfolge	subwl **MACRO** kon ; w - kon
			        addlw -kon ; -kon + w
			        ENDM

ENDM		Ende der Definition	
LOCAL	Symbolliste	lokale Symbole	LOCAL subwl1

```
; Makrodefinition Argument x bei Expansion durch F-Register ersetzt
M_mul10          MACRO    x            ; F-Register als Argument
                 LOCAL    M_mul10a     ; lokales Symbol
                 movf     x,w          ; alter Faktor -> W-Register
                 bcf      STATUS,C     ; Carry löschen
                 rlf      x,f          ; * 2
                 btfsc    STATUS,C     ; überspringe wenn kein Überlauf
                 goto     M_mul10a     ; Abbruch bei C = 1 Überlauf
                 rlf      x,f          ; * 4
                 btfsc    STATUS,C     ; überspringe wenn kein Überlauf
                 goto     M_mul10a     ; Abbruch bei C = 1 Überlauf
                 addwf    x,f          ; * 5 durch Addition
                 btfss    STATUS,C     ; Abbruch bei Überlauf
                 rlf      x,f          ; * 10
M_mul10a                               ; Sprungziel für Überlauf
                 ENDM
; Arbeitsschleife mit Makroexpansion wert ersetzt Argument x
loop             movf     PORTB,w      ; PORTB -> W-Register
                 movwf    wert         ; Eingabe -> F-Register
                 M_mul10 wert          ; Makro multipliziert wert * 10
                 btfsc    STATUS,C     ; überspringe bei kein Überlauf
                 goto     fehler       ; Carry = 1 Überlauf
                 movf     wert,w       ; Produkt -> W-Register
                 movwf    PORTC        ; Ausgabe auf Port C
                 goto     loop         ; neue Eingabe
fehler           ; hier Fehlerbehandlung einbauen!
                 goto     loop         ; neue Eingabe
```

Pseudobefehle sind vordefinierte Makros des Assemblers, die wie benutzerdefinierte Makros aufgerufen werden. Die Tabelle enthält Pseudobefehle des MPASM für Controller mit einem 12/14bit Befehlswort, die im 16bit Befehlssatz der PIC18-Familie teilweise als Befehle vorhanden sind. Sie erscheinen in den Beispielen in Großschrift, können aber auch klein geschrieben werden. Das Statusregister hat die Adresse 0x003, die Statusbits C, DC und Z liegen auf den Bitpositionen 0, 1 und 2.

Befehl	Operand	Z	D	C	W	T	ersetzt durch	Wirkung
MOVFW	Register	Z			1	1	movf Register,w	F-Register -> W-Register
ADDCF	Register,w	Z			2	2	btfsc 0x003,0 incf Register,w	Register + C -> W-Register
ADDCF	Register,f	Z			2	2	btfsc 0x003,0 incf Register,f	Register + C -> F-Register
ADDDCF	Register,w	Z			2	2	btfsc 0x003,1 incf Register,w	Register + DC -> W-Register
ADDDCF	Register,f	Z			2	2	btfsc 0x003,1 incf Register,f	Register + DC -> F-Register
SUBCF	Register,w	Z			2	2	btfsc 0x003,0 decf Register,w	Register – C -> W-Register
SUBCF	Register,f	Z			2	2	btfsc 0x003,0 decf Register,f	Register – C -> F-Register
SUBDCF	Register,w	Z			2	2	btfsc 0x003,1 decf Register,w	Register – DC -> W-Register
SUBDCF	Register,f	Z			2	2	btfsc 0x003,1 decf Register,f	Register – DC -> F-Register
TESTF	Register	Z			1	1	movf Register,f	F-Regiser auf Null testen
NEGF	Register,w	Z			2	2	comf Register,w inc Register,w	- Register -> W-Register
NEGF	Register,f	Z			2	2	comf Register,f inc Register,f	- Register -> F-Register
CRLC				0	1	1	bcf 0x003,0	Carrybit löschen
CLRDC			0		1	1	bcf 0x003,1	Digit Carrybit löschen
CRLZ		0			1	1	bcf 0x003,2	Zerobit löschen
SETC				1	1	1	bsf 0x003,0	Carrybit setzen
SETDC			1		1	1	bsf 0x003,1	Digit Carrybit setzen
SETZ		1			1	1	bsf 0x003,2	Zerobit setzen
SKPC					1	1	btfss 0x003,0	überspringe bei Carry 1
SKPDC					1	1	btfss 0x003,1	überspringe bei Digit Carry 1
SKPZ					1	1	btfss 0x003,2	überspringe bei Zerobit 1
SKPNC					1	1	btfsc 0x003,0	überspringe bei Carry 0
SKPNDC					1	1	btfsc 0x003,1	überspringe bei Digit Carry 0
SKPNZ					1	1	btfsc 0x003,2	überspringe bei Zerobit 0

Die mit dem Buchstaben **B** (*branch* = verzweige) beginnenden Pseudobefehle bilden die Verzweigungsbefehle der PIC18-Familie nach. Diese arbeiten jedoch nicht mit absoluter, sondern mit relativer Adressierung.

Befehl	*Operand*	*Z*	*D*	*C*	*W*	*T*	*ersetzt durch*	*Wirkung*
B	*Ziel*				1	2	goto *Ziel*	verzweige immer
BC	*Ziel*				2	2/3	btfsc 0x003,0 goto *Ziel*	verzweige bei Carry
BDC	*Ziel*				2	2/3	btfsc 0x003,1 goto *Ziel*	verzweige bei Digit Carry
BZ	*Ziel*				2	2/3	btfsc 0x003,2 goto *Ziel*	verzweige bei Null
BNC	*Ziel*				2	2/3	btfss 0x003,0 goto *Ziel*	verzweige bei nicht Carry
BNDC	*Ziel*				2	2/3	btfss 0x003,1 goto *Ziel*	verzweige bei nicht Digit Carry
BNZ	*Ziel*				2	2/3	btfss 0x003,2 goto *Ziel*	verzweige bei nicht Null
LGOTO	Ziel				3	4	bcf/bsf 0x0A,3 bcf/bsf 0x0A,4 goto *Ziel*	springe immer in neue Seite
LCALL	Ziel				3	4	bcf/bsf 0x0A,3 bcf/bsf 0x0A,4 call *Ziel*	Unterprogrammaufruf in neue Seite

Das Beispiel definiert eine Makroanweisung M_mul10 mit Pseudobefehlen, die den Operanden mit dem Faktor 10_{10} multiplizieren. Das W-Register dient dabei als Hilfsspeicherstelle und wird zerstört.

```
; Makrodefinition mit Pseudobefehlen W-Register zerstört!
M_mul10         MACRO    x          ; F-Register als Argument
                LOCAL    M_mul10a   ; lokales Symbol
                MOVFW    x          ; alter Faktor -> W-Register
                CLRC                ; Carry löschen
                rlf      x,f        ; * 2
                BC       M_mul10a   ; Abbruch bei C = 1 Überlauf
                rlf      x,f        ; * 4
                BC       M_mul10a   ; Abbruch bei C = 1 Überlauf
                addwf    x,f        ; * 5 durch Addition
                BC       M_mul10a   ; Abbruch bei C = 1 Überlauf
                rlf      x,f        ; * 10
M_mul10a                           ; Sprungziel für Überlauf
                ENDM
```

3.5 Unterprogramme

Unterprogramme bestehen aus einer Befehlsfolge, zu der mit dem Befehl `call` gesprungen wird. Steht am Ende der Folge der Befehl `return` oder `retlw`, so kehrt das Programm an die Stelle des Aufrufs zurück. Im 12bit Befehlssatz ist der Befehl `return` nicht enthalten.

Befehl		Operand	Z	D	C	W	T	Wirkung
call		Ziel				1	2	Unterprogramm aufrufen, Rücksprungadresse n. Stapel
return	*					1	2	Rücksprung aus Unterprogramm, Adresse vom Stapel
retlw		Konstante				1	2	Rücksprung, mit Konstante (literal) im w-Register

Ein Unterprogramm kann von mehreren Stellen des Hauptprogramms aufgerufen werden. Vor dem Sprung zum ersten Befehl des Unterprogramms wird die Rücksprungadresse, die Adresse des auf `call` folgenden Befehls, auf den Stapel gerettet. Diese wird beim Rücksprung vom Stapel entfernt und in den Befehlszähler zurückgeladen. Damit wird das Programm mit dem auf `call` folgenden Befehl fortgesetzt. Das Speicherregister PCLATH bleibt sowohl beim Sprung als auch beim Rücksprung unverändert. Bei einem bedingten oder unbedingten Sprung aus dem Unterprogramm zurück in das Hauptprogramm bliebe der Stapel mit der Rücksprungadresse belegt. Dies könnte zu einem Absturz des Systems führen.

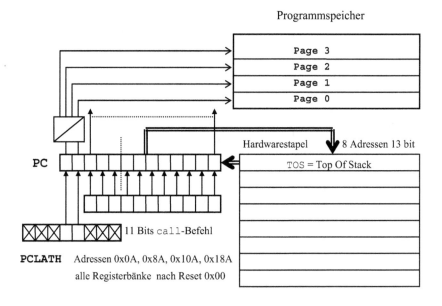

Bild 3-8: Unterprogrammaufruf und Hardwarestapel (PIC 16F876)

Der Stapel wird auch bei einem Interrupt zum Retten der Rücksprungadresse verwendet. Er ist als LIFO (*Last In First Out*) Speicher organisiert. Die zuletzt auf den Stapel gelegte Adresse wird zuerst wieder entfernt. Dadurch ist es möglich, in einem Unterprogramm oder Interruptserviceprogramm weitere Unterprogramme aufzurufen. Die Anzahl der Speicherwörter des Stapels bestimmt die Schachtelungstiefe. Der in *Bild 3-8* dargestellte Stapel des PIC 16F876 kann acht Rücksprungadressen aufnehmen; bei anderen Controllern sind es weniger. Der Stapelspeicher und der adressierende Stapelzeiger sind für die Hardwarestapel der Familien PIC 10/12/16 nicht zugänglich. Ebenso gibt es keinen Datenstapel zum Retten von Registern. Unterprogramme können vor oder hinter dem Hauptprogramm liegen. Sie werden meist davor angeordnet, um bei großen Programmen Probleme mit der Seitenauswahl zu vermeiden. Das einfache Beispiel multipliziert durch vier Schiebeoperationen das W-Register mit dem Faktor 16. Es benötigt ein Hilfsregister temp.

```
;
temp            EQU     0x70        ; Hilfsregister für U_m16
; Unterprogrammdefinition
;U_m16 W-Register*16 ohne Überlaufkontrolle und Register retten
U_m16           movwf   temp        ; Multiplikand nach Hilfsregister
                bcf     STATUS,C    ; Carry Null logisches Schieben
                rlf     temp,f      ; *2
                rlf     temp,f      ; *4
                rlf     temp,f      ; *8
                rlf     temp,w      ; *16 nach W-Register
                return              ; Rücksprung
;
; Arbeitsschleife Multiplikand eingeben  *16  Produkt ausgeben
loop            movf    PORTB,w     ; Eingabe -> W-Register
                call    U_m16       ; Unterprogramm W * 16 -> W
                movwf   PORTC       ; Ausgabe auf Port C
                goto    loop        ; neue Eingabe
```

Unterprogramme sollten möglichst allgemein als Bausteine abgefasst werden, damit sie auch von anderen Hauptprogrammen oder Benutzern verwendet werden können. Dabei gibt es einige Probleme:

- Konflikt mit Sprungzielen des Hauptprogramms,
- Übergabe von Argumenten bzw. Ergebnissen und
- Retten von Registern, die im Unterprogramm zerstört werden.

Das Beispiel ruft ein Unterprogramm mit dem frei gewählten Namen U_m10 auf, das den Inhalt eines F-Registers mit dem Faktor 10 multipliziert und zusätzlich im Carrybit eine Überlaufmarke zurückliefert. Der Name U_m10a des lokalen Sprungziels wurde durch Anhängen eines Kennbuchstabens aus den Namen des Unterprogramms gebildet. In dem Register U_m10_a1 übergibt das Hauptprogramm den zu multiplizierenden Wert und übernimmt das Produkt, das im Unterprogramm auch unter diesem Namen berechnet wurde. Das Unterprogramm rettet das W-Register in das Register `U_m10_t1` und lädt es vor dem Rücksprung aus diesem zurück. Durch die beiden `swap`-Befehle anstelle von `movf` bleibt das Z-Bit erhalten. In den meisten Anwendungen wird auf das Retten des W-Registers verzichtet oder es dient zur Rückgabe von Ergebnissen wie z.B. mit dem Befehl `retlw`, der eine Konstante (Literal) zurückliefert und für den Programmspeicherzugriff verwendet wird. Den Registern `U_m10_a1` und `U_m10_t1` müssen im Hauptprogramm unter diesen Namen eigene Adressen zugewiesen werden.

```
;
multi          EQU     0x20      ; Hauptprogramm Multiplikator
produ          EQU     0x21      ; Hauptprogramm Produkt
; Rettungsbereich allen Speicherbänken gemeinsam
U_m10_t1       EQU     0x70      ; für Unterprogramm U_m10
U_m10_a1       EQU     0x71      ; für Unterprogramm U_m10
;
; Unterprogrammdefinition
; vereinbarte Register  U_m10_t1  U_m10_a1
U_m10          movwf   U_m10_t1   ; W-Register retten
               movf    U_m10_a1,w ; alter Faktor -> W-Register
               bcf     STATUS,C   ; Carry löschen
               rlf     U_m10_a1,f ; * 2
               btfsc   STATUS,C   ; überspringe wenn kein Überlauf
               goto    U_m10a     ; Abbruch bei C = 1 Überlauf
               rlf     U_m10_a1,f ; * 4
               btfsc   STATUS,C   ; überspringe wenn kein Überlauf
               goto    U_m10a     ; Abbruch bei C = 1 Überlauf
               addwf   U_m10_a1,f ; * 5 durch Addition
               btfss   STATUS,C   ; Abbruch bei Überlauf
               rlf     U_m10_a1,f ; * 10
U_m10a         swapf   U_m10_t1,f ; vertauschen für Rückspeichern
               swapf   U_m10_t1,w ; vertauschen nach W-Register
               return             ; Rücksprung
;
; Arbeitsschleife Multiplikand eingeben  *10  Produkt ausgeben
loop           movf    PORTB,w    ; Eingabe -> W-Register
               movwf   multi      ; Multiplikand -> Variable
; Argument umspeichern Unterprogramm aufrufen Ergebnis umspeichern
               movf    multi,w    ; Multiplikator
               movwf   U_m10_a1   ; nach Argument für Unterprogramm
               call    U_m10      ; Unterprogramm * 10
               btfsc   STATUS,C   ; überspringe bei kein Überlauf
               goto    fehler     ; Carry = 1 Überlauf
               movf    U_m10_a1,w ; Ergebnis
               movwf   produ      ; nach Produkt
```

```
; Produkt auf Port C ausgeben
                movf    produ,w      ;
                movwf   PORTC        ; Ausgabe auf Port C
                goto    loop         ; neue Eingabe
fehler          movlw   0xff         ; Fehlermarke
                movwf   PORTC        ; auf Port C ausgeben
                goto    loop         ; neue Eingabe
```

Im Gegensatz zu Makros, die bei jedem Aufruf in den Code eingebaut werden, sind Unterprogramme nur einmal vorhanden. Fügt man sie mit der Direktive #include aus einer
Datei in den Programmtext ein, so müssen die Namen der F-Register zur Übergabe von Argumenten und zum Retten von Registern mit dem Hauptprogramm übereinstimmen! Mehrere #include-Direktiven lassen sich in einer Headerdatei .h zusammenfassen.

Das Beispiel fügt Makrovereinbarungen und Unterprogramme sowie eine Headerdatei mit
weiteren Unterprogrammen mit #include ein und ruft sie auf.

```
; Makrovereinbarungen einfügen
#include M_add16.asm              ; 16bit Addition    Y + X -> Y
#include M_sub16.asm              ; 16bit Subtraktion Y - X -> Y
#include M_addl16.asm             ; 16bit Addition Y + konst -> Y
#include M_subl16.asm             ; 16bit Subtraktion Y - konst -> Y
;
; Unterprogramme einfügen
#include USART16F876.h    ; enthält USARTini,USARTputch,USARTgetch,USARTgetche
#include U_mul16x10.asm   ; fügt Makro M_add16 ein
#include U_dez16ein.asm   ; ruft Upro USARTgetche fügt Makro U_mul16x10 ein
;
; Makrovereinbarungen und Unterprogramme aufrufen
start           call    USARTini     ; enthalten in Headerdatei USART16F876.h
; Arbeitsschleife
loop            movlw   '>'          ;
                call    USARTputch   ; enthalten in Headerdatei USART16F876.h
                call    U_dez16ein   ; ruft Unterprogramm U_mul16x10 auf
                btfsc   STATUS,C     ;
. . . . . . . . . . . . . . . . . . .
```

Das ebenfalls eingefügte Unterprogramm M_mul16x10 benötigt die Makrovereinbarung
M_add16 für eine 16bit Addition. Beispiel:

```
                btfsc   STATUS,C   ;
                goto    U_mul16x10a ;
                M_add16 templ,temph,ylow,yhigh ; Makro M_add16 hier verwendet
                btfsc   STATUS,C   ;
                goto    U_mul16x10a ;
. . . . . . . . . . . . . . . . . . .
```

3.6   Interrupt

Ein Interrupt bedeutet die Unterbrechung des laufenden Programms durch ein besonderes Ereignis wie z.B. durch eine Flanke am Eingang RB0/INT oder durch den Überlauf eines Timers. Ist der Interrupt freigegeben, so führt die Interruptsteuerung folgende Schritte durch:

- Beendigung des laufenden Befehls,
- Löschen des globalen Freigabebits GIE in INTCON zum Sperren weiterer Interrupts,
- Setzen des entsprechenden Anzeigebits z.B. INTF in INTCON,
- Retten der Adresse des nächsten Befehls als Rücksprungadresse auf den Stapel,
- Laden des Befehlszählers mit der festen Adresse 0x004 und
- Start des Interruptserviceprogramms.

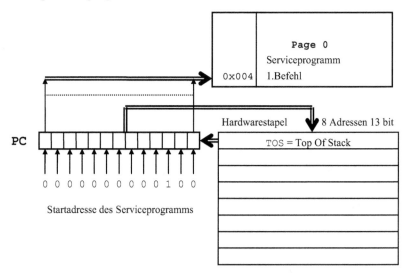

Bild 3-9: Start des Interruptserviceprogramms (PIC 16F876)

Während des Ablaufs des Serviceprogramms sind alle anderen Interrupts gesperrt; jedoch werden bei ihrem Auftreten die entsprechenden Anzeigebits gesetzt. Vor dem Rücksprung aus dem Serviceprogramm zurück an die Stelle der Unterbrechung muss das Anzeigebit des auslösenden Ereignisses durch einen Befehl gelöscht werden. Der Rücksprungbefehl retfie setzt das globale Freigabebit GIE in INTCON wieder auf 1 und speichert die Rücksprungadresse vom Stapel zurück in den Befehlszähler. Das unterbrochene Programm setzt seine Arbeit fort. Im 12bit Befehlssatz ist der Befehl retfie nicht enthalten.

Befehl		Operand	Z	D	C	W	T	Wirkung
retfie	*					1	2	GIE = 1 und Rücksprung aus Interruptserviceprogramm

Nach dem Einschalten der Versorgungsspannung bzw. nach einem Reset sind alle Interrupts gesperrt. Sie müssen durch Programmieren von Interruptsteuerregistern freigegeben werden.

Interruptsteuerregister **INTCON** (Adressen 0x0B, 0x8B, 0x10B, 0x18B) alle Registerbänke

Bit 7	Bit 6	Bit 5	Bit 4	Bit 3	Bit 2	Bit 1	Bit 0
RW - 0	RW - 0	RW - 0	RW - 0	RW - 0	RW - 0	RW - 0	RW - x
GIE	PEIE	TOIE	**INTE**	**RBIE**	TOIF	**INTF**	**RBIF**
globale	Peripherie	Timer0	RB0/INT	Änderung	Timer0	RB0/INT	Änderung
Freigabe	Freigabe	Freigabe	Freigabe	RB7-RB4	Anzeige	Anzeige	RB7-RB4
0: gesperrt	0: gesp.	0: gesp.	0: gesperrt	0: gesperrt	0: nicht	0: nicht	0: nicht
1: frei	1: frei	1: frei	1: frei	1: frei	1: aufgetr.	1: aufgetr.	1: aufgetr.

Das globale Freigabebit GIE (Global Interrupt Enable) sperrt mit einer 0 alle Interrupts, für GIE gleich 1 müssen die Interrupts einzeln freigegeben werden.

Das Peripheriefreigabebit PEIE (Peripheral Interrupt Enable) sperrt zusätzlich mit einer 0 alle peripheren Interrupts, die einzeln in den Steuerregistern PIE1 und PIE2 freigegeben werden müssen.

Das Timer0-Freigabebit TOIE (Timer0 Overflow Interrupt Enable) sperrt bzw. gibt den Interrupt beim Überlauf des Timers frei; es ist unabhängig von PEIE.

Das Freigabebit des externen Interrupts INTE (External Interrupt Enable) sperrt bzw. gibt den Interrupt durch eine Flanke am Anschluss RB0/INT frei, es ist unabhängig von PEIE. Die auslösende Flanke wird im Bit INTEDG des Optionsregisters OPTION_REG festgelegt. Der Anschluss RB0 muss als Eingang programmiert sein; die internen Pull-up-Widerstände müssen mit RBPU = 0 im Optionsregister OPTION_REG eingeschaltet sein.

Das Freigabebit RBIE (RB Port Change Interrupt Enable) sperrt bzw. gibt den Interrupt frei, der durch eine Änderung des Potentials an einem der Anschlüsse RB7 bis RB4 des Ports B ausgelöst wird.

Die Anzeigebits TOIF (T0 Interrupt Flag), INTF (External Interrupt Flag) und RBIF (RB Port Change Interrupt Flag) werden von der Steuerung auf 1 gesetzt, wenn die entsprechende Interruptbedingung aufgetreten ist. Sie müssen durch das Serviceprogramm wieder gelöscht werden, um weitere Interruptauslösungen zu verhindern. Bei einem Interrupt durch einen Wechsel des Potentials an RB7 bis RB4 muss zusätzlich der Port B gelesen oder beschrieben werden. Die mit PEIE kontrollierten peripheren Interrupts werden in den Registern PIR1 und PIR2 angezeigt. Abschnitt 3.9 behandelt die peripheren Interrupts sowie den Interrupt bei einem Überlauf des Timer0.

Im Optionsregister werden die Pull-up-Widerstände des Ports B und die auslösende Flanke am Eingang RB0/INT programmiert.

Optionsregister **OPTION_REG** (Adressen 0x81, 0x181) Registerbänke 1 und 3

Bit 7	Bit 6	Bit 5	Bit 4	Bit 3	Bit 2	Bit 1	Bit 0
RW - 1	RW - 1	RW - 1	RW - 1	RW - 1	RW - 1	RW - 1	RW - 1
/RBPU	INTEDG	T0CS	T0SE	PSA	PS2	PS1	PS0
PORTB Pull-up 0: ein 1: aus	RB0/INT Flanke 0: fallend 1: steigend	Timer0	Timer0	Prescaler	Prescaler Teilungsfaktor Timer0		

Das Pull-up-Bit /RBPU (Port B Pull Up Enable) schaltet mit einer 1 (voreingestellt nach Reset) alle internen Widerstände des Ports B gegen High ab. Mit einer 0 können sie zusammen mit der Tristatesteuerung zugeschaltet werden. Der Schrägstrich bedeutet, dass das Bit aktiv Low ist.

Das Flankenbit INTEDG (Interrupt Edge Select) legt mit einer 0 die fallende Flanke und mit einer 1 die steigende Flanke zur Auslösung eines Interrupts am Eingang RB0/INT fest.

Das einfache Beispiel erhöht bei einer fallenden Flanke an RB0/INT einen Dualzähler am Port C um 1. Auf eine Rettung von Registern wird verzichtet, da das unterbrochene Hauptprogramm nur die Befehle nop und goto ausführt und weder Register noch Statusbits verwendet.

```
;
INTCON          EQU     0x00B       ; Interruptkontrollregister
GIE             EQU     7           ; globales Freigabebit
INTE            EQU     4           ; Freigabe externer Interrupt
INTF            EQU     1           ; Anzeige externer Interrupt
OPTION_REG      EQU     0x081       ; Option Register Seite 1
RBPU            EQU     7           ; Pull-up Bit
INTEDG          EQU     6           ; INT Flankenbit
;
                ORG     4           ; Interrupt-Einsprung
; Interruptserviceprogramm
                btfss   INTCON,INTF ; prüfe RB0/INT Flag
                retfie              ; Rücksprung bei nicht gesetzt
                incf    PORTC,f     ; Ausgabezähler um 1 erhöhen
                bcf     INTCON,INTF ; Interrupt-Anzeige löschen
                retfie              ; Rücksprung von Interrupt
;
; Hauptprogramm gibt Interrupt frei
start           bsf     STATUS,RP0  ; RP0 <- 1: Registerbank 1
```

```
              bcf      OPTION_REG,INTEDG ; Interrupt fallende Flanke
              bcf      OPTION_REG,RBPU   ; Port B Pull-up ein
              movlw    B'11111111' ; Port B
              movwf    TRISB         ; alles Eingänge
              clrf     TRISC         ; 0000 0000 PORTC Ausgänge
              bcf      STATUS,RP0   ; RP0 <- 0: Registerbank 0
              bcf      INTCON,INTF  ; Interrupt RB0/INT Flag löschen
              bsf      INTCON,INTE  ; Interrupt RB0/INT frei
              bsf      INTCON,GIE   ; alle Interrupts global frei
              clrf     PORTC         ; Zähler löschen
;
; Hauptprogramm Schleife schlummert vor sich hin
loop          nop                   ; tu nix
              goto     loop          ; weiter nix tun
```

Da es für alle Interrupts nur einen Einsprungpunkt gibt, muss das Serviceprogramm durch Abfrage der Anzeigebits die Interruptquelle identifizieren. *Bild 3-10* zeigt ein vereinfachtes Modell der Interruptsteuerung und der beiden vom Port B auszulösenden Interrupts.

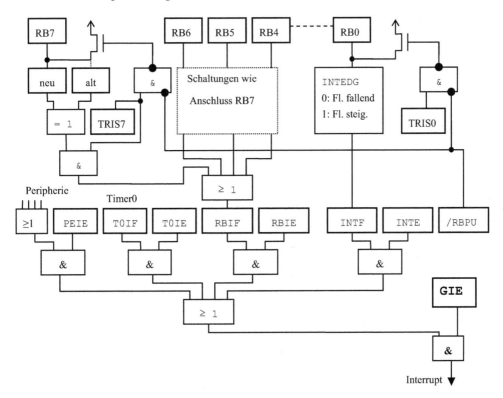

Bild 3-10: Interruptsteuerung und Interrupts am Port B (PIC 16F876)

Die Steuerungen der Anschlüsse RB7, RB6, RB5 und RB4 sind für die Auslösung eines Interrupts bei einem Wechsel des Potentials von High nach Low bzw. von Low nach High gleich aufgebaut und mit einem ODER verknüpft. Für den Eingang RB0/INT wird die auslösende Flanke programmiert. Das folgende Beispiel gibt beide Interrupts frei. Das Serviceprogramm muss durch Abfrage der Anzeigebits die auslösende Quelle ermitteln. Das Hauptprogramm gibt einen Zähler auf dem Port A aus. Daher müssen das W-Register, das Statusregister und der Speicher des Befehlszählers PCLATH im Serviceprogramm gerettet und wieder zurückgespeichert werden. Die beiden swap-Befehle verhindern, dass bei einem Rückspeichern des W-Registers mit movf das Z-Bit zerstört übergeben wird.

```
;
PCLATH          EQU     0x00A       ; Speicher für PCH
INTCON          EQU     0x00B       ; Interruptkontrollregister
GIE             EQU     7           ; globales Freigabebit
INTE            EQU     4           ; Freigabe externer Interrupt
RBIE            EQU     3           ; Freigabe Wechsel Interrupt
INTF            EQU     1           ; Anzeige externer Interrupt
RBIF            EQU     0           ; Anzeige Wechsel Interrupt
OPTION_REG      EQU     0x081       ; Option Register
RBPU            EQU     7           ; Pull-up Bit
INTEDG          EQU     6           ; INT Flankenbit
;
zael            EQU     0x21        ; Low-Zähler
zaeh            EQU     0x22        ; High-Zähler
;
isrtempw        EQU     0x70        ; Retten W-Register
isrtemps        EQU     0x71        ; Retten STATUS
isrtempp        EQU     0x72        ; Retten PCLATH
                ORG     0           ; Programm-Flash
                goto    start       ;
                ORG     4           ; Interrupt-Einsprung
; Interruptserviceprogramm rettet W-Register STATUS PCLATH
isr             movwf   isrtempw    ; W-Register retten
                movf    STATUS,w    ; STATUS-Register
                movwf   isrtemps    ; retten
                movf    PCLATH,w    ; Speicher für PCH
                movwf   isrtempp    ; retten
                btfss   INTCON,INTF ; prüfe INT Flag
                goto    isr1        ; bei nicht weiter suchen
                incf    PORTC,f     ; Ausgabezähler um 1 erhöhen
                bcf     INTCON,INTF ; Interrupt-Anzeige löschen
                goto    isrex       ; und Rücksprung
isr1            btfss   INTCON,RBIF ; prüfe Wechsel Flag
                goto    isrex       ; bei nicht Rücksprung
                decf    PORTC,f     ; Ausgabezähler um 1 vermindern
```

```
                movf    PORTB,w     ; Port lesen  Bedingung zurück
                bcf     INTCON,RBIF ; Wechsel Anzeige löschen
isrex           movf    isrtempp,w  ; Speicher für PCH
                movwf   PCLATH      ; zurückspeichern
                movf    isrtemps,w  ; STATUS-Register
                movwf   STATUS      ; zurückspeichern
                swapf   isrtempw,f  ; W-Register Rettung vertauschen
                swapf   isrtempw,w  ; W-Register vertauscht zurück
                retfie              ; Rücksprung von Interrupt
;
; Hauptprogramm gibt Interrupts RB0/INT und Wechsel RB7-RB4 frei
start           bsf     STATUS,RP0  ; RP0 <- 1: Registerbank 1
                bcf     OPTION_REG,INTEDG ; Interrupt fallende Flanke
                bcf     OPTION_REG,RBPU   ; Port B Pull-up ein
                movlw   B'11111111' ; Port B
                movwf   TRISB       ; alles Eingänge
                clrf    TRISC       ; 0000 0000 Port C Ausgabe
                clrf    TRISA       ; 0000 0000 Port A Ausgabe
                movlw   0x06        ; RA5 - RA0
                movwf   ADCON1      ; Port A digital
                bcf     STATUS,RP0  ; RP0 <- 0: Registerbank 0
                bcf     INTCON,INTF ; externer Interrupt Flag löschen
                bsf     INTCON,INTE ; externer Interrrupt frei
                bcf     INTCON,RBIF ; Wechsel Interrupt Flag löschen
                bsf     INTCON,RBIE ; Wechsel Interrupt frei
                bsf     INTCON,GIE  ; alle Interrupts global frei
                clrf    PORTC       ; Zähler löschen
                clrf    PORTA       ; Zähler löschen
;
; Hauptprogramm gibt verzögerten Dualzähler auf Port A aus
loop            clrf    zael        ; Low-Zähler löschen
loop1           incf    PORTA,f     ; Ausgabe Port A + 1
                movlw   .200        ; High-Zähler
                movwf   zaeh        ; laden
loop2           decfsz  zael,f      ; Low-Zähler -1 bei Null
                goto    loop2       ; bis Low-Zähler Null
                decfsz  zaeh,f      ; High-Zähler -1 springe bei Null
                goto    loop2       ; bis High-Zähler Null
                goto    loop1       ; Ausgabe erhöhen
```

3.7 Der Datenzugriff auf die Speicherbereiche

Die Bausteine der PIC Flash-Familien enthalten meist drei Speicherbereiche:

- den Flash-Programmspeicher mit den Befehlen und Konstanten,
- den RAM-Bereich für variable Daten wie Register und Variablenbereiche und
- einen EEPROM-Bereich für Konstanten und längerfristig aufzubewahrende Variablen.

Die Bausteintypen unterscheiden sich stark in der Größe und in der Bitbreite der Speicher; bei einigen kleinen Typen fehlt der EEPROM-Bereich. Die Tabelle zeigt die wichtigsten Direktiven für die Vereinbarung von Daten in Speicherbereichen.

Direktive	Operand	Anwendung	Beispiel
DE	Ausdruck *oder* Liste	speichert Bytes im EEPROM-Bereich	x DE 1,2,3
DB	Ausdruck *oder* Liste	setzt Bytes zu Wörtern zusammen entsprechend der Flash-Bitbreite	DB 1,2,0x3f,4
DW	Ausdruck *oder* Liste	speichert Wörter entsprechend der Flash-Bitbreite	x DW 0x3fff; max.
DA	"String"	packt String zu Wörtern zusammen entsprechend der Flash-Bitbreite	x DA "ABC"
CBLOCK ENDC	Anfangsausdruck Symbolliste	definiert Konstantenblock Symbole erhalten fortlaufende Werte beendet Konstantenblock	CBLOCK 1 x, y, z ; ENDC
FILL	Ausdruck, Zähler	füllt Programmspeicher mit fortlaufenden Konstanten	FILL 0x3FFF,5
DATA	Byteliste Wortliste String	speichert Einzelbytes speichert Wörter max. Flash-Bitbreite packt String zu Wörtern zusammen	DATA 0xff,0xff DATA 0x3fff DATA "ABC"
DT	Liste	RETLW Befehle mit Bytekonstanten	x DT 1,2,3
RES	Ausdruck	reserviert Wörter	x RES 4
__MAXRAM	Ausdruck	definiert max. RAM-Adresse	
__MAXROM	Ausdruck	definiert max. ROM-Adresse	
__BADRAM	Ausdruck	definiert fehlende RAM-Adressen	
__BADROM	Ausdruck	definiert fehlende ROM-Adressen	

Das Handbuch „MPASM Assembler, MPLINK Object Linker, MPLIB Object Librarian User's Guide" des Herstellers Microchip enthält weitere Direktiven auch für den relativen, verschieblichen Code, der im Kapitel 5 über den Linker (Binder) behandelt wird.

3.7.1 Der Flash-Programmspeicher

Durch den Aufruf von Unterprogrammen, die in den Befehlen `retlw` enthaltene Bytekonstanten im W-Register zurückliefern, lassen sich einzelne Konstanten und Tabellenwerte im Flash-Programmspeicher auslesen. Der Befehl `call` lädt den 13bit Befehlszähler PC mit der 11bit Zieladresse sowie mit Bit 3 und Bit 4 von PCLATH zur Auswahl der Speicherseite (*page*). Der Startwert von PCLATH nach Reset ist 0x00. Die Direktive DT baut für die in der Liste genannten Konstanten entsprechende `retlw`-Befehle in das Programm ein. Das Unterprogramm mit den Konstanten und der Aufruf sollten zusammen in einer Seite (*page*) liegen.

Anweisung	Operand	Z	D	C	W	T	Wirkung
call	Unterprogramm				1	2	Unterprogrammaufruf
retlw	Bytekonstante				1	2	Konstante im W-Register zurückliefern
DT	Konstantenliste	–	–	–	–	–	baut Befehle retlw mit Bytekonstanten auf

Das Beispiel ruft das Unterprogramm `kon`, das ohne Adressrechnung die Konstante 0x12 im W-Register zurückliefert.

```
; Konstantenzugriff mit call-Befehl
kon             retlw   0x12        ; Einzelkonstante
;
; Einzelkonstante vom Unterprogramm zurückgeliefert
                call    kon         ; Einzelkonstante -> W-Register
                movwf   PORTC       ; W-Register nach Ausgabe Port C
```

Bei **Adressrechnungen** für einen Tabellenzugriff ist zu beachten, dass der Additionsbefehl `addwf` **PCL**, f der Adressrechnung automatisch auch den Hilfsspeicher PCLATH in den Befehlszähler PC lädt; daher muss dieser gegebenenfalls mit der Adresse des Unterprogramms vorbesetzt werden. Die Tabellenunterprogramme sind so im Speicher anzuordnen, dass bei der Adressrechnung in PCL kein Übertrag auftritt. In dem Beispiel sind maximal 255 Bytekonstanten möglich, da `tab` an einer Bytegrenze 0x700 liegt.

```
loop            movlw   HIGH tab    ; High-Adresse
                movwf   PCLATH      ; nach Vorspeicher
                movf    PORTB,w     ; Abstand nach W-Register
                call    tab         ; Tabellenwert laden
                movwf   PORTA       ; nach Ausgabe
                goto    loop        ;
;
                ORG     0x700       ; Ende Seite 0
; retlw-Konstanten
tab             addwf   PCL,f       ; Adressrechnung
                DT      0,1,2,3,4,5,6,7,8,9,10   ; retlw-Befehle
```

Die folgenden einfachen Beispiele setzen voraus, dass das Tabellenunterprogramm und der
Aufruf im unteren Adressbereich von 0x00 bis 0xff der Seite 0 liegen und kein Vorladen von
PCLATH erforderlich ist.

Der **direkte Tabellenzugriff** wählt ein Element der Tabelle mit einer Adressrechnung aus.
Dabei ist dafür zu sorgen, dass der adressierte Rücksprungbefehl im Bereich der Tabelle
liegt. Wird ein außerhalb liegender Befehl ausgeführt, so kann dieser Fehler zu einem Absturz des Programms führen. In dem Beispiel wird daher vor dem Tabellenzugriff der vom
Port B eingelesene Abstand auf den zulässigen Bereich zwischen dem Anfang und dem Ende
der Tabelle geprüft. Der Befehl addlw mit der negativen Tabellenlänge als Operanden subtrahiert vom eingegebenen Abstand im W-Register die Länge der Tabelle. Bei einer positiven Differenz ist der Wert größer als zulässig und es wird eine Fehlermeldung ausgegeben.
Liegt der Wert im zulässigen Bereich, so macht die Addition der positiven Tabellenlänge die
Subtraktion rückgängig und das Unterprogramm tab berechnet die Adresse eines der vier
retlw-Befehle mit der auszulesenden Konstanten.

```
; Tabelle für Direktzugriff
tab            addwf   PCL,f          ; W-Register enthält Adresse
               retlw   0x10           ; Adresse tab + 0 Inhalt 0x10
               retlw   0x20           ; Adresse tab + 1 Inhalt 0x20
               retlw   0x30           ; Adresse tab + 2 Inhalt 0x30
tabend         retlw   0x40           ; Adresse tab + 3 Inhalt 0x40
;
; Direktzugriff auf tab mit Bereichsabfrage
loop           movf    PORTB,w             ; Abstand nach W-Register
               addlw   -(tablend - tab1)   ; W-Register - Länge
               btfsc   STATUS,C            ;   Differenz testen
               goto    fehler              ; C=1: Diff. pos. W > Länge
               addlw   (tabend - tab)      ; C=0: Diff. neg. W <=Länge
               call    tab            ; Tabellenkonstante -> W-Register
               movwf   PORTC          ; W-Register nach Ausgabe
               goto    loop           ; Testschleife
;
; Fehlermeldung ausgeben
fehler         movlw   0x55           ;
               movwf   PORTC          ;
```

In dem folgenden Beispiel einer Codiertabelle kann keine Bereichsüberschreitung auftreten,
da der Auswahlwert auf den Tabellenbereich maskiert wird. Die gleiche Aufgabe wird im
Abschnitt 3.9.1 durch Vergleichs- und Subtraktionsbefehle gelöst.

```
start          bsf     STATUS,RP0     ; Registerbank 1
               movlw   0xff           ; Port B ist
               movwf   TRISB          ; Eingang
               clrf    TRISC          ; Port C ist Ausgang
               bcf     STATUS,RP0     ; Registerbank 0
```

```
; Testschleife
loop            movf    PORTB,w     ; Port B Eingabe
                andlw   0x0f        ; Maske 0000 1111
                call    bin2ascii   ; Umcodierung binär nach ASCII
                movwf   PORTC       ; nach Port C Ausgabe
                goto    loop        ;
; Konstantentabelle im Flash
bin2ascii       addwf   PCL,f       ; W-Register enthält binär 0..15
                DT "0123456789ABCDEF"  ; Codetabelle ASCII-Zeichen
```

Der **fortlaufende Tabellenzugriff** adressiert die Elemente der Tabelle nacheinander. Der Zugriff erfolgt entweder durch eine Schleife gesteuert von der Anzahl der Einträge oder durch eine Schleife, die beim Erreichen einer definierten Endemarke abgebrochen wird; diese darf jedoch nicht in den Konstanten enthalten sein. Bei Suchvorgängen werden diese Schleifen beim gesuchten Element vorzeitig abgebrochen.

Das Beispiel legt eine Tabelle mit der frei gewählten Endemarke Null im Unterprogramm tab2 an. Die Auswahl des retlw-Befehls mit der Konstanten geschieht wie im Beispiel des Direktzugriffs durch eine Berechnung der Sprungadresse.

Die Schleife für den Tabellenzugriff endet mit dem Auslesen der Endemarke. Der Testbefehl iorlw 0 bildet das logische ODER des Rückgabewertes mit der Konstanten Null. Der Inhalt des W-Registers bleibt erhalten. Für den Wert 0 wird Z = 1 und die Schleife endet.

```
; Hilfsregister
addr            EQU     0x22        ; Zähler für Tabellenzugriff
;
; Tabelle für fortlaufenden Zugriff mit Endemarke Null
tab2            addwf   PCL,f       ; W-Register enthält Adresse
                DT      0x50,0x60,0x70,0x80,0 ; mit Endemarke Null

; Fortlaufender Zugriff auf tab2 mit Abfrage der Endemarke Null
                clrf    addr        ; Anfangsabstand 0
loop1           movf    addr,w      ; Abstand nach W-Register
                call    tab2        ; Tabellenwert -> W-Register
                iorlw   0           ; W-Register auf Null testen
                btfsc   STATUS,Z    ; Tabellenendwert Null ?
                goto    loop2       ; Z=1:  ja: Ende der Schleife
                movwf   PORTC       ; Z=0: nein: ausgeben
                incf    addr,f      ; Adresse + 1
                goto    loop1       ;
loop2           nop                 ; hier geht es weiter
```

3.7.2   Die indirekte RAM-Adressierung

Der RAM-Adressbereich enthält die vom Hersteller vordefinierten SFR-Register sowie freie Bereiche, in denen der Benutzer Register, Variablen und Listen anlegen kann. Der Bereich wird wie in Bild 3-4 dargestellt in Bänke aufgeteilt. Für die Adressierung von zusammen-hängen Bereichen im RAM, auch Felder, Arrays, Tabellen oder im Folgenden Listen ge-nannt, verwendet man die in *Bild 3-11* dargestellte **indirekte Adressierung.**

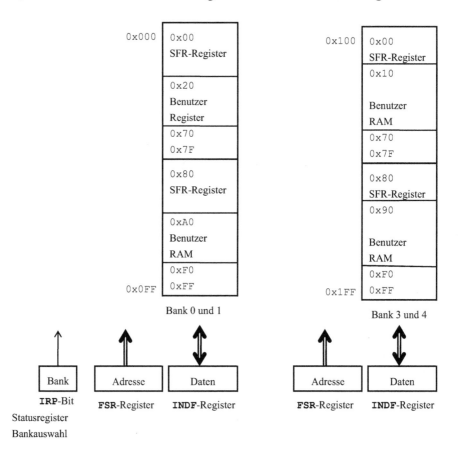

Bild 3-11: Die beiden RAM-Speicherbänke für indirekte Adressierung (PIC 16F876)

Das **FSR**-Register (*File Select Register*) enthält die Adresse des Datenbytes. Beim Schreiben nach **INDF** (*INDirect File*) ist das durch FSR adressierte Byte das Ziel; beim Lesen von INDF ist das durch FSR adressierte Byte die Quelle. Im Gegensatz zur 7bit Adresse im Be-fehl der direkten Adressierung kann die 8bit indirekte Adresse maximal 256 Bytes im RAM adressieren.

Bei dem als Beispiel dienenden 16F876 ist der RAM-Bereich für die direkte Adressierung in vier Bänke zu je 128 Bytes aufgeteilt. Für die indirekte Adressierung werden die Bänke 0 und 1 sowie 2 und 3 zu zwei Bänken von je 256 Bytes zusammengefasst. Die Bankauswahl der indirekten Adressierung erfolgt mit der Bitposition IRP des Statusregisters. Es ist in allen Registerbänken verfügbar. Die Angaben beziehen sich auf den PIC 16F876.

Statusregister **STATUS** (Adressen 0x03, 0x83, 0x103, 0x183) alle Registerbänke

Bit 7	*Bit 6*	*Bit 5*	*Bit 4*	*Bit 3*	*Bit 2*	*Bit 1*	*Bit 0*
RW - 0	RW - 0	RW - 0	R - 1	R - 1	RW - x	RW - x	RW - x
IRP	RP1	RP0	/TO	/PD	Z	DC	C
Indirekte Adressierung 0: Bank 0 und Bank 1 0x000 - 0x0ff 1: Bank 2 und Bank 3 0x100 - 0x1ff	Direkte Adressierung Bankauswahl						

Nach dem Einschalten der Versorgungsspannung bzw. nach einem Reset sind durch IRP = 0 die Bänke 0 und 1 voreingestellt. Nach dem Einschalten der Versorgungsspannung ist der Inhalt des RAMs mit Ausnahme der SFR-Register undefiniert. Eine Vorbesetzung mit Werten ist nicht möglich. Nach einem Reset bleibt der Inhalt des RAMs mit Ausnahme der SFR-Register erhalten.

Das Beispiel definiert die beiden SFR-Register der indirekten Adressierung und legt eine Variable und eine Liste von 10 Byte im RAM-Speicher an.

```
INDF            EQU     0x000       ; Indirekte Adressierung Daten
FSR             EQU     0x004       ; Indirekte Adressierung Adresse
; Variable im RAM Bank 1/2   ohne ORG und RES
wert            EQU     0xA0        ; Einzelvariable
liste           EQU     wert+1      ; Liste
laenge          EQU     .10         ; Anzahl der Speicherbytes
```

Das Beispiel adressiert die einzelne Variable wert durch Schreiben und Zurücklesen eines vom Port B eingegebenen Testwertes.

```
; Einzelvariable im RAM adressieren
loop            movlw   wert        ; Adresse der Variablen
                movwf   FSR         ; nach Adressregister
                movf    PORTB,w     ; Eingabe nach W-Register
                movwf   INDF        ; nach RAM (Adresse in FSR)
                movlw   0x55        ; zerstört W-Register für Test
                movf    INDF,w      ; aus RAM lesen (Adresse in FSR)
                movwf   PORTA       ; nach Kontrollausgabe Port A
```

Beim **fortlaufenden Zugriff** auf eine Liste im RAM-Bereich kann die Listenlänge gleich Anzahl der reservierten Bytes als Durchlaufzähler dienen. Das Beispiel speichert den laufenden Zählerstand in eine aus 10 Bytes bestehende Liste.

```
; Liste im fortlaufenden Zugriff aufbauen mit Werten von 10 bis 1
                movlw    liste       ; Anfangsadresse der Liste
                movwf    FSR         ; nach Adressregister
                movlw    laenge      ; Anzahl der Listenelemente
                movwf    zaehl       ; nach Zähler
loop1           movf     zaehl,w     ; Zählerstand nach W-Register
                movwf    INDF        ; als Wert nach Liste speichern
                incf     FSR,f       ; Adresse + 1, Wert + 1
                decfsz   zaehl,f     ; Zähler - 1
                goto     loop1       ; bis Zähler Null
```

Beim **direkten Zugriff** ist dafür zu sorgen, dass die berechnete oder eingegebene Adresse auf ein Listenelement zeigt. Beim Zugriff auf außerhalb liegende Speicherstellen können SFR-Register oder F-Register zerstört werden. Das Beispiel liest eine Dualzahl als Indexposition eines Listenelementes. Dieser Abstand wird zur Anfangsadresse addiert und ergibt die Adresse des auszulesenden Elementes. Sie wird durch Testsubtraktionen auf die untere Grenze, die Anfangsadresse, und die obere Grenze, die Anfangsadresse + Listenlänge, geprüft. Damit ist sichergestellt, dass nur ein Element der Liste gelesen und auf dem Port C ausgegeben wird. Im Fehlerfall erscheint eine besondere Marke.

```
; Liste im direkten Zugriff lesen Abstand vom Port B eingeben
loop2           movlw    liste       ; Anfangsadresse
                movwf    FSR         ; nach Adressregister
                movf     PORTB,w     ; Abstand eingeben -> W-Register
                addwf    FSR,f       ; Anfangsadresse + Abstand -> FSR
; Adresse in FSR auf untere und obere Grenze prüfen
                movf     FSR,w       ; Adresse  -> W-Register
                addlw    -liste      ; Adresse - Anfangsadresse
                btfss    STATUS,C    ; springe C=1 Diff. positiv
                goto     fehler      ; Fehler  C=0 Diff. negativ
                addlw    +liste      ; Adresse wiederhergestellt
                addlw    -(liste + laenge) ; Adresse - Endadresse +1
                btfsc    STATUS,C    ; springe C=0 Diff. negativ
                goto     fehler      ; Fehler  C=1 Diff. positiv
; Adresse in FSR ist im Listenbereich
                movf     INDF,w      ; Listenelement -> W-Register
                movwf    PORTC       ; nach Port C
                goto     loop2       ; zur nächsten Eingabe
; Zugriffsadresse ausserhalb des Listenbereiches
fehler          movlw    0xCC        ; Fehlermarke
                movwf    PORTC       ; nach Port C
                goto     loop2       ;
```

3.7.3   Die EEPROM-Adressierung

Der EEPROM-Bereich kann als ein Teil des Flash-Programmspeichers angesehen werden, der jedoch durch das Programm gelesen und auch beschrieben werden kann. Er ist besonders bei den kleinen Bausteinen der PIC-Familien nicht implementiert. Die einfachen Beispiele dieses Abschnitts wurden mit einem PIC 16F876 getestet, bei anderen Controllern können einige Anweisungen entfallen. Abschnitt 3.7.4 behandelt den Zugriff auf den Programm-Flash durch Lese- und Schreiboperationen.

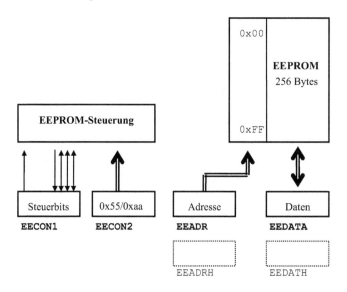

Bild 3-12: Der EEPROM-Bereich (PIC 16F876)

Der EEPROM-Bereich (*Bild 3-12*) wird indirekt durch das Adressregister EEADR adressiert. Der High-Teil EEADRH auf der Adresse 0x10F (Registerbank 2) wird nur in der Flash-Adressierung verwendet.

EEPROM Adressregister **EEADR** (Adresse 0x10D) Registerbank 2

Bit 7	*Bit 6*	*Bit 5*	*Bit 4*	*Bit 3*	*Bit 2*	*Bit 1*	*Bit 0*
RW - x	RW - x	RW - x	RW - x	RW - x	RW - x	RW - x	RW - x
Low-Teil der EEPROM-Adresse								

Vor einer Schreiboperation sind die Daten in das Datenregister EEDATA zu speichern. Nach einer Leseoperation enthält es die ausgelesenen Daten.

EEPROM Datenregister **EEDATA** (Adresse 0x10C) Registerbank 2

Bit 7	Bit 6	Bit 5	Bit 4	Bit 3	Bit 2	Bit 1	Bit 0
RW - x	RW - x	RW - x	RW - x	RW - x	RW - x	RW - x	RW - x
EEPROM-Daten							

Das Steuerregister EECON1 enthält Steuerbits, die in einer bestimmten Reihenfolge vom Programm gesetzt werden müssen. Sie werden teilweise auch vom System gesetzt oder zurückgesetzt (gelöscht).

EEPROM Steuerregister **EECON1** (Adresse 0x18C) Registerbank 3

Bit 7	Bit 6	Bit 5	Bit 4	Bit 3	Bit 2	Bit 1	Bit 0
RW - x	U - 0	U - 0	U - 0	RW - x	RW - 0	RS - 0	RS - 0
EEPGD	–	–	–	**WRERR**	**WREN**	**WR**	**RD**
0: EEPROM				Fehler	Schreib-	Schreibstart	Lesestart
1: Flash-Zugriff				1: Fehler	Freigabe	1: Start	1: Start
				0: kein F.	1: frei	0: Fertigflag	0: Fertigflag

Das Steuerbit EEPGD muss für einen Zugriff auf den EEPROM-Bereich vom Programm gelöscht werden. Es ist bei den Controllerbausteinen ohne Datenzugriff auf den Flash-Bereich nicht implementiert.

Das Anzeigebit WRERR (*write error*) wird vom System auf 1 gesetzt, wenn beim Schreiben ein Fehler aufgetreten ist.

Das Schreibfreigabebit WREN (*write enable*) muss vor dem Starten einer Schreiboperation vom Programm auf 1 gesetzt werden.

Das Schreibstartbit WR (*write*) muss vom Programm auf 1 gesetzt werden, um die Schreiboperation zu starten. Es wird vom System am Ende wieder zurückgesetzt (gelöscht) und kann dazu dienen, vor dem Start einer Schreiboperation das Ende der vorhergehenden Operation zu prüfen oder danach das Ende der gestarteten Operation abzuwarten. Gleichzeitig wird am Ende der Schreiboperation das Interruptbit EEIF (*EEPROM Interrupt Flag*) im Interruptsteuerregister PIR2 auf 1 gesetzt.

Das Lesestartbit RD (*read*) muss vom Programm auf 1 gesetzt werden, um eine Leseoperation zu starten; es wird vom System wieder zurückgesetzt (gelöscht). Die Daten stehen ohne Wartezeit im Datenregister EEDATA zur Verfügung.

Das Steuerregister EECON2 muss vor dem Start einer Schreiboperation nacheinander mit den Bitmustern erst 0x55 und dann 0xAA beschrieben werden, um ungewolltes Schreiben durch Programmfehler zu vermeiden.

EEPROM Steuerregister **EECON2** (Adresse 0x18D) Registerbank 3

Bit 7	Bit 6	Bit 5	Bit 4	Bit 3	Bit 2	Bit 1	Bit 0
W - x	W - x	W - x	W - x	W - x	W - x	W - x	W - x
0	1	0	1	0	1	0	1
1	0	1	0	1	0	1	0

Das einfache Beispiel liest ein Byte vom Port B, schreibt es in den EEPROM, liest es wieder zurück und gibt es auf dem Port C aus. Die Adresse des Bytes im EEPROM wird mit einer Direktive EQU symbolisch vereinbart.

```
EECON1          EQU     0x018C      ; EEPROM Steuerregister_1 Bank 3
EEPGD           EQU     7           ; Bit 7 Flash / EEPROM
WRERR           EQU     3           ; Bit 3 Fehler beim Schreiben
WREN            EQU     2           ; Bit 2 Schreibfreigabe
WR              EQU     1           ; Bit 1 Schreibsteuerung
RD              EQU     0           ; Bit 0 Lesesteuerung
EECON2          EQU     0x018D      ; EEPROM Steuerregister_2 Bank 3
EEDATA          EQU     0x010C      ; EEPROM Datenregister Bank 2
EEDATH          EQU     0x010E      ; EEPROM Datenregister High
EEADR           EQU     0x010D      ; EEPROM Adressregister Bank 2
EEADRH          EQU     0x010F      ; EEPROM Adressregister High
;
; Definitionen für den EEPROM Bereich
wert            EQU     0x00        ; Variable im EEPROM
```

Das Unterprogramm EEadrset speichert die im W-Register übernommene EEPROM-Adresse in das EEPROM-Adressregister. Es muss vor den Lese- und Schreibunterprogrammen aufgerufen werden.

```
; EEadrset bringt Adresse aus W-Register nach Adressregister EEADR
EEadrset        bsf     STATUS,RP1  ; Bankumschaltung
                bcf     STATUS,RP0  ; 1 0 Bank 2
                movwf   EEADR       ; Adresse EEPROM-Adressregister
                clrf    EEADRH      ; kann entfallen
                bcf     STATUS,RP1  ; 0 0 zurück nach Bank 0
                return              ;
```

Das Leseunterprogramm EEread startet die Leseoperation und liefert die gelesenen Daten ohne Wartezeit im W-Register zurück. Es setzt voraus, dass vorher die Adresse gespeichert wurde.

```
; EEread Byte aus EEPROM lesen Adresse durch EEadrset gespeichert
EEread          bsf     STATUS,RP1  ; Bankumschaltung
                bsf     STATUS,RP0  ; 1 1 Bank 3
```

```
        bcf     EECON1,EEPGD; EEPROM Zugriff für PIC 16F87x
        bsf     EECON1,RD   ; Leseoperation
        bcf     STATUS,RP0  ; 1 0 Bank 2
        movf    EEDATA,w    ; Byte -> W-Register
        bcf     STATUS,RP1  ; 0 0 zurück nach Bank 0
        return              ; Rückgabe im W-Register
```

Die Zeit für die Ausführung einer Schreiboperation liegt im Millisekundenbereich, da der Speicher vor dem Schreiben gelöscht werden muss. Während der Schreibzeit können weitere Befehle ausgeführt werden, es dürfen jedoch keine Interrupts auftreten. Der Hersteller schreibt folgende Schritte vor:

- Warten durch Kontrolle von WR falls keine Warteschleife nach dem Start der vorhergehenden Operation durchgeführt wurde und diese noch nicht beendet ist,
- Adresse nach EEADR und Daten nach EEDATA speichern,
- EEPGD-Bit in EECON1 für EEPROM-Zugriff löschen,
- Schreibfreigabebit WREN in EECON1 setzen,
- falls Interrupts in GIE von INTCON freigegeben sind, diese sperren,
- Bitmuster 0x55 erst nach W-Register und dann nach EECON2 speichern,
- Bitmuster 0xAA erst nach W-Register und dann nach EECON2 speichern,
- Start der Schreiboperation durch Setzen von WR in EECON1,
- Warten auf das Ende der Schreiboperation durch Kontrolle von WR, wenn keine Kontrolle vor den Operationsschritten vorgesehen ist,
- Interrupts wieder freigeben, wenn diese vorher freigegeben waren und
- Schreibfreigabebit WREN in EECON1 löschen.

Das Schreibunterprogramm EEwrite übernimmt die Daten im W-Register und setzt voraus, dass die Adresse bereits gespeichert ist. Die Interrupts werden nur gesperrt, wenn das Bit GIE in INTCON gesetzt war und nur unter dieser Bedingung auch wieder zugelassen. Die Kontrolle auf Beendigung der Schreiboperation erfolgt sofort nach dem Start.

```
; EEwrite W-Register nach EEPROM schreiben Adresse durch EEadrset
EEwrite         bsf     STATUS,RP1  ; Bankumschaltung
                bcf     STATUS,RP0  ; 1 0 Bank 2
                movwf   EEDATA      ; Byte nach EEPROM-Datenregister
                bsf     STATUS,RP0  ; 1 1 Bank 3
                bcf     EECON1,EEPGD; EEPROM Zugriff  nur PIC 16F87x
                bsf     EECON1,WREN ; Schreibfreigabe
; Interruptsperre erforderlich ?
                btfsc   INTCON,GIE  ; springe bei GIE = 0 gesperrt
                goto    EEwrite1    ; GIE = 1: sperren
                movlw   0x55        ; Sicherheitscode
                movwf   EECON2      ;
                movlw   0xaa        ;
                movwf   EECON2      ;
```

```
                    bsf     EECON1,WR    ; Schreiboperation beginnt
                    btfsc   EECON1,WR    ; Ende durch WR = 0 ?
                    goto    $-1          ; nein: warten
                    goto    EEwrite2     ; fertig: zurück
EEwrite1            bcf     INTCON,GIE   ; alle Interrupts sperren
                    movlw   0x55         ; Sicherheitscode
                    movwf   EECON2       ;
                    movlw   0xaa         ;
                    movwf   EECON2       ;
                    bsf     EECON1,WR    ; Schreiboperation beginnt
                    btfsc   EECON1,WR    ; Ende ?
                    goto    $-1          ; nein: warten
                    bsf     INTCON,GIE   ; alle Interrupts freigeben
EEwrite2           bcf     EECON1,WREN  ; Schreibfreigabe wieder sperren
                    bbcf    STATUS,RP0   ; Bankumschaltung
                    bcf     STATUS,RP1   ; 0 0 zurück nach Bank 0
                    return               ; Rücksprung
```

Das Hauptprogramm speichert die EEPROM-Adresse durch den Aufruf des Unterprogramms EEadrset in das Adressregister, liest einen Testwert vom Port B und speichert ihn mit dem Unterprogramm EEwrite in den EEPROM-Bereich.

```
; Testwert nach EEPROM schreiben
          movlw   wert         ; EEPROM-Adresse nach W-Register
          call    EEadrset     ; nach EEPROM Adressregister
          movf    PORTB,w      ; Testwert vom Port B
          call    EEwrite      ; nach EEPROM schreiben
```

Zum Lesen wird die EEPROM-Adresse durch den Aufruf des Unterprogramms EEadrset in das Adressregister gespeichert, EEread übergibt das gelesene Byte im W-Register zur Kontrollausgabe auf dem Port C.

```
; Variable aus dem EEPROM lesen
          movlw   wert         ; Adresse nach W-Register
          call    EEadrset     ; nach EEPROM-Adressregister
          call    EEread       ; EEPROM lesen Wert -> W-Register
          movwf   PORTC        ; nach Port C
; hier geht es weiter im Hauptprogramm
```

Beim Controller PIC 16F876 liegt der EEPROM-Bereich im Adressbereich des Flash-Programmspeichers ab Adresse 0x2100, unter der sich Bytekonstanten mit der Direktive DE ablegen lassen. Sie werden vom Lader in den Baustein programmiert und stehen beim Start des Programms zur Verfügung. Die vorbesetzten Variablen lassen sich durch eine EEPROM-Programmierung mit neuen Werten überschreiben. Legt man den EEPROM-Bereich mit der Direktive ORG 0x2100 vor dem Befehlsbereich an, so darf man nicht vergessen, den Adresszähler mit ORG 0 wieder auf die Reset-Startadresse zurückzusetzen!

Das Beispiel legt im EEPROM-Bereich die vorbesetzte Variable wert an und reserviert ein Byte für die Variable vari.

```
              ORG     0x2100      ; EEPROM PIC 16F876
wert          DE      0x12        ; vorbesetzte Variable
vari          RES     1           ; Variable ohne Vorbesetzung
;
              ORG     0           ; Anfang Flash-Programmspeicher
```

Für das Auslesen der vorbesetzen Variablen wert und den Zugriff auf die Variable vari verwendet das Beispiel wieder die Unterprogramme des vorangegangenen Beispiels. Jedoch sind die beiden symbolischen Adressen für den Assembler 13bit Wörter, von denen durch die Direktive LOW nur das Low-Byte verwendet wird.

```
; Vorbesetzte Variable auf Port A ausgeben
              movlw   LOW wert    ; EEPROM-Adresse nach W-Register
              call    EEadrset    ; nach EEPROM Adressregister
              call    EEread      ; vorbesetzten Wert auslesen
              movwf   PORTA       ; auf Port A ausgeben
; Eingabewert nach EEPROM schreiben
              movlw   LOW vari    ; EEPROM-Adresse nach W-Register
              call    EEadrset    ; nach EEPROM Adressregister
              movf    PORTB,w     ; Testwert vom Port B
              call    EEwrite     ; nach EEPROM schreiben
;
; Variable aus dem EEPROM lesen
              movlw   LOW vari    ; Adresse nach W-Register
              call    EEadrset    ; nach EEPROM-Adressregister
              call    EEread      ; EEPROM lesen Wert -> W-Register
              movwf   PORTC       ; nach Port C
; hier geht es weiter im Hauptprogramm
```

3.7.4   Die Flash-Adressierung (PIC 16F87x)

Bei den Bausteinen einiger PIC-Familien kann der Programm-Flash mit Hilfe der EEPROM-Programmiersteuerung während des Betriebes gelesen und beschrieben werden. Gegenüber dem Abschnitt 3.7.3 ergeben sich folgende Abweichungen:

- Der Zugriff erfolgt auf 14bit Flash-Speicherwörter und nicht auf EEPROM-Bytes.
- Der High-Teil der 13bit Adresse ist nach EEADRH (Adresse 0x10F Bank 2) zu speichern.
- Der High-Teil der 14bit Daten befindet sich in EEDATH (Adresse 0x10E Bank 2).
- Das Steuerbit EEPGD in EECON1 ist auf 1 zu setzen (Flash-Zugriff).
- Sowohl nach dem Start der Leseoperation mit RD als auch nach dem Start der Schreiboperation mit WR sind zwei NOP-Befehle erforderlich.
- Während der Schreiboperation führt der Controller keine Befehle aus; die Peripherieeinheiten sowie die Timer arbeiten weiter.

Das Beispiel wurde mit dem PIC 16F876 getestet. Es benutzt die gleichen SFR-Register wie die EEPROM-Programme des Abschnitts 3.7.3.

```
EECON1      EQU     0x018C      ; EEPROM Steuerregister_1 Bank 3
EEPGD       EQU     7           ; Bit 7 Flash / EEPROM
WRERR       EQU     3           ; Bit 3 Fehler beim Schreiben
WREN        EQU     2           ; Bit 2 Schreibfreigabe
WR          EQU     1           ; Bit 1 Schreibsteuerung
RD          EQU     0           ; Bit 0 Lesesteuerung
EECON2      EQU     0x018D      ; EEPROM Steuerregister_2 Bank 3
EEDATA      EQU     0x010C      ; EEPROM Datenregister Bank 2
EEDATH      EQU     0x010E      ; EEPROM Datenregister High
EEADR       EQU     0x010D      ; EEPROM Adressregister Bank 2
EEADRH      EQU     0x010F      ; EEPROM Adressregister High
```

Der von allen Bänken aus zugängliche RAM-Bereich von 0x70 bis 0x7F wird für die Übergabe der Adressen und Daten zwischen Haupt- und Unterprogrammen sowie zum Retten des Statusregisters verwendet.

```
; Bereich von 0x70 bis 0x7F in allen Bänken zugänglich
FLASHadrl   EQU     0x70        ; Low-Adresse
FLASHadrh   EQU     0x71        ; High-Adresse
FLASHdatl   EQU     0x72        ; Low-Daten
FLASHdath   EQU     0x73        ; High-Daten
FLASHtemp   EQU     0x74        ; temporärer Rettungsspeicher
```

Der Flash-Bereich ab Adresse 0x300 enthält eine Wortkonstante test und eine Wortvariable vari ohne Vorbesetzung.

```
                ORG     0x300        ; danach wieder ORG 0 !!!!!!!
; Konstante und Variable im Flash-Bereich
test            DW      0x1234       ; 1 Wortkonstante
vari            RES     1            ; 1 Wortvariable
;
                org     0            ; Anfang Flash-Programmspeicher
```

Das Unterprogramm FLASHread übernimmt die Flash-Adresse aus dem von allen Bänken zugänglichen RAM-Bereich und speichert das ausgelesene Wort dorthin ab.

```
; FLASHread lesen Adressen und Daten im Common-Bereich ab 0x70
FLASHread       bsf     STATUS,RP1   ;
                bcf     STATUS,RP0   ; 1  0 Bank 2
                movf    FLASHadrl,w  ; Low-Adresse -> W-Register
                movwf   EEADR        ; nach EEPROM-Adressregister Low
                movf    FLASHadrh,w  ; High-Adresse -> W-Register
                movwf   EEADRH       ; nach EEPROM-Adressregister High
                bsf     STATUS,RP0   ; 1 1 Bank 3
                bsf     EECON1,EEPGD ; Flash Zugriff   für PIC 16F87x
                bsf     EECON1,RD    ; Leseoperation
                nop                  ; Pause
                nop                  ; der Ergriffenheit
                bcf     STATUS,RP0   ; 1 0 Bank 2
                movf    EEDATA,w     ; Low-Byte -> W-Register
                movwf   FLASHdatl    ; nach Common-Bereich
                movf    EEDATH,w     ; High-Byte -> W-Register
                movwf   FLASHdath    ; nach Common-Bereich
                bcf     STATUS,RP1   ; 0 0 zurück nach Bank 0
                return               ; Rückgabe im W-Register
```

Das Unterprogramm FLASHwrite übernimmt die Flash-Adresse und die zu schreibenden Daten aus dem von allen Bänken zugänglichen RAM-Bereich und rettet dort auch das Statusregister vor dem Sperren der Interrupts.

```
; FLASHwrite schreiben Adresse und Daten im Common-Bereich ab 0x70
FLASHwrite      bsf     STATUS,RP1   ;
                bcf     STATUS,RP0   ; 1  0 Bank 2
                movf    FLASHadrl,w  ; Low-Adresse -> W-Register
                movwf   EEADR        ; nach EEPROM-Adressregister Low
                movf    FLASHadrh,w  ; High-Adresse -> W-Register
                movwf   EEADRH       ; nach EEPROM-Adressregister High
                movf    FLASHdatl,w  ; Low-Daten -> W-Register
                movwf   EEDATA       ; nach EEPROM-Datenregister Low
```

```
            movf    FLASHdath,w ; High-Daten -> W-Register
            movwf   EEDATH      ; nach EEPROM-Datenregister High
            bsf     STATUS,RP0  ; 1 1 Bank 3
            bsf     EECON1,EEPGD; Flash Zugriff
            bsf     EECON1,WREN ; Schreibfreigabe
; Interrupt sperren alten Status retten
            movf    STATUS,w    ; alten Status
            movwf   FLASHtemp   ; retten
            bcf     INTCON,GIE  ; alle Interrupts sperren
            movlw   0x55        ; Sicherheitscode
            movwf   EECON2      ;
            movlw   0xaa        ;
            movwf   EECON2      ;
            bsf     EECON1,WR   ; Schreiboperation beginnt
            nop                 ; Pause der
            nop                 ; Ergriffenheit
            btfsc   EECON1,WR   ; Ende ?
            goto    $-1         ; nein: warten
            movf    FLASHtemp,w ; alten Status mit GIE
            movwf   STATUS      ; zurück
            bcf     EECON2,WREN ; Schreibfreigabe wieder sperren
            bcf     STATUS,RP0  ;
            bcf     STATUS,RP1  ; 0 0 zurück nach Bank 0
            return              ; Rücksprung
```

Das Hauptprogramm liest die vorbesetzte Konstante aus dem Flash-Speicher und gibt sie auf den Ports A und C aus.

```
; Konstante auslesen
                movlw   LOW test    ; Flash-Adresse n. Adressregister
                movwf   FLASHadrl   ;
                movlw   HIGH test   ;
                movwf   FLASHadrh   ;
                call    FLASHread   ; Leseoperation
                movf    FLASHdatl,w ; Low-Daten
                movwf   PORTC       ; auf Port C ausgeben
                movf    FLASHdath,w ; High-Daten
                movwf   PORTA       ; auf Port A ausgeben
; hier geht es weiter im Hauptprogramm
```

Das Beispiel schreibt einen vom Port B eingegebenen variablen Wert in den Flash-Speicher und gibt ihn zur Kontrolle auf dem Port C wieder aus.

```
; Eingabewert nach Flash schreiben
                movlw   LOW vari    ; Flash-Adresse n. Adressregister
                movwf   FLASHadrl   ;
                movlw   HIGH vari   ;
                movwf   FLASHadrh   ;
                movf    PORTB,w     ; Low-Daten von Port B
                movwf   FLASHdatl   ;
                movlw   0x3F        ; High-Daten konstant
                movwf   FLASHdath   ;
                call    FLASHwrite  ; Daten schreiben
; Rücklesen und Kontrollausgabe
                movlw   LOW vari    ; Flash-Adresse n. Adressregister
                movwf   FLASHadrl   ;
                movlw   HIGH vari   ;
                movwf   FLASHadrh   ;
                call    FLASHread   ; Leseoperation
                movf    FLASHdatl,w ; Low-Daten
                movwf   PORTC       ; auf Port C ausgeben
                movf    FLASHdath,w ; High-Daten
                movwf   PORTA       ; auf Port A ausgeben
; hier geht es weiter im Hauptprogramm
```

Der Zugriff auf den Flash-Programmspeicher eröffnet die Möglichkeit, durch ein residentes Betriebssystem Benutzerprogramme in den Programmspeicher zu laden und auszuführen. Davon machen anwendungsorientierte Systeme wie z.B. C-Control und BASIC Gebrauch.

3.8   Die Systemsteuerung

Das **Konfigurationswort** legt die Betriebsbedingungen des Bausteins fest. Es wird im Assemblerprogramm mit der Direktive `__CONFIG` definiert und über die Ladedatei `.hex` der Programmiereinrichtung übergeben. Diese gestattet es in den meisten Fällen, den Vorgabewert zu ändern, bevor das Konfigurationswort in den Flash-Programmspeicher geschrieben wird. Das 14bit Konfigurationswort des PIC 16F876 hat beispielsweise folgenden Aufbau:

-	-	Bit 13	Bit 12	Bit 11	Bit 10	Bit 9	Bit 8
–	–	1	1	1	1	1	1
–	–	CP1	CP0	DEBUG	–	WRT	CPD
–	–	Flash-Speicherschutz 0 0: Bereich geschützt 1 1: kein Schutz		In-Circuit Debugger 0: ein RB7 RB6 belegt 1: aus RB7 RB6 frei	–	Flash-Speicher 0: geschützt 1: beschreibbar	EEPROM 0: geschützt 1: beschreibbar

Bit 7	Bit 6	Bit 5	Bit 4	Bit 3	Bit 2	Bit 1	Bit 0
1	1	1	1	1	1	1	1
LVP	BODEN	CP1	CP0	/PWRTE	WDTE	FOSC1	FOSC0
Low-Voltage Programmierg. 0: aus RB3 frei 1: ein RB3 bel.	Brown Out Res 0: gesp. 1: ein	Flash-Speicherschutz wie Bit 13 und Bit 12 0 0: Bereich geschützt 1 1: kein Schutz		Power-up Timer 0 : ein 1: aus	Watchdog Timer 0: aus 1: ein	0 0: Quarz 32 – 200 kHz 0 1: 200 kHz – 4 MHz 1 0: 4 MHz – 20 MHz 1 1: RC-Kreis	

Bei Verwendung der Definitionsdatei `P16F876.INC` des Herstellers Microchip lässt sich das Konfigurationswort symbolisch angeben.

```
;===================================================================
;         Configuration Bits
;===================================================================


_CP_ALL              EQU       H'0FCF'
_CP_HALF             EQU       H'1FDF'
_CP_UPPER_256        EQU       H'2FEF'
_CP_OFF              EQU       H'3FFF'
_DEBUG_ON            EQU       H'37FF'
_DEBUG_OFF           EQU       H'3FFF'
_WRT_ENABLE_ON       EQU       H'3FFF'
_WRT_ENABLE_OFF      EQU       H'3DFF'
_CPD_ON              EQU       H'3EFF'
_CPD_OFF             EQU       H'3FFF'
_LVP_ON              EQU       H'3FFF'
_LVP_OFF             EQU       H'3F7F'
```

```
_BODEN_ON            EQU        H'3FFF'
_BODEN_OFF           EQU        H'3FBF'
_PWRTE_OFF           EQU        H'3FFF'
_PWRTE_ON            EQU        H'3FF7'
_WDT_ON              EQU        H'3FFF'
_WDT_OFF             EQU        H'3FFB'
_LP_OSC              EQU        H'3FFC'
_XT_OSC              EQU        H'3FFD'
_HS_OSC              EQU        H'3FFE'
_RC_OSC              EQU        H'3FFF'
```

Die in der Datei enthaltenen Definitionen werden mit dem UND-Operator **&** zusammenge-
setzt. Das Beispiel verwendet nur die Bitpositionen, die gelöscht werden sollen. Das Programm entnimmt die Namen der SFR-Register ebenfalls der Definitionsdatei.

```
; p16f876t24.asm  B = Eingang  nach A und C = AUSGANG
              LIST    P=16F876    ; Controller
    #include P16F876.inc  ; Standard Header File von Microchip
    __CONFIG    _LVP_OFF & _PWRTE_ON & _WDT_OFF & _HS_OSC  ; 0x3F72
;
              ORG     0           ; Programm-Flash
              goto    start       ;
              ORG     4           ; Interrupt-Einsprung
              goto    start       ; nicht besetzt
              ORG     5           ;
start         bsf     STATUS,RP0  ; RP0 <- 1: Registerbank 1
              clrf    TRISA       ; 0000 0000 PORTA Ausgabe
              movlw   0xff        ; 1111 1111 für Eingabe
              movwf   TRISB       ; PORTB Eingabe
              clrf    TRISC       ; 0000 0000 PORTC Ausgabe
              movlw   B'00000110' ; RA5, RA3 - RA0 digital ein
              movwf   ADCON1      ; analog aus
              bcf     STATUS,RP0  ; RP0 <- 0: Registerbank 0
; Arbeitsschleife
loop          movf    PORTB,w     ; Eingabe nach W-Register
              movwf   PORTA       ; W-Register nach Ausgabe
              movwf   PORTC       ; W-Register nach Ausgabe
              goto    loop        ; Schleife
              END
```

Die Konfigurationswörter der anderen Bausteine können den entsprechenden Datenblättern
entnommen werden; die vordefinierten Symbole der Konfigurationsbits sind in den Definitionsdateien enthalten.

3.9   Die Peripherieprogrammierung

Der als Beispiel dienende PIC 16F876 hat folgende Peripherieeinheiten:

- drei parallele Ports mit 22 Anschlüssen für die digitale Ein/Ausgabe,
- zwei 8bit Timer und einen 16bit Timer,
- zwei Capture-, Compare- und PWM-Einheiten,
- einen 10bit Analog/Digitalwandler mit fünf Eingangskanälen,
- eine serielle USART-Schnittstelle nach V.24 bzw. RS232C und
- einen synchronen seriellen Port für SPI- und I^2C-Betrieb.

Die Anschlüsse der Parallelports können für die Eingabe und Ausgabe anderer Peripherie-einheiten umprogrammiert werden. Die Anschlussbelegung des Anhangs entspricht dem PIC 16F876 in der 28poligen DIL-Version (Dual In Line).

Anschluss	Port		alternative Funktion		alternative Funktion
Pin 2	RA0	AN0	analoger Eingang Kanal 0		
Pin 3	RA1	AN1	analoger Eingang Kanal 1		
Pin 4	RA2	AN2	analoger Eingang Kanal 2	Vref-	negative analoge Referenzspannung
Pin 5	RA3	AN3	analoger Eingang Kanal 3	Vref+	positive analoge Referenzspannung
Pin 6	RA4	T0CKI	externer Takt Timer0		
Pin 7	RA5	AN4	analoger Eingang Kanal 4	/SS	Slave Select SPI-Schnittstelle
Pin 21	RB0	INT	externer Interrupt		
Pin 22	RB1				
Pin 23	RB2				
Pin 24	RB3	PGM	LV-Programmiereingang		
Pin 25	RB4		Potentialwechselinterrupt		
Pin 26	RB5		Potentialwechselinterrupt		
Pin 27	RB6		Potentialwechselinterrupt	PGC	serieller Programmiertakt Debugger
Pin 28	RB7		Potentialwechselinterrupt	PGD	serielle Programmierdaten Debugger
Pin 11	RC0	T1OSO	Timer1 Oszillator Ausg.	T1CKI	Timer1 Takteingang
Pin 12	RC1	T1OSI	Timer1 Oszillator Eing.	CCP2	Timer2 Capture/Compare/PWM
Pin 13	RC2	CCP1	Timer1 Capt/Comp/PWM		
Pin 14	RC3	SCK	Takt SPI-Schnittstelle	SCL	Takt SPI-Schnittstelle
Pin 15	RC4	SDI	Daten SPI-Schnittstelle	SDA	Daten SPI-Schnittstelle
Pin 16	RC5	SDO	Daten SPI-Schnittstelle		
Pin 17	RC6	TX	USART-Senderausgang	CK	USART synchroner Takt
Pin 18	RC7	RX	USART-Empfängereing.	DT	USART synchrone Daten

Bild 3-13: Alternative Portfunktionen (PIC 16F876)

3.9.1   Die Parallelschnittstellen

Das Modell eines Portanschlusses *Bild 3-14* zeigt den Port B mit einem schaltbaren Pull-up Widerstand, der bei den anderen Ports A und C fehlt. Die unterschiedlichen Ausgangstreiber der drei Ports und ihr spezielles Verhalten können den Unterlagen des Herstellers entnommen werden.

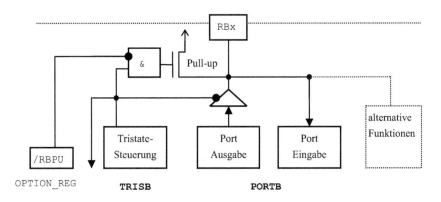

Bild 3-14: Modell eines Portanschlusses (Port B mit Pull-up-Schaltung)

Jeder Portanschluss lässt sich einzeln als Eingang oder als Ausgang programmieren. Eine **1** im Richtungsbit des Tristate-Steuerregisters TRISA, TRISB oder TRISC sperrt den Ausgangstreiber des Datenspeichers und der Anschluss arbeitet als Eingang. Dies ist die Voreinstellung nach einem Power-on-Reset. Erst durch Programmieren einer **0** wird der Inhalt des Datenspeichers auf dem Anschluss ausgegeben. Die folgenden Angaben für Potentiale und Ströme sind nur Richtwerte für den Anschluss von Logikbausteinen (Logikbetrieb).

Beim Lesen eines der Portregister PORTA, PORTB oder PORTC werden Eingangspotentiale < 0.8 Volt als logische **0** und Potentiale > 2 Volt als logische **1** bewertet.

Beim Schreiben in eines der Portregister PORTA, PORTB oder PORTC gelangen die Daten in den Ausgabespeicher (latch), der sie bis zur nächsten Schreiboperation festhält. Eine logische **0** erscheint als Low-Potential < 0.6 Volt bei max. 7 mA. Eine logische **1** ergibt am Ausgang ein High-Potential > 4.3 Volt bei max. 2.5 mA.

Bausteine, die als Leistungstreiber z.B. zum Ansteuern von Leuchtdioden verwendet werden, dürfen maximal 25 mA aufnehmen bzw. abgeben. Jedoch sollte die Gesamtstromaufnahme aller Portanschlüsse 200 mA nicht überschreiten.

Die Ausgabeschaltungen *Bild 3-15* steuern Leuchtdioden an. Am Ausgang RB4 liegt ein invertierender Treiberbaustein mit TTL-Eingang wie z.B. SN 7416 oder ULN 2804, die an ihrem Ausgang mit 40 bzw. 100 mA belastet werden können. Eine logische 0 erscheint als High am Treiberausgang und an der Katode der LED, die damit ausgeschaltet ist. Eine logische 1 legt die Katode der LED auf Low und schaltet diese ein. Der Vorwiderstand der vom Ausgang RB3 direkt angesteuerten LED ist so zu bemessen, dass der maximale Strom von ca. 25 mA nicht überschritten wird.

Die Eingabeschaltung an RB1 besteht aus einem Kippschalter, der mit einem Widerstand auf High gehalten wird. Beim Schließen des Kontaktes können Prellungen auftreten. Diese werden durch das Entprell-Flipflop aus Invertern mit offenem Collector am Eingang RB0 vermieden. Dies ist besonders für eine Flankensteuerung und Interruptauslösung zu empfehlen.

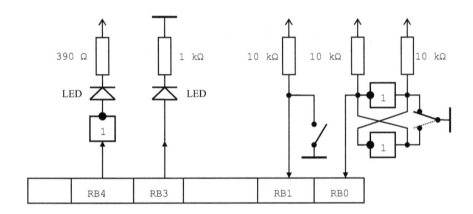

Bild 3-15: Eingabe- und Ausgabeschaltungen

Das Programmbeispiel programmiert die werthöhere Hälfte des Ports B als Ausgang und die wertniedere als Eingang. Die Schleife gibt die eingegebenen Potentiale auf den Leuchtdioden wieder aus.

```
start          bcf     STATUS,RP1  ; RP1 <- 0: Registerbank 1
               bsf     STATUS,RP0  ; RP0 <- 1: Registerbank 1
               movlw   0x0F        ; 0000 Ausgänge 1111 Eingänge
               movwf   TRISB       ; RB7-RB4: Ausg. RB3-RB0: Eing.
               bcf     STATUS,RP0  ; RP0 <- 0: Registerbank 0
; Arbeitsschleife
loop           swapf   PORTB,w     ; Eingabe nach W-Register
               movwf   PORTB       ; W-Register nach Ausgabe
               goto    loop        ;
```

3.9.2   Der Timer0 und der Watchdog Timer

Ein Timer ist ein Dualzähler, der mit Befehlen initialisiert wird, aber dann programmunabhängig arbeitet und der bei seinem Überlauf einen Interrupt auslösen kann. Anwendungen:

- Zeitverzögerungen anstelle vom Programmschleifen,
- periodische Interrupts z.B. für Steuerung einer Uhr,
- Ereigniszähler (Counter) für externe Signale,
- im Capture-Betrieb (auffangen) Messung von Frequenzen,
- im Compare-Betrieb (vergleichen) Ausgabe von Rechtecksignalen und
- im PWM-Betrieb (Puls-Weiten-Modulation) quasi-analoge Ausgabe.

Der Timer0 (*Bild 3-16*) besteht aus einem 8bit Aufwärtszähler, der bei einem Überlauf von
0xFF nach 0x00 das Bit TOIF im Interruptkontrollregister INTCON setzt. Die Taktquelle ist
im OPTION_REG zusammen mit dem Vorteiler programmierbar. Wird der Vorteiler für den
Watchdog Timer WDT verwendet, so läuft der Timer0 mit dem durch 4 geteilten Systemtakt,
bei einem Quarz von 4 MHz also mit 1 MHz entsprechend dem Befehlstakt.

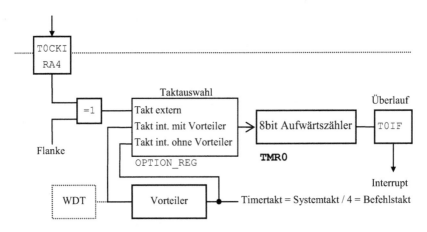

Bild 3-16: Modell des Timer0

Auf das Register Timer0 mit dem laufenden Zählerwert kann jederzeit zugegriffen werden,
beim Schreiben wird der Vorteiler gelöscht, der Teilerfaktor bleibt jedoch erhalten.

Timer0 Register **TMR0** (Adressen 0x01, 0x101) Registerbänke 0 und 2

Bit 7	Bit 6	Bit 5	Bit 4	Bit 3	Bit 2	Bit 1	Bit 0
8bit Aufwärtszähler							

Die Timerfunktionen werden im Optionsregister programmiert.

Optionsregister **OPTION_REG** (Adressen 0x81, 0x181) Registerbänke 1 und 3

Bit 7	Bit 6	Bit 5	Bit 4	Bit 3	Bit 2	Bit 1	Bit 0
RW - 1	RW - 1	RW - 1	RW - 1	RW - 1	RW - 1	RW - 1	RW - 1
/RBPU	INTEDG	**T0CS**	**T0SE**	**PSA**	**PS2**	**PS1**	**PS0**
PORTB Pull-up- Widerst.	INT Flanke	Timer0 Taktquelle 0: intern 1: extern	Timer0 ext. Taktflanke 0: steigend 1: fallend	Vorteiler 0: Timer0 1: Watchdog Timer	Prescaler Teilungsfaktor für Timer0 0 0 0: durch 2 0 0 1: durch 4 0 1 0: durch 8 0 1 1: durch 16 1 0 0: durch 32 1 0 1: durch 64 1 1 0: durch 128 1 1 1: durch 256		

Nach dem Einschalten der Versorgungsspannung bzw. nach einem Reset ist der Timer0 auf externen Takt bei fallender Flanke an RA4 geschaltet. Für eine Interruptauslösung bei einem Überlauf muss das Interruptsteuerregister entsprechend programmiert werden.

Interruptsteuerregister **INTCON** (Adressen 0x0B, 0x8B, 0x10B, 0x18B) alle Registerbänke

Bit 7	Bit 6	Bit 5	Bit 4	Bit 3	Bit 2	Bit 1	Bit 0
RW - 0	RW - 0	RW - 0	RW - 0	RW - 0	RW - 0	RW - 0	RW - x
GIE	PEIE	**T0IE**	INTE	RBIE	**T0IF**	INTF	RBIF
globale Freigabe 0: gesperrt 1: frei	Peripherie Freigabe	Timer0 Freigabe 0: gesp. 1: frei	RB0/INT Freigabe	Änderung RB7-RB4	Timer0 Überlauf 0: nicht 1: aufgetr.	RB0/INT Anzeige .	Änderung RB7-RB4 .

Das globale Freigabebit GIE (Global Interrupt Enable) sperrt mit einer 0 alle Interrupts, für GIE gleich 1 müssen die Interrupts einzeln freigegeben werden.

Das Timer0-Freigabebit T0IE (Timer0 Overflow Interrupt Enable) sperrt bzw. gibt den Interrupt beim Überlauf des Timer0 frei; es ist unabhängig von PEIE.

Das Anzeigebit T0IF (T0 Interrupt Flag) wird von der Steuerung auf 1 gesetzt, wenn die Überlaufbedingung von 0xFF nach 0x00 aufgetreten ist. Es muss durch das Serviceprogramm wieder gelöscht werden. Nach einem Überlauf zählt der Timer weiter aufwärts.

Das Beispiel programmiert den Timer0 als Wartezähler, der nach einer am Port B einstellbaren Wartezeit einen Dualzähler auf dem Port C um 1 erhöht. Der interne Takt wird durch den Vorteiler durch 256 geteilt. Der Timertakt beträgt bei einem 4 MHz Quarz 4000000 : 4 : 256 gleich 3906.25 Hz entsprechend 0.256 ms für einen Timerschritt.

```
; p16f876t34.asm Test Timer0 als Wartezähler
                LIST    P=16F876    ;
#include        P16F876.inc         ; Standard Header File
                __CONFIG  0x3F72    ; Speicherschutz und WDT aus
takt            EQU     .4000000    ; Systemtakt (Quarz) 4 MHz
                ORG     0           ; Programm-Flash
                goto    start       ;
                ORG     4           ; Interrupt-Einsprung
                goto    start       ; nicht besetzt
                ORG     5           ;
start           bcf     STATUS,RP1  ; RP1 <- 0: Registerbank 1
                bsf     STATUS,RP0  ; RP0 <- 1: Registerbank 1
                movlw   0xFF        ;
                movwf   TRISB       ; Port B ist Eingabe
                clrf    TRISC       ; Port C ist Ausgabe
                movlw   B'00000111' ; interner Takt : 256
                movwf   OPTION_REG  ;
                bcf     STATUS,RP0  ; RP0 <- 0: Registerbank 0
                clrf    PORTC       ; Port C Ausgabezähler löschen
; Arbeitsschleife
loop            movf    PORTB,w     ; Anfangswert vom Port B
                movwf   TMR0        ; Anfangswert nach Timer0
                btfss   INTCON,T0IF ; Timer0 Überlauf ?
                goto    $-1         ; nein: warten
                bcf     INTCON,T0IF ;   ja: Überlaufflag löschen
                incf    PORTC,f     ;       Ausgabezähler erhöhen
                goto    loop        ;
                END
```

Die Frequenz des Dualzählers am Ausgang RC0 ergibt sich aus zwei Wartezeiten des Timers. Die Tabelle zeigt berechnete und gemessene Werte, bei denen zusätzliche Zeiten für die Befehle in der Schleife zu berücksichtigen sind.

Port B	Timertakte	Wartezeit	Periode RC0	Frequenz RC0
0x00	256	65.536 ms	131.07 ms	7.63 Hz gemessen 7 Hz
0x80	128	32.786 ms	65.536 ms	15.26 Hz gemessen 15 Hz
0xFE	2	0.512 ms	1.024 ms	9765 Hz gemessen 9670 Hz
0xFF	1	0.256 ms	0.512 ms	1953 HZ gemessen 1880 Hz

Für genaue Wartezeiten ist es zweckmäßig, auf das Laden von Timeranfangswerten zu verzichten und einen periodisch durchlaufenden Timer mit Interruptauslösung zu verwenden. Mit 256 Timertakten bis zu einem Überlauf ergibt sich ein weiterer Teilungsfaktor durch 256. Beispiel für einen Quarz von 6.5536 MHz : 4 : 256 : 256 = 25 Interrupts pro Sekunde.

```
; p16f876t36.asm Test Timer0 als Taktgeber einer Uhr
                LIST    P=16F876    ;
#include        P16F876.inc         ; Standard Header File
                __CONFIG 0x3F72     ; Speicherschutz und WDT aus
takt            EQU     .6553600    ; Systemtakt (Quarz) 6.5536 MHz
wret            EQU     0x20        ; Rettung W-Register
sret            EQU     0x21        ; Rettung STATUS-Register
zael            EQU     0x22        ; Interruptzähler
                ORG     0           ; Programm-Flash
                goto    start       ;
                ORG     4           ; Interrupt-Einsprung
; Timer0-Serviceprogramm
service         movwf   wret        ; W-Register retten
                movf    STATUS,w    ; STATUS-Register
                movwf   sret        ; retten
                decfsz  zael,f      ; Interrupt-Zähler - 1
                goto    service1    ; bei ungleich Null fertig
                movlw   .25         ; bei Null
                movwf   zael        ; Interrupt-Zähler neu laden
                incf    PORTC,f     ; Sekundenzähler erhöhen
service1        movf    sret,w      ; STATUS-Register
                movwf   STATUS      ; zurückladen
                swapf   wret,f      ; Registerhälften vertauschen
                swapf   wret,w      ; nach W-Register
                bcf     INTCON,T0IF ; Timer0 Interruptanzeige löschen
                retfie              ; Rücksprung aus Service
; Hauptprogramm
start           bcf     STATUS,RP1  ; RP1 <- 0: Registerbank 1
                bsf     STATUS,RP0  ; RP0 <- 1: Registerbank 1
                clrf    TRISA       ; Port A ist Ausgabe
                clrf    TRISC       ; Port C ist Ausgabe
                movlw   B'00000111' ; interner Takt Teiler 256
                movwf   OPTION_REG  ;
                bcf     STATUS,RP0  ; RP0 <- 0: Registerbank 0
                clrf    PORTC       ; Port C Ausgabezähler löschen
                movlw   .25         ; 25 Interrupts pro Sekunde
                movwf   zael        ; Interrupt-Zähler
                bsf     INTCON,T0IE ; Timer0 Interrupt frei
                bcf     INTCON,T0IF ; Timer0 Interruptanzeige löschen
                bsf     INTCON,GIE  ; alle Interrupts global frei
```

```
                        movlw     0x34        ; Testwert
; Arbeitsschleife
loop                    movwf     PORTA       ; Testwert auf Port A ausgeben
                        goto      loop        ;
                        END
```

Für die Zählung von Signalflanken am Eingang RA4/T0CKI sollten hardwaremäßig entprellte Kontakte verwendet werden. Das Beispiel programmiert den Timer0 als Zähler für fallende Flanken am Eingang RA4.

```
start                   bcf       STATUS,RP1  ; RP1 <- 0: Registerbank 1
                        bsf       STATUS,RP0  ; RP0 <- 1: Registerbank 1
                        clrf      TRISC       ; Port C ist Ausgabe
                        movlw     B'00110000' ; fallende Flanke externer Takt
                        movwf     OPTION_REG  ; Timer0 einstellen
                        bcf       STATUS,RP0  ; RP0 <- 0: Registerbank 0
                        clrf      TMR0        ; Timer0 löschen
; Arbeitsschleife
loop                    movf      TMR0,w      ; laufenden Flankenzähler
                        movwf     PORTC       ; auf Port C ausgeben
                        goto      loop        ;
```

Der **Watchdog Timer** (WDT) ist ein Zähler, der den Controller in einen Reset-Zustand versetzt, wenn er nicht vor Ablauf einer einstellbaren Wartezeit zurückgesetzt wird.

Optionsregister **OPTION_REG** (Adressen 0x81, 0x181) Registerbänke 1 und 3

Bit 7	Bit 6	Bit 5	Bit 4	Bit 3	Bit 2	Bit 1	Bit 0
RW – 1	RW – 1	RW – 1	RW – 1	RW – 1	RW – 1	RW – 1	RW – 1
/RBPU	INTEDG	T0CS	T0SE	**PSA**	**PS2**	**PS1**	**PS0**
PORTB Pull-up	RB0/INT Flanke	Timer0	Timer0	Prescaler 1: WDT	Prescaler Teilungsfaktor für WDT 000 bis 111 *siehe Timer0*		

Das Zurücksetzen des Watchdog Timers vor dem Ablauf der Wartezeit muss mit dem Befehl clrwdt erfolgen. Der Befehl sleep bringt den Controller in einen Wartezustand.

Befehl	Operand	Z	D	C	W	T	Wirkung
clrwdt					1	1	Watchdog Timer zurücksetzen
sleep					1	1	Controller in Wartezustand versetzen

In den meisten Anwendungen wird der Watchdog Timer durch WDTE = 0 bzw. durch _WDT_OFF im Konfigurationswort ausgeschaltet.

3.9.3 Die serielle USART-Schnittstelle

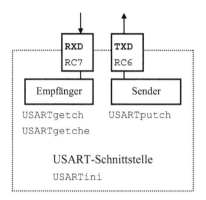

Im **Asynchronbetrieb** ist das Baudratenregister mit dem Teiler für den Übertragungstakt des Senders und des Empfängers zu laden.

Baudratenregister SPBRG (Adresse 0x099) Registerbank 1

Bit 7	Bit 6	Bit 5	Bit 4	Bit 3	Bit 2	Bit 1	Bit 0
			Teiler für Sender und Empfänger				

In der Teilerformel ist zu berücksichtigen, ob im Sender-Steuerregister eine niedrige oder eine hohe Baudrate eingestellt ist.

BRGH = **0**: Baudrate niedrig   BRGH = **1**: Baudrate hoch

$$\text{Teiler} = \frac{\text{Systemtakt}}{\textbf{64} * \text{Baudrate}} - \textbf{1} \qquad \text{Teiler} = \frac{\text{Systemtakt}}{\textbf{16} * \text{Baudrate}} - \textbf{1}$$

Für einen Systemtakt von 4 MHz und eine Baudrate von 9600 baud und BRGH = 0 (niedrig) ergibt sich ein Teiler von 5.51, der auf 6 aufgerundet einen Fehler von 7% bedeutet. Bei einer hohen Baudrate (BRGH = 1) hat der Teiler von 25 nur einen Fehler von 0.16 %. In dem Beispiel berechnet der Assembler den Teiler aus den Symbolen takt und baud.

```
        movlw    (takt/(.16 * baud) - 1) ; für BRGH = 1
        movwf    SPBRG                   ; Registerbank 1
```

Vor dem **Senden von Daten** ist das Sender-Steuerregister auf die gewünschte Betriebsart zu programmieren.

Sender-Steuerregister **TXSTA** (Adresse 0x98) Registerbank 1

Bit 7	Bit 6	Bit 5	Bit 4	Bit 3	Bit 2	Bit 1	Bit 0
RW - 0	RW - 0	RW - 0	RW - 0	U - 0	RW - 0	R - 1	RW - 0
CSRC	**TX9**	**TXEN**	**SYNC**	**–**	**BRGH**	**TRMT**	**TX9D**
Taktquelle x für Asynchronb.	Sendedaten 0: 8bit 1: 9bit	Sender 0: gesperrt 1: frei	Betrieb 0: Async. 1: Sync.		Baudrate 0: niedrig 1: hoch	Schiebereg. 0: voll 1: leer	9. Sendebit für TX9 = 1

Das Beispiel speichert das Steuerbyte für asynchronen 8bit Betrieb und hohe Baudrate in das Sender-Steuerregister.

```
movlw   B'00100100'   ; Sender ein, hohe Baudrate
movwf   TXSTA         ; in Registerbank 1
```

Das zu sendende Datenbyte ist in das Sender-Datenregister TXREG zu speichern, aus dem es von der Steuerung in das eigentliche Schieberegister übertragen wird, das jedoch nicht zugänglich ist.

Sender-Datenregister **TXREG** (Adresse 0x19) Registerbank 0

Bit 7	Bit 6	Bit 5	Bit 4	Bit 3	Bit 2	Bit 1	Bit 0
Zu sendendes Datenbyte							

Die Speicherung der Sendedaten darf nur erfolgen, wenn das als Pufferspeicher dienende Sender-Datenregister leer ist. Dies wird im Bit TXIF des Interruptanzeigeregisters angezeigt unabhängig davon, ob ein Sender-Interrupt freigegeben ist oder nicht.

Interruptanzeigeregister **PIR1** (Adresse 0x0C) Registerbank 0

Bit 7	Bit 6	Bit 5	Bit 4	Bit 3	Bit 2	Bit 1	Bit 0
RW - 0	RW - 0	R - 0	R - 0	RW- 0	RW - 0	RW - 0	RW - 0
PSPIF	ADIF	RCIF	**TXIF**	SSPIF	CCP1IF	TMR2IF	TMR1IF
			Senderdatenregister 0: besetzt 1: aufnahmebereit				

Bei der Freigabe des Senders durch Setzen von TXEN in TXSTA wird TXIF in PIR1 auf 1 gesetzt; das Sender-Datenregister ist leer und aufnahmebereit. Beim Speichern neuer Daten in das Sender-Datenregister TXREG wird TXIF in PIR1 auf 0 gelöscht; das Datenregister des Senders ist besetzt.

Bei der Übertragung der Daten aus dem Datenregister in das Schieberegister wird TXIF in PIR1 wieder auf 1 gesetzt; das Sender-Datenregister ist leer und aufnahmebereit. Anstelle des Anzeigebits TRMT des Schieberegisters wird üblicherweise TXIF des Datenregisters dazu verwendet, zu kontrollieren, ob neue Daten gesendet werden können. Beispiel:

```
senden   btfss   PIR1,TXIF   ; Sender-Datenregister frei ?
         goto    senden      ; TXIF = 0: nein besetzt
         movwf   TXREG       ; TXIF = 1: ja senden
```

Vor dem **Empfang von Daten** ist das Empfänger-Steuerregister auf die gewünschte Betriebsart zu programmieren.

Empfänger-Steuerregister **RCSTA** (Adresse 0x18) Registerbank 0

Bit 7	Bit 6	Bit 5	Bit 4	Bit 3	Bit 2	Bit 1	Bit 0
RW - 0	RW - 0	RW - 0	RW - 0	RW -0	R - 0	R - 0	R - x
SPEN	**RX9**	**SREN**	**CREN**	**ADDEN**	**FERR**	**OERR**	**RX9D**
Serielle E/A	Daten	Einzelb.	Dauerb.	Adressb.	Rahmenfehler	Überlauffehler	9. Empfangs bit für RX9 = 1
0: aus	0: 8bit	x: async.	0: aus	0: aus	0: kein Fehler	0: kein Fehler	
1: ein	1: 9bit		1: ein	1: ein	1: aufgetreten	1: aufgetreten	

Das Beispiel programmiert mit SPEN = 1 den Anschluss RC7 als seriellen Eingang RX und den Anschluss RC6 als seriellen Ausgang TX und gibt mit CREN = 1 den fortlaufenden Empfang frei. Die Anschlüsse RC7 und RC6 sind als Eingänge zu programmieren.

```
movlw   B'10010000   ; serielle Schnittstelle, Empfänger ein
movwf   RCSTA        ; in Registerbank 1
bsf     TRISC,7      ; RC7/RX ist Eingang TRISC Bank 1
bsf     TRISC,6      ; RC6/TX ist Eingang TRISC Bank 1
```

Nach dem Empfang des Stopp-Bits werden die empfangenen Daten aus dem Schieberegister in das Empfänger-Datenregister RCREG übertragen. Dabei wird das Anzeigebit RCIF im Interruptanzeigeregister PIR1 auf 1 gesetzt, unabhängig davon, ob der Empfängerinterrupt freigegeben ist oder nicht.

Interruptanzeigeregister **PIR1** (Adresse 0x0C) Registerbank 0

Bit 7	Bit 6	Bit 5	Bit 4	Bit 3	Bit 2	Bit 1	Bit 0
RW - 0	RW - 0	R - 0	R - 0	RW- 0	RW - 0	RW - 0	RW - 0
PSPIF	ADIF	**RCIF**	TXIF	SSPIF	CCP1IF	TMR2IF	TMR1IF
		0: keine Daten 1: Daten in RCREG					

Durch das Lesen der Daten aus dem Empfänger-Datenregister RCREG wird RCIF in PIR1 wieder auf 0 zurückgesetzt (gelöscht). Das Datenregister kann zwei Datenbytes speichern; bei einem Überlauf wird OERR gesetzt, bei einem Rahmenfehler wird FERR gesetzt.

Empfänger-Datenregister **RCREG** (Adresse 0x1A) Registerbank 0

Bit 7	Bit 6	Bit 5	Bit 4	Bit 3	Bit 2	Bit 1	Bit 0
Empfangenes Datenbyte							

Das Beispiel wartet auf den Empfang eines Zeichens und holt es aus dem Empfänger ab.

```
holen     btfss   PIR1,RCIF    ; Daten empfangen ?
          goto    holen        ; RCIF = 0: nein keine da
          movf    RCREG,w      ; RCIF = 1: ja abholen
```

Das Programm *Bild 3-17* initialisiert die USART-Schnittstelle mit den Symbolen `takt` und `baud` für den Asynchronbetrieb. Verwendet man als Gegenstation einen PC mit dem Terminalprogramm *HyperTerminal*, so ist dieses auf 9600 Bd, 8 Datenbits, ohne Parität und 1 Stoppbit ohne Flusssteuerung einzustellen. Alle ankommenden Zeichen werden im Echo zurückgesendet und zusätzlich auf dem Port B ausgegeben. Für den Port C sind nur sechs Bits verfügbar, da die Bitpositionen RC7 und RC6 als RXD bzw. TXD verwendet werden.

```
; k3p8.asm Test USART im Asynchronbetrieb
            LIST     P=16F876    ;
#include    P16F876.inc          ; Standard Header File von Microchip
     __CONFIG  _LVP_OFF & _PWRTE_ON & _WDT_OFF & _HS_OSC ; Konfiguration
takt        EQU      .4000000    ; Systemtakt (Quarz) 4 MHz
baud        EQU      .9600       ; Baudrate für USART
;
            ORG      0           ; Programm-Flash
            goto     start       ;
            ORG      4           ; Interrupt-Einsprung
            goto     start       ; nicht besetzt
            ORG      5           ;
; USART-Unterprogramme können mit #include USART16F876.h eingefügt werden
; USARTini USART initialisieren mit takt und baud
USARTini    bsf      STATUS,RP0  ; 0 1 Registerbank 1
            movlw    (takt/(.16 * baud) - 1) ; für BRGH = 1 Hoch
            movwf    SPBRG       ; nach Baudratenregister Bank 1
            movlw    B'00100100' ; Sender ein, Baudrate hoch
            movwf    TXSTA       ; nach Sender-Steuerregister Bank 1
            bsf      TRISC,7     ; RC7 als RX Eingang TRISC Bank 1
            bsf      TRISC,6     ; RC6 als TX Eingang TRISC Bank 1
            bcf      STATUS,RP0  ; 0 0 Registerbank 0
            movlw    B'10010000' ; Serielle E/A ein, Dauerempfang ein
            movwf    RCSTA       ; nach Empfänger-Steuerregister Bank 0
            movf     RCREG,w     ; Empfänger vorsorglich leeren
            return               ; Bank 0 eingeschaltet
```

```
; USARTputch warten und Zeichen aus W-Register senden
USARTputch      btfss    PIR1,TXIF    ; Sender-Datenregister frei ?
                goto     USARTputch   ; TXIF = 0: nein besetzt
                movwf    TXREG        ; TXIF = 1: ja senden TXIF -> 0
                return                ; Zeichen bleibt in W-Register
; USARTgetch warten und empfangenes Zeichen nach W-Register
USARTgetch      btfss    PIR1,RCIF    ; Empfänger-Datenregister voll ?
                goto     USARTgetch   ; RCIF = 0: nein kein Zeichen
                movf     RCREG,w      ; RCIF = 1: ja abholen RCIF -> 0
                return                ;
; USARTgetche warten und empfangenes Zeichen im Echo zurücksenden
USARTgetche     btfss    PIR1,RCIF    ; Empfänger-Datenregister voll ?
                goto     USARTgetche  ; RCIF = 0: nein kein Zeichen
                movf     RCREG,w      ; RCIF = 1: ja abholen RCIF -> 0
USARTgetche1    btfss    PIR1,TXIF    ; Sender-Datenregister frei ?
                goto     USARTgetche1 ; TXIF = 0: nein besetzt
                movwf    TXREG        ; TXIF = 1: ja senden TXIF -> 0
                return                ; Zeichen in W-Register
; Hauptprogramm
start           bcf      STATUS,RP1   ; RP1 <- 0: Registerbank 1
                bsf      STATUS,RP0   ; RP0 <- 1: Registerbank 1
                clrf     TRISB        ; 0000 0000 Port B Ausgabe
                bcf      STATUS,RP0   ; RP0 <- 0: Registerbank 0
                call     USARTini     ; USART initialisieren
                movlw    '>'          ; Prompt senden
                call     USARTputch   ;
; Arbeitsschleife empfangenes Zeichen auf Port B ausgeben
loop            call     USARTgetche  ; Zeichen nach W-Register mit Echo
                movwf    PORTB        ; Bitmuster nach Port B
                goto     loop         ;
                END                   ;
```

Bild 3-17: Test der USART-Schnittstelle im Asynchronbetrieb

Abschnitt 3.10.6 zeigt Anwendungsbeispiele, bei denen die USART-Unterprogramme mit
#include USART16F876.h aus einer Headerdatei eingefügt werden.

```
; USART16F876.h USART-Unterprogramme PIC 16F876
#include    USARTini.asm     ; initialisieren mit baud und takt
#include    USARTputch.asm   ; warten und Zeichen aus W senden
#include    USARTgetch.asm   ; warten und Zeichen nach W lesen
#include    USARTgetche.asm  ; warten Echo Empfangszeichen nach W
```

3.9.4   Der Analog/Digitalwandler

Die A/D-Wandlereinheit *Bild 3-18* des als Beispiel dienenden PIC 16F876 wandelt eine analoge Eingangsspannung an einem von fünf Eingangskanälen des Ports A zu einem 10bit digitalen Wert bei einer Wandlungszeit von ca. 10 bis 30 µs.

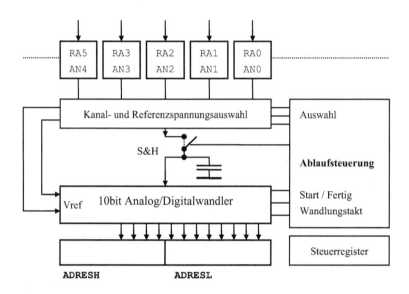

Bild 3-18: Modell des Analog/Digitalwandlers

Mit dem Steuerregister ADCON0 werden die Quelle für den Wandlungstakt und der Eingangskanal eingestellt sowie die Wandlung gestartet.

A/D-Wandler Steuerregister **ADCON0** (Adresse 0x1F) Registerbank 0

Bit 7	Bit 6	Bit 5	Bit 4	Bit 3	Bit 2	Bit 1	Bit 0
RW - 0	RW - 0	RW - 0	RW - 0	RW - 0	RW - 0	U -0	RW - 0
ADCS1	ADCS0	CHS2	CHS1	CHS0	GO/DONE	-	ADON
Wandlungstakt T_{AD} 0 0: 2*Sys.-Takt < 1.25 MHz 0 1: 8*Sys.-Takt < 5 MHz 1 0: 32*Sys.-Takt < 20 MHz 1 1: interner Takt für Systemtakt ≤ 1 MHz		0 0 0: Kanal 0 an RA0 AN0 0 0 1: Kanal 1 an RA1 AN1 0 1 0: Kanal 2 an RA2 AN2 0 1 1: Kanal 3 an RA3 AN3 1 0 0: Kanal 4 an RA5 AN4 1 0 1 bis 1 1 1: 16F876 nicht belegt			Start / Fertig **1 schreiben:** Wandlerstart **0 anzeigen** Wandlungsende		Betrieb 0: A/D aus 1: A/D ein

Mit dem Steuerregister ADCON1 werden die Ausrichtung der gewandelten Daten sowie die Konfiguration der Anschlüsse eingestellt.

A/D-Wandler Steuerregister **ADCON1** (Adresse 0x9F) Registerbank 1

Bit 7	Bit 6	Bit 5	Bit 4	Bit 3	Bit 2	Bit 1	Bit 0
RW - 0	U - 0	U - 0	U - 0	RW - 0	RW - 0	RW - 0	RW - 0
ADFM	-	-	-	**PCFG3**	**PCFG2**	**PCFG1**	**PCFG0**
Ausrichtung der Daten 0: linksbündig 1: rechtsbündig				Auswahl der Anschlüsse für • digitale Ein/Ausgabe • analoge Eingabe • Referenzspannung			

Die Portanschlüsse können einzeln für digitale Ein/Ausgabe oder analoge Eingabe oder als Eingang für die Referenzspannung programmiert werden. Bei analoger Eingabe muss das entsprechende Richtungsbit im Tristate-Register durch eine 1 als Eingang programmiert sein.

PCFG_	AN4/RA5	AN3/RA3	AN2/RA2	AN1/RA1	AN0/RA0	*Vref+*	*Vref-*
0 0 0 0	analog	analog	analog	analog	analog	Vdd	Vss
0 0 0 1	analog	Vref+	analog	analog	analog	RA3	Vss
0 0 1 0	analog	analog	analog	analog	analog	Vdd	Vss
0 0 1 1	analog	Vref+	analog	analog	analog	RA3	Vss
0 1 0 0	digital	analog	analog	analog	analog	Vdd	Vss
0 1 0 1	digital	Vref+	digital	analog	analog	RA3	Vss
0 1 1 x	digital	digital	digital	digital	digital	Vdd	Vss
1 0 0 0	analog	Vref+	Vref-	analog	analog	RA3	RA2
1 0 0 1	analog	analog	analog	analog	analog	Vdd	Vss
1 0 1 0	analog	Vref+	analog	analog	analog	RA3	Vss
1 0 1 1	analog	Vref+	Vref-	analog	analog	RA3	RA2
1 1 0 0	analog	Vref+	Vref-	analog	analog	RA3	RA2
1 1 0 1	digital	Vref+	Vref-	analog	analog	RA3	RA2
1 1 1 0	digital	digital	digital	digital	analog	Vdd	Vss
1 1 1 1	digital	Vref+	Vref-	digital	analog	RA3	RA2

Die gewandelten Daten können von den beiden Datenregistern abgeholt werden. Das Bit ADFM bestimmt die Ausrichtung. Man beachte, dass die beiden Register in verschiedenen Bänken liegen.

High-Datenregister **ADRESH** (Adresse 0x1E) Registerbank 0

Bit 7	Bit 6	Bit 5	Bit 4	Bit 3	Bit 2	Bit 1	Bit 0
High-Anteil der 10bit Daten							

Low-Datenregister **ADRESL** (Adresse 0x9E) Registerbank 1

Bit 7	Bit 6	Bit 5	Bit 4	Bit 3	Bit 2	Bit 1	Bit 0
Low-Anteil der 10bit Daten							

Am Ende der Wandlung kann ein Interrupt ausgelöst werden, der im Bit ADIE des Interruptregisters PIE1 freigegeben und im Bit ADIF des Anzeigeregisters PIR1 angezeigt wird. Wegen der kurzen Wandlungszeit wird jedoch das Ende der Wandlung meist im Bit GO/DONE von ADCON0 in einer Warteschleife kontrolliert.

Am Eingang des nach dem Verfahren der schrittweisen Näherung (*successive approximation*) arbeitenden Wandlers liegt eine Abtast- und Halteschaltung (*sample & hold*) mit einem Kondensator, der von der zu messenden analogen Spannung aufgeladen werden muss. Die Ladezeit (*acquisition time*) zwischen der Kanalauswahl und dem Start der Wandlung ist abhängig von der Impedanz der analogen Quelle (max. 10 kΩ) und wird vom Hersteller mit ca. 20 µs angegeben. Während der Wandlungszeit ist der Haltekondensator vom Eingang getrennt. Der Hersteller schlägt folgende Schritte für eine A/D-Wandlung vor:

- Ausrichtung der Daten und Konfiguration in ADCON1 festlegen,
- analoge Kanäle in TRISA als Eingänge programmieren,
- den zu messenden Kanal in ADCON0 auswählen,
- Wandlungstakt in ADCON0 festlegen,
- Wandler durch ADON in ADCON0 einschalten,
- erforderliche Wartezeit einhalten,
- Wandlung starten durch Schreiben einer **1** nach GO/DONE in ADCON0,
- Ende der Wandlung durch Kontrolle von GO/DONE auf eine 0 abwarten und
- gewandelten digitalen Messwert von den Registern ADRESH und ADRESL abholen.

Die nächste Messung kann erst nach zwei Wandlungstakten gestartet werden. Nach einer Kanalumschaltung ist die Wartezeit (*acquisition time*) einzuhalten.

Das Beispiel *Bild 3-19* gibt den vom Kanal AN0 gewandelten Analogwert digital auf dem Port C mit dem High-Teil und auf dem Port B mit dem Low-Teil aus. Die Wartezeiten nach der Kanalauswahl und nach dem Ende einer Wandlung wurden großzügig bemessen und können bei Anpassung an andere Verhältnisse gekürzt werden.

```
; k3p9.asm Test Analog/Digitalwandler
            LIST    P=16F876   ;
#include    P16F876.inc      ; Standard Header File von Microchip
__CONFIG _LVP_OFF & _PWRTE_ON & _WDT_OFF & _HS_OSC ; Konfiguration
takt        EQU     .4000000  ; Systemtakt (Quarz) 4 MHz
;
            ORG     0         ; Programm-Flash
            goto    start     ;
            ORG     4         ; Interrupt-Einsprung
```

```
                goto    start       ; nicht besetzt
                ORG     5           ;
;
start           bcf     STATUS,RP1  ; RP1 <- 0: Registerbank 1
                bsf     STATUS,RP0  ; RP0 <- 1: Registerbank 1
                clrf    TRISB       ; 0000 0000 Port B Ausgabe
                clrf    TRISC       ; 0000 0000 Port C Ausgabe
                movlw   B'10000000' ; Daten rechtsbündig, RA5,RA3-RA0 analog
                movwf   ADCON1      ; Vref+ = Vdd  Vref- = Vss
                movlw   0xFF        ; alle analogen Anschlüsse Port A
                movwf   TRISA       ; sind Eingänge
                bcf     STATUS,RP0  ; RP0 <- 0: Registerbank 0
                movlw   B'01000001' ; TAD=8*Sys.Takt, Kanal 0, Wandler ein
                movwf   ADCON0      ; Takt, Kanal, Wandler einstellen
                movlw   .10         ; sichere Wartezeit 10*4 = 40 us
warte           addlw   -1          ; 1 Takt Zähler - 1
                btfss   STATUS,Z    ; 1 Takt bei ungleich Null
                goto    warte       ; 2 Takte weiter bei ungleich Null
; Arbeitsschleife gewandelte Daten auf Port B und C ausgeben
loop            bsf     ADCON0,GO_DONE ; Wandlerstart
loop1           btfsc   ADCON0,GO_DONE ; überspringe bei Wandlerende
                goto    loop1           ; warte auf Ende
                movf    ADRESH,w    ; Bank 0: High-Daten nach W-Register
                movwf   PORTC       ; auf Port C ausgeben
                bsf     STATUS,RP0  ; RP0 <- 1: Registerbank 1
                movf    ADRESL,W    ; Bank 1: Low-Daten nach W-Register
                bcf     STATUS,RP0  ; RP0 <- 0: Registerbank 0
                movwf   PORTB       ; auf Port B ausgeben
                movlw   .5          ; sichere Wartezeit 5*4 = 20 us
loop2           addlw   -1          ; 1 Takt Zähler - 1
                btfss   STATUS,Z    ; 1 Takt bei ungleich Null
                goto    loop2       ; 2 Takte weiter bei ungleich Null
                goto    loop        ;
                END                 ;
```

Bild 3-19: Test des Analog/Digitalwandlers (PIC 16F876)

3.10   Anwendungsbeispiele

Die Beispiele behandeln Standardverfahren, die als Unterprogramme oder Makroanweisungen in späteren Anwendungen Verwendung finden. Sie liegen als Dateien von Typ .asm im Verzeichnis der Hauptprogramme. Die Vereinbarungen der SFR-Register werden der Konfigurationsdatei P16F876.INC des Herstellers entnommen. Die Hauptprogramme dienen nur zum Testen der Verfahren und fügen daher die Makroanweisungen und Unterprogramme mit #include in den Programmtext ein. Die Unterprogramme könnten auch mit dem in Kapitel 7 beschriebenen Linker mit dem Hauptprogramm zusammengebunden werden.

3.10.1   Die ASCII-Zeichencodierung

Der ASCII-Code (*American Standard Code for Information Interchange*) wird für den Betrieb eines PCs als Terminal sowie für die Ausgabe auf LCD-Anzeigen verwendet. Die Tabelle zeigt die drei Bereiche für dezimale und hexadezimale Ziffern.

	Ziffern			*Großbuchstaben*			*Kleinbuchstaben*		
Zeichen	`'0'`	`......`	`'9'`	`'A'`	`......`	`'F'`	`'a'`	`......`	`'f'`
ASCII	`0x30`	`......`	`0x39`	`0x41`	`......`	`0x46`	`0x61`	`......`	`0x66`
hexa	`0x0`	`......`	`0x9`	`0xA`	`......`	`0xF`	`0xa`	`......`	`0xf`
binär	`0000`	`......`	`1001`	`1010`	`......`	`1111`	`1010`	`......`	`1111`

- Die binären Codes 0000 bis 1001 der Ziffern von **0** bis **9** sind im ASCII-Code die Bitmuster 0x30 bis 0x39 und werden durch Addition von 0x30 codiert bzw. durch Subtraktion von 0x30 decodiert.
- Die binären Codes 1010 bis 1111 der Hexadezimalziffern von **A** bis **F** erscheinen im ASCII-Code als 0x41 bis 0x46. Sie haben den Abstand 7 vom Ziffernbereich 0 bis 9.
- Die Kleinbuchstaben von **a** bis **f** liegen im Bereich von 0x61 bis 0x66. Sie unterscheiden sich nur in der Bitposition B5 von den Großbuchstaben.

Das Unterprogramm bin2ascii übernimmt im W-Register den binären Code von 0000 bis 1111 und gibt den ASCII-Code der Ziffern 0 bis 9 bzw. A bis F zurück.

```
; bin2ascii.asm  W-Register Bit 3-0 nach W-Register ASCII-Code
bin2ascii         andlw    0x0f        ; High-Nibble löschen
                  addlw    -.10        ; Buchstabenbereich A- F ?
                  btfsc    STATUS,C    ; C = 0: nein
                  addlw    7           ; C = 1: ja
                  addlw    0x30 + .10  ; nach  ASCII
                  return               ; Rücksprung W = ASCII
```

Das Unterprogramm `bin2ascii` des Abschnitts 3.7.1 führt die Umcodierung mit einer Codetabelle durch. Das Hauptprogramm *Bild 3-20* liest den binären Code vom Port B und gibt den ASCII-Code auf dem Port C aus. Ein Fehlerfall kann bei dieser Umwandlung nicht auftreten.

```
; k3p1.asm Binärcode 0x00 - 0x0f nach ASCII-Zeichen 0 - 9 bzw. A - F
             LIST    P=16F876    ; Baustein
#include      P16F876.inc        ; Standard Header File von Microchip
     __CONFIG _LVP_OFF & _PWRTE_ON & _WDT_OFF & _HS_OSC ; Konfiguration
;
             ORG     0           ; Programm-Flash
             goto    start       ; Sprung zum Programmanfang
             ORG     4           ; Interrupt-Einsprung
             goto    start       ; nicht besetzt
             ORG     5           ; Anfang des Programms
#include bin2ascii.asm           ; Bit 3-0 W-Register nach ASCII
;
start        bsf     STATUS,RP0  ; Registerbank 1
             movlw   0xff        ; Port B ist
             movwf   TRISB       ; Eingang
             clrf    TRISC       ; Port C ist Ausgang
             clrf    TRISA       ; Port A ist Ausgang
             movlw   0x06        ; Port A ist
             movwf   ADCON1      ; digitale E/A
             bcf     STATUS,RP0  ; Registerbank 0
; Arbeits-Schleife
loop         movf    PORTB,w     ; Port B Eingabe
             call    bin2ascii   ; Umwandlung binär nach ASCII
             movwf   PORTC       ; nach Port C Ausgabe
             goto    loop        ;
             END
```

Bild 3-20: Umwandlung von binär nach ASCII

Das Unterprogramm `ascii2bin` übernimmt im W-Register eine Hexadezimalziffer und muss für die Decodierung nach binär vier Fälle unterscheiden:

- den Ziffernbereich von 0 bis 9,
- den Bereich der Großbuchstaben von A bis F,
- den Bereich der Kleinbuchstaben von a bis f und
- den Fehlerfall, wenn keine Hexadezimalziffer eingegeben wurde.

Im Fehlerfall wird eine 1 im Carrybit zurückgeliefert; sonst erscheint der binäre decodierte Wert im W-Register.

```
; ascii2bin.asm  W = ASCII-Hexazeichen -> W = Binär 0..0x0F C = 1: Fehler
ascii2bin       addlw   -0x30           ; Eingabe Hexaziffer ?
                btfss   STATUS,C        ; C = 1: vielleicht: weiter testen
                goto    ascii2bin3      ; C = 0: nein: keine Hexaziffer
                addlw   -0x0A           ; Ziffernbereich 0 - 9 ?
                btfsc   STATUS,C        ; C = 0: ja
                goto    ascii2bin1      ; C = 1: weiter testen
                addlw   0x0A            ; Ziffernbereich 0 - 9
                goto    ascii2bin2      ; fertig
ascii2bin1      addlw   0x3A            ; alten Code wiederherstellen
                andlw   B'11011111'     ; klein -> gross a - f -> A - F
                addlw   -0x41           ; Eingabe Hexaziffer ?
                btfss   STATUS,C        ; C = 1: vielleicht: weiter
                goto    ascii2bin3      ; C = 0: nein: keine Hexaziffer
                addlw   -0x06           ; Eingabe > Bereich ?
                btfsc   STATUS,C        ; C = 0: nein
                goto    ascii2bin3      ; C = 1: keine Hexaziffer
                addlw   0x06 + .10      ; Ziffernbereich A - F -> 10 - 15
ascii2bin2      bcf     STATUS,C        ; C = 0
                return                  ; W = Binärcode
ascii2bin3      bsf     STATUS,C        ; C = 1
                return                  ; keine Hexaziffer
```

Das Hauptprogramm *Bild 3-21* liest ein Bitmuster vom Port B und übergibt es im W-Register dem Unterprogramm ascii2bin. Enthält das eingegebene Muster den Code einer Hexadezimalziffer von 0 bis 9, A bis F oder a bis f, so wird es decodiert zurückgeliefert und auf dem Port C ausgegeben. Anderenfalls erscheint eine Fehlermarke mit dem Code 0xcc. Der Fehlerfall wird durch das vom Unterprogramm zurückgelieferte Carrybit erkannt.

```
; k3p2.asm ASCII-Zeichen 0 - 9 bzw. A - F nach Binärcode 0x00 - 0x0f
                LIST    P=16F876        ; Baustein
#include        P16F876.inc             ; Standard Header File von Microchip
    __CONFIG    _LVP_OFF & _PWRTE_ON & _WDT_OFF & _HS_OSC ; Konfiguration
;
                ORG     0               ; Programm-Flash
                goto    start           ; Sprung zum Programmanfang
                ORG     4               ; Interrupt-Einsprung
                goto    start           ; nicht besetzt
                ORG     5               ; Anfang des Programms
#include ascii2bin.asm                  ; ASCII-Hexa -> binär C = 1: Fehler
;
start           bsf     STATUS,RP0      ; Registerbank 1
                movlw   0xff            ; Port B ist
                movwf   TRISB           ; Eingang
                clrf    TRISC           ; Port C ist Ausgang
```

```
              clrf    TRISA       ; Port A ist Ausgang
              movlw   0x06        ; PORT A ist
              movwf   ADCON1      ; digitale E/A
              bcf     STATUS,RP0  ; Registerbank 0
; Arbeits-Schleife
loop          movf    PORTB,w     ; Port B Eingabe
              call    ascii2bin   ; Hexaziffer -> binär W-Register
              btfsc   STATUS,C    ; Fehler ?
              movlw   0xcc        ; C = 1: ja Fehlercode
              movwf   PORTC       ; nach Port C Ausgabe
              goto    loop        ;
              END
```

Bild 3-21: Umwandlung von ASCII nach binär mit Fehlerausgang

3.10.2   Die dezimale Zahlenumwandlung

Der BCD-Code (*binary coded decimal*) codiert eine Dezimalziffer als Dualzahl. Bei der Ausgabe von Dezimalzahlen auf Siebensegmentanzeigen über einen Decoderbaustein wie z.B. 74LS47 erscheinen die Bitmuster von 0000 bis 1001 als Ziffern von 0 bis 9.

binär	0000	0001	0010	0011	0100	0101	0110	0111	1000	1001
Ziffer	0	1	2	3	4	5	6	7	8	9
Anzeige				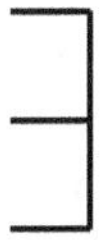	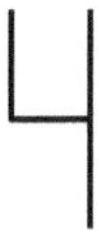	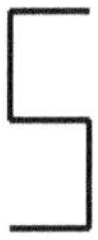	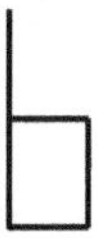		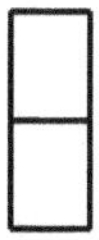	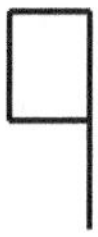

Den Codierungen von 1010 bis 1111, den Pseudotetraden, sind keine Dezimalziffern zugeordnet. Die üblichen Decoderbausteine liefern Sonderzeichen.

binär	1010	1011	1100	1101	1110	1111
Ziffer	–	–	–	–	–	–
Anzeige			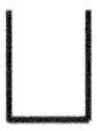		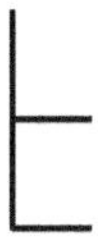	

Die Ergebnisse von Berechnungen erscheinen im dualen Zahlensystem und müssen für die Ausgabe auf Siebensegmentanzeigen in BCD-codierte Dezimalzahlen überführt werden. Das Unterprogramm `dual2bcd2` übernimmt im W-Register eine Dualzahl und liefert eine zweistellige Dezimalzahl im BCD-Code zurück. Bei Werten größer als 99 erscheint im Carrybit eine 1 als Fehlermarke.

```
; dual2bcd2.asm w=dual -> bcd2 Zehner | Einer
dual2bcd2       addlw   -.100       ; Test w = -100 + w
                btfsc   STATUS,C    ; C = 0: w < 100
                goto    dual2bcd2c  ; C = 1: w >= 100
                addlw   .100        ; alten Wert wiederherstellen
                clrf    bcd2        ; BCD löschen
dual2bcd2a      addlw   -.10        ; W = -10 + w
                btfss   STATUS,C    ; C = 0: weiter
                goto    dual2bcd2b  ; C = 1: fertig
                incf    bcd2,f      ; Zehner + 1
                goto    dual2bcd2a  ; weiter subtrahieren
dual2bcd2b      addlw   .10         ; Rest wiederherstellen
                swapf   bcd2,f      ; Zehner nach links
                iorwf   bcd2,f      ; Zehner Einer
                bcf     STATUS,C    ; C = 0: dual <= 99
dual2bcd2c      return              ; C = 1: dual > 99
```

Die umzuwandelnde Dualzahl wird im Programm *Bild 3-22* vom Port B eingelesen und im W-Register dem Umwandlungsunterprogramm übergeben. Für die Übergabe der beiden BCD-Ziffern wird in beiden Programmen ein Register unter dem Namen `bcd2` verwendet.

```
; k3p3.asm 8bit dual nach 2 BCD-Stellen C = 1: dual > 99
                LIST    P=16F876    ; Baustein
#include        P16F876.inc         ; Standard Header File von Microchip
        __CONFIG _LVP_OFF & _PWRTE_ON & _WDT_OFF & _HS_OSC ; Konfiguration
bcd2            EQU     0x20        ; zwei BCD-Stellen
;
                ORG     0           ; Programm-Flash
                goto    start       ; Sprung zum Programmanfang
                ORG     4           ; Interrupt-Einsprung
                goto    start       ; nicht besetzt
                ORG     5           ; Anfang des Programms
#include dual2bcd2.asm               ; 8bit dual -> 2 BCD C = 1: > 99
;
start           bsf     STATUS,RP0  ; Registerbank 1
                movlw   0xff        ; Port B ist
                movwf   TRISB       ; Eingang
                clrf    TRISC       ; Port C ist Ausgang
                clrf    TRISA       ; Port A ist Ausgang
                movlw   0x06        ; Port A ist
```

```
                   movwf    ADCON1      ; digitale E/A
                   bcf      STATUS,RP0  ; Registerbank 0
; Arbeits-Schleife
loop               movf     PORTB,w     ; Port B Eingabe
                   call     dual2bcd2   ; dual -> zwei BCD-Ziffern
                   btfsc    STATUS,C    ; Fehler ?
                   goto     fehler      ;   ja:
                   movf     bcd2,w      ; nein:
loop1:             movwf    PORTC       ; nach Port C Ausgabe
                   movwf    PORTA       ; nach Port A Ausgabe
                   goto     loop        ;
fehler:            movlw    0xcc        ; Fehlercode
                   goto     loop1       ;
                   END
```

Bild 3-22: Zweistellige Umwandlung von dual nach BCD mit Fehlerausgang

Für eine vollständige Umwandlung einer 8bit Dualzahl sind drei Dezimalziffern erforderlich, die in dem Unterprogramm dual2bcd3 in drei Registern mit den Bezeichnern hund, zehn und ein übergeben werden. Sie müssen im Hauptprogramm mit den gleichen Namen vereinbart sein.

```
; dual2bcd3.asm w=dual -> hund zehn ein
dual2bcd3      clrf     hund         ; Hunderter löschen
               clrf     zehn         ; Zehner löschen
               clrf     ein          ; Einer löschen
dual2bcd3a     addlw    -.100        ; -100 + dual = dual - 100
               btfss    STATUS,C     ; C = 1: grösser/gleich 100
               goto     dual2bcd3b   ; C = 0: kleiner 100
               incf     hund,f       ; Hunderter erhöhen
               goto     dual2bcd3a   ; weiter machen
dual2bcd3b     addlw    .100         ; alten Zustand wieder herstellen
               btfsc    STATUS,Z     ; Null ?
               return                ; Z = 1: ja: fertig
dual2bcd3c     addlw    -.10         ; -10 + dual = dual - 10
               btfss    STATUS,C     ; C = 1: grösser/gleich 10
               goto     dual2bcd3d   ; C = 0: kleiner 10
               incf     zehn,f       ; Zehner erhöhen
               goto     dual2bcd3c   ; weiter machen
dual2bcd3d     addlw    .10          ; alten Zustand wieder herstellen
               movwf    ein          ; Rest ist Einer
               return                ;
```

Das Hauptprogramm *Bild 3-23* übergibt die am Port B eingestellte Dualzahl im W-Register und entnimmt die drei BCD-Ziffern den drei Ergebnisregistern hund, zehn und ein. Ein Fehlerfall kann nicht auftreten.

```
; k3p4.asm 8bit dual nach 3 BCD-Stellen hund zehn ein
                LIST     P=16F876     ; Baustein
#include        P16F876.inc           ; Standard Header File von Microchip
__CONFIG  _LVP_OFF & _PWRTE_ON & _WDT_OFF & _HS_OSC ; Konfiguration
;
hund            EQU      0x20         ; BCD Hunderter
zehn            EQU      0x21         ; BCD Zehner
ein             EQU      0x22         ; BCD Einer
;
                ORG      0            ; Programm-Flash
                goto     start        ; Sprung zum Programmanfang
                ORG      4            ; Interrupt-Einsprung
                goto     start        ; nicht besetzt
                ORG      5            ; Anfang des Programms
#include dual2bcd3.asm                ; 8bit dual -> 3 BCD Stellen
;
start           bsf      STATUS,RP0   ; Registerbank 1
                movlw    0xff         ; Port B ist
                movwf    TRISB        ; Eingang
                clrf     TRISC        ; Port C ist Ausgang
                clrf     TRISA        ; Port A ist Ausgang
                movlw    0x06         ; PORT A ist
                movwf    ADCON1       ; digitale E/A
                bcf      STATUS,RP0   ; Registerbank 0
; Arbeits-Schleife
loop            movf     PORTB,w      ; Port B Eingabe
                call     dual2bcd3    ; dual -> drei BCD-Ziffern
                movf     hund,w       ; Hunderter
                movwf    PORTA        ; nach Port A
                swapf    zehn,w       ; Zehner nach links
                iorwf    ein,w        ; Einer  nach rechts
                movwf    PORTC        ; nach Port C
                goto     loop         ;
                END
```

Bild 3-23: Dreistellige Umwandlung dual nach BCD

3.10.3   Taktunabhängige Warteschleifen

Die Verzögerungszeit von Warteschleifen mit einem konstanten Anfangswert ist abhängig vom Systemtakt (Quarz) des Bausteins. Werden für die Ausführung eines Befehls vier Systemtakte benötigt, so ergibt sich der Anfangswert eines Abwärtszählers nach der Formel

```
                      Zeit [sek] * Systemtakt [Hz]
     Anfangswert = ---------------------------------
                            4 * Schleifentakte
```

Bei einem Systemtakt von 4 MHz (Quarz) und einer Wartezeit von 492 µs muss eine in vier Befehlstakten ausgeführte Schleife mit dem Anfangswert 123 geladen werden. Unter Berücksichtigung von acht Takten der Ausgabeschleife ist der Ausgang RC0 500 µs lang Low und 500 µs lang High. Die sich daraus ergebende Frequenz von 1 kHz stimmt recht genau mit dem gemessenen Wert überein.

```
               clrf    PORTC        ; Ausgabezähler löschen
; Arbeitsschleife 8 Takte + 492 Takte = 500 Takte = 500 us
loop           incf    PORTC,f      ; 1 Takt Ausgabezähler erhöhen
               movlw   .123         ; 1 Takt Anfangswert dezimal
               movwf   zael         ; 1 Takt nach Zähler
; Schleife 123*4 Takte=492 Takte=492 us Befehlstakt 1 MHz Quarz 4 MHz
loop1          nop                  ; 1 Takt tu nix
               decfsz  zael,f       ; 1 Takt kein   2 Takte Sprung
               goto    loop1        ; 2 Takte Zähler ungleich Null
; Ende der Warteschleife
               nop                  ; 1 Takt   Zähler gleich Null
               goto    loop         ; 2 Takte Ausgabeschleife
```

Für eine taktunabhängige Wartezeit muss der Assembler den Ladewert zur Übersetzungszeit aus dem Systemtakt berechnen. Das Unterprogramm warte_1ms benötigt für das Symbol takt den im Hauptprogramm vereinbarten Systemtakt in der Einheit Hz.

```
; Systemtakt im Hauptprogramm dezimal mit Punkt
takt           EQU     .4000000     ; Systemtakt (Quarz)  4 MHz
;
; warte_1ms.asm 1 ms: Systemtakt / (4*20 Takte*1000) = Takt/80000
; ohne Zusatztakte für laden und Rücksprung W-Register zerstört
warte_1ms      movlw   (takt/.80000) ; 1 Takt Ladewert für 1 ms
warte_1ms1     goto    $+1          ; 2 Takte
               goto    $+1          ; 2 Takte
               goto    $+1          ; 2 Takte
               goto    $+1          ; 2 Takte
               goto    $+1          ; 2 Takte
               goto    $+1          ; 2 Takte
```

```
        goto    $+1         ; 2 Takte
        goto    $+1         ; 2 Takte
        addlw   -1          ; 1 Takt  w - 1 -> w
        btfss   STATUS,Z    ; 1 Takt  für nicht Null
        goto    warte_1ms1  ; 2 Takte für nicht Null
        return              ; 2 Takte Rücksprung mit W = Null
```

Das Unterprogramm `warte_nms` legt um die 1 ms verzögernde Schleife einen Zähler im Register `faktor` für eine Wartezeit von 1 bis 255 ms. Der Faktor Null, der zu einer Wartezeit von 256 ms führen würde, wird abgefangen und liefert eine Wartezeit von ca. 10 Takten ohne Berücksichtigung der Befehle im Hauptprogramm.

```
; warte_nms.asm Wartezeit faktor * 1 ms w und faktor zerstört
warte_nms       movf    faktor,f    ; Faktor testen
                btfsc   STATUS,Z    ; Faktor Null ?
                goto    warte_nms3  ; Z = 1: ja: abweisend
warte_nms1      movlw   (takt/.80000) ; 1 Takt Ladewert für 1 ms
warte_nms2      goto    $+1         ; 2 Takte
                goto    $+1         ; 2 Takte
                goto    $+1         ; 2 Takte
                goto    $+1         ; 2 Takte
                goto    $+1         ; 2 Takte
                goto    $+1         ; 2 Takte
                goto    $+1         ; 2 Takte
                goto    $+1         ; 2 Takte
                addlw   -1          ; 1 Takt  w - 1 -> w
                btfss   STATUS,Z    ; 1 Takt  für W nicht Null
                goto    warte_nms2  ; 2 Takte für W nicht Null
                decfsz  faktor,f    ; faktor - 1 springe bei Null
                goto    warte_nms1  ; faktor nicht Null: noch 1 ms
warte_nms3      return              ; Rücksprung w=x faktor=0
```

Bild 3-24: Unterprogramm für eine taktunabhängige Wartezeit von 1 bis 255 ms

Die mit den Timereinheiten programmierbaren Wartezeiten sind ebenfalls abhängig vom Systemtakt. Abschnitt 4.9.2 zeigt dazu zwei Beispiele mit dem Timer0. Wann sollten nun Warteschleifen anstelle von Timern verwendet werden?

- Kurze, einmalige Wartezeiten ohne besondere Genauigkeit lassen sich auch als Warteschleifen programmieren.
- Bei Timern entfällt die mühsame Zählung der Verzögerungstakte.
- Für lange Zeiten hoher Genauigkeit wie z.B. den Sekundentakt einer Uhr sind Timer mit Interruptauslösung die einzig brauchbare Lösung.

3.10.4 Die Multiplikation und Division

Die **Multiplikation** ist erst in der PIC18-Familie (Kapitel 4) als Befehl verfügbar; bei anderen Familien muss die Multiplikation auf die Standardoperationen schieben und addieren zurückgeführt werden. Das der Handrechnung entsprechende Verfahren mit Teiladditionen und Verschiebungen (*Bild 3-25*) benötigt bei einer 4bit mal 4bit Multiplikation vier Durchläufe. Es lässt sich auf längere Operanden erweitern.

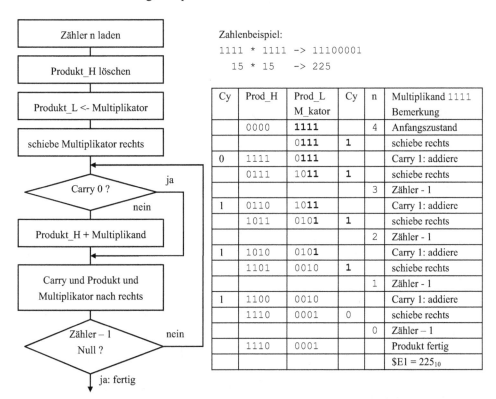

Bild 3-25: Multiplikationsverfahren

Das Unterprogramm `U_mul8x8` multipliziert die beiden 8bit Faktoren in `yhigh` und `ylow` zu einem 16bit Produkt in `yhigh` (High-Byte) und `ylow` (Low-Byte). Für den Durchlaufzähler wird eine Hilfsspeicherstelle benötigt.

```
; U_mul8x8.asm yhigh * ylow -> yhigh:ylow  templ
U_mul8x8        movlw   8           ; 8 Schritte
                movwf   templ       ; templ = Schrittzähler
                movf    yhigh,w     ; W = Multiplikand
                clrf    yhigh       ; Produkt High löschen
```

```
                bcf     STATUS,C    ; Carry löschen
                rrf     ylow,f      ; Multiplikator = Prod. Low -->
U_mul8x8a       btfsc   STATUS,C    ; Carry ?
                addwf   yhigh,f     ; C = 1: Prod. high + Multipl.
                rrf     yhigh,f     ; Carry und Prod. High -->
                rrf     ylow,f      ; Carry und Prod. Low -->
                decfsz  templ,f     ; Durchlaufzähler - 1
                goto    U_mul8x8a   ; weiter bis Zähler Null
                return              ;
```

Die **Division** ist auch in der PIC18-Familie nicht als Befehl verfügbar und muss auf die Standardoperationen schieben, vergleichen und subtrahieren zurückgeführt werden. Die mehrmalige Subtraktion des Divisors vom Dividenden in einer Schleife kann unter Umständen sehr viel Zeit in Anspruch nehmen. Schneller ist das bei der Handrechnung übliche Verfahren mit Teilsubtraktionen und Verschiebungen *Bild 3-26*.

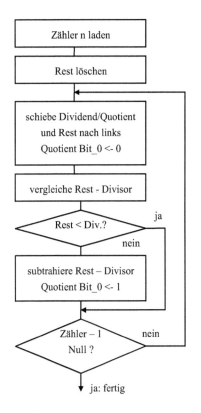

Zahlenbeispiel:

```
1111 / 0010 -> 0111 Rest 1
  15 /    2 ->    7 Rest 1
```

Rest	Dividend Quotient	n	Divisor 0010 Bemerkung
0000	1111	4	Anfangszustand
0001	111		schiebe links: Rest < Divisor
0001	1110		Bit_0 <- 0
		3	Zähler – 1
0011	110		schiebe links: Rest > Divisor
0001	1101		subtrahiere Rest - Divisor Bit_0 <- 1
		2	Zähler - 1
0011	101		schiebe links: Rest > Divisor
0001	1011		subtrahiere Rest - Divisor Bit_0 <- 1
		1	Zähler - 1
0011	011		schiebe links: Rest > Divisor
0001	0111		subtrahiere Rest - Divisor Bit_0 <- 1
		0	Zähler - 1
0001	0111		Null: fertig
Rest	Quotient		15 / 2 -> 7 Rest 1

Bild 3-26: Divisionsverfahren

Das Verfahren erfordert bei 4bit Operanden vier Schritte und lässt sich auf weitere Operandenlängen ausdehnen. Divisionen mit dem konstanten Divisor 2 oder mit einem Divisor, der eine Potenz zur Basis 2 darstellt wie z.B. 4 oder 8 oder 16 können schneller mit logischen Rechtsschiebebefehlen durchgeführt werden. Das Unterprogramm U_div8d8 dividiert einen 8bit Dividenden durch einen 8bit Divisor zu einem 8bit Quotienten und einem 8bit Rest. Eine Division durch Null wird nicht abgefangen und führt zum größten Quotienten 255 mit dem Dividenden als Rest.

```
; U_div8d8.asm yhigh / ylow -> yhigh Rest -> ylow   templ
U_div8d8        movlw   8           ; 8 Schritte
                movwf   templ       ; templ = Schrittzähler
                movf    ylow,w      ; W = Divisor
                clrf    ylow        ; ylow = Rest löschen
U_div8d8a       bcf     STATUS,C    ; Carry löschen
                rlf     yhigh,f     ; Quotient logisch links
                rlf     ylow,f      ; Rest mit Carry links
                subwf   ylow,f      ; Rest - Divisor -> Rest
                btfss   STATUS,C    ; Carry ?
                goto    U_div8d8b   ; C = 0: Diff. neg. 0 -> Bit_0
                bsf     yhigh,0     ; C = 1: Diff. pos. 1 -> Bit_0
                goto    U_div8d8c   ; neuer Durchlauf
U_div8d8b       addwf   ylow,f      ; Rückgängig machen Bit_0 = 0
U_div8d8c       decfsz  templ,f     ; Durchlaufzähler - 1
                goto    U_div8d8a   ; weiter bis Zähler Null
                return              ;
```

Für einen sinnvollen Test der Multiplikations- und Divisionsunterprogramme sind die in Abschnitt 3.10.6 behandelten Unterprogramme zur Eingabe und Ausgabe von Dezimalzahlen über einen PC als Terminal erforderlich. Diese verwenden jedoch für die Umwandlung der Zahlensysteme besondere Verfahren.

Bei der Dezimal/Dualumwandlung ist eine Multiplikation mit dem Faktor 10_{10} erforderlich, die auf zwei Linksverschiebungen (Faktor 4), eine Addition des alten Wertes (Faktor 5) und eine weitere Linksverschiebung (Faktor 10) zurückgeführt wird.

Bei der Dual/Dezimalumwandlung werden die Divisionen durch 10_{10} ersetzt durch eine Zerlegung der Dualzahl in Dezimalstellen beginnend mit der werthöchsten Ziffer. Subtrahiert man von einer 16bit Dualzahl fortlaufend den Wert 10000_{10} bis eine Zahl kleiner 10000_{10} vorliegt, so sind maximal sechs Schritte erforderlich, um die Zehntausenderstelle zu ermitteln. Weitere Subtraktionen von 1000_{10}, 100_{10} und 10_{10} liefern die nächsten Dezimalstellen.

3.10.5   16bit Arithmetik

Für eine 16bit Addition mit 8bit Befehlen muss bei der Addition der High-Teile der Zwischenübertrag berücksichtigt werden; bei einer Subtraktion ist es das Zwischenborgen. Befehle zur Addition bzw. Subtraktion unter Einbeziehung des Carrybits sind erst in der PIC18-Familie (Kapitel 4) vorhanden. Die einfachen Beispiele zur 16bit Addition und Subtraktion des Abschnitts 3.2.3 verwenden das Carrybit als Zwischenübertrag bzw. als Zwischenborgen *vor* der Behandlung der High-Teile. Dabei können jedoch Sonderfälle auftreten, die eine Auswertung des Carrybits als Überlauf bzw. Unterlaufanzeige des 16bit Ergebnisses verfälschen.

Bei einer **Addition** des Zwischenübertrags *vor* der Addition der High-Teile würden sich bei einem aus acht 1er-Bits bestehenden Operanden acht 0er-Bits ergeben; das Carrybit der 16bit Summe wäre dann immer 0. Die beiden Additionsmakros führen die Addition des Zwischenübertrags erst *nach* der Addition der High-Teile durch. Dabei bleibt das Überlaufbit der High-Addition erhalten.

```
; M_add16.asm  Makro 16bit Addition Y + X -> Y
M_add16        MACRO    xl,xh,yl,yh ; Argumente für Y + X -> Y
               LOCAL    M_add16a,M_add16b ; lokale Sprungziele
               movf     xl,w        ;
               addwf    yl,f        ; yl + xl -> yl
               btfsc    STATUS,C    ; Zwischenübertrag ?
               goto     M_add16a    ; C = 1 ja: High-Summe erhöhen
               movf     xh,w        ;
               addwf    yh,f        ; yh + xh -> yh
               goto     M_add16b    ; fertig kein Zwischenübertrag
M_add16a       movf     xh,w        ;
               addwf    yh,f        ; yh + xh -> yh
               incf     yh,f        ; + Zwischenübertrag C bleibt
M_add16b       movf     yl,w        ;
               iorwf    yh,w        ; Nulltest
               ENDM                 ;
```

Bei der Addition einer 16bit Konstanten liefern die Operatoren LOW und HIGH den Low- bzw. High-Teil der Konstanten.

```
; M_addl16.asm  Makro 16bit Addition Y + Konstante -> Y C=1: Überlauf
M_addl16       MACRO    kons,yl,yh  ; Argumente für Y + kons -> Y
               LOCAL    M_addl16a,M_addl16b ; lokale Sprungziele
               movlw    LOW kons    ; Low-Byte der Konstanten
               addwf    yl,f        ; yl + low -> yl
               btfsc    STATUS,C    ; Zwischenübertrag ?
               goto     M_addl16a   ; C = 1 ja: High-Summe erhöhen
               movlw    HIGH kons   ; High-Byte der Konstanten
```

```
                  addwf    yh,f        ; yh + high-> yh
                  goto     M_addl16b   ; fertig kein Zwischenübertrag
M_addl16a         movlw    HIGH kons   ; High-Byte der Konstanten
                  addwf    yh,f        ; yh + high -> yh
                  incf     yh,f        ; + addieren C bleibt!
M_addl16b         movf     yl,w        ;
                  iorwf    yh,w        ; Nulltest
                  ENDM                 ;
```

Bei einer **Subtraktion** des Zwischenborgens *vor* der Subtraktion der High-Teile würden sich bei einem aus acht 0er-Bits bestehenden Operanden acht 1er-Bits ergeben, die zu einer Verfälschung des Unterlaufbits führen können. Die beiden Subtraktionsmakros führen die Subtraktion des Zwischenborgens erst *nach* der Subtraktion der High-Teile durch. Dabei bleibt das Unterlaufbit der High-Subtraktion erhalten.

```
; M_sub16.asm Makro 16bit Subtraktion Y - X -> Y
M_sub16           MACRO    xl,xh,yl,yh ; Argumente für Y - X -> Y
                  LOCAL    M_sub16a,M_sub16b,M_sub16c ; lokale Ziele
                  movf     xl,w        ; Low-Teil
                  subwf    yl,f        ; yl - xl -> yl
                  btfss    STATUS,C    ; Zwischenborgen ?
                  goto     M_sub16a    ; C = 0: ja: High-Differenz - 1
                  movf     xh,w        ; C = 1: kein Borgen
                  subwf    yh,f        ; yh - xh -> yh
                  goto     M_sub16c    ; fertig kein Zwischenborgen
M_sub16a          movf     xh,w        ;
                  subwf    yh,f        ; yh - xh -> yh
; Problem Zwischenborgen führt auf korrektes Carry als Unterlauf
                  btfsc    STATUS,C    ; High-Differenz ?
                  goto     M_sub16b    ; C = 1: positiv
                  decf     yh,f        ; C = 0: negativ bleibt negativ
                  goto     M_sub16c    ; bleibt negativ
M_sub16b          movlw    1           ; w = 1
                  subwf    yh,f        ; subtrahieren
M_sub16c          movf     yl,w        ;
                  iorwf    yh,w        ; Nulltest
                  ENDM                 ;
```

Bei der Subtraktion einer 16bit Konstanten liefern die Operatoren LOW und HIGH den Low-bzw. High-Teil der Konstanten.

```
; M_subl16.asm Makro 16bit Subtraktion Y - Konst. -> Y C=0: Unterlauf
M_subl16          MACRO    kons,yl,yh  ; Argumente Y - Konstante -> Y
                  LOCAL    M_subl16a,M_subl16b,M_subl16c ; lokale Ziele
                  movlw    LOW kons    ; Low-Teil
                  subwf    yl,f        ; yl - low -> yl
```

```
                btfss    STATUS,C      ; Zwischenborgen ?
                goto     M_subl16a     ; C = 0: ja: High-Differenz - 1
                movlw    HIGH kons     ;
               ·subwf    yh,f          ; yh - high -> yh
                goto     M_subl16c     ; fertig kein Zwischenborgen
M_subl16a       movlw    HIGH kons     ;
                subwf    yh,f          ; yh - high -> yh
; Problem Zwischenborgen führt auf korrektes Carry als Unterlauf
                btfsc    STATUS,C      ; High-Differenz ?
                goto     M_subl16b     ; C = 1: positiv
                decf     yh,f          ; C = 0: negativ bleibt negativ
                goto     M_subl16c     ; bleibt negativ
M_subl16b       movlw    1             ; w = 1
                subwf    yh,f          ; subtrahieren
M_subl16c       movf     yl,w          ;
                iorwf    yh,w          ; Nulltest
                ENDM                   ;
```

Die **16bit Multiplikation** mit dem Faktor 10_{10} benötigt die Makroanweisung M_add16 um einen Überlauf zu erkennen. Das Unterprogramm U_mul16x10 wird für die Dezimal/Dual-Umwandlung im Abschnitt 3.9.6 verwendet.

```
; U_mul16x10   yhigh:ylow * 10   Hilfsregister templ und temph
U_mul16x10      movf     ylow,w        ;
                movwf    templ         ; ylow -> templ
                movf     yhigh,w       ;
                movwf    temph         ; yhigh -> temph
                bcf      STATUS,C      ; C = 0 für logisches Schieben
                rlf      ylow,f        ;
                rlf      yhigh,f       ; * 2
                btfsc    STATUS,C      ; Überlauf ?
                goto     U_mul16x10a ; C = 1: ja
                rlf      ylow,f        ;
                rlf      yhigh,f       ; * 4
                btfsc    STATUS,C      ; Überlauf ?
                goto     U_mul16x10a ; C = 1: ja
                M_add16 templ,temph,ylow,yhigh ; temp + Y -> Y   *5
                btfsc    STATUS,C      ; Überlauf ?
                goto     U_mul16x10a ; C = 1: ja
                rlf      ylow,f        ;
                rlf      yhigh,f       ; * 10
U_mul16x10a     return                 ; Marke C = 1: Überlauf
```

Die 16bit Dual/Dezimal-Umwandlung im Unterprogramm dual2bcd5 verwendet die Makroanweisungen der 16bit Subtraktion von Konstanten zur Berechnung der Dezimalstellen, die bei einem Unterlauf durch eine entsprechende Addition wieder aufgehoben wird.

```
; dual2bcd5 yhigh:ylow dual nach ztaus .. ein M_subl16 M_addl16
dual2bcd5        clrf     ztaus      ; Zehntausender löschen
                 clrf     taus       ; Tausender löschen
                 clrf     hund       ; Hunderter löschen
                 clrf     zehn       ; Zehner löschen
                 clrf     ein        ; Einer löschen
                 movf     ylow,w     ; Low -> w
                 iorwf    yhigh,w    ; high ODER Low
                 btfsc    STATUS,Z   ; Null ?
                 return              ; Z = 1: ja: fertig
dual2bcd5a       M_subl16 .10000,ylow,yhigh ; Y - 10000 -> Y
                 btfss    STATUS,C   ; C = 1: grösser/gleich 10000
                 goto     dual2bcd5b ; C = 0: kleiner 10000
                 incf     ztaus,f    ; Zehntausender erhöhen
                 goto     dual2bcd5a ; und weiter machen
dual2bcd5b       M_addl16 .10000,ylow,yhigh ; alten Zustand herstellen
                 btfsc    STATUS,Z   ; Null ?
                 return              ; ja: fertig
dual2bcd5c       M_subl16 .1000,ylow,yhigh ; Y - 1000 -> Y
                 btfss    STATUS,C   ; C = 1: grösser/gleich 1000
                 goto     dual2bcd5d ; C = 0: kleiner 1000
                 incf     taus,f     ; Tausender erhöhen
                 goto     dual2bcd5c ; und weiter machen
dual2bcd5d       M_addl16 .1000,ylow,yhigh ; alten Zustand herstellen
                 btfsc    STATUS,Z   ; Null ?
                 return              ; ja: fertig
dual2bcd5e       M_subl16 .100,ylow,yhigh ; Y - 100 -> Y
                 btfss    STATUS,C   ; C = 1: grösser/gleich 100
                 goto     dual2bcd5f ; C = 0: kleiner 100
                 incf     hund,f     ; Hunderter erhöhen
                 goto     dual2bcd5e ; und weiter machen
dual2bcd5f       M_addl16 .100,ylow,yhigh ; alten Zustand herstellen
                 btfsc    STATUS,Z   ; Null ?
                 return              ; ja: fertig
                 movf     ylow,w     ; Rest in ylow -> w
dual2bcd5g       addlw    (-.10)     ; -10 + dual = dual - 10
                 btfss    STATUS,C   ; C = 1: grösser/gleich 10
                 goto     dual2bcd5h ; C = 0: kleiner 10
                 incf     zehn,f     ; Zehner erhöhen
                 goto     dual2bcd5g ; weiter machen
dual2bcd5h       addlw    .10        ; alten Zustand wiederherstellen
                 movwf    ein        ; Rest ist Einer
                 return              ;
```

3.10.6   Die dezimale Ein/Ausgabe

Für den Umgang mit Zahlen ist es erforderlich, diese dezimal über einen PC als Terminal einzugeben bzw. anzuzeigen. Die in Abschnitt 3.9.3 behandelte USART-Schnittstelle (*Bild 3-27*) dient zur Übertragung von Zeichen im ASCII-Code.

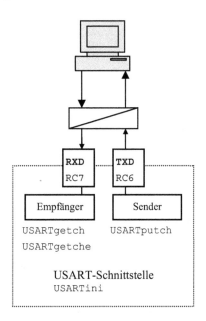

Bild 3-27: Die USART-Schnittstelle zur Übertragung von Zeichen

Die Unterprogramme zur Initialisierung und Zeichenübertragung sind in der Headerdatei USART16F876.h zusammengefasst.

```
; USART16F876.h USART-Unterprogramme PIC 16F876
#include    USARTini.asm      ; initialisieren mit baud und takt
#include    USARTputch.asm    ; warten und Zeichen aus W senden
#include    USARTgetch.asm    ; warten und Zeichen nach W lesen
#include    USARTgetche.asm   ; warten Echo Empfangszeichen nach W
```

Das Unterprogramm USARTini initialisiert die Schnittstelle mit den Symbolen baud für die gewünschte Baudrate und takt mit dem Systemtakt (Quarz) für eine 8bit Übertragung ohne Paritätskontrolle. Die Gegenstation (z.B. HyperTerminal auf dem PC) muss auf die gleichen Übertragungsparameter eingestellt werden. Das Programm *Bild 3-28* sendet alle am PC eingegebenen Zeichen im Echo wieder zurück. Sie werden zusätzlich an den Ports A und B angezeigt. Dabei ist zu beachten, dass PC7 und PC6 für die serielle Datenübertragung verwendet werden und nicht mehr für die parallele Ausgabe zur Verfügung stehen.

```
; k3p6.asm Test der USART-Unterprogramme
                LIST    P=16F876    ; Baustein
#include         P16F876.inc         ; Standard Header File von Microchip
      __CONFIG _LVP_OFF & _PWRTE_ON & _WDT_OFF & _HS_OSC ; Konfiguration
takt            EQU     .4000000    ; Systemtakt (Quarz)  4 MHz
baud            EQU     .9600       ; USART 9600 baud
;
                ORG     0           ; Programm-Flash
                goto    start       ; Sprung zum Programmanfang
                ORG     4           ; Interrupt-Einsprung
                goto    start       ; nicht besetzt
                ORG     5           ; Anfang des Programms
#include USART16F876.h              ; USARTini USARTputch USARTgetch USARTgetche
;
start           bsf     STATUS,RP0  ; Registerbank 1
                movlw   0xff        ; Port B ist
                movwf   TRISB       ; Eingang
                clrf    TRISC       ; Port C ist Ausgang
                clrf    TRISA       ; Port A ist Ausgang
                movlw   0x06        ; PORT A ist
                movwf   ADCON1      ; digitale E/A
                bcf     STATUS,RP0  ; Registerbank 0
                clrf    PORTA       ; Ausgabe Port A löschen
                clrf    PORTC       ; Ausgabe Port C löschen
                call    USARTini    ; USART initialisieren
                movlw   '>'         ; Prompt
                call    USARTputch  ; Zeichen aus W-Register senden
; Arbeits-Schleife
loop            call    USARTgetche ; Zeichen nach W-Register mit Echo
                movwf   PORTC       ; nach RC5 - RC0
                movwf   PORTA       ; nach RA5 - RA0
                goto    loop        ;
                END
```

Bild 3-28: Serielle Übertragung von Zeichen

Das Unterprogramm U_dez16ein verwandelt die seriell ankommenden Dezimalziffern in eine 16bit Dualzahl. Die Eingabe wird durch jedes Zeichen beendet, das keine Ziffer darstellt. Bei einem Überlauf größer 65535 (0xFFFF) wird die Eingabe abgebrochen und es wird im Carrybit eine Fehlermarke zurückgeliefert.

```
; U_dez16ein dezimale Eingabe nach yhigh:ylow
; benötigt USARTgetche U_mul16x10 templ temph tempw
U_dez16ein      clrf    ylow        ;
                clrf    yhigh       ; Wert löschen
```

```
U_dez16ein1    call     USARTgetche  ; Eingabezeichen -> W
               addlw    -0x30        ; Eingabe Dezimalziffer ?
               btfss    STATUS,C     ; C = 1: vielleicht:weiter testen
               goto     U_dez16ein2  ; C = 0: nein:keine Dezimalziffer
               addlw    -0x0A        ; Ziffernbereich 0 - 9 ?
               btfsc    STATUS,C     ; C = 0: ja
               goto     U_dez16ein2  ; C = 1: nein: keine Ziffer
               addlw    0x0A         ; Bereich 0 - 9 -> 0000 - 1001
               movwf    tempw        ; W retten
               call     U_mul16x10   ; yhigh:ylow * 10 templ temph
               btfsc    STATUS,C     ; Überlauf ?
               goto     U_dez16ein3  ; C = 1: ja: Abbruch
               movf     tempw,w      ; W zurück
               addwf    ylow,f       ; dazu addieren
               btfss    STATUS,C     ; Übertrag ?
               goto     U_dez16ein1  ; C = 0 nein: neue Ziffer holen
               movlw    1            ; C = 1 Übertrag
               addwf    yhigh,f      ; addieren
               btfss    STATUS,C     ; Überlauf ?
               goto     U_dez16ein1  ; C = 0 nein: neue Ziffer holen
               goto     U_dez16ein3  ; C = 1 ja: Abbruch
; Ende der gültigen Eingabe
U_dez16ein2    bcf      STATUS,C     ; C = 0: gültige Eingabe
; Ende durch Abbruch bei Überlauf C = 1
U_dez16ein3    return                ; Marke C = 1: Überlauf
```

Zur Ausgabe von 16bit Dualzahlen werden diese zunächst mit dem in Abschnitt 3.10.5 behandelten Unterprogramm dual2bcd5 in die binär codierten Dezimalstellen Hunderttausender, Tausender, Hunderter, Zehner und Einer umgewandelt. Das Unterprogramm U_dez16aus codiert sie als ASCII-Zeichen und gibt sie mit Unterdrückung führender Nullen seriell aus.

```
; U_dez16aus dezimale Ausgabe aus ztaus, taus, hund, zehn, ein
U_dez16aus     movf     ztaus,w      ; Zehntausender -> W
               btfsc    STATUS,Z     ; führende Null ?
               goto     U_dez16aus1  ; Z = 1   ja: nicht ausgeben
               addlw    0x30         ; Z = 0 nein: nach ASCII
               call     USARTputch   ; und ausgeben
U_dez16aus1    movf     taus,w       ; Tausender -> W
               iorwf    ztaus,f      ; Zehntausender ODER Tausender
               btfsc    STATUS,Z     ; beides führende Nullen ?
               goto     U_dez16aus2  ; Z = 1   ja: nicht ausgeben
               addlw    0x30         ; Z = 0 nein: nach ASCII
               call     USARTputch   ; und ausgeben
U_dez16aus2    movf     hund,w       ; Hunderter nach W
```

```
                iorwf    ztaus,f        ; Zehnt. ODER Taus. ODER Hund.
                btfsc    STATUS,Z       ; alle drei führende Nullen ?
                goto     U_dez16aus3 ; Z = 1   ja: nicht ausgeben
                addlw    0x30           ; Z = 0 nein: nach ASCII
                call     USARTputch ; und ausgeben
U_dez16aus3     movf     zehn,w         ; Zehner nach W
                iorwf    ztaus,f        ; Zehnt. ODER …. ODER Zehner
                btfsc    STATUS,Z       ; alle vier führende Nullen ?
                goto     U_dez16aus4 ; Z = 1   ja: nicht ausgeben
                addlw    0x30           ; Z = 0 nein: nach ASCII
                call     USARTputch ; und ausgeben
U_dez16aus4     movf     ein,w          ; Einer -> W
                addlw    0x30           ; nach ASCII
                call     USARTputch ; immer ausgeben
                return                  ;
```

Das Programm *Bild 3-29* testet die Eingabe und Ausgabe von Dezimalzahlen. Alle Makro-anweisungen und Unterprogramme werden mit #include eingefügt, um das Programm übersichtlicher zu gestalten.

```
; k3p7.asm Test dezimale Ein/Ausgabe über USART
                LIST     P=16F876   ;
#include        P16F876.inc         ; Standard Header File von Microchip
        __CONFIG _LVP_OFF & _PWRTE_ON & _WDT_OFF & _HS_OSC ; Konfiguration
takt            EQU      .4000000    ; Systemtakt (Quarz) 4 MHz
baud            EQU      .9600       ; Baudrate für USART
xlow            EQU      0x20        ;
xhigh           EQU      0x21        ;
ylow            EQU      0x22        ;
yhigh           EQU      0x23        ;
ztaus           EQU      0x24        ; Zehntausender
taus            EQU      0x25        ; Tausender
hund            EQU      0x26        ; Hunderter
zehn            EQU      0x27        ; Zehner
ein             EQU      0x28        ; Einer
templ           EQU      0x29        ; temporäres Hilfsregister
temph           EQU      0x2a        ; temporäres Hilfsregister
tempw           EQU      0x2b        ; temporäres Hilfsregister
; Makroanweisungen einfügen
#include M_add16.asm                 ; 16bit Addition    Y + X -> Y
#include M_sub16.asm                 ; 16bit Subtraktion Y - X -> Y
#include M_addl16.asm                ; 16bit Addition Y + konst -> Y
#include M_subl16.asm                ; 16bit Subtraktion Y - konst -> Y
;
```

```
                ORG      0              ; Programm-Flash
                goto     start          ;
                ORG      4              ; Interrupt-Einsprung
                goto     start          ; nicht besetzt
                ORG      5              ;
```
; **Unterprogramme einfügen**
```
#include USART16F876.h      ; USARTini,USARTputch,USARTgetch,USARTgetche
#include U_mul16x10.asm     ; yhigh:ylow*10   M_add16 templ,temph
#include dual2bcd5.asm      ; yhigh:ylow -> ztaus .. ein Msub_l16 M_addl16
#include U_dez16ein.asm     ; -> yhigh:ylow USARTgetche U_mul16x10
#include U_dez16aus.asm     ; ztaus,taus,hund,zehn,ein -> USARTputch
;
start           bcf      STATUS,RP1     ; RP1 <- 0: Registerbank 1
                bsf      STATUS,RP0     ; RP0 <- 1: Registerbank 1
                movlw    0xff           ; 1111 1111 für Eingabe
                movwf    TRISB          ; Port B Eingabe
                clrf     TRISA          ; 0000 0000 Port A Ausgabe
                clrf     TRISC          ; 0000 0000 Port C Ausgabe
                movlw    0x06           ; Port A
                movwf    ADCON1         ; für digitale Ein/Ausgabe
                bcf      STATUS,RP0     ; RP0 <- 0: Registerbank 0
                call     USARTini       ; USART initialisieren
; Arbeitsschleife
loop            movlw    '>'            ; Prompt senden
                call     USARTputch     ;
                call     U_dez16ein     ; dezimale Eingabe nach yhigh:ylow
                btfsc    STATUS,C       ; Überlauf ?
                goto     fehler         ; ja: * als Fehlermeldung
                movlw    '='            ; =
                call     USARTputch     ; ausgeben
                movlw    ' '            ; Leerzeichen
                call     USARTputch     ; ausgeben
                call     dual2bcd5      ; yhigh:ylow -> ztaus,taus,hund,zehn,ein
                call     U_dez16aus     ; dezimale Ausgabe ztaus . . . ein
                goto loop               ; neue Eingabe
fehler          movlw    '*'            ; Fehlermeldung
                call     USARTputch     ; ausgeben
                goto     loop           ; weiter
                END                     ;
```

Bild 3-29: Test der dezimalen Eingabe und Ausgabe

3.11 Die PIC12-Familie

Die Bausteine der PIC12-Familie zeichnen sich durch geringe Abmessungen sowie niedrigen Preis aus. Der 14bit Befehlssatz entspricht dem der PIC16-Familie. Dieser Abschnitt beschreibt die Besonderheiten der Peripherie gegenüber den PIC16-Prozessoren, die sich aus der geringen Anzahl von Anschlüssen ergeben. Als Beispiele dienen die Bausteine PIC 12F629 und PIC 12F675, die auch von den führenden Versandhändlern angeboten werden. Anschlussbelegung des PIC 12F675 mit vier analogen Eingängen:

```
                    Vdd │1     8│ Vss (Gnd)
    T1CKI CLKIN OSC1 GP5 │2     7│ GP0 Cin+ ICSPDAT AN0
AN3 /T1G CLKOUT OSC2 GP4 │3     6│ GP1 Cin- ICSPCLK Vref AN1
        Vpp /MCLR    GP3 │4     5│ GP2 INT T0CKI COUT AN2
```

Beim PIC 12F629 ohne Analog/Digitalwandler entfallen die Anschlussbelegungen AN0 bis AN3 sowie Vref. Die Betriebsspannung Vdd kann zwischen 2.0 und 5.5 Volt liegen. Speicher- und Peripherieeigenschaften:

*   1024 Wörter Programm-Flash (14bit),
*   64 Bytes RAM (8bit),
*   128 Bytes EEPROM (8bit),
*   sechs Parallelportanschlüsse davon GP3 nur als Eingang,
*   ein externer Interrupteingang,
*   ein 8bit Timer0,
*   ein 16bit Timer1,
*   ein Analogkomparator, **der nach einem Reset zunächst eingeschaltet ist**, und
*   nur für den PIC 12F675 ein 10bit Analog/Digitalwandler mit vier Kanälen.

Das 14bit **Konfigurationswort** legt die Betriebsbedingungen beim Einschalten der Versorgungsspannung fest. Es lässt sich mit der Direktive __config oder durch den Lader einstellen.

		Bit 13	*Bit 12*	*Bit 11*	*Bit 10*	*Bit 9*	*Bit 8*
		1	1			1	1
		BG1	BG0	-	-	-	/CPD
		Bandgap Kalibrierung des Herstellers					EEPROM-Schutz 0: ein 1: aus

Bit 7	Bit 6	Bit 5	Bit 4	Bit 3	Bit 2	Bit 1	Bit 0
1	1	1	1	1	1	1	1
/CP	BODEN	MCLRE	/PWRTE	WDTE	FOSC2	FOSC1	FOSC0
Flash- Schutz 0: ein 1: aus	Brown-out Erkennung 0: aus 1: ein	Anschluss Stift 4 **0: GP3** 1: MCLRE (Reset)	Power-up Timer 0: ein 1: aus	Watchdog Timer 0: aus 1: ein	0 0 0: LP Quarz (32 bis 100 kHz) 0 0 1: XT Quarz (< 4 MHz 0 1 0: HS Quarz (> 4 MHz 0 1 1: externer Takt GP4 digitale E/A **1 0 0: interner Takt GP4 GP5 digit. E/A** 1 0 1: interner Takt GP5 digitale E/A 1 1 0: ext. RC-Takt GP4 digitale E/A 1 1 1: ext. RC-Takt		

Das Beispiel konfiguriert den Anschluss Stift 4 als Porteingang GP3, wählt den internen Takt von ca. 4 MHz mit Freigabe der Portanschlüsse GP4 und GP5 und schaltet den Codeschutz und den Watchdog Timer aus. Die Symbole werden wie die SFR-Register und Bitbezeichnungen der Definitionsdatei des Herstellers entnommen.

```
#include     P12F629.inc   ; Standard Header File von Microchip
__CONFIG _CP_OFF & _WDT_OFF & _BODEN_ON & _PWRTE_ON &
         _INTRC_OSC_NOCLKOUT & _MCLRE_OFF & _CPD_OFF ; Konfiguration
```

Der File-adressierbare Bereich mit den SFR-Registern und dem RAM-Bereich ist in zwei Bänke unterteilt, die bei der direkten Adressierung mit dem Bit RP0 des Statusregisters unterschieden werden.

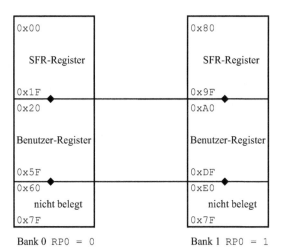

Bank 0 RP0 = 0   Bank 1 RP0 = 1

Der Bereich von 64 Bytes für Variablen und Register des Benutzers ist in beiden Bänken unter den Adressen von 0x20 bis 0x5F oder von 0xA0 bis 0xDF erreichbar. Die indirekte File-Adressierung wird über die Register FSR (Adresse 0x04 und 0x84) und INDF (Adresse 0x00 und 0x80) ohne Bankumschaltung durchgeführt.

3.11.1   Die SFR-Steuerregister

Die SFR-Register liegen auf den unteren Speicherplätzen des File-adressierbaren Bereichs.

Statusregister **STATUS** Adresse 0x03 oder 0x83 beide Bänke

Bit 7	Bit 6	Bit 5	Bit 4	Bit 3	Bit 2	Bit 1	Bit 0
0	0	RW - 0	R - 1	R - 1	RW - x	RW - x	RW - x
-	-	**RP0**	**/TO**	**/PD**	**Z**	**DC**	**C**
reserv. immer 0	reserv. immer 0	Registerbank 0: Bank 0 1: Bank 1	Anzeige Watchdog 0: aufgetr. 1: nicht	Anzeige Powerdown 0: Zustand 1: nicht	Zero (Null) Nullanzeige 0: **nicht** Null 1: ist Null	Digit Carry Halbübertrag 0: kein Carry 1: Carry	Carry/Borrow 0: kein Carry 1: Carry

Optionsregister **OPTION_REG** Adresse 0x81 nur Bank 1

Bit 7	Bit 6	Bit 5	Bit 4	Bit 3	Bit 2	Bit 1	Bit 0
RW - 1	RW - 1	RW - 1	RW - 1	RW - 1	RW - 1	RW - 1	RW - 1
/GPPU	**INTEDG**	T0CS	T0SE	PSA	PS2	PS1	PS0
Pull-up für GPIO 0: ein 1: aus	Interrrupt-Flanke an INT (GP2) 0: fallend 1: steigend	Timer0 Taktquelle 0: intern 1: extern	Timer0 externe Taktflanke 0: steigend 1: fallend	Vorteiler für 0: Timer0 1: Watchdog	Vorteiler Timer0 0 0 0: durch 2 0 0 1: durch 4 .... 1 1 0: durch 128 1 1 1: durch 256		Vorteiler Watchdog 0 0 0: durch 1 0 0 1: durch 2 .... 1 0 1: durch 64 1 1 1: durch 128

Bei einem intern erzeugten Systemtakt von ca. 4 MHz entsprechend einem Befehlstakt von 1 MHz steht ein vom Hersteller eingestellter Korrekturwert nach dem erstmaligen Start des Bausteins zur Verfügung. Er kann mit dem Unterprogrammaufruf call 0x3FF vom Ende des Flash-Bereiches in das W-Register gelesen und in das Kalibrierungsregister gespeichert werden. Beim Löschen des Bausteins wird der Wert möglicherweise zerstört!

Oszillatorkalibrierungsregister **OSCCAL** Adresse 0x90 nur Bank 1

Bit 7	Bit 6	Bit 5	Bit 4	Bit 3	Bit 2	Bit 1	Bit 0
RW - 1	RW - 0	RW - 0	RW - 0	RW - 0	RW - 0	U - 0	U - 0
CAL5	**CAL4**	**CAL3**	**CAL2**	**CAL1**	**CAL0**	**-**	**-**
1 1 1 1 1 1: Maximalfrequenz 1 0 0 0 0 0: mittlere Frequenz 0 0 0 0 0 0: Minimalfrequenz							

3.11.2   Die Interruptsteuerung

Nach dem Einschalten der Versorgungsspannung bzw. nach einem Reset sind alle Interrupts gesperrt. Sie müssen durch Programmieren von Interruptsteuerregistern freigegeben werden. Der Hardwarestapel umfasst acht Einträge für Unterprogrammaufrufe und Interrupts.

Interruptsteuerregister **INTCON** Adressen 0x0B oder 0x8B beide Bänke

Bit 7	Bit 6	Bit 5	Bit 4	Bit 3	Bit 2	Bit 1	Bit 0
RW - 0	RW - 0	RW - 0	RW - 0	RW - 0	RW - 0	RW - 0	RW - 0
GIE	**PEIE**	**T0IE**	**INTE**	**GPIE**	**T0IF**	**INTF**	**GPIF**
globale	Peripherie	Timer0	GP2 INT	Änderung	Anzeige	Anzeige	Anzeige
Freigabe	Freigabe	Freigabe	Freigabe	GPIO-Port	Timer0	GP2 INT	Änderung
0: gesperrt	0: gesp.	0: gesp.	0: gesperrt	0: gesperrt	0: nicht	0: nicht	0: nicht
1: frei	1: frei	1: frei	1: frei	1: frei	1: aufgetr.	1: aufgetr.	1: aufgetr.

Das Flankenbit INTEDG (Interrupt Edge Select) im Optionsregister legt mit einer 0 die fallende Flanke und mit einer 1 die steigende Flanke zur Auslösung eines Interrupts am Eingang GP2 INT fest.

Peripherie-Interruptfreigaberegister **PIE1** Adresse 0x8C nur Bank 1

Bit 7	Bit 6	Bit 5	Bit 4	Bit 3	Bit 2	Bit 1	Bit 0
RW - 0	RW - 0	U - 0	U - 0	RW - 0	U - 0	U - 0	RW - 0
EEIE	**ADIE**	–	–	**CMIE**	–	–	**TMR1IE**
EEPROM	A/D-Wandler			Komparator			Timer1
0: gesperrt	0: gesperrt			0: gesperrt			0: gesperrt
1: frei	1: frei			1: frei			1: frei

Die Freigabebits der Interrupts durch den Timer0 und eine Potentialänderung am Parallelport GPIO liegen im Register INTCON.

Peripherie-Interruptanzeigeregister **PIR1** Adresse 0x08C nur Bank 0

Bit 7	Bit 6	Bit 5	Bit 4	Bit 3	Bit 2	Bit 1	Bit 0
RW - 0	RW - 0	U - 0	U - 0	RW - 0	U - 0	U - 0	RW - 0
EEIF	**ADIF**	–	–	**CMIF**	–	–	**TMR1IF**
EEPROM	A/D-Wandler			Komparator			Timer1
0: nicht	0: nicht			0: nicht			0: nicht
1: aufgetr.	1: aufgetreten			1: aufgetreten			1: aufgetreten

Die Anzeigebits der Interrupts durch den Timer0 und durch eine Potentialänderung am Parallelport GPIO liegen im Register INTCON.

3.11.3   Die Peripherieprogrammierung

Die **Parallelschnittstelle** GPIO (**G**eneral **P**urpose **I**nput **O**utput) benutzt die gleichen Anschlüsse wie die Timer und der Analogkomparator sowie beim PIC 12F675 auch der Ana-
log/Digitalwandler. In den folgenden Beispielen werden alle sechs Anschlüsse für den Parallelport verwendet. Dafür sind folgende Maßnahmen erforderlich:

*   Im Konfigurationswort mit `_MCLRE_OFF` den Anschluss GP3 als Eingang einstellen,
*   im Konfigurationswort mit `_INTRC_OSC_NOCLKOUT` internen Takt von ca. 4 MHz
    einstellen und damit GP4 sowie GP5 als Portanschlüsse programmieren,
*   der Komparator *sollte* mit den Befehlen `movlw 0x07` und `movwf CMCON` ausge-
    schaltet werden,
*   für den PIC 12F675 werden durch Löschen des Auswahlregisters ANSEL (Adresse 0x9F
    Bank 1) die analogen Eingänge abgeschaltet und die Portanschlüsse freigegeben.

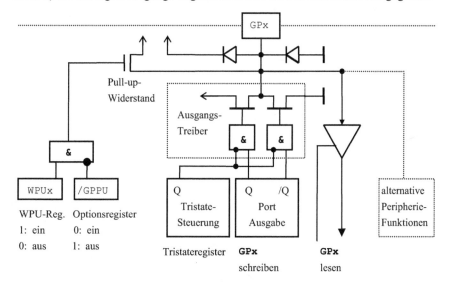

*   Eine 0 im Tristateregister programmiert den entsprechenden Anschluss als Ausgang, für
    eine 1 arbeitet er als Eingang. Dabei sind beide Ausgangstransistoren abgeschaltet, der
    Anschluss ist hochohmig (tristate), wenn er nicht mit dem Pull-up-Widerstand auf High
    gehalten wird.
*   Beim Schreiben in den Ausgangsspeicher werden die Daten bis zum nächsten Schreib-
    vorgang gespeichert. Ist der Ausgangstreiber als Ausgang programmiert, so wird eine 0
    als Low und eine 1 als High ausgegeben.
*   Beim Lesen des Eingangs wird der Zustand des Anschlusses über einen getakteten Ein-
    gangspuffer eingegeben. Ein High am Anschluss erscheint als 1, ein Low erscheint als 0.

- Beim Rücklesen eines Ausgabewertes kann zwischen der Ausgabe und der Eingabe ein nop-Befehl zur Zeitverzögerung eingefügt werden. Bei einem stark belasteten High-Ausgang kann das Potential soweit absinken, dass ein Low zurückgelesen wird.
- Im Treiberbetrieb bei einem Anschluss von Leuchtdioden oder Relais kann jeder Ausgang maximal 25 mA nach High oder nach Low treiben; jedoch ist der Gesamtstrom aller fünf Portausgänge auf maximal 125 mA begrenzt.
- Im Logikbetrieb bei einem Anschluss von Logikbausteinen ist die Low-Ausgangs-spannung bis zu einer Belastung von 8 mA kleiner als 0.6 Volt; die High-Ausgangs-spannung ist bis zu einer Belastung von 3 mA größer als 4.3 Volt. Damit lassen sich etwa fünf Standard-TTL-Lasten treiben.
- Bei einem TTL-kompatiblen Eingang ist Low < 0.8 Volt und High > 2 Volt, die Umschaltschwelle liegt bei ca. 1.6 Volt.
- Bei einem Schmitt-Trigger-Eingang gibt es zwei Umschaltschwellen, je nachdem, ob von Low nach High oder von High nach Low geschaltet wird. Sie liegen nach Herstellerangaben etwa bei 1 Volt und max. 4 Volt.

Portregister **GPIO** Adresse 0x05 nur Bank 0

Bit 7	Bit 6	Bit 5	Bit 4	Bit 3	Bit 2	Bit 1	Bit 0
U − 0	U − 0	RW − x	RW − x	RW − x	RW − x	RW − x	RW − x
−	−	GPIO5	GPIO4	GPIO3	GPIO2	GPIO1	GPIO0
		0: Low 1: High	0: Low 1: High	0: Low 1: High	0: Low 1: High	0: Low 1: High	0: Low 1: High

Tristateregister **TRISIO** Adresse 0x85 nur Bank 1

Bit 7	Bit 6	Bit 5	Bit 4	Bit 3	Bit 2	Bit 1	Bit 0
U − 0	U − 0	RW − x	RW − x	R − 1	RW − x	RW − x	RW − x
−	−	TRISIO5	TRISIO4	TRISIO3	TRISIO2	TRISIO1	TRISIO0
		0: Ausgabe 1: Eingabe	0: Ausgabe 1: Eingabe	0: Ausgabe 1: Eingabe	0: Ausgabe 1: Eingabe	0: Ausgabe 1: Eingabe	0: Ausgabe 1: Eingabe

Weak Pull-up Register **WPU** Adresse 0x95 nur Bank 1

Bit 7	Bit 6	Bit 5	Bit 4	Bit 3	Bit 2	Bit 1	Bit 0
U − 0	U − 0	RW − 1	RW − 1	U − 1	RW − 1	RW − 1	RW − 1
−	−	WPU5	WPU4	−	WPU2	WPU1	WPU0
		0: aus 1: ein	0: aus 1: ein		0: aus 1: ein	0: aus 1: ein	0: aus 1: ein

Die Symbole der Bitpositionen im Tristateregister und im Pull-up-Register können nachträglich in die Definitionsdatei eingefügt werden, wenn sie dort nicht definiert sind.

Freigaberegister für Potentialwechselinterrupt **IOC** Adresse 0x96 nur Bank 1

Bit 7	*Bit 6*	*Bit 5*	*Bit 4*	*Bit 3*	*Bit 2*	*Bit 1*	*Bit 0*
U – 0	U – 0	RW – 0	RW – 0	R – 0	RW – 0	RW – 0	RW – 0
–	–	IOC5	IOC4	IOC3	IOC2	IOC1	IOC0
		0: gesperrt	0: gesperrt	0: gesperrt	0: gesperrt	0: gesperrt	0: gesperrt
		1: frei	1: frei	1: frei	1: frei	1: frei	1: frei

Das Beispiel schaltet die Parallelschnittstelle ein und programmiert die fünf Anschlüsse GP5, GP4, GP2, GP1 und GP0 als Ausgänge, die über invertierende Treiber Leuchtdioden ansteuern. Der entprellte Taster am Eingang GP3 wird nicht verwendet. Am Ausgang GP0 erscheint der durch 10 geteilte Befehlstakt, mit dem sich der Oszillator kalibrieren lässt.

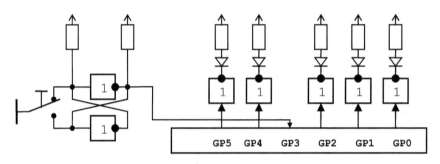

```
; k3p10.asm Test PIC 12F629 digitale Ein/Ausgabe Port GPIO
; Ausgabe GP5 GP4 GP2 GP1 GP0 verzögerter Dualzähler GP0: Befehlstakt / 10
       LIST      P=12F629       ; Controller
       #include  P12F629.inc    ; Standard Header File von Microchip
       __CONFIG _CP_OFF & _WDT_OFF & _BODEN_ON & _PWRTE_ON & _INTRC_OSC_NOCLKOUT
& _MCLRE_OFF & _CPD_OFF         ; Konfiguration
zael   EQU       0x20           ; Zähler
       ORG       0              ; Programm-Flash
start  movlw     B'00000111'    ; Analogkomparator aus
       banksel CMCON            ; Bank für CMCON
       movwf     CMCON          ; Komparatorsteuerregister
       movlw     B'11001000'    ; GP5 GP4 = aus GP3=ein GP2 GP1 GP0 = aus
       banksel TRISIO           ; Bank für Tristateregister
       movwf     TRISIO         ; nach Tristateregister
       banksel GPIO             ; Bank 0 für GPIO
       clrf      zael           ; Zähler löschen
; Arbeitsschleife GP0: 5 Takte High / 5 Takte Low  Teiler durch 10
loop   movf      zael,w         ; 1 Takt Zähler nach W-Register
       movwf     GPIO           ; 1 Takt W-Register nach Port
       incf      zael,f         ; 1 Takt Zähler erhöhen
       goto      loop           ; 2 Takte
       END                      ;
```

Das Beispiel zeigt die Augen eines Würfels an. Da für sieben Leuchtdioden nur vier Leitungen verwendet werden, werden mit den Ausgängen GP1, GP2 und GP4 jeweils zwei LEDs (Low Current Version) direkt ohne externe Treiber angesteuert. Bei einem Vorwiderstand von 1 kOhm nimmt eine LED einen Strom von ca. 3 mA auf, mit ca. 6 mA pro Anschluss und ca. 21 mA für den gesamten Port werden die vom Hersteller genannten Grenzwerte eingehalten. Die Anoden der LEDs liegen auf High-Potential, sie werden mit einem Low-Potential (logisch 0) an der Katode eingeschaltet und mit High (logisch 1) ausgeschaltet. Ein Würfel muss eine Zufallszahl im Bereich von 1 bis 6 ausgeben. Dies gelingt durch eine Würfelschleife, die *zufällig* durch eine Taste am Eingang GP3 unterbrochen wird. Für den Lampentest und zum Entprellen der Eingabetaste dient ein Unterprogramm warte.

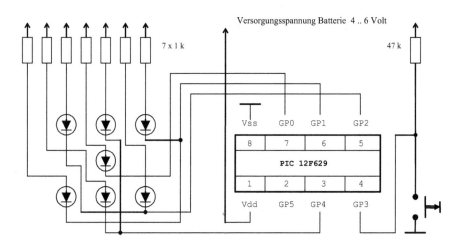

```
; k3p11.asm Test PIC 12F629 Würfel
; Eingabe: GP3 Taster  Ausgabe: GP4 GP2 GP1 GP0 Leuchtdioden
     LIST         P=12F629      ; Controller
     #include     P12F629.inc   ; Standard Header File von Microchip
   __CONFIG _CP_OFF & _WDT_OFF & _BODEN_ON & _PWRTE_ON & _INTRC_OSC_NOCLKOUT &
_MCLRE_OFF & _CPD_OFF
takt    EQU       .4000000      ; Systemtakt 4 MHz
zael    EQU       0x20          ; Zähler
urett1  EQU       0x21          ; Rettung für warte
urett2  EQU       0x22          ; Rettung für warte
        ORG       0             ; Programm-Flash
start   movlw     B'00000111'   ; Analogkomparator aus
        banksel CMCON           ; Bank für CMCON
        movwf     CMCON         ; Komparatorsteuerregister
        movlw     B'11001000'   ; GP5 GP4 = aus GP3=ein GP2 GP1 GP0 = aus
        banksel TRISIO          ; Bank 1
        movwf     TRISIO        ; nach Tristateregister
        banksel GPIO            ; Bank 0 für GPIO
```

```
; Lampentest: alle Werte 1 sek lang anzeigen
loop    movlw   6               ;
        movwf   zael            ; Durchlauf- und Anzeigezähler
loop1   movf    zael,w          ; Abstand -> W-Register
        addlw   -1              ; Abstand um 1 vermindern
        call    tab1            ; Code -> W-Register
        movwf   GPIO            ; auf Würfel ausgeben
        movlw   .250            ; 250 ms
        call    warte           ; warten
        call    warte           ; warten
        call    warte           ; warten
        call    warte           ; warten
        decfsz  zael,f          ; Zähler - 1 überspringe bei Null
        goto    loop1           ; noch nicht Null
; Würfelschleife
loop2   movlw   B'11111111'     ; alle LEDs aus
        movwf   GPIO            ;
loop3   movlw   6               ; Laden
        movwf   zael            ; Durchlauf- und Anzeigezähler
loop4   btfss   GPIO,GP3        ; überspringe bei Taster oben
        goto    loop5           ; bei gedrückt anzeigen
        decfsz  zael,f          ; Zähler - 1 überspringe bei Null
        goto    loop4           ; nicht Null
        goto    loop3           ; bei Null wieder neu anfangen
; Taster fallende Flanke: Würfel anzeigen
loop5   movf    zael,w          ; Abstand -> W-Register
        addlw   -1              ; Abstand um 1 vermindern
        call    tab1            ; Code -> W-Register
        movwf   GPIO            ; auf Würfel ausgeben
        movlw   .10             ; 10 ms
        call    warte           ; entprellen
loop6   btfss   GPIO,GP3        ; überspringe bei Taster oben
        goto    loop6           ; warte bei Low Taster unten
        call    warte           ; 10 ms entprellen
        goto    loop2           ; LEDs aus und neuer Anfang
;
; warte Wartezeit W-Register * 1 ms
warte   movwf   urett1          ; W-Register retten
        movwf   urett2          ; nach Faktor
        movf    urett2,f        ; Faktor testen
        btfsc   STATUS,Z        ; Faktor Null ?
        goto    warte3          ; Z = 1: ja: abweisend
warte1  movlw   (takt/.80000)   ; 1 Takt Ladewert für 1 ms
warte2  goto    $+1             ; 2 Takte
        goto    $+1             ; 2 Takte
```

```
          goto    $+1            ; 2 Takte
          goto    $+1            ; 2 Takte
          goto    $+1            ; 2 Takte
          goto    $+1            ; 2 Takte
          goto    $+1            ; 2 Takte
          goto    $+1            ; 2 Takte
          addlw   -1             ; 1 Takt  w - 1 -> w
          btfss   STATUS,Z       ; 1 Takt   für W nicht Null
          goto    warte2         ; 2 Takte für W nicht Null
          decfsz  urett2,f       ; Faktor - 1 springe bei Null
          goto    warte1         ; Faktor nicht Null: noch 1 ms
warte3    movf    urett1,w       ; W-Register zurück
          return                 ; Rücksprung
;
; Konstantentabelle
tab1      addwf   PCL,f          ; Abstand im W-Register
          DT      0xFE,0xFD,0xFC,0xF9,0xF8,0xE9 ; retlw-Befehle
          END                    ;
```

Für die Ausgabe von Dezimalzahlen auf Siebensegmentanzeigen können serielle Schiebe-register verwendet werden. Das Beispiel zeigt eine zweistellige dezimale Ausgabe von Zufallszahlen im Bereich von 1 bis 49.

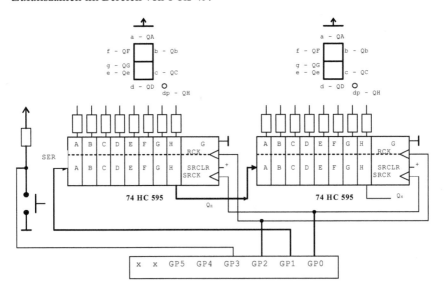

```
; k3p12.asm Test PIC 12F629 Lottozahlen
; Eingabe: GP3 Taster  Ausgabe: zweistellig dezimal
     LIST       P=12F629       ; Controller
     #include   P12F629.inc    ; Standard Header File von Microchip
     __CONFIG _CP_OFF & _WDT_OFF & _BODEN_ON & _PWRTE_ON & _INTRC_OSC_NOCLKOUT
& _MCLRE_OFF & _CPD_OFF
takt    EQU     .4000000       ; Systemtakt 4 MHz
zael    EQU     0x20           ; Zähler
urett1  EQU     0x21           ; Rettung für warte
urett2  EQU     0x22           ; Rettung für warte
einer   EQU     0x23           ; Einerstelle für aus
zehner  EQU     0x24           ; Zehnerstelle für aus
schiez  EQU     0x25           ; Schiebezähler für aus
        ORG     0              ; Programm-Flash
start   movlw   B'00000111'    ; Analogkomparator aus
        banksel CMCON          ; Bank CMCON
        movwf   CMCON          ; Komparatorsteuerregister
        movlw   B'11111000'    ; x x GP5 GP4 GP3=ein GP2 GP1 GP0 = aus
        banksel TRISIO         ; Bank 1
        movwf   TRISIO         ; nach Tristateregister
        banksel GPIO           ; Bank 0 für GPIO
        movlw   B'00001000'    ; Anfangszustand RCK SER SCK Low
        movwf   GPIO           ; auf Port ausgeben
; Würfelschleife
loop    movlw   .49            ; Anfangswert laden
        movwf   zael           ;
loop1   movf    zael,w         ; Zähler nach W-Register
        call    aus            ; und ausgeben
        btfss   GPIO,GP3       ; überspringe bei Taster oben
        goto    loop2          ; bei gedrückt anhalten
        decfsz  zael,f         ; Zähler - 1 überspringe bei Null
        goto    loop1          ; nicht Null
        goto    loop           ; bei Null wieder neu anfangen
; Taster fallende Flanke Ausgabe anhalten und  Lottozahl anzeigen
loop2   movlw   .10            ; 10 ms
        call    warte          ; entprellen
loop3   btfss   GPIO,GP3       ; überspringe bei Taster wieder oben
        goto    loop3          ; warte bei Low Taster unten
        call    warte          ; 10 ms entprellen
        goto    loop           ; wieder mit Anfangswert beginnen
; warte Wartezeit W-Register * 1 ms
warte   movwf   urett1         ; W-Register retten
        movwf   urett2         ; nach Faktor
        movf    urett2,f       ; Faktor testen
        btfsc   STATUS,Z       ; Faktor Null ?
```

```
            goto    warte3        ; Z = 1: ja: abweisend
warte1  movlw   (takt/.80000); 1 Takt Ladewert für 1 ms
warte2  goto    $+1           ; 2 Takte
            goto    $+1           ; 2 Takte
            goto    $+1           ; 2 Takte
            goto    $+1           ; 2 Takte
            goto    $+1           ; 2 Takte
            goto    $+1           ; 2 Takte
            goto    $+1           ; 2 Takte
            goto    $+1           ; 2 Takte
            addlw   -1            ; 1 Takt  w - 1 -> w
            btfss   STATUS,Z      ; 1 Takt  für W nicht Null
            goto    warte2        ; 2 Takte für W nicht Null
            decfsz  urett2,f      ; Faktor - 1 springe bei Null
            goto    warte1        ; Faktor nicht Null: noch 1 ms
warte3  movf    urett1,w      ; W-Register zurück
            return                ; Rücksprung
; aus: W-Register nach dezimal zweistellig ausgeben
aus     clrf    zehner        ; Zehner löschen
; dual -> dezimal zweistellig
aus1    addlw   -.10          ; W = W - 10
            btfss   STATUS,C      ; C = 0: positiv: weiter
            goto    aus2          ; C = 1: negativ: fertig
            incf    zehner,f      ; Zehner + 1
            goto    aus1          ;
aus2    addlw   .10           ; Rest wiederherstellen
            movwf   einer         ; Einer
; Ziffer umcodieren
            movf    zehner,w      ; Zehnerziffer
            call    tab1          ; umcodieren
            movwf   zehner        ;
            comf    zehner,f      ; komplementieren
            movf    einer,w       ; Einerziffer
            call    tab1          ; umcodieren
            movwf   einer         ;
            comf    einer,f       ;
; 16bit schieben
            movlw   .16           ; Schiebezähler
            movwf   schiez        ; für 16 Takte laden
            bcf     GPIO,GP2      ; RCK Übernahmetakt Low
aus3    bcf     GPIO,GP0      ; SCK Schiebetakt Low
            rlf     zehner,f      ; Zehnercode nach links LSB <- x
            rlf     einer,f       ; Einercode Carry <- MSB
            bcf     GPIO,GP1      ; SER Daten Low
            btfsc   STATUS,C      ; Datenbit 0: SER = Low bleibt
```

```
        bsf     GPIO,GP1      ; Datenbit 1: SER = High
        bsf     GPIO,GP0      ; SCK Schiebetakt steigende Flanke
        decfsz  schiez,f      ; Taktzähler - 1 überspringe bei Null
        goto    aus3          ; weiter bei nicht Null
        bsf     GPIO,GP2      ; RCK Übernahmetakt steigende Flanke
        return                ;
; Konstantentabelle W = Ziffer 0-9 -> W = 7-Segment-Code
tab1    addwf   PCL,f         ; Abstand im W-Register
        DT      0x3f,0x06,0x5b,0x4f,0x66,0x6d,0x7d,0x07,0x7f,0x6f ; retlw
        END                   ;
```

Die **Peripherieeinheiten** Timer0, Timer1 und Analogkomparator teilen sich fünf Anschlüsse mit der Parallelschnittstelle GPIO. Für den Baustein PIC 12F675 sind die Anschlüsse GP4, GP2, GP1 und GP0 als analoge Eingänge voreingestellt und können durch Löschen des Auswahlregisters mit `clrf ANSEL` für den digitalen Betrieb umprogrammiert werden.

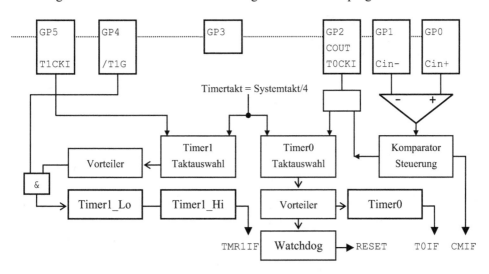

Der 8bit **Timer0** entspricht in seinem Aufbau dem im Abschnitt 3.9.2 beschriebenen Timer0 der PIC16-Familie. Auf das Register Timer0 mit dem laufenden Zählerwert kann jederzeit zugegriffen werden, beim Schreiben wird der Vorteiler gelöscht, der Teilerfaktor bleibt jedoch erhalten.

Timer0 Register **TMR0** Adresse 0x01 nur Bank 0

Bit 7	Bit 6	Bit 5	Bit 4	Bit 3	Bit 2	Bit 1	Bit 0
8bit Aufwärtszähler							

Die Taktquelle und der mit dem Watchdog Timer gemeinsame Vorteiler werden im Optionsregister programmiert.

Optionsregister **OPTION_REG** Adresse 0x81 nur Bank 1

Bit 7	Bit 6	Bit 5	Bit 4	Bit 3	Bit 2	Bit 1	Bit 0
RW - 1	RW - 1	RW - 1	RW - 1	RW - 1	RW - 1	RW - 1	RW - 1
/GPPU	INTEDG	T0CS	T0SE	PSA	PS2	PS1	PS0
Pull-up für GPIO 0: ein 1: aus	Interrrupt-Flanke an INT (GP2) 0: fallend 1: steigend	Timer0 Taktquelle 0: intern 1: extern	Timer0 externe Taktflanke 0: steigend 1: fallend	Vorteiler für 0: Timer0 1: Watchdog	Vorteiler Timer0 0 0 0: durch 2 0 0 1: durch 4 . . . . 1 1 0: durch 128 1 1 1: durch 256	Vorteiler Watchdog 0 0 0: durch 1 0 0 1: durch 2 . . . . 1 0 1: durch 64 1 1 1: durch 128	

Der **Timer1** arbeitet als 16bit Aufwärtszähler und kann im Gegensatz zum Timer1 des PIC 16F876 mit einem externen Signal /T1G am Anschluss GP4 angehalten werden.

Timer1 Steuerregister **T1CON** Adresse 0x10 nur Bank 0

Bit 7	Bit 6	Bit 5	Bit 4	Bit 3	Bit 2	Bit 1	Bit 0
U - 0	RW - 0	RW - 0	RW - 0	RW - 0	RW - 0	RW- 0	RW - 0
–	TMR1GE	T1CKPS1	T1CKPS0	T1OSCEN	/T1SYNC	TMR1CS	TMR1ON
	Freigabe /T1G für TMR1ON=1 0: Timer ein 1: Timer ein für /T1G Low	Vorteiler Teilungsfaktor 0 0: durch 1 0 1: durch 2 1 0: durch 4 1 1: durch 8		Externer Oszillator 0: aus 1: ein	Externer Takt 0: synchron 1: asynchr.	Timer1 Taktquelle 0: intern 1: extern	Timer1 0: Stopp 1: Lauf

Der Timer1 wird mit TMR1ON = 1 eingeschaltet. Nach einer Empfehlung des Herstellers sollte auf die Timerregister nur zugegriffen werden, wenn der Timer gestoppt ist.

Timer1 Register **TMR1L** Adresse 0x0E nur Bank 0

Bit 7	Bit 6	Bit 5	Bit 4	Bit 3	Bit 2	Bit 1	Bit 0
			Low-Byte des 16bit Zählers				

Timer1 Register **TMR1H** Adresse 0x0F nur Bank 0

Bit 7	Bit 6	Bit 5	Bit 4	Bit 3	Bit 2	Bit 1	Bit 0
			High-Byte des 16bit Zählers				

Der **Analogkomparator** entspricht in seiner Funktion den Komparatoren der PIC18-Familie.

4   Assembler der PIC18-Familie

Kapitel 3 behandelt die grundlegenden Assembler-Programmiertechniken am Beispiel des PIC 16F876, der mit dem in diesem Kapitel verwendeten PIC 18F2220 pinkompatibel ist. Der Assembler MPASM in der Version v5.01 des Herstellers Microchip wurde auch für die PIC18-Familie verwendet. Die Stiftbelegung der Bausteine befindet sich im Anhang.

Für den Test der Programmbeispiele wurde die in *Bild 3-3* angegebene Schaltung verwendet. Der Port B dient zur Eingabe von Daten und Signalen. Auf dem Port C werden Ergebnisse binär mit acht Leuchtdioden und dezimal mit zwei BCD-Siebensegmentanzeigen ausgegeben. Auf dem Port A stehen nur sechs Leitungen für die digitale Ausgabe zur Verfügung. Abweichungen von den in Abschnitt 3.1 beschriebenen Assembleranweisungen werden besonders berücksichtigt.

Die PIC18-Familie bietet gegenüber der PIC16-Familie des Kapitels 3 folgende Erweiterungen:

- durch das 16bit Befehlswort zusätzliche Befehle wie z.B. Multiplikation,
- zusätzliche Bedingungsbits für vorzeichenbehaftete Arithmetik,
- Verzweigungsbefehle mit direkter Auswertung der Bedingungsbits,
- Vergleichsbefehle und Befehle zur Addition und Subtraktion mit Carry bzw. Borgen,
- erweiterte Zugriffsmöglichkeiten auf den Programmspeicher durch Lesen und Schreiben,
- Befehle zum Lesen und Schreiben von Tabellen im Programm-Flash mit automatischer Erhöhung bzw. Verminderung des Zeigers,
- gemeinsame direkte Adressierung von Benutzer-Registern und SFR-Registern ohne Bankumschaltung möglich,
- indirekte Adressierung mit drei Zeigerregistern und automatischer Erhöhung bzw. Verminderung der Zeiger,
- Kontrolle des auf 31 Einträge erweiterten Hardwarestapels für Rücksprungadressen mit einem dem Benutzer zugänglichen Stapelzeiger,
- Interruptsteuerung mit zwei Prioritätsebenen,
- bei den Parallelports Trennung in Ausgabespeicher (LAT) und Pin-Eingaberegister (PORT) sowie
- erweiterte Timerfunktionen.

Das einführende Beispiel *Bild 4-1* bildet den Rahmen für die Programmbeispiele mit dem **PIC 18F2220**. Die mit `#include` eingebundene Definitionsdatei des Herstellers liefert die Symbole der SFR-Register und ihrer Bits. Die Konfiguration wird mit der Assembleranweisung `CONFIG` eingestellt. Nach der Programmierung des Ports B als Eingang und der Ports

A und C als Ausgänge wird das am Port B eingestellte Bitmuster am Port C wieder ausgegeben. Der Dualzähler am Port A liefert an RA0 den durch 10 geteilten Befehlstakt. Bei einem
Quarz von 4 MHz wurden 100 kHz gemessen.

```
; k4p1.asm PIC 18F2220 Test absoluter ladbarer Code ohne Linker
; Port B -> Port C
; Port A Dualzähler als Taktteiler / 10
#include P18F2220.inc       ; Definitionsdatei
 LIST   P=18F2220           ; Baustein
 config OSC=HS,PWRT=ON,WDT=OFF,PBAD=DIG,LVP=OFF ; mit Lader kontrollieren!
        ORG     0           ; Programm-Flash
        goto    start       ; Sprung zum Programmanfang
        ORG     0x08        ; HP-Interrupt-Einsprung
        goto    start       ; nicht besetzt
        ORG     0x18        ; LP-Interrupt-Einsprung
        goto    start       ; nicht besetzt
        ORG     0x28        ; Anfang des Programms
start   clrf    TRISA       ; Port A Ausgänge
        clrf    LATA        ; Dualzähler löschen
        setf    TRISB       ; Port B Eingänge
        clrf    TRISC       ; Port C Ausgänge
; Arbeitsschleife 5 Takte High / 5 Takte Low  RA0 Befehlstakt / 10
loop    movf    PORTB,w     ; 1 Takt  Eingabe Port B nach W-Register
        movwf   PORTC       ; 1 Takt  Ausgabe W-Register nach Port C
        incf    LATA,f      ; 1 Takt  erhöhe Port A
        goto    loop        ; 2 Takte springe immer
        END
```

Bild 4-1: Einführendes Beispiel (PIC 18F2220)

Die Konfiguration kann mit dem Lader entsprechend *Bild 4-2* kontrolliert und vor dem La-
devorgang noch verändert werden.

Bild 4-2: Kontrolle bzw. Einstellung der Konfiguration mit dem Lader

4.1   Operationen

Die Befehlslisten enthalten den vom Hersteller vorgegebenen Namen des Befehls und die Operanden in einer vereinfachten Darstellung ohne den Operanden **a** für Access-Bank. Die Bezeichnungen der Statusbits OV und DC wurden zu **V** und **D** verkürzt.

Befehl	*Operand*	---**NVZDC**	*W*	*T*	*Wirkung*
Name	Quelle -> Ziel	Statusregister	Wörter	Takte	Ergebnis -> Ziel
`movlw`	Konstante		1	1	Konstante -> W-Register
`movf`	Register,w	**N Z**	1	1	F-Register -> W-Register

Die Ergebnisse der arithmetischen und logischen Operationen sowie einiger Speicherbefehle werden im Statusregister in den Bitpositionen C, DC und Z als *vorzeichenlose Dualzahlen* bewertet. In der *vorzeichenbehafteten* Arithmetik werden Z, N und OV ausgewertet.

Statusregister **STATUS**   Adresse im SFR-Bereich

Bit 7	*Bit 6*	*Bit 5*	*Bit 4*	*Bit 3*	*Bit 2*	*Bit 1*	*Bit 0*
–	–	–	RW – x	RW – x	RW – x	RW – x	RW – x
–	–	–	**N**	**OV**	**Z**	**DC**	**C**
			Negativ	Overflow	Zero (Null)	Digit Carry	Carry/Borrow
			Vorzeichen	Überlauf	Nullanzeige	Halbübertrag	0: kein Carry
			0: positiv	0: kein	0: **nicht** Null	0: kein Carry	1: Carry
			1: negativ	1: aufgetreten	1: ist Null	1: Carry	

Das **N**-Bit speichert die werthöchste Bitposition des Ergebnisses.
Das **OV**-Bit zeigt mit einer 1 einen Überlauf der vorzeichenbehafteten Arithmetik.
Das **Z**-Bit ist 0, wenn das Ergebnis ungleich Null ist (nein).
Das **Z**-Bit ist 1, wenn das Ergebnis gleich Null ist (ja).
Das **C**-Bit speichert den Übertrag der werthöchsten Stelle (Bit 7).
Das **DC**-Bit speichert den Übertrag der wertniedrigeren Dezimalstelle (Bit 3 nach Bit 4).

Addition: C bzw. DC gleich 0: *kein* Übertrag/Überlauf
              C bzw. DC gleich 1: Übertrag/Überlauf (*ja*)

Subtraktion: C bzw. DC gleich 0: Borgen/Unterlauf
              C bzw. DC gleich 1: kein Borgen/Unterlauf

Für die vorzeichenlose Arithmetik ergibt sich folgende Logik:

C = **0**: Differenz **nicht** positiv   *und*   C = **1**: Differenz **ist** positiv!

4.1.1   Byteoperationen

Alle Operationen der Länge byte gleich acht bit werden mit Ausnahme der Multiplikation sowohl für vorzeichenlose als auch für vorzeichenbehaftete Dualzahlen ausgeführt. Für vorzeichenlose Dualzahlen werden danach die Statusbits Z, D und C ausgewertet; für vorzeichenbehaftete Dualzahlen die Statusbits N, V und Z.

Die **Literal-Adressierung** nimmt den Operanden als 8bit Konstante aus den unteren acht Bitpositionen des Befehlswortes. Die Befehle für das W-Register entsprechen denen der PIC16-Familie im Kapitel 3. Der zusätzliche Multiplikationsbefehl `mullw` lässt das W-Register unverändert und speichert das 16bit Produkt nach `PRODH:PRODL`.

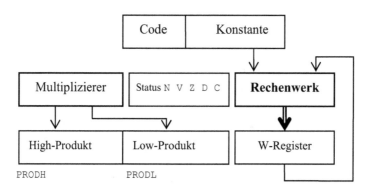

Befehl	Operand	---NVZDC	W	T	Wirkung
movlw	Konstante		1	1	speichere 8bit Konstante (literal) -> **w**-Register
addlw	Konstante	NVZDC	1	1	8bit Konstante (literal) + **w**-Register -> **w**-Register
sublw	Konstante	NVZDC	1	1	8bit Konstante (literal) − **w**-Register -> **w**-Register
andlw	Konstante	N Z	1	1	8bit Konstante (literal) UND **w**-Register -> **w**-Register
iorlw	Konstante	N Z	1	1	8bit Konstante (literal) ODER **w**-Register -> **w**-Register
xorlw	Konstante	N Z	1	1	8bit Konstante (literal) EODER **w**-Register -> **w**-Register
retlw	Konstante		1	2	8bit Konstante (literal) bei Rücksprung -> **w**-Register
mullw	Konstante		1	1	8bit Konstante (literal) * **w**-Register -> PRODH:PRODL

Bei der Subtraktion ist zu beachten, dass `sublw` die Differenz (Konstante − W-Register) bildet. Für die Berechnung der Differenz (W-Register − Konstante) kann man die negative Konstante addieren. Beispiel:

```
; subtrahiere vom W-Register die dezimale Konstante 10
   addlw   -.10      ; W-Register - Konstante -> W-Register
                     ; Statusbits wie bei einer Subtraktion!
```

Für die **direkte File-Adressierung** ist der RAM-Adressbereich in maximal 16 Bänke zu je 256 Bytes aufgeteilt, die durch die unteren vier Bitpositionen des Bank Select Registers BSR ausgewählt werden. Das untere Byte des 16bit Befehlswortes enthält die Registeradresse innerhalb der ausgewählten Bank. Mit einer dadurch gebildeten 12bit Adresse lassen sich 4096 Bytes auswählen. Der PIC 18F2220 belegt die Bänke 0 und 1 mit 512 Bytes RAM. Im SFR-Bereich sind nicht alle 128 Adressen durch Systemregister belegt. Der Hersteller bezeichnet den RAM-Adressbereich des Benutzers auch als General Purpose Register File abgekürzt GPR.

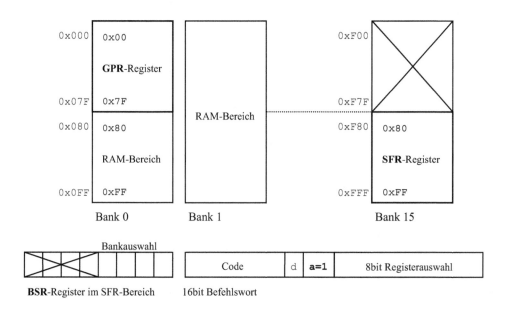

Bild 4-3: Direkte RAM-Adressierung mit Bankauswahl (PIC 18F2220) für a = 1

Nach dem Einschalten der Versorgungsspannung ist die Bank 0 voreingestellt. Die SFR-Register des Systems befinden sich in der Bank 15. Zur Vereinfachung der Bankauswahl kann das BSR-Register mit einer Konstanten geladen werden.

Befehl	Operand	---**NVZDC**	W	T	Wirkung
movlb	8bit Konstante		1	1	Konstante nach Bit 0 bis Bit 3 von BSR Bankauswahl für direkte Adressierung

In der direkten File-Adressierung mit Bankauswahl durch BSR ist das Auswahlbit des 16bit Befehlswortes **a = 1**.

Die **Direktzugriffsbank** (Access Bank) wird gebildet aus den Adressen 0x000 bis 0x07F der Bank 0 und den Adressen 0xF80 bis 0xFFF der Bank 15 mit den SFR-Registern. Für das Auswahlbit **a = 0** des 16bit Befehlswortes ist der Inhalt von BSR ohne Bedeutung. Durch die 8bit Adresse des Befehlswortes werden die untere Hälfte des Benutzer-RAMs mit den GPR-Registern bzw. die obere Hälfte des Systembereiches mit den SFR-Registern ausgewählt. Dies erleichtert die Zusammenarbeit von GPR-Registern und SFR-Registern ohne die lästige Bankumschaltung.

Access Bank

Code	d	a=0	8bit Registerauswahl

16bit Befehlswort

Bild 4-4: Die Direktzugriffsbank (Access Bank) des PIC 18F2220 für a = 0

In allen Befehlen der direkten Adressierung muss im Operandenteil angegeben werden, welche der beiden direkten Adressierungsarten angewendet werden soll. Die Definitionsdatei P18F2220.INC des Herstellers Microchip stellt dafür vordefinierte Symbole zur Verfügung:

```
ACCESS       EQU      0 ; für a = 0 Access Bank
BANKED       EQU      1 ; für a = 1 Bankauswahl mit BSR
```

Bei den meisten Operationen enthält das direkt adressierte Register den Quelloperanden. Das d-Bit (Destination) des Befehlswortes bestimmt, wohin das Ergebnis gespeichert werden soll. Dazu dienen die vordefinierten Symbole:

```
W            EQU      0 ; für d = 0 Ziel ist das W-Register
F            EQU      1 ; für d = 1 Ziel ist das F-Register
```

Bild 4-5 zeigt die Ziele der unären und binären Operationen mit dem d-Zielbit.

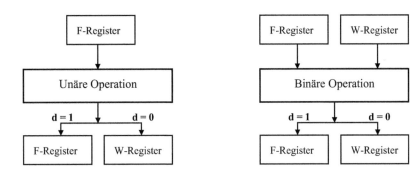

Bild 4-5: Auswahl des Ziels durch das d-Bit

Damit ergibt sich die folgende allgemeine Form für den Aufbau der Assemblerbefehle mit direkter Addressierung:

Befehl   Register, Ziel, Auswahl

Häufig gebrauchte Variablen oder F-Register sollten vorzugsweise in den unteren GPR-Bereich der Bank 0 gelegt werden; für die indirekt adressierten RAM-Bereiche stehen dann der obere Teil der Bank 0 und, falls vorhanden, die Bank 1 zur Verfügung. Bei dem für die Beispiele verwendeten Assembler MPASM v5.01 des Herstellers Microchip kann dann auf die Auswahl zwischen Access Bank und Bankadressierung mit BSR verzichtet werden. Dies ist bei anderen Versionen und Assemblern durch Testprogramme zu überprüfen! Beispiele:

```
               movwf    LATA,ACCESS     ; direkt mit Access Bank
               movlb    0x0f            ; Bank 15 -> BSR
               movwf    LATA,BANKED     ; direkt mit Bankauswahl
               movwf    LATA            ; direkt ohne Angabe
; Arithmetische Operation inkrementieren f,d,a
               incf     LATC,f,ACCESS   ; direkt Access Bank
               incf     LATC,f,BANKED   ; direkt Bankauswahl
               incf     LATC,f          ; direkt ohne Angabe
               incf     test1,f,ACCESS  ; Ziel ist f
               incf     test1,f,BANKED  ; Ziel ist f
               movlb    0x00            ; Bank 0 -> BSR
               incf     test1,f,BANKED  ; Ziel ist f
               incf     test1,f         ; Ziel ist f ohne Angabe
               incf     test1,w,ACCESS  ; Ziel ist w
               incf     test1,w,BANKED  ; Ziel ist w
               incf     test1,w         ; Ziel ist w ohne Angabe
```

Die **Speicheroperationen** kopieren den links stehen Operanden in das rechts stehende Ziel; der Inhalt der Quelle bleibt erhalten.

Befehl	*Operand*	---**NVZDC**	*W*	*T*	*Wirkung*
movlw	*Konstante*		1	1	speichere Konstante (literal) nach **w**-Register
movwf	*Register*,a		1	1	speichere **w**-Register -> **f**-Register
movf	*Register*, **w**,a	N Z	1	1	speichere **f**-Register -> **w**-Register
movf	*Register*, **f**,a	N Z	1	1	speichere **f**-Register -> **f**-Register (Testbefehl)
movff	Register,Register		2	2	speichere **f**-Register_1 -> **f**-Register_2

Die beiden Befehle movf verändern das N-Bit und Z-Bit entsprechend den gespeicherten Daten und können zur Nullabfrage dienen. Der Befehl movff enthält die vollen 12bit Adressen beider Operanden in zwei Befehlswörtern und ist damit unabhängig von der Auswahl BSR oder Access Bank. Nach Angabe des Herstellers dürfen dabei die Register PCL, TOSU, TOSH und TOSL nicht verwendet werden. Es wird davor gewarnt, Interrupt-Steuerregister mit dem Befehl movff zu verändern, wenn Interrupts freigegeben sind. Korrekte Beispiele:

```
; Register-Register-Adressierung ohne Auswahl Access oder BSR
        movff    PORTB,LATA  ; SFR -> SFR
        movff    test1,test2 ; GPR -> GPR
        movff    test1,LATA  ; GPR -> SFR
        movff    PORTB,test1 ; SFR -> GPR
```

Befehl	*Operand*	---**NVZDC**	*W*	*T*	*Wirkung*
swapf	*Register*, **w**,a		1	1	vertausche **f**-Registerhälften, speichere nach **w**-Reg.
swapf	*Register*, **f**,a		1	1	vertausche **f**-Registerhälften, speichere nach **f**-Reg.
clrf	*Register*,a	1	1	1	lösche das **f**-Register mit 0x00 (auch WREG)
setf	*Register*,a		1	1	setze das **f**-Register mit 0xFF (auch WREG)
nop			1	1	no operation (tu nix)

Die Befehle swapf vertauschen die beiden Registerhälften des Operanden. Dabei entscheidet der zweite Operand, in welches Register das Ergebnis gespeichert werden soll. Mit dem W-Register als Ziel bleibt das F-Register erhalten. Alle Befehle können auf das SFR-Register WREG als W-Register angewendet werden. Der Befehl nop führt keine Operation durch und dient als Platzhalter oder zum Einfügen von Wartetakten. Beispiele:

```
; W-Register als SFR-Register adressiert
        swapf    WREG,w       ; WREG Halbbytes vertauschen
        swapf    WREG,f       ; WREG Halbbytes vertauschen
        setf     WREG         ; WREG setzen
        clrf     WREG         ; WREG löschen
        nop                   ; tu nix ohne Operanden
```

Bei der **Addition** sind die Operanden vertauschbar. Das Carrybit C nimmt den Übertrag des werthöchsten Volladdierers auf; das Ziffernübertragbit DC speichert den Übertrag des wertniedrigeren Halbbytes. C = 1 bedeutet entweder einen Zahlenüberlauf oder einen Übertrag auf das nächste werthöhere Byte. Der Befehl addwfc addiert zusätzlich das Carrybit und wird dazu verwendet, bei der Addition von Dualzahlen, die aus mehreren Bytes bestehen, den Übertrag vom wertniederen zum werthöheren Byte zu berücksichtigen.

Befehl	Operand	---**NVZDC**	W	T	Wirkung
addlw	Konstante	NVZDC	1	1	addiere Konstante + **w**-Register, Summe nach **w**-Reg.
addwf	Register, **w**, a	NVZDC	1	1	addiere **w**-Register + **f**-Register, Summe nach **w**-Reg.
addwf	Register, **f**, a	NVZDC	1	1	addiere **w**-Register + **f**-Register, Summe nach **f**-Reg.
addwfc	Register, **w**, a	NVZDC	1	1	addiere **w**-Reg. + **f**-Reg. + Carry, Summe nach **w**-Reg.
addwfc	Register, **f**, a	NVZDC	1	1	addiere **w**-Reg. + **f**-Reg. + Carry, Summe nach **f**-Reg.

Bei der **Subtraktion** ist zu beachten, dass die Subtraktion im Rechenwerk auf eine Addition des Zweierkomplements zurückgeführt wird. Dadurch bedeutet C = 1 bzw. DC = 1 eine positive Differenz und damit keinen Unterlauf bzw. kein Borgen. Dagegen bedeutet C = 0 bzw. DC = 0 eine negative Differenz und damit einen Unterlauf bzw. ein Zeichen, dass ein Borgen von der werthöheren Stelle erforderlich ist.

Befehl	Operand	---**NVZDC**	W	T	Wirkung
sublw	Konstante	NVZDC	1	1	Konstante − **w**-Register -> nach **w**-Register
subwf	Register, **w**, a	NVZDC	1	1	**f**-Register − **w**-Register -> nach **w**-Register
subwf	Register, **f**, a	NVZDC	1	1	**f**-Register − **w**-Register -> nach **f**-Register
subwfb	Register, **w**, a	NVZDC	1	1	**f**-Register − **w**-Register − borrow -> nach **w**-Register
subwfb	Register, **f**, a	NVZDC	1	1	**f**-Register − **w**-Register − borrow -> nach **f**-Register
subfwb	Register, **w**, a	NVZDC	1	1	**w**-Register − **f**-Register − borrow -> nach **w**-Register
subfwb	Register, **f**, a	NVZDC	1	1	**w**-Register − **f**-Register − borrow -> nach **f**-Register
negf	Register, a	NVZDC	1	1	negiere das **f**-Register (2er Komplement)

Die Befehle subwfb und subfwb subtrahieren zusätzlich das **negierte** Carrybit gleich borrow (borgen) und werden dazu verwendet, bei der Subtraktion von Dualzahlen, die aus mehreren Bytes bestehen, das Borgen vom wertniederen zum werthöheren Byte zu berücksichtigen. Man beachte die nicht immer logische Reihenfolge der Operanden:

> sublw (Konstante − W-Register) subtrahiere W-Register vom Literal
>
> subwf (F-Register − W-Register) subtrahiere W-Register vom F-Register
>
> subfw (W-Register − F-Register) subtrahiere F-Register vom W-Register

Abschnitt 4.2.3 behandelt die mit bedingten Sprüngen verbundenen Vergleichsbefehle, die eine Testsubtraktion durchführen.

Der Befehl daw korrigiert das Ergebnis nach einer dualen Addition zu einer zweistelligen gepackten Dezimalzahl.

Befehl	Operand	---NVZDC	W	T	Wirkung
daw		DC	1	1	Dezimalkorrektur im w-Register

Das Beispiel erhöht einen Dezimalzähler auf dem Port C nach jedem Tastendruck am Eingang RB7 um 1.

```
          clrf    WREG          ; Dezimalzähler in WREG löschen
; WREG auf  Port C ausgeben
loop        movff   WREG,LATC    ; Dezimalzähler auf Port C ausgeben
; warte auf Taste RB7
loop1       btfsc   PORTB,7      ; überspringe bei gedrückt
            goto    loop1        ; warte solange High
loop2       btfss   PORTB,7      ; überspringe bei gelöst
            goto    loop2        ; warte solange Low
            incf    WREG         ; Dualzähler + 1 C und DC verändert!
            daw                  ; Dezimalkorrektur in WREG
            goto    loop         ; springe immer
```

Die **Multiplikationsbefehle** multiplizieren das W-Register mit einer Konstanten bzw. mit dem Inhalt eines F-Registers als vorzeichenlose Dualzahlen. Das 16bit Produkt erscheint in den Registern PRODH (High-Byte) und PRODL (Low-Byte). Die Operanden bleiben unverändert erhalten; Bedingungsbits werden nicht verändert.

Befehl	Operand	---NVZDC	W	T	Wirkung
mullw	Konstante		1	1	Konstante (literal) * w-Register -> PRODH:PRODL
mulwf	Register,a		1	1	f-Register * w-Register -> PRODH:PRODL

Die bei der Dezimal/Dualumwandlung erforderliche Multiplikation mit dem Faktor 10_{10} lässt sich ersetzen durch zwei Linksverschiebungen (Faktor 4), eine Addition des alten Wertes (Faktor 5) und eine weitere Linksverschiebung (Faktor 10).

Die **Division** ist auch in der PIC18-Familie nicht als Befehl verfügbar und muss auf die Standardoperationen schieben, vergleichen und subtrahieren zurückgeführt werden. *Bild 4-6* zeigt das auch bei der dezimalen Handrechnung übliche Verfahren mit Teilsubtraktionen und Verschiebungen, jedoch im dualen Zahlensystem.

Bei der Dual/Dezimalumwandlung werden Divisionen durch 10_{10} ersetzt durch eine Zerlegung der Dualzahl in Dezimalziffern durch Subtraktionen beginnend mit der werthöchsten Stelle. Subtrahiert man von einer 16bit Dualzahl nacheinander den Wert 10000_{10}, so sind maximal sechs Schritte erforderlich, um die Zehntausenderstelle zu ermitteln. Weitere Subtraktionen von 1000_{10}, 100_{10} und 10_{10} liefern die nächsten Dezimalstellen.

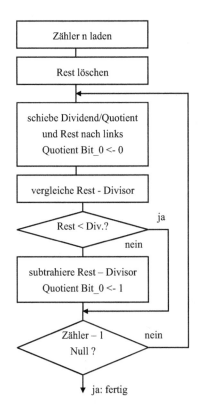

Zahlenbeispiel:

```
1111 / 0010 -> 0111 Rest 1
  15 /    2 ->    7 Rest 1
```

Rest	Dividend Quotient	n	Divisor 0010 Bemerkung
0000	1111	4	Anfangszustand
0001	111		schiebe links: Rest < Divisor
0001	1110		Bit_0 <- 0
		3	Zähler – 1
0011	110		schiebe links: Rest > Divisor
0001	1101		subtrahiere Rest - Divisor Bit_0 <- 1
		2	Zähler - 1
0011	101		schiebe links: Rest > Divisor
0001	1011		subtrahiere Rest - Divisor Bit_0 <- 1
		1	Zähler - 1
0011	011		schiebe links: Rest > Divisor
0001	0111		subtrahiere Rest - Divisor Bit_0 <- 1
		0	Zähler - 1
0001	0111		Null: fertig
Rest	Quotient		15 / 2 -> 7 Rest 1

Bild 4-6: Divisionsverfahren

Die **Zähloperationen** der PIC18-Familie verändern **alle** Bedingungsbits des Statusregisters im Gegensatz zur PIC16-Familie, bei der nur das Z-Bit verändert wird.

Befehl	Operand	---**NVZDC**	W	T	Wirkung
incf	Register, **w**, a	NVZDC	1	1	incrementiere (+1) **f**-Register, Summe nach **w**-Register
incf	Register, **f**, a	NVZDC	1	1	incrementiere (+1) **f**-Register, Summe nach **f**-Register
decf	Register, **w**, a	NVZDC	1	1	decrementiere (-1) **f**-Register, Differenz nach **w**-Reg.
decf	Register, **f**, a	NVZDC	1	1	decrementiere (-1) **f**-Register, Differenz nach **f**-Reg.

Die mit bedingten Sprüngen verbundenen Zählbefehle des Abschnitts 4.2.5 verändern keine Bedingungsbits, sondern bewerten den neuen Zählerstand als Bedingung für das Überspringen des folgenden Befehls.

Bei den rotierenden **Schiebeoperationen** unterscheidet man zwischen dem Rotieren durch das Carrybit (9bit Schieberegister) und dem Rotieren ohne Carrybit (8bit Schieberegister).

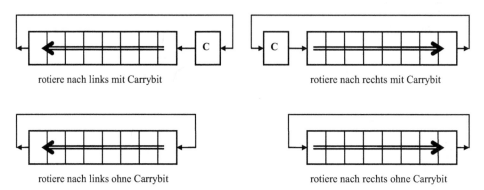

rotiere nach links mit Carrybit   rotiere nach rechts mit Carrybit

rotiere nach links ohne Carrybit   rotiere nach rechts ohne Carrybit

Befehl	Operand	---NVZDC	W	T	Wirkung
rlcf	Register, **w**, a	N Z C	1	1	rotiere **l**inks **f**-Register und **C**arry, speichere nach **w**
rlcf	Register, **f**, a	N Z C	1	1	rotiere **l**inks **f**-Register und **C**arry, speichere nach **f**
rrcf	Register, **w**, a	N Z C	1	1	rotiere **r**echts **f**-Register und **C**arry, speichere nach **w**
rrcf	Register, **f**, a	N Z C	1	1	rotiere **r**echts **f**-Register und **C**arry, speichere nach **f**
rlncf	Register, **w**, a	N Z	1	1	rotiere **l**inks nur **f**-Register, speichere nach **w**-Register
rlncf	Register, **f**, a	N Z	1	1	rotiere **l**inks nur **f**-Register, speichere nach **f**-Register
rrncf	Register, **w**, a	N Z	1	1	rotiere **r**echts nur **f**-Register, speichere nach **w**-Register
rrncf	Register, **f**, a	N Z	1	1	rotiere **r**echts nur **f**-Register, speichere nach **f**-Register

Für **logische Schiebeoperationen** mit den 9bit Schiebebefehlen, bei denen die frei werdende Bitposition mit einer 0 aufgefüllt wird, muss vorher das Carrybit gelöscht werden. Dann bedeutet ein logisches Rechtsschieben eine Division durch 2; der Divisionsrest erscheint im Carrybit. Ein logisches Linksschieben multipliziert mit dem Faktor 2, das Carrybit nimmt die herausgeschobene Bitposition auf, die als Überlauf- oder Übertraganzeige ausgewertet werden kann. Das Beispiel zeigt ein rotierendes Bitmuster auf dem Port C.

```
loop      rlncf   LATC        ; Muster rotiert links ohne Carry
          call    warten      ; warten
          goto    loop        ;
; Unterprogramm warten
warten    clrf    PRODL       ; Low-Zeit fest
          movff   PORTA,WREG  ; High-Zeit von Port A  RA5..RA0
          rlncf   WREG,f      ; *2
          rlncf   WREG,f      ; *2
; weiter als 16bit Abwärtsschleife bis Endwert Null
```

Die **logischen Operationen** verknüpfen eine Konstante bzw. ein F-Register mit dem W-Register. Der zweite Operand entscheidet, in welches Register das Ergebnis gespeichert wird. Ist das W-Register das Ziel, so bleibt der Inhalt des F-Registers erhalten.

Befehl	Operand	---**NVZDC**	W	T	Wirkung
andlw	Konstante	N Z	1	1	w-Register UND Konstante, speichere nach w-Reg.
andwf	Register, **w**, a	N Z	1	1	w-Register UND **f**-Register, speichere nach **w**-Reg.
andwf	Register, **f**, a	N Z	1	1	w-Register UND **f**-Register, speichere nach **f**-Reg.
iorlw	Konstante	N Z	1	1	w-Register ODER Konstante, speichere nach w-Reg.
iorwf	Register, **w**, a	N Z	1	1	w-Register ODER **f**-Register, speichere nach **w**-Reg.
iorwf	Register, **f**, a	N Z	1	1	w-Register ODER **f**-Register, speichere nach **f**-Reg.
xorlw	Konstante	N Z	1	1	w-Register EODER Konstante, speichere nach w-Reg.
xorwf	Register, **w**, a	N Z	1	1	w-Register EODER **f**-Register, speichere nach **w**-Reg.
xorwf	Register, **f**, a	N Z	1	1	w-Register EODER **f**-Register, speichere nach **f**-Reg.
comf	Register, **w**, a	N Z	1	1	NICHT **f**-Register, speichere nach **w**-Register
comf	Register, **f**, a	N Z	1	1	NICHT **f**-Register, speichere nach **f**-Register

Der Befehl com bildet das Einerkomplement des Operanden (aus 0 mach 1 und aus 1 mach 0). Das Zweierkomplement des Befehls negf entsteht aus dem Einerkomplement und der zusätzlichen Addition einer 1. Das Beispiel liest ein Byte vom Eingabeport B. Die Bitpositionen B7 und B6 werden durch eine UND-Maske gelöscht, die Bitpositionen B5 und B4 werden durch eine ODER-Maske auf 1 gesetzt, die Bitpositionen B3 und B2 werden durch eine EODER-Maske komplementiert und die beiden Bitpositionen B1 und B0 werden für die Ausgabe auf dem Port C übernommen.

```
loop       movf       PORTB,w         ; Eingabe nach W-Register
           andlw      B'00111111'     ; Maske B7 und B6 nach 00 löschen
           iorlw      B'00110000'     ; Maske B5 und B4 auf 11 setzen
           xorlw      B'00001100'     ; Maske B3 und B2 Komplementieren
           movwf      PORTC           ; W-Register nach Ausgabe
           goto       loop            ; Schleife
```

4.1.2   Bitoperationen

Für die Adressierung eines Bits im F-Register werden die Positionen entsprechend der dualen Stellenwertigkeit von 0 bis 7 durchnummeriert.

Bit 7	Bit 6	Bit 5	Bit 4	Bit 3	Bit 2	Bit 1	Bit 0

Das Befehlswort der Bitbefehle enthält den Code des Befehls, die Bitposition und die Adresse des F-Registers. Die Befehle lassen sich auf das W-Register nur im Umweg über die SFR-Adressierung von WREG anwenden.

Befehl	Operand	---NVZDC	W	T	Wirkung
bcf	Register, Bit, a		1	1	lösche (clear) Bitposition im f-Register
bsf	Register, Bit, a		1	1	setze (set) Bitpositon im f-Register
btg	Register, Bit, a		1	1	komplementiere (toogle) Bitposition im f-Register

Das Beispiel löscht das Carrybit im Statusregister vor einem Rotierbefehl, der damit zu einem logischen Schiebebefehl mit nachgezogener Null wird.

```
        bcf     STATUS,C    ; Carry löschen
        rlcf    xlow,f      ; schiebe logisch nach links
```

4.1.3   Wortoperationen

Für Operationen mit Datenwörtern der Länge 16 bit sind zwei 8bit Byteoperationen erforderlich. Beim Linksschieben und bei arithmetischen Operationen beginnt man mit dem Low-Byte und verwendet das Carrybit als Zwischenspeicher. Für die Rechtsschiebeoperationen ist mit dem High-Byte zu beginnen.

Für die Wortoperationen des Programmbeispiels *Bild 4-7* werden je zwei Bytes für die Wortregister X und Y am Anfang des RAM-Bereiches vereinbart. Die Operationen wurden so gewählt, dass der Anfangswert 0x1234 von X um 1 erhöht auf den Ports A und C ausgegeben wird. In der nachfolgenden Schleife erscheint bei jedem Tastendruck am Eingang RB7 der um 1 erhöhte Inhalt von X.

```
; k4p2.asm PIC18F2220 Wortoperationen
; Kontrollausgabe Port A und C bei Taste RB7 um 1 erhöht
#include P18F2220.inc              ; Definitionsdatei
    config OSC=HS,PWRT=ON,WDT=OFF,PBAD=DIG,LVP=OFF ; mit Lader kontrollieren!
                LIST    P=18F2220  ; Baustein
; Wortregister vereinbaren
xlow            EQU     0          ; Low-Byte von X
xhigh           EQU     1          ; High-Byte von X
ylow            EQU     2          ; Low-Byte von Y
yhigh           EQU     3          ; High-Byte von Y
                ORG     0          ; Programm-Flash
start           movlw   0x07       ; Code für
                movwf   ADCON1     ; digitale Ein/Ausgabe
                clrf    TRISA      ; 0000 0000 Port A Ausgänge
```

```
                    setf    TRISB       ; 1111 1111 Port B Eingänge
                    clrf    TRISC       ; 0000 0000 Port C Ausgänge
; Wortregister X und Y mit konstanten Anfangswerten laden
                    movlw   LOW 0x1234  ; 0x1234 -> X-Wort
                    movwf   xlow        ;
                    movlw   HIGH 0x1234 ;
                    movwf   xhigh       ;
                    movff   xlow,ylow   ; X-Wort -> Y-Wort
                    movff   xhigh,yhigh ;
; Wortaddition X + Y -> X
                    movf    ylow,w      ;
                    addwf   xlow,f      ; Low-Teile addieren
                    movf    yhigh,w     ;
                    addwfc  xhigh,f     ; High-Teile + Carry addieren
; Wortsubtraktion X - Y -> X
                    movf    ylow,w      ;
                    subwf   xlow,f      ; Low-Teile X - Y -> X
                    movf    yhigh,w     ;
                    subwfb  xhigh,f     ; High-Teile X - Y - Borrow -> X
; Wortmultiplikation X * 2 durch logisches Linksschieben
                    bcf     STATUS,C    ; Carry löschen
                    rlcf    xlow,f      ; Low * 2 beginnt
                    rlcf    xhigh,f     ; dann High * 2
; Wortdivision X / 2 durch logisches Rechtsschieben
                    bcf     STATUS,C    ; Carry löschen
                    rrcf    xhigh,f     ; High / 2 beginnt
                    rrcf    xlow,f      ; dann Low / 2
; X-Register um 1 erhöhen
loop                incf    xlow,f      ; Low + 1 -> Low
                    btfsc   STATUS,C    ; überspringe wenn kein Übertrag
                    incf    xhigh,f     ; bei Übertrag High + 1 -> High
; X zur Kontrolle auf Port A (High) und Port C (Low) ausgeben
                    movff   xhigh,LATA  ; Access Bank angenommen!
                    movff   xlow,LATC   ; Access Bank angenommen!
; warte auf Taste RB7
loop1               btfsc   PORTB,7     ; überspringe bei gedrückt
                    goto    loop1       ; warte solange High
loop2               btfss   PORTB,7     ; überspringe bei gelöst
                    goto    loop2       ; warte solange Low
                    goto    loop        ; springe immer
                    END
```

Bild 4-7: Wortoperationen

4.2   Verzweigungen und Schleifen

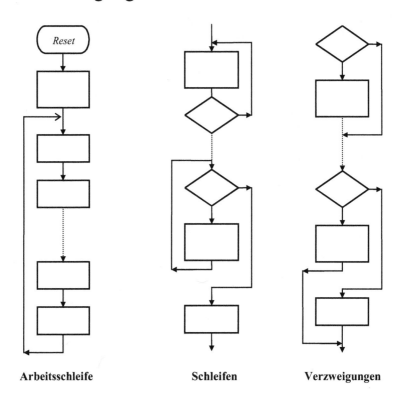

Arbeitsschleife   **Schleifen**   **Verzweigungen**

Bild 4-8: Schleifen und Verzweigungen im Programmablaufplan

Der Startpunkt jedes Programms nach dem Einschalten der Versorgungsspannung bzw. nach einem Reset ist der erste Befehl auf der Flash-Adresse 0. Auf die Initialisierung der Peripherie z.B. durch die Programmierung der Richtungsregister der parallelen Schnittstellen folgt meist eine **Arbeitsschleife**, die nur durch ein Reset abgebrochen oder durch einen Interrupt unterbrochen werden kann.

Bei **Schleifen** sorgt eine innere Laufbedingung wie z.B. ein Zähler oder ein äußeres Ereignis wie z.B. die fallende Flanke einer Eingabetaste für das Ende der Schleife. Bei der wiederholenden Schleife liegt die Kontrolle hinter dem Schleifenkörper, der mindestens einmal ausgeführt wird. Bei der abweisenden Schleife erfolgt die Kontrolle vor dem Schleifenkörper.

Programmverzweigungen werten Bedingungen aus und entscheiden, welche Programmteile anschließend auszuführen sind.

4.2.1 Programmspeicher und unbedingter Sprung

Im Gegensatz zur PIC16-Familie ist der Programmspeicher der PIC18-Familie nicht in Seiten aufgeteilt, sondern der maximal 2 Mbyte umfassende Programm-Flash wird durch die 20bit Sprungadresse der Befehle `goto` und `call` direkt adressiert. Für den PIC 18F2220 (*Bild 4-9*) stehen 4 kbyte Flash für maximal 2048 Befehlswörter zur Verfügung.

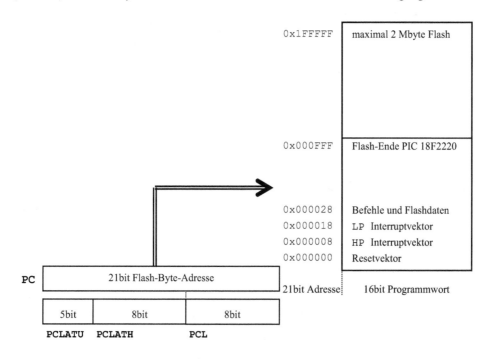

Bild 4-9: Der Programmspeicher der PIC18-Familie (PIC 18F2220)

Das Low-Byte des 21bit Befehlszählers PC ist unter der SFR-Adresse `PCL` direkt lesbar und beschreibbar. Für das High-Byte und den oberen Teil gibt es die Zwischenspeicher (*latch*) `PCLATH` und `PCLATU`. Jeder Schreibbefehl (nicht `movff`) für `PCL` überträgt die beiden Zwischenspeicher in den Befehlszähler PC; jeder Lesebefehl für `PCL` überträgt den Befehlszähler PC in die beiden Zwischenspeicher. Die Befehlswörter liegen immer auf geraden Byteadressen; dies ist bei der Assemblerdirektive `ORG` und für die Berechnung von Sprungzielen besonders zu berücksichtigen. Nach jedem Befehl wird der Befehlszähler PC um die Schrittweite 2 erhöht, bei 2-Wort-Befehlen um 4.

Der **unbedingte Sprungbefehl** `goto` enthält im Programm die symbolische Adresse des Befehls, der als nächster auszuführen ist. Für den laufenden Adresszähler kann man auch das vordefinierte Zeichen **$** setzen. Da Befehle immer auf geraden Byteadressen liegen müssen, setzt der Assembler die 20bit Adresse des Sprungziels in zwei 16bit Befehlswörter ein.

Befehl	Operand	---NVZDC	W	T	Wirkung
goto	*Zieladresse*		2	2	direkter unbedingter Sprung, lade PC mit Zieladresse
mov...	**PCL als Ziel**		1	1	berechneter Sprung **PCL** mit PCLATU und PCLATH als Ziel
bra	*Zieladresse*		1	2	relativer unbedingter Sprung, addiere Abstand zum PC

Ein **berechneter Sprung** entsteht, wenn PCL mit dem berechneten Low-Byte der Zieladresse geladen wird; gleichzeitig werden PCLATU mit dem oberen Teil und PCLATH mit dem High-Byte der Zieladresse in den Befehlszähler übertragen. Das Beispielprogramm berechnet die Zieladresse aus den beiden wertniedrigsten Bitpositionen des Ports B.

```
adrlow          EQU     0           ; berechnete Adresse Low-Byte
adrhigh         EQU     1           ; berechnete Adresse High-Byte
;
loop            clrf    PCLATU      ; PC 5 Upper Bits löschen
                movlw   LOW ziel    ; 16bit Zieladresse laden
                movwf   adrlow      ;
                movlw   HIGH ziel   ;
                movwf   adrhigh     ;
                movff   PORTB,WREG  ; Auswahlwert vom Port B holen
                andlw   0x03        ; 0000 0011 maskieren von 0 - 3
                bcf     STATUS,C    ; Carry löschen
                rlcf    WREG,f      ; *2
                rlcf    WREG,f      ; *2 gibt *4
                rlcf    WREG,f      ; *2 gibt *8 für 4 Wörter=8 Bytes
                addwf   adrlow,f    ; Anfangsadresse + Auswahlwert
                movlw   0x00        ; 16bit Addition
                addwfc  adrhigh,f   ;
                movff   adrhigh,PCLATH ; nach Zwischenspeicher
                movf    adrlow,W    ; kein movff nach PCL!
                movwf   LATA        ; Adresse für Test ausgeben
                movwf   PCL         ; berechneter Sprung
; Anfangsadresse der Sprungziele = Ziel für Wert 0
ziel            movlw   0x00        ; 1 Wort Ziel für Wert 0
                movwf   LATC        ; 1 Wort
                goto    loop        ; 2 Wörter zusammen 8 Bytes
                movlw   0x11        ; 1 Wort Ziel für Wert 1
                movwf   LATC        ; 1 Wort
                goto    loop        ; 2 Wörter zusammen 8 Bytes
                movlw   0x22        ; 1 Wort Ziel für Wert 2
                movwf   LATC        ; 1 Wort
                goto    loop        ; 2 Wörter zusammen 8 Bytes
                movlw   0x33        ; 1 Wort Ziel für Wert 3
                movwf   LATC        ; 1 Wort
                goto    loop        ; 2 Wörter Testschleife
```

4.2.2   Verzweigungsbefehle

Die mit dem Buchstaben **b** (*branch* = verzweige) beginnenden Befehle arbeiten mit relativer Adressierung. Dabei wird ein im Befehlswort abgelegter vorzeichenbehafteter Abstand zum Befehlszähler addiert. Ein positiver Abstand bedeutet einen Vorwärtssprung, ein negativer Abstand einen Rückwärtssprung. Die unbedingten Befehle `bra` und `rcall` mit einem 11bit Abstand können über maximal ca. 1023 Befehlswörter springen; die bedingten Befehle `b..` mit einem 8bit Abstand überspringen maximal ca. 128 Befehlswörter. Bei Ausführung der Verzweigung benötigen sie zwei Takte, sonst nur einen Takt.

Befehl	Operand	---NVZDC	W	T	Wirkung
bra	Ziel		1	2	verzweige immer zum Ziel im Abstand ± 1023 Befehle
rcall	Ziel		1	2	rufe immer Unterprogramm im Abstand ± 1023 Befehle
bc	Ziel		1	1/2	verzweige bei Überlauf/Borgen (Carry = 1)
bnc	Ziel		1	1/2	verzweige bei nicht Überlauf/Borgen (Carry = 0)
bz	Ziel		1	1/2	verzweige bei Null (Z = 1)
bnz	Ziel		1	1/2	verzweige bei nicht Null (Z = 0)
bn	Ziel		1	1/2	verzweige bei negativ (N = 1)
bnn	Ziel		1	1/2	verzweige bei nicht negativ (N = 0)
bov	Ziel		1	1/2	verzweige bei Overflow (V = 1)
bnov	Ziel		1	1/2	verzweige bei nicht Overflow (V = 0)

Die bedingten Verzweigungsbefehle werten die Bedingungsbits des Statusregisters aus, die von der vorhergehenden Operation entsprechend dem Resultat verändert wurden. Die Auswertung erfolgt entsprechend der Zahlendarstellung.

Für **vorzeichenlose** Dualzahlen gilt:

- **bz:**   verzweige, wenn das Resultat Null ist.
- **bnz:** verzweige, wenn das Resultat nicht Null ist.
- **bc:**   verzweige, wenn bei einer Addition ein Carry aufgetreten ist.
- **bnc:** verzweige, wenn bei einer Addition kein Carry aufgetreten ist.
- **bc:**   verzweige, wenn bei einer Subtraktion die Differenz positiv ist (kein Borgen).
- **bnc:** verzweige, wenn bei einer Subtraktion die Differenz negativ ist (Borgen).

Für **vorzeichenbehaftete** Dualzahlen gilt:

- **bz:**   verzweige, wenn das Resultat Null ist.
- **bnz:** verzweige, wenn das Resultat nicht Null ist.
- **bn:**   verzweige, wenn das Resultat negativ ist (Bit7 = 1).
- **bnn:** verzweige, wenn das Resultat nicht negativ ist (positiv Bit7 = 0).
- **bov:** verzweige, wenn ein Überlauf/Unterlauf aufgetreten ist (Vorzeichenwechsel).
- **bnov:** verzweige, wenn kein Überlauf/Unterlauf aufgetreten ist (Vorzeichen bleibt).

Für **binäre Bitmuster** gilt:

- **bz :**   verzweige, wenn alle Bits Null sind.
- **bnz :**   verzweige, wenn mindestens ein Bit nicht Null ist.
- **bn :**   verzweige, wenn das werthöchste Bit7 = 1 ist.
- **bnn :**   verzweige, wenn das werthöchste Bit7 = 0 ist.

Das Beispiel zeigt eine Verzweigung in Abhängigkeit von dem am Port B eingestellten Wert. Dabei ist zu beachten, dass der Befehl movf das Z-Bit und das N-Bit entsprechend dem übertragenen Byte verändert. Bei Null wird das Bitmuster 1010 1010 ausgegeben, bei nicht Null erscheint das Bitmuster 0101 0101 auf der Ausgabe. Null bedeutet, dass alle acht Bitpositionen der Eingabe 0 sind. Die beiden Zweige werden für die gemeinsame Ausgabe wieder zusammengeführt. Das Beispiel bewertet den augenblicklichen Zustand des Eingabeports. Für eine Flankensteuerung sind Warteschleifen auf eine Änderung erforderlich.

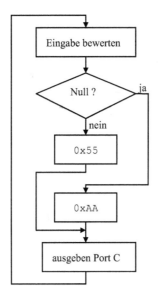

```
loop             movf    PORTB,w     ; Port B -> W bewertet Z und N
                 bz      loop1       ; verzweige bei Null
                 movlw   0x55        ; bei nicht Null 0101 0101 ausg.
                 bra     loop2       ; verzweige zur Ausgabe
loop1            movlw   0xAA        ; bei Null 1010 1010 ausgeben
loop2            movwf   LATC        ; Ausgabe auf Port C
                 bra     loop        ; Arbeitsschleife
```

4.2.3   Bedingte Vergleichsbefehle

Die bedingten Vergleichsbefehle führen eine Testsubtraktion in vorzeichenloser Arithmetik durch und **überspringen** den folgenden Befehl, wenn die Bedingung erfüllt ist. Anderenfalls wird der folgende Befehl ausgeführt.

Befehl	*Operand*	---**NVZDC**	*W*	*T*	*Wirkung*
`cpfseq`	*Register*,a		1	1/2/3	Testsubtraktion **f**-Register – **w**-Register 1 Takt kein Sprung f ≠ w, nächster Befehl 2 Takte Sprung über 1-Wort-Befehl bei **f** = **w** 3 Takte Sprung über 2-Wort-Befehl bei **f** = **w**
`cpfsgt`	*Register*,a		1	1/2/3	Testsubtraktion **f**-Register – **w**-Register 1 Takt kein Sprung f ≤ w, nächster Befehl 2 Takte Sprung über 1-Wort-Befehl bei **f** > **w** 3 Takte Sprung über 2-Wort-Befehl bei **f** > **w**
`cpfslt`	*Register*,a		1	1/2/3	Testsubtraktion **f**-Register – **w**-Register 1 Takt kein Sprung f ≥ w, nächster Befehl 2 Takte Sprung über 1-Wort-Befehl bei **f** < **w** 3 Takte Sprung über 2-Wort-Befehl bei **f** < **w**

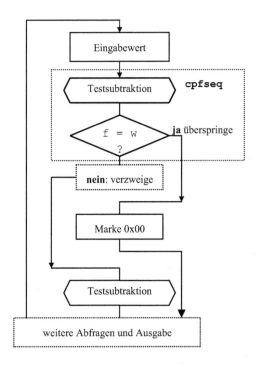

Die Anzahl der Befehlstakte richtet sich nach der Ausführung des Sprungbefehls:

- ein Befehlstakt, wenn der nächste Befehl ausgeführt wird,
- zwei Befehlstakte, wenn der nächste 1-Wort-Befehl wie z.B. `bra` übersprungen wird und
- drei Befehlstakte, wenn der nächste 2-Wort-Befehl wie z.B. `goto` übersprungen wird.

Die Logik des Beispielprogramms wurde so gewählt, dass bei erfüllter Bedingung der unbedingte Verzweigungsbefehl übersprungen wird, so dass der Fall sofort nach der Abfrage behandelt werden kann.

```
vergl           EQU     0               ; Vergleichswert
;
                movlw   0x7F            ;
                movwf   vergl           ; Vergleichswert = 0x7F = 127
; Testschleife
loop            movf    PORTB,w         ; Port B -> W-Register
                cpfseq  vergl           ; Vergleichswert = Eingabewert ?
                bra     loop1           ; bei ungleich weiter
                movlw   0x00            ; bei gleich Marke 0000 0000
                bra     ausgabe         ; ausgeben
loop1           cpfslt  vergl           ; Vergleichswert < Eingabewert ?
                bra     loop2           ; bei >= weiter
                movlw   0x55            ; bei kleiner Marke 0101 0101
                bra     ausgabe         ; ausgeben
loop2           cpfsgt  vergl           ; Vergleichswert > Eingabewert ?
                bra     fehler          ; da stimmt was nicht
                movlw   0xAA            ; bei grösser Marke 1010 1010
                bra     ausgabe         ; ausgeben
fehler          movlw   0xFF            ; Fehlermarke 1111 1111
ausgabe         movwf   LATC            ; Ausgabe für alle Zweige
                bra     loop            ; Testschleife
```

Das folgende Beispiel untersucht ein ASCII-Zeichen, ob es im Bereich der Ziffern von 0 bis 9 liegt. Liegt es außerhalb, so wird die Eingabe mit einem Sprung abgebrochen. Zeichen innerhalb des Bereiches werden decodiert.

```
einudez1        movff   POSTINC0,temp1 ; Zeichen -> Hilfsspeicher
                movlw   '0'-1           ; Vergleich Ziffernbereich '0' ?
                cpfsgt  temp1           ; überspringe Zeichen > ('0'-1)
                goto    einudezend      ; Eingabeende Zeichen <= ('0'-1)
                movlw   '9'+1           ; Vergleich Ziffernbereich '9'
                cpfslt  temp1           ; überspringe Zeichen <= '9'
                goto    einudezend      ; für > '9' Ende der Eingabe
                movff   temp1,WREG      ; WREG = Ziffer 0 .. 9
                addlw   -'0'            ; decodieren ASCII nach binär
```

4.2.4   Bedingte Bit-Testbefehle

Die Bitpositionen eines F-Registers lassen sich mit bedingten Sprungbefehlen auf 0 (**clear**) bzw. auf 1 (**set**) untersuchen. Ist die Bedingung erfüllt, so wird der folgende Befehl übersprungen; ist sie *nicht* erfüllt, so wird der folgende Befehl ausgeführt.

Befehl	Operand	---**NVZDC**	W	T	Wirkung
btfs**c**	*Register*, Bit,a		1	1/2/3	bit test im **f**-Register, über**s**pringe bei **c**lear (0)
					1 Takt für Bit *nicht* 0, nächster Befehl wird ausgeführt
					2 Takte für Bit 0, 1-Wort-Befehl wird übersprungen
					3 Takte für Bit 0, 2-Wort-Befehl wird übersprungen
btfs**s**	*Register*, Bit,a		1	1/2/3	bit test im **f**-Register, über**s**pringe bei **s**et (1)
					1 Takt für Bit *nicht* 1, nächster Befehl wird ausgeführt
					2 Takte für Bit 1, 1-Wort-Befehl wird übersprungen
					3 Takte für Bit 1, 2-Wort-Befehl wird übersprungen

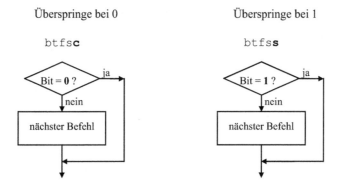

Mit den Bit-Testbefehlen lassen sich einzelne Eingänge der Parallelports auf Low bzw. High untersuchen sowie die Anzeigeflags des Statusregisters STATUS auswerten. Das Beispiel wartet auf eine Tastenbetätigung am Eingang RB7 und erhöht einen 16bit Zähler um 1.

```
; warte auf fallende Flanke am Eingang RB7
loop1           btfsc   PORTB,7     ; überspringe bei gedrückt
                bra     loop1       ; warte solange High
; warte auf steigende Flanke am Eingang RB7
loop2           btfss   PORTB,7     ; überspringe bei gelöst
                bra     loop2       ; warte solange Low
; nach Tastenbetätigung 16bit Zähler erhöhen
                incf    zaelo,f     ; Zähler_Low + 1 ändert Z-Bit
                btfsc   STATUS,Z    ; überspringe bei nicht Null
                incf    zaelh,f     ; Zähler_High + 1 für Null
                bra     loop1       ; neue Eingabe
```

4.2.5   Bedingte Schleifenbefehle

Für **Aufwärtsschleifen** mit der Schrittweite 1 verwendet man Schleifenbefehle, die aus einer Inkrementieroperation und einem nachfolgenden bedingten Sprung bestehen.

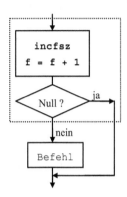   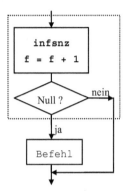

Befehl	Operand	---NVZDC	W	T	Wirkung
incf**sz**	*Register*, **w**, a		1	1/2/3	**inc**rementiere (+1) **f**-Register, Summe nach **w** überspringe nächsten Befehl für Null **z** 1 Takt *kein* Sprung, 2/3 Takte Sprung 1/2-Wortbef.
incf**sz**	*Register*, **f**, a		1	1/2/3	**inc**rementiere (+1) **f**-Register, Summe nach **f** überspringe nächsten Befehl für Summe Null **z** 1 Takt *kein* Sprung, 2/3 Takte Sprung 1/2-Wortbef.
infsnz	*Register*, **w**, a		1	1/2/3	**in**crementiere (+1) **f**-Register, Summe nach **w** überspringe nächsten Befehl für **nicht** Null **nz** 1 Takt *kein* Sprung, 2/3 Takte Sprung 1/2-Wortbef.
infsnz	*Register*, **f**, a		1	1/2/3	**in**crementiere (+1) **f**-Register, Summe nach **f** überspringe nächsten Befehl für **nicht** Null **nz** 1 Takt *kein* Sprung, 2/3 Takte Sprung 1/2-Wortbef.

Das Beispiel erhöht einen 16bit Aufwärtszähler in den Bytes zaelo und zaelh um 1 und prüft ihn auf einen konstanten Endwert.

```
loop3              infsnz  zaelo,f      ; Low + 1 überspringe nicht Null
                   incf    zaelh,f      ; High + 1 für Low Null
; 16bit Aufwärtszähler auf Endwert prüfen
                   movlw   LOW endwert  ; konstanter Endwert Low
                   cpfseq  zaelo        ; überspringe Low-Teile gleich
                   bra     loop3        ; bei ungleich weiter
                   movlw   HIGH endwert; konstanter Endwert High
                   cpfseq  zaelh        ; überspringe High-Teile gleich
                   bra     loop3        ; bei ungleich weiter
; 16bit Zähler hat Endwert erreicht
```

Für **Abwärtsschleifen** mit der Schrittweite 1 verwendet man Schleifenbefehle, die aus einer Dekrementieroperation und einem nachfolgenden bedingten Sprung bestehen.

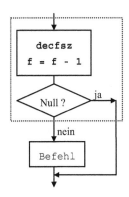 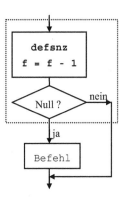

Befehl	Operand	---NVZDC	W	T	Wirkung
decf**sz**	*Register*,**w**,a		1	1/2/3	**dec**rementiere (−1) **f**-Register, Differenz nach **w** **über**springe nächsten Befehl für Null **z** 1 Takt *kein* Sprung, 2/3 Takte Sprung 1/2-Wortbef.
decf**sz**	*Register*,**f**,a		1	1/2/3	**dec**rementiere (−1) **f**-Register, Differenz nach **f** **über**springe nächsten Befehl für Null **z** 1 Takt *kein* Sprung, 2/3 Takte Sprung 1/2-Wortbef.
defs**nz**	*Register*,**w**,a		1	1/2/3	**de**crementiere (−1) **f**-Register, Differenz nach **w** **über**springe nächsten Befehl für **nicht** Null **nz** 1 Takt *kein* Sprung, 2/3 Takte Sprung 1/2-Wortbef.
defs**nz**	*Register*,**f**,a		1	1/2/3	**de**crementiere (−1) **f**-Register, Differenz nach **f** **über**springe nächsten Befehl für **nicht** Null **nz** 1 Takt *kein* Sprung, 2/3 Takte Sprung 1/2-Wortbef.

Mit Abwärtszählern lassen sich Verzögerungsschleifen programmieren. Werden für die Ausführung eines Befehls vier Systemtakte benötigt, so ergibt sich der Anfangswert eines Abwärtszählers nach der Formel

$$\text{Anfangswert} = \frac{\text{Wartezeit [sek]} * \text{Systemtakt [Hz]}}{4 * \text{Schleifentakte}}$$

Bei einem Systemtakt von 40 MHz (Quarz) und einer Wartezeit von 100 μs muss eine in vier Befehlstakten ausgeführte Schleife mit dem Anfangswert 250 geladen werden; bei 4 MHz beträgt der Ladewert 25. In dem Beispiel berechnet der Assembler den Ladewert zur Übersetzungszeit aus dem als Symbol definierten Systemtakt.

```
takt              EQU     .4000000    ; Systemtakt 4 MHz Ladewert 25

;
; 100 us Verzögerungsschleife
                  movlw   (takt/.160000) ; Ladewert -> WREG
warte             nop                 ; 1 Takt
                  decfsz  WREG,f      ; 1 Takt nicht Null / 3 bei Null
                  bra     warte       ; 2 Takte bei nicht Null
```

Die Schleifenbefehle arbeiten wiederholend; erst *nach* der Zähloperation wird der neue Zählerstand auf Null geprüft. Das bedeutet, dass ein mit Null beginnender 8bit Abwärtszähler
nach dem ersten Dekrementieren den Wert 255 ungleich Null erhält und damit 256 mal
durchläuft. Das Beispiel legt um die Schleife, die um 100 μs verzögert, eine zweite Schleife,
deren Anfangswert vom Port B eingelesen wird. Der Eingabewert Null, der zu einer Wartezeit von 256 * 100 μs = 25.6 ms führen würde, wird abgefangen. Wegen der zusätzlichen
Befehle wird der Ladewert um 1 vermindert.

```
takt              EQU     .4000000    ; Systemtakt 4 MHz Ladewert 25-1
zael8             EQU     0           ; 8bit Zähler
;
; Faktor *100 us von Port B lesen
loop              movf    PORTB,w     ; Faktor von Port B -> WREG
                  bz      loop3       ; für Faktor Null kein Durchlauf
                  movwf   zael8       ; Faktor -> Zähler
; 100 us Verzögerungsschleife
loop1             movlw   (takt/.160000)-1 ; Ladewert mit Korrektur
loop2             nop                 ; 1 Takt
                  decfsz  WREG,f      ; 1 Takt bei nicht Null
                  bra     loop2       ; 2 Takte bei nicht Null
; Faktor * 100 us vermindern
                  decfsz  zael8,f     ; überspringe bei Null
                  bra     loop1       ; weiter bei nicht Null
loop3             incf    LATC,f      ; bei Null Dualzähler + 1
                  bra     loop        ; und neue Eingabe
```

Nach der einstellbaren Verzögerungszeit wird ein Dualzähler auf dem Port C um 1 erhöht, so
dass am Ausgang RC0 ein Rechtecksignal entsteht, das eine Verzögerungszeit lang Low und
eine Verzögerungszeit lang High ist. Gemessen wurden:

```
Wartefaktor 0: 83.34 kHz
Wartefaktor 1 = 100 us: 4.81 kHz
Wartefaktor 10 = 1 ms: 502 Hz
Wartefaktor 100 = 10 ms: 50 Hz
Wartefaktor 200 = 20 ms: 25 Hz
```

4.3   Makroanweisungen

Makroanweisungen enthalten vom Benutzer definierte Befehle oder Befehlsfolgen, die bei *jedem* Aufruf, Expansion genannt, in den Code eingebaut werden. Sie erhalten bei ihrer Definition einen Namen mit einer Liste von formalen Argumenten, die bei ihrem Aufruf durch aktuelle Werte wie z.B. Konstanten oder Register ersetzt werden.

Direktive	*Operand*	*Anwendung*	*Beispiel*	

MACRO	Argumentenliste	Name **MACRO** Liste
		Befehlsfolge
			subw1 **MACRO**
			        addlw
			        ENDM
				kon ; w - kon
				-kon ; -kon + w

ENDM		Ende der Definition		
LOCAL	Symbolliste	lokale Symbole	LOCAL subw11	

Das Beispiel *Bild 4-10* vereinbart die Makrodefinitionen vor den Befehlen. Die Makroanweisung clc löscht das Carrybit und enthält keine Argumente. Sie wird in der Makroanweisung lsl aufgerufen, um das Carrybit vor dem logischen Linksschieben des als Argument übergebenen F-Registers zu löschen. Die Makroanweisung movlf lädt in das als erstes Argument übergebene F-Register die Konstante des zweiten Argumentes. Dabei wird das W-Register zerstört! Die Makroanweisung dec16 vermindert einen 16bit Zähler mit der Schrittweite 1 im Gegensatz zu den Schleifenbefehlen in abweisender Struktur.

```
; k4p3.asm PIC18F2220 Makroanweisungen
; abweisender 16bit Zähler verzögert Port C logisches Linksschieben
            LIST    P=18F2220    ; Baustein
#include P18F2220.inc            ; Definitionsdatei
   config OSC=HS,PWRT=ON,WDT=OFF,PBAD=DIG,LVP=OFF ; mit Lader kontrollieren!
; Makrodefinitionen
clc         MACRO                ; Carrybit löschen ohne Parameter
            bcf     STATUS,C     ; Carry im Statusregister löschen
            ENDM                 ;
lsl         MACRO   reg          ; F-Register logisch links schieben
            clc                  ; Makro im Makro: Carry löschen
            rlcf    reg          ; F-Register -> links Null nachziehen
            ENDM                 ;
movlf       MACRO   reg,kon      ; Register mit Konstante laden
            movlw   kon          ; Konstante -> W-Register
            movwf   reg          ; W-Register -> F-Register
            ENDM                 ;
dec16       MACRO   hi,lo        ; 16bit Zähler -1 abweisend
            LOCAL   dec16a,dec16b ; lokale Sprungziele
            movf    hi,f         ; teste High-Teil auf Null
```

```
                    bz      dec16a      ; springe bei High-Teil Null
                    movf    lo,f        ; teste Low-Teil auf Null
                    btfsc   STATUS,Z    ; überspringe bei nicht Null
                    decf    hi,f        ; bei Null High-1
                    decf    lo,f        ; immer Low-1
                    bcf     STATUS,Z    ; Z=0: 16bit Zähler nicht Null
                    bra     dec16b      ; fertig
dec16a              movf    lo,f        ; teste Low-Teil auf Null
                    bz      dec16b      ; Z=1: Low-Teil ist auch Null
                    decf    lo,f        ; ungleich Null: Low-1
dec16b
                    ENDM                ;
takt                EQU     .4000000    ; Systemtakt 4 MHz nicht verwendet!
zaelr               EQU     0           ; Retter für High-Zähler
zaelo               EQU     1           ; 16bit Zähler
zaelh               EQU     2           ;
;
                    ORG     0           ; Programm-Flash
                    goto    start       ; Sprung zum Programmanfang
                    ORG     0x08        ; HP-Interrupt-Einsprung
                    goto    start       ; nicht besetzt
                    ORG     0x18        ; LP-Interrupt-Einsprung
                    goto    start       ; nicht besetzt
                    ORG     0x28        ; Anfang des Programms
start               movlw   0x07        ; Code für
                    movwf   ADCON1      ; digitale Ein/Ausgabe
                    clrf    TRISA       ; 0000 0000 Port A Ausgänge
                    setf    TRISB       ; 1111 1111 Port B Eingänge
                    clrf    TRISC       ; 0000 0000 Port C Ausgänge
; Anfangswerte nach Reset laden
                    movlf   LATC,0x01   ; Makro: Schiebemuster laden
                    movff   PORTB,zaelr ; High-Teil bei Reset nach Retter
; Arbeitsschleife mit Makroaufrufen
loop                movff   zaelr,zaelh ; Retter -> High-Teil bei Reset geladen
                    movff   PORTB,zaelo ; Low-Teil in Schleife erneut laden
                    lsl     LATC        ; Makro: logisch links schieben
                    bnz     loop1       ; bei ungleich Null weiter
                    movlf   LATC,0x01   ; Makro: Muster bei Null neu laden
loop1               dec16   zaelh,zaelo ; Makro: abweisender 16bit Zähler - 1
                    bnz     loop1       ; bei ungleich Null weiter
                    bra     loop        ; Null: fertig neu laden
                    END
```

Bild 4-10: Programmbeispiel für Makroanweisungen

4.4   Unterprogramme

Unterprogramme bestehen aus einer Befehlsfolge, zu der mit dem Befehl `call` oder `rcall` gesprungen wird. Steht am Ende des Unterprogramms der Befehl `return` oder `retlw`, so kehrt das Programm an die Stelle des Aufrufs zurück.

Befehl	Operand	---NVZDC	W	T	Wirkung
call	Ziel		2	2	Unterprogrammsprung, Rücksprungadresse -> Stapel
rcall	Ziel		1	1	Unterprogrammverzweigung, Rücksprungadr. -> Stapel
return			1	2	Rücksprung aus Unterprogramm, Adresse vom Stapel
retlw	Konstante		1	2	Rücksprung, Konstante (literal) nach w-Register
call	Ziel, FAST		2	2	Unterprogrammaufruf WREG,STATUS,BSR retten
return	FAST		1	2	Unterprogrammrücksprung WREG,STATUS,BSR zurück

Vor dem Sprung zum ersten Befehl des Unterprogramms wird die Rücksprungadresse, die Adresse des auf `call` bzw. `rcall` folgenden Befehls, auf den Stapel gerettet. Diese wird beim Rücksprung vom Stapel entfernt und in den Befehlszähler zurückgeladen. Damit wird das Programm mit dem auf `call` bzw. `rcall` folgenden Befehl fortgesetzt. *Bild 4-11* zeigt den Rückkehrstapel, der auch bei einem Interrupt die Rückkehradresse aufnimmt.

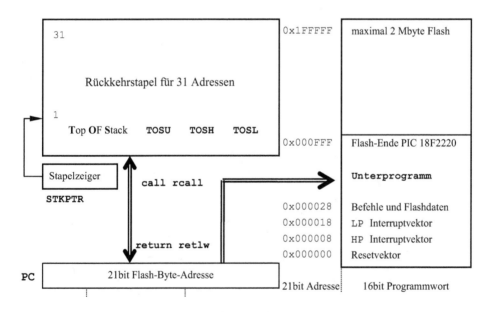

Bild 4-11: Unterprogrammaufruf und Rückkehrstapel (PIC 18F2220)

Das einfache Programmbeispiel *Bild 4-12* legt die beiden Unterprogramme `ausdezac` und `warte10ms` hinter das Hauptprogramm.

Für die **Übergabe von Werten** an die Unterprogramme dient das W-Register `WREG`, das in beiden Fällen zerstört zurückgeliefert wird. Dieses Register wird in vielen Anwendungen auch dazu benutzt, Ergebnisse an das Hauptprogramm zurück zu bringen.

Als **Hilfsregister** für lokale und temporäre Zähler dienen die beiden SFR-Register `PRODH` und `PRODL`, die nur bei den Multiplikationsbefehlen Verwendung finden. Beide Register werden in den Beispielen zerstört; eine bessere Lösung würde sie auf einen Stapel retten.

Sprungziele innerhalb der Unterprogramme enthalten neben dem Unterprogrammnamen ein fortlaufendes Kennzeichen, um Namenskonflikte mit dem Hauptprogramm oder anderen Unterprogrammen zu vermeiden.

```
; k4p4.asm PIC18F2220 Unterprogramme hinter dem Hauptprogramm
; verzögerter Dezimalzähler auf Port A und Port C
                LIST    P=18F2220    ; Baustein
#include P18F2220.inc                ; Definitionsdatei
    config OSC=HS,PWRT=ON,WDT=OFF,PBAD=DIG,LVP=OFF ; mit Lader kontrollieren!
; PRODH und PRODL als Hilfsregister verwendet
takt            EQU     .4000000     ; Systemtakt 4 MHz
zael            EQU     0            ; 8bit Zähler
;
                ORG     0            ; Programm-Flash
                goto    start        ; Sprung zum Programmanfang
                ORG     0x08         ; HP-Interrupt-Einsprung
                goto    start        ; nicht besetzt
                ORG     0x18         ; LP-Interrupt-Einsprung
                goto    start        ; nicht besetzt
                ORG     0x28         ; Anfang des Programms
start           movlw   0x07         ; Code für
                movwf   ADCON1       ; digitale Ein/Ausgabe
                clrf    TRISA        ; 0000 0000 Port A Ausgänge
                setf    TRISB        ; 1111 1111 Port B Eingänge
                clrf    TRISC        ; 0000 0000 Port C Ausgänge
                clrf    zael         ; Dualzähler löschen
; Hauptprogramm Arbeitsschleife
loop            movf    zael,w       ; Dualzähler -> W-Register
                call    ausdezac     ; dual -> dezimal Port A und Port C
                incf    zael,f       ; Dualzähler + 1
                movff   PORTB,WREG   ; Wartefaktor -> WREG
                call    warte10ms    ; WREG * 10 ms warten
                bra     loop         ;
```

```
; Unterprogramme hinter Hauptprogramm Hilfsregister PRODH und PRODL
; ausdezac: WREG dual -> dezimal A=Hunderter C=Zehner und Einer
ausdezac        clrf    PRODH           ; Hunderter löschen
ausdezac1       addlw   -.100           ; -100 + dual = dual - 100
                btfss   STATUS,C        ; C = 1: grösser/gleich 100
                bra     ausdezac2       ; C = 0: kleiner 100
                incf    PRODH,f         ; Hunderter erhöhen
                bra     ausdezac1       ; weiter machen
ausdezac2       addlw   .100            ; alten Zustand wieder herstellen
                clrf    PRODL           ; Zehner löschen
ausdezac3       addlw   -.10            ; -10 + dual = dual - 10
                btfss   STATUS,C        ; C = 1: grösser/gleich 10
                bra     ausdezac4       ; C = 0: kleiner 10
                incf    PRODL,f         ; Zehner erhöhen
                bra     ausdezac3       ; weiter machen
ausdezac4       addlw   .10             ; alten Zustand Rest in WREG: Einer
                swapf   PRODL,f         ; PRODL: Zehner | 00
                iorwf   PRODL,f         ; PRODL: Zehner | Einer
                movff   PRODH,LATA      ; Hunderter ausgeben
                movff   PRODL,LATC      ; Zehner und Einer ausgeben
                return                  ; Rücksprung
; warte10ms: WREG=Faktor * 10 ms warten  Faktor Null -> 256
warte10ms       movwf   PRODH           ; Faktor -> Zähler in PRODH
warte10ms1      movlw   .100            ; 100 * 100us = 10 ms
                movwf   PRODL           ; PRODL = Zähler 10 ms
; 100 us Verzögerungsschleife
warte10ms2      movlw   (takt/.160000)-1 ; 1 Takt Ladewert mit Korrektur
warte10ms3      nop                     ; 1 Takt
                decfsz  WREG,f          ; 1 Takt bei nicht Null
                bra     warte10ms3      ; 2 Takte bei nicht Null
; Faktor * 100 us vermindern
                decfsz  PRODL,f         ; überspringe bei Null
                bra     warte10ms2      ; springe bei nicht Null
; Faktor * 10 ms vermindern
                decfsz  PRODH,f         ; überspringe bei Null
                bra     warte10ms1      ; springe bei nicht Null
warte10ms4      return                  ;
                END
```

Bild 4-12: Unterprogramme zur Ausgabe eines verzögerten Dezimalzählers

In einfachen Anwendungen reicht es aus, Werte im W-Register zu übergeben und PRODH und PRODL als Hilfsregister zu verwenden. Bei geschachtelten Unterprogrammaufrufen und für Interruptserviceprogramme sind jedoch Stapeloperationen erforderlich.

Der Rückkehrstapel nimmt maximal 31 Adressen auf. Dadurch ist es möglich, in einem Unterprogramm bzw. Interruptserviceprogramm weitere Unterprogramme aufzurufen. Der Stapelzeiger STKPTR zeigt auf den augenblicklich belegten Stapeleintrag. Nach dem Anlauf des Controllers bzw. nach einem Reset ist er mit 0x00 vorbesetzt, zum Zeichen dafür, dass sich keine gültigen Werte auf dem Stapel befinden.

Stapelzeiger **STKPTR** Adresse im SFR-Bereich

Bit 7	Bit 6	Bit 5	Bit 4	Bit 3	Bit 2	Bit 1	Bit 0
R/C - 0	R/C - 0	U - 0	RW - 0	RW - 0	RW - 0	RW - 0	RW - 0
STKFUL	**STKUNF**	-	**SP4**	**SP3**	**SP2**	**SP1**	**SP0**
Stapelüberlauf 1: Überlauf 0: kein Überlauf	Stapelunterlauf 1: Unterlauf 0: kein Unterlauf	-	Nummer des obersten Stapeleintrags **TOS** = Top Of Stack 00000: kein Eintrag 00001: Stapelplatz Nr. 1 ist **TOS** .... 11111: Stapelplatz Nr. 31 ist **TOS**				

In den Bitpositionen SP4 bis SP0 befindet sich die Nummer des obersten Stapeleintrags TOS = **Top Of** Stack. Sie wird *vor* jeder durch call, rcall oder push ausgelösten Schreiboperation um 1 erhöht, bevor die Adresse des folgenden Befehls auf den Stapel gelegt wird. *Nach* jeder durch return, retlw oder pop ausgelösten Leseoperation wird die Nummer des obersten Stapeleintrags um 1 vermindert.

Das Stapelüberlaufbit STKFUL wird gesetzt, wenn versucht wird, über den obersten Stapelplatz Nr. 31 zu schreiben. Das Stapelunterlaufbit STKUNF wird gesetzt, wenn versucht wird, einen unterhalb des untersten Stapelplatzes Nr. 1 liegenden Eintrag zu lesen. In beiden Fehlerfällen wird ein Reset ausgelöst, wenn das Konfigurationsbit STVREN gesetzt ist.

Mit den Befehlen push und pop ohne Operandenteil lassen sich Stapeloperationen durchführen, mit denen sich Daten auf den Rückkehrstapel retten lassen.

Befehl	Operand	---**NVZDC**	W	T	Wirkung
push			1	1	Stapelzeiger + 1, PC + 2 -> Stapel Stapelplatz belegen
pop			1	1	Stapelzeiger – 1, alter Inhalt von TOS verloren belegten Stapelplatz wieder freigeben

Der 21bit Inhalt des obersten Stapeleintrags TOS Top Of Stack kann in drei SFR-Registern gelesen und beschrieben werden. Neben der Möglichkeit, die Rückkehradresse aus einem Unterprogramm zu manipulieren, kann dies auch dazu verwendet werden, Register in einem Unterprogramm auf den Stapel zu retten. Der Hersteller empfiehlt, die Interrupts während des Zugriffs auf den Stapel durch Befehle zu sperren. Abschnitt 4.6.1 zeigt die bessere Lösung, einen echten Softwarestapel im RAM-Bereich des Benutzers anzulegen.

Low-Byte **TOSL** Adresse im SFR-Bereich

Bit 7	Bit 6	Bit 5	Bit 4	Bit 3	Bit 2	Bit 1	Bit 0
Low-Byte des obersten Stapeleintrags							

High-Byte **TOSH** Adresse im SFR-Bereich

Bit 7	Bit 6	Bit 5	Bit 4	Bit 3	Bit 2	Bit 1	Bit 0
High-Byte des obersten Stapeleintrags							

Upper-Bits **TOSU** Adresse im SFR-Bereich

Bit 7	Bit 6	Bit 5	Bit 4	Bit 3	Bit 2	Bit 1	Bit 0
-	-	-	*Upper-Bits des obersten Stapeleintrags*				

Die drei TOS-Register dürfen nicht mit dem Befehl movff als Ziel adressiert werden. Das Beispiel belegt einen Stapelplatz und rettet das W-Register auf den Rückkehrstapel. Vor dem Rücksprung werden das W-Register zurückgeladen und der Stapelplatz freigegeben.

```
; warte10ms: WREG=Faktor * 10 ms warten  Faktor Null -> 256
; Retten des W-Registers für gesperrte Interrupts
warte10ms      push                    ; Stapelplatz belegen
               movwf    TOSL            ; WREG -> Stapel kopieren
               movwf    PRODH           ; Faktor -> Zähler in PRODH
warte10ms1     movlw    .100            ; 100 * 100us = 10 ms
               movwf    PRODL           ; PRODL = Zähler 10 ms
; 100 us Verzögerungsschleife
warte10ms2     movlw    (takt/.160000)-1 ; 1 Takt Ladewert Korrektur
warte10ms3     nop                      ; 1 Takt
               decfsz   WREG,f          ; 1 Takt bei nicht Null
               bra      warte10ms3      ; 2 Takte bei nicht Null
; Faktor * 100 us vermindern
               decfsz   PRODL,f         ; überspringe bei Null
               bra      warte10ms2      ; springe bei nicht Null
; Faktor * 10 ms vermindern
               decfsz   PRODH,f         ; überspringe bei Null
               bra      warte10ms1      ; springe bei nicht Null
warte10ms4     movff    TOSL,WREG       ; WREG zurück
               pop                      ; Stapelplatz freigeben
               return
```

4.5   Interrupt

Ein Interrupt bedeutet die Unterbrechung des laufenden Programms durch ein besonderes Ereignis wie z.B. durch eine Flanke am Eingang `RB0/INT0` oder durch den Überlauf eines Timers. Ist der Interrupt freigegeben, so führt die Interruptsteuerung folgende Schritte durch:

- Beendigung des laufenden Befehls,
- Löschen eines globalen Freigabebits zum Sperren weiterer Interrupts,
- Setzen des entsprechenden Anzeigebits z.B. `INT0IF` in `INTCON`,
- Retten der Adresse des nächsten Befehls als Rücksprungadresse auf den Stapel,
- Speichern von `BSR`, `STATUS` und `WREG` in einen Fast-Register-Bereich,
- Laden des Befehlszählers mit einer festen Adresse z.B. 0x0008 und
- Start des Interruptserviceprogramms von dieser Adresse.

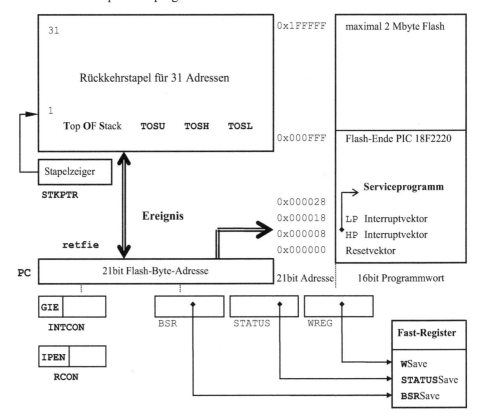

Bild 4-13: Start eines Interruptserviceprogramms durch ein Ereignis

Vor dem Rücksprung aus dem Serviceprogramm zurück an die Stelle der Unterbrechung muss das Anzeigebit des auslösenden Ereignisses durch einen Befehl gelöscht werden. Der Rücksprungbefehl `retfie` setzt das entsprechende globale Freigabebit wieder auf 1 zurück und speichert die Rücksprungadresse vom Stapel zurück in den Befehlszähler. Für den Operanden FAST werden zusätzlich die drei geretteten Register wieder zurückgeladen. Das unterbrochene Programm setzt dann seine Arbeit fort.

Befehl	Operand	---**NVZDC**	W	T	Wirkung
retfie			1	2	Interrupts global wieder freigeben und Rücksprung
retfie	FAST		1	2	*zusätzlich* Register STATUS, BSR und WREG zurückladen

Nach dem Einschalten der Versorgungsspannung bzw. nach einem Reset sind alle Interrupts gesperrt. Sie müssen durch Programmieren von Interruptsteuerregistern (*Bild 4-14*) für jede der etwa 20 Interruptquellen freigegeben werden.

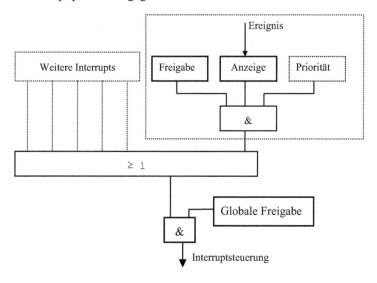

Bild 4-14: Interruptfreigabesteuerung

Für jede Interruptquelle gibt es ein *Freigabebit*, das vom Programm für eine Freigabe auf 1 gesetzt werden muss, ein zusätzliches *Prioritätsbit* für priorisierte Interrupts (IPEN = 1) und ein *Anzeigebit*, das vom auslösenden Ereignis auf 1 gesetzt wird. Sie bilden eine UND-Verknüpfung. Ein *globales Freigabebit* gibt mit einer 1 alle durch ein ODER verknüpfte Interruptquellen frei. Das durch eine Interrruptquelle gestartete Interruptserviceprogramm muss durch Abfrage der Anzeigebits die auslösende Quelle ermitteln, die entsprechende Aktion durchführen und das Anzeigebit löschen, bevor es mit dem Befehl `retfie` an die Stelle der Unterbrechung zurückkehrt. Dabei ist es erforderlich, alle vom Serviceprogramm zerstörten Register zu retten. Die automatische Rettung von WREG, STATUS und BSR ist für priorisierte Interrupts niederer Priorität nur dann brauchbar, wenn während des Serviceprogramms kein weiterer Interrupt auftreten kann.

Die **Interrupt-Betriebsart** wird durch das Bit IPEN im Steuerregister RCON bestimmt. Nach einem Reset bzw. Einschalten der Versorgungsspannung ist mit IPEN = 0 die Prioritätssteuerung ausgeschaltet.

Reset-Steuerregister **RCON** im SFR-Bereich

Bit 7	Bit 6	Bit 5	Bit 4	Bit 3	Bit 2	Bit 1	Bit 0
RW - 0	U - 0	U - 0	RW - 1	R - 1	R - 1	RW - 0	RW - 0
IPEN	-	-	/RI	/TO	/PD	/POR	/BOR
Interrupt-Betriebsart 0: keine Prioritäten 1: zwei Prioritätsebenen							

4.5.1   Die nichtpriorisierte Interruptsteuerung

Die nichtpriorisierte Betriebsart für den Vorgabewert IPEN = 0 entspricht dem in Abschnitt 3.6 behandelten Interrupt der PIC16-Familie:

*   einziger Einsprungpunkt ist die Adresse 0x0008,
*   während eines Serviceprogramms sind keine weiteren Interrupts zugelassen und
*   alle Prioritätsbits der Steuerregister sind unwirksam.

Interruptsteuerregister **INTCON** für **IPEN = 0** ohne Prioritätssteuerung

Bit 7	Bit 6	Bit 5	Bit 4	Bit 3	Bit 2	Bit 1	Bit 0
RW - 0	RW - 0	RW - 0	RW - 0	RW - 0	RW - 0	RW - 0	RW - x
GIE	PEIE	TMR0IE	INT0IE	RBIE	TMR0IF	INT0IF	RBIF
globale Freigabe 0: gesperrt 1: frei	Peripherie Freigabe 0: gesp. 1: frei	Timer0	RB0/INT0 Freigabe 0: gesperrt 1: frei	Änderung an RB7-RB4	Timer0	RB0/INT0 Anzeige 0: nicht 1: aufgetr.	Änderung an RB7-RB4

Das globale Freigabebit GIE (Global Interrupt Enable) sperrt mit einer 0 alle Interrupts, für GIE gleich 1 müssen die Interrupts zusätzlich einzeln freigegeben werden.

Das Peripheriefreigabebit PEIE (Peripheral Interrupt Enable) sperrt zusätzlich mit einer 0 alle peripheren Interrupts, die einzeln in den Steuerregistern freigegeben werden müssen.

Der am Eingang RB0 ausgelöste Interrupt INT0 wird mit dem Bit INT0IE freigegeben und im Bit INT0IF angezeigt. Die auslösende Flanke wird im Bit INTEDG0 des Steuerregisters INTCON2 programmiert.

In der nichtpriorisierten Interruptsteuerung *Bild 4-15* sind die Prioritätsbits der Interruptquellen wirkungslos. Die externen Interruptquellen INT2, INT1, INT0 und RB sowie der Timer0 werden durch ihre individuellen Freigabebits und durch GIE global freigegeben. Für alle anderen als Peripherie bezeichneten Interruptquellen gibt es zusätzlich das Peripherie-Freigabebit PEIE.

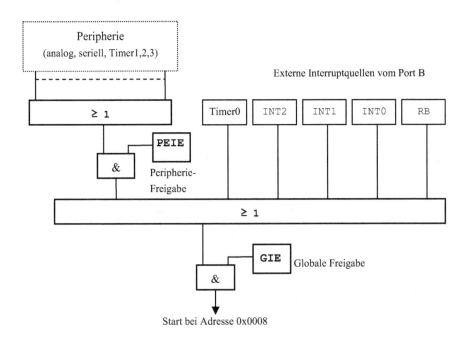

Bild 4-15: Modell der nichtpriorisierten Interruptsteuerung

4.5.2   Die priorisierte Interruptsteuerung

Für die priorisierte Interruptsteuerung muss das Bit IPEN im Steuerregister RCON durch das Programm auf 1 gesetzt werden. Für die meisten Interruptquellen stehen Prioritätsbits zur Verfügung:

- eine 1 im Prioritätsbit (Vorgabe) legt eine hohe Priorität fest,
- eine 0 im Prioritätsbit legt eine niedrige Priorität fest,
- der Einsprungpunkt für alle Interrupts hoher Priorität ist 0x0008,
- der Einsprungpunkt für alle Interrupts niedriger Priorität ist 0x0018,
- ein Serviceprogramm hoher Priorität kann *nicht* durch einen Interrupt niedriger Priorität unterbrochen werden und
- ein Serviceprogramm niedriger Priorität kann durch einen Interrupt hoher Priorität unterbrochen werden.

Interruptsteuerregister **INTCON** für **IPEN** = **1** mit Prioritätssteuerung

Bit 7	Bit 6	Bit 5	Bit 4	Bit 3	Bit 2	Bit 1	Bit 0
RW - 0	RW - 0	RW - 0	RW - 0	RW - 0	RW - 0	RW - 0	RW - x
GIEH	**GIEL**	TMR0IE	INT0IE	RBIE	TMR0IF	INT0IF	RBIF
globale Freigabe hohe Prior. 0: gesp. 1: frei	globale Freigabe niedere Pr. 0: gesp. 1: frei	Timer0	RB0/INT0 Freigabe	Änderung an RB7-RB4	Timer0	RB0/INT0 Anzeige .	Änderung an RB7-RB4

Das globale Freigabebit GIEH (Global Interrupt Enable High) sperrt mit einer 0 alle Interrupts sowohl hoher als auch niederer Priorität, für GIEH gleich 1 müssen die Interrupts hoher Priorität zusätzlich einzeln freigegeben und auf hohe Priorität gesetzt werden.

Das globale Freigabebit GIEL (Global Interrupt Enable Low) sperrt mit einer 0 alle Interrupts niederer Priorität, für GIEL gleich 1 müssen die Interrupts niederer Priorität einzeln freigegeben und auf niedere Priorität gesetzt werden. Zusätzlich muss GIEH auf 1 gesetzt sein, so dass es nicht möglich ist, die Interrupts hoher Priorität zu sperren und nur die niederer Priorität freizugeben.

Das Modell der priorisierten Interrupsteuerung *Bild 4-16* zeigt die beiden Prioritätsebenen, die durch das Prioritätsbit der meisten Interruptquellen eingestellt werden. Der Vorgabewert ist 1 gleich hohe Priorität. Entgegen dem Datenbuch des Herstellers muss die niedere Priorität zusätzlich mit GIEH = 1 freigegeben werden!

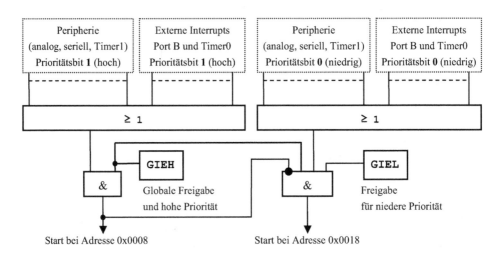

Bild 4-16: Modell der priorisierten Interruptsteuerung

4.5.3 Die externen Interrupts

Die externen Interrupts werden von Signalen an den Eingängen des Ports B ausgelöst. Die in *Bild 4-17* dargestellten drei flankengesteuerten Interrupts können einzeln an den Eingängen RB0 bis RB2 durch entprellte Taster ausgelöst werden.

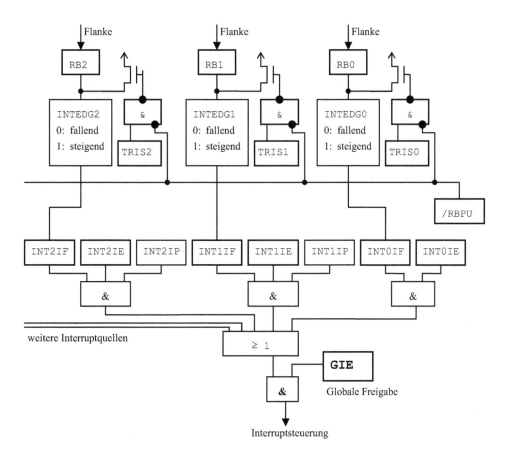

Bild 4-17: Modell der flankengesteuerten externen Interrupts INT0, INT1 und INT2

Die auslösende Flanke der drei externen Interrupts wird in den Interruptsteuerregistern eingestellt. Der Interrupt INT0 hat kein Prioritätsbit, sondern besitzt in der priorisierten Interruptsteuerung immer die hohe Priorität. Bei den beiden anderen Interrupts ist die Priorität programmierbar.

Der in *Bild 4-18* dargestellte Interrupt wird durch einen Potentialwechsel an einem der vier Eingänge RB7 bis RB4 ausgelöst. Dabei wird das Potential der Eingänge zu verschiedenen Zeitpunkten abgetastet und in Flipflops gespeichert, die mit einem logischen EODER verknüpft sind. Sind beide ungleich, so kann die 1 am Ausgang einen Interrupt auslösen. Durch Lesen des Ports wird die Bedingung wieder zurückgesetzt. Die vier Eingangsschaltungen sind durch ein ODER verknüpft.

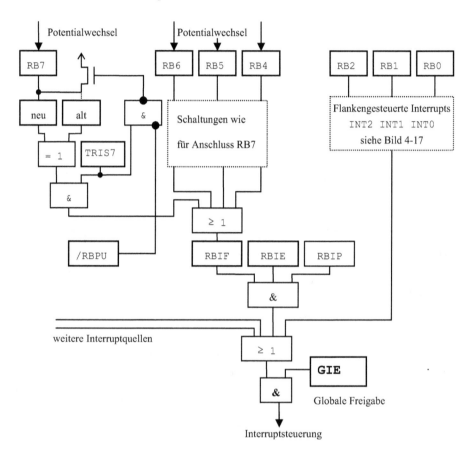

Bild 4-18: Modell des potentialwechselgesteuerten externen Interrupts RBI

Für den externen RB-Interrupt, der durch eine Änderung des Potentials an einem der Eingänge RB7 bis RB4 ausgelöst wird, zeigt Abschnitt 3.6 ein Beispiel mit dem PIC 16F876. Dabei ist zu beachten, dass der PIC 18F2220 andere Bezeichnungen für die Interruptkontrollregister und ihre Bitpositionen verwendet.

Die Anzeige- und Steuerbits der externen Interrupts sind auf mehrere Register verteilt.

Interruptsteuerregister **INTCON** im SFR-Bereich

Bit 7	Bit 6	Bit 5	Bit 4	Bit 3	Bit 2	Bit 1	Bit 0
RW - 0	RW - 0	RW - 0	RW - 0	RW - 0	RW - 0	RW - 0	RW - x
GIE GIEH	PEIE GIEL	TMR0IE	**INT0IE**	**RBIE**	TMR0IF	**INT0IF**	**RBIF**
Freigabe 0: gesperrt 1: frei	Freigabe 0: gesp. 1: frei	Timer0	RB0/INT0 Freigabe 0: gesperrt 1: frei	Änderung RB7-RB4 0: gesperrt 1: frei	Timer0	RB0/INT0 Anzeige 0: nicht 1: aufgetr.	Änderung RB7-RB4 0: nicht 1: aufgetr.

Der am Eingang RB0 durch eine Flanke ausgelöste Interrupt INT0 wird mit dem Bit INT0IE freigegeben und im Bit INT0IF angezeigt. Das Interruptserviceprogramm muss das Anzeigebit wieder zurücksetzen.

Der an einem der Eingänge RB7 bis RB4 durch einen Potentialwechsel ausgelöste Interrupt RB wird mit dem Bit RBIE freigegeben und im Bit RBIF angezeigt. Das Interruptserviceprogramm muss das Anzeigebit wieder zurücksetzen. Zusätzlich muss die Bedingung durch Lesen des Ports B wieder zurückgesetzt werden.

Interruptsteuerregister **INTCON2** im SFR-Bereich

Bit 7	Bit 6	Bit 5	Bit 4	Bit 3	Bit 2	Bit 1	Bit 0
RW - 1	RW - 1	RW - 1	RW - 1	U - 0	RW - 1	U - 0	RW - 1
/RBPU	**INTEDG0**	**INTEDG1**	**INTEDG2**	-	TMR0IP	-	**RBIP**
Port B Pull-up 0: ein 1: aus	RB0/INT0 Flanke 0: fallend 1: steigend	RB1/INT1 Flanke 0: fallend 1: steigend	RB2/INT2 Flanke 0: fallend 1: steigend		Timer0 Priorität		Änderung RB7-RB4 0: Prior. niedrig 1: Prior. hoch

Das Pull-up-Bit /RBPU (Port B Pull Up Enable) schaltet mit einer 1 (voreingestellt nach Reset) alle internen Widerstände des Ports B gegen High ab. Mit einer 0 könnten sie mit dem TRIS-Bit zugeschaltet werden. Man beachte, dass das Bit aktiv Low ist.

Die Flankenbits INTEDGx (Interrupt Edge Select) legen mit einer 0 die fallende Flanke und mit einer 1 die steigende Flanke zur Auslösung eines Interrupts an den Eingängen RB2/INT2 bis RB2/INT2 fest.

Das Prioritätsbit RBIP bestimmt die Priorität des durch einen Potentialwechsel an den Eingängen RB7 bis RB4 ausgelösten Interrupts.

Interruptsteuerregister **INTCON3** im SFR-Bereich

Bit 7	Bit 6	Bit 5	Bit 4	Bit 3	Bit 2	Bit 1	Bit 0
RW - 1	RW - 1	U - 0	RW - 0	RW - 0	U - 0	RW - 0	RW - 0
INT2IP	**INT1IP**	-	**INT2IE**	**INT1IE**	-	**INT2IF**	**INT1IF**
RB2/INT2 Priorität 0: niedrig 1: hoch	RB1/INT1 Priorität 0: niedrig 1: hoch		RB2/INT2 Freigabe 0: gesperrt 1: frei	RB1/INT1 Freigabe 0: gesperrt 1: frei		RB2/INT2 Anzeige 0: nicht 1: aufgetr.	RB1/INT1 Anzeige 0: nicht 1: aufgetr.

Die Prioritätsbits INT2IP und INT1IP legen die Priorität der flankengesteuerten Interrupts INT2 und INT1 fest. Der Interrupt INT0 hat ohne Prioritätsbit immer eine hohe Priorität.

Die Freigabebits INT2IE und INT1IE geben mit einer 1 die flankengesteuerten Interrupts INT2 und INT1 frei.

Die Anzeigebits INT2F und INT1F zeigen mit einer 1, dass die Interruptbedingung aufgetreten ist. Sie müssen vom Interruptserviceprogramm wieder zurückgesetzt werden.

Für die **Freigabe** eines nichtpriorisierten flankengesteuerten externen Interrupts sind folgende Schritte erforderlich:

- nichtpriorisierte Betriebsart im Bit IPEN von RCON mit einer 0 einstellen,
- Pull-up-Widerstände des Ports B in RPUB von INTCON2 mit einer 0 freigeben,
- Portanschluss im TRISB-Register mit einer 1 als Eingang programmieren,
- auslösende Flanke in INTCON2 festlegen,
- Anzeigebit löschen,
- individuelles Freigabebit auf 1 setzen und
- globales Freigabebit auf 1 setzen.

Im **Interruptserviceprogramm** sind folgende Schritte erforderlich:

- alle im Programm verwendeten Register (auch STATUS) retten,
- Interruptquelle durch Auswerten der Anzeigebits bestimmen,
- geforderte Aktion durchführen,
- alle geretteten Register wieder zurückladen,
- Anzeigebit löschen und
- Rücksprung mit einem retfie-Befehl.

Für die Übergabe von Werten zwischen dem Hauptprogramm und den Interruptserviceprogrammen sind besondere Register und Marken zu vereinbaren. Von den beiden Einsprungpunkten führen meist Sprungbefehle zu den eigentlichen Serviceprogrammen, die in den beiden folgenden Beispielen hinter dem Hauptprogramm liegen.

Das Programm *Bild 4-19* löst durch eine fallende Flanke am Eingang RB0 = INT0 einen
Interrupt aus, der einen Dezimalzähler auf dem Ausgabeport C um 1 erhöht. Ein Taster, der
durch ein RS-Flipflop entprellt ist, löst die Flanke aus. Da in der nichtpriorisierten Betriebsart während des Serviceprogramms keine weiteren Interrupts auftreten können, genügt es in
dem vorliegenden Fall, die drei automatisch geretteten Register STATUS, WREG und BSR
mit dem Befehl retfie FAST wieder zurückzuladen. Dies wird im Hauptprogramm durch
die Ausgabe des einmalig geladenen Registers WREG kontrolliert.

```
; k4p5.asm PIC18F2220 nichtpriorisierter Interrupt INT0
; Dezimalzähler auf Port C durch fallende Flanke RB0=INT0
                LIST     P=18F2220    ; Baustein
#include P18F2220.inc                 ; Definitionsdatei
    config OSC=HS,PWRT=ON,WDT=OFF,PBAD=DIG,LVP=OFF ; mit Lader kontrollieren!
; PRODH und PRODL als Hilfsregister verwendet
takt            EQU      .4000000     ; Systemtakt 4 MHz
zael            EQU      0            ; Dezimalzähler
;
                ORG      0            ; Programm-Flash
                goto     start        ; Sprung zum Programmanfang
                ORG      0x08         ; nichtpriorisierter Interrupt-Einsprung
                goto     service      ; nach Serviceprogramm
                ORG      0x18         ; LP-Interrupt-Einsprung
                goto     start        ; nicht besetzt
                ORG      0x28         ; Anfang des Programms
start           movlw    0x07         ; Code für
                movwf    ADCON1       ; digitale Ein/Ausgabe
                clrf     TRISA        ; 0000 0000 Port A Ausgänge
                clrf     TRISC        ; 0000 0000 Port C Ausgänge
; Interrupt INT0 initialisieren
                bcf      RCON,IPEN       ; IPEN=0: Interrupts nichtpriorisiert
                bcf      INTCON2,RBPU    ; RBPU=0: Pull-up-Widerstände frei
                bsf      TRISB,0         ; TRISB0=1: RB0=INT0 ist Eingang
                bcf      INTCON2,INTEDG0; INTEDGE0=0: INT0 fallende Flanke
                bcf      INTCON,INT0IF   ; INT0IF=0: INT0 Anzeigebit löschen
                bsf      INTCON,INT0IE   ; INT0IE=1: INT0 freigeben
                bsf      INTCON,GIE      ; GIE=1: Interrupts global freigeben
; Anfangswert für Zähler und Testwert laden
                clrf     zael         ; Zähler löschen
                movff    zael,LATC    ; und auf Port C ausgeben
                movlw    0x35         ; Testwert 0011 0101
; Hauptprogramm Arbeitsschleife gibt Testwert aus
loop            movff    WREG,LATA    ; Testwert auf Port A ausgeben
                bra      loop         ; kontrolliert Rettung von WREG
```

```
; Interruptserviceprogramm hinter dem Hauptprogramm
service          btfss    INTCON,INT0IF   ; überspringe wenn INT0 aufgetreten
                 bra      service1        ; nicht aufgetreten: Fehler
                 movff    zael,WREG       ; Interrupt rettet WREG und STATUS
                 incf     WREG            ; duales Zählen
                 daw                      ; Dezimalkorrektur in WREG
                 movff    WREG,zael       ; zurück nach Zähler
                 movff    zael,LATC       ; und auf Port C ausgeben
                 bcf      INTCON,INT0IF   ; Anzeigebit löschen
                 bra      service2        ; nach Ausgang
service1         movlw    0x55            ; Fehlercode
                 movff    WREG,LATC       ; auf Port C ausgeben
service2         retfie   FAST            ; Rückladen und Rücksprung
                 END
```

Bild 4-19: Nichtpriorisierter Interrupt durch Flanke an INT0

Das Programmbeispiel *Bild 4-20* weist dem Interrupt INT1 eine hohe Priorität und dem Interrupt INT2 eine niedere Priorität zu. Beide werden durch entprellte Taster mit einer fallenden Flanke ausgelöst. Bei dem nicht unterbrechbaren höherpriorisierten Interrupt genügt es in dem vorliegenden einfachen Beispiel, die automatisch geretteten drei Register STATUS, WREG und BSR mit dem Rücksprungbefehl retfie FAST wieder zurückzuladen. Das niederpriorisierte Serviceprogramm, das unterbrochen werden kann, muss die beiden Register WREG und STATUS in zwei Hilfsregister retten und wieder zurückladen. Dies wird durch die laufende Ausgabe eines Testwertes im Hauptprogramm kontrolliert.

Zum Test der Unterbrechbarkeit verbleiben die beiden Serviceprogramme in einer Warteschleife solange die auslösende Taste gedrückt ist. Dabei zeigten sich wie erwartet folgende Ergebnisse:

- Das höherpriorisierte Interruptserviceprogramm konnte *nicht* durch den niederpriorisierten Interrupt unterbrochen werden.
- Während des niederpriorisierten Serviceprogramms war es möglich, den höherpriorisierten Interrupt auszulösen.

Bei den Testläufen zeigte es sich, dass es nicht möglich ist, den höherpriorisierten Interrupt mit GIEH = 0 zu sperren und gleichzeitig nur den niederpriorisierten Interrupt mit GIEL = 1 freizugeben. Dies kommt im Datenbuch des Herstellers nicht klar zum Ausdruck. In dem Modell der Interruptsteuerung (*Bild 4-16*) muss der niederpriorisierte Interrupt mit GIEL = 1 **und** mit GIEH = 1 freigegeben werden!

```
; k4p6.asm PIC18F2220 priorisierte Interrupts INT1 und INT2
; Dualzähler auf Port C  RB1=INT1: Zähler + 1  RB2=INT2: Zähler - 1
                LIST     P=18F2220    ; Baustein
#include P18F2220.inc                 ; Definitionsdatei
   config OSC=HS,PWRT=ON,WDT=OFF,PBAD=DIG,LVP=OFF ; mit Lader kontrollieren!
;
takt            EQU      .4000000     ; Systemtakt 4 MHz
zael            EQU      0            ; Zähler
rettw           EQU      1            ; WREG retten
retts           EQU      2            ; STATUS retten
;
                ORG      0            ; Programm-Flash
                goto     start        ; Sprung zum Programmanfang
                ORG      0x08         ; hoch priorisierter Interrupt-Einsprung
                goto     serviceh     ; nach Serviceprogramm für hoch
                ORG      0x18         ; niedrig priorisierter Interrupt-Einspr.
                goto     servicel     ; nach Serviceprogramm für niedrig
                ORG      0x28         ; Anfang des Programms
start           movlw    0x07         ; Code für
                movwf    ADCON1       ; digitale Ein/Ausgabe
                clrf     TRISA        ; 0000 0000 Port A Ausgänge
                clrf     TRISC        ; 0000 0000 Port C Ausgänge
; Interrupts INT1 und INT2 mit Prioritäten initialisieren
                bsf      RCON,IPEN      ; IPEN=1: Interrupts priorisiert
                bcf      INTCON2,RBPU   ; RBPU=0: Pull-up-Widerstände frei
                bsf      TRISB,1        ; TRISB1=1: RB1=INT1 ist Eingang
                bsf      TRISB,2        ; TRISB2=1: RB2=INT2 ist Eingang
                bcf      INTCON2,INTEDG1 ; INTEDGE1=1: INT1 fallende Flanke
                bcf      INTCON2,INTEDG2 ; INTEDGE2=1: INT2 fallende Flanke
                bcf      INTCON3,INT1IF ; INT1IF=0: INT1 Anzeigebit löschen
                bcf      INTCON3,INT2IF ; INT2IF=0: INT2 Anzeigebit löschen
                bsf      INTCON3,INT1IP ; INT1IP=1: INT1 hohe Priorität
                bcf      INTCON3,INT2IP ; INT2IP=0: INT2 niedrige Priorität
                bsf      INTCON3,INT1IE ; INT1IE=1: INT1 freigeben
                bsf      INTCON3,INT2IE ; INT2IE=1: INT2 freigeben
                bsf      INTCON,GIEH    ; GIEH=1: hohe Priorität frei
                bsf      INTCON,GIEL    ; GIEL=1: niedere Priorität frei
; Anfangswert für Zähler und Testwert laden
                clrf     zael          ; Zähler löschen
                movff    zael,LATC     ; und auf Port C ausgeben
                movlw    0x35          ; Testwert -> WREG
; Hauptprogramm Arbeitsschleife gibt Testwert aus
loop            movff    WREG,LATA     ; Testwert auf Port A ausgeben
                bra      loop          ; kontrolliert Rettung von WREG
;
```

```
; INT1-Interruptserviceprogramm hinter dem Hauptprogramm
serviceh        btfss    INTCON3,INT1IF   ; überspringe wenn INT1 aufgetreten
                bra      serviceh1        ; nicht aufgetreten: Fehler
                movff    zael,WREG        ; Interrupt rettet WREG und STATUS
                incf     WREG             ; duales Zählen +1
                movff    WREG,zael        ; zurück nach Zähler
                movff    zael,LATC        ; und auf Port C ausgeben
                bcf      INTCON3,INT1IF   ; Anzeigebit löschen
                bra      serviceh2        ;
serviceh1       movlw    0x55             ; Fehlercode
                movff    WREG,LATC        ; auf Port C ausgeben
serviceh2       btfss    PORTB,1          ; überspringe bei Taste High gelöst
                bra      serviceh2        ; warte solange gedrückt Low
                retfie   FAST             ; Rückladen und Rücksprung
;
; INT2-Interruptserviceprogramm hinter dem Hauptprogramm
servicel        movff    STATUS,retts     ; Statusregister retten
                movff    WREG,rettw       ; W-Register retten
                btfss    INTCON3,INT2IF   ; überspringe wenn INT2 aufgetreten
                bra      servicel1        ; nicht aufgetreten: Fehler
                movff    zael,WREG        ;
                decf     WREG             ; duales Zählen -1
                movff    WREG,zael        ; zurück nach Zähler
                movff    zael,LATC        ; und auf Port C ausgeben
                bcf      INTCON3,INT2IF   ; Anzeigebit löschen
                bra      servicel2        ;
servicel1       movlw    0xAA             ; Fehlercode
                movff    WREG,LATC        ; auf Port C ausgeben
servicel2       btfss    PORTB,2          ; überspringe bei Taste High gelöst
                bra      servicel2        ; warte solange gedrückt Low
                movff    rettw,WREG       ; W-Register zurückladen
                movff    retts,STATUS     ; Statusregister zurückladen
                retfie                    ; Rücksprung
                END
```

Bild 4-20: Priorisierte Interrupts durch Flanken an INT1 und INT2

Die externen Interrupts INT0, INT1, INT2 und RBI sowie der Timer0-Interrupt werden global nur durch das GIE-Bit freigegeben.

Für die peripheren Interrupts durch den Timer1, Timer2 und Timer3 sowie durch periphere Einheiten wie z.B. die serielle USART-Schnittstelle ist eine zusätzliche Freigabe mit dem PEIE-Bit erforderlich. Ein Beispiel ist der Empfängerinterrupt im Abschnitt 7.3.

4.6 Der Datenzugriff auf die Speicherbereiche

Die Bausteine der PIC18-Familie enthalten meist drei Speicherbereiche:

- den Flash-Programmspeicher mit den Befehlen und Konstanten,
- den RAM-Bereich für variable Daten wie Register und Variablenbereiche und
- einen EEPROM-Bereich für Konstanten und längerfristig aufzubewahrende Variablen.

Die Tabelle zeigt die wichtigsten Direktiven für die Vereinbarung von Daten.

Direktive	Operand	Anwendung	Beispiel
DE	Ausdruck *oder* Liste	speichert Bytes im EEPROM-Bereich	DE 1,2,3
DB	Ausdruck *oder* Liste	setzt Bytes zu Wörtern zusammen	DB 1,2,0x3f,4
DW	Ausdruck *oder* Liste	speichert Wörter	DW 0x3fff; max.
DA	"String"	packt String zu Wörtern zusammen	DA "ABC"
CBLOCK	Anfangsausdruck	definiert Konstantenblock	CBLOCK 1
	Symbolliste	Symbole erhalten fortlaufende Werte	x, y, z ;
ENDC		beendet Konstantenblock	ENDC
FILL	Ausdruck, Zähler	füllt Programmspeicher mit fortlaufenden Konstanten	FILL 0x3FFF,5
DATA	Byteliste	speichert Bytes	DATA 0xff,0xff
	Wortliste	speichert Wörter	DATA 0x3fff
	String	packt String zu Wörtern zusammen	DATA "ABC"
DT	Liste	RETLW-Befehle mit Bytekonstanten	DT 1,2,3
RES	Ausdruck	reserviert Wörter	RES 4
LOW	Ausdruck bzw. Adresse	liefert Low-Byte Bit_0 bis Bit_7	movlw LOW tab
HIGH	Ausdruck bzw. Adresse	liefert High-Byte Bit_8 bis Bit_15	movlw HIGH tab
UPPER	Ausdruck bzw. Adresse	liefert Upper-Byte Bit_15 bis Bit_23	movlw UPPER tab

Der Assembler legt die Konstanten wortweise an, bei einer ungeraden Anzahl von Bytes wird das werthöhere Byte mit Nullen aufgefüllt. In den Beispielen aus einer Übersetzungsliste sind die abgespeicherten Daten in Fettschrift dargestellt.

```
000084 0064            00065 kon   DB   .100          ; Einzelkonstante dezimal
000086 2211 4433 0000  00066 tab   DB   0x11,0x22,0x33,0x44,0 ; Hexatabelle
00008C 0084 0086 1234  00067 tab1  DW   kon, tab, 0x1234      ; Wortkonstante
000092 4241 4443 0000  00068 tab2  DA   "ABCD",0              ; Textkonstante
000098 0064 0004 0100  00069 tab3  DATA .100,B'100',0x100,'A',"test" ;
       0041 6574 7473
0000A4 0084            00070 add1  DB   LOW kon   ; Adresskonstante Low-Byte
0000A6 0000            00071 add2  DB   HIGH kon  ; Adresskonstante HIGH-Byte
0000A8 0000            00072 add3  DB   UPPER kon ; Adresskonstante Upper-Byte
```

4.6.1   Die indirekte RAM-Adressierung

Der RAM-Adressbereich (*Bild 4-21*) kann durch drei symbolisch mit FSR2, FSR1 und
FSR0 bezeichnete Adress- oder Zeigerregister indirekt adressiert werden. Sie bestehen aus
jeweils zwei 8bit SFR-Registern (FSRxH und FSRxL), die zusammen eine 12bit Speicherad-
resse zur Adressierung von maximal 4096 Bytes enthalten.

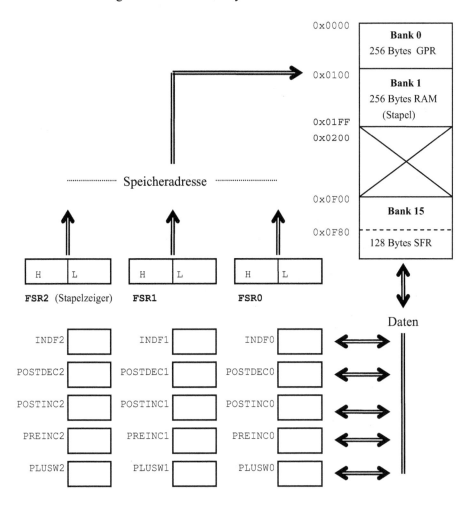

Bild 4-21: Der RAM-Adressbereich für indirekte Adressierung (PIC 18F2220)

Für die Datenübertragung sind jedem der drei Adressregister fünf SFR-Adressen zugeordnet,
über die in unterschiedlichen Adressierungsarten Bytes vom und zum RAM-Adressbereich
übertragen werden. Dieser besteht beim PIC 18F2220 aus 512 Bytes Benutzer-RAM und 256
Bytes für das System, von denen 128 Bytes für die SFR-Register verwendet werden.

Der Befehl `lfsr` lädt eine 12bit Konstante in eines der drei Adressregister, die mit den vordefinierten Symbolen FSR0, FSR1 oder FSR2 bezeichnet werden.

Befehl	Operand	---NVZDC	W	T	Wirkung
lfsr	FSR-Register, 12bit Konstante FSR0 FSR1 FSR2		2	2	lade FSR-Register mit Adresse 0 bis 4095 Zeigerregister für indirekte Adressierung

Die symbolisch oder als Zahl angegebene konstante Adresse gelangt mit dem Low-Byte in das Low-Register und mit den oberen vier Bitpositionen in das High-Register. Das Beispiel lädt das Adressregister FSR0 mit der Anfangsadresse 0x100 der Bank 1 und lädt das W-Register mit dem dadurch adressierten Byte.

```
        lfsr    FSR0,0x100      ; RAM-Adresse laden
        movf    INDF0,w         ; Daten indirekt adressiert
```

Die **Datenübertragung** der indirekten Adressierung wird über fünf SFR-Adressen für jedes der drei Adressregister in unterschiedlichen Adressierungsarten durchgeführt:

- Bei einem Datenzugriff über INDx bleibt das Adressregister FSRx unverändert.
- Bei einem Datenzugriff über POSTDECx wird das 12bit Adressregister FSRx *nach* der Datenübertragung um 1 *vermindert* (decrementiert).
- Bei einem Datenzugriff über POSTINCx wird das 12bit Adressregister FSRx *nach* der Datenübertragung um 1 *erhöht* (incrementiert).
- Bei einem Datenzugriff über PREINCx wird das 12bit Adressregister FSRx *vor* der Datenübertragung um 1 *erhöht* (incrementiert).
- Bei einem Datenzugriff über PLUSWx ergibt sich die Datenadresse aus dem 12bit Adressregister FSRx *plus* dem vorzeichenbehafteten Inhalt des W-Registers im Bereich von -128 bis +127. Das FSR-Register und das W-Register bleiben unverändert.

Das Beispiel zeigt den **fortlaufenden** Speicherzugriff auf einen Bereich von 256 Bytes, der mit den Werten von 0 bis 255 gefüllt wird. Die kontrollierende Zählschleife in `zaehl` läuft in 256 Schritten abwärts. Der Adresszeiger und der zu speichernde Wert laufen aufwärts.

```
; fortlaufender Zugriff: 256 Listenelemente mit 0 bis 255 aufbauen
        lfsr    FSR0,0x100    ; Anfangsadresse Bank 1 -> FSR0
        movlw   0             ; = 256 Anzahl der Elemente
        movff   WREG,zaehl    ; nach Durchlaufzähler
        movlw   0             ; Anfangswert für 1. Element
loop1   movff   WREG,POSTINC0 ; Wert speichern Adresse + 1
        incf    WREG,f        ; Wert erhöhen
        decfsz  zaehl,f       ; Durchlaufzähler vermindern
        bra     loop1         ; Schleife bei ungleich Null
; 256 Listenelemente mit den Werten von 0 bis 255 gefüllt
```

Das Beispiel für den **direkten** Speicherzugriff liest den Abstand zur Anfangsadresse des Bereiches vom Port B und soll damit auf alle 256 Elemente der Liste zugreifen. In der Adressierungsart PLUSWx enthält das W-Register jedoch einen *vorzeichenbehafteten* Abstand, so dass im Bereich von 0 bis +127 auf die ersten 128 Elemente der Liste zugegriffen wird, im Bereich von -1 bis -127 liegen die adressierten Elemente jedoch außerhalb. Das Beispiel addiert einen positiven Abstand zur Anfangsadresse des Bereiches. Ein negativer Abstand wird zur Endadresse + 1 addiert; der Absolutwert wird also subtrahiert. Damit ergibt sich wie in der Liste abgelegt für einen vorzeichenlosen Abstand von 0x80 = 128 der Wert 0x80 = 128 und für 0xFF = 255 der Wert 0xFF = 255.

Adresse	Inhalt	Abstand	W-Register
0x200			
0x1FF	0xFF	0xFF = -1	negativ N = 1
0x1FE	0xFE	0xFE = -2	
0x181	0x81	0x81 = -127	
0x180	0x80	0x80 = -128	
0x17F	0x7F	0x7F = +127	positiv N = 0
0x17E	0x7E	0x7E = +126	
0x101	0x01	0x01 = +1	
0x100	0x00	0x00 = 0	

```
; Direkter Zugriff: Abstand von Port B Ausgabe nach Port C
loop2           lfsr    FSR0,0x100   ; Anfangsadresse -> FSR0
                movf    PORTB,w      ; Abstand -> WREG ändert N und Z
                btfsc   STATUS,N     ; für N=0 positiv überspringe
                lfsr    FSR0,0x200   ; N = 1: Endadresse + 1 -> FSR0
                movff   PLUSW0,LATC  ; (FSR0 + WREG) -> Port C
                bra     loop2        ; Endlosschleife
```

Die **Stapeladressierung** (*Bild 4-22*) baut einen Softwarestapel mit der Adressierungsart POSTDECx für die Operation *push* und mit PREINCx für die Operation *pop* auf.

Bild 4-22: Der Aufbau eines Softwarestapels mit indirekter Adressierung

Das Beispiel legt den Stapelzeiger auf die oberste Adresse der Bank 0. Ein Schreibzugriff in der Adressierungsart POSTDEC belegt den Speicherplatz und vermindert anschließend den Zeiger um 1. Damit ist der nächste Speicherplatz frei für eine weitere Schreiboperation. Ein Lesezugriff in der Adressierungsart PREINC vermindert den Stapelzeiger um 1 und kopiert anschließend die adressierten Daten, die weiterhin vorhanden, aber wegen der verminderten Stapeladresse nicht mehr zugänglich sind.

```
        lfsr    FSR2,0xFF       ; Stapelzeiger oberste Adresse Bank 0
; Arbeitsschleife
loop    movff   PORTB,POSTDEC2 ; Operation push: schreiben,Adre. - 1
        movff   PREINC2,LATC   ; Operation pop: Adresse + 1, lesen
        bra     loop           ; Testschleife
```

Die Unterprogramm- und Interrupttechnik verwendet zum Retten von Adressen den in den *Bildern 4-11* und *4-13* dargestellten Rückkehrstapel, der sich jedoch nur bedingt für das Retten von Daten eignet. Mit einem Softwarestapel für das Retten von Registern lassen sich problemlos Unterprogramme in Unterprogrammen aufrufen. Dabei ist zu beachten:

- bei push-Operationen werden die Daten wie bei einem Spielkartenstapel übereinander abgelegt,
- bei pop-Operationen werden die zuletzt auf den Stapel gelegten Daten zuerst wieder entfernt,
- die Anzahl der push-Operationen muss mit der Anzahl der pop-Operationen überein-stimmen und
- eine Kontrolle auf Überlauf oder Unterlauf des Softwarestapels findet nicht statt.

Das Beispiel legt den Softwarestapel auf die oberste Adresse der Bank 0. Das Hauptprogramm liest einen Verzögerungsfaktor vom Port B und ruft mit diesem zweimal das Unterprogramm n10ms auf.

Das Unterprogramm n10ms rettet den im W-Register übergebenen Faktor auf den Stapel und liefert ihn unverändert wieder zurück. Der laufende Zähler wird ebenfalls auf den Stapel gelegt, da das W-Register für die Übergabe eines weiteren Wartefaktors an das Unterprogramm n100us benötigt wird. Das von n10ms aufgerufene Unter-Unterprogramm n100us benutzt den Stapel ebenfalls zum Retten des übergebenen Faktors und des laufenden Zählers. Nach der Rückkehr in das Hauptprogramm muss sich der vom Port B gelesene Faktor unverändert wieder im W-Register befinden. Zum Zeitpunkt der inneren Schleife von n100us befinden sich auf dem Softwarestapel:

0xFB: frei
0xFC: laufender Zähler von n100us
0xFD: geretteter Faktor von n100us
0xFE: laufender Zähler von n10ms
0xFF: geretteter Faktor von n10ms

```
                lfsr    FSR2,0xFF   ; Stapelzeiger in FSR2 anlegen
                clrf    LATC        ; Ausgabe-Dualzähler löschen
; Hauptprogramm Arbeitsschleife
loop            movff   PORTB,WREG  ; Wartefaktor -> WREG
                rcall   n10ms       ; WREG * 10 ms warten
                rcall   n10ms       ; nochmal WREG * 10 ms warten
                incf    LATC,f      ; Dualzähler Port C erhöhen
                bra     loop        ;
; Unterprogramme hinter Hauptprogramm
; n10ms wartet WREG * 10 ms
n10ms           movf    WREG,f      ; Faktor Null ?
                bz      n10ms2      ;   ja: sofort zurück
                movff   WREG,POSTDEC2; nein: Faktor WREG -> Stapel
n10ms1          movff   WREG,POSTDEC2; laufender Zähler-> Stapel
                movlw   .100        ; 100 * 100 us = 10 ms
                rcall   n100us      ; warten
; Schleife für Faktor in WREG
                movff   PREINC2,WREG ; Stapel -> laufenden Zähler
                decfsz  WREG,f      ; Faktor - 1, überspr. bei Null
                bra     n10ms1      ; weiter bei nicht Null
                movff   PREINC2,WREG ; alten Faktor zurück
n10ms2          return              ; Rücksprung
;
; n100us wartet WREG * 100 us mit Korrektur
n100us          movf    WREG,f      ; Faktor Null ?
                bz      n100us3     ;   ja: sofort zurück
                movff   WREG,POSTDEC2; nein: Faktor WREG -> Stapel
n100us1         movff   WREG,POSTDEC2; laufender Zähler-> Stapel
; Schleife für 100 us
                movlw   (takt/.160000)-2 ; Ladewert mit Korrektur
n100us2         nop                 ; 1 Takt
                decfsz  WREG,f      ; 1 Takt bei nicht Null
                bra     n100us2     ; 2 Takte bei nicht Null
; Schleife für Faktor in WREG
                movff   PREINC2,WREG ; Stapel -> Zähler zurück
                decfsz  WREG,f      ; Faktor - 1, überspr. bei Null
                bra     n100us1     ; weiter bei nicht Null
                movff   PREINC2,WREG ; alten Faktor zurück
n100us3         return              ; Rücksprung
```

4.6.2 Der Flash-Lesezugriff

Durch den Aufruf von Unterprogrammen lassen sich die in den Befehlen `retlw` enthaltenen Bytekonstanten auslesen. Die Direktive DT baut für die in der Liste genannten Konstanten entsprechende `retlw`-Befehle in das Programm ein. Der Befehl `call` lädt den Befehlszähler PC mit der Zieladresse; die Hilfsspeicher PCLATU und PCLATH bleiben unverändert.

Befehl	Operand	---NVZDC	W	T	Wirkung
call	Unterprogramm		1	2	Unterprogrammaufruf
retlw	Bytekonstante		1	2	Konstante im W-Register zurückliefern
DT	Konstantenliste	–	-	-	baut retlw-Befehle mit Bytekonstanten auf

Unterprogramme, die ohne Adressrechnung nur eine Konstante zurückliefern, können im gesamten Adressbereich angeordnet werden. Beispiel:

```
; Einzelkonstante vom Unterprogramm zurückgeliefert
            call    kon         ; Einzelkonstante -> W-Register
            movwf   PORTC       ; W-Register nach Ausgabe Port C
; Unterprogramm ohne Adressrechnung
kon         retlw   0x55        ; Einzelkonstante
```

Bei **Adressrechungen** für einen Tabellenzugriff ist zu beachten, dass die Bytekonstanten zusammen mit dem Code des Rücksprungbefehls in einem 16bit Speicherwort angeordnet werden; der Auswahlwert mit dem Abstand ist also mit 2 zu multiplizieren. Da der Befehl `addwf` **PCL,** f der Adressrechnung automatisch auch die Hilfsspeicher PCLATU und PCLATH in den Befehlszähler PC lädt, müssen diese gegebenenfalls mit der Adresse des Unterprogramms vorbesetzt werden. Die Tabellen-Unterprogramme sind so anzuordnen, dass bei der Adressrechnung in PCL kein Übertrag auftritt. In dem Beispiel sind maximal 127 Bytekonstanten möglich, da `tab` an einer Bytegrenze 0xf00 liegt.

```
loop        movlw   HIGH tab    ; High-Adresse
            movwf   PCLATH      ; nach PC-Vorspeicher
            movlw   UPPER tab   ; Upper-Adresse
            movwf   PCLATU      ; nach PC-Vorspeicher
            movff   PORTB,WREG  ; Abstand nach WREG
            addwf   WREG,f      ; Abstand *2
            call    tab         ; Tabellenzugriff
            movff   WREG,LATA   ; Tabellenwert ausgeben
            bra     loop        ; Schleife
;
            ORG     0xf00       ; Tabellen-Unterprogramm am Flash-Ende
tab         addwf   PCL,f       ; lädt automatisch auch PCLATU und PCLATH
            DT      0,1,2,3,4,5,6,7,8,9,10 ; Tabelle wortweise angeordnet
```

Der **direkte Tabellenzugriff** wählt ein Element der Tabelle mit einer Adressrechnung aus. Liegt die Tabelle im unteren Adressbereich von 0x00 bis 0xFF, so kann das Vorladen von PCLATU und PCLATH entfallen, wenn sie mit Null vorbesetzt sind.

```
tab              addwf  PCL,f     ; W-Register enthält Adresse
                 retlw  0x10      ; Adresse tab + 0 Inhalt 0x10
                 retlw  0x20      ; Adresse tab + 1 Inhalt 0x20
                 retlw  0x30      ; Adresse tab + 2 Inhalt 0x30
                 retlw  0x40      ; Adresse tab + 3 Inhalt 0x40
; Direktzugriff ohne Vorladen von PCLATU und PCLATH
                 movf   PORTB,w   ; Abstand 0 .. 3 nach W-Register
                 addwf  WREG,f    ; Abstand *2
                 call   tab       ; Tabellenkonstante -> W-Register
```

Der **fortlaufende Tabellenzugriff** adressiert die Elemente der Tabelle nacheinander. In dem Beispiel liegt im Unterprogramm tab eine Tabelle mit der Endemarke Null.

```
; Fortlaufender Zugriff auf tab mit Abfrage der Endemarke Null
                 clrf   abst      ; Anfangsabstand 0
loop             movf   abst,w    ; Abstand nach W-Register
                 call   tab       ; Tabellenwert -> W-Register
                 movf   WREG,f    ; W-Register auf Endemarke Null testen
                 bz     fertig    ; Z=1:  ja: Ende der Schleife
                 incf   abst,f    ; Abstand + 1
                 incf   abst,f    ; Abstand + 1
                 bra    loop      ; neuer Durchlauf
```

Der **Befehl tblrd** vereinfacht das Auslesen von Flash-Konstanten. *Bild 4-23* zeigt den 22bit Zeiger TBLPTR zusammen mit dem 8bit Datenregister TABLAT.

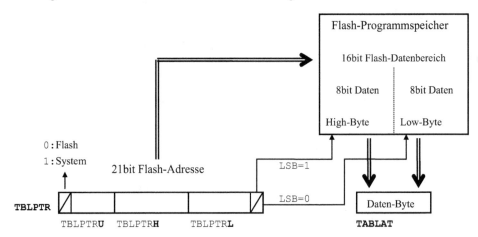

*Bild 4-23: Der Flash-Programmspeicher für **tblrd**-Befehle*

Der Befehl `tblrd` in vier Adressierungsarten entnimmt dem im SFR-Bereich liegenden Zeigerregister TBLPTR die Byteadresse der zu lesenden Daten und übergibt diese im SFR-Bereich liegenden Datenregister TABLAT. Abschnitt 4.6.4 behandelt den entsprechenden Schreibbefehl `tblwt`.

Befehl	Operand	---NVZDC	W	T	Wirkung
tblrd*			1	2	TABLAT mit Byte aus Programmspeicher laden Adresse in TBLPTR bleibt unverändert
tblrd*+			1	2	TABLAT mit Byte aus Programmspeicher laden dann Adresse in TBLPTR um 1 erhöhen
tblrd*-			1	2	TABLAT mit Byte aus Programmspeicher laden dann Adresse in TBLPTR um 1 vermindern
tblrd+*			1	2	erst Adresse in TBLPTR um 1 erhöhen dann TABLAT mit Byte aus Programmspeicher laden

Der Umfang einer Tabelle kann bestimmt werden durch:

- Anfangsadresse und Endadresse,
- Anfangsadresse und Anzahl der Einträge (Länge) oder
- Anfangsadresse und eine Endemarke, die nicht in den Elementen enthalten sein darf.

Die Beispiele greifen auf Konstanten zu, die hinter den Befehlen im Programm-Flash angeordnet sind. Die Tabelle enthält die Endemarke Null.

```
; Konstantenbereich hinter den Befehlen ohne ORG
kon     DB   0xAA          ; Einzelkonstante
tab     DB   0x11,0x22,0x33,0x44,0x55,0x66,0x77,0x88,0 ; Tabelle
```

Vor dem Lesen eines konstanten Bytes aus dem Programm-Flash wird die Adresse in den Adresszeiger TBLPTR geladen. Für den vorliegenden Baustein PIC 18F2220 würde es genügen, ohne den Operator UPPER den oberen Teil TBLPTRU einfach zu löschen.

Das erste Beispiel liest eine einzelne Konstante ohne Änderung des Zeigers und gibt sie auf dem Port C aus.

```
; Einzelkonstante ausgeben
            movlw   LOW kon       ; lade Zeiger TBLPTR Adresse
            movwf   TBLPTRL       ; Low-Byte
            movlw   HIGH kon      ;
            movwf   TBLPTRH       ; High-Byte
            movlw   UPPER kon     ;
            movwf   TBLPTRU       ; Upper-Wert
            tblrd*                ; Tabellenwert -> TABLAT
            movff   TABLAT,LATC   ; und auf Port C ausgeben
```

Der **fortlaufende Tabellenzugriff** adressiert die Elemente der Tabelle nacheinander unter Verwendung der Adressierungsart `tblrd*+`. Vor der Ausgabe eines neuen Wertes wird auf die Taste RB0 gewartet. Die Schleife endet mit der Marke Null am Ende der Tabelle.

```
; Tabelle fortlaufend adressiert ausgeben bis Endemarke Null
                movlw    LOW tab      ; lade Zeiger TBLPTR mit Adresse
                movwf    TBLPTRL      ; Low-Byte
                movlw    HIGH tab     ;
                movwf    TBLPTRH      ; High-Byte
                movlw    UPPER tab    ;
                movwf    TBLPTRU      ; Upper-Wert
loop1           btfsc    PORTB,7      ; Taste RB7 gedrückt ?
                bra      loop1        ; nein: warten
warte           btfss    PORTB,7      ; Taste RB7 wieder gelöst ?
                bra      warte        ; nein: warten
                tblrd*+               ; Byte -> TABLAT lesen, Adr. + 1
                movf     TABLAT,f     ; Wert auf Null testen
                bz       loop2        ; Endemarke Null
                movff    TABLAT,LATC  ; bei nicht Null Wert ausgeben
                bra      loop1        ; und neuen Wert holen
loop2                                 ; hier geht es weiter
```

Der **direkte Tabellenzugriff** wählt ein Element der Tabelle mit einer Adressrechnung aus. Durch die Maskierung wird sichergestellt, dass nur gültige Tabellenwerte gelesen werden. Die 21bit Addition berücksichtigt den Übertrag der wertniederen Bytes.

```
; Tabelle direkt adressiert ausgeben Abstand vom Port B lesen
loop3           movlw    LOW tab      ; lade Zeiger TBLPTR mit Adresse
                movwf    TBLPTRL      ; Low-Byte
                movlw    HIGH tab     ;
                movwf    TBLPTRH      ; High-Byte
                movlw    UPPER tab    ;
                movwf    TBLPTRU      ; Upper-Wert
                movf     PORTB,w      ; Abstand vom Port B lesen
                andlw    B'00000111'  ; Sicherheitsmaske
                addwf    TBLPTRL,f    ; Abstand + Low -> TBLPTRL
                clrf     WREG         ; W-Register löschen C bleibt
                addwfc   TBLPTRH,f    ; Null + Carry + High -> TBLPTRH
                addwfc   TBLPTRU,f    ; für Upper hier unnötig !!!
                tblrd*                ; Wert -> TABLAT lesen
                movff    TABLAT,LATC  ; und auf Port C ausgeben
                bra      loop3        ; und neue Eingabe
```

4.6.3 Die EEPROM-Adressierung

Der EEPROM-Bereich kann als ein Teil des Flash-Programmspeichers angesehen werden, der jedoch durch das Programm gelesen und auch beschrieben werden kann.

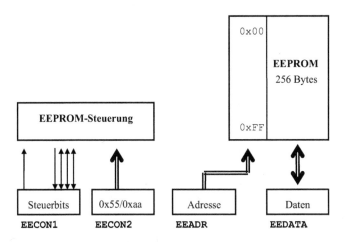

Bild 4-24: Der EEPROM-Bereich (PIC 18F2220)

Der EEPROM-Bereich (*Bild 4-24*) wird indirekt durch das Adressregister EEADR adressiert. Damit lassen sich maximal 256 Bytes auswählen.

EEPROM Adressregister **EEADR** im SFR-Bereich

Bit 7	Bit 6	Bit 5	Bit 4	Bit 3	Bit 2	Bit 1	Bit 0
RW - x	RW - x	RW - x	RW - x	RW - x	RW - x	RW - x	RW - x
EEPROM-Adresse							

Vor einer Schreiboperation sind die Daten in das Datenregister EEDATA zu speichern. Nach einer Leseoperation enthält es die ausgelesenen Daten.

EEPROM Datenregister **EEDATA** im SFR-Bereich

Bit 7	Bit 6	Bit 5	Bit 4	Bit 3	Bit 2	Bit 1	Bit 0
RW - x	RW - x	RW - x	RW - x	RW - x	RW - x	RW - x	RW - x
EEPROM-Daten							

Das Steuerregister EECON1 enthält Steuerbits, die in einer bestimmten Reihenfolge vom Programm gesetzt werden müssen. Sie werden teilweise auch vom System gesetzt oder zurückgesetzt (gelöscht). Das Register wird ebenfalls von den in Abschnitt 4.6.4 behandelten Schreiboperationen des Flash-Programmspeichers verwendet.

EEPROM Steuerregister **EECON1** im SFR-Bereich

Bit 7	Bit 6	Bit 5	Bit 4	Bit 3	Bit 2	Bit 1	Bit 0
RW - x	RW - x	U - 0	RW - 0	RW - x	RW - 0	RS - 0	RS - 0
EEPGD	**CFGS**	-	**FREE**	**WRERR**	**WREN**	**WR**	**RD**
Zugriff auf 0: EEPROM 1: Flash	Zugriff 0: Flash / EEPROM 1: System		Kommando 0: schreiben 1: löschen	Fehler 1: Fehler 0: kein F.	Schreib- Freigabe 1: frei	Schreibstart 1: Start 0: Fertigflag	Lesestart 1: Start 0: Fertigflag

Das Steuerbit EEPGD muss für einen Zugriff auf den EEPROM-Bereich vom Programm gelöscht werden. Für eine 1 wird der Flash-Bereich adressiert. Im Anfangszustand ist der Inhalt des Bits unbestimmt!

Das Steuerbit CFGS muss für einen Zugriff auf den Flash- oder EEPROM-Bereich gelöscht werden. Für eine 1 wird der Systembereich mit den Konfigurations- und Kalibrierungsregistern adressiert. Im Anfangszustand ist der Inhalt des Bits unbestimmt!

Das Steuerbit FREE legt für Flash-Schreiboperationen fest, ob mit einer 0 Teile des Flash-Programmspeichers beschrieben oder mit einer 1 gelöscht werden sollen.

Das Anzeigebit WRERR (*write error*) wird vom System auf 1 gesetzt, wenn beim Schreiben ein Fehler aufgetreten ist.

Das Schreibfreigabebit WREN (*write enable*) muss vor dem Starten einer Schreiboperation vom Programm auf 1 gesetzt werden.

Das Schreibstartbit WR (*write*) muss vom Programm auf 1 gesetzt werden, um die Schreiboperation zu starten. Es wird vom System am Ende wieder zurückgesetzt (gelöscht) und kann dazu dienen, vor dem Start einer Schreiboperation das Ende der vorhergehenden Operation zu prüfen oder danach das Ende der gestarteten Operation abzuwarten. Gleichzeitig wird am Ende der Schreiboperation das Interruptbit EEIF (*EEPROM Interrupt Flag*) im Interruptsteuerregister PIR2 auf 1 gesetzt.

Das Lesestartbit RD (*read*) muss vom Programm auf 1 gesetzt werden, um eine Leseoperation zu starten; es wird vom System wieder zurückgesetzt (gelöscht). Die Daten stehen ohne Wartezeit im Datenregister EEDATA zur Verfügung.

Auf die SFR-Adresse EECON2 müssen vor dem Start einer Schreiboperation nacheinander die Bitmuster erst 0x55 und dann 0xAA geschrieben werden, um ungewolltes Schreiben durch Programmfehler zu vermeiden.

EEPROM Steuerregister **EECON2** im SFR-Bereich

Bit 7	Bit 6	Bit 5	Bit 4	Bit 3	Bit 2	Bit 1	Bit 0
W - x	W - x	W - x	W - x	W - x	W - x	W - x	W - x
0	1	0	1	0	1	0	1
1	0	1	0	1	0	1	0

Bei den Controllern der PIC18-Familie liegt der EEPROM-Bereich im Adressbereich des Flash-Programmspeichers ab Adresse 0xF00000, unter der sich Byte-Konstanten mit der Direktive DE ablegen lassen. Sie werden vom Lader in den Baustein programmiert und stehen beim Start des Programms zur Verfügung. Diese vorbesetzten Variablen lassen sich durch die EEPROM-Programmierung mit neuen Werten überschreiben. In den Beispielen aus einer Übersetzungsliste sind die abgespeicherten Daten in Fettschrift dargestellt.

```
; EEPROM-Bereich
F00000                  00074     ORG  0xF00000     ; EEPROM-Daten
F00000 0055             00075 kon DE   0x55         ; ein Byte vorbesetzt
F00002 3412             00076 tab DE   0x12,0x34    ; zwei Bytes vorbesetzt
F00004 4950 3143 4638   00077 txt DE   "PIC18F2220",0 ; Text mit Endemarke
       3232 3032 0000
F00010                  00078 var RES  1            ; ein Byte reserviert
```

Bild 4-25 zeigt die Anordnung der vorbesetzten Daten im EEPROM-Bereich eines Laders.

```
EEPROM data
0000:   55  00  12  34  50  49  43  31   U..4PIC1
0008:   38  46  32  32  32  30  00  00   8F2220..
0010:   FF  FF  FF  FF  FF  FF  FF  FF   ÿÿÿÿÿÿÿÿ
0018:   FF  FF  FF  FF  FF  FF  FF  FF   ÿÿÿÿÿÿÿÿ
0020:   FF  FF  FF  FF  FF  FF  FF  FF   ÿÿÿÿÿÿÿÿ
0028:   FF  FF  FF  FF  FF  FF  FF  FF   ÿÿÿÿÿÿÿÿ
```

Bild 4-25: Der EEPROM-Bereich eines Laders

Das Leseunterprogramm EEread setzt voraus, dass die Adresse bereits nach EEADR gespeichert wurde und startet eine **Leseoperation**. Die Daten stehen ohne Wartezeit im Register EEDATA zur Verfügung.

```
; EEread EEPROM Lesekommandos ausführen
EEread          bcf     EECON1,EEPGD; EEPROM-Zugriff
                bcf     EECON1,CFGS ; EEPROM-Zugriff
                bsf     EECON1,RD   ; Leseoperation ausführen
                return              ;
```

Die Zeit für die Ausführung einer **Schreiboperation** liegt im Millisekundenbereich, da der Speicher vor dem Schreiben gelöscht werden muss. Während der Schreibzeit können weitere Befehle ausgeführt werden, es dürfen jedoch keine Interrupts auftreten. Der Hersteller schreibt folgende Schritte vor:

- Warten durch Kontrolle von `WR` falls keine Warteschleife nach dem Start der vorhergehenden Operation durchgeführt wurde und diese noch nicht beendet ist,
- Adresse nach `EEADR` und Daten nach `EEDATA` speichern,
- Bit `EEPGD` in `EECON1` für EEPROM-Zugriff löschen,
- Schreibfreigabebit `WREN` in `EECON1` setzen,
- falls Interrupts in `GIE` von `INTCON` freigegeben sind, diese sperren,
- Bitmuster 0x55 erst nach W-Register und dann nach `EECON2` speichern,
- Bitmuster 0xAA erst nach W-Register und dann nach `EECON2` speichern,
- Start der Schreiboperation durch Setzen von `WR` in `EECON1`,
- Warten auf das Ende der Schreiboperation durch Kontrolle von `WR`, wenn keine Kontrolle vor den Operationsschritten vorgesehen ist,
- Interrupts wieder freigeben, wenn diese vorher freigegeben waren und
- Schreibfreigabebit `WREN` in `EECON1` löschen.

Das Schreibunterprogramm `EEwrite` setzt voraus, dass die Adresse und die Daten bereits in `EEADR` und `EEDATA` gespeichert sind. Die Interrupts werden nur gesperrt, wenn das Bit `GIE` in `INTCON` gesetzt war und nur unter dieser Bedingung auch wieder zugelassen. Die Kontrolle auf Beendigung der Schreiboperation erfolgt sofort nach dem Start.

```
; EEwrite EEPROM Schreibkommandos
EEwrite         bcf     EECON1,EEPGD; EEPROM-Zugriff
                bcf     EECON1,CFGS ; EEPROM-Zugriff
                bsf     EECON1,WREN ; Schreibfreigabe
; Interruptsperre erforderlich ?
                btfsc   INTCON,GIE  ; springe bei GIE = 0 gesperrt
                goto    EEwrite1    ; GIE = 1 sperren und freigeben
                movlw   0x55        ; Sicherheitscode
                movwf   EECON2      ;
                movlw   0xaa        ;
                movwf   EECON2      ;
                bsf     EECON1,WR   ; Schreiboperation beginnt
                btfsc   EECON1,WR   ; Ende ?
                goto    $-2         ; nein: warten
                goto    EEwrite2    ; fertig: zurück
EEwrite1        bcf     INTCON,GIE  ; alle Interrupts sperren
                movlw   0x55        ; Sicherheitscode
                movwf   EECON2      ;
                movlw   0xaa        ;
                movwf   EECON2      ;
                bsf     EECON1,WR   ; Schreiboperation beginnt
```

```
          btfsc   EECON1,WR   ; Ende ?
          goto    $-2         ; nein: warten
          bsf     INTCON,GIE  ; alle Interrupts freigeben
EEwrite2  bcf     EECON2,WREN ; Schreibfreigabe wieder sperren
          return              ;
```

Das Hauptprogramm liest zunächst ein vorbesetztes Byte aus dem EEPROM-Bereich und gibt es auf dem Port C aus. Dann wartet es in einer Schleife auf die Taste RB7, schreibt den Inhalt des Ports B in den EEPROM-Bereich und gibt den rückgelesenen Wert zur Kontrolle wieder auf dem Port C aus.

```
; Hauptprogramm
; Vorbesetzte Einzelkonstante lesen und ausgeben
          movlw   LOW kon     ; EEPROM-Adresse
          movwf   EEADR       ; nach Adressregister
          rcall   EEread      ; EEPROM Lesekommandos
          movff   EEDATA,LATC ; EEPROM-Daten nach PORT C
; Taste RB7: Variable eingeben, schreiben, rücklesen und ausgeben
loop      btfsc   PORTB,7     ; Taste gedrückt ?
          bra     loop        ; nein: warten
warte     btfss   PORTB,7     ; Taste wieder gelöst ?
          bra     warte       ; nein: warten
          movlw   LOW var     ; EEPROM-Adresse
          movwf   EEADR       ; nach Adressregister
          movff   PORTB,EEDATA; Port B -> Datenregister
          rcall   EEwrite     ; Schreibkommandos
          clrf    EEDATA      ; nur zur Kontrolle löschen
          rcall   EEread      ; Lesekommandos
          movff   EEDATA,LATC ; und wieder ausgeben
          bra     loop        ;
```

In dem Handbuch des Herstellers findet sich ein Hinweis, dass selten veränderte Daten im EEPROM durch Lese- und anschließende Schreiboperationen wiederaufgefrischt werden sollten und verweist auf die Spezifikationen D124 oder D124A des Herstellers. Selten oder nie veränderte Werte sollten demnach besser als Konstanten im Programm-Flash abgelegt werden.

4.6.4   Der Flash-Schreibzugriff

Der Flash-Programmspeicher bestimmter Bausteine der PIC18-Familie kann in Blöcken von 64 Bytes oder 32 Wörtern beschrieben werden, einzelne Byte- oder Wortoperationen wie beim Lesen im Abschnitt 4.6.2 sind nicht möglich. Für das Schreiben werden die beiden Register EECON1 und EECON2 der EEPROM-Steuerung verwendet.

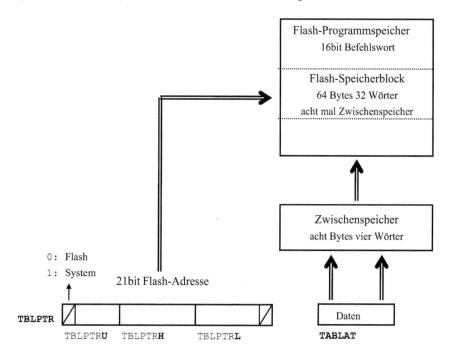

Bild 4-26: Der Flash-Programmspeicher mit Zwischenspeicher für **tblwt**-*Befehle*

Die Bitpositionen 6 bis 21 des Tabellenzeigers TBLPTR bestimmen den zu löschenden Speicherblock. Die Bitpositionen 3 bis 21 des Tabellenzeigers bestimmen den zu beschreibenden 8bit Teilblock des Flash-Speichers. Die unteren drei Bits adressieren die acht Bytes des Zwischenspeichers. Der Hersteller empfiehlt in seinem Handbuch folgende Schritte für das Schreiben in den Programm-Flash:

*   alten Inhalt des 64 Bytes umfassenden Blockes in den RAM retten,
*   Änderungen oder neue Eingaben im RAM durchführen,
*   den 64 Bytes umfassenden Block löschen mit einer Schreiboperation bei FREE = 1 in EECON1,
*   in einer Schleife von acht Schritten jeweils acht Bytes aus dem RAM in den Zwischenspeicher kopieren und diesen dann mit einer Schreiboperation bei FREE = 0 in den Flash-Programmspeicher übertragen.

Der Befehl `tblwt` schreibt ein Byte in vier Adressierungsarten aus dem Datenregister `TABLAT` in den Zwischenspeicher. Die unteren drei Bitpositionen von `TBLPTR` adressieren eines der acht Register des Zwischenspeichers.

Befehl	Operand	---NVZDC	W	T	Wirkung
tblwt*			1	2	Byte aus TABLAT nach Zwischenspeicher schreiben Adresse in TBLPTR bleibt unverändert
tblwt*+			1	2	Byte aus TABLAT nach Zwischenspeicher schreiben dann Adresse in TBLPTR um 1 erhöhen
tblwt*-			1	2	Byte aus TABLAT nach Zwischenspeicher schreiben dann Adresse in TBLPTR um 1 vermindern
tblwt+*			1	2	erst Adresse in TBLPTR um 1 erhöhen, dann Byte aus TABLAT nach Zwischenspeicher schreiben

Für den Schreibzugriff auf den Flash-Programmspeicher werden die Register `EECON1` und `EECON2` der EEPROM-Steuerung verwendet.

EEPROM Steuerregister **EECON1** im SFR-Bereich

Bit 7	Bit 6	Bit 5	Bit 4	Bit 3	Bit 2	Bit 1	Bit 0
RW - x	RW - x	U - 0	RW - 0	RW - x	RW - 0	RS - 0	RS - 0
EEPGD	**CFGS**	–	**FREE**	**WRERR**	**WREN**	**WR**	**RD**
Zugriff auf 0: EEPROM 1: Flash	Zugriff 0: Flash / EEPROM 1: System		Kommando 0: schreiben 1: löschen	Fehler 1: Fehler 0: kein F.	Schreib- Freigabe 1: frei	Schreibstart 1: Start 0: Fertigflag	Lesestart 1: Start 0: Fertigflag

EEPDG = 1: Flash-Schreibzugriff

CFGS = 0: Flash- bzw. EEPROM-Zugriff

FREE = 0: Block schreiben　FREE = 1: Block löschen

WREN = 1: Schreibfreigabe bzw. Löschfreigabe

WR = 1: Schreibstart bzw. Löschstart und Anzeige für das Ende der Operation

Das Testprogramm *Bild 4-27* musste an einigen Stellen gegenüber dem Beispiel im Handbuch des Herstellers verändert werden. Nach der Ausgabe eines vorbesetzten Bytes aus dem Flash auf dem Port C werden Testdaten im Flash abgelegt und wieder zurückgelesen.

```
; k4p7.asm PIC18F2220  Flash-Schreib-Zugriff
                LIST    P=18F2220   ; Baustein
#include P18F2220.inc                ; Definitionsdatei
  config OSC=HS,PWRT=ON,WDT=OFF,PBAD=DIG,LVP=OFF ; mit Lader kontrollieren!
takt            EQU     .4000000    ; Systemtakt 4 MHz
                ORG     0           ; Programm-Flash
                goto    start       ; Sprung zum Programmanfang
                ORG     0x08        ; HP-Interrupt-Einsprung
                goto    start       ; nicht besetzt
                ORG     0x18        ; LP-Interrupt-Einsprung
                goto    start       ; nicht besetzt
                ORG     0x28        ; Anfang des Programms
start           movlw   0x07        ; Code für
                movwf   ADCON1      ; digitale Ein/Ausgabe
                clrf    TRISA       ; 0000 0000 Port A Ausgänge
                setf    TRISB       ; 1111 1111 Port B Eingänge
                clrf    TRISC       ; 0000 0000 Port C Ausgänge
; Vorbesetztes Byte lesen und ausgeben
                movlw   UPPER test  ; TBLPTR mit Flash-Adresse laden
                movwf   TBLPTRU     ;
                movlw   HIGH test   ;
                movwf   TBLPTRH     ;
                movlw   LOW test    ;
                movwf   TBLPTRL     ;
                tblrd*              ; Byte -> TABLAT Adresse bleibt
                movff   TABLAT,LATC ; TABLAT -> Port C
; Flash nach RAM speichern
loop            movlw   UPPER test  ; TBLPTR mit Flash-Adresse laden
                movwf   TBLPTRU     ;
                movlw   HIGH test   ;
                movwf   TBLPTRH     ;
                movlw   LOW test    ;
                movwf   TBLPTRL     ;
                lfsr    FSR0,0x100  ; FSR0 mit RAM-Adresse laden
                rcall   Fread       ; 64 Bytes Flash -> RAM kopieren
; Taste RB7 neuen Wert eingeben und nach RAM speichern
loop1           btfsc   PORTB,7     ; Taste gedrückt ?
                bra     loop1       ; nein: warten
                btfss   PORTB,7     ; Taste wieder gelöst ?
                bra     $-2         ; nein: warten
                movff   PORTB,0x100 ; Port B  -> RAM
; Flash löschen
                movlw   UPPER test  ; TBLPTR mit Flash-Adresse laden
                movwf   TBLPTRU     ;
                movlw   HIGH test   ;
```

```
                movwf    TBLPTRH     ;
                movlw    LOW test    ;
                movwf    TBLPTRL     ;
                rcall    Ferase      ;
; Flash schreiben Adressse (test-8) geändert gegenüber Handbuch
                movlw    UPPER (test-8)  ; TBLPTR mit Flash-Adresse laden
                movwf    TBLPTRU     ;
                movlw    HIGH (test-8)   ;
                movwf    TBLPTRH     ;
                movlw    LOW (test-8)    ;
                movwf    TBLPTRL     ;
                lfsr     FSR0,0x100  ; FSR0 mit RAM-Adresse laden
                rcall    Fwrite      ; 64 Bytes löschen RAM -> Flash kopieren
; geändertes Byte lesen und ausgeben
                movlw    UPPER test  ; TBLPTR mit Flash-Adresse laden
                movwf    TBLPTRU     ;
                movlw    HIGH test   ;
                movwf    TBLPTRH     ;
                movlw    LOW test    ;
                movwf    TBLPTRL     ;
                tblrd*               ; Byte -> TABLAT
                movf     TABLAT,w    ; TABLAT -> W-Register
                movwf    LATC        ; W-Register -> Port C
                bra      loop        ; und neue Eingabe
;
; Unterprogramme hinter Hauptprogramm
; Fread 64 Bytes Block Flash (TBLPTR) -> RAM (FSR0) Adressregister geladen
Fread           movlw    .64         ; Durchlaufzähler
                movwf    PRODL       ; PRODL als Zähler
Fread1          tblrd*+              ; Flash -> TABLAT, Adresse + 1
                movf     TABLAT,w    ; TABLAT -> W-Register
                movwf    POSTINC0    ; W-Register -> RAM, Adresse + 1
                decfsz   PRODL       ; Zähler - 1
                bra      Fread1      ; Schleife für ungleich Null
                return               ; Rücksprung für Zähler Null
; Ferase 64 Bytes Block löschen
Ferase          bcf      INTCON,GIE  ; Interrupts gesperrt, Freigabe im HP
                bcf      EECON1,CFGS ; Flash/EEPROM-Zugriff
                bsf      EECON1,EEPGD; Flash-Zugriff
                bsf      EECON1,WREN ; Schreibfreigabe
                bsf      EECON1,FREE ; Löschfreigabe
                movlw    0x55        ; Sicherheitscode
                movwf    EECON2      ;
                movlw    0xAA        ;
                movwf    EECON2      ;
```

```
              bsf     EECON1,WR    ; Löschstart
              nop                  ;
              btfsc   EECON1,WR    ; Ende des Löschens ?
              bra     $-2          ; nein: warten
              bcf     EECON1,FREE  ; Löschen aus / Schreiben ein
              return               ;
; Fwrite 64 Bytes Block schreiben
Fwrite        bcf     INTCON,GIE   ; Interrupts gesperrt, Freigabe im HP
              bcf     EECON1,CFGS  ; Flash/EEPROM-Zugriff
              bsf     EECON1,EEPGD; Flash-Zugriff
              bsf     EECON1,WREN  ; Schreibfreigabe
              bcf     EECON1,FREE  ; schreiben
              movlw   8            ; acht Durchläufe
              movwf   PRODH        ; PRODH 8 x Zwischenspeicher -> Flash
Fwrite1       movlw   8            ; acht Bytes
              movwf   PRODL        ; PRODL 8 Bytes -> Zwischenspeicher
Fwrite2       movf    POSTINC0,w   ; RAM -> W-Register, Adresse + 1
              movwf   TABLAT       ; W-Register -> TABLAT
              TBLWT*+              ; TABLAT -> Zwischenspeicher, Adresse + 1
              decfsz  PRODL        ; Bytezähler - 1
              bra     Fwrite2      ; Schleife für ungleich Null
; Zwischenspeicher nach Flash
              movlw   0x55         ; Sicherheitscode
              movwf   EECON2       ;
              movlw   0xAA         ;
              movwf   EECON2       ;
              bsf     EECON1,WR    ; Schreibstart
              nop                  ;
              btfsc   EECON1,WR    ; Ende des Schreibens ?
              bra     $-2          ; nein: warten
              decfsz  PRODH        ; Zwischenspeicherzähler - 1
              bra     Fwrite1      ; Schleife für ungleich Null
              bcf     EECON1,WREN  ; Schreibsperre
              return               ; Rücksprung bei fertig
; Testdaten und Schreib-Block
              ORG     0x3F8        ;
vor           DB 1,2,3,4,5,6,7,8   ; vor dem Block
              ORG     0x400        ; Flash für Schreibtest
test          FILL    0x1234,.64   ; 64 Bytes vorbesetzen
nach          DB 0x11,0x12,0x13,0x14,0x15,0x16,0x17,0x18 ; dahinter
              END
```

Bild 4-27: Testprogramm für den Flash-Schreibzugriff

4.7   Die Systemsteuerung

An dieser Stelle können nur allgemeine Richtwerte angegeben werden, da sich die Bausteine der PIC-Familien in ihren Spezifikationen stark voneinander unterscheiden. *Bild 4-28* zeigt ein Modell der Takt- und Resetsteuerung.

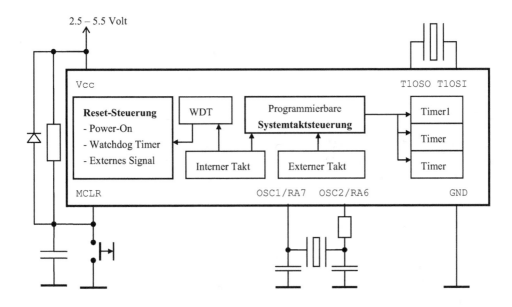

Bild 4-28: Modell der Takt- und Resetsteuerung

Die Versorgungsspannung liegt je nach Taktfrequenz und Ausführung zwischen 2.5 und 5.5 Volt. Für die Stromaufnahme ohne externe Last wird ein Bereich von ca. 1 bis 10 mA angegeben; in den Stromsparbetriebsarten kann sie unter 1 μA liegen.

Nach dem Einschalten der Versorgungsspannung wird nach einer Wartezeit ein Power-On-Reset ausgelöst, der die Peripherieschnittstellen in einen Anfangszustand versetzt und dann das Programm mit dem ersten Befehl des Programmspeichers startet. Für die Auslösung eines Resets durch eine steigende Flanke am Reset-Eingang MCLR sollte ein RC-Kreis mit Freilaufdiode verwendet werden. Als Richtwerte werden 10 kOhm und 1 bis 10 μF angegeben. Weitere Reset-Quellen sind der Watchdog Timer, der Befehl reset, die Unterspannungserkennung (brown-out) und der Stapelüberlauf. Sie werden im Reset-Steuerregister angezeigt. Für die Auswertung sollte das Handbuch des Herstellers herangezogen werden.

Reset-Steuerregister **RCON** im SFR-Bereich

Bit 7	*Bit 6*	*Bit 5*	*Bit 4*	*Bit 3*	*Bit 2*	*Bit 1*	*Bit 0*
RW - 0	U - 0	U - 0	RW - 1	R - 1	R - 1	RW - 0	RW - 0
IPEN	–	–	/RI	/TO	/PD	/POR	/BOR
Interrupt-Betriebsart			Reset durch Befehl reset	Reset durch Watchdog Timer	Reset durch Power-down Befehl sleep	Reset durch Power-on	Reset durch Brown-out

Befehl	*Operand*	**---NVZDC**	*W*	*T*	*Wirkung*
clrwdt	-		1	1	Watchdog Timer zurücksetzen 1 -> /TO 1 -> /PD
reset	-		1	1	System und alle Flags zurücksetzen 1 -> /RI
sleep	-		1	1	System in Wartezustand versetzen 1 -> /TO 0 -> /PD

Der *Systemtakt* bestimmt die Ausführungszeit der Befehle durch das Steuerwerk und wird für die Taktversorgung der Peripherie speziell der Timer verwendet. Die Taktquelle wird mit einer programmierbaren Taktsteuerung eingestellt. In den meisten Anwendungen wird der Systemtakt von einem Quarz an den Anschlüssen OSC1 und OSC2 abgeleitet; die beiden Stützkondensatoren sollten zwischen 12 und 22 pF liegen. Wenn eine Datenübertragung mit der seriellen asynchronen Schnittstelle vorgesehen ist, sollte ein Quarztakt gewählt werden, der einen für die gewählte Baudrate günstigen Teiler ergibt. Bei internem Takt lassen sich die Anschlüsse OSC1 und OSC2 als Portleitungen RA7 und RA6 programmieren.

Die **Konfigurationswörter** legen die Betriebsbedingungen des Bausteins fest. Sie werden im Assemblerprogramm mit der Direktive **CONFIG** oder **__CONFIG** definiert und über die Ladedatei .hex der Programmiereinrichtung übergeben. Diese gestattet es in den meisten Fällen, die Vorgabewerte zu ändern, bevor sie in den Flash-Programmspeicher geschrieben werden. Die Konfigurationswörter des PIC 18F2220 haben folgenden Aufbau:

CONFIG1H Vorgaben für den Systemtakt

1	1	–	–	1	1	1	1
IESO	FSCM	–	–	FOSC3	FOSC2	FOSC1	FOSC0
Umschaltung bei Oszillatorstart 1: frei 0: gesperrt	Umschaltung bei Oszillatorfehler 1: frei 0: gesperrt			11xx: externer RC-Oszillator RA7, Ausgabe an RA6 = CLKO 1001: Oszillator intern, Ausgabe an RA6 = CLKO, RA7 frei 1000: Oszillator intern, RA7 und RA6 frei 0111: externer RC-Oszillator RA7, RA6 frei 0110: HS RA7/RA6 Quarz (4 – 20 MHz) mit PLL 0101: EC RA7 externer Takt; RA6 frei 0100: EC RA7 externer Takt, Ausgabe an RA6 = CLKO 0010: HS RA7/RA6 Quarz (4 – 20 MHz) 0001: XT RA7/RA6 Quarz (1 – 4 MHz) 0000: LP RA7/RA6 Quarz (32 – 200 kHz)			

CONFIG2L Vorgaben für die Brown-out Unterspannungserkennung

–	–	–	–	1	1	1	1
–	–	–	–	BORV1	BORV0	BOR	/PWRT
				Brown-out Spannung		Brown-out Reset	Power-up Timer
				11: 2.0 Volt		1: frei	1: gesperrt
				10: 2.7 Volt		0: gesperrt	0: frei
				01: 4.2 Volt			
				00: 4.5 Volt			

CONFIG2H Vorgaben für den Watchdog Timer (Wachhund)

–	–	–	1	1	1	1	1
–	–	–	WDTPS3	WDTPS2	WDTPS1	WDTPS0	WDT
			Taktteiler für Watchdog Timer				Watchdog Timer
			1111: 1:32768				Reset-Auslösung
			....				1: frei
			0000: 1:1				0: gesperrt

CONFIG3H Vorgaben für die Portumschaltung

1	–	–	–	–	–	1	1
MCLRE	–	–	–	–	–	PBAD	CCP2MX
Anschluss Stift 1						Anschlüsse RB4-RB0	Anschluss RB3 und RC1
1: /MCLR Reset						bei Reset	1: CCP2 multipl. mit RC1
0: RE3 Port						1: analoge Eingänge	0: CCP2 multipl. mit RB3
						0: digitale Anschlüsse	

CONFIG4L Vorgaben für Debugger, Low-Voltage-Programmierung und Stapel

1	–	–	–	–	1	–	1
/DEBUG	–	–	–	–	LVP	–	STVR
Debugger					Low-Voltage-Progr.		Stapelfehler-Reset
1: gesperrt RB7 RB6 frei					1: frei RB5 belegt		1: frei
0: frei RB7 RB6 belegt					0: gesperrt RB5 frei		0: gesperrt

CONFIG5L Vorgaben für den Code-Schutz des Flash-Bereichs

–	–	–	–	1	1	1	1
–	–	–	–	CP3	CP2	CP1	CP0
				(nur 8 kbyte Baust.)	(nur 8 kbyte Baust.)	Code-Schutz	Code-Schutz
				1: Block 3 ungesch.	1: Block 2 ungesch.	1: Block 1 ungesch.	1: Block 0 ungesch.
				0: Block 3 geschützt	0: Block 2 geschützt	0: Block 1 geschützt	0: Block 0 geschützt

CONFIG5H Code-Schutz für BOOT-Bereich und Daten-EEPROM-Bereich

1		1		-	-	-	-	-	-
CPD		CPB		-	-	-	-	-	-
Schutz für Daten-EEPROM 1: nicht geschützt 0: geschützt		Schutz für Flash-Boot-Bereich 1: nicht geschützt 0: geschützt							

CONFIG6L Vorgaben für den Schreibschutz des Flash-Bereichs

-	-	-	-	1	1	1	1
-	-	-	-	WRT3	WRT2	WRT1	WRT0
				(nur 8 kbyte Baust.) 1: Block 3 ungesch. 0: Block 3 geschützt	(nur 8 kbyte Baust.) 1: Block 2 ungesch. 0: Block 2 geschützt	Schreibschutz 1: Block 1 ungesch. 0: Block 1 geschützt	Schreibschutz 1: Block 0 ungesch. 0: Block 0 geschützt

CONFIG6H Schreibschutz für BOOT-Bereich, Daten-EEPROM-Bereich und Konfiguration

1	1	1	-	-	-	-	-
WRTD	WRTB	WRTC	-	-	-	-	-
Schutz für EEPROM 1: nicht geschützt 0: geschützt	Schutz für Boot-Bereich 1: nicht geschützt 0: geschützt	Schutz für Konfigurationsb. 1: nicht geschützt 0: geschützt					

CONFIG7L Vorgaben für den Leseschutz aus anderen Blöcken mit TBLRD-Befehlen

-	-	-	-	1	1	1	1
-	-	-	-	EBTR3	EBTR2	EBTR1	EBTR0
				(nur 8 kbyte Baust.) 1: Block 3 ungesch. 0: Block 3 geschützt	(nur 8 kbyte Baust.) 1: Block 2 ungesch. 0: Block 2 geschützt	Leseschutz 1: Block 1 ungesch. 0: Block 1 geschützt	Leseschutz 1: Block 0 ungesch. 0: Block 0 geschützt

CONFIG7H Leseschutz für den Boot-Bereich aus anderen Blöcken mit TBLRD-Befehlen

-	1	-	-	-	-	-
-	EBTRB	-	-	-	-	-
	Leseschutz für Flash-Boot-Bereich 1: nicht geschützt 0: geschützt					

Das Beispiel fügt die Definitionen mit #include ein und ändert mit CONFIG nur die Bit-positionen, die vom Vorgabewert umgeschaltet werden sollen.

```
            LIST    P=18F2220   ; Baustein
#include P18F2220.inc              ; Definitionsdatei
  config OSC=HS,PWRT=ON,WDT=OFF,PBAD=DIG,LVP=OFF ; Konfiguration
```

4.8   Anwendungsbeispiele

Die Beispiele behandeln Standardverfahren zur Eingabe und Ausgabe von Zahlen. Sie werden als Unterprogramme bzw. als Interruptservicefunktionen programmiert. Die Programmbeispiele verwenden den in Kapitel 5 beschriebenen relativen, verschieblichen Code, der einen Linker (Binder) erfordert.

4.8.1   Siebensegmentausgabe einer Digitaluhr

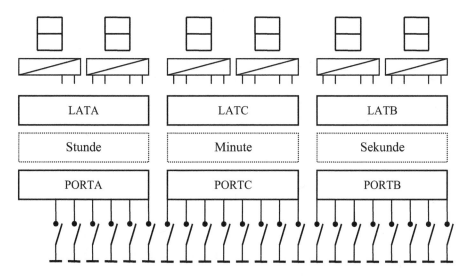

Bild 4-29: Ausgabe einer Digitaluhr auf einer sechsstelligen Siebensegmentanzeige

Die in *Bild 4-29* dargestellte Siebensegmentanzeige verlangt die Ausgabe in Form von BCD-codierten Dezimalzahlen, die sich mit dem Korrekturbefehl daw aus der dualen Arithmetik ergeben. Die Startwerte werden an den Kippschaltern der Ports eingestellt. Als Zeitbasis dient im Programm *Bild 4-30* der im Abschnitt 7.2.2 behandelteTimer0. Der PIC 18F2220 wird abweichend von den übrigen Programmbeispielen mit dem externen Quarz von 6.5536 MHz betrieben, um einen ganzzahligen Zähler für den Softwarezähler der periodischen Interruptimpulse zu erhalten.

- Quarz 6.5536 MHz geteilt durch 4 ergibt einen Timertakt von 1.6384 MHz.
- Der 16bit Betrieb ohne Vorteiler ergibt periodische Interruptimpulse von 1.6384 MHz durch 65536 gleich 25 Hz.
- Nach 25 Auslösungen des Timer0-Interrupts ist eine Sekunde vergangen.

```
; k4p8.asm PIC 18F2220 Digitaluhr mit Timer0-Interrupt
   LIST       P=18F2220, F=INHX32 ; Baustein und Fileformat
   #include   P18F2220.inc        ; Standard Header File von Microchip
   CONFIG OSC=HS,PWRT=ON,WDT=OFF,PBAD=DIG,LVP=OFF ; mit Lader kontrollieren!
takt          EQU      .6553600   ; Systemtakt (Quarz) 6.5536 MHz
RES_VEC       CODE     0x000      ; Programm-Flash
              goto     start      ;
HPI_VEC       CODE     0x008      ; Interrupt-Einsprung
              goto     tictac     ; nach Timer0-Serviceprogramm
LPI_VEC       CODE     0x018      ; Interrupt-Einsprung
              goto     start      ; nicht besetzt
              CODE
start         movlw    0x0f       ;
              movff    WREG,ADCON1 ; Port A und B sind digitale Eingabe
              setf     TRISA      ; Port A ist Eingang
              setf     TRISB      ; Port B ist Eingang
              setf     TRISC      ; Port C ist Eingang
              movff    PORTB,sek  ; Startwert der Sekunde
              movff    PORTC,min  ; Startwert der Minute
              movff    PORTA,stu  ; Startwert der Stunde
              clrf     TRISB      ; Port B Sekundenausgabe
              movff    sek,LATB   ; Startwert anzeigen
              clrf     TRISC      ; Port C Minutenausgabe
              movff    min,LATC   ; Startwert anzeigen
              clrf     TRISA      ; Port A Stundenausgabe
              movff    stu,LATA   ; Startwert anzeigen
              movwf    .25        ; Startwert Timertics
              movff    WREG,tics  ; für Timer0 Serviceprogramm
; Timer0 initialisieren  6553600 Hz : 4 : 65536 = 25 Hz = 25 tics pro Sekunde
              clrf     TMR0H      ; Timer0 löschen
              clrf     TMR0L      ; gibt Zeitverzögerung vor der Ausgabe
              movlw    B'10001000' ; Lauf,16bit,intern,x,Teiler aus,x,x,x
              movff    WREG,T0CON ; Timer0 Steuerregister
              bcf      INTCON,TMR0IF ; Timer0 Anzeigeflag löschen
              bsf      INTCON,TMR0IE ; Timer0 Interrupt freigeben
              bcf      RCON,IPEN  ; keine Prioritäten
              bsf      INTCON,GIE ; alle Interrupts global frei
loop          nop                 ; hier tut sich nichts mehr
              goto     loop       ;
; Timer0 Interruptserviceprogramm STATUS BSR WREG automatisch gerettet
tictac        decf     tics,f     ; Timertic-Zähler vermindern
              bnz      tictacex   ; bei ungleich Null Rücksprung
              movlw    .25        ; bei Null wieder mit Anfangswert laden
              movff    WREG,tics  ;
              movff    sek,WREG   ; alte Sekunde
```

```
                incf    WREG            ;
                daw                     ; BCD-Korrektur
                movff   WREG,sek        ; neue Sekunde
                movlw   0x60            ; BCD-Endwert der Sekunde
                subwf   sek,w           ;
                bc      tictac1         ; springe  sek > 59
                movff   sek,LATB        ; neue Sekunde ausgeben
                bra     tictacex        ; und weiter
tictac1         clrf    sek             ; Sekunde löschen
                movff   sek,LATB        ;
                movff   min,WREG        ; alte Minute
                incf    WREG            ; erhöhen
                daw                     ; BCD-Korrektur
                movff   WREG,min        ; neue Minute
                movlw   0x60            ; BCD-Endwert der Minute
                subwf   min,w           ;
                bc      tictac2         ; springe  min > 59
                movff   min,LATC        ; neue Minute ausgeben
                bra     tictacex        ; und weiter
tictac2         clrf    min             ; Minute löschen
                movff   min,LATC        ;
                movff   stu,WREG        ; alte Stunde
                incf    WREG            ; erhöhen
                daw                     ; BCD-Korrektur
                movff   WREG,stu        ; neue Stunde
                movlw   0x24            ; BCD-Endwert der Stunde
                subwf   stu,w           ; stu <= 23
                bc      tictac3         ; bei 24 Uhr wieder bei 0 Uhr beginnen
                movff   stu,LATA        ;
                bra     tictacex        ;
tictac3         clrf    stu             ;
                movff   stu,LATA        ;
tictacex        bcf     INTCON,TMR0IF   ; Timer0 Anzeigeflag wieder zurücksetzen
                retfie  FAST            ; Register STATUS BSR WREG zurückladen
; SRAM Datenbereich
                UDATA_ACS               ; SRAM-Datenbereich
tics            RES     1               ; Timertics
sek             RES     1               ; Sekunde
min             RES     1               ; Minute
stu             RES     1               ; Stunde
                END                     ;
```

Bild 4-30: Ausgabe einer Digitaluhr auf Siebensegmentanzeigen

4.8.2   USART-Zeichenfunktionen

Abschnitt 7.3 beschreibt den Aufbau und die Programmierung der seriellen USART-Schnittstelle, die zur Übertragung von Zeichen von und zu einem PC als Terminal dient. Auf dem PC muss ein entsprechendes Programm (z.B. *HyperTerminal*) zur Verfügung stehen, das Zeichen von der Tastatur über die COM-Schnittstelle sendet und seriell ankommende Zeichen auf dem Bildschirm ausgibt. Die Anschlüsse RXD (RC7) und TXD (RC6) des PIC-Controllers werden entsprechend *Bild 4-31* über V.24-Treiber wie z.B. MAX232C mit einer COM-Schnittstelle des PC verbunden. Notfalls ist ein USB-Interface erforderlich.

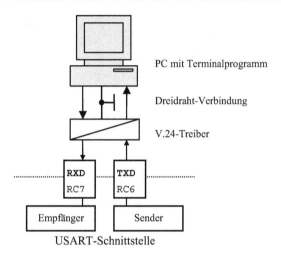

Bild 4-31: Die USART-Schnittstelle zur Zeichenübertragung von und zu einem PC

Das Unterprogramm ini18 übernimmt die Initialisierung der USART-Schnittstelle und verlangt die Vereinbarung der Symbole takt für den Systemtakt und baud für die Baudrate. Der Controllertakt ist so zu wählen, dass der in das Baudratenregister SPBRG zu ladende ganzzahlige Teiler keine größere Abweichung als 2% von der genormten Baudrate ergibt.

```
; ini18 USART initialisieren mit takt und baud Abweichung max. 2%
ini18          movlw   (takt/(.16 * baud) - 1) ; für BRGH = 1 Hoch
               movwf   SPBRG        ; nach Baudratenregister
               movlw   B'00100100' ; Sender ein, Baudrate hoch
               movwf   TXSTA        ; nach Sender-Steuerregister
               bsf     TRISC,RX     ; RC7 als RX Eingang TRISC
               bsf     TRISC,TX     ; RC6 als TX Eingang TRISC
               movlw   B'10010000' ; serielle E/A ein, Dauerempfang ein
               movwf   RCSTA        ; nach Empfänger-Steuerregister
               movf    RCREG,w      ; Empfänger vorsorglich leeren
               return               ;
```

Das Unterprogramm `putch18` wartet, bis das Senderdatenregister frei ist und übergibt dann aus dem W-Register das zu sendende Zeichen. Es gelangt über Zwischenspeicher (Puffer) in das eigentliche Schieberegister. Bei 9600 baud dauert die Übertragung eines Zeichens rund eine Millisekunde.

```
; putch18 warten und Zeichen aus W-Register senden
putch18         btfss   PIR1,TXIF   ; Sender-Datenregister frei ?
                goto    putch18     ; TXIF = 0: nein besetzt
                movwf   TXREG       ; TXIF = 1: ja senden TXIF -> 0
                return              ; Zeichen bleibt in W-Register
```

Die Unterprogramme `getch18` und `getche18` warten, bis ein Zeichen seriell empfangen wurde und holen es aus dem Empfängerdatenregister ab. Bei der Eingabe von Zeichen von der PC-Tastatur können dabei lange Wartezeiten entstehen, die sich durch eine Interruptsteuerung des Empfängers vermeiden lassen.

```
; getch18 warten und empfangenes Zeichen nach W-Register
getch18         btfss   PIR1,RCIF   ; Empfänger-Datenregister voll ?
                goto    getch18     ; RCIF = 0: nein kein Zeichen
                movf    RCREG,w     ; RCIF = 1: ja abholen RCIF -> 0
                return              ;
; getche18 warten und empfangenes Zeichen im Echo zurücksenden
getche18        btfss   PIR1,RCIF   ; Empfänger-Datenregister voll ?
                goto    getche18    ; RCIF = 0: nein kein Zeichen
                movf    RCREG,w     ; RCIF = 1: ja abholen RCIF -> 0
getche18a       btfss   PIR1,TXIF   ; Sender-Datenregister frei ?
                goto    getche18a   ; TXIF = 0: nein besetzt
                movwf   TXREG       ; TXIF = 1: ja senden TXIF -> 0
                return              ; Zeichen in W-Register
```

Die vier Grundfunktionen der USART-Schnittstelle können mit `#include` in den Text eines Hauptprogramms eingebunden werden. Sie sind zusammen mit den drei Stringfunktionen des nächsten Abschnitts in der Headerdatei `konsole18.h` zusammengefasst.

```
; konsole.h enthält #include für PIC18-Konsolfunktionen
#include ini18.asm      ; USART Initialisierung TAKT BAUD
#include putch18.asm    ; USART Zeichen aus WREG senden
#include getch18.asm    ; USART Zeichen nach WREG empfangen
#include getche18.asm   ; USART Zeichen nach WREG mit Echo
#include romputs.asm    ; USART Stringausgabe Adresse in TBLPTR
#include ramputs.asm    ; USART Stringausgabe Adresse in FSR0
#include ramgets.asm    ; USART Stringeingabe Adresse in FSR0
```

4.8.3   USART-Stringfunktionen

Entsprechend der C-Konvention besteht ein String aus einer Folge von ASCII-Zeichen, die von der Endemarke Null abgeschlossen wird. Diese ist ein Byte mit acht binären Nullen. Escape-Sequenzen lösen Steuerfunktionen wie z.B. einen Zeilenvorschub aus.

Zeichen	hexadezimal	dezimal	ASCII	Anwendung
\a	0x07	7	BEL	Bell = Alarm = Hupe
\b	0x08	8	BS	Backspace = Rücktaste
\n	0x0A	10	LF	Line Feed = Zeilenvorschub
\r	0x0D	13	CR	Carriage Return = Wagenrücklauf

Strings mit konstanten Texten werden üblicherweise zusammen mit den Befehlen im Programmspeicher abgelegt und lassen sich mit dem Tabellenzeiger TBLPTR und dem Tabellenregister TABLAT lesen. Das Unterprogramm romputs verlangt die Übergabe der Stringadresse in den drei Zeigerregistern.

```
; romputs String Adresse: TBLPTRU:TBLPTRH:TBLPTRL bis Endemarke ausgeben
; WREG, TBLPTRU, TBLPTRH ,TBLPTRL zerstört
romputs         tblrd*+               ; TABLAT <= Zeichen Adresse +1
                movf    TABLAT,f      ; auf Endemarke Null testen
                bz      romputs1      ; Null: nicht ausgeben
                movff   TABLAT,WREG   ; nicht Null:
                call    putch18       ; ausgeben
                goto    romputs       ; nächstes Zeichen
romputs1        return
;
; Konstante Daten im Programmbereich
austext         data    "\n\rEingabe -> ",0   ; neue Zeile, Text, Endemarke
```

Strings mit variablen Texten müssen vor der Ausgabe im RAM abgelegt werden. Das Unterprogramm ramgets verlangt die Übergabe der Anfangsadresse im Zeigerregister FSR0 und speichert die seriell ankommenden Zeichen, bis ein Steuerzeichen kleiner als der Leerzeichencode 0x20 erscheint. Die Eingabe lässt sich mit der Rücktaste (*backspace*) korrigieren. Das Symbol LAENGE enthält die maximale Anzahl der abzulegenden Zeichen.

```
LAENGE          EQU     .81           ; max. Länge für Eingabestring

; ramgets String Adresse: FSR0 speichern mit Endemarke  max. LAENGE Zeichen
; WREG FSR0 PRODL zerstört  Abbruchzeichen < 0x20 in WREG zurück
ramgets         clrf    PRODL         ; PRODL Zähler löschen
ramgets1        call    getch18       ; WREG <- Zeichen
                addlw   -0x08         ; Code BS-Taste
                bnz     ramgets2      ; nein: weiter
```

```
                movf    PRODL,f         ;   ja: Zeiger am Anfang ?
                bz      ramgets1        ;   ja: keine Wirkung
                movlw   0x08            ; nein: BS
                call    putch18         ;        im Echo ausgeben
                movlw   ' '             ; Leerzeichen
                call    putch18         ; ausgeben
                movlw   0x08            ; BS
                call    putch18         ; ausgeben
                decf    PRODL,f         ; Zähler - 1
                movff   POSTDEC0,WREG   ; Adresse - 1
                goto    ramgets1        ; neue Eingabe
ramgets2        addlw   0x08            ; Testsubtraktion aufheben
                addlw   -0x20           ; Steuerzeichen < $20 ?
                bnc     ramgets3        ;   ja: fertig C = 0: kleiner
                addlw   0x20            ; nein: Testsubtraktion aufheben
                movff   WREG,POSTINC0   ;        speichern Adresse + 1
                call    putch18         ; Zeichen im Echo ausgeben
                incf    PRODL           ; Zeichenzähler + 1
                movlw   LAENGE          ; max. Stringlänge
                cpfseq  PRODL           ; überspringe Zähler = Länge
                goto    ramgets1        ; ungleich: neue Eingabe
                goto    ramgets4        ; Abbruch der Eingabe
ramgets3        addlw   0x20            ; Testsubtraktion aufheben
ramgets4        movff   WREG,PRODL      ; Abbruchzeichen retten
                movlw   0               ; Endemarke
                movff   WREG,POSTINC0   ; speichern
                movff   PRODL,WREG      ; Abbruchzeichen -> WREG
                return                  ;
; RAM Datenbereich
                UDATA                   ; RAM-Datenbereich
eintext         RES     LAENGE          ; Speicher für Eingabestring
```

Das Unterprogramm `ramputs` übernimmt die Anfangsadresse des aus dem RAM auszugebenden Strings im Zeigerregister `FSR0` und gibt ihn bis zur Endemarke Null seriell aus.

```
; ramputs String Adresse: FSR0 bis Endemarke ausgeben
; WREG FSR0 zerstört
ramputs         movff   POSTINC0,WREG   ; Zeichen nach WREG Adresse + 1
                movf    WREG,f          ; auf Null testen
                bz      ramputs1        ; Null: nicht ausgeben
                call    putch18         ; nicht Null: ausgeben
                goto    ramputs         ; nächstes Zeichen
ramputs1        return                  ; Rücksprung
```

4.8.4   USART-Ausgabefunktionen für Zahlen

Die Funktionen geben die Werte mit der Zeichenfunktion `putch` direkt über die serielle
USART-Schnittstelle aus. Eine andere Lösung würde die ASCII-Zeichen zunächst in einen
im RAM anzulegenden String bringen. Dieser könnte dann mit der Funktion `ramputs` über
die USART-Schnittstelle oder auf einem anderen Gerät wie z.B. einer LCD-Anzeige ausgegeben werden. Die Funktionen `ausbin` und `aushex` geben ein Byte binär bzw. hexadezimal durch Codierung von einem bzw. vier Bits aus; das Zahlensystem bleibt dabei erhalten.

```
; ausbin W-Register binär ausgeben lz 0bxxxxxxxx  PRODL PRODH zerstört
ausbin        movff   WREG,PRODL   ; PRODL = Retter
              movlw   ' '          ; lz ausgeben
              call    putch18      ;
              movlw   '0'          ; 0 ausgeben
              call    putch18      ;
              movlw   'b'          ; b ausgeben
              call    putch18      ;
              movlw   8            ; 8 Zeichen
              movff   WREG,PRODH   ; PRODH = Zähler
ausbin1       rlncf   PRODL,f      ; rotiere links ohne Carry
              movff   PRODL,WREG   ; zur Ausgabe
              andlw   0x01         ; Maske 0000 0001
              addlw   0x30         ; Bit nach ASCII
              call    putch18      ; Ziffer ausgeben
              decf    PRODH,f      ; Zähler - 1
              bnz     ausbin1      ; bis alle 8 Zeichen ausgegeben
              movff   PRODL,WREG   ; altes Muster wiederherstellen
              return               ;

; aushex W-Register hexadezimal ausgeben lz 0xZZ  temp1 temp2 zerstört
aushex        movff   WREG,temp1   ; temp1 = Retter
              movlw   ' '          ; lz ausgeben
              call    putch18      ;
              movlw   '0'          ; 0 ausgeben
              call    putch18      ;
              movlw   'x'          ; x ausgeben
              call    putch18      ;
              movlw   2            ; 2 Zeichen
              movff   WREG,temp2   ; temp2 = Zähler
aushex1       swapf   temp1,f      ; High-Nibble zuerst
              movff   temp1,WREG   ;
              andlw   0x0F         ; Maske 0000 1111
              addlw   -.10         ; Wert - 10 Bereichsprüfung
              bc      aushex2      ; C = 1: grösser/gleich 10
```

```
                    addlw    .10 + 0x30   ; 0..9
                    goto     aushex3      ;
aushex2             addlw    .10 + 0x37   ; A..F
aushex3             call     putch18      ; Zeichen ausgeben
                    decf     temp2,f      ; Zähler - 1
                    bnz      aushex1      ; bis 2 Zeichen ausgegeben
                    movff    temp1,WREG   ; altes Muster wiederherstellen
                    return                ;
```

Für die dezimale Ausgabe ist eine Umwandlung aus dem dualen in das dezimale Zahlensystem erforderlich. Das Unterprogramm ausidez übernimmt in den beiden Produktregistern eine vorzeichenbehaftete 16bit Dualzahl und gibt nur das Vorzeichen aus. Die Zahlenumwandlung und Ausgabe der Ziffern übernimmt der Einsprungpunkt der Funktion ausudez.

```
; ausidez PRODH:PRODL dezimal Vorzeichen lz Ziffern ausgeben
; zerstört WREG PRODH, PRODL, temp1, temp2
ausidez             movlw    ' '          ; Leerzeichen
                    call     putch18      ; ausgeben
                    btfss    PRODH,7      ; überspringe bei negativ
                    goto     ausidez1     ; nach positiv
                    movlw    '-'          ; Vorzeichen -
                    call     putch18      ; ausgeben
                    comf     PRODL,f      ; 1er Komplement
                    comf     PRODH,f      ;
                    incf     PRODL,f      ; + 1 für 2er Komplement
                    btfsc    STATUS,C     ; überspringe wenn kein Übertrag
                    incf     PRODH,f      ;
                    goto     ausidez2     ; weiter zur Ausgabe
ausidez1            movlw    '+'          ; Vorzeichen +
                    call     putch18      ; ausgeben
ausidez2            call     ausudez0     ; Ziffern umrechnen und ausgeben
                    return                ;
```

Das Unterprogramm ausudez übernimmt in den beiden Produktregistern eine vorzeichenlose 16bit Dualzahl, die durch fortlaufende Subtraktionen in Dezimalstellen umgewandelt wird; die Zehntausenderstelle ergibt sich als erste durch Subtraktionen der Stellenwertigkeit 10000. Das alternative Divisionsrestverfahren, das die Dualzahl fortlaufend durch 10_{10} dividiert, liefert zuerst die wertniedrigste Stelle. Das in *Bild 4-6* des Abschnitts 4.1.1 Byteoperationen beschriebene Divisionsverfahren lässt sich einfach auf 16bit Operanden ausdehnen.

```
; ausudez PRODH:PRODL dezimal vorzeichenlos lz Ziffern ausgeben
; zerstört WREG PRODH, PRODL, temp1, temp2
ausudez             movlw    ' '          ; lz
                    call     putch18      ; ausgeben
; ausudez0 ist Einsprungpunkt für das Unterprogramm ausidez
; Zehntausenderstelle
```

```
ausudez0        clrf    temp1       ; Zehntausenderstelle löschen
                clrf    temp2       ; Marke für führende Nullenunterdrückung
ausudez1        movlw   LOW .10000  ;
                subwf   PRODL,f     ; PRODL = PRODL - Zehntausender_Low
                movlw   HIGH .10000 ;
                subwfb  PRODH,f     ; PRODH = PRODH - Zehntausender_High
                bnc     ausudez2    ; C = 0: Differenz negativ: fertig
                incf    temp1,f     ; Zehntausenderstelle erhöhen
                goto    ausudez1    ; und weiter abziehen
ausudez2        movlw   LOW .10000  ;
                addwf   PRODL,f     ; PRODL = PRODL + Zehntausender_Low
                movlw   HIGH .10000 ;
                addwfc  PRODH,f     ; PRODH = PRODH + Zehntausender_High
                movff   temp1,WREG  ; Ziffer
                iorwf   temp2,f     ; Unterdrückung führender Nullen
                bz      ausudez2a   ; ja: führende Null unterdrücken
                addlw   0x30        ; nach ASCII
                call    putch18     ; und direkt auf USART ausgeben
; Tausenderstelle
ausudez2a       clrf    temp1       ; Tausenderstelle löschen
ausudez3        movlw   LOW .1000   ;
                subwf   PRODL,f     ; PRODL = PRODL - Tausender_Low
                movlw   HIGH .1000  ;
                subwfb  PRODH,f     ; PRODH = PRODH - Tausender_High
                bnc     ausudez4    ; C = 0: Differenz negativ: fertig
                incf    temp1,f     ; Tausenderstelle erhöhen
                goto    ausudez3    ; und weiter abziehen
ausudez4        movlw   LOW .1000   ;
                addwf   PRODL,f     ; PRODL = PRODL + Tausender_Low
                movlw   HIGH .1000  ;
                addwfc  PRODH,f     ; PRODH = PRODH + Tausender_High
                movff   temp1,WREG  ; Ziffer
                iorwf   temp2,f     ; Unterdrückung führender Nullen ?
                bz      ausudez4a   ; ja: führende Null unterdrücken
                addlw   0x30        ; nach ASCII
                call    putch18     ; und direkt auf USART ausgeben
; Hunderterstelle
ausudez4a       clrf    temp1       ; Hunderterstelle löschen
ausudez5        movlw   LOW .100    ;
                subwf   PRODL,f     ; PRODL = PRODL - Hunderter_Low
                movlw   HIGH .100   ;
                subwfb  PRODH,f     ; PRODH = PRODH - Hunderter_High
                bnc     ausudez6    ; C = 0: Differenz negativ: fertig
                incf    temp1,f     ; Hunderter erhöhen
                goto    ausudez5    ; und weiter abziehen
```

```
ausudez6          movlw   LOW .100     ;
                  addwf   PRODL,f      ; PRODL = PRODL + Hunderter_Low
                  movlw   HIGH .100    ;
                  addwfc  PRODH,f      ; PRODH = PRODH + Hunderter_High
                  movff   temp1,WREG   ; Ziffer
                  iorwf   temp2,f      ; Unterdrückung führender Nullen ?
                  bz      ausudez6a    ; ja: führende Null unterdrücken
                  addlw   0x30         ; nach ASCII
                  call    putch18      ; und direkt auf USART ausgeben
; Zehner- und Einerstelle
ausudez6a         clrf    temp1        ; Zehnerstelle löschen
ausudez7          movlw   .10          ; PRODH muss Null sein (PRODL max. 99)
                  subwf   PRODL,f      ; PRODL = PRODL - 10
                  bnc     ausudez8     ; C = 0: Differenz negativ: fertig
                  incf    temp1,f      ; Zehner erhöhen
                  goto    ausudez7     ; und weiter abziehen
ausudez8          movlw   .10          ;
                  addwf   PRODL        ; PRODL = PRODL + 10
                  movff   temp1,WREG   ; Ziffer
                  iorwf   temp2,f      ; Unterdrückung führender Nullen ?
                  bz      ausudez9     ; ja: führende Null unterdrücken
                  addlw   0x30         ; nach ASCII
                  call    putch18      ; und direkt auf USART ausgeben
ausudez9          movff   PRODL,WREG   ; Rest Einer
                  addlw   0x30         ; nach ASCII
                  call    putch18      ; und direkt auf USART ausgeben
                  return               ;
```

Die Ausgabefunktionen können mit #include in den Text eines Hauptprogramms eingefügt werden. Sie sind zusammen mit den drei Eingabefunktionen des nächsten Abschnitts in
der Headerdatei einaus18.h zusammengefasst.

```
; einaus18.h #include Ein/Ausgabefunktionen PIC 18
#include ausbin.asm    ; WREG binär ausgeben
#include aushex.asm    ; WREG hexadezimal ausgeben
#include ausidez.asm   ; PRODH:PRODL signed dezimal ausgeben
#include ausudez.asm   ; PRODH:PRODL unsigned dezimal ausgeben
#include einhex.asm    ; PRODH:PRODL hexadezimal eingeben
#include einudez.asm   ; PRODH:PRODL unsigned dezimal eingeben
#include einidez.asm   ; PRODH:PRODL signed dezimal eingeben
```

4.8.5   USART-Eingabefunktionen für Zahlen

Die Funktionen entnehmen die umzuwandelnden ASCII-codierten Ziffern einem im RAM angelegten String, der mit der Stringfunktion `ramgets` von der USART-Schnittstelle eingelesen werden muss. Bis zum Ende der Eingabe mit einer Steuertaste wie z.B. Wagenrücklauf (*return*) sind Korrekturen mit der Rücktaste (*backspace*) möglich. Die Auswertung des Eingabestrings wird mit der ersten Nicht-Ziffer beendet; das Ergebnis wird als 16bit Dualzahl in den beiden Produktregistern zurückgeliefert. Bei einem Überlauf erscheint eine 1 im Carrybit als Fehlermarke.

Bei der hexadezimalen Eingabe von Bitmustern bleibt das Zahlensystem weitgehend erhalten; eine Hexadezimalstelle bedeutet lediglich eine Zusammenfassung von vier Binärstellen. Das Unterprogramm `einhex` verlangt die Zeichen 0x vor den Ziffern im Bereich von 0 bis 9, A bis F und a bis f. Vor dem Einbau einer neuen Stelle wird der alte 16bit Wert um vier Bitpositionen nach links verschoben; dies entspricht einer Multiplikation mit 16, der Basis des hexadazimalen Zahlensystems. Tritt dabei ein Überlauf auf, so wird die Eingabe mit einer Fehlermarke abgebrochen.

```
; einhex Hexadezimale Eingabe aus String Adresse in FSR0 temp1 temp2 zerstört
; Rückgabe PRODH:PRODL WREG = Abbruchzeichen C = 1: Überlauffehler
einhex        movff    POSTINC0,temp1 ; 1. Zeichen -> Retter  Adresse + 1
              movlw    '0'           ; 1. Zeichen muss 0 sein
              cpfseq   temp1         ; überspringe bei gleich
              goto     einhexerr     ; Fehlerabbruch bei ungleich
              movff    POSTINC0,temp1 ; 2. Zeichen -> Retter Adresse + 1
              movlw    'x'           ; 2. Zeichen muss x sein
              cpfseq   temp1         ; überspringe bei gleich
              goto     einhexerr     ; Fehlerabbruch bei ungleich
              clrf     PRODH         ; Ergebnisregister löschen
              clrf     PRODL         ;
; Eingabeschleife für Hexadezimalziffern 0..9 A..F a..f
einhex1       movlw    4             ;
              movff    WREG,temp2    ; temp2 = Verschiebezähler
              movff    POSTINC0,temp1 ; Zeichen -> Retter Adresse + 1
              movlw    '0'-1         ; Vergleich Ziffernbereich '0' ?
              cpfsgt   temp1         ; überspringe Zeichen > '0'-1
              goto     einhexend     ; Eingabeende Zeichen <= '0'-1
              movlw    '9'+1         ; Vergleich Ziffernbereich '9'
              cpfslt   temp1         ; überspringe Zeichen <= '9'
              goto     einhex2       ; für > 9 Buchstaben testen
              movff    temp1,WREG    ; WREG = Ziffer 0 .. 9
              addlw    -'0'          ; decodieren
              goto     einhex4       ; verarbeiten
einhex2       movlw    'A'-1         ; Vergleich Buchstabenbereich 'A'
              cpfsgt   temp1         ; überspringe Zeichen > 'A'-1
```

```
            goto    einhexend    ; Eingabeende Zeichen <= 'A'-1
            movlw   'F'+1        ; Vergleich Buchstabenbereich 'F'
            cpfslt  temp1        ; überspringe Zeichen <= 'F'
            goto    einhex3      ; für > 'F' Kleinbuchstaben a .. f testen
            movff   temp1,WREG   ; WREG = Buchstabe A .. F
            addlw   -'A'+.10     ; decodieren
            goto    einhex4      ; verarbeiten
einhex3     movlw   'a'-1        ; Vergleich Buchstabenbereich 'a'
            cpfsgt  temp1        ; überspringe Zeichen > 'a'-1
            goto    einhexend    ; Eingabeende Zeichen <= 'a'-1
            movlw   'f'+1        ; Vergleich Buchstabenbereich 'f'
            cpfslt  temp1        ; überspringe Zeichen <= 'f'
            goto    einhexend    ; für > 'f' Eingabeende
            movff   temp1,WREG   ; WREG = Buchstabe a .. f
            addlw   -'a'+.10     ; decodieren
; WREG = gültige Hexastelle von 0 .. 15
einhex4     bcf     STATUS,C     ; Carry löschen logisch schieben
            rlcf    PRODL        ; Low-Teil logisch links
            rlcf    PRODH        ; High-Teil logisch links
            bc      einhexerr    ; Carry = 1: Überlauf
            decf    temp2,f      ; Verschiebezähler - 1
            bnz     einhex4      ;
            iorwf   PRODL,f      ; neue Hexastelle einbauen
            goto    einhex1      ; neue Eingabe
; Ausgang für Ende der Eingabe mit Nicht-Ziffer
einhexend   bcf     STATUS,C     ; Fehlermarke C = 0: kein Fehler
            goto    einhexaus    ;
; Fehlerausgang WREG = Abbruchzeichen PRODH:PRODL=0 C = 1
einhexerr   bsf     STATUS,C     ; Fehlermarke C = 1
            clrf    PRODH        ; Ergebnis löschen
            clrf    PRODL        ;
einhexaus   movff   temp1,WREG   ; WREG = Abbruchzeichen
            return               ;
```

Bei der dezimalen Eingabe ist eine Umwandlung des dezimalen in das duale Zahlensystem erforderlich. Das Unterprogramm einudez führt dies nach folgendem Verfahren durch:

- Multiplikation des alten Wertes mit dem Faktor 2 durch eine Linksverschiebung,
- Multiplikation mit dem Faktor 4 durch eine weitere Linksverschiebung,
- Multiplikation mit dem Faktor 5 durch Addition des alten Wertes,
- Multiplikation mit dem Faktor 10 durch eine weitere Linksverschiebung und
- anschließend Addition der neuen Dezimalstelle.
- Ein Überlauf bei einer der Operationen bricht das Verfahren mit einer Fehlermarke ab.

```
; einudez unsigned dez. Eing. String Adresse FSR0 temp1 temp2 temp3 zerstört
; Rückgabe PRODH:PRODL WREG = Abbruchzeichen C = 1: Überlauffehler
einudez         clrf     PRODH          ; Ergebnisregister löschen
                clrf     PRODL          ;
einudez1        movff    POSTINC0,temp1 ; Zeichen -> Retter Adresse + 1
                movlw    '0'-1          ; Vergleich Ziffernbereich '0' ?
                cpfsgt   temp1          ; überspringe Zeichen > '0'-1
                goto     einudezend     ; Eingabeende Zeichen <= '0'-1
                movlw    '9'+1          ; Vergleich Ziffernbereich '9'
                cpfslt   temp1          ; überspringe Zeichen  <= '9'
                goto     einudezend     ; für > 9 Ende der Eingabe
                movff    temp1,WREG     ; WREG = Ziffer 0 .. 9
                addlw    -'0'           ; decodieren
; WREG = gültige Dezimalstelle von 0 .. 9: (alter Wert*10) + neue Stelle
                movff    WREG,temp3     ; temp3 neue Stelle retten
                movff    PRODL,temp1    ; alten Wert retten
                movff    PRODH,temp2    ;
                bcf      STATUS,C       ; Carry löschen
                rlcf     PRODL,f        ; *2
                rlcf     PRODH,f        ;
                bc       einudezerr     ; C = 1 Überlauf
                rlcf     PRODL,f        ; *2 gibt *4
                rlcf     PRODH,f        ;
                bc       einudezerr     ; C = 1 Überlauf
                movff    temp1,WREG     ; + alter Wert gibt *5
                addwf    PRODL,f        ;
                movff    temp2,WREG     ;
                addwfc   PRODH,f        ;
                bc       einudezerr     ; C = 1 Überlauf
                rlcf     PRODL,f        ; *2 gibt *10
                rlcf     PRODH,f        ;
                bc       einudezerr     ; C = 1 Überlauf
                movff    temp3,WREG     ; neue Stelle
                addwf    PRODL,f        ; addieren
                clrf     WREG           ;
                addwfc   PRODH,f        ;
                bc       einudezerr     ; C = 1 Überlauf
                goto     einudez1       ; neue Eingabe
einudezend      bcf      STATUS,C       ; Fehlermarke C = 0: kein Fehler
                goto     einudezaus     ;
einudezerr      bsf      STATUS,C       ; Fehlermarke C = 1
                clrf     PRODH          ; Ergebnis löschen
                clrf     PRODL          ;
einudezaus      movff    temp1,WREG     ; WREG = Abbruchzeichen
                return                  ;
```

Bei der Eingabe von vorzeichenbehafteten Dezimalzahlen mit dem Unterprogramm einidez sind drei Fälle zu unterscheiden, die alle drei für die Umwandlung der Dezimalstellen das Unterprogramm einudez aufrufen:

- Eingabe mit einem positiven Vorzeichen **+** vor den Dezimalziffern,
- Eingabe mit einem negativen Vorzeichen **−** vor den Dezimalziffern und
- Eingabe von Dezimalziffern ohne Vorzeichen als positive Zahl.

```
; einidez signed dezimale Eingabe String FSR0 temp1 temp2 temp3 zerstört
; Rückgabe PRODH:PRODL WREG = Abbruchzeichen C = 1: Überlauffehler
einidez         movff   POSTINC0,temp1 ; 1. Zeichen -> Retter  Adresse + 1
                movlw   '+'     ; Vorzeichen + ?
                cpfseq  temp1   ; überspringe bei gleich
                goto    einidez1 ; bei ungleich weiter
; Vorzeichen positiv
                call    einudez ; dezimale Eingabe
                btfsc   PRODH,7 ; überspringe bei positiv
                goto    einidezerr ; negativ: Überlauffehler
                return          ;
einidez1        movlw   '-'     ; Vorzeichen - ?
                cpfseq  temp1   ; überspringe bei gleich
                goto    einidez3 ; bei ungleich weiter
; Vorzeichen negativ Ergebnis PRODH:PRODL komplementieren
                call    einudez ; dezimale Eingabe
                bc      einidez2 ; C = 1: Fehler
                comf    PRODL,f ; 1er Komplement
                comf    PRODH,f ;
                incf    PRODL,f ; + 1 für 2er Komplement
                btfsc   STATUS,C ; überspringe wenn kein Übertrag
                incf    PRODH,f ;
                btfss   PRODH,7 ; überspringe bei negativ
                goto    einidezerr ; positiv: Überlauffehler
                bcf     STATUS,C ; C = 0: gutes Ergebnis
einidez2        return          ;
; kein Vorzeichen eingegeben mit Ziffernfolge versuchen
einidez3        movff   POSTDEC0,temp1 ; Zeiger wieder zurücksetzen
                call    einudez ; dezimale Eingabe
                btfsc   PRODH,7 ; überspringe bei positiv
                goto    einidezerr ; negativ: Überlauffehler
                return          ;
; Fehlerausgang Overflow Vorzeichenwechsel
einidezerr      clrf    PRODH   ;
                clrf    PRODL   ;
                bsf     STATUS,C ; C = 1 Fehlermarke
                return          ;
```

Das Hauptprogramm *Bild 4-32* fügt die Zeichen-, String- und Umwandlungsunterprogramme mit #include-Anweisungen in den Programmtext ein.

```
; k4p9.asm Test PIC18 USART- und Ein/Ausgabe-Unterprogramme
   LIST       P=18F2220, F=INHX32 ; Baustein und Fileformat
   #include  P18F2220.inc         ; Standard Header File von Microchip
   CONFIG OSC=HS,PWRT=ON,WDT=OFF,PBAD=DIG,LVP=OFF  ; mit Lader kontrollieren!
takt           EQU       .4000000  ; Systemtakt (Quarz) 4 MHz
baud           EQU       .9600     ; Baudrate für USART
LAENGE         EQU       .81       ; max. Länge für Eingabestring
;
RES_VEC        CODE      0x000     ; Programm-Flash
               goto      start     ;
HPI_VEC        CODE      0x008     ; Interrupt-Einsprung
               goto      start     ; nicht besetzt
LPI_VEC        CODE      0x018     ; Interrupt-Einsprung
               goto      start     ; nicht besetzt
               CODE
start          clrf      TRISB     ; 0000 0000 Port B Ausgabe
               call      ini18     ; USART initialisieren
               clrf      TBLPTRU   ; Flash-Konstantenspeicher < 64 kByte
; Arbeitsschleife
loop           movlw     LOW austext1 ; Meldung "Zeichen -> "
               movff     WREG,TBLPTRL ;
               movlw     HIGH austext1 ;
               movff     WREG,TBLPTRH ;
               call      romputs   ; Text aus Flash ausgeben
               call      getch18   ; Zeichen -> WREG
               call      putch18   ; Zeichen ausgeben
               call      ausbin    ; binär ausgeben
               call      aushex    ; hexadezimal ausgeben
; Test der hexadezimalen Ein/Ausgabe
               movlw     LOW austext2 ; Meldung " 0xhexa -> "
               movff     WREG,TBLPTRL ;
               movlw     HIGH austext2 ;
               movff     WREG,TBLPTRH ;
               call      romputs   ; Text aus Flash ausgeben
               lfsr      FSR0,eintext ; Eingabe nach String lesen
               call      ramgets   ;
               lfsr      FSR0,eintext ;
               call      einhex    ; Hexadezimaleingabe nach PRODH:PRODL
               bc        fehler    ; Abbruch bei Fehler
               movff     PRODH,WREG ;
               call      aushex    ;
               movff     PRODL,WREG ;
```

```
                        call      aushex        ;
; Test der unsigned dezimalen Ein/Ausgabe
                        movlw     LOW austext3  ; Meldung "dezimal -> "
                        movff     WREG,TBLPTRL  ;
                        movlw     HIGH austext3 ;
                        movff     WREG,TBLPTRH  ;
                        call      romputs       ; Text aus Flash ausgeben
                        lfsr      FSR0,eintext  ; Eingabe nach String lesen
                        call      ramgets       ;
                        lfsr      FSR0,eintext  ;
                        call      einudez       ; Dezimaleingabe nach PRODH:PRODL
                        bc        fehler        ; Abbruch bei Fehler
                        call      ausudez       ;
  ; Test der signed dezimalen Ein/Ausgabe
                        movlw     LOW austext4  ; Meldung "+/-dezi -> "
                        movff     WREG,TBLPTRL  ;
                        movlw     HIGH austext4 ;
                        movff     WREG,TBLPTRH  ;
                        call      romputs       ; Text aus Flash ausgeben
                        lfsr      FSR0,eintext  ; Eingabe nach String lesen
                        call      ramgets       ;
                        lfsr      FSR0,eintext  ;
                        call      einidez       ; Dezimaleingabe nach PRODH:PRODL
                        bc        fehler        ; Abbruch bei Fehler
                        call      ausidez       ;
                        goto      loop          ;
; Fehlermeldung ausgeben
fehler                  movlw     LOW austext5  ; Meldung "Eingabefehler!"
                        movff     WREG,TBLPTRL  ;
                        movlw     HIGH austext5 ;
                        movff     WREG,TBLPTRH  ;
                        call      romputs       ; Text aus Flash ausgeben
                        goto      loop          ;
;
; USART-Unterprogramme werden mit #include konsole18.h eingefügt
#include konsole18.h
; Ein/Ausgabe-Unterprogramme werden mit #include einaus18.h eingefügt
#include einaus18.h
; Konstante Daten im Programmbereich
austext1      data      "\n\rZeichen -> ",0    ;
austext2      data      "\n\r 0xhexa -> ",0     ;
austext3      data      "\n\rdezimal -> ",0     ;
austext4      data      "\n\r+/-dezi -> ",0     ;
austext5      data      "\n\r\bEingabefehler!"  ;
```

```
; RAM Datenbereich
                 UDATA                   ; SRAM-Datenbereich
temp1            RES     1               ; Hilfsspeicherstelle für Unterprogramme
temp2            RES     1               ; Hilfsspeicherstelle für Unterprogramme
temp3            RES     1               ; Hilfsspeicherstelle für Unterprogramme
temp4            RES     1               ; Hilfsspeicherstelle für Unterprogramme
eintext          RES     LAENGE          ; Speicher für Eingabestring
                 END                     ;
```

Bild 4-32: Hauptprogramm zum Testen der Ein/Ausgabefunktionen

Die in diesem Abschnitt vorgestellten Zahlen-Umwandlungsfunktionen wurden über die USART-Schnittstelle auf einem PC mit dem Windows-Programm *HyperTerminal* getestet. Für andere Ein/Ausgabegeräte müssen die Unterprogramme dem entsprechenden Anwendungsfall angepasst werden. Beispiele:

- Ein/Ausgabe als Slave über die SSP-Schnittstelle (Abschnitt 7.6.1),
- Ein/Ausgabe als Baustein am I^2C-Bus (Abschnitt 7.6.2),
- Eingabe über eine angeschlossene PC-Tastatur (Abschnitt 9.3) sowie
- Ausgabe auf einem LCD-Display (Abschnitt 9.2).

Für die *Initialisierung* des Ein/Ausgabegerätes ist anstelle von ini18 eine dem Gerät angepasste Funktion erforderlich.

In den *Ausgabefunktionen* für Zahlen (Abschnitt 4.8.4) ist das Unterprogramm putch18, das ein Zeichen über die serielle USART-Schnittstelle ausgibt, durch ein entsprechendes Ausgabe-Unterprogramm zu ersetzen.

Für die *Eingabefunktionen* für Zahlen ist zwischen der direkten Eingabe vom Gerät und der gepufferten Eingabe über einen RAM-Zwischenspeicher zu unterscheiden. In dem Unterprogramm ramgets, welches die Stringadresse in FSR0 übergibt, sind die Unter-Unterprogramme getch18 und putch18 zu ersetzen.

5   Der Linker (Binder)

Für die Programmbeispiele des Kapitels 3 (Assembler der PIC16-Familie) und des Kapitels 4 (Assembler der PIC18-Familie) erzeugte der Assembler aufgrund von Direktiven absoluten Code, der über die Ladedatei .hex direkt in den Baustein geladen werden konnte. Extern definierte Quellcodes wie z.B. Makros oder Unterprogramme wurden als Textdatei mit #include eingefügt und zusammen mit dem Hauptprogramm übersetzt.

Ein Linker (*Bild 5-1*) hat die Aufgabe, bereits übersetzte Objektdateien vom Typ .o zu einer Ladedatei .hex zusammenzubinden. Eine Skriptdatei .lkr enthält Angaben über die zu bindenden Dateien und den Aufbau des Programm-Flash und des RAM-Bereiches. Das Ergebnis sind die Ladedatei .hex sowie einige Hilfsdateien z.B. für den Debugger.

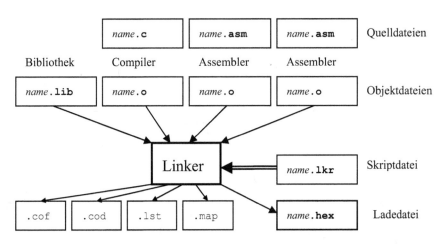

Bild 5-1: Eingabe- und Ausgabedateien des Linkers

Das einführende Beispiel *Bild 5-2* wurde unter der Entwicklungsumgebung MLAB IDE v7.50 mit dem Assembler MPASM 5.06 übersetzt und mit dem Linker MPLINK 4.06 in eine Ladedatei umgewandelt; eine Verbindung mit anderen Objektdateien wurde nicht durchgeführt. Anstelle von ORG sind die fett markierten Direktiven **CODE** erforderlich. Die Entwicklungsumgebung enthält für fast alle Bausteine Definitionsdateien .inc, Vorlagedateien .lkr für Skriptdateien und Assemblerbeispiele für absoluten, ladbaren und für relativen, verschieblichen Code, der einen Linker erfordert.

```
; k5p1.asm PIC 18F2220 Einführendes Beispiel mit Linker
; Eingabe Port B nach Ausgabe Port C Port A Taktteiler / 10
    LIST      P=18F2220, F=INHX32  ; Baustein und Fileformat
    #include P18F2220.inc          ; Definitionsdatei
    CONFIG OSC=HS,PWRT=ON,WDT=OFF,PBAD=DIG,LVP=OFF ; mit Lader kontrollieren!
RES_VEC  CODE    0x0000    ; feste Reset-Startadresse
         goto    start     ; Sprung zum Programmanfang
HPI_VEC  CODE    0x0008    ; fester HP-Interrupt-Einsprung
         goto    start     ; nicht besetzt
LPI_VEC  CODE    0x0018    ; fester LP-Interrupt-Einsprung
         goto    start     ; nicht besetzt
         CODE              ; verschieblicher Programmcode
start:   clrf    TRISA     ; Port A Ausgänge
         setf    TRISB     ; Port B Eingänge
         clrf    TRISC     ; Port C Ausgänge
         clrf    LATA      ; Port A löschen
; Arbeitsschleife 5 Takte High / 5 Takte Low  RA0: Befehlstakt / 10
loop:    movf    PORTB,W   ; 1 Takt Eingabe nach W-Register
         movwf   LATC      ; 1 Takt W-Register nach Ausgabe
         incf    LATA,f    ; 1 Takt Port A erhöhen
         goto    loop      ; 2 Takte springe immer
         END
```

Bild 5-2: Assemblerprogramm mit Direktiven CODE für den Linker

Die Skriptdatei *Bild 5-3* wurde gegenüber der Vorlage 18F2220.1kr des Herstellers leicht verändert. Das Doppelzeichen // leitet einen Kommentar ein.

```
// k5p1.lkr Linker Scriptdatei für PIC18F2220 ohne FILES
LIBPATH .
// Flash
CODEPAGE   NAME=vectors   START=0x0        END=0x29       PROTECTED
CODEPAGE   NAME=page      START=0x2A       END=0xFFF
CODEPAGE   NAME=idlocs    START=0x200000   END=0x200007   PROTECTED
CODEPAGE   NAME=config    START=0x300000   END=0x30000D   PROTECTED
CODEPAGE   NAME=devid     START=0x3FFFFE   END=0x3FFFFF   PROTECTED
CODEPAGE   NAME=eedata    START=0xF00000   END=0xF000FF   PROTECTED
// RAM
ACCESSBANK NAME=accessram START=0x0        END=0x7F
DATABANK   NAME=gpr0      START=0x80       END=0xFF
DATABANK   NAME=gpr1      START=0x100      END=0x1FF
ACCESSBANK NAME=accesssfr START=0xF80      END=0xFFF      PROTECTED
```

Bild 5-3: Skriptdatei für den Linker (PIC 18F2220)

5.1 Assemblerdirektiven für verschieblichen Code

Für Assemblerprogramme, die Objektdateien mit verschieblichem, relativem Code ergeben und die einen Linker erfordern, sind besondere Direktiven für die Definition des Programm-Flash und des RAM-Bereiches erforderlich.

Direktive	*Anwendung*	*Beispiel*		
name **CODE** *adresse*	benannter Codebereich auf fester Adresse	`HPI_VEC`	**CODE**	`0x008`
CODE	verschieblicher Codebereich ohne feste Adresse		**CODE**	
name **UDATA** *adresse*	benannter Datenbereich im RAM auf fester Adresse	`wert` `wert1`	**UDATA** `RES`	`0x20` `.10`
UDATA	verschieblicher Datenbereich im RAM ohne feste Adresse	`otto`	**UDATA** `RES`	`1`
UDATA_OVR	gemeinsamer Datenbereich im RAM für mehrere Variablen mit oder ohne feste Adresse	`temp` `wert1` `temp` `wert2`	**UDATA_OVR** `RES` **UDATA_OVR** `RES`	`1` `1`
IDATA *Konstanten*	RAM mit vorbesetzen Werten, die als Konstanten im Flash angelegt werden und die der Benutzer mit einem Programm laden muss	`kon1` `kon2`	**IDATA** `DB` `DW`	`1,2,3,4` `0x1234`
GLOBAL *liste*	Symbol ist auch in anderen Modulen verfügbar	`otto`	`RES` **GLOBAL**	`1` `otto`
EXTERN *liste*	Symbol ist in einem anderen Modul definiert		**EXTERN** `movwf`	`otto` `otto`

Die folgenden Direktiven sind nur für die PIC18-Familie verfügbar.

Direktive	*Anwendung*	*Beispiel*	
CODE_PACK	Bytekonstanten mit DB fortlaufend im Flash ablegen und nicht mit Null auffüllen		**CODE_PACK** `DB` `1,2,3` `DB` `4,5,6`
ACCESS_OVR	gemeinsamer Datenbereich in der Access-Bank	`temp`	**ACCESS_OVR**
UDATA_ACC	Datenbereich in der Access-Bank		**UDATA_ACC**
IDATA_ACC	vorbesetzter Datenbereich in der Access-Bank		**IDATA_ACC**

Weitere Direktiven für verschieblichen Code der PIC16-Familie finden sich im Handbuch für den Assembler und Linker.

Das Programmbeispiel *Bild 5-4* wurde gegenüber der Vorlagedatei `2220tmpo.asm` des Herstellers verändert. Die mit `udata` (uninitialisiert) deklarierten RAM-Bereiche enthalten beim Start des Programms undefinierte Anfangswerte. Für den mit `idata` (intialisiert) deklarierten RAM-Bereich werden die vereinbarten Konstanten im Flash-Programmspeicher abgelegt. Der RAM-Bereich wird beim Programmstart undefiniert übergeben; das Programmbeispiel enthält ein Unterprogramm `idata_copy`, das die Initialisierung durch Kopieren der im Flash abgelegten Werte in den RAM vornimmt. Das Beispiel `IDASM16.ASM` der Microchip Entwicklungsumgebung enthält die Anordung einer Tabelle für einen PIC16. Testläufe mit dem PIC 18F2220 zeigten jedoch einen anderen Aufbau. Der vordefinierte Zeiger `_cinit`, der als `EXTERN` zu deklarieren ist, zeigt auf das erste Byte der Tabelle. Jeder Eintrag besteht aus 12 Bytes mit der Anfangsadresse der im Flashbereich abgelegten Daten, der Anfangsadresse des RAM-Bereiches, in den die Daten zu kopieren sind und der Anzahl der zu kopierenden Bytes. Die Bedeutung der mit einem ? gekennzeichneten Bytes konnte nicht geklärt werden. Mehrere vorbesetzte RAM-Bereiche müssen benannt werden.

Anzahl der Bereiche Low-Byte
Anzahl der Bereiche High-Byte
Anfangsadresse der Flash-Daten Low-Byte
Anfangsadresse der Flash-Daten High-Byte
Anfangsadresse der Flash-Daten Upper-Byte
?
Anfangsadresse des RAM-Bereichs Low-Byte
Anfangsadresse des RAM-Bereichs High-Byte
?
?
Anzahl der Datenbytes Low-Byte
Anzahl der Datenbytes High-Byte
?
?
weitere Bereiche

```
; k5p2.asm PIC18F2220 Test der Assemblerdirektiven für den Linker
; INT0/RB0 hohe Priorität: IDATA_ACS ausgeben
; INT1/RB1 niedere Priorität: EEPROM ausgeben
        LIST P=18F2220, F=INHX32 ; Direktiven für Baustein und Hex-Dateiformat
        #include <P18F2220.INC>  ; Definitionsdatei einfügen
        CONFIG OSC=HS,PWRT=ON,WDT=OFF,PBAD=DIG,LVP=OFF ; mit Lader kontrollieren!
            EXTERN _cinit        ; Anfangsadresse der Datenliste
; Variablendefinitionen im RAM
            UDATA        ; verschiebliche Daten im RAM
WREG_TEMP   RES    1     ; Variable im RAM zum Retten von WREG
STATUS_TEMP RES    1     ; Variable im RAM zum Retten von STATUS
BSR_TEMP    RES    1     ; Variable im RAM zum Retten von BSR

            UDATA_ACS    ; verschiebliche Daten in der Access-Bank
anzl        RES    1     ; Anzahl der Einträge Low-Byte
anzh        RES    1     ; Anzahl der Einträge High-Byte
tabl        RES    1     ; laufende Tabellenadresse Low-Byte
tabh        RES    1     ; laufende Tabellenadresse High-Byte
tabu        RES    1     ; laufende Tabellenadresse Upper-Byte
```

```
retl        RES     1      ; Tabellenzeiger Low retten
reth        RES     1      ; Tabellenzeiger High retten
retu        RES     1      ; Tabellenzeiger Upper retten
zael        RES     1      ; laufender Bytezähler Low-Byte
zaeh        RES     1      ; laufender Bytezähler High-Byte


vor1        IDATA_ACS      ; verschiebliche vorbesetzte Daten Access-Bank
istring     DB      "ABCDEF"   ; String
            DB      0x12,0x34  ; zwei Bytes
            DW      0x7856     ; ein Wort
            DW      0          ; Endemarke


vor2        IDATA_ACS      ; mehrere Bereiche müssen benannt werden
test        DB      0x33       ; Testwert erscheint auf Port A


; Vorbesetzte Daten im EEPROM
DATA_EEPROM         CODE    0xf00000   ; auf fester Adresse
estring             DE      "abcdef",0 ; String mit Endemarke Null


; Programm-Flash Bereich
RESET_VECTOR        CODE    0x0000 ; Code auf fester Adresse
                    goto    start  ; nach Hauptprogramm


HI_INT_VECTOR       CODE    0x0008 ; Code auf fester Adresse
                    bra     HighInt ; High Priority Interrupt


LOW_INT_VECTOR      CODE    0x0018 ; auf fester Adresse
                    bra     LowInt  ; Low Priority Interrupt


                    CODE            ; verschieblicher Code
; Interruptservice für High Priority Interrupt INT0/RB0
HighInt:
        movf    POSTINC0,w     ; RAM-Byte -> W-Register Adresse + 1
        bnz     HighInt1       ; Byte nicht Null: ausgeben
        lfsr    FSR0,istring   ; Byte Null: Anfangsadresse -> FSR0
        bra     HighInt        ; und Byte laden
HighInt1:
        movwf   LATC           ; Byte nach Port C ausgeben
        bcf     INTCON,INT0IF  ; INT0 Anzeigeflag löschen
        retfie  FAST           ; BSR WREG STATUS automatisch zurück
; Interruptservice für Low Priority Interrupt INT1/RB1
LowInt:
        movff   STATUS,STATUS_TEMP ; retten STATUS Register
        movff   WREG,WREG_TEMP     ; retten Arbeitsregister
        movff   BSR,BSR_TEMP       ; retten BSR Register
```

```
LowInt1:
        bcf     EECON1,EEPGD         ; EEPROM-Zugriff
        bcf     EECON1,CFGS          ; EEPROM-Zugriff
        bsf     EECON1,RD            ; EEPROM-Leseoperation
        movf    EEDATA,w             ; Byte -> W-Register
        bnz     LowInt2              ; Byte nicht Null: ausgeben
        movlw   estring              ; Anfangsadresse EEPROM-Daten
        movwf   EEADR                ; nach EEPROM-Adressregister
        bra     LowInt1              ; und nochmal lesen
LowInt2:
        movwf   LATC                 ; Byte nach Port C ausgeben
        incf    EEADR,f              ; EEPROM-Adresse erhöhen
        movff   BSR_TEMP,BSR         ; zurückladen BSR Register
        movff   WREG_TEMP,WREG       ; zurückladen Arbeitsregister
        movff   STATUS_TEMP,STATUS   ; zurückladen STATUS Register
        bcf     INTCON3,INT1IF       ; INT1 Anzeigeflag löschen
        retfie

; Hauptprogramm
start   call    idata_copy       ; initialisierte Daten kopieren
        clrf    TRISA            ; Port A ist Ausgang
        setf    TRISB            ; Port B ist Eingang
        clrf    TRISC            ; Port C ist Ausgang
        movlw   0x55             ; Startmuster
        movwf   LATC             ; ausgeben
; INT0/RB0 Interrupt programmieren FSR0 mit Anfangsadresse laden
        bsf     RCON,IPEN        ; IPEN = 1: Interrupts priorisiert
        lfsr    FSR0,istring     ; Anfangsadresse -> FSR0
        bcf     INTCON2,RBPU     ; RPBU=0: Port B Pull-up-Widerstände frei
        bcf     INTCON2,INTEDG0  ; INT0 fallende Flanke
        bcf     INTCON,INT0IF    ; INT0 Anzeigeflag löschen
        bsf     INTCON,INT0IE    ; INT0 freigeben
; INT1/RB1 Interrupt niedere Priorität EEADR mit Anfangsadresse laden
        movlw   estring          ; Anfangsadresse EEPROM-Daten
        movwf   EEADR            ; nach EEPROM-Adressregister
        bcf     INTCON2,INTEDG1  ; INT1 fallende Flanke
        bcf     INTCON3,INT1IF   ; INT1 Anzeigeflag löschen
        bsf     INTCON3,INT1IE   ; INT1 freigeben
        bcf     INTCON3,INT1IP   ; INT1 niedere Priorität
        bsf     INTCON,GIEL      ; GIEL=1 niedere Priorität frei
        bsf     INTCON,GIE       ; GIE=1: Interrupts global frei
        movf    test,w           ; Testwert
loop    movwf   LATA             ; auf Port A ausgeben
        bra     loop             ;
```

```
; Unterprogramm idata_copy kopiert initialisierte Daten aus Flash nach RAM
; keine Register gerettet!
idata_copy:
        movlw   LOW _cinit  ; Anfangsadresse der Datentabelle
        movwf   TBLPTRL     ; nach Tabellenzeiger
        movlw   HIGH _cinit ;
        movwf   TBLPTRH     ;
        movlw   UPPER _cinit;
        movwf   TBLPTRU     ;
        tblrd*+             ; Anzahl Low-Byte -> TABLAT
        movff   TABLAT,anzl ; nach 16bit Zähler
        tblrd*+             ; Anzahl High-Byte -> TABLAT
        movff   TABLAT,anzh ; nach 16bit Zähler
; für jeden Bereich
idata_copy1:
        movff   anzl,WREG   ; 16bit Zähler auf Null testen
        iorwf   anzh,w      ; anzl ODER anzh -> WREG
        bz      idata_copyx ; 16bit Zähler Null: fertig
        decf    anzl,f      ; Low-Zähler - 1
        btfss   STATUS,C    ; überspringe bei C = 1: kein Borgen
        decf    anzh,f      ; High-Zähler - 1
        tblrd*+             ; Her-Flash-Adresse -> TABLAT
        movff   TABLAT,tabl ; speichern
        tblrd*+             ; Her-Flash-Adresse -> TABLAT
        movff   TABLAT,tabh ; speichern
        tblrd*+             ; Her-Flash-Adresse -> TABLAT
        movff   TABLAT,tabu ; speichern
        tblrd*+             ; ? übergehen
        tblrd*+             ; Ziel-RAM-Adresse Low -> TABLAT
        movff   TABLAT,FSR0L; nach Zeiger
        tblrd*+             ; Ziel-RAM-Adresse High -> TABLAT
        movff   TABLAT,FSR0H; nach Zeiger
        tblrd*+             ; ? übergehen
        tblrd*+             ; ? übergehen
        tblrd*+             ; Anzahl der Bytes Low
        movff   TABLAT,zael ; nach Zähler-Low
        tblrd*+             ; Anzahl der Bytes High
        movff   TABLAT,zaeh ; nach Zähler-High
        tblrd*+             ; ? übergehen
        tblrd*+             ; ? übergehen
        movff   TBLPTRL,retl; Tabellenzeiger-Low retten
        movff   TBLPTRH,reth; Tabellenzeiger-High retten
        movff   TBLPTRU,retu; Tabellenzeiger-Upper retten
        movff   tabl,TBLPTRL; Her-Zeiger-Low
        movff   tabh,TBLPTRH; Her-Zeiger-High
```

```
        movff   tabu,TBLPTRU; Her-Zeiger-Upper
; Kopierschleife (TBLPTR) -> (FSR0) für einen IDATA_ACC Bereich
idata_copy2:
        movff   zael,WREG   ; 16bit Bytezähler auf Null testen
        iorwf   zaeh,w      ; zael ODER zaeh -> WREG
        bz      idata_copy3 ; Bytezähler Null: fertig
        tblrd*+             ; Her-Flash-Byte -> TABLAT Adresse + 1
        movff   TABLAT,POSTINC0 ; TABLAT -> RAM Adresse + 1
        decf    zael,f      ; Low-Byte-Zähler - 1
        btfss   STATUS,C    ; überspringe bei C = 1: kein Borgen
        decf    zaeh,f      ; High-Zähler - 1
        bra     idata_copy2 ; weiter zur Nullabfrage
idata_copy3:
        movff   retl,TBLPTRL; Tabellenzeiger-Low zurück
        movff   reth,TBLPTRH; Tabellenzeiger-High zurück
        movff   retu,TBLPTRU; Tabellenzeiger-Upper zurück
        bra     idata_copy1 ; neuer Durchlauf
idata_copyx:
        return              ; fertig: Rücksprung
        END
```

Bild 5-4: Assemblerdirektiven für verschieblichen linkbaren Code

5.2   Die Linkerskriptdatei

In der Entwicklungsumgebung MLAB IDE stellt der Hersteller Microchip für jeden Baustein sowohl eine Definitionsdatei `.inc` als auch eine Skriptdatei `.lkr` mit Angaben über den Aufbau der Speicherbereiche zur Verfügung. Beispiele für Direktiven in Skriptdateien:

Direktive	Anwendung
LIBPATH *Pfadliste*	Suchpfad für Objekt- und Bibliotheksdateien
FILES *Dateiliste*	Objektdateien `.o` und Bibliotheksdateien `.lib`
CODEPAGE NAME=*name* START= *Adr.* END= *Adr.*	Name und Grenzen des Flash-Codebereichs
DATABANK NAME=*name* START= *Adr.* END= *Adr.*	Name und Grenzen des RAM-Bereichs
SHAREBANK NAME=*name* START= *Adr.* END= *Adr.*	Name und Grenzen des gemeinsamen RAM-Ber.
ACCESSBANK NAME=*name* START= *Adr.* END= *Adr.*	Name und Grenzen der Access-RAM-Bank
PROTECTED	Kennwort für Bereiche auf festen Adressen

Bild 5-5 zeigt die Skriptdatei `18F2220.lkr` für die Beispiele dieses Kapitels, die in der Entwicklungsumgebung MLAB IDE übersetzt und gebunden wurden. Das Doppelzeichen

// leitet einen Kommentar ein. Bei der Arbeit mit dem Projekt-Assistenten *project wizard* können die Angaben LIBPATH und FILES entfallen.

```
// $Id: 18f2220.lkr,v 1.6.14.2 2006/03/03 23:33:13 curtiss Exp $
// File: 18f2220.lkr
// Sample linker script for the PIC18F2220 processor
// Not intended for use with MPLAB C18.  For C18 projects,
// use the linker scripts provided with that product.
LIBPATH .                      // geht ohne LIBPATH und FILES
CODEPAGE    NAME=vectors   START=0x0          END=0x29            PROTECTED
CODEPAGE    NAME=page      START=0x2A         END=0xFFF
CODEPAGE    NAME=idlocs    START=0x200000     END=0x200007        PROTECTED
CODEPAGE    NAME=config    START=0x300000     END=0x30000D        PROTECTED
CODEPAGE    NAME=devid     START=0x3FFFFE     END=0x3FFFFF        PROTECTED
CODEPAGE    NAME=eedata    START=0xF00000     END=0xF000FF        PROTECTED
ACCESSBANK  NAME=accessram START=0x0          END=0x7F
DATABANK    NAME=gpr0      START=0x80         END=0xFF
DATABANK    NAME=gpr1      START=0x100        END=0x1FF
ACCESSBANK  NAME=accesssfr START=0xF80        END=0xFFF           PROTECTED
```

Bild 5-5: Linkerskriptdatei 18F2220.lkr

5.3   Das Binden von Objektdateien

Die Unterprogrammbeispiele des Abschnitts 4.4 wurden im Hauptprogramm definiert oder mit #include eingebunden; der vom Assembler in einem Lauf erzeugte absolute Code wurde über die Ladedatei in den Baustein geladen. Übersetzt man Haupt- und Unterprogramme in getrennten Assemblerläufen, so müssen die einzelnen Objektdateien .o mit dem Linker zusammengebunden werden. Es sind folgende Gesichtspunkte zu beachten:

- im Hauptprogramm werden die Namen der Unterprogramme als EXTERN deklariert,
- im Unterprogramm wird der Name des Unterprogramms als GLOBAL deklariert,
- das Unterprogramm muss wegen der getrennten Übersetzung den Baustein mit LIST, die Definitionsdatei mit #INCLUDE und das Ende des Textes mit END vereinbaren,
- das Unterprogramm kehrt mit return an die Stelle des Aufrufs zurück,
- das Unterprogramm kann eigene lokale Variablen im Datenbereich anlegen,
- zur Übergabe von Werten dienende Variablen werden im Hauptprogramm als GLOBAL und im Unterprogramm als EXTERN deklariert sowie
- Variablen zur Übergabe von Adressen werden im Hauptprogramm ebenfalls als GLOBAL und im Unterprogramm als EXTERN deklariert.

Das Hauptprogramm *Bild 5-6* ruft drei Unterprogramme mit unterschiedlichen Übergabetechniken für Parameter auf.

- Das Unterprogramm upro1 wird ohne Parameter mit einer festen Wartezeit aufgerufen.
- Das Unterprogramm upro2 übernimmt in der Variablen parawe einen Wert für eine variable Wartezeit.
- Das Unterprogramm upro3 übernimmt in den Variablen paradl und paradh die Adresse einer Variablen, mit der eine Dezimalkorrektur durchzuführen ist.

```
; k5p3h.asm PIC 18F2220 Hauptprogramm mit Unterprogrammen binden
; Eingabe Port B: Verzögerungsfaktor Ausgabe Port C: Dezimalzähler
   LIST     P=18F2220, F=INHX32 ; Baustein und Fileformat
   #include P18F2220.inc       ; Definitionsdatei
   CONFIG OSC=HS,PWRT=ON,WDT=OFF,PBAD=DIG,LVP=OFF ; mit Lader kontrollieren!
           EXTERN   upro1,upro2,upro3   ; extern definierte Unterprogramme
           UDATA_ACS                ; Parameter für Unterprogramme
zaehl      RES      1              ; 8bit Dezimalzähler
;
parawe     RES      1              ; Wertparameter für upro2
           GLOBAL   parawe         ; für upro2 verfügbar
;
paradl     RES      1              ; Adressparameter Low-Byte für upro3
paradh     RES      1              ; Adressparameter High-Byte für upro3
           GLOBAL   paradl,paradh ; für upro3 verfügbar
;
RES_VEC    CODE     0x0000         ; Reset-Startadresse
           goto     start          ; Sprung zum Programmanfang
HPI_VEC    CODE     0x0008         ; HP-Interrupt-Einsprung
           goto     start          ; nicht besetzt
LPI_VEC    CODE     0x0018         ; LP-Interrupt-Einsprung
           goto     start          ; nicht besetzt
           CODE                    ; Anfang des Programms
start:     setf     TRISB          ; Port B Eingänge
           clrf     TRISC          ; Port C Ausgänge
           clrf     zaehl          ; Zähler löschen
; Arbeitsschleife
loop:      call     upro1          ; rettet W-Register
           movff    PORTB,parawe; Port B -> Wertparameter
           call     upro2          ; übernimmt Wert als Parameter
           incf     zaehl          ; Zähler dual erhöhen
           movlw    LOW zaehl     ; Adresse der Variablen
           movff    WREG,paradl ; nach
           movlw    HIGH zaehl    ; Adressparameter
           movff    WREG,paradh ;
```

```
        call      upro3       ; übernimmt Adresse als Parameter
        movff     zaehl,LATC  ; dezimal auf Port C ausgeben
        goto      loop        ;
        END
```

Bild 5-6: Hauptprogramm zum Aufruf von drei externen Unterprogrammen

Das Unterprogramm `upro1` führt eine feste Aufgabe ohne Parameter durch.

```
; k5p3u1.asm Warte-Unterprogramm upro1 mit lokalem Speicher ca. 1290 Takte
        LIST      P=18F2220, F=INHX32 ; Baustein und Fileformat
        #include P18F2220.inc       ; Definitionsdatei
        UDATA_ACS          ; lokaler RAM-Bereich
rett    RES   1            ; ein Byte zum Retten des W-Registers
        CODE               ; Codebereich
upro1:                     ; Unterprogrammeinsprung
        GLOBAL upro1       ; für Aufruf im Hauptprogramm
        movff WREG,rett ; W-Register retten
        clrf  WREG      ; 8bit Zähler löschen für 5*256=1280 Takte
upro1a: nop             ; 1 Takt
        nop             ; 1 Takt
        decf  WREG,f    ; 1 Takt
        bnz   upro1a    ; 2 Takte Sprung bei ungleich Null
        movff rett,WREG ; W-Register zurückladen
        return          ;
        END
```

Das Unterprogramm `upro2` entnimmt den Anfangswert einer äußeren Schleife der Variablen `parawe`, die im Hauptprogramm definiert ist und die als EXTERN deklariert werden muss.

```
; k5p3u2.asm Warte-Unterprogramm upro2 mit Wertübergabe für ca. 1290 Takte
; Wertparameter als Faktor für 16bit Wartezähler
        LIST      P=18F2220, F=INHX32 ; Baustein und Fileformat
        #include P18F2220.inc       ; Definitionsdatei
        EXTERN parawe      ; Wertparameter
        UDATA_ACS          ; lokale Variablen
zael    RES   1            ; 16bit Zähler
zaeh    RES   1            ;
rett    RES   1            ; rettet W-Register
        CODE               ; Codebereich
upro2:                     ; Unterprogrammeinsprung
        GLOBAL upro2       ; für Aufruf im Hauptprogramm
        movff WREG,rett ; W-Register retten
        movff parawe,WREG ; Wertparameter -> W-Register
upro2a: clrf  zael      ; 16bit Zähler löschen
```

```
          clrf    zaeh        ;
upro2b:   decf    zael,f      ; Low vermindern
          bnz     upro2b      ; bei ungleich Null weiter
          decf    zaeh,f      ; bei Null High vermindern
          bnz     upro2b      ; bei ungleich Null weiter
          decf    WREG,w      ; Parameter in W-Register vermindern
          bnz     upro2a      ; weiter bei ungleich Null
          movff   rett,WREG   ; W-Register zurückladen
          return              ; beide Null: fertig
          END
```

Das Unterprogramm upro3 übernimmt die Adresse des Parameters in zwei Variablen, die im Hauptprogramm vereinbart wurden und die als EXTERN deklariert werden müssen. Der Wert der Variablen wird mit indirekter Adressierung gelesen, verändert und zurückgeladen.

```
; k5p3u3.asm Unterprogramm upro3 mit Adressübergabe indirekte Adressierung
; Dezimalkorrektur für adressierte Variable
          LIST    P=18F2220, F=INHX32 ; Baustein und Fileformat
          #include P18F2220.inc        ; Definitionsdatei
          EXTERN paradl,paradh          ; extern def. Adressparameter
          UDATA_ACS           ; lokale Variablen
rettw     RES     1           ; rettet W-Register
rettfl    RES     1           ; rettet FSR0-Low
rettfh    RES     1           ; rettet FSR0-High
          CODE                ; Codebereich
upro3:                        ; Unterprogrammeinsprung
          GLOBAL upro3        ; für Aufruf im Hauptprogramm
          movff   WREG,rettw  ; W-Register retten
          movff   FSR0L,rettfl ; FSR0 retten
          movff   FSR0H,rettfh ;
          movff   paradl,FSR0L ; Adresse des Parameters
          movff   paradh,FSR0H ; nach FSR0
          movff   INDF0,WREG  ; Wert nach W-Register
          daw                 ; Dezimalkorrektur
          movff   WREG,INDF0  ; korrigierten Wert zurück
          movff   FSR0H,rettfh ; FSR0 zurück
          movff   FSR0L,rettfl ;
          movff   rettw,WREG  ; W-Register zurück
          return              ;
          END
```

Eine einfachere Lösung würde die Variable zaehl im Hauptprogramm als GLOBAL und im Unterprogramm als EXTERN deklarieren und direkt zugreifen.

6 C-Programmierung (PIC18)

Die Programmiersprache C wurde erstmalig 1987 als ANSI-Standard genormt. C-Compiler für die Controller der PIC18-Familie müssen an deren Register- und Befehlssatz sowie an deren Speicherstruktur angepasst sein; Compiler für den PC oder für die Controller anderer Familien bzw. Hersteller sind nicht verwendbar. *Bild 6-1* zeigt als Beispiel das Arbeitsfenster der Entwicklungsumgebung MPLAB IDE (Integrated Development Environment) des Herstellers Microchip mit einem C-Programm und Meldungen des C18-Compilers, des Linkers und der Umwandlungsfunktionen zur Bildung der Ladedatei .hex.

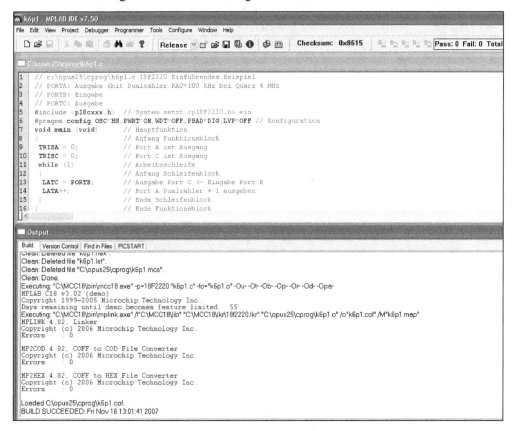

Bild 6-1: Die Entwicklungsumgebung MPLAB IDE mit C-Programm (Ausschnitt)

Der Hersteller Microchip liefert zusammen mit seinen Entwicklungssystemen wie z.B. MPLAB ICD 2 (In-Circuit Debugger) und PICSTART PLUS (Development Programmer) auch eine CD mit Entwicklungssoftware, die unter bestimmten Bedingungen frei verfügbar ist und die auch von der Website www.microchip.com/c18 heruntergeladen werden kann. In diesem Buch wurden verwendet:

- Entwicklungsumgebung MPLAB IDE Version v7.50,
- Compiler MPLAB C18 v3.02 (Student Edition),
- Linker MPLINK 4.02,
- Umwandlungsfunktion MP2COD und MP2HEX sowie
- Definitions- und Linkerscriptdateien für den PIC18F2220.

Die Entwicklungssoftware lief auf einem PC unter Windows XP. Sie wird in umfangreichen Handbüchern beschrieben:

- MPLAB IDE Quick Start Guide (DS51281E),
- MPLAB C18 C Compiler User's Guide (DS51288J),
- MPLAB C18 C Compiler Getting Started (DS51295F),
- MPLAB C18 C Compiler Libraries (DS51297F),
- MPLAB-C18-README.html (Release Notes for Student Edition),
- PIC18 Configuration Settings Addendum (DS51537F) sowie
- MPASM Assembler, MPLINK Object Linker, MPLIB Object Librarian User's Guide (DS33014J).

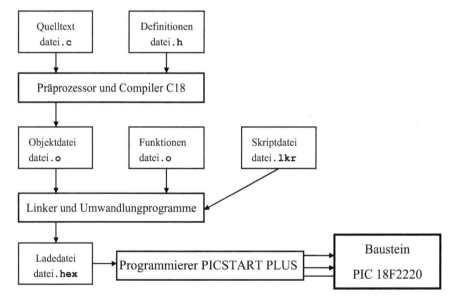

Bild 6-2: Die Entwicklung eines C-Programms unter MPLAB IDE

Die Entwicklung eines C-Programms (*Bild 6-2*) unter der Entwicklungsumgebung MPLAB IDE geschieht in folgenden Schritten:

- Einrichtung eines Projektes mit dem Assistenten *project wizard* durch Auswahl des Bausteins (PIC18F2220), Angabe der Sprache (Toolsuite MPLAB C18), Vereinbarung des Projektnamens (k6p1) und des Verzeichnisses (c:\opus25\cprog) sowie Zuordnung der Quelltextdatei (k6p1.c) und der Linkerscriptdatei (c:\mcc18\lkr\18f2220.lkr).
- Kontrolle und gegebenenfalls Änderung der Build-Optionen.
- Eingabe des Quelltextes des C-Programms mit dem Editor.
- Übersetzungs- und Linklauf mit dem Kommando Build.
- Kontrolle und Änderung der Konfigurationswörter (`#pragma config`).
- Gegebenenfalls Simulation des Programms mit dem Simulator.
- Auswahl und Aktivieren der Programmiereinrichtung (PICSTART PLUS).
- Programmierung des Bausteins und Einsetzen in eine Testschaltung (*Bild 6-7*).

Alle Programmbeispiele beziehen sich auf den Baustein PIC18F2220. Das Handbuch PIC18F2220/2320/4220/4320 Data Sheet (DS39599F) beschreibt die Architektur, die Peripherie und die Maschinenbefehle des Bausteins.

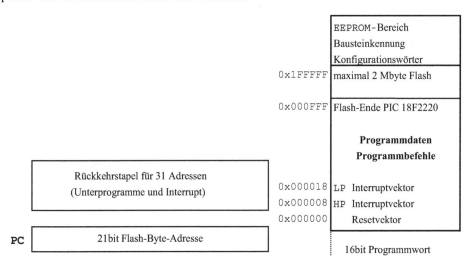

Bild 6-3: Modell des Programmspeichers (PIC 18F2220)

Der Flash-Programmspeicher (*Bild 6-3*) mit den Maschinenbefehlen und den konstanten Daten wird vom Compiler und Linker angelegt und mit der Programmiereinrichtung geladen.

- Befehle werden mit dem Bereichs-Attribut (section) `code` abgelegt.
- Konstante Daten werden mit dem Bereichs-Attribut (section) `romdata` und dem Kennwort `rom` abgelegt.

- Das standardmäßige Speichermodell `small` verwendet 16bit Zeiger für max. 64 kByte Speicher; beim Modell `large` beträgt die Länge 24 bit (max. 2 MByte).
- Die Sprung- und Unterprogrammadressierung erfolgt ohne Seitenumschaltung.
- In der Betriebsart *extended* benutzt der Compiler besondere Maschinenbefehle und Adressierungsarten, die in der Standardbetriebsart *non-extended* oder *traditional* fehlen.
- Der Programmspeicher kann nicht nur gelesen, sondern durch besondere Verfahren auch mit Befehlen und Daten beschrieben werden.
- Der EEPROM-Bereich (256 Bytes beim PIC 18F2220) kann sowohl durch die Programmiereinrichtung als auch vom Programm gelesen und beschrieben werden.
- Der Schreib- und Leseschutz für den Flash- und EEPROM-Bereich wird mit den Konfigurationswörtern eingestellt.

Datenbereich mit Bankauswahl

128 Bytes **GPR**-Register			
128 Bytes RAM-Bereich	256 Bytes RAM-Bereich Softwarestapel	PIC18F2220 nicht belegt	128 Bytes **SFR**-Register
Bank 0	Bank 1	Bank 2 bis 14	Bank 15

Datenbereich mit Access Bank

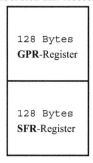

Bild 6-4: Modell des Datenspeichers (PIC 18F2220)

Der Datenbereich (*Bild 6-4*) von maximal 4096 Bytes besteht aus einem statischen RAM in den Bänken 0 bis 14 und einem Systembereich mit den SFR-Registern (Special Function Register) in der Bank 15.

- Der statische RAM-Bereich des PIC 18F2220 von 512 Bytes belegt die Bänke 0 und 1.
- Die SFR-Register liegen immer im oberen Bereich der Bank 15.
- Bei der direkten Adressierung kann eine Bankumschaltung erforderlich sein.
- Die indirekte Adressierung verwendet einen 12bit Zeiger ohne Bankumschaltung.
- Die Access-Bank-Adressierung legt ohne Bankumschaltung 128 GPR-Register (General Purpose Register) in den unteren und die 128 SFR-Register in den oberen Adressbereich.
- Mit `near` spezifizierte Variable liegen in der Access-Bank.
- Nichtinitalisierte Daten werden mit dem Bereichs-Attribut (section) `udata` abgelegt und mit zufälligen Anfangswerten übergeben.
- Initalisierte Daten werden mit dem Bereichs-Attribut (section) `idata` abgelegt und mit den vereinbarten Anfangswerten übergeben, die eine Startup-Funktion aus dem Programmdatenbereich in den RAM-Bereich kopiert.
- Die Startup-Funktion legt im RAM-Bereich einen Softwarestapel für Parameter und lokale Variablen von Funktionen an. Der Hardwarestapel für maximal 31 Rücksprungadressen liegt in einem besonderen nicht zugänglichen Speicherbereich.

Die Linkerscriptdatei *Bild 6-5* zeigt die Struktur des Flash- und des RAM-Bereiches für den als Beispiel dienenden PIC 18F2220.

```
// $Id: 18f2220.lkr,v 1.1 2003/12/16 14:53:08 GrosbaJ Exp $
// File: 18f2220.lkr
// Sample linker script for the PIC18F2220 processor

LIBPATH .

FILES c018i.o
FILES clib.lib
FILES p18f2220.lib


CODEPAGE   NAME=vectors   START=0x0        END=0x29       PROTECTED
CODEPAGE   NAME=page      START=0x2A       END=0xFFF
CODEPAGE   NAME=idlocs    START=0x200000   END=0x200007   PROTECTED
CODEPAGE   NAME=config    START=0x300000   END=0x30000D   PROTECTED
CODEPAGE   NAME=devid     START=0x3FFFFE   END=0x3FFFFF   PROTECTED
CODEPAGE   NAME=eedata    START=0xF00000   END=0xF000FF   PROTECTED

ACCESSBANK NAME=accessram START=0x0        END=0x7F
DATABANK   NAME=gpr0      START=0x80       END=0xFF
DATABANK   NAME=gpr1      START=0x100      END=0x1FF
ACCESSBANK NAME=accesssfr START=0xF80      END=0xFFF      PROTECTED

SECTION    NAME=CONFIG    ROM=config
STACK SIZE=0x100 RAM=gpr1
```

Bild 6-5: Die Linkerscriptdatei des PIC 18F2220

Der C18-Compiler wird unter Windows aus einer Kommandozeile mit Steuerparametern gestartet. Mit dem *project wizard* und im Menü *Project/Build Options* lassen sich die Einstellungen kontrollieren und ändern. Nach Angaben des Herstellers werden in der vorliegenden Student Edition einige Optimierungen nach einer Laufzeit von 60 Tagen entfernt. Alle Beispiele wurden mit folgenden Voreinstellungen übersetzt und getestet:

- Diagnostics level: *Errors and warnings*
- Default storage class: *Auto*
- Enable integer promotions: □ *no*
- Treat 'char' as unsigned: □ *no*
- Extended mode: □ *no*
- Small code model (<= 64K byte): ■ *yes*
- Large data model (all RAM banks): ■ *yes*
- Single-bank Stack model: ■ *yes*
- Debug Command line: ■ *yes*
- Kommandozeilenoptionen: -Ou-   -Ot-   -Ob-   -Op-   -Or-   -Od-   -Opa-

Das einführende Beispiel *Bild 6-6* programmiert den Port A und den Port C als Ausgänge und gibt in einer Schleife das am Port B eingestellte Bitmuster auf dem Port C aus; auf dem Port A erscheint ein mitlaufender Dualzähler.

```
// k6p1.c PIC 18F2220 Einführendes Beispiel
// PORTA: Ausgabe 6bit Dualzähler RA0=100 kHz bei Quarz 4 MHz Systemtakt
// PORTB: Eingabe von Kippschaltern bzw. Tastern
// PORTC: Ausgabe auf Leuchtdioden bzw. Siebensegmentanzeigen
#include <p18cxxx.h>  // System setzt <p18F2220.h> ein
#pragma config OSC=HS,PWRT=ON,WDT=OFF,PBAD=DIG,LVP=OFF   // Konfiguration
void main (void)        // Hauptfunktion
{                       // Anfang Funktionsblock
 TRISA = 0;             // Port A ist Ausgang
 TRISC = 0;             // Port C ist Ausgang
 while (1)              // Arbeitsschleife
 {                      // Anfang Schleifenblock
  LATC = PORTB;         // Ausgabe Port C <- Eingabe Port B
  LATA++;               // Port A Dualzähler + 1 ausgeben
 }                      // Ende Schleifenblock
}                       // Ende Funktionsblock
```

Bild 6-6: Einführendes Beispielprogramm

Die Präprozessoranweisung `#include <p18cxxx.h>` benennt allgemein einen Controller der PIC18-Familie und wird vom System zu `#include <p18f2220.h>` umgesetzt und zum Einfügen von Definitionen für den ausgewählten PIC 18F2220 verwendet.

Die Präprozessoranweisung `#pragma config . .` definiert neue Konfigurationswörter für die Taktquelle, den Power-up Timer, den Watchdog Timer, die digitale Ein/Ausgabe des

Ports B und die Low-Voltage-Programmierung; alle anderen Voreinstellungen werden übernommen. Sie lassen sich im Menü *Configure/Configuration Bits* kontrollieren und ändern.

Die Port-Register `TRISA`, `TRISC`, `LATC`, `PORTB` und `LATA` sind bereits aus einer Definitionsdatei mit ihren SFR-Adressen und dem Variablentyp `volatile near unsigned char` voreingestellt und werden in der Access-Bank-Adressierung angesprochen.

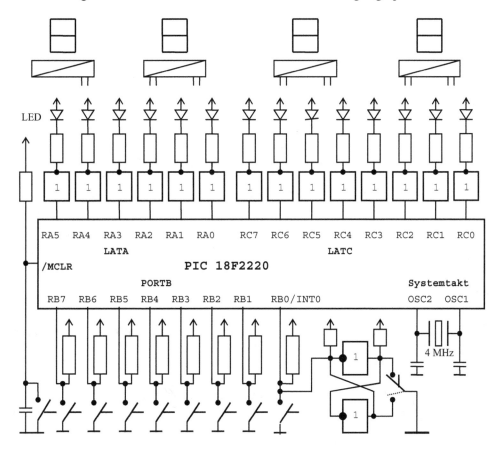

Bild 6-7: Testschaltung der C-Programmbeispiele (PIC 18F2220)

Bild 6-7 zeigt die Schaltung, mit der die Programmbeispiele getestet wurden. Die Stiftbelegung des PIC 18F2220 befindet sich im Anhang. Vor der Programmierung des Bausteins wurde das einführende Beispiel mit dem Simulator der Entwicklungsumgebung MPLAB IDE getestet. Die Rückübersetzung des compilierten Codes zeigt, dass die vier Befehle der Schleife in fünf Befehlstakten ausgeführt werden.

```
114    0E2    6A92    CLRF 0xf92, ACCESS
115    0E4    6A94    CLRF 0xf94, ACCESS
116    0E6    5081    MOVF 0xf81, W, ACCESS      1 Takt
117    0E8    6E8B    MOVWF 0xf8b, ACCESS        1 Takt
118    0EA    2A89    INCF 0xf89, F, ACCESS      1 Takt
119    0EC    D7FC    BRA 0xe6                   2 Takte
```

Bei fünf Takten Low und fünf Takten High erscheint an RA0 der Befehlstakt durch 10. Ein
Quarz und damit der Systemtakt von 4 MHz ergaben einen Befehlstakt von 1 MHz. Am
Ausgang RA0 wurden 100 kHz gemessen; bei einem 20 MHz Quarz waren es 500 kHz.

6.1   Allgemeiner Aufbau eines C-Programms

Ein Programmtext besteht in C aus einem globalen Vereinbarungteil und mindestens der
Hauptfunktion main, in der zwischen den Blockbegrenzungszeichen { und } die lokalen
Vereinbarungen und Anweisungen angeordnet werden. Eine *Deklaration* vereinbart die Eigenschaften z.B. eines benutzerdefinierten Datentyps oder einer Funktion. Mit einer *Definition* wird Speicherplatz für Daten reserviert bzw. Code für Befehle erzeugt. Für „Deklaration"
bzw. „Definition" wird oft auch der Begriff „Vereinbarung" verwendet, ohne auf die besonderen Unterschiede zu achten. Alle Vereinbarungen müssen vor der ersten ausführbaren
Anweisung stehen.

6.1.1   Zeichensatz und Bezeichner

Der Zeichensatz für die Eingabe des Programmtextes umfasst die großen und kleinen Buchstaben, die Ziffern und eine Reihe von Sonderzeichen, zu denen auch der Unterstrich _ ge-
hört. Doppelzeichen wie z.B. /*, */ und // für Kommentare müssen immer zusammen
geschrieben werden und dürfen nicht durch ein Leerzeichen getrennt werden. Die deutschen
Umlaute ä, ö und ü sowie das ß sind nur in Kommentaren und in Texten zulässig. Die
Whitespacezeichen Leerzeichen, Tabulator, Wagenrücklauf und Zeilenvorschub dienen als
Trennzeichen. Anweisungen werden durch ein Semikolon abgeschlossen, das Komma trennt
die Elemente von Aufzählungen. Ein Rückstrich (Backslash \) am Ende einer Zeile bedeutet
eine Fortsetzung der Eingabe auf der folgenden Zeile.

Bezeichner sind Namen für Variablen und Funktionen bestehend aus maximal 31 signifikan-
ten Zeichen. Benutzerdefinierte Bezeichner müssen mit einem Buchstaben oder Unterstrich
_ beginnen, danach sind auch Ziffern zulässig. Ein Name wird begrenzt durch
Whitespacezeichen wie z.B. Leerzeichen oder durch ein Sonderzeichen wie z.B. den Operator + als Additionszeichen. Standardmäßig unterscheidet der Compiler zwischen großen und
kleinen Buchstaben; MAIN oder Main anstelle von main würden eine Fehlermeldung ergeben.

6.1.2   Datentypen, Konstanten und Variablen

Datentyp	Länge	Bereich dezimal	Anwendung
unsigned char	8 bit	0 .. 255	vorzeichenlose kleine Zahlen, Zeichen
unsigned int unsigned short	16 bit	0 .. 65535	vorzeichenlose große Zahlen
unsigned short long	24 bit	0 .. 16777215	vorzeichenlose große Zahlen
unsigned long	32 bit	0 .. 4294967295	vorzeichenlose sehr große Zahlen
char signed char	8 bit	-128 .. +127	vorzeichenbehaftete kleine Zahlen
int short	16 bit	-32768 .. +32767	vorzeichenbehaftete große Zahlen
short long	24 bit	-8388608 .. +8388607	vorzeichenbehaftete große Zahlen
long long int	32 bit	-2147483648 .. +2147483647	vorzeichenbehaftete sehr große Zahlen
float	32 bit	$\pm 10^{-37} .. \pm 10^{+38}$	reelle Zahlen mit ca. 7 Dezimalstellen
double	32 bit	$\pm 10^{-37} .. \pm 10^{+38}$	reelle Zahlen mit ca. 7 Dezimalstellen
void			leer, unbestimmt oder nicht verwendet

Bild 6-8: Vordefinierte Datentypen (compilerabhängig!)

Die beiden 8bit Datentypen char und unsigned char entsprechen am besten dem byte-organisierten Register- und Befehlssatz der PIC18-Controller. In einigen Fällen verwendet der Compiler standardmäßig den Datentyp int.

Datenkonstanten sind Dezimalzahlen mit den Ziffern 0 bis 9, Hexadezimalzahlen mit den Ziffern 0 bis 9, A bis F oder a bis f nach **0x** oder **0X** sowie Zeichen zwischen Hochkommata. Ziffernfolgen mit führenden Nullen werden als Oktalzahlen (Basis 8) angesehen. Als Erweiterung gegenüber ANSI C werden binäre Konstanten mit **0b** oder **0B** eingeleitet.

```
unsigned char dezi, hexa, zeich, oktal, binaer;  // Variablen
dezi = 123;           // dezimale Konstante
hexa = 0x8f;          // oder 0X8F hexadezimale Konstante
zeich= 'A';           // Zeichenkonstante Buchstabe A
oktal= 010;           // oktal Vorsicht: führende Null gibt dezimal 8
binaer = 0b10101010;  // oder 0B10101010 binäre Konstante
```

Der untersuchte Compiler berechnet Ausdrücke, die Konstanten oder vorbesetzte Anfangswerte enthalten, bereits zur Übersetzungszeit und liefert keine Meldung, wenn dabei der Wertebereich überschritten wird. Wenn das standardmäßig für Konstanten verwendete 16bit Format für größere Werte oder bei Teilausdrücken nicht ausreicht, kann eine 32bit Speicherung durch Anhängen von **l** oder **L** (signed) bzw. **ul** oder **UL** (unsigned) vorgegeben werden. Das Beispiel ohne das 32bit Format mit **UL** lieferte 176 anstelle des korrekten gerundeten Wertes 25.

```
#define TAKT 4000000UL          // 32bit Symbolkonstante
#define BAUD 9600UL             // 32bit Symbolkonstante


SPBRG = TAKT / (16UL * BAUD) - 1; // 32bit Rechnung gibt gerundet 25
```

Zur Ausführung von Steuerfunktionen z.B. eines auf dem PC laufenden Terminalprogramms gibt es als Zeichenkonstanten Escape-Sequenzen, die mit einem Rückstrich (Backslash \) eingeleitet werden. *Bild 6-9* zeigt eine Auswahl.

Zeichen	hexadezimal	dezimal	ASCII	Anwendung
\a	0x07	7	BEL	Bell = Alarm = Hupe
\b	0x08	8	BS	Backspace = Rücktaste
\n	0x0A	10	LF	Line Feed = Zeilenvorschub
\r	0x0D	13	CR	Carriage Return = Wagenrücklauf

Bild 6-9: Escape-Sequenzen zur Terminalsteuerung (Auszug)

Textkonstanten (Strings) werden zwischen Hochkommata gesetzt und vom Compiler automatisch mit einer zusätzlichen Endemarke Null (0x00) versehen. Das Beispiel baut einen Text (String) auf, der auf einer neuen Zeile ausgegeben werden soll.

```
unsigned char meldung[] = "\n\rIhre Eingabe -> ";   // neue Zeile
```

Variablen sind Speicherstellen, die der Compiler im RAM-Bereich anlegt. Sie können beim Start des Programms durch Einschalten der Versorgungsspannung oder bei einem Reset einen Anfangswert erhalten. Ihr Inhalt kann durch das Programm verändert werden und ist beim Abschalten der Versorgungsspannung oder bei einem Reset verloren, wenn er nicht durch Anweisungen in den EEPROM-Bereich gerettet wird.

Jede Variable muss vor ihrer Verwendung in Ausdrücken mit einem Datentyp vereinbart werden. Dies geschieht normalerweise in einem Vereinbarungsteil vor den Anweisungen. Bei der Typvereinbarung können Anfangswerte vorgegeben werden, die eine Startup-Funktion aus dem Programmdatenbereich in den RAM-Bereich kopiert. Ohne Zuweisung eines Anfangswertes haben alle Variablen einen undefinierten, zufälligen Startwert. Vordefinierte SFR-Register sind Variablen vom Datentyp `volatile near unsigned char`. Beispiele:

```
unsigned char z, w = 123; // global statisch vor main
void main (void)
{                          // Anfang des main-Blocks
 unsigned char x, y = 0;   // lokal dynamisch in main
 TRISC = 0;                // vordefinierte SFR-Variable
 LATC++;                   // Ausgabe Port C um 1 erhöhen
```

Die Programmiersprache C bietet dem Benutzer die Möglichkeit, anstelle der vordefinierten Datentypen eigene Bezeichner zu verwenden und eigene Datentypen zu deklarieren. Mit dem Kennwort **typedef** wird für einen bereits bestehenden Datentyp ein neuer Bezeichner vereinbart. Das Beispiel vereinbart den Datentypbezeichner byte im globalen Vereinbarungsteil; er ist in *allen* folgenden Funktionen gültig. Der Datentypbezeichner word wird lokal in main vereinbart und ist *nur* dort gültig.

```
typedef unsigned char byte;    // neuer globaler Datentyp byte
void main(void)
{                              // Anfang des main-Blocks
typedef unsigned int word;     // neuer lokaler Datentyp word
```

Mit **typedef enum** wird ein benutzerdefinierter Aufzählungstyp deklariert. Die Beispiele vereinbaren zwei Datentypen mit den frei gewählten Bezeichnern logic und note.

```
/* Deklaration von Aufzählungstypen und Konstanten */
typedef enum {FALSE, TRUE} logic;
typedef enum {eins = 1, zwei, drei, vier, fuenf} note;
```

Die Variablen der vordefinierten und benutzerdefinierten Datentypen belegen bei den char-Datentypen ein Byte, bei den 16bit Datentypen zwei Bytes und bei den 32bit Datentypen vier Bytes. Sie werden im Speicher mit dem wertniedrigsten Byte zuerst im Little Endian Format angeordnet.

Der Abschnitt 6.4 behandelt zusammengesetzte Datentypen, bei denen unter einem Bezeichner mehrere Bytes vereinbart und angesprochen werden können.

Feldvariablen oder Felder (Arrays) bestehen aus Elementen des gleichen Datentyps. Beispiel eines eindimensionalen Feldes tab aus fünf Elementen vom Datentyp unsigned char mit Anfangswerten:

```
unsigned char tab[5] = {2,4,6,8,10};  // mit Anfangswerten vorbesetzt
```

Strukturen bestehen aus Komponenten unterschiedlicher Datentypen. Beispiel zweier Strukturvariablen lasso und seil mit Komponenten der Datentypen char und int:

```
struct { unsigned char k1;    // Komponente_1  8 bit
         unsigned int k2;     // Komponente_2 16 bit
       } lasso, seil;         // zwei Strukturvariablen
```

Mit *Bitfeldern* als Sonderfall einer Struktur lassen sich einzelne Bitpositionen innerhalb eines Bytes benennen und ansprechen.

```
struct { unsigned char ein : 1;   // Länge 1 bit
         unsigned char aus : 1;   // Länge 1 bit
       } marke;                   // Variable
```

6.1.3 Gültigkeitsbereich, Lebensdauer und Speicherzugriff

Ein *Block* besteht aus einer Folge von Vereinbarungen bzw. Anweisungen zwischen den Begrenzungszeichen { und }; hinter der abschließenden Klammer steht kein Semikolon. Die Vereinbarungen müssen vor den Anweisungen angeordnet werden. Ein Block bildet den Rumpf einer Funktion wie z.B. von `main` und wird auch an Stellen verwendet, an denen nur eine Anweisung zulässig ist, aber mehrere ausgeführt werden müssen. Ein Block kann weitere Unterblöcke mit eigenen lokalen Größen enthalten.

```
Globale Vereinbarungen außerhalb eines Blocks

// Block auf einer Eingabezeile
{ Vereinbarung_1; Vereinbarung_2;    Anweisung_1; Anweisung_2;        }

// Block mit Unterblock auf mehreren Zeilen
{                     // Blockanfang
 Vereinbarung_1;
 Vereinbarung_2;

 Anweisung_1;
 Anweisung_2;
  {                   // Unterblockanfang
    Unterblock
  }                   // Unterblockende
}                     // Blockende
```

Globale Vereinbarungen werden meist im Kopf eines Programms vor den Funktionsblöcken angeordnet und sind in allen folgenden Blöcken gültig. Globale Variable liegen im RAM-Bereich auf festen Adressen und werden ohne Zuweisung eines Anfangswertes mit einem zufälligen Startwert übergeben. Da der Inhalt einer globalen Variablen beim Verlassen eines Blocks erhalten bleibt, lassen sie sich zur Übergabe von Werten zwischen Funktionen, besonders Interruptfunktionen, verwenden.

Lokale Vereinbarungen innerhalb eines Blocks sind nur in diesem Block und gegebenenfalls in seinen Unterblöcken gültig. Damit können die Bezeichner innerhalb einer Funktion unabhängig von anderen Funktionen gewählt werden. Lokale Variable ohne besondere Spezifikation werden dynamisch auf dem RAM-Stapel angelegt. Ohne Zuweisung eines Anfangswertes ist ihr Startwert unbestimmt. Beim Verlassen eines Funktionsblocks mit `return` oder beim Erreichen der Endklammer } geht ihr Inhalt verloren.

Werden jedoch global vereinbarte Bezeichner nochmals für lokale Größen verwendet, so übersteuern die lokalen Vereinbarungen innerhalb ihres Gültigkeitsbereiches die globalen.

Mit den in *Bild 6-10* zusammengestellten Kennwörtern nach dem ANSI-Standard lassen sich besondere Speichervereinbarungen für die Gültigkeit und die Zugriffsart treffen.

Kennwort	Anwendung
`auto`	lokale Daten automatisch dynamisch auf dem Stapel anlegen (Voreinstellung)
`extern`	Symbol für Daten bereits außerhalb des Blocks vereinbart
`register`	Daten möglichst in einem Register anlegen, vom C18-Compiler ignoriert
`static`	Daten auf fester Adresse (statisch) anlegen
`const`	Daten sind konstant und dürfen nicht mit Anweisungen geändert werden
`volatile`	Daten sind flüchtig und können von außen geändert werden

Bild 6-10: Kennwörter für Speicherklassen und Attribute nach dem ANSI-Standard

Mit der Speicherklasse **static** gekennzeichnete lokale Variablen sind nur innerhalb des vereinbarten Blocks gültig, behalten aber ihren Wert auch nach dem Verlassen des Blocks, da sie auf festen Adressen (statisch) angelegt werden. Das Attribut **const** kennzeichnet Größen, die den bei der Vereinbarung zugewiesenen Wert nicht ändern dürfen. Das Attribut **volatile** (flüchtig) kennzeichnet Variablen, die außerhalb der Programmkontrolle z.B. durch Hardware oder einen Interrupt verändert werden können.

Die in *Bild 6-11* zusammengestellten Kennwörter für Speicherklassen sind Erweiterungen des C18-Compilers.

Kennwort	Anwendung
`overlay`	lokale Variablen mehrerer Funktionen auf einem gemeinsamen Speicherplatz statisch anlegen
`near`	statische Variable in der Access-Bank anlegen, Zugriff mit Access-Bank-Adressierung
`far`	statische Variable in einer RAM-Bank anlegen, Zugriff mit Bank-Adressierung
`ram`	statische Variable im RAM-Datenbereich anlegen
`rom`	Konstante im Flash-Programmspeicher anlegen, nur Leseoperationen möglich

Bild 6-11: Erweiterte Speicherklassen des C18-Compilers

Mit der Präprozessoranweisung **#pragma** ist es möglich, statische Daten in die Access-Bank zu legen. Beispiele:

```
#pragma idata access otto          // Access-Bank
near unsigned char x=0, y=0, z=0;  // mit Anfangswerten
#pragma udata access abba          // Access-Bank
near unsigned char a, b, c;        // ohne Anfangswerte
```

- Lokale dynamisch angelegte Variable werden mit einem Stapelzeiger indirekt adressiert.
- Globale und statisch angelegte lokale Variable werden gegebenenfalls mit Bankumschaltung direkt adressiert.
- In der Access-Bank angelegte `near`-Variable werden ohne Bankumschaltung adressiert.

6.1.4   Präprozessoranweisungen

Der *Präprozessor* ist der Teil des Compilers, der den Programmtext vor der eigentlichen Übersetzung bearbeitet durch Einfügen von Dateien, Umwandeln von Makroanweisungen und bedingtes Übersetzen.

Die in *Bild 6-12* zusammengestellten Präprozessoranweisungen beginnen mit dem Zeichen **#** und erstrecken sich bis zum Ende der Zeile und werden nicht wie Vereinbarungen und Anweisungen durch ein Semikolon abgeschlossen. Sollten mehrere Zeilen für eine Anweisung erforderlich sein, so kennzeichnet ein Rückstrich \ vor dem Zeilenende, dass der Präprozessor die folgende Zeile anhängen soll. Hinter den bedingten Präprozessoranweisungen können beliebig viele Präprozessor- oder Programmzeilen stehen.

Mit `#define` vereinbarte Symbole schreibt man üblicherweise, aber nicht zwingend, mit großen Buchstaben, um sie von den übrigen Vereinbarungen zu unterscheiden. Vom System vordefinierte Symbole beginnen oft mit einem oder zwei Unterstrichen _.

Anweisung	*Operand*	*Anwendung*	*Beispiel*
`#include`	<Datei>	Datei aus Standardordner einfügen	`#include <p18cxxx.h>`
`#include`	"Datei"	Datei aus Benutzerordner einfügen	`#include "konsole.h"`
`#define`	NAME	Symbol vereinbaren	`#define TEST`
`#define`	NAME text	Symbol für Text vereinbaren	`#define TEST 1`
`#define`	NAME(Argumente)	siehe 6.1.5 Makroanweisungen	`#define ADD(x,y)  x + y`
`#undef`	NAME	Symbolvereinbarung aufheben	`#undef TEST`
`#if`	Ausdruck	bei wahr Folgezeilen ausführen	`#if (TEST == 1)`
`#if`	`defined NAME`	bei definiert Folgezeilen ausführen	`#if defined TEST`
`#ifdef`	NAME	bei definiert Folgezeilen ausführen	`#ifdef TEST`
`#ifndef`	NAME	bei nicht definiert Folgezeilen ausf.	`#ifndef TEST`
`#else`		bei nicht erfüllt Folgezeilen ausf.	
`#elif`	Ausdruck	wie `#else` dann `#if` Ausdruck	`#elif (TEST == 2)`
`#endif`		beendet `#if` `#else` `#elif`	
`#error`	"String"	Übersetzung mit Meldung abbrechen	`#error "Fehler"`
`#pragma`	*compilerabhängig*	compilerabhängige Anweisungen	`#pragma config WDT=OFF`
\		Folgezeilen anhängen	`#error "Fehler\` `meldung"`

Bild 6-12: Präprozessoranweisungen (Auszug)

Präprozessoranweisungen sollten möglichst im globalen Vereinbarungsteil angeordnet werden, lassen sich aber auch im Testbetrieb zum Ausblenden bestimmter Programmteile verwenden. Ist in dem Beispiel das Symbol `TEST` bereits definiert, so wird die Übersetzung mit einer Fehlermeldung abgebrochen, anderenfalls wird für das Symbol `TEST` der Wert 1 vereinbart. In der Hauptfunktion `main` wird der Wert des Symbols für eine bedingte

Compilierung verwendet, die ausgeblendeten Programmteile werden nicht auf Fehler untersucht. Die Einrückungen der bedingten Zweige machen das Programm lesbarer.

```
#ifdef TEST                          // ist TEST schon definiert?
 #error "TEST schon definiert"       // bei "ja" Fehlermeldung und Abbruch
#else
 #define TEST 1                       // bei "nein" definiere TEST Wert 1
#endif
void main(void)
{
 TRISB = TRISC = 0;                  // Anweisung immer compilieren
 #if TEST==1                         // wenn TEST den Wert 1 hat
  LATB = 0x11;                       // dann Anweisung compilieren
 #elif TEST==2                       // wenn TEST den WERT 2 hat
  LATB = 0x22;                       // dann Anweisung compilieren
  LATC = 0x22;                       // dann Anweisung compilieren
 #endif
}
```

Mit den in *Bild 6-13* zusammengestellten #pragma-Direktiven des C18-Compilers lassen
sich Erweiterungen gegenüber dem ANSI-Standard einstellen. Weitere Erklärungen und
Anwendungsbeispiele finden sich in der Dokumentation zum C18-Compiler.

Direktive	*Anwendung*
#pragma code *Section [=Adresse]*	Programmbefehle im Flash
#pragma romdata *Section [=Adresse]*	Programmkonstanten im Flash
#pragma udata *Attribute Section [=Adresse]*	nichtinitialisierte Daten im RAM
#pragma idata *Attribute Section [=Adresse]*	initialisierte Daten im RAM
#pragma config *Konfigurationsliste*	Konfigurationswörter
#pragma interrupt *Funktionsname*	Interruptserviceprogramm hoher Priorität
#pragma interruptlow *Funktionsname*	Interruptserviceprogramm niederer Priorität
#pragma tmpdata *Section*	temporär gerettete Daten
#pragma varlocate *Bank Variablenliste*	RAM-Speicherbank festlegen

Bild 6-13: #pragma-Direktiven des C18-Compilers

Abschnitt 6.6 behandelt Beispiele für Interruptserviceprogramme unter Verwendung der
#pragma-Direktive.

6.1.5   Makro-Anweisungen und Funktionen

Makro-Anweisungen und Funktionen fassen Vereinbarungen und Programmteile unter einem Bezeichner zusammen und gestalten das Programm übersichtlicher, da sie mehrmals oder aus einer Datei eingefügt bzw. aufgerufen werden können.

Eine *Makro-Anweisung* ist der Sonderfall einer #define-Anweisung mit offenen Stellen (Argumenten oder Parametern). Bei der Definition steht direkt hinter dem Namen der Makro-Anweisung in runden Klammern eine Liste von formalen Argumenten (Parameter, Platzhalter, dummy), die auch in einem durch mindestens ein Leerzeichen getrennten Text wie z.B. in einer Formel erscheinen. Für den Namen verwendet man oft Großbuchstaben.

> **#define** NAME(formale Argumente) Text mit formalen Argumenten

Erscheint der Name der Makro-Anweisung im Programmtext, so baut der Präprozessor den Text in das Programm ein und setzt dabei die aktuellen Argumente anstelle der formalen ein.

> NAME (aktuelle Argumente)

Das Beispiel vereinbart zwei Makro-Anweisungen zur Trennung einer Variablen vom 16bit Datentyp unsigned int in zwei 8bit Anteile vom Datentyp unsigned char.

```
#define HIGH_uint(x)  (unsigned char) ((x) >> 8)   // liefert High-Teil
#define LOW_uint(x)   (unsigned char) (x)          // liefert Low-Teil
```

Beim Aufruf werden der High-Teil und der Low-Teil der Variablen wert getrennt auf den beiden Ports ausgegeben.

```
unsigned int wert = 0x1234;    // 16bit Testwert

  LATC = HIGH_uint(wert);      // High-Teil ausgeben
  LATB = LOW_uint(wert);       // Low-Teil ausgeben
```

Der C18-Compiler enthält die in *Bild 6-14* zusammengestellten vordefinierten Makros für eine Reihe von Befehlen der PIC18-Familie, die sich nur umständlich in C formulieren lassen. Die Parameter haben folgende Bedeutung:

- *var* darf nicht dynamisch auf dem Stapel liegen, sondern muss eine statische 8bit Variable wie z.B. static unsigned char sein oder muss in der Access-Bank liegen.
- *dest* ist auf 1 zu setzen, wenn das Ergebnis in der Variablen erscheinen soll.
- *dest* ist auf 0 zu setzen, wenn das Ergebnis im W-Register erscheinen soll.
- *access* ist auf 0 zu setzen, wenn die Variable in der Access-Bank liegt.
- *access* ist auf 1 zu setzen, wenn die Variable in einer beliebigen Speicherbank liegt.

Makro-Anweisung	Anwendung
Nop()	fügt einen NOP-Befehl ein (1 Byte, 1 Befehlstakt)
ClrWdt()	fügt einen CLRWDT-Befehl ein (Wachhund beruhigen)
Sleep()	fügt einen SLEEP-Befehl ein (Controller in den Wartezustand versetzen)
Reset()	fügt einen RESET-Befehl ein (Controller zurücksetzen)
Rlcf(var, dest, access)	fügt einen RLCF-Befehl ein (rotiere links mit Carrybit)
Rlncf(var, dest, access)	fügt einen RLNCF-Befehl ein (rotiere links ohne Carrybit)
Rrcf(var, dest, access)	fügt einen RRCF-Befehl ein (rotiere rechts mit Carrybit)
Rrncf(var, dest, access)	fügt einen RRNCF-Befehl ein (rotiere rechts ohne Carrybit)
Swapf(var, dest, access)	fügt einen SWAPF-Befehl ein (vertausche die Registerhälften)

Bild 6-14: System-Makros des C18-Compilers

Funktionen sind Unterprogramme, die aus Vereinbarungen und Anweisungen bestehen. Sie bilden einen besonderen Programmteil, der nur einmal vorhanden ist. Eine Funktion wird zur Laufzeit des Programms bei jedem Aufruf angesprungen und kehrt an ihrem Ende an die Stelle des Aufrufs zurück. Funktionen werden in Abschnitt 6.5 ausführlich behandelt.

Die *Definition* einer Funktion erfolgt üblicherweise vor ihrem Aufruf, also vor main, mit einem Bezeichner als Funktionsnamen. Wird die Funktionsdefinition hinter dem Aufruf angeordnet, so muss sie vorher als Prototyp mit ihrer Kopfzeile deklariert werden. Der Ergebnistyp void gibt an, dass kein Ergebnis mit return zurückgeliefert wird; eine leere Argumentenliste wird ebenfalls mit void gekennzeichnet.

```
Ergebnistyp Bezeichner (Liste formaler Argumente)
{
  lokale Vereinbarungen;
  Anweisungen;
  return Wert;      // entfällt bei Ergebnistyp void
}
```

Das Beispiel definiert eine Funktion, die ohne Argumente oder Rückgabewert ca. 1 ms bei einem Systemtakt von 4 MHz wartet. Die Anzahl der Befehlstakte in der Warteschleife wurde durch Rückübersetzung des generierten Codes mit dem Simulator ermittelt und durch Messungen bestätigt.

```c
// wartet 200*5 = 1000 Befehlstakte = 1 ms bei Systemtakt 4 MHz
void warte1ms(void)          // ohne Ergebnis und Argument
{                            // Anfang des Funktionsblocks
 static unsigned char i;     // lokale temporäre Laufvariable
 for (i = 200; i != 0; i--); // Abwärtsschleife mit 5 Befehlstakten
}                            // Ende des Funktionsblocks
```

Der *Aufruf* einer Funktion erfolgt mit ihrem Bezeichner und, wenn vereinbart, mit einer Liste aktueller Argumente, die an die Stelle der formalen Argumente treten.

> *Funktionsbezeichner* (Liste aktueller Argumente)

Das Beispiel gibt einen verzögerten 16bit Zähler auf dem Port C mit dem High-Teil und auf dem Port B mit dem Low-Teil aus.

```
while(1)
  {
  LATC = HIGH_uint(wert);      // High-Teil ausgeben
  LATB = LOW_uint(wert);       // Low-Teil ausgeben
  wert++;                      // 16bit Zähler
  warte1ms();                  // ca. 1 ms warten bei 4 MHz Quarz
  }
```

Bei umfangreichen Programmen mit vielen Makros und Funktionen ist es zweckmäßig, diese in eigene Dateien zu verlagern und sie mit **#include** `"Datei.Typ"` in den Programmtext einzufügen. Header-Dateien fassen mehrere `include`-Anweisungen und globale Vereinbarungen in einer Datei, üblicherweise vom Dateityp `.h`, zusammen. System-Headerdateien enthalten Prototypen von Systemfunktionen des C18-Compilers, die im Dokument „MPLAB C18 C Compiler Libraries (DS51297F)" mit Beispielen beschrieben werden. Das Programmbeispiel *Bild 6-15* fügt das System-Makro `Rlncf` ein, mit dem ein Bitmuster auf dem Port B rotiert. Die Zeitverzögerung von einer Sekunde liefert die System-Funktion `Delay10KTCYx` mit dem benutzerdefinierten Parameter `fak10K`.

```
// k6p3.c Beispiel für System-Makros und System-Funktion
#include <p18cxxx.h>
#include <delays.h>          // enthält Wartefunktionen
#pragma config OSC=HS,PWRT=ON,WDT=OFF,PBAD=DIG,LVP=OFF
#define TAKT 4000000ul              // Systemtakt (Quarz 4 MHz)
#define fak10K TAKT/(4ul * 10000ul) // Faktor 100 für 10 000 Befehlstakte
void main(void)
{
  TRISB = 0;              // Port B ist Ausgang
  LATB = 0x01;            // Bitmuster 0000 0001
  while(1)
  {
  Rlncf(LATB,1,0);        // rotiere links ohne Carry
  Delay10KTCYx(fak10K);   // warte ca. 1 sek
  }
}
```

Bild 6-15: Rotierendes Bitmuster mit Makros und Funktionen des C18-Compilers

6.2   Operationen

Das Rechenwerk der PIC18-Controller führt standardmäßig Byteoperationen mit 8bit Operanden in den Registern durch. Es ist Aufgabe des Compilers, die formelmäßig ausgedrückten Operationen aller Datentypen, auch der langen ganzzahligen und reellen, auf diese Grundoperationen zurückzuführen. Im Hinblick auf schnellen und kurzen Code ist es zweckmäßig, möglichst die `char`-Datentypen zu verwenden. Es besteht jedoch keine Möglichkeit, den Überlauf oder Unterlauf eines Zahlenbereiches abzufangen. Ein *Ausdruck* besteht aus Konstanten, Variablen, Funktionsergebnissen und Elementen der zusammengesetzten Datentypen Feld und Struktur, die durch Operatoren verknüpft werden. Der *Wert* des berechneten Ausdrucks kann einer Variablen zugewiesen werden oder zur Steuerung einer bedingten Anweisung dienen.

6.2.1   Gemischte Ausdrücke

Werden bei der Berechnung von Ausdrücken bzw. bei der Zuweisung von Werten Operanden unterschiedlicher Datentypen miteinander verknüpft, erzeugt der Compiler automatisch entsprechende Befehle zur Anpassung der Datenformate. Die wichtigsten Regeln lauten:

- Ausdrücke werden in dem Datenformat berechnet, das den größten Wertebereich umfasst; die Daten der kleineren Formate werden dabei erweitert.
- Bei einer Zuweisung wird der Wert des rechts stehenden Ausdrucks in das Format des links stehenden L-Value umgeformt und abgespeichert.
- Bei der Verkürzung eines Operanden werden die höherwertigen Stellen abgeschnitten.
- Bei der Ausdehnung eines Operanden werden bei `signed` Typen Vorzeichen und bei `unsigned`-Typen Nullen aufgefüllt.
- Für 32bit `long int`-Konstanten wird `l` oder `L` an die Ziffernfolge angehängt; für 32bit `unsigned long`-Konstanten wird `ul` oder `UL` an die Ziffernfolge angehängt.
- Durch Vorsetzen eines Typ- oder Castoperators (Rang 2!) wird eine ausdrückliche Umformung des Ausdrucks in das angegebene Datenformat vorgenommen.

> **(Datentypbezeichner)** Ausdruck

Das Beispiel setzt zwei 8bit Ziffern, die in jeweils einem Byte stehen, zu einer zweistelligen Zahl in einem 16bit Wort zusammen. Dabei werden Bytes zunächst zu Wörtern ausgedehnt.

```
unsigned char zehner = 1, einer = 2;      // zwei Ziffern
unsigned int zahl;                        // zweistellige Zahl
zahl = ( (unsigned int) zehner << 8) | (unsigned int) einer;
```

6.2.2   Arithmetische und logische Operationen

Unäre Operatoren wie z.B. Vorzeichen sind an einen meist dahinter stehenden Operanden gebunden, *binäre* wie z.B. Rechenzeichen stehen zwischen den zu verknüpfenden Operanden. Der *Rang* gibt die Reihenfolge an, in der die Operatoren in Ausdrücken angewendet werden; Rang 1 wird zuerst und Rang 15 wird zuletzt behandelt. Die *Richtung* gibt an, in welcher Reihenfolge gleichrangige Operatoren zu behandeln sind.

Rang	Richtung	Operator	Typ	Wirkung	Beispiel
1	-->	Name ( )	unär	liefert Funktionsergebnis	`x = bin2ascii(a);`
1	-->	( )	unär	runde Formelklammern	`x = (a + b) * 3;`
1	-->	[ ]	unär	eckige Klammern für Feldelemente	`x = tab[1];`
2	<--	(Typ)	unär	Typumwandlung	`x = (unsigned char)y;`
14	<--	=	binär	Wertzuweisung	`x = a + b;`
15	-->	,	binär	Folge von Ausdrücken	`a = 1, b = 2;`

Bild 6-16: Rangfolge von Operatoren

Runde Klammern mit dem höchsten Rang lassen sich wie in der Mathematik beliebig tief schachteln und werden von innen nach außen berechnet. Der Kommaoperator hat die niedrigste Rangstufe und wird nach allen anderen Operatoren ausgeführt; die Berechnung der Teilausdrücke erfolgt von links nach rechts.

Rang	Richtung	Operator	Typ	Wirkung	Beispiel
2	<--	+*op*	unär	positives Vorzeichen	`x = + a;`
		-*op*		negatives Vorzeichen	`x = - a;`
2	<--	*op*++	unär	erst bewerten, dann + 1	`x++;  // x = x + 1`
		++*op*		erst +1, dann bewerten	`++x;  // x = x + 1`
		op--		erst bewerten, dann − 1	`x--;  // x = x - 1`
		--*op*		erst − 1, dann bewerten	`--x;  // x = x - 1`
3	-->	*op* * *op*	binär	Multiplikation	`x = a * b;`
		op / *op*		Divisionsquotient	`x = a / b;`
		op % *op*		Divisionsrest	`y = a % b;`
4	-->	*op* + *op*	binär	Addition	`x = a + b;`
		op - *op*		Subtraktion	`x = a - b;`
14	<--	*op* *= *op*	binär	erst * , dann zuweisen	`x *= y; // x = x * y;`
		op /= *op*		erst / , dann zuweisen	`x /= y; // x = x / y;`
		op %= *op*		erst % , dann zuweisen	`x %= y; // x = x % y;`
		op += *op*		erst + , dann zuweisen	`x += y; // x = x + y;`
		op -= *op*		erst − , dann zuweisen	`x -= y; // x = x - y;`

Bild 6-17: Arithmetische Operatoren

Mit den logischen Operatoren lassen sich Bitoperationen vornehmen, die in C standardmäßig nicht vorgesehen sind.

Rang	Richtung	Operator	Typ	Wirkung	Beispiel
2	<--	~op	unär	logisches NICHT Einerkomplem.	x = ~ a;
8	-->	op & op	bi-när	logisches UND	x = a & 0x00ff;
9	-->	op ^ op	bi-när	logisches EODER	x = a ^ b;
10	-->	op | op	bi-när	logisches ODER	x = a | b;

14	<--	op &= op
		 op ^= op
		 op |= op
			bi-när	erst & , dann zuweisen
				 erst ^ , dann zuweisen
				 erst | , dann zuweisen
					x &= y; // x = x & y;
					 x ^= y; // x = x ^ y;
					 x |= y; // x = x | y;

Bild 6-18: Logische Operatoren

- Eine UND-Maske löscht alle Bitpositionen, in denen die Maske eine 1 hat.
- Eine EODER-Maske komplementiert alle Bitpositionen, in denen die Maske eine 1 hat.
- Eine ODER-Maske setzt alle Bitpositionen auf 1, in denen die Maske eine 1 hat.

```
unsigned char  x , a = 0x0f      // a = Bitmuster 0000 1111
x = ~a;            // gibt x = 0xf0 = 1111 0000 Einerkomplement
x = a & 0x03;      // gibt x = 0x03 = 0000 0011 Bits löschen
x = a ^ 0x03;      // gibt x = 0x0c = 0000 1100 Bits komplementieren
x = a | 0x30;      // gibt x = 0x3f = 0011 1111 Bits einfügen
```

Die *Schiebeoperationen* enthalten neben den Richtungsoperatoren << und >> noch die Anzahl der Bitpositionen, um die der Operand verschoben werden soll.

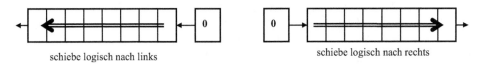

schiebe logisch nach links   schiebe logisch nach rechts

Rang	Richtung	Operator	Typ	Wirkung	Beispiel
5	-->	op << n	unär	schiebe Operanden n bit links	x = a << 1; // 1 bit
5	-->	op >> n	unär	schiebe Operanden n bit rechts	x = a >> 4; // 4 bit
14	<--	op <<= n	unär	erst links schieben dann zuweisen	x <<= 1; // 1 bit
14	<--	op >>= n	unär	erst rechts schieben dann zuweisen	x >>= 4; // 4 bit

Bild 6-19: Standard-Schiebeoperationen

Der Links-Schiebeoperator **<<** füllt die rechts frei werdenden Stellen mit Nullen auf (logisches Schieben). Linksschieben um n Bitpositionen entspricht einer Multiplikation mit 2^n. Der Rechts-Schiebeoperator **>>** füllt die links frei werdenden Stellen mit Nullen auf (logisches Schieben); entgegen ANSI C auch bei den vorzeichenbehafteten Datentypen (signed). Rechtsschieben um n Bitpositionen entspricht einer Division durch 2^n. Beispiele mit einer konstanten Anzahl von Verschiebungen:

```
unsigned char  x , a = 0x04;  // a = Bitmuster 0000 0100 = 4
x = a << 1;      // gibt x = 0x08 = 0000 1000 = 8 wie 4*2 = 8
x = a >> 1;      // gibt x = 0x02 = 0000 0010 = 2 wie 4/2 = 2
```

Die rotierenden Schiebeoperationen stehen beim C18-Compiler als Standard-Makros zur Verfügung. Man unterscheidet zwischen dem Rotieren durch das Carrybit (9bit Schieberegister) und dem Rotieren ohne Carrybit (8bit Schieberegister).

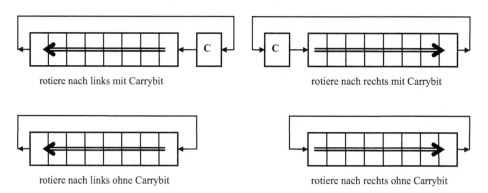

rotiere nach links mit Carrybit   rotiere nach rechts mit Carrybit

rotiere nach links ohne Carrybit   rotiere nach rechts ohne Carrybit

Makro-Anweisung	Anwendung
Rlcf(*var, dest, access*)	fügt einen RLCF-Befehl ein (rotiere links **mit** Carrybit)
Rlncf(*var, dest, access*)	fügt einen RLNCF-Befehl ein (rotiere links **ohne** Carrybit)
Rrcf(*var, dest, access*)	fügt einen RRCF-Befehl ein (rotiere rechts **mit** Carrybit)
Rrncf(*var, dest, access*)	fügt einen RRNCF-Befehl ein (rotiere rechts **ohne** Carrybit)
Swapf(*var, dest, access*)	fügt einen SWAPF-Befehl ein (vertausche die Registerhälften)

Bild 6-20: System-Makros des C18-Compilers für Rotierbefehle

Der Parameter *var* ist eine statische oder in der Access-Bank liegende 8bit Variable, *dest* = 1 speichert das Ergebnis in der Variablen, und *access* = 0 veranlasst die kurze Access-Bank-Adressierung. Für eine mit `static` gekennzeichnete Variable ist *access* = 1 zu setzen.

```
LATB = 0x01;              // Anfangs-Bitmuster 0000 0001
while(1)
  { Rlncf(LATB,1,0);      // rotiere links ohne Carrybit
```

6.2.3 SFR-Register und Bitoperationen

Der Zugriff auf die Peripherie (Parallele und serielle Schnittstellen sowie Timer) erfolgt über die Sonder Funktions Register SFR, die auch als Ports bezeichnet werden. Die 8bit SFR-Register sind vordefinierte Variable vom Typ `volatile unsigned char`. *Bild 6-21* zeigt das Modell eines Anschlusses der Ports A, B und C.

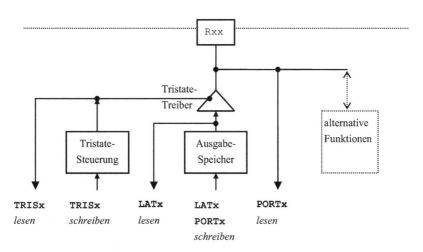

Bild 6-21: Modell eines Portanschlusses der Ports A, B und C

Die drei Ports werden in C mit den in *Bild 6-22* dargestellten Bezeichnern wie Variable vom Datentyp `volatile unsigned char` mit der Access-Bank-Adressierung angesprochen. Jede Schreib- und Lese/Schreiboperation wie z.B. `LATx++` für `LATx` und `PORTx` adressiert den Ausgabespeicher, der nur dann auf dem Portanschluss erscheint, wenn das entsprechende Bit im Tristateregister `TRISx` auf 0 gesetzt ist; die Voreinstellung nach Reset ist 1 (Eingabe). Jede Leseoperation für `LATx` liefert den Inhalt des Ausgabespeichers unabhängig vom Potential des Portanschlusses. Jede Leseoperation für `PORTx` liefert das Potential des Portanschlusses unabhängig vom Inhalt des Ausgabespeichers.

Port	Tristatesteuerung	Ausgabespeicher	schreiben Ausgabespeicher	lesen Portanschluss
A	TRISA (DDRA)	LATA	PORTA	PORTA
B	TRISB (DDRB)	LATB	PORTB	PORTB
C	TRISC (DDRC)	LATC	PORTC	PORTC

Bild 6-22: Vordefinierte Portvariable für die parallelen Ports A, B und C

Für die Adressierung von einzelnen Bitpositionen eines Ports stellt die Headerdatei des C18-Compilers vordefinierte Komponenten von Bitfeldern zur Verfügung, die im Programmbeispiel *Bild 6-24* wie Variablen der Länge 1 bit behandelt werden.

Port	Tristatesteuerung	Ausgabespeicher	Ausgabespeicher	Portanschluss
A	TRISAbits.TRISA0	LATAbits.LATA0	PORTAbits.RA0	PORTAbits.RA0
	. . . .	. . . .	. . . .	. . . .
	TRISAbits.TRISA7	LATAbits.LATA7	PORTAbits.RA7	PORTAbits.RA7
B	TRISBbits.TRISB0	LATBbits.LATB0	PORTBbits.RB0	PORTBbits.RB0
	. . . .	. . . .	. . . .	. . . .
	TRISBbits.TRISB7	LATBbits.LATB7	PORTBbits.RB7	PORTBbits.RB7
C	TRISCbits.TRISC0	LATCbits.LATC0	PORTCbits.RC0	PORTCbits.RC0
	. . . .	. . . .	. . . .	. . . .
	TRISCbits.TRISC7	LATCbits.LATC7	PORTCbits.RC7	PORTCbits.RC7

Bild 6-23: Vordefinierte Bitbezeichner für die parallelen Ports A, B und C

```
// k6p4.c Byte- und Bitoperationen für Ports
#include <p18cxxx.h>
#pragma config OSC=HS,PWRT=ON,WDT=OFF,PBAD=DIG,LVP=OFF
#define PB6 PORTBbits.RB6    // benutzerdefinierte Abkürzung
void main(void)
{
 TRISA = TRISC = 0;          // Byteoperation
 PORTA = 0b00000001;         // wie LATA = 0x01
 PORTC = 0;                  // wie LATC = 0
 LATC |= 0b10000000;         // 0b10000000 = 0x80 = 128
 while (1)                   // Arbeitsschleife
 {
// Operationen mit Portbits
   LATCbits.LATC0 = PORTBbits.RB0;          // Wertzuweisung
   LATCbits.LATC1 = PORTBbits.RB0 & PORTBbits.RB1;  // UND
   LATCbits.LATC2 = PORTBbits.RB0 | PORTBbits.RB1;  // ODER
// Portbits als Bedingung
   while(PORTBbits.RB7);    // warte solange Taste RB7 High
   LATA++;                  // Byteoperation
   while(!PORTBbits.RB7);   // warte solange Taste RB7 Low
   if(PB6) LATCbits.LATC3 = 1; else LATCbits.LATC3 = 0;
 }
}
```

Bild 6-24: Byte- und Bitoperationen mit SFR-Registern

6.2.4   Vergleichsoperationen, Bitbedingungen und Schalter

Die bedingten Anweisungen der Verzweigungen und Schleifen (Abschnitt 6.3) verwenden den Wert eines Ausdrucks als Bedingung für ihre Ausführung. Bei *ja* oder *wahr* wird die Anweisung ausgeführt, bei *nein* oder *falsch* wird sie übergangen.

Wert ungleich Null bedeutet *wahr*: ausführen
Wert gleich Null bedeutet *falsch*:   nicht ausführen

Die *Vergleichsoperatoren* führen Vergleiche zwischen arithmetischen Größen bzw. Bitmustern durch und bewerten das Ergebnis auf *ja* oder *wahr* bzw. *nein* oder *falsch*.

Rang	Rich-tung	Operator	Typ	Wirkung	Beispiel
6	-->	op **<** op	binär	kleiner als	if (a **<** b)…
6	-->	op **<=** op	binär	kleiner oder gleich	if (a **<=** b)…
6	-->	op **>=** op	binär	größer oder gleich	if (a **>=** b)…
6	-->	op **>** op	binär	größer als	if (a **>** b)…
7	-->	op **==** op	binär	gleich (keine Wertzuweisung!)	if (a **==** b)…
7	-->	op **!=** op	binär	ungleich	if (a **!=** b)…

Die *Verknüpfungsoperatoren* verknüpfen die Ergebnisse von Vergleichen durch logische Operationen und liefern wieder ein Ergebnis *wahr* bzw. *falsch*, das von bedingten Anweisungen ausgewertet werden kann.

Rang	Rich-tung	Operator	Typ	Wirkung	Beispiel
2	<--	**!** op	unär	Bedingung verneinen	if (**!** (a == b))…
11	-->	op **&&** op	binär	nur wenn beide wahr	if (a < 0 **&&** b < 0)…
12	-->	op **||** op	binär	wenn einer von beiden wahr	if (a < 0 **||** b < 0)…

Der Verknüpfungsoperator **!** mit dem Rang 2 wird vor den Vergleichsoperatoren (Rang 6 und 7) ausgeführt; entsprechende Vergleichsausdrücke sind zu klammern. Die Verknüpfungsoperatoren **&&** sowie **||** mit dem Rang 11 und 12 werden nach allen Vergleichsoperatoren ausgeführt; entsprechende Klammern können entfallen.

Bei der Programmierung der Peripherie dienen oft Bitpositionen innerhalb einer Portvariablen als Bedingung für die Ausführung von Anweisungen und Schleifen. Für die Potentiale der Parallelports gilt:

Potential *High* (logisch **1**) bedeutet *wahr*: ausführen
Potential *Low* (logisch **0**) bedeutet *falsch*: nicht ausführen

Die Beispiele werten einzelne Eingänge des Ports B als Bedingung für Warteschleifen und bedingte Anweisungen aus.

```
while(PORTBbits.RB0);           // warte solange Taste RB0 High
LATC++;                         // Zähler auf Port C erhöhen
while(!PORTBbits.RB0);          // warte solange Taste RB0 Low
if(PORTBbits.RB6) LATC = 0;     // Schalter RB6 als Bedingung
```

Bei Timern und seriellen Schnittstellen werden Bitpositionen automatisch auf 1 gesetzt, wenn ein bestimmtes Ereignis eingetreten ist, nach einem Reset werden sie mit 0 vorbesetzt übergeben und nach der Bedienung des Ereignisses gelöscht.

Anzeige **1** bedeutet *aufgetreten*:	ausführen
Anzeige **0** bedeutet *nicht aufgetreten*:	nicht ausführen

Das Beispiel wartet solange, bis im Empfänger der seriellen Schnittstelle USART ein Zeichen empfangen wurde.

```
while(!IPR1bits.RCIP); // warte solange Empfänger leer (nicht 1)
```

Als *Schalter* oder Flags (Flagge, Kennzeichen, Marke) bezeichnet man Variablen bzw. Bitpositionen, die Bedingungen speichern. Das Beispiel vereinbart eine globale Schaltervariable marke, die im Programm gesetzt bzw. gelöscht und ausgewertet wird.

```
volatile unsigned char marke = 0;          // Marke vereinbaren
void main(void)
{
 if(PORTBbits.RB7) marke = 1; else marke = 0; // Marke setzen
 if(marke) LATA++;                         // Marke auswerten
```

Bitfelder sind ein Sonderfall einer Struktur. Ihre Komponenten lassen sich als Schalterbits für die Speicherung von Bedingungen verwenden. Das Beispiel vereinbart ein globales Bitfeld schalter mit den Bitkomponenten pos1 und pos2.

```
struct
{ unsigned pos1 : 1;
  unsigned pos2 : 1;
} schalter;
void main(void)
{
   schalter.pos1 = PORTBbits.RB6;
   if(schalter.pos1) LATC++;
```

6.2.5   Zeiger und Operationen mit Zeigern

Ein *Zeiger* (pointer) ist eine Speicherstelle, die im einfachsten Fall die *Adresse* einer Variablen enthält. Bei seiner Vereinbarung mit dem Operator * vor seinem Bezeichner muss auch der Typ der Daten festgelegt werden, auf die er zeigen soll.

Datentyp   *Zeigerbezeichner

Nach ihrer Vereinbarung haben Zeiger – wie auch Variablen – noch keinen definierten Inhalt und können mit dem Operator & auf die Adresse einer Variablen gesetzt werden.

Zeiger = &Variablenbezeichner;

Nach der Zuweisung einer Adresse können nun über den Zeiger Operationen mit den adressierten Daten vorgenommen werden. Der Operator * vor dem Zeigerbezeichner kennzeichnet, dass die Operation nicht mit dem Zeiger, sondern mit den durch ihn adressierten Daten durchgeführt werden soll. Dies bezeichnet man auch als Indirektion oder Dereferenzierung.

*Zeigerbezeichner

Das einfache Beispiel vereinbart für den Datentyp unsigned char einen Zeiger **px** und eine Variable x. Dann wird der Zeiger px auf die Adresse von x gesetzt. Der Zugriff auf die Daten ist nun sowohl über den Zeiger als auch über die Variable möglich.

```
unsigned char *px, x;    // Zeiger px und Variable x vereinbart
px = &x;                 // Zeiger px auf Adresse von x gesetzt
*px = 1;                 // Wert über Zeiger zuweisen
PORTB = *px;             // Wert über Zeiger ausgeben
PORTB = x;               // Wert über Variable ausgeben
```

Zeiger dürfen nur auf Adressen von Daten gesetzt werden, für deren Typ sie vereinbart wurden. Dies gilt auch für die Speicherklassen und Attribute, die immer für die bezogenen Daten und nicht für den Zeiger gelten. Gültige Beispiele:

```
static unsigned char  *point;// Zeiger point vereinbart
static unsigned char  wert;  // statische Variable vereinbart
point = &wert;               // Zeiger auf statische Variable gesetzt
*point = 123;                // Wertzuweisung über Zeiger point
; Zeiger auf vordefinierte Portvariablen
volatile unsigned char *ptr; // Zeiger für Portvariable vereinbart
ptr = &LATA;                 // Zeiger auf Portvariable gesetzt
*ptr = 0xff;                 // Ausgabe auf Port über Zeiger
```

In *Vereinbarungen* kennzeichnet der Operator * vor dem Bezeichner, dass ein Zeiger und nicht eine Variable vereinbart wird. In *Ausdrücken* weist der Operator * darauf hin, dass die durch den Zeiger adressierten Daten verwendet werden sollen. Er ist direkt an den Operanden gebunden (Rang 2, unär) und darf nicht mit dem Multiplikationszeichen * (Rang 3, binär) verwechselt werden. Beispiele:

```
unsigned char *px;      // Operator direkt vor Bezeichner
unsigned char * px;     // Operator mit Leerzeichen vor Bezeichner
unsigned char* px;      // Operator hinter Datentyp vor Bezeichner
*px = * px * * px;      // Multiplikation *px  *  *px mit Daten
```

Rang	Richtung	Operator	Typ	Wirkung	Beispiel
1	-->	( )	unär	runde Vorrangklammern	*(px + 1) = 0;
2	<--	Typ *Zeiger	unär	Zeiger vereinbaren	char *px, *py, x, y;
2	<--	&Bezeichner	unär	Adresse des Operanden	px = &x;
2	<--	*Bezeichner	unär	Indirektion Dereferenzierung	*px = 0xff;
2	<--	(Typ *)	unär	Zeiger auf Datentyp	py = (char *) y;

Als **Zeigerarithmetik** bezeichnet man Operationen mit Zeigern, *nicht* mit den durch sie adressierten Daten. Dabei fehlt der Dereferenzierungsoperator *****.

Rang	Rich-tung	Operator	Typ	Wirkung	Beispiel
2	<--	op++	unär	erst bewerten, dann + Typlänge	px++; // px = px + 1
		++op		erst +Typlänge, dann bewerten	++px; // px = px + 1
		op--		erst bewerten, dann – Typlänge	px--; // px = px - 1
		--op		erst –Typlänge, dann bewerten	--px; // px = px - 1
4	-->	op + op	binär	Addition in Datentyplänge	px = px + 1;
		op - op		Subtraktion in Datentyplänge	px = px - 1;
6	-->	< <= >= >	binär	zwei Zeiger vergleichen	if (py <= py) ...
7	-->	== !=	binär	zwei Zeiger vergleichen	if (px == py) ...
14	-->	= += -=	binär	Wertzuweisung an Zeiger	px = py;

Alle arithmetischen Operationen (Addition und Subtraktion) mit Zeigern werden in der Speicherlänge des Datentyps durchgeführt, für den sie vereinbart wurden. Dadurch werden Daten wie z.B. Felder in der richtigen Reihenfolge adressiert. Bei Wertzuweisungen an Zeiger müssen die Datentypen, auf die sich Operanden beziehen, übereinstimmen.

Zeiger dienen zur Adressierung von dynamischen Feldern und zur Kennzeichnung von formalen Argumenten (Platzhaltern) von Funktionen, die über Adressen auf Speicherstellen des aufrufenden Programms zugreifen, um Ergebnisse zurückzuliefern.

6.3   Programmstrukturen

Die Schleifen und bedingten Anweisungen verwenden den Wert eines Ausdrucks als Bedingung für ihre Ausführung. Bei *ja* oder *wahr* wird die Anweisung ausgeführt, bei *nein* oder *falsch* wird sie übergangen.

Wert *ungleich Null* bedeutet *wahr*: ausführen
Wert *gleich Null* bedeutet *falsch*:   nicht ausführen

Der in runde Klammern zu setzende *Bedingungsausdruck* kann bestehen aus:

- einer Konstanten wie z.B. `while (1)`, die immer *wahr* ergibt,
- einer Variablen wie z.B. `if (wert)`, deren Inhalt *gleich Null* oder *ungleich Null* ist,
- einem arithmetischen Ausdruck wie z.B. `if (x - 4)`, der berechnet wird und *gleich Null* oder *ungleich Null* ergibt,
- einem logischen Ausdruck wie z.B. `if (PORTB & 0x80)`, der eine Bitoperation mit dem Ergebnis *gleich Null* oder *ungleich Null* durchführt,
- einem Vergleichsausdruck wie z.B. `if (a == b)`, der *wahr* oder *falsch* ergibt sowie
- Verknüpfungen von Vergleichen wie z.B. `if (a == 0 && b == 0)`.

6.3.1   Schleifenanweisungen

Schleifen entstehen, wenn Programmteile mehrmals ausgeführt werden. Sie werden in der C-Programmierung als Struktogramm nach Nassi-Shneiderman dargestellt. Programmablaufpläne werden nur noch in der Assemblerprogrammierung verwendet.

Unbedingte Schleife	**Bedingte Schleife**	**Wiederholende Schleife**	**Kontrolle in der Schleife**
immer	Laufbedingung		
			Abbruch Schleife >>
			<< Ende Durchlauf
		Laufbedingung	

- Die *unbedingte* Schleife hat weder eine Lauf- noch eine Abbruchbedingung. Sie muss durch ein äußeres Ereignis wie z.B. Reset oder Interrupt abgebrochen werden.
- Bei der *bedingten* Schleife wird die Laufbedingung vor dem Eintritt in die Schleife und vor jedem neuen Durchlauf geprüft. Sie verhält sich abweisend, da sie für den Fall, dass die Laufbedingung vor dem Eintritt in die Schleife nicht erfüllt war, nie ausgeführt wird.
- Bei der *wiederholenden* Schleife liegt die Kontrolle hinter dem Schleifenkörper, der mindestens einmal ausgeführt wird.
- Bei einer Kontrolle *im Schleifenkörper* unterscheidet man zwischen dem Abbruch der Schleife und dem Ende des aktuellen Durchlaufs mit erneuter Schleifenkontrolle.
- Schleifen lassen sich *schachteln*; jeder Schleifenkörper kann weitere Schleifen enthalten.

Die **Schleifenanweisung**

```
for (Anfangsausdruck ; Bedingungsausdruck ; Veränderungsausdruck) Anweisung ;
```

enthält in runden Klammern drei Ausdrücke, die durch ein Semikolon zu trennen sind, und dahinter eine Anweisung oder einen in geschweifte Klammern { } zu setzenden Anweisungsblock, der mehrmals ausgeführt wird.

Die **Zählschleife** ist die häufigste Anwendungsform der Schleifenanweisung.

```
for (Variable = Anfangswert ; Laufbedingung ; Variable ± Schrittweite) Anweisung;
```

- Der *Anfangsausdruck* besteht aus der Zuweisung des Anfangswertes an die Laufvariable. Beispiel: `i = 1;`   `// beginne mit i = 1`
- Der *Bedingungsausdruck* vergleicht den Inhalt der Laufvariablen mit dem Endwert. Solange die Laufbedingung erfüllt ist, wird die Anweisung des Schleifenkörpers ausgeführt. Beispiel: `i <= 10;`   `// solange i kleiner oder gleich 10`
- Der *Veränderungsausdruck* erhöht bzw. vermindert die Laufvariable um die Schrittweite. Beispiel: `i++`   `// erhöhe i um 1`

```
unsigned char i, j;              // Laufvariable vereinbart
for (i = 1; i<= 10; i++) LATA = i;    // Aufwärtszähler ausgeben
for (i = 250; i != 0; i--);      // Abwärtszähler Warteschleife
for (i=1; i<=10; i++) for (j=0; j<=10 j++) LATA=i+j; // Schachtelung
```

Die `for`-Schleife verhält sich abweisend. Ist die Laufbedingung vor dem Eintritt in die Schleife nicht erfüllt, so erfolgt kein Durchlauf. Eine `for`-Schleife mit leeren Laufparametern bildet wie ein `while` mit der Bedingung 1 eine unendliche Schleife. Beispiel:

```
for (;;)  { Schleifenkörper }  // wie while(1) { Schleifenkörper }
```

Die **bedingte Schleifenanweisung**

> **while** (*Laufbedingung*) **Anweisung** *;* oder Blockanweisung **{ }**

prüft die Laufbedingung vor dem ersten Durchlauf und verhält sich dadurch abweisend. Ist die Bedingung nicht erfüllt, so wird die Schleife nicht begonnen. Unendliche Arbeitsschleifen mit der Laufbedingung **1** für immer erfüllt lassen sich nur durch einen Interrupt unterbrechen oder durch ein Reset abbrechen. Steht hinter den runden Klammern der while-Schleife direkt ein Semikolon, so ist der Schleifenkörper leer. Beispiele für Warteschleifen, die auf ein Low- bzw. High-Potential am Porteingang RB7 warten:

```
while (1)                   // Arbeitsschleife
{
 while(PORTBbits.RB7);      // warte solange Taste RB7 High
 LATC++;                    // Zähler auf Port C erhöhen
 while(!PORTBbits.RB7);     // warte solange Taste RB7 Low
}
```

Die **wiederholende Schleifenanweisung**

> **do**
>
> **Anweisung** *;* oder Blockanweisung **{ }**
>
> **while** (*Laufbedingung*) *;*

prüft die Laufbedingung erst nach dem Schleifenkörper und führt mindestens einen Durchlauf aus. Blockanweisungen und Einrückungen fördern die Übersicht. Beispiel:

```
do
{
 LATC++;                    // Zähler auf Port C erhöhen
 warte();                   // warten
}
while (!PORTBbits.RB7);     // solange RB7 Low
```

Die Abbruchanweisung

> **break;**
>
> **if** (*Bedingung*) **break;**

dient dazu, eine Schleife oder den case-Zweig einer switch-Fallunterscheidung abzubrechen. Sie kann an beliebiger Stelle im Schleifenkörper angeordnet werden.

Die Kontrollanweisung

```
continue;

if (Bedingung) continue;
```

dient dazu, nur den aktuellen Durchlauf einer Schleife abzubrechen; alle auf `continue` folgenden Anweisungen werden nicht mehr ausgeführt, die Schleife wird jedoch fortgesetzt. Das Beispiel gibt einen verzögerten Dualzähler auf dem Port C aus. Für RB7 Low wird die Schleife mit `continue` unterbrochen und der zweite Aufruf der Wartefunktion nicht mehr ausgeführt. Ein RB6 Low bricht mit `break` die Schleife ab.

```
while(1)
{
 LATC++;                      // Ausgabe erhöhen
 warte();                     // warten
 if (!PORTBbits.RB7) continue; // unterbrechen für RB7 Low
 if (!PORTBbits.RB6) break;    // abbrechen für RB6 Low
 warte();                     // nochmal warten
}
```

Die Sprunganweisung

```
goto Sprungziel;

if (Bedingung) goto Sprungziel;
```

gestattet den Aufbau von Schleifen und Verzweigungen wie im Assembler. Hinter dem mit einem Doppelpunkt gekennzeichneten Sprungziel stehen die auszuführenden Anweisungen. Das Beispiel zeigt eine Schleife, die mit RB5 Low abgebrochen wird.

```
loop: LATC++;                // Port C erhöhen
      warte();               // warten
 if(PORTBbits.RB5) goto loop; // solange RB5 High
```

Die Verzögerungszeit der Funktion `warte ()` ist abhängig vom Controllertakt. Bei 4 MHz beträgt sie ca. 0.5 sek. Sie genügt für einfache Anwendungen, um Zähler sichtbar zu machen.

```
void warte(void)  // Funktion Zeitverzögerung ca. 0.5 sek bei 4 MHz
{
 static unsigned int i;       // 16bit Zähler
 for (i = 65530; i != 0; i--); // für ca. 0.5 sek warten
}
```

6.3.2   Verzweigungen mit bedingten Anweisungen

Programmverzweigungen werten eine Bedingung aus und entscheiden, welche Programmteile ausgeführt werden. Sie lassen sich als Struktogramm nach Nassi-Shneiderman darstellen.

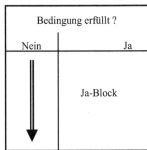 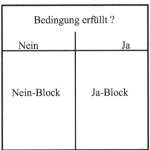

Fallunterscheidung			
Bedingung ?			
Fall_1	Fall_2	Fall_3	Fall_n

- Bei einer *bedingten* Ausführung wird bei erfüllter Bedingung nur der Ja-Block ausgeführt, der aus mehreren Anweisungen bestehen kann; einen Nein-Block gibt es nicht.
- Bei einer *alternativen* Ausführung werden entweder der Ja-Block oder der Nein-Block ausgeführt, aber nicht alle beide.
- Eine *Fallunterscheidung* entsteht durch eine Aneinanderreihung bzw. Schachtelung von bedingten Ausführungen und steht in C als switch-Anweisung zur Verfügung.

Die einseitig bedingte Anweisung

> if *(Bedingung)* **Ja-Anweisung***;* oder Blockanweisung **{ }**

führt die Ja-Anweisung nur aus, wenn die Bedingung erfüllt (*wahr*) ist; anderenfalls wird die Anweisung übergangen.

Die zweiseitig bedingte Anweisung

> if *(Bedingung)* **Ja-Anweisung** oder Block*;* else **Nein-Anweisung** oder Block*;*

führt entweder bei *wahr* die Ja-Anweisung oder bei *falsch* die hinter dem Kennwort else stehende Nein-Anweisung aus. Müssen mehrere Anweisungen ausgeführt werden, so verwendet man entweder eine Folge von Ausdrücken (Kommaoperator) oder besser eine Blockanweisung, die auf einer oder mehreren Zeilen eine Folge von Anweisungen enthält. Der Programmtext lässt sich durch Blockanweisungen übersichtlich gestalten. Zwischen der rechten Klammer **}** und dem else steht dann kein Semikolon. Die Beispiele verwenden das Potential am Eingang RB7 zur Auswahl der beiden Programmzweige.

```
if (PORTBbits.RB0)  LATA = 0x55;
if (!PORTBbits.RB0)  LATA = 0xaa;


if (PORTBbits.RB0) LATA = 0x55; else LATA = 0xaa;


if (PORTBbits.RB0)
{                              // Ja-Block für High
 LATA++;
 warte();
}                              // Ende Ja-Block
else
{                              // Nein-Block für Low
 LATA--;
 warte();
}                              // Ende Nein-Block
```

Die **Fallunterscheidung**

```
switch (Auswahlausdruck)
{
  case Konstante_1 :  Anweisungsfolge_1; break;
  . . . . . . . . . . . . . . . . . . . . . .
  case Konstante_n :  Anweisungsfolge_n; break;
  default:            Anweisungsfolge_s; break;
}
```

vergleicht den ganzzahligen *Auswahlausdruck* mit den hinter case stehenden ganzzahligen Konstanten und führt bei einer Übereinstimmung die entsprechenden Anweisungen aus. Fehlt das break, so werden alle Zweige durchlaufen, bis entweder ein break auftritt oder die switch-Anweisung beendet ist. Dadurch lassen sich mehrere Konstanten zu einem gemeinsamen Zweig zusammenführen. Findet keine Übereinstimmung statt, so wird der default-Zweig ausgeführt; fehlt dieser, so ist die Anweisung ohne Ausführung eines Zweigs beendet. Beispiel:

```
unsigned char x, y;        // Auswahlvariable und Ergebnis
x = PORTB;                 // Wertzuweisung
switch(x)                  // Fallunterscheidung
{
 case 0 : y = 0x30; break;   // Fall x == 0
 case 1 : y = 0x31; break;   // Fall x == 1
 case 2 : y = 0x32; break;   // Fall x == 2
 default: y = 0xff;          // Fehlerfall x > 2
}
```

6.3.3   Anwendungsbeispiele

Die vollständigen Programmbeispiele behandeln Grundfunktionen der Controllertechnik:

- Verzögerungsschleifen zur Einstellung von Wartezeiten,
- Umwandlung von Zahlen und Codes sowie
- Warteschleifen auf Flanken von Eingangssignalen.

Die Verzögerungzeit von Schleifen ist abhängig von den durch den Compiler erzeugten Befehlen und von der Taktfrequenz des Controllers. Diese ist gegeben durch den an den Takteingängen angeschlossenen Quarz bzw. durch den programmierbaren internen Takt. Das Programm *Bild 6-25* zeigt eine Funktion, die taktunabhängig ca. 1 ms wartet.

```
// k6p5.c Taktunabhängige Wartefunktion für 1 ms
#include <p18cxxx.h>
#pragma config OSC=HS,PWRT=ON,WDT=OFF,PBAD=DIG,LVP=OFF
#define TAKT 4000000ul          // Systemtakt Quarz 4 MHz
void wartelms(void)             // ca. 1 ms bei max 20 MHz
{
 #define ZAEL (TAKT/100000ul) - 3 // Ladewert mit Korrektur
 #if ZAEL > 255
  #error "Wartezähler > 255"     // Abbruch Compilierung
 #endif
 static unsigned char i, j;      // i-Schleife 5 Befehlstakte
 for (j = 5; j != 0; j--) for (i = ZAEL; i != 0; i--);
}
void main(void)
{
 TRISA = 0;                      // Port A ist Ausgang
 while (1)
 {                               // 1 ms Low  1 ms High
  LATA++;                        // gibt ca. 500 Hz gemessen 506 Hz
  wartelms();                    // wartet ca. 1 ms
 }
}
```

Bild 6-25: Taktunabhängige Wartefunktion für 1 ms

Die untersuchte Konfiguration des C18-Compilers übersetzt die innere i-Schleife in vier Befehle, die in fünf Befehlstakten ausgeführt werden. Der Anfangswert des Abwärtszählers wird aus dem Systemtakt berechnet und durch bedingte Compilierung auf den Maximalwert des Datentyps unsigned char begrenzt. Er erhält bei 4 MHz den Wert 40 und liefert eine Verzögerungszeit von 5*40 = 200 µs, den die äußere j-Schleife mit dem Faktor 5 multipliziert. Das Beispiel *Bild 6-26* erweitert die Wartezeit auf eine variable Zeit von max. 13 sek.

```
// k6p6.c Taktunabhängige Wartefunktion für max. 13000 msek
#include <p18cxxx.h>
#pragma config OSC=HS,PWRT=ON,WDT=OFF,PBAD=DIG,LVP=OFF
#define TAKT 4000000ul              // Systemtakt Quarz 4 MHz
void wartexms(unsigned int x)       // max. 13 sek und 20 MHz
{
 #define ZAEL (TAKT/100000ul) - 3 // Ladewert mit Korrektur
 #if ZAEL > 255
  #error "Wartezähler > 255"        // Abbruch der Compilierung
 #endif
 static unsigned char i   ;          // i-Schleife 5 Befehlstakte
 static unsigned int j, ja;          // j-Schleife als Faktor
 ja = x*5;                           // x max. 13000 = 13 sek
 for (j = ja; j != 0; j--) for (i = ZAEL; i != 0; i--); // Warteschleife
}
void main(void)
{
 TRISA = LATA = 0;                   // Port A ist Ausgang
 while (1)
 {
  LATA++;                            // gibt Sekundenzähler aus
  wartexms(1000);                    // warte ca. 1000 ms = 1 sek
 }
}
```

Bild 6-26: Funktion mit einstellbarer Wartezeit

Für die *dezimale Ausgabe* von Werten verwendet man oft Siebensegmentanzeigen und LCD-Module, bei denen jede Dezimalstelle binär codiert werden muss. Der BCD-Code (**B**inär **C**odierte **D**ezimalziffer) stellt die Ziffern von 0 bis 9 durch die entsprechenden vierstelligen Dualzahlen von 0000 bis 1001 dar. Die Funktion dual3bcd rechnet eine 8bit vorzeichenlose Dualzahl um in die dezimale Hunderter-, Zehner- und Einerstelle mit den Operatoren **/** (ganzzahlige Division) und **%** (ganzzahliger Divisionsrest). Das Testprogramm *Bild 6-27* liest eine Dualzahl vom Port B und gibt sie dezimal auf den Ports A und C aus.

```
// k6p7.c Dual nach BCD-Umwandlung
#include <p18cxxx.h>
#pragma config OSC=HS,PWRT=ON,WDT=OFF,PBAD=DIG,LVP=OFF
void dual3bcd (unsigned char wert, unsigned char *hund, \
               unsigned char *zehn, unsigned char *ein)
{
 *hund = wert / 100;        // Hunderter
 *zehn = (wert % 100) / 10; // Zehner
 *ein = wert % 10;          // Einer
}
```

```
void main(void)
{
 static unsigned char hu, ze, ei;    // Dezimalziffern
 TRISA = TRISC = 0;                  // Port A und C sind Ausgänge
 while (1)
 {
  dual3bcd(PORTB, &hu, &ze, &ei);    // Eingabe von Port B umrechnen
  LATA = hu;                         // Hunderterstelle ausgeben
  LATC = (ze << 4) | ei;             // Zehner und Einer ausgeben
 }
}
```

Bild 6-27: Duale Eingabe und dezimale BCD-Ausgabe

Bei der Umwandlung der dezimalen Eingabe *Bild 6-28* wird der Fehlerfall, dass keine BCD-Ziffer eingegeben wurde, durch Rückgabe einer Fehlermarke abgefangen. Die beiden vom Port B eingegebenen Ziffern müssen durch Schieben und Maskieren getrennt werden.

```
// k6p8.c BCD nach Dual-Umwandlung
#include <p18cxxx.h>
#pragma config OSC=HS,PWRT=ON,WDT=OFF,PBAD=DIG,LVP=OFF
unsigned char bcd2dual(unsigned char ze, unsigned char ei)
{
 if (ze > 9 || ei > 9) return 0xff;  // Fehlermarke
 return ze*10 + ei;                  // gültige Dualzahl
}
void main(void)
{
 static unsigned char zehn, ein ;    // Dezimalziffern
 TRISC = 0;                          // Port C ist Ausgang
 while (1)
 {
  zehn = PORTB >> 4;                 // Port B: Zehner xxxxxxxx
  ein = PORTB & 0b00001111;          // Port B: xxxxxx Einer
  LATC = bcd2dual(zehn, ein);        // Ausgabe auf Port C
 }
}
```

Bild 6-28: Dezimale Eingabe und duale Ausgabe

Die folgenden Beispiele behandeln die Codierung bzw. Decodierung von ASCII-Ziffern in Form von Funktionen, die für den Anschluss eines PCs als Terminal verwendet werden. Die Tabelle zeigt die drei Bereiche zur Darstellung von hexadezimalen Ziffern im ASCII-Code.

	Ziffern			*Großbuchstaben*			*Kleinbuchstaben*		
Zeichen	**0**	......	**9**	**A**	......	**F**	**a**	......	**f**
ASCII	0x30	......	0x39	0x41	......	0x46	0x61	......	0x66
hexa	0x00	......	0x09	0x0A	......	0x0F	0x0a	......	0x0f
binär	0000	......	1001	1010	......	1111	1010	......	1111

- Die binären Codes 0000 bis 1001 der Dezimalziffern von **0** bis **9** erscheinen im ASCII-Code als 0x30 bis 0x39 und lassen sich einfach durch Addition von 0x30 codieren bzw. durch Subtraktion von 0x30 decodieren.

- Die binären Codes 1010 bis 1111 der Hexadezimalziffern von **A** bis **F** erscheinen im ASCII-Code als 0x41 bis 0x46. Sie haben den Abstand 7 vom Ziffernbereich 0 bis 9.

- Die Kleinbuchstaben von **a** bis **f** liegen im Bereich von 0x61 bis 0x66. Sie haben den Abstand 0x20 vom Bereich der Großbuchstaben und unterscheiden sich nur in der Bitposition B5 von den Großbuchstaben.

Die Funktion bin2ascii übernimmt den binären Code von 0000 bis 1111 als Argument und liefert den ASCII-Code der Ziffern 0 bis 9 bzw. A bis F als Funktionsergebnis zurück. Das Programmbeispiel *Bild 6-29* übernimmt vom Port B einen binären Wert von 0000 bis 1111 und gibt ihn als ASCII-Zeichen codiert auf dem Port C aus.

```
// k6p9.c Binärer Hexacode nach ASCII-Zeichen
#include <p18cxxx.h>
#pragma config OSC=HS,PWRT=ON,WDT=OFF,PBAD=DIG,LVP=OFF
unsigned char bin2ascii(unsigned char bin)
{
 if (bin <= 9) return bin + 0x30; else return bin + 0x37;
}


void main(void)
{
 TRISC = 0;                    // Port C ist Ausgang
 while (1)
 {
  LATC = bin2ascii(PORTB & 0x0f);  // Ausgabe auf Port C
 }
}
```

Bild 6-29: Umwandlung von binär nach ASCII-Code

Die Funktion ascii2bin übernimmt ein Bitmuster als Argument und unterscheidet mit geschachtelten alternativen Verzweigungen vier Fälle:

- den Ziffernbereich von 0 bis 9,
- den Bereich der Großbuchstaben von A bis F,
- den Bereich der Kleinbuchstaben von a bis f und
- den Fehlerfall, wenn keine Hexadezimalziffer eingegeben wurde.

Das Programmbeispiel *Bild 6-30* übernimmt vom Port B ein ASCII-Zeichen und gibt den decodierten Wert auf dem Port C aus. Der Fehlercode `0xff` schaltet alle sieben Segmente der Anzeige dunkel.

```c
// k6p10.c Umwandlung ASCII nach binär hexadezimal
#include <p18cxxx.h>
#pragma config OSC=HS,PWRT=ON,WDT=OFF,PBAD=DIG,LVP=OFF
unsigned char ascii2bin(unsigned char a)
{
 if (a >= '0' && a <= '9') return a - '0';      // 0 - 9
 a |= 0x20;                                      // groß -> klein
 if (a >= 'a' && a <= 'f') return a - 'a' + 10; // a - f
 return 0xff;                                    // Fehlermarke
}
void main(void)
{
 TRISC = 0;                 // Port C ist Ausgang
 while (1)
 {
  LATC = ascii2bin(PORTB);  // Ausgabe auf Port C
 }
}
```

Bild 6-30: Umwandlung ASCII-Code nach binär mit Fehlerausgang

Bei der Auswertung von Portsignalen unterscheidet man zwischen Zuständen (High oder Low) und Flanken (steigend oder fallend).

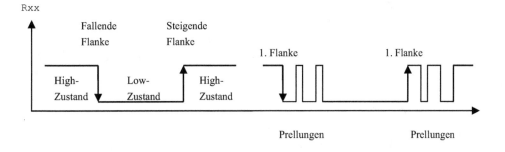

Als Eingang geschaltete Portleitungen werden meist auf High-Potential gehalten. Beim Betätigen eines Tasters oder Schalters gehen sie in den Low-Zustand, es entsteht eine fallende Flanke. Beim Übergang von Low auf High tritt eine steigende Flanke auf. Mechanische Kontakte neigen zum Prellen, so dass nach dem ersten Übergang weitere Flanken auftreten können, die bei einer Flankensteuerung Fehlauslösungen verursachen würden.

Bei einer *Zustandsteuerung* liegt eine alternative Verzweigung vor. Das Beispiel gibt bei High am Eingang RB7 auf dem Port C den Wert 0xaa und bei Low den Wert 0x55 aus.

```
if (PORTBbits.RB7) LATC = 0xaa; else LATC = 0x55;
```

Bei einer *Flankensteuerung* wird das Ereignis oft durch eine fallende Flanke, also den Übergang von High nach Low, ausgelöst. Das Beispiel zeigt einen dualen Zähler, der bei einer fallenden Flanke an RB7 um 1 erhöht und dann ausgegeben wird. Der Eingang RB7 ist durch ein Flipflop hardwaremäßig entprellt.

```
/* Ausgangszustand RB7 High, Kontakt durch Flipflop entprellt */
while (1)                    // Arbeitsschleife
{
  while(PORTBbits.RB7);      // warte solange High
  LATC++;                    // Zähler erhöhen und ausgeben
  while(!PORTBbits.RB7);     // warte solange Low
}
```

Bei prellenden Kontakten kann die Betätigung einer Taste bis zu zehn und mehr fallende Flanken und damit Fehlfunktionen auslösen. Für eine softwaremäßige Entprellung baut man meist einfache Verzögerungsschleifen ein. Die Wartezeit kann durch Versuche ermittelt werden. Für den Kippschalter RB0 des Testsystems waren 10 ms ausreichend.

```
/* Ausgangszustand RB0 High, Kontakt nicht entprellt */
while(1)
{
  while(PORTBbits.RB0);      // warte auf fallende Flanke
  wartexms(10);              // 10 ms entprellen
  LATC++;                    // Zähler erhöhen und ausgeben
  while(!PORTBbits.RB0 );    // warte auf steigende Flanke
  wartexms(10);              // 10 ms entprellen
}
```

6.4   Zusammengesetzte Datentypen

Die Einzelvariablen der bisherigen Beispiele belegen bei den `char`-Datentypen ein Byte und bei den `int`-Datentypen zwei Bytes. Dieser Abschnitt behandelt zusammengesetzte Datentypen, bei denen unter einem Bezeichner eine Vielzahl von Bytes vereinbart werden kann.

6.4.1   Felder und Zeichenketten (Strings)

Bei der *Dimensionierung* eines eindimensionalen Feldes

> Datentyp *Bezeichner* [Anzahl der Elemente]

gibt man hinter dem Feldbezeichner die Anzahl der Elemente in eckigen Klammern an. Als Datentyp sind alle in Abschnitt 6.1 behandelten Typen, Speicherklassen und Attribute zugelassen. Das Beispiel vereinbart ein Feld aus 10 Elementen vom Typ `unsigned char`.

```
static unsigned char  tab[10];          // statisch
```

Beim *Zugriff* auf die Elemente eines eindimensionalen Feldes

> *Bezeichner* [Indexposition von **0** bis Anzahl **– 1**]

steht hinter dem Feldbezeichner in eckigen Klammern ein ganzzahliger Ausdruck, der den Index des Feldelementes angibt. Ein Überschreiten der Feldgrenzen von **0** bis zur Anzahl der Elemente **-1** kann zu schwerwiegenden Fehlern führen. Das sichere Beispiel vereinbart die Anzahl der Elemente als Symbolkonstante und adressiert alle Elemente mit `for`-Schleifen.

```
#define N 10                        // Symbol für Feldgröße
static unsigned char tab[N];        // Feldvereinbarung N Elemente
unsigned char i;                    // Laufvariable zur Adressierung
TRISC = 0;                          // Port C ist Ausgang
while(1)
{
 for (i=0; i<N; i++) tab[i] = i;    // Feld mit Werten besetzen
 for (i=0; i<N; i++)                // Feld verzögert ausgeben
 {
  LATC = tab[i];                    // Feldelement nach Port C
  wartexms(1000);                   // warte 1 sek
 } // Ende for
} // Ende while
```

Bei der Zuweisung von *Anfangswerten*

> Datentyp *Bezeichner* [ ] = { Konstantenliste }

kann die Angabe der Feldgröße entfallen. Der Operator

> **sizeof** (*Feldbezeichner*)

liefert in diesem Fall die Anzahl der Feldelemente zur Steuerung von `for`-Schleifen, die alle Elemente des Feldes ansprechen. Das Beispiel vereinbart ein Feld aus vorbesetzten Konstanten und gibt alle Elemente mit dem Operator `sizeof` verzögert auf dem Port C aus.

```
const unsigned char tab[] = {0,1,2,3,4,5,6,7,8,9}; // Feld vorbesetzt
unsigned char i;                     // Laufvariable
TRISC = 0;                           // Port C ist Ausgang
while(1)
{
 for (i = 0; i < sizeof(tab); i++) {LATC = tab[i]; wartexms(1000);}
} // Ende while
```

Mehrdimensionale Felder werden mit einem Mehrfachindex vereinbart und adressiert. Das Beispiel vereinbart ein zweidimensionales Feld mit vorbesetzten Werten. Die Konstantenliste besteht entsprechend dem ersten Index aus zwei Teillisten mit je drei Werten entsprechend dem zweiten Index.

```
unsigned char x[2][3] = { {11, 22, 33}, {44, 55, 66} };
```

Die Elemente des zweidimensionalen Feldes liegen, beginnend mit dem Index `[0][0]` linear im Speicher. Die Werte des Beispiels haben die Anordnung:

Index	x[0][0]	x[0][1]	x[0][2]	x[1][0]	x[1][1]	x[1][2]
Adresse	+0	+1	+2	+3	+4	+5
Inhalt	11	22	33	44	55	66

Bei der Bearbeitung mehrdimensionaler Felder mit geschachtelten `for`-Schleifen läuft für jeden Wert der äußeren Schleife die innere Schleife vollständig durch. Das Beispiel löscht alle Elemente des zweidimensionalen Feldes.

```
for (i = 0; i < 2; i+)            // äußere Schleife
   for (j = 0; j < 3; j++) x[i][j] = 0; // innere Schleife
```

Bedingt durch die Speicherstruktur der PIC18-Controller sind besondere Überlegungen bezüglich Größe und Zugriffszeit von Feldern erforderlich. In der untersuchten Konfiguration des C18-Compilers ergaben sich für vorbesetzte Felder vom Datentyp `unsigned char` folgende Ergebnisse, die im Wesentlichen auch für nicht vorbesetzte Felder gelten:

- Dynamisch angelegte Felder wurden beim Aufruf der Funktion von dieser mit Anfangswerten vorbesetzt und benötigten die längste Zugriffszeit. Bei einer Feldgröße über ca. 100 Bytes erschien die Fehlermeldung: *stack frame too large*. Beispiel eines dynamisch angelegten vorbesetzten Feldes:

```
void main(void)
{
unsigned char feld[N] = {0,1,2,3,4,5,6,7,8,9}; // dynamisch
```

- Global oder in einer Funktion statisch angelegte Felder wurden im Startup-Programmteil mit Anfangswerten vorbesetzt und hatten die kürzeste Zugriffszeit. Bei einer Feldgröße von über ca. 100 Bytes erschien die Fehlermeldung: *can not fill the section* . . . Beispiel eines in `main` angelegten statischen Feldes:

```
static unsigned char feld[N] = {0,1,2,3,4,5,6,7,8,9}; // statisch
```

- Konstante große Felder wie z.B. Tabellen können im Datenbereich des Flash-Programmspeichers angelegt werden. Sie ergaben eine mittlere Zugriffszeit. Beispiel:

```
const rom unsigned char feld[N] = {0,1,2,3,4,5,6,7,8,9}; // Flash
```

In Feldern lassen sich abgetastete Signale speichern und auswerten. Das Programm *Bild 6-31* untersucht den Eingang RB7 auf Prellungen. Nach der ersten fallenden Flanke beginnt eine Schleife, welche die folgenden 100 Zustände des Ports abtastet und in einem Feld speichert. Die auf die Aufzeichnung folgende Auswertung vergleicht zwei aufeinanderfolgende Zustände; stimmen sie nicht überein, so liegt eine prellende Flanke vor. Nach der steigenden Flanke kann eine neue Messung vorgenommen werden. Die Versuche ergaben zwischen 1 und 9 Prellungen.

```
// k6p12.c Prellungen aufzeichnen und zählen
// Port C: Ausgabe Anzahl der Prellungen dual
// Port B: Eingabe fallende Flanke RB7 beginnt Speicherung
#include <p18cxxx.h>
#pragma config OSC=HS,PWRT=ON,WDT=OFF,PBAD=DIG,LVP=OFF
#define N 100                    // Anzahl der Aufzeichnungen
void main(void)                  // Hauptfunktion
{
 static unsigned char feld[N];   // Feld vereinbart
 unsigned char i;                // Zählvariable
 TRISC = 0;                      // Port C ist Ausgang
 while(1)                        // Arbeitsschleife
 {
  LATC = 0;                      // Zähler löschen
  while (PORTBbits.RB7);         // warte auf fallende Flanke
```

```
   for (i=0; i < N; i++) feld[i] = PORTB;   // Port speichern
   for (i=0; i < N-1; i++)  if (feld[i] != feld[i+1]) LATC++;  // zählen
   while ( !PORTBbits.RB7);                  // warte auf steigende Flanke
  }
}
```

Bild 6-31: Signal abtasten, speichern und Prellungen auswerten

Mit *Tabellen* lassen sich Umcodierungen, mathematische Funktionen und nichtlineare Zusammenhänge anstelle von Rechenverfahren behandeln. Man unterscheidet:

- fortlaufenden (sequentiellen) Tabellenzugriff für Suchverfahren und
- direkten (random) Zugriff mit einem berechneten oder eingegebenen Index.

Das Beispiel *Bild 6-32* führt eine Umcodierung der Eingabewerte von 0000 bis 1111 in den ASCII-Code der Hexadezimalziffern von 0 bis F mit einem eindimensionalen Feld im Direktzugriff durch. Diese Aufgabe wurde im Abschnitt 6.3.3 durch die Funktion bin2ascii rechnerisch vorgenommen. Die Umcodiertabelle enthält nur die 16 Ausgabewerte, deren Adresse durch eine Indexberechnung bestimmt wird. Der Fehlerfall wird durch eine Maskierung des eingegebenen Indexwertes abgefangen.

```
// k6p13.c Umcodierung mit direktem Tabellenzugriff
// Port C: Ausgabe ASCII-Code 0x30 (Ziffer 0) bis 0x46 (Ziffer F)
// Port B: Eingabe RB3..RB0 Bitmuster 0000 bis 1111
#include <p18cxxx.h>
#pragma config OSC=HS,PWRT=ON,WDT=OFF,PBAD=DIG,LVP=OFF
const rom unsigned char tab[] = "0123456789ABCDEF"; // Code-String
void main(void)             // Hauptfunktion
{
 TRISC = 0;                 // Port C ist Ausgang
 while(1)                   // Arbeitsschleife
 {
  LATC = tab[PORTB & 0x0f];  // direkter Tabellenzugriff
 }
}
```

Bild 6-32: Umcodierung durch direkten Tabellenzugriff

Das Programm *Bild 6-33* löst die Umcodieraufgabe durch Suchen in einem zweidimensionalen Feld, das in der ersten Dimension 16 Eingabewerte und in der zweiten Dimension die 16 auszugebenden ASCII-Zeichen enthält. Der Fehlerfall ergibt sich, wenn der gesuchte Wert nicht in der Tabelle enthalten ist. Im Gegensatz zum Programm Bild 6-32 sind die Ausgabezeichen nicht als String, sondern als einzeln abgelegt. Der Rückstrich \ am Ende der Konstantenliste bedeutet, dass diese auf der nächsten Zeile fortgesetzt wird.

```
// k6p14.c Umcodierung mit Tabellensuchen
// Port C: Ausgabe ASCII 0x30 (Ziffer 0) bis 0x46 (Ziffer F) oder 0xff Fehler
// Port B: Eingabe RB3..RB0 Bitmuster 0000 bis 1111 ohne Maskierung (Fehler!)
#include <p18cxxx.h>
#pragma config OSC=HS,PWRT=ON,WDT=OFF,PBAD=DIG,LVP=OFF
const rom unsigned char tab [2][16] = \
      { {0,1,2,3,4,5,6,7,8,9,10,11,12,13,14,15}, \
        {'0','1','2','3','4','5','6','7','8','9','A','B','C','D','E','F'} } ;
void main(void)
{
 unsigned char i, bin, aus;
 TRISC = 0;                 // Port C ist Ausgang
 while(1)                   // Arbeitsschleife
 {
  bin = PORTB;              // binäre Eingabe ohne Maskierung von RB7 .. RB4
  aus = 0xff;               // Ausgabe mit Fehlercode vorbesetzt
  for (i=0; i<16; i++) if (tab[0][i] == bin) aus = tab[1][i]; // bei gefunden
  LATC = aus;               // ASCII oder Fehlercode ausgeben
 } // Ende while
} // Ende main
```

Bild 6-33: Umcodierung durch Tabellensuche

Bei der *Zeigeradressierung* von Feldern wird der Feldbezeichner ohne den Adressoperator direkt einem Zeiger gleichen Datentyps zugewiesen.

> Zeigerbezeichner = *Feldbezeichner*;

Die Adressierung der Feldelemente erfolgt mit der Zeigerarithmetik entsprechend Abschnitt 6.2.5. Das Beispiel setzt einen Zeiger ptab auf die Adresse des Feldes tab. Die erste for-Schleife verändert durch den Ausdruck *ptab++ den laufenden Inhalt des Zeigers, so dass er nach dem Ablauf der Schleife auf einen Wert hinter dem letzten Element zeigt und für weitere Operationen wieder auf den Anfang des Feldes gesetzt werden muss. In der zweiten for-Schleife bleibt der Zeiger durch den Ausdruck *(ptab+i) erhalten.

```
static unsigned char tab[N], *ptab;   // Feld und Zeiger auf Feld
ptab = tab;                           // Zeiger <- Feldadresse
for (i=0; i<N; i++) *ptab++ = i;      // Zeiger wird zerstört
ptab = tab;                           // Zeiger <- Feldadresse!
for (i=0; i<N; i++) LATC = *(ptab+i); // Zeiger bleibt erhalten
```

Strings oder Zeichenketten sind ein Sonderfall eindimensionaler Felder aus Zeichen vom Datentyp `char`. *Stringkonstanten* enthalten zwischen Hochkommata Texte aus Buchstaben, Ziffern und Sonderzeichen sowie aus Escape-Sequenzen (Bild 6-9).

> " Text aus Zeichen "

Stringvariable werden als eindimensionale Felder mit der Anzahl der Zeichen + 1 oder mit Anfangswerten ohne Längenangabe vereinbart.

> **char** oder **unsigned char** *Stringbezeichner* [Zeichenzahl + 1]
>
> **char** oder **unsigned char** *Stringbezeichner* [ ] = " Text"

```
static unsigned char zeile[81];  // Stringvariable 80 Zeichen
static unsigned char melde[] = "\n\rHallo! ";  // Begrüßungsmeldung
```

Der Compiler legt hinter dem letzten Zeichen des Textes eine zusätzliche Endemarke mit dem Zahlenwert 0 ab. Der Operator `sizeof` liefert als Größe des nullterminierten Strings die Anzahl der Zeichen + 1 für die Endemarke.

Stringoperationen lassen sich nur über die einzelnen Elemente der Stringvariablen durchführen; Stringkonstanten erscheinen nur bei der Feldvereinbarung. Das Beispiel kopiert einen konstanten String `tab` mit dem `sizeof`-Operator in einen variablen String `aus` und gibt diesen durch Abfragen der Endemarke auf dem Port C aus.

```
const unsigned char tab[] = "123456789";  // String mit Konstanten
unsigned char aus[81];                     // Stringvariable unbesetzt
for (i=0; i<sizeof(tab); i++) aus[i] = tab[i]; // Feld kopieren
i = 0; while(tab[i] != 0) LATC = tab[i++];     // Feld ausgeben
```

Strings lassen sich wie Felder mit Zeigern adressieren. Dann können Stringkonstanten auch als Operanden erscheinen; eine Zuweisung von Zeigern an Variablen oder Felder ist nicht möglich. Beispiele für Zuweisungen an Stringzeiger:

```
unsigned char  aus[81];        // String vereinbart
unsigned char *px, *py, *pz;   // Zeiger auf Strings
px = "abcdef";                 // Zeiger <- Stringkonstante
py = aus;                      // Zeiger <- Stringvariable
pz = px;                       // Zeiger <- Zeiger
```

In der mit `#include <string.h>` einzufügenden Systembibliothek stellt der C18-Compiler eine Reihe von vordefinierten Stringfunktionen zur Verfügung.

6.4.2   Strukturen und Bitfelder

Der zusammengesetzte Datentyp `struct` (Datenstruktur) fasst Elemente verschiedener Datentypen unter einem Bezeichner zusammen.

Typ **struct** {

         Datentyp_1 Komponentenliste_1;

         . . . .

         Datentyp_n Komponentenliste_n;

       } *Strukturbezeichnerliste*;

Als Typ sind alle in Abschnitt 6.1 behandelten Speicherklassen und Attribute zugelassen. In den Komponentenlisten werden Komponenten gleichen Datentyps zusammengefasst. Als Datentyp sind alle einfachen und zusammengesetzten Typen sowie Zeiger zugelassen. Die in den Komponentenlisten enthaltenen Bezeichner können mit Bezeichnern außerhalb der Struktur übereinstimmen, da sie immer an den Strukturbezeichner gebunden sind. Vorbesetzte Strukturen erhalten wie bei Feldern zwischen geschweiften Klammern eine Liste von Konstanten. Das Beispiel vereinbart eine Struktur `lasso` mit den beiden Komponenten `k1` und `k2` und den Anfangswerten 10 und 20.

```
struct
      {
       unsigned char k1;          // Komponente_1
       unsigned int k2;           // Komponente_2
      } seil, lasso = { 10, 20 }; // vorbesetzte Anfangswerte
```

Die Komponenten einer Struktur werden über

Strukturbezeichner . Komponentenbezeichner

in Ausdrücken angesprochen. Das Beispiel multipliziert die Komponenten `k1` der Strukturen `lasso` und `seil` und gibt das Produkt auf dem Port C aus.

```
lasso.k1 = lasso.k1 * seil.k1; // Ausdruck
LATC = lasso.k1;               // k1 ausgeben
```

Bei dem Sonderfall einer *Union* liegen alle Komponenten, Varianten genannt, auf den gleichen Speicherplätzen; die Größe richtet sich nach der längsten Variante. Die Adressierung der Varianten erfolgt durch den Ausdruck *Unionbezeichner* . Komponentenbezeichner wie bei einer Struktur.

```
union {

        Datentyp_1  Variante_1;

        . . . . . . .

        Datentyp_n  Variante_n;

    } Variablenliste;
```

Der Sonderfall *Bitfelder* gestattet die Adressierung von einzelnen Bits oder Bitgruppen innerhalb einer Variablen durch eigene Bezeichner.

```
struct {

        Datentyp_1  Komponente_1  :  Länge_1;

        . . . . . . . . . . . . .

        Datentyp_n  Komponente_n  :  Länge_n;

    } Feldbezeichnerliste;
```

Die Adressierung der Bitfeldkomponenten erfolgt wie bei einer Struktur durch den Ausdruck *Feldbezeichner . Komponentenbezeichner*. Das Beispiel vereinbart ein Bitfeld x mit den Komponenten b0 und b1 der Länge 1 bit. Sie entsprechen den vordefinierten Bitbezeichnungen der Peripherieregister wie z.B. PORTBbits.RB0. Der C18-Compiler verwendet zum Löschen und Setzen von Bitpositionen die entsprechenden Maschinenbefehle. Wertzuweisungen und Verknüpfungen von Bitfeldkomponenten werden formal wie Bitvariable behandelt, aber wegen fehlender Maschinenbefehle durch Maskierungen und bedingte Sprungbefehle ausgeführt. Beispiele:

```
static struct {
            unsigned char b0 : 1;    // Bitvariable
            unsigned char b1 : 1;    // Bitvariable
            unsigned char b2 : 1;    // Bitvariable
        } x;

x.b0 = 0;                     // = Konstante
x.b1 = PORTBbits.RB0;         // = vordefinierte Bitvariable
PORTCbits.RC0 = x.b0;         // = Bitfeldkomponente
PORTCbits.RC1 = x.b0 | x.b1;  // = ODER-Funktion
PORTCbits.RC2 = PORTBbits.RB2 & PORTBbits.RB3 ; // = UND-Funktion
if(x.b1) x.b2 = 1;            // wenn x.b1 == 1, dann….
while(PORTBbits.RB7);         // warte solange RB7 High
```

6.4.3   Die Adressierung des EEPROM-Speichers

Der EEPROM-Bereich dient zur nichtflüchtigen Aufbewahrung von Daten, die im Gegensatz zum RAM-Bereich nach dem Abschalten der Spannung nicht verloren gehen und nach dem Einschalten der Versorgungsspannung wieder zur Verfügung stehen. Der EEPROM-Bereich ist als Arbeitsspeicher nicht geeignet, da er nur etwa 100000 mal programmierbar ist und die Zugriffszeit beim Schreiben im Millisekundenbereich liegt.

Das Testprogramm *Bild 6-34* behandelt den Zugriff auf den EEPROM-Bereich mit zwei Funktionen, die den im Abschnitt 4.6.3 dargestellten Assemblerprogrammen entsprechen. Durch die #pragma-Direktive liegt der EEPROM-Bereich auf der vom System vorgegebenen festen Flash-Adresse 0xF00000. Die untersuchte Konfiguration des C18-Compilers erzeugte zwar Befehle für einen direkten Zugriff auf die dort vereinbarten Variablen, die jedoch weder vom Simulator noch vom Controller ausgeführt wurden. Dies ist allein über die EEPROM-Steuerung Bild 4-27 des Abschnitts 4.6.3 mit den benutzerdefinierten Funktionen EEread und EEwrite möglich.

```
// k6p15.c EEPROM-Zugriffe
#include <p18cxxx.h>
#pragma config OSC=HS,PWRT=ON,WDT=OFF,PBAD=DIG,LVP=OFF
// EEPROM-Daten nicht in Ausdrücken, nur mit Funktionen ansprechbar
#pragma romdata eedata=0xF00000          // Daten im EEPROM-Bereich
rom const unsigned char x = 0x12, y = 0x34, text[] = {"Hallo\n\r"}, z;
// Funktion EEPROM-Daten lesen ohne Wartezeit
unsigned char EEread(unsigned char adresse)
{
 EECON1bits.EEPGD = 0;     // EEPROM-Zugriff
 EEADR = adresse;          // Adresse nach Adressregister
 EECON1bits.RD = 1;        // Leseoperation starten
 return EEDATA;            // Daten sofort abholen
}
// Funktion EEPROM-Daten schreiben Zeit im Millisekundenbereich
// Ohne Interruptsperre!
void EEwrite(unsigned char adresse, unsigned char wert)
{
 EECON1bits.EEPGD = 0;     // EEPROM-Zugriff
 EECON1bits.WREN = 1;      // Schreibzugriff
 EEADR = adresse;          // Adresse nach Adressregister
 EEDATA = wert;            // Daten nach Datenregister
 EECON2 = 0x55;            // Sicherheitscode
 EECON2 = 0xaa;            // Sicherheitscode
 EECON1bits.WR = 1;        // Schreiboperation starten
 while (!EECON1bits.WR);   // warte auf Schreibende
}
```

```
// Hauptfunktion
void main(void)
{
  static unsigned char test;            // Hilfsvariable
  TRISA = TRISC = 0;                    // Port A und C sind Ausgänge
  LATA = EEread((unsigned char)&x);     // vorbesetzte EEPROM-Konstante ausgeben
  while(1)                              // Arbeitsschleife
  {
    test = PORTB;                       // Testdaten vom Port B lesen
    EEwrite((unsigned char)&z, test);  // nach EEPROM schreiben
    LATC = EEread((unsigned char)&z);  // EEPROM rücklesen und ausgeben
    while (PORTBbits.RB7);              // warte auf Taste
    LATA++;
    while (!PORTBbits.RB7);             // bis Taste gelöst
  }
}
```

Bild 6-34: Der Zugriff auf den EEPROM-Bereich

Abschnitt 4.6.3 beschreibt den Aufbau und die Programmierung der EEPROM-Register.

- Das EEPROM-Adressregister EEADR enthält die Adresse des Bytes.
- Das EEPROM-Datenregister EEDATA enthält das Datenbyte.
- Das EEPROM-Steuerregister EECON1 enthält Steuer- und Anzeigebits.
- Das EEPROM-Steuerregister EECON2 ist mit Steuerbytes zu laden.

Die Lesefunktion EEread übernimmt die Adresse des zu lesenden Bytes im Bereich von 0 bis 255. Die Daten stehen nach dem Start der Leseoperation ohne Wartezeit sofort zur Verfügung. Beim Aufruf der Funktion liefert der Typoperator (unsigned char) das wertniedrigste Byte der 24bit Adresse. Ohne diesen Operator erscheint eine Compiler-Warnung.

Die Schreibfunktion EEwrite übernimmt die Adresse und den Wert der zu schreibenden Daten. Nach dem Start der Schreiboperation durch Setzen des Bits WR im Steuerregister EECON1 hält die Steuerung WR auf 0, bis die Schreiboperation ausgeführt ist. Dies wird mit einer Warteschleife kontrolliert. Das Schreibende lässt sich auch mit dem Bit EEIF des Interruptsteuerregisters PIR2 kontrollieren, das jedoch vom Programm wieder zurückgesetzt werden muss. Das einfache Testprogramm berücksichtigt nicht, dass während eines Schreibvorgangs kein Interrupt auftreten darf. Diese müssten durch die Schreibfunktion gesperrt und wieder freigegeben werden.

Die Hauptfunktion main gibt zunächst den vorbesetzten Wert der EEPROM-Variablen x auf dem Port A aus und lies dann in einer Schleife einen Testwert vom Port B, der in die EEPROM-Variable z geschrieben, zurückgelesen und auf dem Port C wieder ausgegeben wird. Die Warteschleifen auf die Taste am Eingang RB7 verhindern, dass bei langen Testläufen zu viele Schreiboperationen auf den EEPROM-Bereich erfolgen.

6.5   Funktionen

Unterprogramme sind selbstständige Programmteile, deren Code nur einmal angelegt wird. In der Programmiersprache C gibt es nur den einen Unterprogrammtyp Funktion, der sowohl Funktionsergebnisse zurückliefert als auch die Übergabe von Argumenten gestattet. Gemäß der Vorgabe *„erst vereinbaren, dann verwenden"* müssen Funktionen vor ihrem Aufruf definiert oder mit einem Prototyp – bestehend aus der Kopfzeile – deklariert werden. In den folgenden Beispielen liegen die Funktionen immer vor der Hauptfunktion `main` bzw. vor anderen sie aufrufenden Funktionen. Sie erhalten bei ihrer Definition einen Funktionsnamen.

Ergebnistyp *Funktionsbezeichner* (Liste formaler Argumente)

{

    lokale Vereinbarungen;

    Anweisungen;

    return `Wert;`   // entfällt bei Ergebnistyp `void`

}

Die Bezeichner der formalen Argumente und lokalen Vereinbarungen sind frei wählbar und nur innerhalb der Funktion sichtbar. Die formalen Argumente müssen in Typ und Anzahl mit den aktuellen Argumenten übereinstimmen. Fehlende Rückgabewerte und leere Argumentenlisten werden durch **void** (unbestimmt, leer) gekennzeichnet.

Der Aufruf einer Funktion erfolgt mit ihrem Bezeichner und, wenn vereinbart, mit einer Liste aktueller Argumente, die an die Stelle der formalen Argumente treten.

.... *Funktionsbezeichner* (Liste aktueller Argumente) ....

Funktionen ohne Rückgabewert und ohne Argumente führen nur eine bestimmte Tätigkeit aus und kehren dann an die Stelle des Aufrufs zurück. Ergebnistyp und Argumentenliste sind dann vom Datentyp `void`.

```
void warte(void)   // parameterlose und ergebnislose Wartefunktion
{
 unsigned int i;              // lokale Laufvariable
 for (i = 65500; i != 0; i--); // konstante Warteschleife
}                             // ohne return
```

Der Aufruf einer ergebnis- und argumentenlosen Funktion erfolgt nur durch den Bezeichner und leere runde Klammern, die allerdings sehr wichtig sind! Ohne die Klammern wird die Funktion nicht ausgeführt. Korrektes Beispiel:

```
warte();    // runde Klammern sind lebenswichtig!!!!
```

Funktionen mit einem Rückgabewert müssen diesen mit einem Datentyp definieren. Der Wert des hinter `return` stehenden Ausdrucks ist das Ergebnis des Funktionsaufrufs. Das Beispiel liefert bei einem Tastendruck an RB7 das am Port B eingestellte Bitmuster zurück:

```
unsigned char get(void)    // Ergebnistyp unsigned char ohne Argumente
{
 while (PORTBbits.RB7);    // warte auf fallende Flanke
 while (!PORTBbits.RB7 );  // warte auf steigende Flanke
 return PORTB;             // Rückgabewert ist Port B
}                          // return erforderlich
```

Im nächsten Beispiel setzt das aufrufende Programm den Rückgabewert der Funktion in einen Ausdruck ein. Die Maske 0x0f blendet die oberen vier Bitpositionen aus. Auch hier sind die leeren runden Klammern für den Aufruf der Funktion erforderlich.

```
LATC = get() & 0x0f;       // Ausdruck mit Funktionsergebnis
```

Bei der Übergabe von Werten erscheint in der Funktionsdefinition der Typ des erwarteten Wertes und ein formales Argument (dummy, Platzhalter, Parameter), das beim Aufruf durch den aktuell übergebenen Wert ersetzt wird.

> *Funktionsbezeichner* (. . . . Datentyp *Argumentenbezeichner* . . . .)

Das Beispiel definiert eine Funktion `wartex`, die ein Argument `fakt` vom Datentyp `unsigned int` übernimmt und damit eine `for`-Schleife steuert.

```
void wartex(unsigned int fakt)
{
 unsigned int i;           // lokale Laufvariable
 for (i = fakt; i != 0; i--); // variable Warteschleife
}                          // ohne return
```

Beim Funktionsaufruf werden die Werte der aktuellen Argumente in Form von Konstanten, Variablen, Feldelementen und als aus ihnen gebildete Ausdrücke übergeben. Änderungen der entsprechenden formalen Argumente werden nicht zurückgeliefert.

> *Funktionsbezeichner* (. . . aktueller Wert . . . .)

Die Beispiele rufen `wartex` mit verschiedenen aktuellen Werten auf. Im ersten Aufruf ersetzt die Konstante `1000` das formale Argument `fakt`, im zweiten Aufruf der aktuelle Inhalt der Variablen `dsek` und im dritten Aufruf der Ausdruck `dsek + 1`.

```
unsigned int dsek = 99;   // Variable in Hauptfunktion main
wartex(1000);             // Konstante
wartex(dsek);             // Variable
wartex(dsek+1);           // arithmetischer Ausdruck
```

Bei der Übergabe von Referenzargumenten erscheint in der Funktionsdefinition ein `*` vor dem Bezeichner des formalen Arguments, der diesen als Zeiger kennzeichnet, da die Funktion keine Werte, sondern eine Adresse erwartet. Diese Zeigeradressierung (Abschnitt 6.2.5) ist in der Funktion für alle Operationen mit dem Referenzparameter zu verwenden.

> *Funktionsbezeichner* (... Datentyp ***** *Argumentenbezeichner* ...)

Das Beispiel definiert eine Funktion `dual3bcd`, die eine 8bit Dualzahl in eine dreistellige Dezimalzahl im BCD-Code umrechnet. Die Eingabe wird mit dem Wertargument `wert` übernommen. Die drei Referenzargumente `*hund`, `*zehn` und `*ein` geben die drei Dezimalziffern rechtsbündig zurück. Die drei ersten Zeilen erhalten einen Rückstrich (Backslash \ ), der den Text auf der nächsten Zeile fortsetzt.

```
void dual3bcd(unsigned char wert,  \
              unsigned char *hund, \
              unsigned char *zehn, \
              unsigned char *ein)    // Definition auf 4 Zeilen
{
 *hund = wert / 100;                 // ganzzahlige Division
 *zehn = (wert % 100) / 10;          // Divisionsrest / 10
 *ein  = wert % 10;                  // Divisionsrest
}                                    // kein return da Typ void
```

Beim Aufruf können für die aktuellen Referenzargumente nur Adressen von Variablen oder Feldelementen übergeben werden, jedoch keine Werte oder Ausdrücke. Vor dem Bezeichner des aktuellen Argumentes steht daher der Adressoperator **&**. Änderungen der formalen Referenzargumente in der Funktion ändern die Speicherinhalte der aktuellen Argumente. Auf diese Weise lassen sich Ergebnisse zurückliefern.

> *Funktionsbezeichner* (... **&** Bezeichner ....)

Das Beispiel ruft die Funktion `dual3bcd` mit einem laufenden Zähler auf und gibt den umgerechneten dezimalen Wert auf den Ports aus. Der laufende Zähler `zaehl` liefert den Eingabewert, die Hunderterstelle erscheint in h (für `hund`), die Zehnerstelle in z (für `zehn`) und die Einerstelle in e (für `ein`).

```
unsigned char zaehl = 0, h, z, e;   // Variablen in main
dual3bcd(zaehl++, &h, &z, &e);      // Funktionsaufruf
LATA = h;                           // Hunderter ausgeben
LATC = (z << 4) | e;                // Zehner und Einer ausgeben
```

Für die Übergabe von *Feldern* als Argumente an Funktionen ist zu beachten, dass Felder in C als Zeiger behandelt werden, der Name des Feldes ist ein Zeiger auf das erste Element [0]. Bei der Definition der formalen Referenzargumente gibt es die Feld- oder wahlweise die Zeigeradressierung.

> *Funktionsbezeichner* (... Typ *Feldbezeichner* [ ] ... **oder** ... Typ **Zeiger*....)

Bei der Feldadressierung kennzeichnen die leeren eckigen Klammern, dass ein eindimensionales Feld übergeben wird, die Größe bleibt offen und muss getrennt als Wertparameter übergeben werden. Bei der Zeigeradressierung wird mit dem Operator * ein Zeiger auf das erste Feldelement vereinbart, die Anzahl der Elemente ist getrennt zu übergeben. In der Funktion wird das formale Argument entweder durch seine Feldelemente mit einem Index angesprochen oder mit dem Zeiger adressiert. Bei der Übergabe des aktuellen Feldargumentes erscheint nur der Bezeichner des aktuellen Feldes, der Adressoperator **&** entfällt, da der Compiler bei Feldern immer die Adresse des ersten Elementes übergibt.

> *Funktionsbezeichner* (....*Feldbezeichner*....)

Das Beispiel zeigt eine Funktion `wert`, die ein Feld durch Indexadressierung mit Zahlen von 0 bis N-1 füllt. Die Funktion `aus` gibt die Feldelemente mit Zeigeradressierung aus.

```
void wert(unsigned char feld[], unsigned int anz) // Feldparameter
{
 unsigned int i;
 for (i=0; i<anz; i++) feld[i] = i;         // Indexadressierung
} // Ende wert
void aus(unsigned char *feld, unsigned int anz)   // Zeigerparameter
{
 unsigned int i;                            // Durchlaufzähler
 for (i=0; i<anz; i++)  LATC = *(feld+i);
 } // Ende aus

void main(void)
{
 unsigned char zahlen[10];  // Feldvereinbarung
 wert(zahlen, 10);          // Werte einbauen
 aus(zahlen, 10);           // Feld ausgeben
```

6.6   Die Eingabe und Ausgabe von Zahlen

Zahlen werden meist als ASCII-Zeichen von einem Gerät eingegeben und müssen in die interne Zahlendarstellung umgewandelt werden. Umgekehrt ist es erforderlich, auszugebende Zahlen aus der internen Darstellung in die ASCII-Codierung zu überführen.

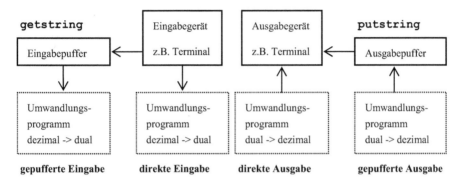

Eingabegeräte sind Tastaturen oder entsprechende Geräte an den seriellen Schnittstellen wie z.B. ein PC. Ausgabegeräte sind Siebensegment- oder LCD-Anzeigen sowie Geräte an den seriellen Schnittstellen wie z.B. der Bildschirm eines PC. Ein Terminalprogramm, wie z.B. *HyperTerminal*, des PC ist auf die entsprechenden Übertragungsparameter einzustellen.

Bei der **direkten** Eingabe werden die umzuwandelnden Zeichen einzeln vom Eingabegerät abgeholt und ausgewertet; Korrekturen durch einen Benutzer sind nicht möglich. Bei der direkten Ausgabe erscheinen die Ziffern sofort auf dem Gerät; begleitende Texte müssen jedes Mal erneut aufgebaut werden.

Bei der **gepufferten** Eingabe gelangen die Zeichen zunächst in einen String und können z.B. mit der Rücktaste (*backspace*) korrigiert werden, bevor sie vom Umwandlungsprogramm ausgewertet werden. Die gepufferte Ausgabe kann die Zahlenwerte in einen konstanten Ausgabetext einsetzen, der nur ein Mal aufgebaut wird.

Zahlen erscheinen bei der Datenübertragung als Dezimalzahlen, bei denen jede Ziffer als ASCII-Zeichen codiert ist. Die Tabelle des ASCII-Codes befindet sich im Anhang. Zeichenketten werden meist als nullterminierte Strings mit dem Steuercode $00 als Endemarke abgespeichert. Man unterscheidet:

- Steuerzeichen als Escape-Sequenzen (Bild 6-9 Abschnitt 6.1.2)
- Sonderzeichen im Bereich von 0x20 (Leerzeichen) bis 0x2F (/),
- Dezimalziffern im Bereich von 0x30 (Ziffer 0) bis 0x39 (Ziffer 9),
- Großbuchstaben im Bereich von 0x41 (Buchstabe A) bis 0x5A (Buchstabe Z),
- Kleinbuchstaben im Bereich von 0x61 (Buchstabe a) bis 0x7A (Buchstabe z) sowie
- weitere Bereiche mit Sonderzeichen.

6.6.1   Funktionen für Zeichen und Texte

Die in *Bild 6-35* zusammengestellten Funktionen dienen zur Eingabe und Ausgabe von Zeichen und Texten (Strings) über die serielle USART-Schnittstelle, deren Aufbau und Programmierung in Abschnitt 7.3 behandelt wird.

Ergebnis	Funktion	Anwendung
void	usartini()	USART initialisieren mit Symbolen TAKT und BAUD
void	putch(*Zeichen*)	unsigned char Zeichen ausgeben
Zeichen	getch()	unsigned char Zeichen eingeben
Zeichen	getche()	unsigned char Zeichen eingeben und als Echo ausg.
void	ramputstring(*String*)	static unsigned char String ausgeben
void	romputstring(*String*)	rom const static unsigned char String ausg.
Zeichenzahl	getstring(*String*)	static unsigned char String Größe SLAENG eing. Korrektur mit BS-Taste, Ende mit Steuertaste < 0x20

Bild 6-35: USART-Konsolfunktionen für Zeichen und Texte

Die Funktion usartini verlangt die Definition der Symbole TAKT mit dem Systemtakt und BAUD mit der gewünschten Baudrate. Es ist zu kontrollieren, ob der daraus berechnete Teiler mit genügender Genauigkeit der Baudrate des angeschlossenen Terminals wie z.B. des PC entspricht.

```
#define TAKT 4000000ul       // Systemtakt
#define BAUD 9600ul          // Baudrate

void usartini(void)          // USART initialisieren
{
 unsigned char dummy;        // Hilfsvariable
 SPBRG = TAKT /(16ul * BAUD) - 1 ; // hohe Baudrate einstellen
 TXSTA = 0b00100100;         // Sender ein, hohe Baudrate
 TRISCbits.TRISC7 = 1;       // Empfängeranschluss RX=RC7 ist Eingang
 TRISCbits.TRISC6 = 1;       // Senderanschluss TX=RC6 ist Eingang
 RCSTA = 0b10010000;         // Empfänger ein
 dummy = RCREG;              // Empfänger leeren
} // Ende usartini
```

Die Funktion putch wartet durch Kontrolle der Bitposition TXIF im Interruptanzeigeregister PIR1, bis das Sendedatenregister frei ist. Die Steuerung setzt das Bit auf 0, wenn das Register mit Sendedaten belegt ist und setzt es auf 1, wenn es aufnahmebereit ist.

```
void putch(unsigned char x)    // Zeichen senden
{
 while (!PIR1bits.TXIF);       // warte solange Sender belegt
 TXREG = x;                    // Zeichen nach Sendedatenregister
} // Ende putch
```

Die Funktion `getch` wartet durch Kontrolle der Bitposition `RCIF` im Interruptanzeigeregister `PIR1`, bis ein Zeichen empfangen wurde; dies wird durch eine 1 angezeigt. Rahmenfehler- und Überlaufanzeigen werden in dem Beispiel nicht ausgewertet!

```
unsigned char getch(void)      // Zeichen empfangen ohne Echo
{
 while (!PIR1bits.RCIF);       // warte solange kein Zeichen da
 return RCREG;                 // Zeichen zurückgeben
} // Ende getch
```

Die Funktion `getche` sendet das empfangene Zeichen im Echo wieder zurück an das Terminal und liefert es dann als Funktionsergebnis zurück.

```
unsigned char getche(void)     // Zeichen empfangen mit Echo
{
 unsigned char dummy;          // Hilfsspeicher
 while (!PIR1bits.RCIF);       // warte solange kein Zeichen da
 dummy = RCREG;                // Zeichen zwischenspeichern
 while (!PIR1bits.TXIF);       // warte solange Sender belegt
 TXREG = dummy;                // Zeichen nach Sender
 return dummy;                 // Zeichen zurückgeben
} // Ende getche
```

Die Funktion `ramputstring` gibt einen nullterminierten String, der im RAM als `static` definiert ist, durch Aufruf der vorher zu definierenden Funktion `putch` aus.

```
void ramputstring(static unsigned char *zeiger) // RAM-String ausg.
{
 while(*zeiger != 0) putch(*zeiger++);          // bis Endemarke Null
} // Ende ramputstring
```

Die Funktion `romputstring` gibt einen nullterminierten String, der im Programmspeicher als `rom const static` definiert ist, durch Aufruf der vorher zu definierenden Funktion `putch` aus. Durch diese Speicherung konstanter Texte wird wertvoller RAM gespart.

```
void romputstring(rom const static unsigned char *zeiger) //ROM ausg.
{
 while(*zeiger != 0) putch(*zeiger++); // bis Endemarke Null
} // Ende romputstring
```

Die Funktion getstring verlangt die Definition der Stringlänge in der Symbolkonstanten
SLAENG, damit die Eingabe beim Erreichen der maximalen Länge abgebrochen werden
kann. Die Eingabe kann mit der BS-Taste (*backspace*) korrigiert werden und wird mit einer
Steuertaste wie z.B. Wagenrücklauf (*return*) abgebrochen. An den Text wird eine Nullmarke
angehängt; als Funktionsergebnis erscheint das Abbruchzeichen.

```c
#define SLAENG 81                 // Länge Pufferspeicher

unsigned char getstring(static unsigned char *zeiger)
{
 unsigned anz = 0;                        // Zeichenzähler
 while(1)
 {
  *zeiger = getch();                      // Zeichen lesen ohne Echo
  if(*zeiger >= 0x20 && anz < SLAENG)     // kein Steuerzeichen
  {
   putch(*zeiger); anz++; zeiger++;       // Echo Zähler Zeiger erhöhen
  } // Ende if
  else
  {
   if(*zeiger != '\b' || anz >= SLAENG)   // Ende der Eingaben
   {
    anz = *zeiger; *zeiger = 0; return anz;
   } // Ende if
   else
   if(*zeiger == '\b' && anz != 0)        // Korrektur mit Rücktaste
   {
    zeiger--; putch('\b'); putch(' '); putch('\b'); anz--;
   }  // Ende if
  } // Ende else
 } // Ende while
} // Ende getstring
```

Die USART-Konsolfunktionen des Bildes 6-35 liegen einzeln als C-Quelltexte in der zu-
geordneten Programmdatei und können mit #include eingefügt werden. Beispiel:

```c
#define TAKT 4000000ul      // Systemtakt
#define BAUD 9600ul         // Baudrate
#include "usartini.c"       // enthält Quelltext von usartini
#include "putch.c"          // enthält Quelltext von putch

void main(void)             // Hauptfunktion
{
 usartini();                // USART initialisieren
 putch('>');                // Promptzeichen ausgeben
```

Die #include-Anweisungen aller sieben Konsolfunktionen wurden in der Headerdatei USART18F2220.h zusammengefasst und in das Programm *Bild 6-36* eingefügt.

```
// USART18F2220.h Headerdatei Zeichen und Stringfunktionen 18F2220
#include "usartini.c"        // USART initialisieren
#include "putch.c"           // Zeichen senden
#include "getch.c"           // empfangenes Zeichen abholen
#include "getche.c"          // empfangenes Zeichen im Echo senden
#include "ramputstring.c"    // String aus RAM ausgeben
#include "romputstring.c"    // String aus ROM ausgeben
#include "getstring.c"       // String nach RAM eingeben
-----------------------------------------------------------------------
// k6p16.c Test der eingefügten USART-Funktionen
#include <p18cxxx.h>
#pragma config OSC=HS,PWRT=ON,WDT=OFF,PBAD=DIG,LVP=OFF
#define TAKT 4000000ul      // Systemtakt
#define BAUD 9600ul         // Baudrate
#define SLAENG 81           // Länge Pufferspeicher
#include "USART18F2220.h"   // fügt Zeichen- und Stringfunktionen ein
rom const static unsigned char rprompt[] = {"ROM "};
// Hauptfunktion testet Zeichen- und Stringfunktionen
void main(void)
{
 static unsigned char sprompt[] = {"\n\rRAM "};        // String
 static unsigned char zeichen;                         // Hilfsvariable
 static unsigned char puffer[SLAENG];                  // Pufferspeicher
 TRISB = 0;              // Port B ist Ausgang
 usartini();            // USART initialisieren
 ramputstring(sprompt); // Meldung aus RAM ausgeben
 romputstring(rprompt); // Meldung aus ROM ausgeben
 putch('>');            // Prompt ausgeben
 getstring(puffer);     // Eingabe nach Puffer
 putch(' ');            // Leerzeichen
 ramputstring(puffer);  // Ausgabe aus Puffer
 putch('>');            // Prompt ausgeben
 while(1)               // Testschleife
 {
  zeichen = getch();    // empfangen ohne Echo
  LATB = zeichen;       // Kontrollausgabe
  putch(zeichen);       // Zeichen zurück senden
 }
} // Ende main
```

Bild 6-36: Test der Konsolfunktionen

6.6.2   Funktionen für die Ein/Ausgabe von Zahlen

Die Funktionen benutzen die Verfahren der Zahlenumwandlung, die im entsprechenden Assembler-Abschnitt erklärt werden. Die Eingabefunktionen liefern eine Fehlermarke zurück, die für den Rückgabewert 0 einen Umwandlungsfehler anzeigt. Die #include-Anweisungen sind in der Headerdatei einaus.h zusammengefasst.

Ergebnis	Funktion	Anwendung
void	ausbin8(*Wert*)	Byte binär mit **0b** und acht Binärziffern ausgeben
void	aushex8(*Wert*)	Byte hexadezimal mit **0x** und zwei Hexaziffern ausgeben
void	ausudez16(*Wert*)	unsigned int vorzeichenlos dezimal ausgeben
void	ausidez16(*Wert*)	signed int mit Vorzeichen dezimal ausgeben
marke	einudez16(**&**Adr.)	dezimale unsigned int Eingabe Marke 0: Fehler
marke	einidez16(**&**Adr.)	dezimale signed int Eingabe Marke 0: Fehler
marke	einhex16(**&**Adr.)	**0x** hexadezimale unsigned int Eingabe Marke 0: Fehler:

Bild 6-37: Umwandlungsfunktionen für Zahlen in einaus.h

Die Funktionen ausbin8 und aushex8 geben einen unsigned 8bit Wert binär bzw. hexadezimal direkt über die USART-Schnittstelle aus. Sie sind nur für die Ausgabe von Testwerten vorgesehen.

```
// ausbin8.c  lz 0b binäre Ausgabe unsigned char
void ausbin8(unsigned char wert)         // binäre 8bit Ausgabe
{
 unsigned char i;
 putch(' '); putch('0'); putch('b');     // lz 0b für binär
 for (i=0; i<8; i++) { putch ((wert >> 7) + '0'); wert <<= 1; }
}


// aushex8.c Ausgabe hexadezimal lz 0x zwei Hexaziffern
void aushex8(unsigned char x)            // hexadezimale 8bit Ausgabe
{
 putch(' '); putch('0'); putch('x');     // lz 0x für Hexa
 if ((x >> 4) < 10 ) putch((x >> 4) + 0x30);
   else putch((x >> 4) + 0x37);          // High-Nibble
 if ((x & 0xf) < 10 ) putch((x & 0x0f) + 0x30);
   else putch( (x & 0x0f) + 0x37);       // Low-Nibble
}
```

Die Funktionen `ausudez16` und `ausidez16` dienen zur Umwandlung von 16bit Werten in die dezimale Darstellung nach dem Divisionsrestverfahren. Die abgespaltenen Ziffern gelangen in einen als Stapel angelegten Zwischenspeicher und werden in umgekehrter Reihenfolge direkt über die USART-Schnittstelle ausgegeben.

```c
// ausudez16.c unsigned dezimal 16 bit
void ausudez16(unsigned int x)          // unsigned dezimal 16bit
{
 unsigned char ziffer[5], anz = 0, i;  // Zwischenspeicher Zähler
 putch(' ');                            // Leerzeichen
 do
 {
  ziffer[anz++] = (x % 10) + 0x30;      // zerlegen und speichern
  x = x/10;
 } while (x != 0);                      // solange Quotient nicht 0
 for (i = anz; i != 0; i--) putch(ziffer[i-1]); // umgekehrt ausgeben
}


// ausidez16.c  1z Vorz. signed dezimal 16bit
void ausidez16(int y)     // signed dezimale 16bit Ausgabe
{
 long int x;                            // 32 bit für Rechnung
 unsigned char ziffer[5], anz = 0, i;   // Zwischenspeicher und Zähler
 x = y;                                 // Rechnung long int ! wegen 0x8000 !
 putch(' ');                            // Leerzeichen
 if (x > 0) putch('+'); else { putch('-'); x = -x; } // Vorzeichen
 do
 {
  ziffer[anz++] = (x % 10) + 0x30;      // zerlegen und speichern
  x = x/10;
 } while (x != 0);                      // solange Quotient ungleich 0
 for (i = anz; i != 0; i--) putch(ziffer[i-1]); //umgekehrt ausgeben
}
```

Bei vorzeichenbehafteten Zahlen erhalten negative Werte in der Ausgabe das Vorzeichen − und müssen für die Umwandlung durch den Ausdruck x = − x positiv gemacht werden. Wegen des Sonderfalls 0x8000 = -32768 muss die vorzeichenbehaftete Umwandlung mit erhöhter Genauigkeit als `long int` durchgeführt werden.

Bei der Eingabe von vorzeichenlosen Dezimalzahlen mit der Funktion `einudez16` wird für den Fehlerfall eine Marke mit dem Wert 0 zurückgeliefert; bei gültigen Eingaben ist die Marke 1. Die Ziffern werden einem Pufferspeicher entnommen, der vorher mit der Funktion `getstring` gelesen werden muss. Durch gepufferte Eingabe ist es möglich, Korrekturen mit der Rücktaste vorzunehmen.

```
// einudez16.c  Eingabe unsigned dezimal 16bit aus Pufferspeicher
unsigned char einudez16( unsigned int *x, unsigned char *z)
{
 unsigned char ziffer, err = 0, n = 0, *pos;
 unsigned long int wert = 0;           // 32bit Rechnung
 pos = z;                              // lokaler Zeiger auf Puffer
 while (1)                             // dezimale Umwandlung
 {
  ziffer = *pos;                       // Zeichen aus Puffer lesen
  pos++;                               // Zeiger erhöhen
  if (ziffer >= '0' && ziffer <= '9')  // Dezimalziffer
  {
   wert = wert * 10 + (ziffer - '0');  n++;
   if (wert > 65535) err = 1;          // Überlaufmarke
  } // Ende if Ziffer
  else
  {
   if (n == 0 && ziffer < ' ') { *x = 0;    return 0; } // Fehler
   if (n != 0 && err == 1)     { *x = 0;    return 0; } // Fehler
   if (n != 0 && err == 0)     { *x = wert; return 1; } // gut
  } // Ende else keine Ziffer
 } // Ende while dezimale Umwandlung
} // Ende der Funktion
```

Bei der Eingabe vorzeichenbehafteter Dezimalzahlen mit einidez16 für den Datentyp
int bzw. signed int kann ein Vorzeichen + oder – angegeben werden. Durch die 32bit
Rechnung ist es möglich, den 16bit Zahlenbereich zu kontrollieren und im Fall der Bereichsüberschreitung die Fehlermarke 0 zurückzuliefern.

```
// einidez16.c Eingabe signed dezimal 16bit aus Pufferspeicher
unsigned char einidez16(int *x, unsigned char *z)
{
 unsigned char ziffer, err = 0, vor = 0, *pos ;
 unsigned int n = 0;
 long int wert = 0;          // 32bit Rechnung
 pos = z;                    // lokaler Zeiger auf Eingabestring
 while (1)                   // dezimale Umwandlung
 {
  ziffer = *pos;
  if (ziffer == '+')   ziffer = *pos; pos++;
  if (ziffer == '-') { ziffer = *pos; pos++; vor = 1; }
  if (ziffer >= '0' && ziffer <= '9')  // Dezimalziffer
  {
   wert = wert * 10 + (ziffer - '0'); n++;
   if (wert > 32767) err = 1;          // Überlaufmarke
```

```
} // Ende if Dezimalziffer
else
{
  if (n == 0 && ziffer < ' ') { *x = 0; return 0; } // Fehler
  if (n != 0 && err == 1)     { *x = 0; return 0; } // Fehler
  if (n != 0 && err == 0)                           // Gut-Ausgang
  { if (vor) wert = -wert; *x = wert; return 1; }   // gut
  } // Ende else nicht Dezimalziffer
  } // Ende while
} // Ende Funktion
```

Die hexadezimale Eingabefunktion einhex16 dient zur Eingabe von vorzeichenlosen Bitmustern. Die Ziffernfolge muss mit **0x** beginnen und wird durch ein Steuerzeichen kleiner Leerzeichen abgebrochen. Die Ziffern werden einem Pufferspeicher entnommen, der vorher mit der Funktion getstring gelesen werden muss. Durch die gepufferte Eingabe ist es möglich, Korrekturen mit der Rücktaste vorzunehmen. Bei einem Überlauf wird die Fehlermarke 0 zurückgegeben.

```
// einhex16.c hexadezimale Eingabe 16bit 0x aus Pufferspeicher
unsigned char einhex16 (unsigned int *x, unsigned char *z)
{
unsigned char ziffer, *pos;
unsigned long int h = 0;      // Rechnung 32 bit wegen Überlauf
pos = z; *x = 0;              // lokaler Zeiger auf Eingabestring
if ( *pos != '0') return 0;   // Fehler nicht 0
pos++;
if (*pos != 'x') return 0;    // Fehler nicht x
pos++;
ziffer = *pos; pos++;
while (1)                      // hexadezimale Umwandlung
{
  if (ziffer >= '0' && ziffer <= '9') h = (h << 4) + (ziffer - 0x30);
  if (ziffer >= 'A' && ziffer <= 'F') h = (h << 4) + (ziffer - 0x37);
  if (ziffer >= 'a' && ziffer <= 'f') h = (h << 4) + (ziffer - 0x57);
  if (h > 65535) return 0;             // Fehler Überlauf
  ziffer = *pos; pos++;                // neue Ziffer
  if (ziffer < ' ') { *x = h; return 1; } // Ende Steuerzeichen Gut
  } // Ende while hexadezimale Umwandlung
} // Ende Funktion
```

Das Programm *Bild 6-38* testet die Eingabe und Ausgabe von Zeichen, Texten und ganzen Zahlen mit den Umwandlungsfunktionen in einaus.h und den Konsolfunktionen in konsole.h, die mit #include eingefügt werden. Dabei ist besonders auf die Reihenfolge der Funktionsdefinitionen zu achten, da Funktionen nur auf andere Unterfunktionen zugreifen können, die bereits vorher definiert wurden.

```
// k6p18.c Test der Zahlen-Ein/Ausgabe
// Senderausgang TX=RC6 Empfängereingang RX=RC7 PC als Terminal
#include <p18cxxx.h>
#pragma config OSC=HS,PWRT=ON,WDT=OFF,PBAD=DIG,LVP=OFF
#define TAKT 4000000ul        // Systemtakt
#define BAUD 9600ul           // Baudrate
#define SLAENG 81             // Länge Pufferspeicher
#include "USART18F2220.h"    // fügt Zeichen- und Stringfunktionen ein
#include "einaus.h"          // fügt Zahlen-Ein/Ausgabe-Funktionen ein
rom const static unsigned char prompto[] = {"\n\r dezimal ohne VZ -> "};
rom const static unsigned char promptm[] = {"\n\r dezimal  mit VZ -> "};
rom const static unsigned char prompth[] = {"\n\r hexadez. mit 0x -> "};
// Hauptfunktion testet Zeichen- und Stringfunktionen
void main(void)
{
 static unsigned char puffer[SLAENG];   // Pufferspeicher für Eingabe
 static unsigned int uwort, hwort;      // Testvariable vorzeichenlos
 static signed int iwort;               // Testvariable mit Vorzeichen
 usartini();                            // USART initialisieren
 putch('\n'); putch('\r');             // neue Zeile
 ausbin8(0x55);                         // Ausgabe binär
 aushex8(0x12);                         // Ausgabe hexadezimal
 ausudez16(12345);                      // Ausgabe dezimal vorzeichenlos
 ausidez16((signed int)-12345);         // Ausgabe dezimal mit Vorzeichen
 while(1)                               // Testschleife
 {
  romputstring(prompto);                       // Meldung: dezimal ohne VZ ->
  getstring(puffer);                           // String lesen mit Korrektur
  einudez16(&uwort, puffer);                   // Eingabe aus String auswerten
  putch(' '); ausudez16(uwort);                // Ausgabe direkt auf Konsole
  romputstring(promptm);                       // Meldung: dezimal  mit VZ ->
  getstring(puffer);                           // String lesen mit Korrektur
  einidez16(&iwort, puffer);                   // Eingabe aus String auswerten
  putch(' '); ausidez16(iwort);                // Ausgabe direkt auf Konsole
  romputstring(prompth);                       // Meldung: hexadez. mit 0x ->
  getstring(puffer);                           // String lesen mit Korrektur
  einhex16(&hwort, puffer); putch(' ');        // Eingabe aus String auswerten
  aushex8(hwort>>8); aushex8(hwort);           // Ausgabe zwei Bytes auf Konsole
 }
}
```

Bild 6-38: Test der Umwandlungsfunktionen in `einaus.h`

6.6.3 Systemfunktion für die Ein/Ausgabe

Der C18-Compiler stellt eine Reihe von vordefinierten Systemfunktionen zur Verfügung, die im Dokument „MPLAB C18 C Compiler Libraries" beschrieben werden.

Die mit #include <usart.h> einzufügende Systembibliothek enthält Funktionen der USART-Schnittstelle. Das Beispiel zeigt die Initialisierung sowie die Eingabe und Ausgabe von Zeichen.

```c
#include <usart.h>                    // USART-Funktionen
void main(void)
{
 static unsigned char x;
 TRISB = 0;                           // Port B ist Ausgang
 OpenUSART( USART_TX_INT_OFF &
            USART_RX_INT_OFF &
            USART_ASYNCH_MODE &
            USART_EIGHT_BIT &
            USART_CONT_RX &
            USART_BRGH_HIGH, 25);     // USART initialisieren
 WriteUSART('>');                     // Prompt ausgeben
 while(1)
 {
  while(!DataRdyUSART());             // warte bis Zeichen da
  x = ReadUSART();                    // Zeichen abholen
  LATB = x;                           // Kontrollausgabe
  WriteUSART(x);                      // als Echo zurücksenden
 }
}
```

Die Programmiersprache C stellt standardmäßig Funktionen für die Eingabe und Ausgabe von Zahlen und Zeichen zur Verfügung, die mit #include <stdio.h> zugeordnet werden. In der vorliegenden Version der Systembibliothek waren nur die Ausgabefunktionen implementiert. Das Beispiel initialisiert die USART-Schnittstelle und gibt Zeichen und einen String aus.

```c
#include <usart.h>                    // USART-Funktionen
#include <stdio.h>                    // Ausgabefunktionen
void main(void)
{
 static unsigned char x;
 TRISB = 0;                           // Port B ist Ausgang
 OpenUSART( USART_TX_INT_OFF &
            USART_RX_INT_OFF &
            USART_ASYNCH_MODE &
```

```
                USART_EIGHT_BIT &
                USART_CONT_RX &
                USART_BRGH_HIGH, 25);     // USART initialisieren
 putc('*',_H_USART);                      // Zeichen ausgeben
 while(1)
 {
  fputs( "\n\rEingabe -> ",_H_USART);
  while(!DataRdyUSART());                 // warte bis Zeichen da
  x = ReadUSART();                        // Zeichen abholen
  LATB = x;                               // Kontrollausgabe
  putc(x, _H_USART);                      // Zeichen im Echo zurück
 }
}
```

Die Umwandlungsfunktionen in stdlib.h überführen Zahlen aus der internen Darstellung in einen ASCII-String bzw. aus einem ASCII-String in die interne Darstellung. Das Beispiel zeigt die Umwandlung einer vorzeichenbehafteten 8bit Zahl.

```
#include <stdlib.h>
#include <usart.h>

void main(void)
{
 static char ein[10], aus[10], text [] = { "\n\n5 Zeichen -> "};
 static signed char wert;          // Testvariable
 OpenUSART( USART_TX_INT_OFF &
            USART_RX_INT_OFF &
            USART_ASYNCH_MODE &
            USART_EIGHT_BIT &
            USART_CONT_RX &
            USART_BRGH_HIGH, 25);  // USART initialisieren
 while(1)
 {
  putsUSART(text);      // Meldung ausgeben
  getsUSART(ein, 5);    // Zahl als String lesen
  WriteUSART(' ');      // Leerzeichen
  wert = atob(ein);     // String nach signed 8bit Zahl umwandeln
  btoa(wert, aus);      // signed 8bit Zahl nach String umwandeln
  putsUSART(aus);       // String ausgeben
 }
}
```

6.7   Die Interruptsteuerung

Abschnitt 4.5 beschreibt die Interruptsteuerung der PIC18-Familie. Die Bezeichner der dort angegebenen Steuerregister sind mit ihren Bitpositionen wie die SFR-Portregister in der entsprechenden Headerdatei vordefiniert.

Der C18-Compiler muss an der vom System vorgegebenen Einsprungadresse wie z.B. 0x08 einen Sprungbefehl zum Serviceprogramm erzeugen, das auf beliebiger Adresse des Standard-Befehlsbereiches liegen kann. Dies geschieht mit einer #pragma-Direktive. Das Beispiel definiert den Prototyp einer Servicefunktion otto und legt an den Einsprungpunkt eine Hilfsfunktion mit einem Assemblersprungbefehl. Die Bezeichner otto, susi und hilfe sind frei gewählt. Die Deklaration eines Prototyps ist erforderlich, weil die Funktion otto erst nach dem Sprungbefehl vereinbart wird.

```
void otto(void);                // Prototyp Servicefunktion
#pragma code susi = 0x08        // Einsprungadresse
void hilfe (void)               // Hilfsfunktion für Sprung
{
 _asm   GOTO otto  _endasm      // Assembler: Sprung nach Service
}
```

Die Servicefunktion, in dem Beispiel otto, liegt im Standard-Befehlsbereich code. Im Gegensatz zu einer normal aufgerufenen Funktion muss das Serviceprogramm mit einem besonderen Rücksprungbefehl an die Stelle der Unterbrechung zurückkehren. Dazu ist eine #pragma-Direktive mit dem Kennwort interrupt für einen Rücksprung aus dem Einsprung 0x08 bzw. mit dem Kennwort interruptlow aus dem Einsprung 0x18 erforderlich. Die Servicefunktion darf keine Parameter übernehmen und keinen Ergebniswert zurückliefern; die Übergabe von Werten bzw. Adressen geschieht über globale Variable. Das Beispiel erhöht einen Zähler und setzt vor dem Rücksprung die Anzeigemarke wieder zurück.

```
#pragma code                    // liegt im System Codebereich
#pragma interrupt otto          // Kennwort interrupt veranlasst
void otto (void)                // Rücksprung aus Interrupt!!!
{
 LATC++;                        // Ausgabezähler erhöhen
 INTCONbits.INT0IF = 0;         // INT0 Anzeigeflag löschen
}
```

Die PIC18-Interruptsteuerung führt alle Interrupts auf die gleiche Einsprungadresse. Sind mehrere Interruptquellen freigegeben, so muss die Servicefunktion durch Abfrage der Anzeigeflags den auslösenden Interrupt erkennen, um die entsprechende Aktion durchführen zu können.

In der *nichtpriorisierten Interruptsteuerung* gibt es nur den einen Einsprungpunkt auf der Adresse 0x08. Das Programm *Bild 6-39* zeigt als Beispiel einen Interrupt INT0, der mit der fallenden Flanke am Eingang RB0 ausgelöst wird. Da nur dieser eine Interrupt freigegeben wird, ist keine Unterscheidung in der Servicefunktion erforderlich.

```
// k6p19.c Nichtpriorisierte Interruptsteuerung INT0-Taste
#include <p18cxxx.h>
#pragma config OSC=HS,PWRT=ON,WDT=OFF,PBAD=DIG,LVP=OFF
void service(void);              // Prototyp Serviceprogramm
#pragma code einsprung=0x08      // Einsprungadresse
void sprung (void)               // Hilfsfunktion für Sprung
{
 _asm GOTO service _endasm       // Assembler: Sprung nach Servicefunktion
}
#pragma code                     // System Codebereich
#pragma interrupt service        // Kennwort interrupt für Interruptrücksprung
void service (void)              // ohne Ergebnis und Parameter
{
 LATC++;                         // Ausgabezähler erhöhen
 INTCONbits.INT0IF = 0;          // INT0 Anzeigeflag löschen
}
void main(void)
{
 TRISA = TRISC = LATC = 0;       // Ports A und C sind Ausgänge
 RCONbits.IPEN = 0;              // Interruptsteuerung nicht priorisiert
 INTCON2bits.RBPU = 0;           // Port B Pull-up-Widerstände frei
 TRISBbits.TRISB0 = 1;           // INT0 = RB0 ist Eingang
 INTCON2bits.INTEDG0 = 0;        // INT0 fallende Flanke
 INTCONbits.INT0IF = 0;          // INT0 Anzeigeflag löschen
 INTCONbits.INT0IE = 1;          // INT0 freigeben
 INTCONbits.GIE = 1;             // Interrupts global freigeben
 while(1)
 {
  LATA = 0x12;                   // Testausgabe
 }
}
```

Bild 6-39: Nichtpriorisierte Interruptsteuerung mit Interrupt INT0

Die Initialisierung des Interrupts erfolgt wie im Assemblerbeispiel Bild 4-19 durch Programmieren der Steuerbits in den Interruptkontrollregistern. Beispiel:

```
bcf  RCON,IPEN      ; Assemblerbefehl
RCONbits.IPEN = 0   ; C18-Programmanweisung
```

In der *priorisierten Interruptsteuerung* gibt es den Einsprungpunkt 0x08 für die höherpriorisierten Interrupts und den Einsprungpunkt 0x18 für die niederpriorisierten Interrupts. Das Beispiel *Bild 6-40* weist INT1 die höhere und INT2 die niedere Priorität zu.

```c
// k6p20.c priorisierte Interruptsteuerung INT1 und INT2
#include <p18cxxx.h>
#pragma config OSC=HS,PWRT=ON,WDT=OFF,PBAD=DIG,LVP=OFF
// Einsprung Interrupt hoher Priorität
void test_hoch (void);               // Prototyp
#pragma code service_hoch = 0x08     // Einsprungpunkt für hohe Priorität
void hilf_hoch(void)                 // Hilfsfunktion für Sprung
{
 _asm GOTO test_hoch _endasm         // Assembler: Sprung nach Service
}
// Einsprung Interrupt niederer Priorität
void test_nied (void);               // Prototyp
#pragma code service_nied = 0x18     // Einsprungpunkt für niedere Priorität
void hilf_nied (void)                // Hilfsfunktion für Sprung
{
 _asm GOTO test_nied _endasm         // Assembler: Sprung nach Service
}
// Serviceprogramme liegen im System-Codebereich
#pragma code                         // System-Codebereich
#pragma interrupt test_hoch          // interrupt für Rücksprung bei hoher Pr.
void test_hoch (void)                // ohne Ergebnis und Parameter
{
 if (INTCON3bits.INT1IF)             // wenn INT1-Interrupt aufgetreten
 {
 LATC++;                             // Zähler erhöhen
 INTCON3bits.INT1IF = 0;             // INT1 Anzeigeflag löschen
 LATA = 0x01;                        // dann Gut-Marke
 }
 else LATA = 0x03;                   // sonst Fehlermarke
}
#pragma interruptlow test_nied       // interruptlow Rücksprung niederer Pr.
void test_nied (void)                // ohne Ergebnis und Parameter
{
 if (INTCON3bits.INT2IF)             // wenn INT2-Interrupt aufgetreten
 {
 LATC--;
 INTCON3bits.INT2IF = 0;             // INT2 Anzeigeflag löschen
 LATA = 0x02;                        // dann Gut-Marke
 }
 else LATA = 0x07;                   // sonst Fehlermarke
}
```

```
// Hauptfunktion initialisiert beide Interrupts
void main(void)
{
  TRISA = TRISC = LATA = LATC = 0;  // Ports A und C sind Ausgänge
  RCONbits.IPEN = 1;                // Interruptsteuerung priorisiert
  INTCON2bits.RBPU = 0;             // Port B Pull-up-Widerstände frei
  // Interupt INT1 hohe Priorität erhöht Zähler
  TRISBbits.TRISB1 = 1;             // INT1 = RB1 ist Eingang
  INTCON2bits.INTEDG1 = 0;          // INT1 fallende Flanke
  INTCON3bits.INT1IP = 1;           // INT1 hohe Priorität
  INTCON3bits.INT1IF = 0;           // INT1 Anzeigeflag löschen
  INTCON3bits.INT1IE = 1;           // INT1 freigeben
  INTCONbits.GIEH = 1;              // Interrupts hoher Priorität freigeben
  // Interrupt INT2 niedere Priorität vermindert Zähler
  TRISBbits.TRISB2 = 1;             // INT2 = RB2 ist Eingang
  INTCON2bits.INTEDG2 = 0;          // INT2 fallende Flanke
  INTCON3bits.INT2IP = 0;           // INT2 hohe Priorität
  INTCON3bits.INT2IF = 0;           // INT2 Anzeigeflag löschen
  INTCON3bits.INT2IE = 1;           // INT2 freigeben
  INTCONbits.GIEL = 1;              // Interrupts niederer Priorität freigeben

  while(1);                         // hier tut sich nichts mehr
}
```

Bild 6-40: Priorisierte Interruptsteuerung mit Interrupt INT1 und INT2

Die mit `#include <port.h>` einzufügende Systembibliothek enthält Funktionen zum Freigeben und Sperren der am Port B auszulösenden Interrupts. Dazu gehören die flankengesteuerten Interrupts INT0, INT1 und INT2 sowie der Interrupt, der durch einen Potentialwechsel an Eingängen des Ports B ausgelöst wird.

In besonderen Fällen kann es erforderlich sein, Servicefunktionen im Assembler zu programmieren. Ein Beispiel sind in den Bildern 6-39 und 6-40 die auf den Einsprungadressen liegenden GOTO-Assemblerbefehle, die in die Servicefunktionen führen. Das Handbuch „MPLAB C18 C Compiler User's Guide" zeigt, wie im Assembler geschriebene Programmteile in ein C18-Programm einzufügen sind.

Die im folgenden Kapitel 7 beschriebenen Peripherie-Interrupts verlangen eine zusätzliche Freigabe mit dem Bit PEIE des Interruptsteuerregisters INTCON.

7 Die PIC18-Peripherie

Die Anschlüsse der Parallelports können für den Betrieb der Peripherieeinheiten umprogrammiert werden. Die Anschlussbelegung *Bild 7-1* entspricht der 28poligen DIL-Version (Dual In Line) des PIC 18F2220, mit dem die Programmbeispiele getestet wurden.

Anschluss	Portfunktion	alternative Funktion	weitere alternative Funktionen	
Pin 2	**RA0** TTL E/A	**AN0** Analogeingang 0	**Vin-** Eingang Analogkomparator1	
Pin 3	**RA1** TTL E/A	**AN1** Analogeingang 1	**Vin+** Eingang Analogkomparator1	
Pin 4	**RA2** TTL E/A	**AN2** Analogeingang 2	**Vref-** neg. Ref.	Analogkomparator2
Pin 5	**RA3** TTL E/A	**AN3** Analogeingang 3	**Vref+** pos. Ref.	Analogkomparator2
Pin 6	**RA4** ST/OD E/A	**T0CKI** Takt Timer0	**C1OUT** Ausgang Analogkomparator1	
Pin 7	**RA5** TTL E/A	**AN4** Analogeingang 4 **LVDIN**	**C2OUT** Kompar.2	**/SS** SPI-Schnittst.
Pin 10	**RA6** TTL E/A	**OSC2** Quarzanschluss	**CLKO** Taktausgang	
Pin 9	**RA7** TTL E/A	**OSC1** Quarzanschluss	**CLKI** CMOS Eingang für ext. Takt	
Pin 21	**RB0** TTL E/A	**AN12** Analogeingang 12	**INT0** ST Eingang Interrupt0	
Pin 22	**RB1** TTL E/A	**AN10** Analogeingang 10	**INT1** ST Eingang Interrupt1	
Pin 23	**RB2** TTL E/A	**AN8** Analogeingang 8	**INT2** ST Eingang Interrupt2	
Pin 24	**RB3** TTL E/A	**AN9** Analogeingang 9	**CCP2** Timer2 Capt/Comp/PWM oder RC1	
Pin 25	**RB4** TTL E/A	**AN11** Analogeingang 11	**KBI0** Wechselinterrupt	
Pin 26	**RB5** TTL E/A	**PGM** Eingang LV-Programmierung	**KBI1** Wechselinterrupt	
Pin 27	**RB6** TTL E/A	**PGC** Debugger / Progr. Takt	**KBI2** Wechselinterrupt	
Pin 28	**RB7** TTL E/A	**PGD** Debugger / Progr. Daten	**KBI3** Wechselinterrupt	
Pin 11	**RC0** ST E/A	**T1OSO** Oszillator Timer1	**T1CKI** Timer1 Takt	
Pin 12	**RC1** ST E/A	**T1OSI** Oszillator Timer1	**CCP2** Timer2 Capt/Comp/PWM oder RB3	
Pin 13	**RC2** ST E/A	**CCP1** Timer1 Capt/Comp/PWM	**P1A** erweiterter CCP1 Ausgang	
Pin 14	**RC3** ST E/A	**SCK** Takt SPI-Modus	**SCL** Takt I²C-Modus	
Pin 15	**RC4** ST E/A	**SDI** Eingang Daten SPI-Modus	**SDA** Daten I²C-Modus	
Pin 16	**RC5** ST E/A	**SDO** Ausgang Daten SPI-Modus		
Pin 17	**RC6** ST E/A	**TX** asynchr. USART Sender	**CK** synchr. USART Takt	
Pin 18	**RC7** ST E/A	**RX** asynchr. USART Empfänger	**DT** synchr. USART Daten	
Pin 1	**RE3** ST Eingang	**/MCLR** Reseteingang	**Vpp** Programmierspannung	

TTL E/A = TTL-kompatibler Ein/Ausgang   ST = Schmitt-Trigger-Eingang   OD = Open-Drain-Anschluss

Bild 7-1: Alternative Portfunktionen (PIC 18F2220)

Bild 7-2 zeigt den als Beispiel dienenden PIC 18F2220 mit einer Reset-Schaltung, externem Quarztakt und möglichen alternativen Portfunktionen. Die Anschlussbelegung des Bausteins befindet sich im Anhang. Der Baustein PIC 18F2220 ist weitgehend pinkompatibel mit dem Baustein PIC 16F876, der im Kapitel 3 behandelt wird. Besonders bei der Programmierung im Assembler machen sich die 16bit Befehlsstruktur sowie die verbesserte Bankstruktur der PIC 18-Familie vorteilhaft bemerkbar.

Die Assemblerbeispiele dieses Kapitels sind in der Schriftart `Courier New` gesetzt, die C-Programmbeispiele sind in der Schriftart `Courier New kursiv` gesetzt.

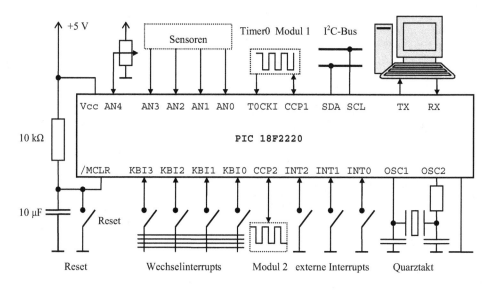

Bild 7-2: Beispiele für eine Reset-Schaltung, Quarztakt und mögliche alternative Portfunktionen

Die Programmbeispiele verwenden die Schaltung *Bild 7-2* mit einem Quarz von 4 bis 20 MHz an den Anschlüssen OSC1 und OSC2. Damit sind RA7 und RA6 nicht mehr für die digitale Ein/Ausgabe verfügbar. Die Schaltung enthält einen Reset-Taster am Eingang / MCLR anstelle von RE3.

Abschnitt 4.7 beschreibt die Systemsteuerung durch Konfigurationswörter, die zusammen mit dem Flash-Bereich und dem EEPROM-Bereich in den Baustein geladen werden. Mit der Programmiereinrichtung wie z.B. PICSTART PLUS ist es möglich, die im Programm voreingestellte Konfiguration zu kontrollieren und gegebenenfalls zu ändern. Mit den folgenden Konfigurationswörtern werden Vorgabeeinstellungen für die Portanschlüsse eingestellt.

CONFIG1H Vorgaben für den Systemtakt und die Anschlüsse RA7 und RA6

1	1	-	-	1	1	1	1
IESO	FSCM	-	-	FOSC3	FOSC2	FOSC1	FOSC0
Umschaltung bei Oszillatorstart	Umschaltung bei Oszillatorfehler			11xx: externer RC-Oszillator RA7, Ausgabe an RA6 = CLKO 1001: Oszillator intern, Ausgabe an RA6 = CLKO, RA7 frei 1000: Oszillator intern, RA7 und RA6 frei 0111: externer RC-Oszillator RA7, RA6 frei 0110: HS RA7/RA6 Quarz (4 – 20 MHz) mit PLL 0101: EC RA7 externer Takt; RA6 frei 0100: EC RA7 externer Takt, Ausgabe an RA6 = CLKO 0010: HS RA7/RA6 Quarz (4 – 20 MHz) 0001: XT RA7/RA6 Quarz (1 – 4 MHz) 0000: LP RA7/RA6 Quarz (32 – 200 kHz)			

CONFIG3H Vorgaben für die Portumschaltung und RE3, RB4 bis RB0 und RC1 bzw. RB3

1	-	-	-	-	-	1	1
MCLRE	-	-	-	-	-	PBAD	CCP2MX
Anschluss Stift 1 1: /MCLR Reset 0: Portpin RE3						Anschlüsse RB4-RB0 bei Reset 1: analoge Eingänge 0: digitale Anschlüsse umprogrammierbar!	Anschluss RB3 und RC1 1: CCP2 multipl. mit RC1 0: CCP2 multipl. mit RB3

CONFIG4L Vorgaben für Debugger bzw. LV-Programmierung und RB7, RB6 und RB5

1	-	-	-	-	1	-	1
/DEBUG	-	-	-	-	LVP	-	STVR
Debugger 1: gesperrt (RB7 RB6 frei) 0: frei (RB7 RB6 belegt)					Low-Voltage-Progr. 1: frei (RB5 belegt) 0: gesperrt (RB5 frei)		Stapelfehlerreset

Das Assemblerbeispiel programmiert die Konfiguration mit einzelnen CONFIG-Direktiven, die sich nur für Änderungen der Vorgabewerte mit einer Direktive zusammenfassen lassen.

```
CONFIG    IESO=ON, FSCM=ON, OSC=HS        ; Quarz-Oszillator
CONFIG    BOR=OFF, PWRT=ON, WDT=OFF       ; Watchdog aus
CONFIG    MCLRE=ON, PBAD=DIG, CCP2MX=C1 ; Reset PBx digital
CONFIG    DEBUG=OFF, LVP=OFF, STVR=OFF   ; kein Debug und LV
CONFIG    CP0=OFF, CP1=OFF, CPB=OFF, CPD=OFF ; kein Schutz
CONFIG    WRT0=OFF,WRT1=OFF, WRTB=OFF, WRTC=OFF, WRTD=OFF ;
CONFIG    EBTR0=OFF, EBTR1=OFF, EBTRB=OFF ; kein Schutz

CONFIG    OSC=HS,PWRT=ON,WDT=OFF,PBAD=DIG,LVP=OFF ;nur Änderungen
```

Das C-Beispiel programmiert die Konfiguration mit der #pragma-Direktive.

```
#pragma config OSC=HS,PWRT=ON,WDT=OFF,PBAD=DIG,LVP=OFF
```

7.1   Die Parallelschnittstellen

Das Modell eines Portanschlusses (*Bild 7-3*) zeigt die drei SFR-Register eines Ports. Jeder Anschluss lässt sich einzeln als Eingang oder als Ausgang oder für eine Peripheriefunktion programmieren. Das Zeichen **x** steht für den Port **A** oder **B** oder **C**.

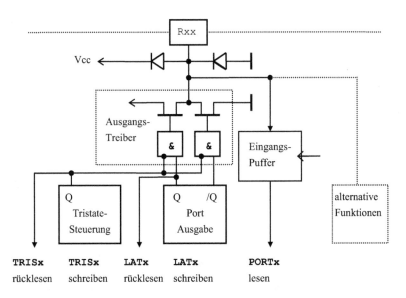

Bild 7-3: Modell eines Portanschlusses ohne Pull-up-Widerstand

- Eine 0 im Register TRIS**x** programmiert den entsprechenden Anschluss als Ausgang, für eine 1 arbeitet er als Eingang. Nach einem Reset ist die Schaltung mit einer 1 als Eingang voreingestellt. Dabei sind beide Ausgangstransistoren abgeschaltet und der Anschluss ist hochohmig (tristate).
- Beim Schreiben in den Ausgangsspeicher LAT**x** werden die Daten bis zum nächsten Schreibvorgang gespeichert und können jederzeit über LAT**x** zurückgelesen werden. Ist der Ausgangstreiber als Ausgang programmiert, so wird eine 0 als Low und eine 1 als High ausgegeben.
- Beim Lesen des Eingangs PORT**x** wird der Zustand des Anschlusses über einen getakteten Eingangspuffer eingegeben. Ein High am Anschluss erscheint als 1, ein Low erscheint als 0. Die beiden Dioden begrenzen die Eingangsspannung auf Werte kleiner Vcc und schützen den Anschluss vor negativen Spannungen.
- Beim Schreiben nach PORT**x** gelangen die Daten in den Ausgangsspeicher LAT**x** und werden von dort zurückgelesen.

Bei der Programmierung der Peripheriefunktionen ist zu beachten, dass in einigen Fällen der entsprechende Portanschluss als Eingang oder als Ausgang programmiert werden muss. Das Handbuch des Herstellers Microchip enthält die Portschaltungen unter Berücksichtigung des Peripheriebetriebs. Einige Funktionen werden bereits in den Konfigurationsregistern voreingestellt.

Für die Belastung von **Ausgängen** gibt es zwei Gesichtspunkte:

- Im Treiberbetrieb bei einem Anschluss von Leuchtdioden oder Relais kann jeder Ausgang maximal 25 mA nach High oder nach Low treiben; jedoch ist der Ausgangsstrom aller Ports auf maximal 200 mA begrenzt.
- Im Logikbetrieb bei einem Anschluss von Logikbausteinen ist die Low-Ausgangsspannung bis zu einer Belastung von 8 mA kleiner als 0.6 Volt; die High-Ausgangsspannung ist bis zu einer Belastung von 3 mA größer als 4.3 Volt. Damit lassen sich etwa fünf Standard-TTL-Lasten treiben.

Die **Eingangspotentiale** sind abhängig vom Eingangspuffer:
- Bei einem TTL-kompatiblen Eingang ist Low < 0.8 Volt und High > 2 Volt, die Umschaltschwelle liegt bei ca. 1.6 Volt.
- Bei einem Schmitt-Trigger-Eingang gibt es zwei Umschaltschwellen, je nachdem, ob von Low nach High oder von High nach Low geschaltet wird. Sie liegen nach Herstellerangaben etwa bei 1 Volt und max. 4 Volt.

Die Anschlüsse RA5 und RA3 bis RA0 des **Ports A** sind nach einem Reset immer als analoge Eingänge voreingestellt und müssen für die digitale Eingabe umprogrammiert werden. Das Beispiel schaltet gleichzeitig auch RB4 bis RB0 des Ports B als digitale Eingänge.

```
        movlw    0x0F   ; 0000 1111 für Port A und B
        movwf    ADCON1 ; RA5, RA3..RA0, RB4..RB0 digitale Eingänge

ADCON1 = 0b00001111;     // RA5, RA3..RA0, RB4..RB0 digitale Eingänge
```

Der Anschluss RA4, der auch für den externen Takt von Timer0 vorgesehen ist, hat einen Open-Drain-Ausgangstreiber, bei dem der Schalttransistor gegen High fehlt; er muss gegebenenfalls mit einem externen Pull-up-Widerstand versehen werden. Der Eingangspuffer hat Schmitt-Trigger-Verhalten. Die Anschlüsse RA6 und RA7 sind für den externen Takt vorgesehen und sind nur bei internem Takt als digitale Ports verwendbar.

Bei den Anschlüssen des **Ports B** *Bild 7-4* lassen sich interne Pull-up-Widerstände von ca. 50 kΩ gegen High programmieren. Eine 0 im Bit /RBPU des SFR-Registers INTCON2 gibt alle acht Widerstände frei, die nur dann zugeschaltet werden, wenn der entsprechende Anschluss mit einer 1 im Tristate-Bit als Eingang programmiert ist. Im Ausgabebetrieb ist der Widerstand immer abgeschaltet.

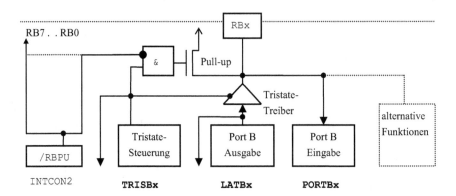

Bild 7-4: Interne Pull-up-Widerstände für den Port B

Die Anschlüsse RB4 bis RB0 können im Bit PBADEN des Konfigurationsregisters CONFIG3H für analoge oder digitale Eingabe voreingestellt werden. Änderungen sind im SFR-Register ADCON1 möglich. Alle Eingänge des Ports B können Interrupts auslösen.

Die Anschlüsse des **Ports C** mit Schmitt-Trigger-Eingängen müssen gegebenenfalls mit externen Pull-up-Widerständen versehen werden.

Die in *Bild 7-5* dargestellten Eingabeschaltungen bestehen aus Kontakten von Relais oder Schaltern und Tastern. Bei einfachen Schließern bzw. Öffnern besteht die Gefahr des Tastenprellens. Zum Entprellen sind Warteschleifen von ca. 1 bis 10 ms erforderlich. Die hardwaremäßige Entprellung erfordert Umschaltkontakte zum Aufbau von Flipflops aus NAND-Schaltungen oder aus Invertern mit offenem Collector (O.C.).

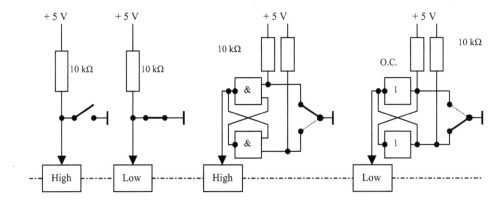

Bild 7-5: Eingabeschaltungen mit Schaltkontakten und Entprell-Flipflops

Die in *Bild 7-6* dargestellten Ausgabeschaltungen steuern als Beispiel Leuchtdioden an. Für die Standardausführung und extrahelle LEDs sind Treiberschaltungen erforderlich. Stromsparende Versionen (low-current) können mit einem entsprechenden Vorwiderstand direkt an den Ausgängen der Ports betrieben werden.

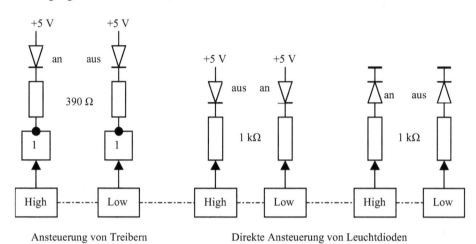

Ansteuerung von Treibern   Direkte Ansteuerung von Leuchtdioden

Bild 7-6: Ausgabeschaltungen (Beispiel Leuchtdioden)

In dem Beispiel wird das an LATC ausgegebene Potential über den Eingang PORTC zurückgelesen. Durch Belastung durch Widerstände und Messung der Spannung am Anschluss lässt sich die Umschaltschwelle ermitteln. Gemessen wurden am Schmitt-Trigger-Eingang RC2 bei einem Übergang von High nach Low ca. 1.6 Volt und bei einem Übergang von Low nach High ca. 3 Volt.

```
; Arbeitsschleife testet belastete Anschlüsse am Port C
loop    movff   PORTB,LATC  ; Eingänge Port B -> Ausgänge Port C
        movff   PORTC,LATA  ; Eingänge Port C rücklesen -> Ausgänge Port A
        goto    loop        ;
```

Assemblerprogramm zum Testen der Parallelports

```
while (1)               // Arbeitsschleife
 {
  LATC = PORTB;         // Ausgabe Port C <- Eingabe Port B
  LATA = PORTC;         // Ausgabe Port C <- Rücklesen Port C
 }
```

C-Programm zum Testen der Parallelports

7.2   Die Timereinheiten

Ein *Timer* oder *Counter* ist ein Zähler, der mit Befehlen initialisiert wird, aber dann programmunabhängig aufwärts läuft und der bei seinem Überlauf einen Interrupt auslösen kann. Anwendungsbeispiele:

- Periodische Interrupts als Zeitgeber z.B. für eine Uhr.
- Ereigniszähler (*counter*) für externe Signale.
- Zeitverzögerungen anstelle von Programmschleifen.
- Frequenzgenerator und Frequenzmesser.
- Pulsweitenmodulation PWM als (analoge) Ausgabe z.B. zur Helligkeitssteuerung von Leuchtdioden.

Ein 4bit Zähler besteht aus vier hintereinander geschalteten Flipflops, die z.B. bei jeder fallenden Flanke das nachfolgende Flipflop umschalten. Am Eingang der wertniedrigsten Schaltung liegt ein Zähltakt. Bewertet man die Ausgänge des Zählers als Zahlen, so entsteht ein Aufwärtszähler von 0000 bis 1111 dual oder von 0 bis F hexadezimal oder von 0 bis 15 dezimal. Im durchlaufenden Betrieb beginnt der Zähler nach dem Erreichen des Endwertes 1111 wieder mit dem Anfangswert 0000. Es entsteht eine Periode von 16 Timertakten.

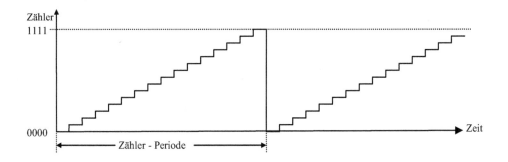

Bild 7-7: 4bit Zähler im durchlaufenden Betrieb als Aufwärtszähler

Im Zählerbetrieb (*counter*) wird der Zähltakt von einer externen Schaltung wie z.B. von einem Impulsgeber zugeführt. Damit lassen sich Frequenzen messen und Ereignisse zählen.

Im Timerbetrieb wird der Zähltakt über einen programmierbaren Vorteiler vom Systemtakt abgeleitet. Zur Einstellung von Wartezeiten läuft der Timer von einem Anfangswert an aufwärts, bis der Endwert durch Kontrolle einer Überlaufanzeige oder durch einen Interrupt erkannt wird. Löst man im durchlaufenden Betrieb bei jedem Überlauf einen Interrupt aus, so entsteht ein periodischer Taktgeber z.B. für eine Uhr.

7.2.1 Die Interruptsteuerung der Timer

Die vier Timer des als Beispiel dienenden PIC 18F2220 können entsprechend dem Modell *Bild 7-8* sowohl bei ihrem Überlauf als auch in bestimmten Betriebszuständen Interrupts auslösen. Für jeden Interrupt gibt es ein Freigabebit, ein Anzeigebit und für den priorisierten Interruptbetrieb auch ein Prioritätsbit.

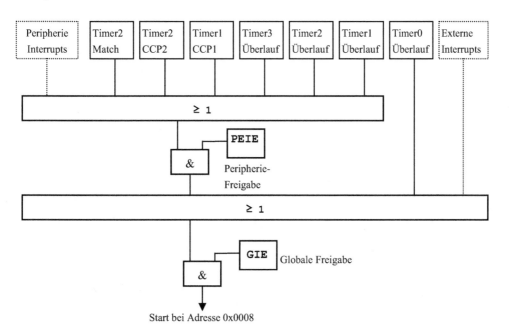

Bild 7-8: Modell der nichtpriorisierten Timer-Interruptsteuerung

Der **Timer0 Überlaufinterrupt** wird nur durch das globale Freigabebit GIE kontrolliert, alle anderen Timerinterrupts müssen zusätzlich mit PEIE freigegeben werden.

Interruptsteuerregister **INTCON** Adresse im SFR-Bereich

Bit 7	Bit 6	Bit 5	Bit 4	Bit 3	Bit 2	Bit 1	Bit 0
RW - 0	RW - 0	RW - 0	RW - 0	RW - 0	RW - 0	RW - 0	RW - x
GIE	**PEIE**	**TMR0IE**	INT0IE	RBIE	**TMR0IF**	INT0IF	RBIF
globale Freigabe 0: gesperrt 1: frei	Peripherie Freigabe 0: gesp. 1: frei	Timer0 Freigabe 0: gesperrt 1: frei	Interrupt0 Freigabe	Änderung Freigabe	Timer0 Überlauf 0: nicht 1: aufgetr.	Interrupt0 Anzeige	Änderung Anzeige

Das Timer0-Freigabebit TMR0IE (Timer0 Overflow Interrupt Enable) sperrt bzw. gibt den Interrupt beim Überlauf des Timer0 frei; es ist unabhängig von PEIE.

Das Anzeigebit TMR0IF (Timer0 Interrupt Flag) wird von der Steuerung auf 1 gesetzt, wenn die Überlaufbedingung aufgetreten ist. Es muss durch das Serviceprogramm wieder gelöscht werden. Nach einem Überlauf zählt der Timer weiter aufwärts.

Im priorisierten Betrieb wird die Priorität des Timer0-Überlaufs im Bit TMR0IP des Registers INTCON2 eingestellt.

Interruptsteuerregister **INTCON2** im SFR-Bereich

Bit 7	Bit 6	Bit 5	Bit 4	Bit 3	Bit 2	Bit 1	Bit 0
RW - 1	RW - 1	RW - 1	RW - 1	U - 0	RW - 1	U - 0	RW - 1
/RBPU	INTEDG0	INTEDG1	INTEDG2	–	**TMR0IP**	–	RBIP
					Timer0 Priorität 0: niedrig 1: hoch		

Die **PIR-Register** (Peripheral Interrupt Flag Register) enthalten für die Interrupts aller anderen Timer Flags, die mit einer 1 anzeigen, dass das entsprechende Ereignis aufgetreten ist.

Interruptanzeigeregister **PIR1** im SFR-Bereich

Bit 7	Bit 6	Bit 5	Bit 4	Bit 3	Bit 2	Bit 1	Bit 0
RW - 0	RW - 0	R - 0	R - 0	RW- 0	RW - 0	RW - 0	RW - x
PSPIF	ADIF	RCIF	TXIF	SSPIF	**CCP1IF**	**TMR2IF**	**TMR1IF**
Slaveport	A/D-Wandler	USART Empf.	USART Sender	SSP-Schnitt.	Timer1 Match 0: nicht 1: aufgetreten	Timer2 Überlauf 0: nicht 1: aufgetreten	Timer1 Überlauf 0: nicht 1: aufgetreten

Interruptanzeigeregister **PIR2** im SFR-Bereich

Bit 7	Bit 6	Bit 5	Bit 4	Bit 3	Bit 2	Bit 1	Bit 0
RW - 0	RW - 0	U - 0	RW - 0	RW - 0	RW - 0	RW - 0	RW - 0
OSCFIF	CMIF	–	EEIF	BCLIF	LVDIF	**TMR3IF**	**CCP2IF**
Oszillator Fehler	Compa-rator	-	EEPROM	Bus-Fehler	Low-Voltage	Timer3 Überlauf 0: nicht 1: aufgetreten	Timer2 Match 0: nicht 1: aufgetreten

Die **PIE-Register** (Peripheral Interrupt Enable Register) enthalten für die Interrupts aller anderen Timer Flags, die mit einer 1 den Interrupt freigeben.

Interruptfreigaberegister **PIE1** im SFR-Bereich

Bit 7	Bit 6	Bit 5	Bit 4	Bit 3	Bit 2	Bit 1	Bit 0
RW - 0	RW - 0	RW - 0	RW - 0	RW- 0	RW - 0	RW - 0	RW - 0
PSPIE	ADIE	RCIE	TXIE	SSPIE	**CCP1IE**	**TMR2IE**	**TMR1IE**
Slaveport	A/D-Wandler	USART Empf.	USART Sender	SSP-Schnitt.	Timer1 Match 0: gesperrt 1: frei	Timer2 Überlauf 0: gesperrt 1: frei	Timer1 Überlauf 0: gesperrt 1: frei

Interruptfreigaberegister **PIE2** im SFR-Bereich

Bit 7	Bit 6	Bit 5	Bit 4	Bit 3	Bit 2	Bit 1	Bit 0
RW - 0	RW - 0	U - 0	RW - 0	RW - 0	RW - 0	RW - 0	RW - 0
OSCFIE	CMIE	–	EEIE	BCLIE	LVDIE	**TMR3IE**	**CCP2IE**
Oszillator Fehler	Compar.	-	EEPROM	Bus-Fehler	Low-Voltage	Timer3 Überlauf 0: gesperrt 1: frei	Timer2 Match 0: gesperrt 1: frei

Die beiden **IPR-Register** (Interrupt Priority Register) enthalten für die Interrupts aller anderen Timer Flags, die mit einer 1 eine hohe und mit einer 0 eine niedrige Priorität vorgeben. Sie wirken nur, wenn im Interruptsteuerregister INTCON das Steuerbit IPEN = 1 ist.

Interruptprioritätsregister **IPR1** im SFR-Bereich:

Bit_2: CCP1IP für Timer1 Match
Bit_1: TMR2P für Timer2 Überlauf
Bit_0: TMR1IP für Timer1 Überlauf

Interruptprioritätsregister **PIE2** im SFR-Bereich:

Bit_1: TMR3IP für Timer3 Überlauf
Bit_0: CCP2IP für Timer2 Match

7.2.2   Der Timer0

Der Timer0 (*Bild 7-9*) besteht aus einem 8bit bzw. 16bit Aufwärtszähler, der bei seinem Überlauf von 0xFF nach 0x00 bzw. von 0xFFFF nach 0x0000 das Bit TMR0IF im Interruptkontrollregister INTCON auf 1 setzt. Die Taktquelle ist im Kontrollregister T0CON zusammen mit dem Vorteiler programmierbar.

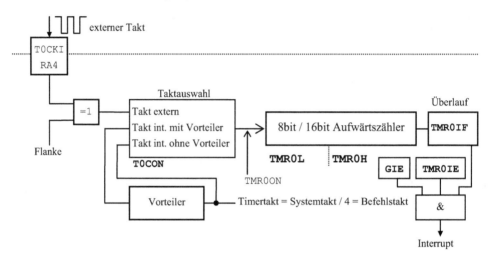

Bild 7-9: Modell von Timer0 mit Überlaufanzeige und Interruptsteuerung

Die Timerfunktionen werden im Steuerregister von Timer0 programmiert. Nach einem Reset läuft der Timer0 mit externem Takt an RA4.

Timer0 Steuerregister **T0CON** im SFR-Bereich

Bit 7	Bit 6	Bit 5	Bit 4	Bit 3	Bit 2	Bit 1	Bit 0
RW − 1	RW − 1	RW − 1	RW − 1	RW − 1	RW − 1	RW − 1	RW − 1
TMR0ON	**T08BIT**	**T0CS**	**T0SE**	**PSA**	**T0PS2**	**T0PS1**	**T0PS0**
Timer0	Betrieb	Taktquelle	ext. Taktflanke	Vorteiler	Vorteiler Teilungsfaktor für Timer0		
0: Stopp	0: 16bit	0: intern	0: steigend	0: ein	0 0 0: durch 2		
1: Lauf	1: 8bit	1: extern	1: fallend	1: aus	0 0 1: durch 4		
					0 1 0: durch 8		
					0 1 1: durch 16		
					1 0 0: durch 32		
					1 0 1: durch 64		
					1 1 0: durch 128		
					1 1 1: durch 256		

Im 8bit-Betrieb kann auf den laufenden Zählerstand jederzeit durch Lesen und Schreiben von `TMR0L` zugegriffen werden, beim Schreiben wird der Vorteiler gelöscht, der Teilerfaktor bleibt jedoch erhalten. Der Timer0 wird mit `TMR0ON = 1` eingeschaltet.

Timer0 Register **TMR0L** Adresse im SFR-Bereich

Bit 7	Bit 6	Bit 5	Bit 4	Bit 3	Bit 2	Bit 1	Bit 0
8bit Aufwärtszähler / Low-Byte des 16bit Zählers							

Im 16bit-Betrieb enthält `TMR0L` das Low-Byte des 16bit-Zählers, für den High-Teil gibt es einen Zwischenspeicher `TMR0H`. Dieser wird beim Lesen von `TMR0L` mit dem High-Teil des aktuellen Zählerstandes geladen. Beim Schreiben nach `TMR0L` wird gleichzeitig auch der Inhalt von `TMR0H` in den 16bit-Zähler gespeichert.

Timer0 Register High Puffer **TMR0H** Adresse im SFR-Bereich

Bit 7	Bit 6	Bit 5	Bit 4	Bit 3	Bit 2	Bit 1	Bit 0
Puffer für das High-Byte des 16bit Zählers							

Bei einem Überlauf wird das Anzeigebit `TMR0IF` im Interruptsteuerregister von der Steuerung auf 1 gesetzt; es muss vom Programm zurückgesetzt (gelöscht) werden. Das Beispiel programmiert den Timer0 als 16bit Wartezähler, der einen Dezimalzähler auf dem Port C um 1 erhöht. Der Timertakt (gleich Systemtakt durch 4) wird mit dem Vorteiler durch 16 geteilt. Er beträgt bei einem 4 MHz Quarz 4000000 : 4 : 16 = 62500 Hz. Der 16bit periodische Interrrupt bedeutet eine nochmalige Teilung durch 65536. Abschnitt 4.8.1 zeigt ein Beispiel für einen Sekundentakt mit einem handelsüblichen Quarz von 6.5536 MHz.

```
; k7p2.asm Test Timer0 16bit periodischer Interrupt
; Quarz 4 MHz : 4 : 65536 : 16 = 0.95 Hz
      LIST     P=18F2220 F=INHX32   ; Baustein und Format Hexafile
      #include P18F2220.inc         ; Definitionsdatei
      CONFIG   OSC=HS,PWRT=ON,WDT=OFF,PBAD=DIG,LVP=OFF ; Konfiguration
RES_VEC CODE   0x000                ; Programm-Flash
        goto   start                ; Sprung zum Programmanfang
HI_VEC  CODE   0x008                ; Interrupt-Einsprung Register gerettet
        goto   hiserv               ; nach Interrupt-Service
        CODE                        ; Anfang des Programms
start   clrf   TRISC                ; Port C Ausgänge
        clrf   LATC                 ; Ausgabezähler löschen
        movlw  B'10000011'          ; Timer0 ein,16bit,intern,x,Vorteiler,1:16
        movwf  T0CON                ; nach Timer0 Steuerung
        bcf    RCON,IPEN            ; IPEN = 0: Interrupts nicht priorisiert
        bcf    INTCON,TMR0IF        ; Anzeigeflag Timer0 löschen
        bsf    INTCON,TMR0IE        ; Interrupt Timer0 freigeben
```

```
        bsf      INTCON,GIE      ; alle Interrupts global frei
; Arbeitsschleife tut nix
loop    goto     loop            ;
; Interruptserviceprogramm für Timer0-Überlauf
hiserv  incf     LATC,w          ; Zähler dual + 1 nach W-Register
        daw                      ; Dezimalkorrektur
        movwf    LATC            ; neuen Zähler dezimal ausgeben
        bcf      INTCON,TMR0IF    ; Anzeigeflag löschen
        retfie   FAST            ; Register STATUS BSR WREG zurück
        END
```

Assemblerprogramm zum Testen des Timer0-Interrupts


```
// k7p2.c Timer0 16bit periodischer Interrupt
#include <p18cxxx.h>
#pragma config OSC=HS,PWRT=ON,WDT=OFF,PBAD=DIG,LVP=OFF
void hiserv(void);                  // Prototyp Serviceprogramm
#pragma code einsprung=0x08         // Einsprungadresse
void einsprung (void)               // Hilfsfunktion für Sprung
{ _asm GOTO hiserv _endasm  }       // Assembler: Sprung nach Servicefunktion
#pragma code                        // System Codebereich
#pragma interrupt hiserv            // Kennwort interrupt veranlasst
void hiserv (void)                  // Rücksprung aus Interrupt!!!
{
 _asm                               // Anfang Assemblercode
  MOVFF LATC,W                      // Zähler -> W-Register
  ADDLW 1                           // Addiere Konstante 1
  DAW                               // Dezimalkorrektur
  MOVFF W,LATC                      // W-Register -> Zähler
 _endasm                           // Ende Assemblercode
 INTCONbits.TMR0IF = 0;             // Timer0 Anzeigeflag löschen
}
void main(void)
{
 TRISC = LATC = 0;                  // Port C als Ausgang und löschen
 T0CON = 0b10000011;                // Timer0 ein, 16bit,intern,x,Vorteiler,1:16
 RCONbits.IPEN = 0;                 // Interruptsteuerung nicht priorisiert
 INTCONbits.TMR0IF = 0;             // Timer0 Anzeigeflag löschen
 INTCONbits.TMR0IE = 1;             // Timer0 Interrupt freigeben
 INTCONbits.GIE = 1;                // Interrupts global freigeben
 while(1);                          // Schleife tut nichts
}
```

C-Programm zum Testen des Timer0-Interrupts

7.2.3 Der Timer1

Der Timer1 *(Bild 7-10)* arbeitet als 16bit Aufwärtszähler, der an den Anschlüssen T1OSI (RC1) und T1OSO (RC0) mit einem eigenen externen Takt betrieben werden kann. Ein Uhrenquarz von 32.768 kHz liefert in dem Beispiel bei einer Timerperiode von 0xFFFF = 65536 einen periodischen Interrupt von 2 Sekunden. Im Zählerbetrieb werden anstelle des Quarzes am Eingang T1CKI die zu zählenden Impulse eingespeist.

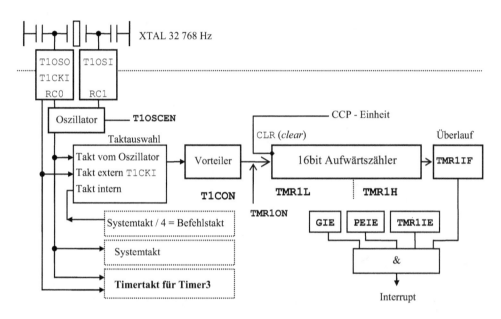

Bild 7-10: Modell von Timer1 mit Taktauswahl und Interruptsteuerung

Timer1 Steuerregister **T1CON** im SFR-Bereich

Bit 7	Bit 6	Bit 5	Bit 4	Bit 3	Bit 2	Bit 1	Bit 0
RW - 0	R - 0	RW - 0	RW - 0	RW - 0	RW - 0	RW - 0	RW - 0
RD16	**T1RUN**	**T1CKPS1**	**T1CKPS0**	**T1OSCEN**	**/T1SYNC**	**TMR1CS**	**TMR1ON**
Zugriff	Systemtakt	Vorteiler Teilungsfaktor		Externer	Externer	Timer1	Timer1
0: 2x8bit	von	0 0: durch 1		Oszillator	Takt	Taktquelle	0: Stopp
1: 1x16bit	0: sonstiger	0 1: durch 2		0: aus	0: synchron	0: intern	1: Lauf
	Quelle	1 0: durch 4		1: ein	1: asynchr.	1: extern	
	1: Timer1	1 1: durch 8					

Der Timer1 wird mit TMR1ON = 1 eingeschaltet. Im Betrieb kann jederzeit auf den laufenden Zählerstand durch Lesen und Schreiben der beiden Timerregister zugegriffen werden, beim Schreiben wird der Vorteiler gelöscht, der Teilerfaktor bleibt jedoch erhalten.

Timer1 Register **TMR1L** Adresse im SFR-Bereich

Bit 7	Bit 6	Bit 5	Bit 4	Bit 3	Bit 2	Bit 1	Bit 0
Low-Byte des 16bit Zählers							

Timer1 Register / High Puffer **TMR1H** Adresse im SFR-Bereich

Bit 7	Bit 6	Bit 5	Bit 4	Bit 3	Bit 2	Bit 1	Bit 0
High-Byte oder Puffer des 16bit Zählers							

Für das Steuerbit RD16 = 0 erfolgt der Zugriff auf die beiden 8bit Register unabhängig voneinander. Für RD16 = 1 wird beim Zugriff auf den Low-Teil TMR1L gleichzeitig auch der Pufferspeicher TMR1H geladen bzw. gespeichert, um eine echte 16bit Operation durchzuführen. Der Löschvorgang CLR wird von der CCP-Steuerung Abschnitt 7.2.6 ausgelöst, das Überlaufbit TMR1IF wird dabei nicht gesetzt.

Der Betrieb mit internem Takt gleich Systemtakt durch 4 wird durch TMR1CS = 0 eingeschaltet. Für den Betrieb mit externem Takt durch TMR1CS = 1 stehen zwei Taktquellen zur Verfügung. Die Zählimpulse lassen sich mit /T1SYNC mit dem internen Takt synchronisieren. Beide externen Taktquellen können auch vom Timer3 benutzt werden.

Für TMR1CS = 1 und T1OSCEN = 0 ist der Oszillator abgeschaltet und eine steigende Flanke am Eingang T1CKI (RC0) erhöht den Timer1 im Zählerbetrieb (*counter*) um 1.

Für TMR1CS = 1 und T1OSCEN = 1 dient der an T1OSI (RC1) und T1OSO (RC0) angeschlossene Quarz als Taktgeber, der für T1RUN = 1 auch den Systemtakt liefern kann.

Das Beispiel programmiert den Timer1 als Zähler für steigende Flanken am Eingang T1CKI. Sie können durch einen entprellten Taster oder Schalter ausgelöst werden. Der laufende Zählerstand erscheint mit dem Low-Teil am Port B und mit dem High-Teil am Port A ohne die beiden werthöchsten Bitpositionen.

```
; k7p3.asm Test Timer1 Counterbetrieb externes Signal an T1CKI (RC0)
; Zähler auf Port B (Low) und Port A (High) ausgeben
        LIST      P=18F2220 F=INHX32  ; Baustein und Format Hexafile
        #include P18F2220.inc         ; Definitionsdatei
        config OSC=HS,PWRT=ON,WDT=OFF,PBAD=DIG,LVP=OFF
RES_VEC CODE      0x000     ; Programm-Flash
        goto      start     ; Sprung zum Programmanfang
        CODE                ; Anfang des Programms
start   clrf      TRISA     ; Port A ist Ausgabe
        clrf      TRISB     ; Port B ist Ausgabe
        clrf      TMR1H     ; Timer1 Latch High löschen
        clrf      TMR1L     ; Timer1 Low löschen und High speichern
        bsf       TRISC,T1CKI ; Taktanschluss als Eingang
```

```
        movlw    B'10000011' ; Timer1: 16bit,nicht Timer1,Teiler 1:1,Osz. aus
        movwf    T1CON       ; synchr. ext. Takt, Timer ein, nach Steuerung
; Arbeitsschleife laufenden Zählerstand ausgeben
loop    movff    TMR1L,LATB  ; erst Low, High nach Latch
        movff    TMR1H,LATA  ; dann High
        goto     loop        ;
        END
```

Assemblerprogramm zum Testen von Timer1 im Zählbetrieb

```c
// k7p3.c Timer1 Counterbetrieb ext. Signal an T1CKI (RC0)
#include <p18cxxx.h>
#pragma config OSC=HS,PWRT=ON,WDT=OFF,PBAD=DIG,LVP=OFF
void main(void)
{
 TRISA = TRISB = 0;       // Port A und C als Ausgänge
 TMR1H = 0;               // Timer1 High Latch löschen
 TMR1L = 0;               // Timer1 Low löschen und Latch High speichern
 TRISCbits.TRISC0 = 1;    // Takteingang T1CKI  RC0 als Eingang
 T1CON = 0b10000011;      // Timer1 ein,16bit,Takt extern
 while(1)                 // laufenden Zählerstand ausgeben
 {
  LATB = TMR1L;           // erst Low nach Port B
  LATA = TMR1H;           // dann High nach Port C
 }
}
```

C-Programm zum Testen von Timer1 im Zählbetrieb

7.2.4   Der Timer2

Der Timer2 (*Bild 7-11*) besteht aus einem 8bit Aufwärtszähler mit einem Vorteiler und einem Komparator, der den laufenden Zählerstand mit einem Periodenregister PR2 vergleicht und bei Übereinstimmung den Timer2 löscht und einen weiteren Zähler als Nachteiler um 1 erhöht. Der Komparatorausgang steuert auch die CCP-Einheit für die PWM-Ausgabe.

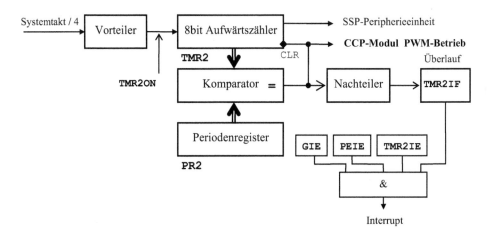

Bild 7-11: Modell von Timer2 mit Komparator und Interruptsteuerung

Timer2 Steuerregister **T2CON** Adresse im SFR-Bereich

Bit 7	Bit 6	Bit 5	Bit 4	Bit 3	Bit 2	Bit 1	Bit 0
U - 0	RW - 0	RW - 0	RW - 0	RW - 0	RW - 0	RW - 0	RW - 0
-	TOUTPS3	TOUTPS2	TOUTPS1	TOUTPS0	TMR2ON	T2CKPS1	T2CKPS0
	Timer2 Nachteilerauswahl für **Werte von 1 bis 16** 0 0 0 0: Teiler durch 1 0 0 0 1: Teiler durch 2 0 0 1 0: Teiler durch 3 . . . . . . 1 1 1 1: Teiler durch 16				Timer2 0: Stopp 1: Lauf	Timer2 Vorteiler 0 0: durch 1 0 1: durch 4 1 x: durch 16	

Timer2 Register **TMR2** Adresse im SFR-Bereich Anfangswert nach Reset 0x00

Bit 7	Bit 6	Bit 5	Bit 4	Bit 3	Bit 2	Bit 1	Bit 0
8bit Zähler							

Timer2 Periodenregister **PR2** Adresse im SFR-Bereich Anfangswert nach Reset 0xFF

Bit 7	Bit 6	Bit 5	Bit 4	Bit 3	Bit 2	Bit 1	Bit 0
			Vergleichswert				

Das Beispiel programmiert den Timer2 mit einem Vorteiler 16. Bei jeder Übereinstimmung von Timer und Vergleichsregister PR2 wird ein Zähler als Nachteiler um 1 erhöht, bis dieser beim Erreichen des programmierten Endwertes 16 das Interruptanzeigebit TMR2IF setzt. Der Überlauf wird in dem Beispiel nicht zur Auslösung eines Interrupts verwendet, sondern in einer Warteschleife kontrolliert. Durch den vom Port B eingegebenen Vergleichswert erscheint am Ausgang Port C ein variabler Dezimalzähler.

```
; k7p4.asm Test Timer2 Überlaufflag softwarekontrolliert
; Port B: Vergleichswert  Port C: Dezimalzähler
     LIST    P=18F2220 F=INHX32  ; Baustein und Format Hexafile
     #include P18F2220.inc       ; Definitionsdatei
     CONFIG  OSC=HS,PWRT=ON,WDT=OFF,PBAD=DIG,LVP=OFF ; Konfiguration
RES_VEC CODE  0x000              ; Programm-Flash
        goto  start              ; Sprung zum Programmanfang
        CODE                     ; Anfang des Programms
start   setf  TRISB              ; Port B ist Eingabe
        clrf  TRISC              ; Port C ist Ausgabe
        clrf  LATC               ; Ausgabe löschen
        clrf  TMR2               ; Timer2 löschen 0x00
        setf  PR2                ; Periodenregister 0xFF
        movlw B'01111111'        ; x,Nachteiler 1:16, Timer2 an, Vorteiler :16
        movwf T2CON              ; nach Steuerung Timer2
        bcf   PIR1,TMR2IF        ; Timer2 Überlaufanzeigebit löschen
; Arbeitsschleife 4 MHz : 4 : 16 : 16 : Vergleichswert
loop    btfss PIR1,TMR2IF        ; überspringe bei Überlauf
        goto  loop               ; weiter bei Null
        incf  LATC,w             ; alten Zähler + 1
        daw                      ; Dezimalkorrektur
        movwf LATC               ; neuen Zähler ausgeben
        movff PORTB,PR2          ; neuen Vergleichswert nach PR2
        bcf   PIR1,TMR2IF        ; Anzeigebit wieder löschen
        goto  loop               ;
        END
```

Assemblerprogramm zum Testen von Timer2 im Vergleichsbetrieb

In der vorliegenden Version des C18-Compilers fehlt der Datentyp bcd. Daher wurde für die dezimale Ausgabe des Zählers ein im Assembler geschriebenes Programmstück eingebaut, das mit dem Befehl DAW eine Dezimalkorrektur des Zählers vornimmt. Alternativ müsste ein dualer Zähler mit einer Funktion wie z.B. dual2bcd dezimal umgerechnet werden.

```
// k7p4.c Timer2 Überlaufflag softwarekontrolliert
#include <p18cxxx.h>
#pragma config OSC=HS,PWRT=ON,WDT=OFF,PBAD=DIG,LVP=OFF
void main(void)
{
 TRISC = LATC = 0;      // Port als Ausgang und löschen
 TMR2 = 0;              // Timer2 löschen
 PR2 = 0xff;            // Periodenregister Anfangswert
 T2CON = 0b01111111;    // Timer2 ein
 PIR1bits.TMR2IF = 0;   // Timer2 Überlaufanzeigebit löschen
 while(1)               // Ausgabe 4 MHz : 4 : 16 : 16 : Vergleichswert
 {
  while (!PIR1bits.TMR2IF); // warte auf Überlauf
  _asm                  // Dezimalzähler
   MOVFF LATC,W         // Zähler -> W-Register
   ADDLW 1              // Addiere Konstante 1
   DAW                  // Dezimalkorrektur
   MOVFF W,LATC         // W-Register -> Zähler
  _endasm
  PR2 = PORTB;          // neuen Vergleichswert lesen
  PIR1bits.TMR2IF = 0;  // Anzeigebit wieder löschen
 }
}
```

C-Programm zum Testen von Timer2 im Vergleichsbetrieb

7.2.5 Der Timer3

Der Timer3 (*Bild 7-12*) ist ähnlich wie der Timer1 aufgebaut, von dem er auch seinen externen Takt erhält.

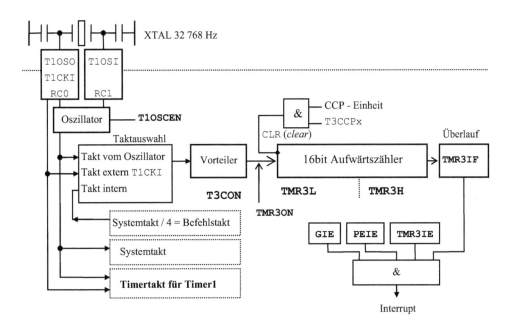

Bild 7-12: Modell von Timer3 mit Taktauswahl und Interruptsteuerung

Timer3 Steuerregister **T3CON** im SFR-Bereich

Bit 7	Bit 6	Bit 5	Bit 4	Bit 3	Bit 2	Bit 1	Bit 0
RW – 0	RW – 0	RW – 0	RW – 0	RW – 0	RW – 0	RW – 0	RW – 0
RD16	**T3CCP2**	**T3CKPS1**	**T3CKPS0**	**T3CCP1**	**/T3SYNC**	**TMR3CS**	**TMR3ON**
Zugriff 0: 2x8bit 1: 1x16bit	Taktquelle für CCP- Betrieb	Vorteiler Teilungsfaktor 0 0: durch 1 0 1: durch 2 1 0: durch 4 1 1: durch 8		Taktquelle für CCP- Betrieb	Externer Takt 0: synchr. 1: asynchr.	Timer3 Taktquelle 0: intern 1: extern von Timer1	Timer3 0: Stopp 1: Lauf

Der Timer3 wird mit TMR3ON = 1 eingeschaltet. Im Betrieb kann jederzeit auf den laufenden Zählerstand durch Lesen und Schreiben der beiden Timerregister zugegriffen werden, beim Schreiben wird der Vorteiler gelöscht, der Teilerfaktor bleibt jedoch erhalten.

Timer3 Register **TMR3L** Adresse im SFR-Bereich

Bit 7	Bit 6	Bit 5	Bit 4	Bit 3	Bit 2	Bit 1	Bit 0
Low-Byte des 16bit Zählers							

Timer3 Register High Puffer **TMR3H** Adresse im SFR-Bereich

Bit 7	Bit 6	Bit 5	Bit 4	Bit 3	Bit 2	Bit 1	Bit 0
High-Byte oder Puffer des 16bit Zählers							

Für das Steuerbit RD16 = 0 erfolgt der Zugriff auf die beiden 8bit Register unabhängig voneinander. Für RD16 = 1 wird beim Zugriff auf den Low-Teil TMR3L gleichzeitig auch der Pufferspeicher TMR3H geladen bzw. gespeichert, um eine echte 16bit Operation durchzuführen. Der Löschvorgang CLR wird von der CCP-Steuerung ausgelöst.

Der Betrieb mit internem Takt wird durch TMR1CS = 0 eingeschaltet. Für TMR3CS = 1 werden die beiden externen Taktquellen von Timer1 für die Zählimpulse verwendet, die sich mit /T3SYNC mit dem internen Takt synchronisieren lassen. Für TMR3CS = 1 und T1OSCEN = 0 ist der Oszillator abgeschaltet und eine steigende Flanke am Eingang T1CKI (RC0) erhöht den Timer3 im Zählerbetrieb (*counter*) um 1. Für TMR3CS = 1 und T1OSCEN = 1 dient der an T1OSI (RC1) und T1OSO (RC0) angeschlossene Quarz als Taktgeber.

Das Beispiel betreibt den Timer3 mit einem externen Uhrenquarz an T1OSI und T1OSO. Da der Quarztakt von 32768 Hz bei einem periodischen Betrieb durch 65536 geteilt eine Frequenz von 0.5 Hz entsprechend 2 Sekunden ergäbe, wird der Teilungsfaktor durch Setzen der werthöchsten Bitposition des 16bit Timers auf 32768 heruntergesetzt.

```
; k7p5.asm Test Timer3 Quarz 32768 HZ an T1OSI(RC1) und T1OSO(RC0)
; Sekundenzähler auf Port B
     LIST    P=18F2220 F=INHX32  ; Baustein und Format Hexafile
     #include P18F2220.inc       ; Definitionsdatei
     CONFIG  OSC=HS,PWRT=ON,WDT=OFF,PBAD=DIG,LVP=OFF ; Konfiguration
RES_VEC CODE  0x000              ; Programm-Flash
        goto   start             ; Sprung zum Programmanfang
        CODE                     ; Anfang des Programms
start  clrf    TRISB             ; Port B ist Ausgabe
       clrf    LATB              ; Zähler löschen
       bsf     TRISC,T1OSI       ; Quarzanschluss als Eingang
       bsf     TRISC,T1OSO       ; Quarzanschluss als Eingang
       bsf     T1CON,T1OSCEN     ; Oszillator ein
       movlw   0x80              ; Timer3 für
       movwf   TMR3H             ; Sekundentakt
       clrf    TMR3L             ; vorladen
```

```
        movlw   B'00000111' ; 2x8bit,x,Teiler 1:1,x,async,ext. Takt,ein
        movwf   T3CON       ; nach Steuerung Timer3
        bcf     PIR2,TMR3IF ; Timer3 Überlaufanzeigebit löschen
; Arbeitsschleife
loop    btfss   PIR2,TMR3IF ; überspringe bei Überlauf
        goto    loop        ; weiter bei Null
        bsf     TMR3H,7     ; für Sekundentakt vorladen
        incf    LATB,w      ; alten Sekundenzähler + 1
        daw                 ; Dezimalkorrektur
        movwf   LATB        ; neuen Zähler ausgeben
        bcf     PIR2,TMR3IF ; Anzeigebit wieder löschen
        goto    loop        ;
        END
```

Assemblerprogramm zum Testen von Timer3 mit Uhrenquarz


```c
// k7p5.c Timer3 Quarz 32768 Hz an T1OSI (RC1) und T1OSO (RC0)
#include <p18cxxx.h>
#pragma config OSC=HS,PWRT=ON,WDT=OFF,PBAD=DIG,LVP=OFF
void main(void)
{
 TRISB = LATB = 0;       // Port B als Ausgang und löschen
 TRISCbits.TRISC0 = 1;   // Quarzeingang
 TRISCbits.TRISC1 = 1;   // Quarzeingang
 T1CONbits.T1OSCEN = 1;  // Oszillator ein
 TMR3H = 0x80;           // Sekundentakt
 TMR3L = 0;              // vorladen
 T3CON = 0b00000111;     // Timer3 2x8bit,x,Teiler1:1,x,asyn,ext.Takt
 PIR2bits.TMR3IF = 0;    // Timer3 Überlaufanzeigebit löschen
 while(1)                // Ausgabe 4 MHz : 4 : 16 : 16 : Vergleichswert
 {
  while (!PIR2bits.TMR3IF); // warte auf Überlauf
  _asm
   BSF TMR3H,7,0         // Sekundentakt vorladen
   MOVFF LATB,W          // Zähler -> W-Register
   ADDLW 1               // Addiere Konstante 1
   DAW                   // Dezimalkorrektur
   MOVFF W,LATB          // W-Register -> Zähler
  _endasm
  PIR2bits.TMR3IF = 0;   // Anzeigebit wieder löschen
 }
}
```

C-Programm zum Testen von Timer3 mit Uhrenquarz

7.2.6   Der Capture/Compare/PWM-Betrieb (CCP)

Der Capture-Betrieb (*capture* = auffangen) dient dazu, den Zählerstand eines Timers beim Auftreten eines externen Ereignisses festzuhalten.

Im Compare-Betrieb (*compare* = vergleichen) wird der laufende Zählerstand mit einem vorgegebenen Wert in einem Register verglichen; stimmen beide überein, so kann ein Interrupt ausgelöst und ein Signal ausgegeben werden.

Der PWM-Betrieb (Puls-Weiten-Modulation) erzeugt Rechtecksignale mit variablem Tastverhältnis. Die einfachen Beispiele beziehen sich nur auf den PIC 18F2220, da die Bausteine der PIC-Familien sehr unterschiedliche CCP-Register und Betriebsarten aufweisen.

Das Register CCP1CON steuert den Betrieb des CCP1-Moduls. Das Register CCP2CON steuert den Betrieb des CCP2-Moduls mit gleichen Funktionen und Bezeichnungen. Die Bitpositionen *Bit 7* und *Bit 6* sind für den PIC 18F2220 nicht verfügbar.

Steuerregister **CCP1CON** im SFR-Bereich

Bit 7	Bit 6	Bit 5	Bit 4	Bit 3	Bit 2	Bit 1	Bit 0
U – 0	U – 0	RW – 0	RW – 0	RW – 0	RW – 0	RW – 0	RW – 0
–	–	DC1B1	DC1B0	CCP1M3	CCP1M2	CCP1M1	CCP1M0
Für die erweiterten ECCP-Funktionen der PIC 18F4x20 Controller		Nur im PWM-Betrieb: Low-Bits des Tastverhältnisses		Betriebsarten des CCP1-Moduls 0 0 0 0: kein CCP-Betrieb, CCP1-Modul rücksetzen **Capture-Betrieb:** 0 1 0 0: bei jeder fallenden Flanke an CCP1 0 1 0 1: bei jeder steigenden Flanke an CCP1 0 1 1 0: bei jeder 4. steigenden Flanke an CCP1 0 1 1 1: bei jeder 16. steigenden Flanke an CCP1 **Compare-Betrieb:** 0 0 1 0: bei *match* CCP1 umschalten, 1 -> CCP1IF 1 0 0 0: initialisiere Ausgang CCP1 auf Low bei *match* CCP1 nach High, 1 -> CCP1IF 1 0 0 1: initialisiere Ausgang CCP1 auf High bei *match* CCP1 nach Low, 1 -> CCP1IF 1 0 1 0: Anschluss CCP1 frei für Port bei *match* 1 -> CCP1IF (Softwareinterrupt) 1 0 1 1: Triggersonderfunktion 1 1 x x: **PWM-Betrieb**			

Die Bitpositionen `T3CCP2` und `T3CCP1` des Timer3-Steuerregisters `T3CON` bestimmen die Taktquelle für den Capture- und den Compare-Betrieb.

T3CCP2			T3CCP1
0 0: Timer1 ist die Taktquelle beider CCP-Module			
0 1: Timer1 ist die Taktquelle des CCP1-Moduls			
Timer3 ist die Taktquelle des CCP2-Moduls			
1 x: Timer3 ist die Taktquelle beider CCP-Module			

Die **Capture-Betriebsart** des CCP1-Moduls (*Bild 7-13*) wird im Steuerregister `CCP1CON` mit der Flankenauswahl und dem Vorteiler eingestellt. Die Bitposition `T3CCP2` im Steuerregister `T3CON` wählt den Timer1 als Zähler aus. Dieser muss mit internem Takt oder mit externem, synchronisiertem Takt laufen. Der Anschluss CCP1 (RC2), an dem die auslösenden Signale anzulegen sind, muss im Tristateregister als Eingang programmiert sein.

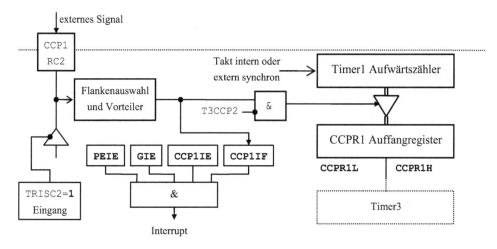

Bild 7-13: Capture-Betrieb des CCP1-Moduls mit Timer1

Tritt das programmierte auslösende Ereignis auf, so wird das Interruptanzeigebit `CCP1IF` gesetzt und gleichzeitig der augenblickliche Inhalt von Timer1 in das CCPR1-Auffangregister übertragen und dort solange gespeichert, bis ein neues Capture-Ereignis auftritt.

CCP1-Register Low **CCPR1L** Adresse im SFR-Bereich

Bit 7	Bit 6	Bit 5	Bit 4	Bit 3	Bit 2	Bit 1	Bit 0
Low-Byte des 16bit Zählers							

CCP1-Register High **CCPR1H** Adresse im SFR-Bereich

Bit 7	Bit 6	Bit 5	Bit 4	Bit 3	Bit 2	Bit 1	Bit 0
High-Byte des 16bit Zählers							

Der Timer läuft nach dem Speichern des augenblicklichen Zählerstandes weiter. Es ist Aufgabe des Programms, den aufgefangenen Zählerstand abzuholen, den Timer zu löschen und das Anzeigebit CCP1IF wieder zurückzusetzen.

Das Beispiel testet den Capture-Betrieb durch Zählung der Timerimpulse zwischen zwei fallenden Flanken am Eingang CCP1.

```
; k7p6.asm Test Capture-Betrieb Timer1 fallende Flanken an CCP1(RC2) messen
; Ausgabe: LATA=High-Byte  LATB=Low-Byte
      LIST      P=18F2220 F=INHX32   ; Baustein und Format Hexafile
      #include P18F2220.inc          ; Definitionsdatei
      CONFIG    OSC=HS,PWRT=ON,WDT=OFF,PBAD=DIG,LVP=OFF ; Konfiguration
RES_VEC CODE    0x000          ; Programm-Flash
        goto    start          ; Sprung zum Programmanfang
        CODE                   ; Anfang des Programms
start   clrf    TRISA          ; Port A ist Ausgabe
        clrf    TRISB          ; Port B ist Ausgabe
        clrf    LATA           ; Ausgabe
        clrf    LATB           ; löschen
        bsf     TRISC,CCP1     ; CCP1 (RC2) ist Eingang
        movlw   B'00000100'    ; x,x,x,x, Capture fallende Flanke
        movwf   CCP1CON        ; CCP1-Steuerung
        bcf     T3CON,T3CCP2   ; Timer1 ist
        bcf     T3CON,T3CCP1   ; Zeitbasis
        clrf    TMR1H          ; Timer1
        clrf    TMR1L          ; löschen
        movlw   B'10110001'    ; 16bit,System,Teiler1:8,Osz. aus,Takt intern,ein
        movwf   T1CON          ; Timer1 programmieren und starten
        bcf     PIR1,CCP1IF    ; Capture-Ereignis-Bit löschen
; Arbeitsschleife mit Überlaufkontrolle
loop    btfss   PIR1,CCP1IF    ; überspringe bei Ereignis
        goto    loop           ; weiter bei Null
        movff   CCPR1L,LATB    ; Zähler Low ausgeben
        movff   CCPR1H,LATA    ; Zähler High ausgeben
        clrf    TMR1H          ; Timer1
        clrf    TMR1L          ; löschen
        bcf     PIR1,CCP1IF    ; Anzeigebit wieder löschen
        goto    loop           ;
        END
```

Assemblerprogramm zum Testen des Capture-Betriebs

```c
// k7p6.c Timer1 Capture-Betrieb fallende Flanken an CCP1(RC2) messen
#include <p18cxxx.h>
#pragma config OSC=HS,PWRT=ON,WDT=OFF,PBAD=DIG,LVP=OFF
void main(void)
{
 TRISA = TRISB = 0;      // Port A und B als Ausgang
 LATA = LATB = 0;        // Ausgabe löschen
 TRISCbits.TRISC2 = 1;   // CCP1 (RC2) ist Eingang
 CCP1CON = 0b00000100;   // Capture fallende Flanke
 T3CONbits.T3CCP2 = 0;   // Timer1
 T3CONbits.T3CCP1 = 0;   // ist Zeitbasis
 TMR1H = 0;              // Timer1
 TMR1L = 0;              // löschen
 T1CON = 0b10110001;     // 16bit,System,Teiler1:8,Osz. aus, Takt int.
 PIR1bits.CCP1IF = 0;    // Capture-Ereignis-Bit löschen
 while(1)
 {
  while (!PIR1bits.CCP1IF);  // warte auf Ereignis
  LATB = CCPR1L;         // Zähler Low ausgeben
  LATA = CCPR1H;         // Zähler High ausgeben
  TMR1H = 0;             // Timer1
  TMR1L = 0;             // löschen
  PIR1bits.CCP1IF = 0;   // Anzeigebit wieder löschen
 }
}
```

C-Programm zum Testen des Capture-Betriebs

Das Ausgabesignal der **Compare-Betriebsart** des CCP1-Moduls (*Bild 7-14*) wird im Steuerregister `CCP1CON` programmiert; dabei wird der Anfangszustand des auf Ausgang zu schaltenden Anschlusses CCP1 (RC2) festgelegt. Die Bitposition `T3CCP2` im Steuerregister `T3CON` wählt den Timer1 als Zähler aus. Dieser muss mit internem Takt oder mit externem, synchronisiertem Takt laufen.

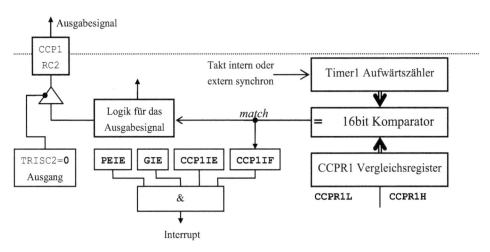

Bild 7-14: Compare-Betrieb des CCP1-Moduls mit Timer1

Der Vergleichswert, der durch den Komparator mit dem laufenden Inhalt des Timer1 verglichen wird, ist in das CCPR1-Register zu bringen.

CCPR1-Register Low **CCPR1L** Adresse im SFR-Bereich

Bit 7	Bit 6	Bit 5	Bit 4	Bit 3	Bit 2	Bit 1	Bit 0
Low-Byte des 16bit Vergleichswertes							

CCPR1-Register High **CCPR1H** Adresse im SFR-Bereich

Bit 7	Bit 6	Bit 5	Bit 4	Bit 3	Bit 2	Bit 1	Bit 0
High-Byte des 16bit Vergleichswertes							

Stimmt der Inhalt des 16bit Timers mit dem des 16bit Vergleichsregisters überein (*match*), so wird das Anzeigebit `CCP1IF` auf 1 gesetzt und ein High, ein Low oder ein Potentialwechsel am Ausgang CCP1 ausgegeben. Der Timer läuft nach dem Erreichen des Vergleichswertes weiter. Es ist Aufgabe des Programms, gegebenenfalls den Zähler neu zu laden und das Anzeigebit `CCP1IF` wieder zurückzusetzen.

Das Beispiel testet den Compare-Betrieb durch Ausgabe eines Rechtecksignals mit dem Tastverhältnis 1:1. Die Frequenz ist variabel und wird am Port A mit dem High-Teil und am Port B mit dem Low-Teil eingestellt.

```
; k7p7.asm Test Compare-Betrieb Timer1
; Ausgabe: CCP1 (RC2) Rechtecksignal variabler Frequenz
      LIST      P=18F2220 F=INHX32   ; Baustein und Format Hexafile
      #include P18F2220.inc          ; Definitionsdatei
      CONFIG    OSC=HS,PWRT=ON,WDT=OFF,PBAD=DIG,LVP=OFF ; Konfiguration
RES_VEC CODE    0x000                ; Programm-Flash
        goto    start                ; Sprung zum Programmanfang
        CODE                         ; Anfang des Programms
start   setf    TRISA                ; Port A ist Eingabe
        movlw   0x0F                 ; Port A ist
        movwf   ADCON1               ; digitale Ein/Ausgabe
        setf    TRISB                ; Port B ist Eingabe
        bcf     TRISC,CCP1           ; CCP1 (RC2) ist Ausgang
        movlw   B'00000010'          ; x,x,x,x, Compare CCP1 umschalten
        movwf   CCP1CON              ; CCP1-Steuerung
        bcf     T3CON,T3CCP2         ; Timer1 ist
        bcf     T3CON,T3CCP1         ; Zeitbasis
        movff   PORTA,CCPR1H         ; Anfangsvergleichswert
        movff   PORTB,CCPR1L         ; für ersten Durchlauf
        clrf    TMR1H                ; Timer1
        clrf    TMR1L                ; löschen
        movlw   B'10110001'          ; 16bit,System,Teiler1:8,Osz.aus,Takt intern,ein
        movwf   T1CON                ; Timer1 programmieren und starten
        bcf     PIR1,CCP1IF          ; Anzeigeflag löschen
; Arbeitsschleife Frequenz von Port A und Port B eingeben
loop    btfss   PIR1,CCP1IF          ; überspringe bei match
        goto    loop                 ; warte auf match
        movff   PORTA,CCPR1H         ; neuer Vergleichswert
        movff   PORTB,CCPR1L         ; von Port A und Port B
        clrf    TMR1H                ; Timer1
        clrf    TMR1L                ; löschen
        bcf     PIR1,CCP1IF          ; Flag löschen
        goto    loop                 ;
        END
```

Assemblerprogramm zum Testen des Compare-Betriebs

```c
// k7p7.c Compare-Betrieb Timer1 RC2 Ausgabe Frequenz an Port A und B
#include <p18cxxx.h>
#pragma config OSC=HS,PWRT=ON,WDT=OFF,PBAD=DIG,LVP=OFF
void main(void)
{
 ADCON1 = 0x0F;            // Port A ist digitale Ein/Ausgabe
 TRISCbits.TRISC2 = 0;     // CCP1 (RC2) ist Ausgang
 CCP1CON = 0b00000010;     // Compare CCP1 umschalten
 T3CONbits.T3CCP2 = 0;     // Timer1
 T3CONbits.T3CCP1 = 0;     // ist Zeitbasis
 CCPR1H = PORTA;           // Anfangsvergleichswert
 CCPR1L = PORTB;           // für ersten Durchlauf
 TMR1H = 0;                // Timer1
 TMR1L = 0;                // löschen
 T1CON = 0b10110001;       // 16bit,System,Teiler1:8,Osz.aus,Takt intern
 PIR1bits.CCP1IF = 0;      // Anzeigeflag löschen
 while(1)                  // RC2: Signalausgabe Port A und B: Frequenz
 {
  while (!PIR1bits.CCP1IF);  // warte auf Gleichheit
  CCPR1H = PORTA;           // neuen Vergleichswert eingeben
  CCPR1L = PORTB;           // prop. Frequenz
  TMR1H = 0;                // Timer1
  TMR1L = 0;                // löschen
  PIR1bits.CCP1IF = 0;      // Anzeigebit wieder löschen
 }
}
```

C-Programm zum Testen des Compare-Betriebs

In der **PWM-Betriebsart** (*Bild 7-15*) wird ein **P**uls-**W**eiten-**M**oduliertes Signal am An-schluss CCP1 (RC2) ausgegeben. Der um zwei Bitpositionen erweiterte Timer2 bildet mit seinem Vorteiler die Zeitbasis. Zwei Komparatoren mit unterschiedlichen Vergleichswerten setzen über ein Flipflop den Ausgang CCP1 (RC2) auf High bzw. bringen ihn auf Low.

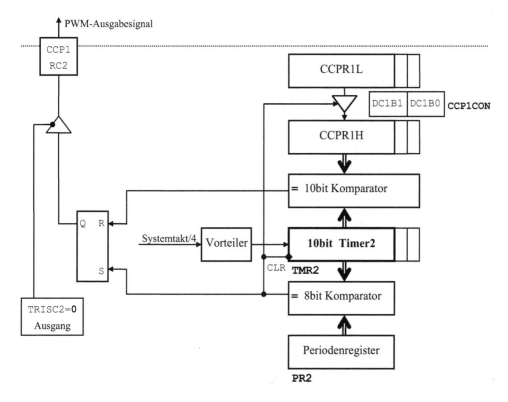

Bild 7-15: PWM-Betrieb des CCP1-Moduls mit Timer2 als Zeitbasis

Die **Periodendauer** des Ausgabesignals wird durch den Wert des Periodenregisters PR2 bestimmt. Eine Periode beginnt mit dem Löschen des Timers und dem Setzen des Flipflops, das am Ausgang eine steigende Flanke erzeugt. Der 10bit Komparator mit CCPR1L als Ver-gleichswert löscht das Flipflop und bildet die fallende Flanke. Mit der Übereinstimmung von Timer2 und dem Periodenregister wird das Flipflop wieder gesetzt, und mit der steigenden Flanke beginnt eine neue Periode. Die Periodendauer berechnet sich zu:

$$T = (\text{Periodenregister} + 1) * 4 * \text{Systemperiode} * \text{Vorteiler}$$

Zahlenbeispiel: Systemtakt 4 MHz, Periode = 0.250 µs, PR2 = 255, Vorteiler = 16

PWM-Periode T = 4.1 ms   PWM-Frequenz f = 244 Hz

Die **High-Zeit** wird durch den Wert des Registers CCPR1L bestimmt, das um die beiden Bits DC1B1 und DC1B0 von CCP1CON erweitert wird. Dieser Vergleichswert wird beim Beginn einer Periode in das ebenfalls erweiterte Vergleichsregister CCPR1H übertragen. Stellt der 10bit Komparator Gleichheit mit dem Timer2 fest, so wird das Ausgabeflipflop gelöscht und die fallende Flanke beendet die High-Zeit. Diese ergibt sich zu:

$$T = (\text{CCPR1L} + \text{Erweiterung}) * \text{Systemperiode} * \text{Vorteiler}$$

Zahlenbeispiel: Systemtakt 4 MHz Periode = 0.250 μs, Vergleichswert = 512, Vorteiler = 16

PWM-High-Zeit = 2.05 ms

Für den Fall, dass die High-Zeit länger dauert als die Periodendauer des Signals bleibt der Ausgang High und wird nicht zurückgesetzt. Das Beispiel *Bild 7-16* zeigt eine High-Zeit von ca. drei Einheiten und eine Low-Zeit von ca. zwei Einheiten.

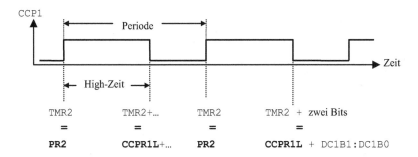

Bild 7-16: Das PWM-Ausgabesignal

Für die Programmierung des PWM-Betriebs werden vom Hersteller folgende Schritte empfohlen:

- PWM-Periode im Register PR2 festlegen,
- High-Zeit in den Registern CCPR1L und CCP1CON festlegen,
- Anschluss CCP1 (RC2) im Register TRISC durch eine 0 als Ausgang programmieren,
- im Register T2CON Vorteiler festlegen, den Timer2 starten und
- im Register CCP1CON die PWM-Betriebsart konfigurieren.

Das Beispiel testet den PWM-Betrieb durch Ausgabe eines Rechtecksignals variabler Frequenz und mit variablem Tastverhältnis. Die Frequenz wird am Port B eingestellt, die High-Zeit am Port A und am werthöheren Halbbyte des Ports C, da RC2 als Ausgang dient. Beide

Eingaben werden durch Schieben und Maskieren als 10bit Vergleichswert auf das Register
CCPR1L und die beiden Bitpositionen DC1B1 und DC1B0 von CCP1CON verteilt.

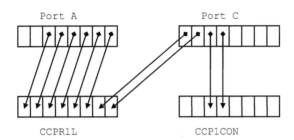

```
; k7p8.asm Test PWM-Betrieb Rechtecksignal variabler Frequenz und High-Zeit
; Ausgabe: CCP1 (RC2) Eingabe: Port B: Frequenz  Port A+C: High-Zeit
      LIST    P=18F2220 F=INHX32  ; Baustein und Format Hexafile
      #include P18F2220.inc       ; Definitionsdatei
      CONFIG  OSC=HS,PWRT=ON,WDT=OFF,PBAD=DIG,LVP=OFF ; Konfiguration
RES_VEC CODE  0x000          ; Programm-Flash
        goto  start          ; Sprung zum Programmanfang
        CODE                 ; Anfang des Programms
start   setf  TRISA          ; Port A ist Eingabe
        movlw 0x0F           ; Port A ist
        movwf ADCON1         ; digitale Ein/Ausgabe
        setf  TRISB          ; Port B ist Eingabe
        movlw 0xF0           ; 1111 Eingabe 0000 Ausgabe
        movwf TRISC          ; CCP1 (RC2) ist Ausgang
        movff PORTA,WREG     ; High-Bytes -> WREG
        movff PORTC,PRODL    ; Low-Bytes nach Hilfsregister
        movff PRODL,PRODH    ; kopiert nach Hilfsregister
        rlcf  PRODL,f        ; zwei Bitpositionen links
        rlcf  WREG,W         ;
        rlcf  PRODL,f        ;
        rlcf  WREG,W         ;
        movff WREG,CCPR1L    ; Port A + Port C High-Zeit
        movff PRODH,WREG     ;
        andlw B'00110000'    ; maskieren
        iorwf CCP1CON,w      ; einbauen
        movff WREG,CCP1CON;
        movff PORTB,PR2      ; Port B bestimmt Periode
        movlw B'00001100'    ; x,x,DC1B1=0,DC1B0=0, PWM an CCP1
        movwf CCP1CON        ; CCP1-Steuerung
        movlw B'00000111'    ; x, xxxx, Timer2 ein, Vorteiler 16
        movwf T2CON          ; Timer2 als Zeitbasis
;
```

```
; Arbeitsschleife Werte für Frequenz und High-Zeit ändern
loop      movff    PORTA,WREG   ; High-Bytes -> WREG
          movff    PORTC,PRODL  ; Low-Bytes nach Hilfsregister
          movff    PRODL,PRODH  ; kopiert nach Hilfsregister
          rlcf     PRODL,f      ; 2 Bitpositionen links
          rlcf     WREG,W       ;
          rlcf     PRODL,f      ;
          rlcf     WREG,W       ;
          movff    WREG,CCPR1L  ; Port A + Port C High-Zeit
          movff    PRODH,WREG   ;
          andlw    B'00110000'  ; maskieren
          iorwf    CCP1CON,w    ; einbauen
          movff    WREG,CCP1CON ;
          movff    PORTB,PR2    ; Port B bestimmt Periode
          goto     loop         ;
          END
```

Assemblerprogramm zum Testen des PWM-Betriebs


```c
// k7p8.c PWM-Betrieb variable Frequenz und High-Zeit
#include <p18cxxx.h>
#pragma config OSC=HS,PWRT=ON,WDT=OFF,PBAD=DIG,LVP=OFF
void main(void)
{
 ADCON1 = 0x0F;          // Port A ist digitale Ein/Ausgabe
 TRISC = 0xF0;           // RC7..RC4: Eingänge  RC3..RC0: Ausgänge
 CCPR1L = (PORTA << 2) | (PORTC >> 6);  // High-Zeit
 PR2 = PORTB;                           // Periode
 CCP1CON = 0b00001100;   // x,x,DC1B1=0,DC1B0=0,PWM an CCP1
 T2CON = 0b00000111;     // xxxxx, Timer2 als Zeitbasis ein, Teiler:16
 while(1)
 {
  CCPR1L = (PORTA << 2) | (PORTC >> 6);          // High-Zeit
  CCP1CON = CCP1CON | (PORTC & 0b00110000) ;  //
  PR2 = PORTB;                                   // Periode
 }
}
```

C-Programm zum Testen des PWM-Betriebs

7.2.7   Der Watchdog Timer

Ein Watchdog Timer (Wachhund) hat die Aufgabe, Fehlerzustände wie z.B. Endlosschleifen abzufangen und nach dem Ablauf einer programmierbaren Wartezeit den Controller mit einem Reset neu zu starten, wenn er nicht im Programm durch einen Befehl CLRWDT oder SLEEP zurückgesetzt wird. *Bild 7-17* zeigt ein Modell.

Teiler 1:1 bis 1:32768

Bild 7-17: Modell eines Watchdog Timers

Im Gegensatz zur PIC16-Familie, bei welcher der Takt des Watchdog Timers vom Vorteiler von Timer0 abgeleitet wird, besitzt der als Beispiel dienende PIC 18F2220 einen eigenen Takt, der mit dem Vorteiler eine Periode von ca. 4 ms liefert. Diese kann über einen Nachteiler bis auf 131 Sekunden heruntergeteilt werden. Der Teilungsfaktor und der Betrieb des Watchdog Timers werden bereits bei der Konfiguration festgelegt.

CONFIG2H Vorgaben für den Watchdog Timer (Wachhund)

-	-	-	1	1	1	1	1
-	-	-	**WDTPS3**	**WDTPS2**	**WDTPS1**	**WDTPS0**	**WDT**
			Taktteiler für Watchdog Timer 1111: 1:32768 .... 0000: 1:1				Watchdog Timer Reset-Auslösung 1: frei 0: gesperrt

Ein bei der Konfigurierung gesperrter Watchdog Timer kann durch Setzen von SWDTEN im Register WDTCON eingeschaltet werden. Die Auslösung eines Watchdog Timer Resets wird im Bit /TO des Registers RCON angezeigt. Alle Programmbeispiele arbeiten mit ausgeschaltetem Watchdog Timer.

7.3   Die serielle USART-Schnittstelle

Die Bezeichnung **USART** ist eine Abkürzung für **U**niversal **S**ynchronous and **A**synchronous **R**eceiver and **T**ransmitter und bedeutet, dass Empfänger und Sender für die synchrone und die asynchrone serielle Datenübertragung vorhanden sind. *Bild 7-18* zeigt eine *synchrone* serielle Übertragung mit einer Taktleitung, die Sender und Empfänger synchronisiert.

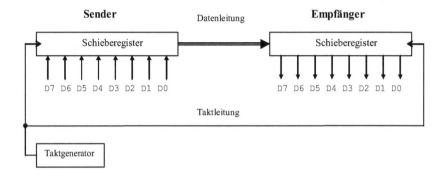

Bild 7-18: Synchrone serielle Datenübertragung mit gemeinsamer Taktleitung

Bei der in *Bild 7-19* dargestellten *asynchronen* seriellen Übertragung nach den Normen V.24 bzw. RS 232 C entfällt die Taktleitung; Sender und Empfänger sind nur durch die Datenleitung und Ground (Erde) miteinander verbunden. Für den Test der Progammbeispiele wurde das Terminalprogramm *HyperTerminal* des PCs auf die Übertragungsparameter 9600 baud, acht Datenbits, ein Stoppbit, kein Paritätsbit und ohne Flusssteuerung eingestellt.

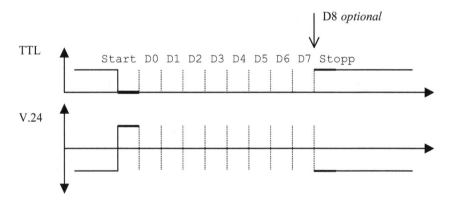

Bild 7-19: Zeitdiagramm der asynchronen seriellen Übertragung

Die **asynchrone Schnittstelle** enthält sowohl einen Sender als auch einen Empfänger und kann im Vollduplexbetrieb gleichzeitig senden und empfangen. Die Daten werden in einen Rahmen (*frame*) aus Startbit, Stoppbit und Paritätsbit eingebettet. Da der Schiebetakt nicht übertragen wird, müssen Sender und Empfänger auf die gleiche Taktfrequenz eingestellt sein und sich bei jedem Zeichen durch die fallende Flanke des Startbits neu synchronisieren. Das Startbit ist immer TTL-Low (z.B. 0.1 Volt), und die Leitung ist V.24-positiv (z.B. +10 Volt). Dann folgen die Datenbits. Das Stoppbit ist immer TTL-High und geht in den Ruhezustand über, wenn kein Zeichen direkt folgt. Zwischen dem letzten Bit D7 und dem Stoppbit kann optional ein Paritätsbit oder ein zweites Stoppbit eingeschoben werden.

Die Anzahl der Übertragungsschritte pro Sekunde wird in der Einheit *baud* angegeben. Da mit jedem Schritt (Takt) ein Bit übertragen wird, ist die Baudrate gleich der Datenübertragungsrate in der Einheit *bps* (Bit pro Sekunde). Wegen der fehlenden Taktverbindung müssen Sender und Empfänger auf die gleiche Baudrate eingestellt sein, die nicht mehr als 2% von dem genormten Wert abweichen sollte. Bei 9600 baud (bps) beträgt die Bitzeit 104 μs. Die Übertragung eines Zeichens (Startbit, acht Datenbits und ein Stoppbit) dauert ca. 1 ms.

Mit der USART-Schnittstelle lässt sich eine Verbindung zur seriellen Schnittstelle des PC (COMx) herstellen. Diese ist für den Anschluss eines Modems (Modulator/Demodulator) mit besonderen Steuersignalen eingerichtet, die einen Quittungsbetrieb (Handshake) ermöglichen. Die USART-Schnittstelle der PIC-Controller muss diese Modemsignale – wenn erforderlich – mit zusätzlichen Leitungen der Parallelports übertragen. *Bild 7-20* zeigt links eine Drei-Draht-Verbindung mit einem 1:1-Kabel und einem V.24-TTL-Pegelwandler sowie rechts eine Null-Modem-Schaltung mit gekreuzten Verbindungen.

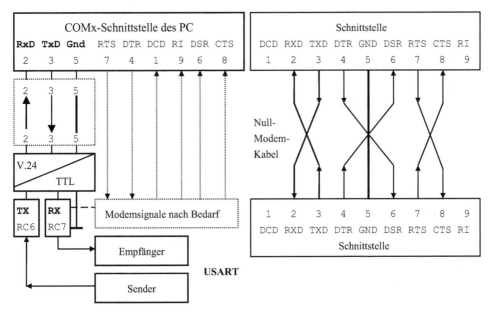

Bild 7-20: Drei-Draht-Verbindung mit 1:1-Kabel und Null-Modem-Kabel (9polige Anschlüsse)

Im Asynchronbetrieb ist das Baudratenregister mit dem Teiler für den Übertragungstakt des Senders und des Empfängers zu laden.

Baudratenregister **SPBRG** Adresse im SFR-Bereich

Bit 7	Bit 6	Bit 5	Bit 4	Bit 3	Bit 2	Bit 1	Bit 0
Teiler für Sender und Empfänger							

In der Teilerformel ist zu berücksichtigen, ob im Sender-Steuerregister **TXSTA** eine niedrige oder eine hohe Baudrate eingestellt ist.

BRGH = **0**: Baudrate niedrig   BRGH = **1**: Baudrate hoch

$$\text{Teiler} = \frac{\text{Systemtakt}}{64 * \text{Baudrate}} - 1 \qquad\qquad \text{Teiler} = \frac{\text{Systemtakt}}{16 * \text{Baudrate}} - 1$$

Für einen Systemtakt von 4 MHz und eine Baudrate von 9600 baud und BRGH = 0 (niedrig) ergibt sich ein Teiler von 5.51, der auf 6 aufgerundet einen Fehler von 7% bedeutet. Bei einer hohen Baudrate (BRGH = 1) hat der Teiler von 25 nur einen Fehler von 0.16 %. In dem Beispiel berechnet der Assembler den Teiler aus den Symbolen TAKT und BAUD.

```
        movlw    (TAKT/(.16 * BAUD) - 1) ; Assemblerprogramm
        movwf    SPBRG                   ; Baudrate einstellen

SPBRG = TAKT/(16ul * BAUD) - 1;         // C-Programm Baudrate
```

Vor dem **Senden** von Daten ist das Sender-Steuerregister auf die gewünschte Betriebsart zu programmieren.

Sender-Steuerregister **TXSTA** Adresse im SFR-Bereich

Bit 7	Bit 6	Bit 5	Bit 4	Bit 3	Bit 2	Bit 1	Bit 0
RW - 0	RW - 0	RW - 0	RW - 0	U - 0	RW - 0	R - 1	RW - 0
CSRC	**TX9**	**TXEN**	**SYNC**	–	**BRGH**	**TRMT**	**TX9D**
Taktquelle x für Asyn.	Sendedaten 0: 8bit 1: 9bit	Sender 0: gesperrt 1: frei	Betrieb 0: Async. 1: Sync.		Baudrate 0: niedrig 1: hoch	Status des Schiebereg. 0: voll 1: leer	9. Sendebit für TX9 = 1

Das Beispiel speichert das Steuerbyte für asynchronen 8bit Betrieb und hohe Baudrate in das Sender-Steuerregister.

```
        movlw    B'00100100'  ; Assemblerprogramm
        movwf    TXSTA        ; Sender ein, hohe Baudrate
```

```
TXSTA = 0b00100100;        // C-Programm Sender ein, hohe Baudrate
```

Das zu sendende Datenbyte ist in das Sender-Datenregister TXREG zu speichern, aus dem es von der Steuerung in das eigentliche Schieberegister übertragen wird, das jedoch nicht zugänglich ist.

Sender-Datenregister **TXREG** Adresse im SFR-Bereich

Bit 7	Bit 6	Bit 5	Bit 4	Bit 3	Bit 2	Bit 1	Bit 0
			Zu sendendes Datenbyte				

Die Speicherung der Sendedaten darf nur erfolgen, wenn das als Pufferspeicher dienende Sender-Datenregister leer ist. Dies wird im Bit TXIF des Interruptanzeigeregisters angezeigt unabhängig davon, ob ein Sender-Interrupt freigegeben ist oder nicht.

Interruptanzeigeregister **PIR1** Adresse im SFR-Bereich

Bit 7	Bit 6	Bit 5	Bit 4	Bit 3	Bit 2	Bit 1	Bit 0
RW - 0	RW - 0	R - 0	R - 0	RW - 0	RW - 0	RW - 0	RW - 0
PSPIF	ADIF	RCIF	**TXIF**	SSPIF	CCP1IF	TMR2IF	TMR1IF
			Senderdatenregister 0: besetzt 1: aufnahmebereit				

Bei der Freigabe des Senders durch Setzen von TXEN in TXSTA wird TXIF in PIR1 auf 1 gesetzt; das Sender-Datenregister ist leer und aufnahmebereit.

Beim Speichern neuer Daten in das Sender-Datenregister TXREG wird TXIF in PIR1 auf 0 gelöscht; das Datenregister des Senders ist besetzt.

Bei der Übertragung der Daten aus dem Datenregister in das Schieberegister wird TXIF in PIR1 wieder auf 1 gesetzt; das Sender-Datenregister ist leer und aufnahmebereit.

Anstelle des Anzeigebits TRMT des Schieberegisters wird üblicherweise TXIF des Datenregisters dazu verwendet, zu kontrollieren, ob neue Daten gesendet werden können. Beispiel:

```
senden    btfss   PIR1,TXIF    ; Sender-Datenregister frei ?
          goto    senden       ; TXIF = 0: nein besetzt
          movwf   TXREG        ; TXIF = 1: ja W-Register senden

while(!PIR1bits.TXIF);         // warte solange Sender besetzt
TXREG = x;                     // Daten x nach Sender
```

Vor dem **Empfang** von Daten ist das Empfänger-Steuerregister auf die gewünschte Betriebsart zu programmieren.

Empfänger-Steuerregister **RCSTA** Adresse im SFR-Bereich

Bit 7	Bit 6	Bit 5	Bit 4	Bit 3	Bit 2	Bit 1	Bit 0
RW - 0	RW - 0	RW - 0	RW - 0	RW -0	R - 0	R - 0	R - x
SPEN	**RX9**	**SREN**	**CREN**	**ADDEN**	**FERR**	**OERR**	**RX9D**
Serielle E/A	Daten	Einzelb.	Dauerb.	Adressb.	Rahmenfehler	Überlauffehler	9. Empf.bit
0: aus	0: 8bit	x: async.	0: aus	0: aus	0: kein Fehler	0: kein Fehler	für
1: ein	1: 9bit		**1**: ein	**1**: ein	1: aufgetreten	1: aufgetreten	RX9 = 1

Das Beispiel programmiert mit SPEN = 1 den Anschluss RC7 als seriellen Eingang RX und den Anschluss RC6 als seriellen Ausgang TX und gibt mit CREN = 1 den fortlaufenden Empfang frei. Die Anschlüsse RC7/RX und RC6/TX sind in TRISC als Eingänge zu programmieren.

```
        movlw   B'10010000   ; serielle Schnittstelle
        movwf   RCSTA        ; Empfänger einschalten
        bsf     TRISC,7      ; RC7/RX ist Eingang
        bsf     TRISC,6      ; RC6/TX ist Eingang

RCSTA = 0b10010000;        // Empfänger ein
TRISCbits.TRISC7 = 1;      // RC7/TX ist Eingang
TRISCbits.TRISC6 = 1;      // RC6/RX ist Eingang
```

Nach dem Empfang des Stopp-Bits werden die empfangenen Daten aus dem Schieberegister in das Empfänger-Datenregister RCREG übertragen. Dabei wird das Anzeigebit RCIF im Interruptanzeigeregister PIR1 auf 1 gesetzt unabhängig davon, ob der Empfängerinterrupt freigegeben ist oder nicht.

Interruptanzeigeregister **PIR1** Adresse im SFR-Bereich

Bit 7	Bit 6	Bit 5	Bit 4	Bit 3	Bit 2	Bit 1	Bit 0
RW - 0	RW - 0	R - 0	R - 0	RW - 0	RW - 0	RW - 0	RW - 0
PSPIF	ADIF	**RCIF**	TXIF	SSPIF	CCP1IF	TMR2IF	TMR1IF
		0: keine Daten					
		1: Daten in RCREG					

Durch das Lesen der Daten aus dem Empfänger-Datenregister RCREG wird RCIF in PIR1 wieder auf 0 zurückgesetzt (gelöscht). Das Datenregister kann zwei Datenbytes speichern; bei einem Überlauf wird OERR gesetzt, bei einem Rahmenfehler wird FERR gesetzt.

Empfänger-Datenregister **RCREG** Adresse im SFR-Bereich

Bit 7	Bit 6	Bit 5	Bit 4	Bit 3	Bit 2	Bit 1	Bit 0
			Empfangenes Datenbyte				

Das Beispiel wartet auf den Empfang eines Zeichens und holt es aus dem Empfänger ab.

```
holen    btfss  PIR1,RCIF    ; Daten empfangen ?
         goto   holen        ; RCIF = 0: nein keine da
         movf   RCREG,w      ; RCIF = 1: ja abholen

while(!PIR1bits.RCIF);       // warte bis Daten empfangen
return RCREG;                // abholen
```

Im PIE1-Register (Peripheral Interrupt Enable Register) werden die beiden Interrupts der USART-Schnittstelle mit einer 1 freigegeben.

Interruptfreigaberegister **PIE1** im SFR-Bereich

Bit 7	Bit 6	Bit 5	Bit 4	Bit 3	Bit 2	Bit 1	Bit 0
RW − 0	RW − 0	RW − 0	RW − 0	RW− 0	RW − 0	RW − 0	RW − 0
PSPIE	ADIE	**RCIE**	**TXIE**	SSPIE	CCP1IE	TMR2IE	TMR1IE
		Empfängerinter. 0: gesperrt 1: frei	Senderinterrupt 0: gesperrt 1: frei				

Zusätzlich müssen die beiden Freigabebits GIE und PEIE in INTCON mit einer 1 alle Peripherieinterrupts global freigeben. Für den priorisierten Interruptbetrieb sind im IPR1-Register die Bitpositionen RCIP für den Empfänger und TXIP für den Sender für eine hohe Priorität auf 1 und für eine niedrige Priorität auf 0 zu programmieren.

Das Beispiel initialisiert die USART-Schnittstelle für asynchronen Betrieb mit 9600 baud bei einem Quarztakt von 4 MHz und sendet bei einem Empfängerinterrupt das empfangene Zeichen im Echo zurück. Der ASCII-Code erscheint zusätzlich auf dem Port B.

```
; k7p9.asm Test USART Empfängerinterrupt Quarz 4 MHz 9600 baud
; Zeichen im Echo zurück und auf Port B ausgeben
      LIST     P=18F2220 F=INHX32  ; Baustein und Format Hexafile
      #include P18F2220.inc        ; Definitionsdatei
      CONFIG   OSC=HS,PWRT=ON,WDT=OFF,PBAD=DIG,LVP=OFF ; Konfiguration
takt     EQU     .4000000  ; Systemtakt Quarz 4 MHz
baud     EQU     .9600     ; Baudrate BRGH = 1 hoch
RES_VEC CODE    0x000      ; Programm-Flash
         goto    start     ; Sprung zum Programmanfang
HI_VEC  CODE    0x008      ; Interrupt-Einsprung Register gerettet
```

```
        goto    hiserv      ; nach Interrupt-Service
        CODE                ; Anfang des Programms
start   clrf    TRISB       ; Port B ist Ausgang für ASCII-Code
        movlw   0x55        ; Testwert vor dem ersten Zeichen
        movff   WREG,LATB   ; auf Port B ausgeben
        movlw   0x0F        ; 0000 1111
        movwf   ADCON1      ; Port A und B sind digitale Ein/Ausgabe
        bsf     TRISC,RX    ; Empfängeranschluss RX/RC7 Eingang
        bsf     TRISC,TX    ; Senderanschluss TX/RC6 Eingang
        movlw   (takt/(.16 * baud) - 1) ; Baudrate für BRGH = 1 hoch
        movwf   SPBRG       ; nach Baudratenregister
        movlw   B'00100100' ; 8bit, Sender ein, asynch., Baudrate hoch
        movwf   TXSTA       ; nach Sender-Steuerung
        movlw   B'10010000' ; Empfänger ein, 8bit, async.
        movwf   RCSTA       ; nach Empfänger-Steuerung
        movf    RCREG,w     ; Empfänger vorsorglich leeren
        bcf     PIR1,RCIF   ; Anzeigeflag Empfänger löschen
        bsf     PIE1,RCIE   ; Interrupt Empfänger freigeben
        bcf     RCON,IPEN   ; IPEN = 0: Interrupts nicht priorisiert
        bsf     INTCON,PEIE ; alle Peripherie-Interrupts frei
        bsf     INTCON,GIE  ; alle Interrupts global frei
; Arbeitsschleife tut nix
loop    nop                 ;
        goto    loop        ;
; Interruptserviceprogramm für Empfängerinterrupt
hiserv  movff   RCREG,WREG  ; Zeichen -> W-Register
        movff   WREG,LATB   ; ASCII-Code auf Port B ausgeben
hiserv1 btfss   PIR1,TXIF   ; Sender frei ?
        goto    hiserv1     ; nein: warten
        movff   WREG,TXREG  ;   ja: Zeichen im Echo zurück
        retfie  FAST        ; Register STATUS BSR WREG zurück
        END
```

Assemblerprogramm zum Testen des Empfänger-Interrupts

```
// k7p9.c USART Empfängerinterrupt
#include <p18cxxx.h>
#pragma config OSC=HS,PWRT=ON,WDT=OFF,PBAD=DIG,LVP=OFF
#define TAKT 4000000ul          // Quarz 4 MHz Systemtakt
#define BAUD 9600ul             // Baudrate
void hiserv(void);              // Prototyp Serviceprogramm
#pragma code einsprung=0x08     // Einsprungadresse
void einsprung (void)           // Hilfsfunktion für Sprung
{
  _asm GOTO hiserv _endasm      // Assembler: Sprung nach Servicefunktion
```

```
}
#pragma code                      // System Codebereich
#pragma interrupt hiserv          //
void hiserv (void)                // Empfängerinterrupt
{
  LATB = RCREG;                   // Port B Kontrollausgabe
  while (!PIR1bits.TXIF);         // warte bis Sender frei
  TXREG = LATB;                   // Zeichen im Echo zurück
}
void main(void)
{
  unsigned char dummy;           // Hilfsvariable
  TRISB = LATB = 0;              // Port B als Ausgang und löschen
  SPBRG = TAKT /(16ul * BAUD) - 1 ; // hohe Baudrate einstellen
  TXSTA = 0b00100100;            // Sender ein, hohe Baudrate
  TRISCbits.TRISC7 = 1;          // Empfängeranschluss RX=RC7 ist Eingang
  TRISCbits.TRISC6 = 1;          // Senderanschluss TX=RC6 ist Eingang
  RCSTA = 0b10010000;            // Empfänger ein
  dummy = RCREG;                 // Empfänger leeren
  PIR1bits.RCIF = 0;             // Anzeigeflag löschen
  PIE1bits.RCIE = 1;             // Empfängerinterrupt frei
  RCONbits.IPEN = 0;             // Interruptsteuerung nicht priorisiert
  INTCONbits.PEIE = 1;           // Peripherie-Interrupts frei
  INTCONbits.GIE = 1;            // Interrupts global freigeben
  while(1);                      // hier tut sich nichts mehr
}
```

C-Programm zum Testen des Empfänger-Interrupts

Für einfache Testprogramme verzichtet man auf die Interruptsteuerung und kontrolliert die Anzeigebits in Warteschleifen. Das Beispiel vereinbart für die Initialisierung sowie für den Betrieb des Senders und Empfängers Unterprogramme.

```
; k7p10.asm Test der USART-Unterprogramme
      LIST      P=18F2220, F=INHX32 ; Baustein und Fileformat
      #include  P18F2220.inc        ; Standard Header File von Microchip
    CONFIG   OSC=HS,PWRT=ON,WDT=OFF,PBAD=DIG,LVP=OFF ; Konfiguration
takt        EQU    .4000000   ; Systemtakt (Quarz) 4 MHz
baud        EQU    .9600      ; Baudrate für USART
;
RES_VEC        CODE    0x000   ; Programm-Flash
               goto    start   ;
HPI_VEC        CODE    0x008   ; Interrupt-Einsprung
               goto    start   ; nicht besetzt
LPI_VEC        CODE    0x018   ; Interrupt-Einsprung
```

```
                 goto    start        ; nicht besetzt
                 CODE
start            clrf    TRISB        ; 0000 0000 Port B Ausgabe
                 call    USARTini     ; USART initialisieren
                 movlw   '>'          ; Prompt senden
                 call    USARTputch   ;
; Arbeitsschleife empfangenes Zeichen auf Port A und C ausgeben
loop             call    USARTgetche ; Zeichen nach W-Register mit Echo
                 movwf   PORTB        ; Bitmuster nach Port B
                 goto    loop         ;
;
; USART-Unterprogramme können mit #include USART18F2220.h eingefügt werden
; USARTini USART initialisieren mit takt und baud
USARTini         movlw   (takt/(.16 * baud) - 1) ; für BRGH = 1 Hoch
                 movwf   SPBRG        ; nach Baudratenregister
                 movlw   B'00100100' ; Sender ein, Baudrate hoch
                 movwf   TXSTA        ; nach Sender-Steuerregister
                 bsf     TRISC,RX     ; RC7 als RX Eingang TRISC
                 bsf     TRISC,TX     ; RC6 als TX Eingang TRISC
                 movlw   B'10010000' ; Serielle E/A ein, Dauerempfang ein
                 movwf   RCSTA        ; nach Empfänger-Steuerregister
                 movf    RCREG,w      ; Empfänger vorsorglich leeren
                 return               ;
; USARTputch warten und Zeichen aus W-Register senden
USARTputch       btfss   PIR1,TXIF    ; Sender-Datenregister frei ?
                 goto    USARTputch   ; TXIF = 0: nein besetzt
                 movwf   TXREG        ; TXIF = 1: ja senden TXIF -> 0
                 return               ; Zeichen bleibt in W-Register
; USARTgetch warten und empfangenes Zeichen nach W-Register
USARTgetch       btfss   PIR1,RCIF    ; Empfänger-Datenregister voll ?
                 goto    USARTgetch   ; RCIF = 0: nein kein Zeichen
                 movf    RCREG,w      ; RCIF = 1: ja abholen RCIF -> 0
                 return               ;
; USARTgetche warten und empfangenes Zeichen im Echo zurücksenden
USARTgetche      btfss   PIR1,RCIF    ; Empfänger-Datenregister voll ?
                 goto    USARTgetche ; RCIF = 0: nein kein Zeichen
                 movf    RCREG,w      ; RCIF = 1: ja abholen RCIF -> 0
USARTgetche1     btfss   PIR1,TXIF    ; Sender-Datenregister frei ?
                 goto    USARTgetche1; TXIF = 0: nein besetzt
                 movwf   TXREG        ; TXIF = 1: ja senden TXIF -> 0
                 return               ; Zeichen in W-Register
                 END                  ;
```

Assemblerprogramm zum Testen der USART-Unterprogramme

Die Unterprogramme können mit #include USART18F2220.h aus einer Headerdatei in absoluten, ladbaren Code eingefügt werden.

```
; USART18F2220.h USART-Unterprogramme PIC 18F2220
#include   USARTini.asm      ; initialisieren mit baud und takt
#include   USARTputch.asm    ; warten und Zeichen aus W senden
#include   USARTgetch.asm    ; warten und Zeichen nach W lesen
#include   USARTgetche.asm   ; warten Echo Empfangszeichen nach W
```

Die #include-Anweisungen von C-Funktionen zur Ein/Ausgabe von Zeichen und Strings liegen ebenfalls in einer Headerdatei.

```
// USART18F2220.h Headerdatei Zeichen und Stringfunktionen 18F2220
#include "usartini.c"         // initialisieren mit BAUD und TAKT
#include "putch.c"            // Zeichen ausgeben
#include "getch.c"            // Zeichen ohne Echo eingeben
#include "getche.c"           // Zeichen mit Echo eingeben
#include "ramputstring.c"     // String aus RAM ausgeben
#include "romputstring.c"     // String aus Daten-Flash ausgeben
#include "getstring.c"        // String der Länge SLAENG eingeben
```

Das C-Programm fügt die Headerdatei mit #include in den Programmtext ein. Im Hauptprogramm ist darauf zu achten, dass die Symbole TAKT, BAUD und SLAENG bereits vor dem Einfügen definiert sind.

```
// k7p10.c Test der USART-Zeichenfunktionen
#include <p18cxxx.h>
#pragma config OSC=HS,PWRT=ON,WDT=OFF,PBAD=DIG,LVP=OFF
#define TAKT 4000000ul       // Quarz 4 MHz Systemtakt
#define BAUD 9600ul          // Baudrate
#define SLAENG 81            // für getstring erforderlich
#include "USART18F2220.h"    // fügt Zeichen- und Stringfunktionen ein
void main(void)
{
 TRISB = LATB = 0;    // Port B ist Ausgang und löschen
 usartini();          // USART initialisieren
 putch('>');          // Prompt
 while(1)             // Testschleife
 {
  LATB = getche();    // Kontrollausgabe
 }
} // Ende main
```

C-Programm zum Testen der USART-Funktionen

7.4   Der Analog/Digitalwandler

Die A/D-Wandlereinheit (*Bild 7-21*) des als Beispiel dienenden PIC 18F2220 wandelt eine analoge Eingangsspannung an einem von zehn Eingangskanälen der Ports A und B zu einem 10bit digitalen Wert bei einer Wandlungszeit von ca. 10 bis 30 µs. Die Kanäle AN5 bis AN7 sind der 40poligen Ausführung vorbehalten.

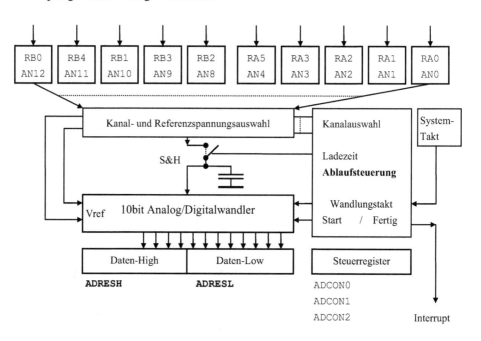

Bild 7-21: Modell des Analog/Digitalwandlers (PIC 18F2220 DIL-Version)

Am Eingang des nach dem Verfahren der schrittweisen Näherung (*successive approximation*) arbeitenden Wandlers liegt eine Abtast- und Halteschaltung (*sample & hold*) mit einem Kondensator, der von der zu messenden analogen Spannung aufgeladen werden muss. Die Ladezeit (*acquisition time*) zwischen der Kanalauswahl und dem Start der Wandlung ist abhängig von der Impedanz der analogen Quelle (max. 10 kΩ) und wird vom Hersteller mit ca. 20 µs angegeben. Während der Wandlungszeit ist der Haltekondensator vom Eingang getrennt.

Am Ende der Wandlung kann ein Interrupt ausgelöst werden, der im Bit ADIE des Interruptregisters PIE1 freigegeben und im Bit ADIF des Anzeigeregisters PIR1 angezeigt wird. Wegen der kurzen Wandlungszeit wird jedoch das Ende der Wandlung meist im Bit GO/DONE von ADCON0 in einer Warteschleife kontrolliert.

Mit dem Steuerregister ADCON0 wird der Eingangskanal ausgewählt, der Wandler einge-schaltet und die Wandlung gestartet.

A/D-Wandler Steuerregister **ADCON0** Adresse im SFR-Bereich

Bit 7	Bit 6	Bit 5	Bit 4	Bit 3	Bit 2	Bit 1	Bit 0
U – 0	U – 0	RW – 0	RW – 0	RW – 0	RW – 0	RW – 0	RW – 0
		CHS3	CHS2	CHS1	CHS0	GO/DONE	ADON
		Kanalauswahl				Start / Fertig	Betrieb
		0 0 0 0: Kanal 0 an RA0 AN0				**1 schreiben:**	0: A/D aus
		0 0 0 1: Kanal 1 an RA1 AN1				Wandlerstart	1: A/D ein
		0 0 1 0: Kanal 2 an RA2 AN2					
		0 0 1 1: Kanal 3 an RA3 AN3				**0 anzeigen:**	
		0 1 0 0: Kanal 4 an RA5 AN4				Wandlungsende	
		0 1 0 1 bis 1 1 1: nur für 40polige Version					
		1 0 0 0: Kanal 8 an RB2 AN8					
		1 0 0 1: Kanal 9 an RB3 AN9					
		1 0 1 0: Kanal 10 an RB1 AN10					
		1 0 1 1: Kanal 11 an RB4 AN11					
		1 1 0 0: Kanal 12 an RB0 AN12					
		1 1 0 1 bis 1 1 1 1: nicht belegt					

Die Portanschlüsse können einzeln für digitale Ein/Ausgabe oder analoge Eingabe oder als Eingang für die Referenzspannung programmiert werden. Bei analoger Eingabe muss das entsprechende Richtungsbit im Tristate-Register durch eine 1 als Eingang programmiert sein.

Mit dem Steuerregister ADCON1 wird die Referenzspannung und die Konfiguration der An-schlüsse eingestellt.

A/D-Wandler Steuerregister **ADCON1** Adresse im SFR-Bereich

Bit 7	Bit 6	Bit 5	Bit 4	Bit 3	Bit 2	Bit 1	Bit 0
U – 0	U – 0	RW – 0	RW – 0	RW – x	RW – x	RW – x	RW – x
–	–	VCFG1	VCFG0	PCFG3	PCFG2	PCFG1	PCFG0
		Low-Referenz	High-Referenz	Auswahl der Anschlüsse für			
		0: Ground Ans.	0: +5 Volt Anschl.	• digitale Ein/Ausgabe			
		1: Vref– = AN2	1: Vref+ = AN3	• analoge Eingabe			

Der Reset-Startwert der Bitpositionen PCFG3 bis PCFG0 ist abhängig vom Konfigurations-bit PBAD im Konfigurationsregister CONFIG3H.

PBAD = 0: Startwert 0 1 1 1: RB4 bis RB0 sind digitale Anschlüsse.

PBAD = 1: Startwert 0 0 0 0: RB4 bis RB0 sind analoge Eingänge.

PCFGx	AN12 RB0	AN11 RB4	AN10 RB1	AN9 RB3	AN8 RB2	AN4 RA5	AN3 RA3	AN2 RA2	AN1 RA1	AN0 RA0
0 0 0 0	analog	analog	analog	analog	analog	analog	analog	analog	analog	analog
0 0 1 1	digital	analog	analog	analog	analog	analog	analog	analog	analog	analog
0 1 0 0	digital	digital	analog	analog	analog	analog	analog	analog	analog	analog
0 1 0 1	digital	digital	digital	analog	analog	analog	analog	analog	analog	analog
0 1 1 0	digital	digital	digital	digital	analog	analog	analog	analog	analog	analog
0 1 1 1	digital	digital	digital	digital	digital	analog	analog	analog	analog	analog
1 0 1 1	digital	digital	digital	digital	digital	digital	analog	analog	analog	analog
1 1 0 0	digital	digital	digital	digital	digital	digital	digital	analog	analog	analog
1 1 0 1	digital	digital	digital	digital	digital	digital	digital	digital	analog	analog
1 1 1 0	digital	digital	digital	digital	digital	digital	digital	digital	digital	analog
1 1 1 1	digital	digital	digital	digital	digital	digital	digital	digital	digital	digital

Das Steuerregister ADCON2 bestimmt die Ausrichtung der gewandelten Daten, die Ladezeit des Haltekondensators und den Wandlungstakt.

A/D-Wandler Steuerregister **ADCON2** Adresse im SFR-Bereich

Bit 7	Bit 6	Bit 5	Bit 4	Bit 3	Bit 2	Bit 1	Bit 0
RW - 0	U - 0	RW - 0	RW - 0	RW - 0	RW - 0	RW - 0	RW - 0
ADFM	–	**ACQT2**	**ACQT1**	**ACQT0**	**ADCS2**	**ADCS1**	**ADCS0**
Ausrichtung 0: linksbündig 1: rechtsbündig		Auswahl der Kondensatorladezeit 0 0 0: $0\,T_{ad}$ 0 0 1: $2\,T_{ad}$ 0 1 0: $4\,T_{ad}$ 0 1 1: $6\,T_{ad}$ 1 0 0: $8\,T_{ad}$ 1 0 1: $12\,T_{ad}$ 1 1 0: $16\,T_{ad}$ 1 1 1: $20\,T_{ad}$			Auswahl des Wandlungstakts T_{ad} 0 0 0: Systemtakt/2 für max. 1.25 MHz 0 0 1: Systemtakt/8 für max. 5 MHz 0 1 0: Systemtakt/32 für max. 20 MHz 0 1 1: Analogwandlertakt 1 0 0: Systemtakt/4 für max. 2.5 MHz 1 0 1: Systemtakt/16 für max. 10 MHz 1 1 0: Systemtakt/64 für max. 40 MHz 1 1 1: Analogwandlertakt		

Für Bausteine ohne programmierbare Ladezeit des S&H-Kondensators muss diese im Programm durch Verzögerungsbefehle oder Warteschleifen eingestellt werden.

Die gewandelten Daten können von den beiden Datenregistern abgeholt werden. Das Bit ADFM bestimmt die Ausrichtung.

High-Datenregister **ADRESH** Adresse im SFR-Bereich

Bit 7	Bit 6	Bit 5	Bit 4	Bit 3	Bit 2	Bit 1	Bit 0
High-Anteil der 10bit Daten							

Low-Datenregister **ADRESL** Adresse im SFR-Bereich

Bit 7	Bit 6	Bit 5	Bit 4	Bit 3	Bit 2	Bit 1	Bit 0
			Low-Anteil der 10bit Daten				

Der Hersteller schlägt folgende Schritte für eine A/D-Wandlung vor:

- in `TRISA` bzw. `TRISB` analoge Kanäle als Eingänge programmieren,
- in `ADCON1` Referenzspannung und analoge bzw. digitale Kanäle einstellen,
- in `ADCON0` analogen Eingang auswählen,
- in `ADCON2` Ladezeit (*acquisition time*) und Wandlungstakt programmieren,
- in `ADCON0` A/D-Wandler einschalten,
- falls erforderlich A/D-Wandler-Interrupt freigeben,
- erforderliche Ladezeit einhalten,
- in `ADCON0` Wandlung starten durch Schreiben einer **1** nach `GO/DONE`,
- in `ADCON0` Ende der Wandlung durch Kontrolle von `GO/DONE` auf eine 0 abwarten und
- gewandelten digitalen Messwert von den Registern `ADRESH` und `ADRESL` abholen.

Die nächste Messung kann erst nach zwei Wandlungstakten gestartet werden. Nach einer Kanalumschaltung ist die Ladezeit (*acquisition time*) einzuhalten.

Das Beispiel gibt den vom Kanal `AN0` (RA0) gewandelten Analogwert digital auf dem Port C mit dem High-Teil und auf dem Port B mit dem Low-Teil aus. Die Wartezeit für das Laden des Kondensators und der Wandlungstakt müssen anhand des Datenblatts des Herstellers der Anwendung entsprechend programmiert werden.

```
; k7p11.asm Test Analog/Digitalwandler programmierte Ladezeit
; Eingang AN0 (RA0) Ausgabe Port C und B
    LIST      P=18F2220, F=INHX32 ; Baustein und Fileformat
    #include  P18F2220.inc        ; Standard Header File von Microchip
    CONFIG    OSC=HS,PWRT=ON,WDT=OFF,PBAD=DIG,LVP=OFF ; Konfiguration
RES_VEC       CODE    0x0000      ; Reset-Startadresse
              goto    start       ;
HPI_VEC       CODE    0x0008      ; Interrupt-Einsprung
              goto    start       ; nicht besetzt
LPI_VEC       CODE    0x0018      ; Interrupt-Einsprung
              goto    start       ; nicht besetzt
              CODE                ;
start         clrf    TRISB       ; 0000 0000 Port B Ausgabe
              clrf    TRISC       ; 0000 0000 Port C Ausgabe
              setf    TRISA       ; 1111 1111 Port A ist Eingabe
              movlw   B'00000111' ; x,x,Gnd,Vcc, B=digital, A=analog
              movwf   ADCON1      ; Referenzspannung und Port
              movlw   B'00000000' ; x,x,Kanal0 AN0 (RA0) Wandler noch aus
              movwf   ADCON0      ; Kanalauswahl
```

```
            movlw    B'10100001' ; rechts,x,8Tad,Fosz/8
            movwf    ADCON2      ; Ausrichtung, Ladezeit, Wandlungstakt
            bsf      ADCON0,ADON ; A/D-Wandler ein
; Arbeitsschleife gewandelte Daten auf Port B und C ausgeben
loop        bsf      ADCON0,GO_DONE ; Wandlerstart
loop1       btfsc    ADCON0,GO_DONE ; überspringe bei Wandlerende
            goto     loop1          ; warte auf Ende
            movff    ADRESH,LATC ; High-Daten nach Port C
            movff    ADRESL,LATB ; Low-Daten nach Port B
            goto     loop        ;
            END                  ;
```

Assemblerprogramm zum Testen des Analog/Digitalwandlers

```c
// k7p11.c Test des Analog/Digitalwandlers
#include <p18cxxx.h>
#pragma config OSC=HS,PWRT=ON,WDT=OFF,PBAD=DIG,LVP=OFF
void main(void)
{
 TRISB = TRISC = 0;       // Port B und C sind Ausgänge
 ADCON1 = 0b00000111;     // xx, Gnd,Vcc,B=digital A=analog
 ADCON0 = 0b00000000;     // Kanalauswahl
 ADCON2 = 0b10100001;     // Ausrichtung Ladezeit Wandlungstakt
 ADCON0bits.ADON = 1;     // Wandler ein
 while(1)                 // Testschleife
 {
  ADCON0bits.GO = 1;      // Wandler starten
  while(ADCON0bits.GO);   // warte solange Wandlung läuft
  LATC = ADRESH;          // High-Daten ausgeben
  LATB = ADRESL;          // Low-Daten ausgeben
 }
}
```

C-Programm zum Testen des Analog/Digitalwandlers

7.5 Die Analogkomparatoren

Ein Analogkomparator vergleicht die Größe zweier analoger Eingangsspannungen. Als Ergebnis erscheint am Ausgang des Komparators eine logische Aussage, die als 0 bzw. 1 in einem Anzeigebit erscheint und die als High oder Low digital ausgegeben werden kann. Die Portleitungen der analogen Anschlüsse müssen als Eingänge programmiert werden, die digitalen Anschlüsse als Ausgänge. *Bild 7-22* zeigt die beiden Komparatoren C1 und C2 des PIC18 F2220 in der Betriebsart 011 (vgl. *Bild 7-23*) mit digitalen externen Ausgängen.

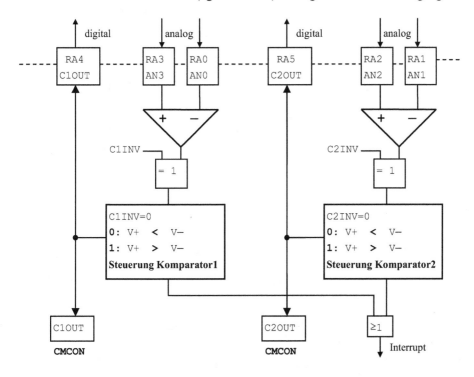

Bild 7-22: Modell der Komparatoren in der Betriebsart 011 mit digitalen Ausgängen

Legt man in dem Modell *Bild 7-22* den Eingang RA3 auf hohes Potential (z.B. 4 Volt) und den Eingang RA0 auf niedriges Potential (z.B. 1 Volt), so ist V+ größer als V− und der Komparator1 liefert in der nichtinvertierenden Schaltung am Ausgang eine 1, die als High-Potential am Ausgang RA4 erscheint und im Bit C1OUT des Steuerregisters CMCON als 1 angezeigt wird. Ist V+ kleiner als V−, so erscheint ein Low am Ausgang und es wird eine 0 angezeigt. Bei einer Änderung eines der beiden Komparatorausgänge wird das Interruptbit CMIF im Interruptsteuerregister PIR2 auf 1 gesetzt, das mit CMIE in PIE2 freigegeben werden kann. Nach einem Reset sind die Komparatorfunktionen ausgeschaltet.

Komparator-Steuerregister **CMCON** im SFR-Bereich

Bit 7	Bit 6	Bit 5	Bit 4	Bit 3	Bit 2	Bit 1	Bit 0
R - 0	R - 0	RW - 0	RW - 0	RW - 0	RW - 1	RW - 1	RW - 1
C2OUT	**C1OUT**	**C2INV**	**C1INV**	**CIS**	**CM2**	**CM1**	**CM0**
Komparator2 Anzeige nicht invert. 0: V+ < V— 1: V+ > V— invertiert 0: V+ > V— 1: V+ < V—	Komparator1 Anzeige nicht invert. 0: V+ < V— 1: V+ > V— invertiert 0: V+ > V— 1: V+ < V—	Komp.2 Ausgang 0: nicht invert. 1: invert.	Komp.1 Ausgang 0: nicht invert. 1: invert.	**CMx=110** CIS=0: RA0 -> C1_V— RA1 -> C2_V— CIS=1: RA3 -> C1_V— RA2 -> C2_V—	Betriebsarten siehe Bild 7-23 0 0 0: beide Komparatoren aus 0 0 1: Komp.1 ein Komp2. aus 0 1 0: beide Komp. ohne ext. Ausg. 0 1 1: beide Komp. mit ext. Ausg. 1 0 0: beide Komp. ohne ext. Ausg. 1 0 1: gemeinsame Referenz 1 1 0: **CIS** bestimmt Anschlüsse 1 1 1: beide Komparatoren aus		

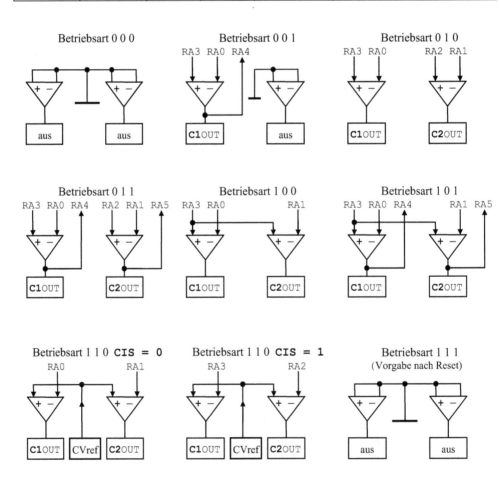

Bild 7-23 Die Betriebsarten der Analogkomparatoren

Das Beispiel stellt die Betriebsart mit digitaler Ausgabe beider Komparatoren ein und gibt zusätzlich die beiden Anzeigebits mit dem gesamten Steuerregister auf dem Port C aus. Für einen Test lassen sich die Komparatoreingänge auch mit Kippschaltern einstellen. Ein High liefert ca. 3 Volt und ein Low ca. 0.1 Volt.

```
 k7p12.asm Test Analogkomparator
; Eingänge A3-A0 -> RA4   A2-A1 -> RA5
    LIST       P=18F2220, F=INHX32 ; Baustein und Fileformat
    #include   P18F2220.inc         ; Standard Header File von Microchip
    CONFIG     OSC=HS,PWRT=ON,WDT=OFF,PBAD=DIG,LVP=OFF ; Konfiguration
RES_VEC         CODE     0x0000     ; Reset-Startadresse
                goto     start      ;
HPI_VEC         CODE     0x0008     ; Interrupt-Einsprung
                goto     start      ; nicht besetzt
LPI_VEC         CODE     0x0018     ; Interrupt-Einsprung
                goto     start      ; nicht besetzt
                CODE                ;
start           clrf     TRISC      ; Port C ist Ausgang für CMCON
                movlw    B'00001111' ; A5-A4 Ausgang  A3-A0 Eingang
                movwf    TRISA      ; digital          analog
                movlw    B'00000011' ; Betriebsart A3-A0 -> RA4
                movwf    CMCON      ;             A2-A1 -> RA5
; Arbeitschleife Anzeigeflags ausgeben
loop            movff    CMCON,LATC ; Anzeigeflags C2OUT->RC7 C1OUT->RC6
                goto     loop       ;
                END                 ;
```

Assemblerprogramm zum Testen des Analogkomparators


```
// k7p12.c Test des Analogkomparators
#include <p18cxxx.h>
#pragma config OSC=HS,PWRT=ON,WDT=OFF,PBAD=DIG,LVP=OFF
void main(void)
{
 TRISC = 0;          // Port C ist Ausgang
 TRISA = 0b00001111; // A5..A4 Ausgänge  A3..A0 Eingänge
 CMCON = 0b00000011; // A3-A0 -> RA4  A2-A1 -> RA5
 while(1)            // Testschleife
 {
  LATC = CMCON;      // Anzeigeflags C2OUT->RC7 C1OUT -> RC6
 }
} // Ende main
```

C-Programm zum Testen des Analogkomparators

In der Betriebsart 110 wird die positive Vergleichsspannung beider Komparatoren einer programmierbaren Referenzspannung entnommen und kann am Anschluss RA2 ausgegeben werden.

Referenzspannungs-Steuerregister **CVRCON** im SFR-Bereich

Bit 7	*Bit 6*	*Bit 5*	*Bit 4*	*Bit 3*	*Bit 2*	*Bit 1*	*Bit 0*
RW – 0	RW – 0	RW – 0	U – 0	RW – 0	RW – 0	RW – 0	RW – 0
CVREN	**CVROE**	**CVRR**	–	**CVR3**	**CVR2**	**CVR1**	**CVR0**
Referenz 0: aus 1. ein	Ausgabe RA2 0: aus 1: ein	Bereich ca. 1: 0 – 3.75 Volt 0: 1.25 – 3.75 V		Faktor von 0 bis 15 für Referenzspannung 0 0 0 0: Faktor 0 1 1 1 1: Faktor 15			

Der Hersteller gibt für die Berechnung der Referenzspannung CVref aus der Versorgungsspannung Vdd folgende Formeln an:

Bitposition CVRR = 1: $CVref = Faktor * Vdd / 24$
Bitposition CVRR = 0: $CVref = (Faktor + 8) * Vdd / 32$

Das Beispiel programmiert die beiden Analogkomparatoren auf die Betriebsart 110 mit interner Referenzspannung. Die Steuerbits und der Faktor der Referenzspannung lassen sich am Port B einstellen. Der Anschluss RA2 für die Ausgabe der Referenzspannung sollte frei von digitalen Schaltungen sein und kann mit einem Operationsverstärker als 4bit Digital/Analogwandler verwendet werden. Man beachte, dass am Port B auch die Steuerbits CVREN, CFROE und CVRR eingestellt werden, da das Programm den gesamten Port B in das Referenzspannungssteuerregister überträgt. Die Komparatoreingänge lassen sich auch mit den Kippschaltern auf 0.1 Volt bzw. 3 Volt einstellen.

```
; k7p13.asm Test Analogkomparator mit Referenzspannung
; Port B: Eingabe CVRCON  RA2 = Ausgabe Vref
      LIST      P=18F2220, F=INHX32 ; Baustein und Fileformat
      #include  P18F2220.inc        ; Standard Header File von Microchip
      CONFIG    OSC=HS,PWRT=ON,WDT=OFF,PBAD=DIG,LVP=OFF ; Konfiguration
RES_VEC          CODE     0x0000       ; Reset-Startadresse
                 goto     start        ;
HPI_VEC          CODE     0x0008       ; Interrupt-Einsprung
                 goto     start        ; nicht besetzt
LPI_VEC          CODE     0x0018       ; Interrupt-Einsprung
                 goto     start        ; nicht besetzt
                 CODE                  ;
start            setf     TRISB        ; Port B ist Eingang für CVRCON
                 clrf     TRISC        ; Port C ist Ausgang für CMCON
                 movlw    B'00000011' ; A5-A2 Ausgang  A1-A0 Eingang
                 movwf    TRISA        ; digital         analog
                 movlw    B'00000110' ; CIS=0, Betriebsart 110
                 movwf    CMCON        ; nach Referenzregister
```

```
; Arbeitschleife Referenzwert eingeben Anzeigeflags ausgeben
loop            movff   PORTB,CVRCON; Referenzwerte eingeben
                movff   CMCON,LATC  ; Komparatorzustand ausgeben
                goto    loop        ;
                END                 ;
```

Assemblerprogramm zum Testen der Referenzspannung


```c
// k7p13.c Test des Analogkomparators mit Referenzspannung
#include <p18cxxx.h>
#pragma config OSC=HS,PWRT=ON,WDT=OFF,PBAD=DIG,LVP=OFF
void main(void)
{
 TRISC = 0;             // Port C ist Ausgang
 TRISA = 0b00000011;    // A5..A2 Ausgänge  A1..A0 Eingänge
 CMCON = 0b00000110;    // Ref. - RA0 -> C1OUT  Ref. - RA1 -> C2OUT
 while(1)               // Testschleife
 {
  CVRCON = PORTB;       // RB7:CVREN RB6:CFROE RB5:CVRR RB3..RB0:Wert
  LATC = CMCON;         // Anzeigeflags C2OUT -> RC7 C1OUT -> RC6
 }
} // Ende main
```

C-Programm zum Testen der Referenzspannung

7.6   Die serielle MSSP-Schnittstelle

Die Schnittstelle MSSP (**M**aster **S**ynchroner **S**erieller **P**ort) dient zur seriellen Datenübertragung zwischen einem Controller und externen peripheren Einheiten. Die beiden Betriebsarten SSP (auch SPI genannt) und I²C (*Bild 7-24*) werden durch das Steuerregister `SSPCON1` unterschieden. Beide arbeiten synchron mit getrennten Daten- und Taktsignalen.

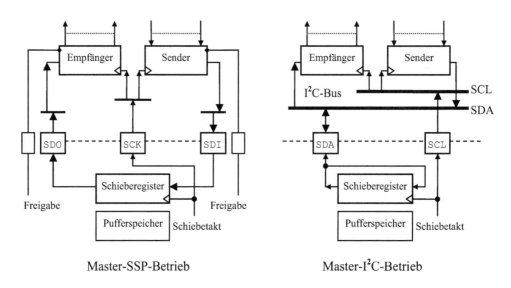

Master-SSP-Betrieb   Master-I²C-Betrieb

Bild 7-24: Die Betriebsarten der MSSP-Schnittstelle

Im **SSP-Betrieb** werden die Daten am Ausgang SDO (**S**erial **D**ata **O**ut) zu einem Empfänger geschoben, der sie mit dem am Anschluss SCK (**S**erial **C**loc**K**) ausgegebenen Schiebetakt empfängt. Gleichzeitig werden die am Eingang SDI (**S**erial **D**ata **I**n) von einem Sender ankommenden Daten in Empfang genommen. Mehrere parallel liegende Sender und Empfänger müssen mit Portsignalen einzeln ausgewählt und freigegeben werden.

Im **I²C-Betrieb** werden alle Einheiten eines Systems parallel an die beiden bidirektionalen Busleitungen SCL (**S**erial **CL**ock) für den Takt und SDA (**S**erial **DA**ta) für Daten bzw. Adressen angeschlossen. Mehrere am Bus liegende Sender und Empfänger werden einzeln durch Adressen freigegeben, die ebenfalls über die Leitung SDA übertragen werden.

In den häufigsten Anwendungen ist der Controller der **Master** (Meister), der die angeschlossenen Slaves (Sklaven) durch Freigabesignale bzw. durch Adressen auswählt und freigibt. Die Bausteine der PIC-Familien enthalten unterschiedliche SSP- und I²C-Schnittstellen. Die folgenden Beispiele beziehen sich auf den PIC 18F2220 als Master.

7.6.1   Der SSP-Betrieb

Der SSP-Betrieb wird in den Steuerregistern SSPCON1 und SSPSTAT programmiert und angezeigt. Er wird im Datenbuch auch als SPI (Serial Peripheral Interface) bezeichnet.

SSP-Steuerregister **SSPCON1** für den SSP-Betrieb im SFR-Bereich

Bit 7	Bit 6	Bit 5	Bit 4	Bit 3	Bit 2	Bit 1	Bit 0
RW – 0	RW – 0	RW – 0	RW – 0	RW – 0	RW – 0	RW – 0	RW – 0
WCOL	**SSPOV**	**SSPEN**	**CKP**	**SSPM3**	**SSPM2**	**SSPM1**	**SSPM0**
Anzeige Buskollision beim Senden (nur Master) 0: nicht 1: aufgetr.	Anzeige Empfänger Überlauf (nur Slave) 0: nicht 1: aufgetr.	Freigabe MSSP-Port 0: gesperrt 1: frei	Taktpolarität Ruhezustand der Taktleitung 0: Low 1: High	Betriebsarten im SSP-Betrieb 0 0 0 0: SSP-Master Takt = Fosc/4 0 0 0 1: SSP-Master Takt = Fosc/16 0 0 1 0: SSP-Master Takt = Fosc/64 0 0 1 1: SSP-Master Takt = Timer2-Ausgang / 2 0 1 0 0: SSP-Slave-Betrieb 0 1 0 1: SSP-Slave-Betrieb 0 1 1 0 bis 1 1 1 1: für den I²C-Betrieb			

SSP-Anzeigeregister **SSPSTAT** für den SSP-Betrieb im SFR-Bereich

Bit 7	Bit 6	Bit 5	Bit 4	Bit 3	Bit 2	Bit 1	Bit 0
RW – 0	RW – 0	R – 0	R – 0	R– 0	R – 0	R – 0	R – 0
SMP	**CKE**	**D/A**	**P**	**S**	**R/W**	**UA**	**BF**
Abtastung des Eingangs (Master) 0: Mitte 1: Ende der Taktzeit	Taktflanke **CKP=0** 0: fallend 1: steigend **CKP=1** 0: steigend 1: fallend	I²C	I²C	I²C	I²C	I²C	Anzeige Empfangspuffer 0: leer 1: voll

Für die zu sendenden und die empfangenen Daten gibt es nur einen Pufferspeicher, das Schieberegister ist nicht zugänglich.

SSP-Pufferspeicher **SSPBUF** Adresse im SFR-Bereich

Bit 7	Bit 6	Bit 5	Bit 4	Bit 3	Bit 2	Bit 1	Bit 0
Sendebyte / Empfangsbyte							

Nach der Initialisierung der Schnittstelle beginnt jede Übertragung mit dem Schreiben des zu sendenden Bytes in den Pufferspeicher. Gleichzeitig mit dem Herausschieben des Sendebytes am Ausgang SDO werden die am Eingang SDI anliegenden Daten in das Schieberegister hineingeschoben. Bitposition BF von SSPSTAT zeigt mit einer 1 das Ende der Übertragung an; es wird beim Abholen der Daten durch Lesen von SSPBUF wieder auf 0 zurückgesetzt. Am Ende einer Übertragung wird ebenfalls das Interruptbit SSPIF im Interruptsteuerregister PIR1 auf 1 gesetzt; es muss mit SSPIE in PIE1 freigegeben werden, um einen Interrupt auszulösen. Nach einem Reset sind die SSP-Funktionen ausgeschaltet. *Bild 7-25* zeigt den Zusammenhang zwischen den übertragenen Daten und den vier möglichen Kombinationen von CKE und CKP für das Taktsignal, mit dem die Peripheriebausteine die Daten ausgeben bzw. einlesen. Die Ausgabedaten sind in der Mitte des Taktes gültig. Die Eingabedaten werden entweder in der Mitte oder am Ende des Taktes abgetastet.

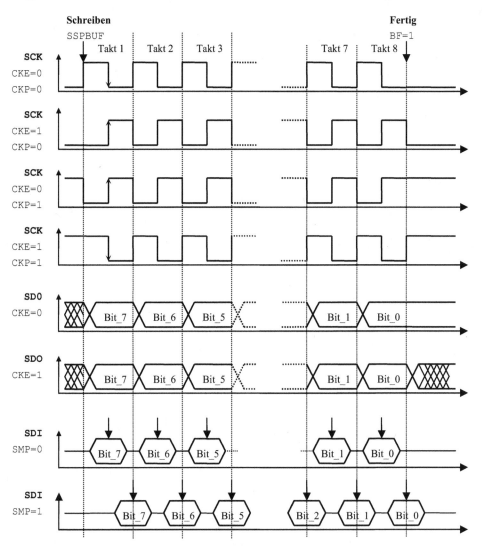

Bild 7-25: Taktsignale, Sendedaten und Empfangsdaten im Masterbetrieb

In der Schaltung *Bild 7-26* dienen zwei serielle TTL-Schieberegister als Slave. An den acht parallelen Eingängen A bis H des *Sender-Slaves* 74HCT165 liegen Schiebeschalter, deren Potential für einen Low-Zustand am Steuereingang SH/LD (Shift/Load) in acht zustandsgesteuerte RS-Flipflops übernommen wird. Für ein High am Eingang SH/LD sind die Eingänge gesperrt, am Ausgang Q_H liegt das Potential des H-Flipflops. Mit jeder steigenden Flanke am Takteingang CLK wird ein neues Bit herausgeschoben. Nach der ersten steigenden Flanke erscheint der Inhalt des G-Flipflops am Ausgang. Für den SSP-Betrieb wurden mit CKP=0 der Ruhezustand Low und mit CKE=1 die Eingabe mit der Vorderflanke gewählt, damit Q_H gelesen werden kann, bevor der Slave mit der ersten steigenden Taktflanke Q_G herausschiebt. Mit dem zusätzlichen seriellen Eingang SER am A-Flipflop lassen sich mehrere Schieberegister kaskadieren.

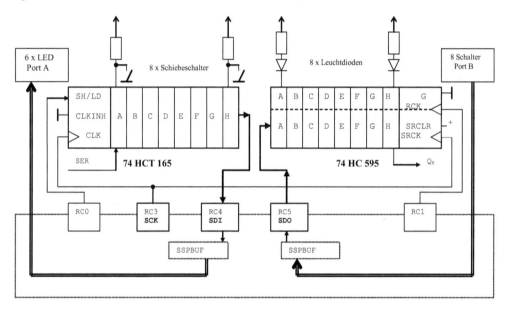

Bild 7-26: Die SSP-Schnittstelle mit TTL-Schieberegistern als Slave (PIC 18F2220)

Verbindung des PIC 18F2220 mit den beiden Schieberegistern:

```
Ausgang RC0 -> SH/LD (Stift 1) 74HCT165
Ausgang SCK (RC3) -> CLK (Stift 2) 74HCT165
Ausgang SCK (RC3) -> SRCK (Stift 11) 74HC595
Ausgang SDO (RC5) -> SER (Stift 14) 74HC595
Ausgang RC1 -> RCK (Stift 12) 74HC595
Eingang SDI (RC4) -> QH (Stift 9) 74HCT165
```

An den acht parallelen Ausgängen des *Empfänger-Slaves* 74HC595 liegen die Katoden von acht Leuchtdioden. Mit jeder steigenden Flanke am Eingang SRCK (Shift Register Clock) wird ein Schieberegister um eine Bitposition verschoben und das am Eingang anliegende Potential gelangt in das A-Bit. Mit dem zusätzlichen Ausgang Q$_{H'}$ lassen sich mehrere Schieberegister kaskadieren. Erst eine steigende Flanke am Eingang RCK (Register Clock) übernimmt den Inhalt des Schieberegisters in das Speicherregister, an dem die parallele Ausgabe erfolgt. Durch die Trennung von Schieberegister und Speicherregister ist sichergestellt, dass während des Schiebens keine ungültigen Daten an den Ausgängen erscheinen. Für den SSP-Betrieb wurden mit CKP=0 der Ruhezustand Low und mit CKE=1 die steigende Flanke in der Mitte des Übertragungstaktes gewählt, damit der Empfänger die am Taktanfang ausgegebenen Daten zum richtigen Zeitpunkt übernehmen kann.

Das Beispiel gibt die vom Sender-Slave empfangenen Daten zur Kontrolle auf dem Port A aus. Die am Port B eingestellten Bits werden an den Empfänger-Slave gesendet. Das Byte wird vor der Ausgabe komplementiert, damit an den Leuchtdioden eine **0** als *aus* und eine **1** als *ein* erscheint.

```
; k7p14.asm Test SSP-Betrieb mit zwei Schieberegistern
; Port B -> Ext. LED    Ext. Schalter -> Port A
    LIST      P=18F2220, F=INHX32 ; Baustein und Fileformat
    #include  P18F2220.inc        ; Standard Header File von Microchip
    CONFIG    OSC=HS,PWRT=ON,WDT=OFF,PBAD=DIG,LVP=OFF ; Konfiguration
RES_VEC       CODE    0x0000      ; Reset-Startadresse
              goto    start       ;
HPI_VEC       CODE    0x0008      ; Interrupt-Einsprung
              goto    start       ; nicht besetzt
LPI_VEC       CODE    0x0018      ; Interrupt-Einsprung
              goto    start       ; nicht besetzt
              CODE                ;
start         setf    TRISB       ; Port B ist Eingang
              clrf    TRISA       ; Port A ist Ausgang
              movlw   B'11010100' ; x,x,aus,ein,aus,x,aus,aus
              movwf   TRISC       ; Port C SSP-Peripherie
              movlw   B'00100010' ; x,x,SSP ein,low, SSP Master Fosc/64
              movwf   SSPCON1     ; SSP-Steuerung
              bcf     SSPSTAT,SMP ; Abtastung in Taktmitte
              bsf     SSPSTAT,CKE ; fallende Flanke
              bcf     LATC,RC0    ; RC0 = Sender-SH/LD=0: laden
              bsf     LATC,RC1    ; RC1 = Empfänger-RCK=1: Übernahme
; Arbeitsschleife
loop          call    empf        ; Sender-Schalter -> W-Register
              movwf   LATA        ; auf Port A ausgeben
              movf    PORTB,w     ; Eingaben Port B -> W-Register
              comf    WREG,w      ; komplementieren
              call    send        ; und -> Empfänger-LEDs
              goto    loop        ;
```

```
; Empfangs-Unterprogramm -> W-Register
empf            bsf     LATC,RC0    ; SH/LD = 1: schieben
                movff   WREG,SSPBUF ; Start: Dummy senden
empf1           btfss   SSPSTAT,BF  ; überspringe bei fertig
                goto    empf1       ; warte bei nicht fertig
                movff   SSPBUF,WREG ; Empfangsdaten -> W-Register BF = 0
                bcf     LATC,RC0    ; SH/LD = 0: laden
                return              ;
; Sende-Unterprogramm W-Register senden
send            bcf     LATC,RC1    ; RCL = 0: laden
                movff   WREG,SSPBUF ; Start: Daten senden
send1           btfss   SSPSTAT,BF  ; überspringe bei fertig
                goto    send1       ; warte bei nicht fertig
                movff   SSPBUF,WREG ; Dummy-Daten lesen löscht BF
                bsf     LATC,RC1    ; RCL = 1: übernehmen
                return              ;
                END                 ;
```

Assemblerprogramm zum Testen des SSP-Betriebs

```
// k7p14.c Test SSP-Betrieb mit zwei Schieberegistern
#include <p18cxxx.h>
#pragma config OSC=HS,PWRT=ON,WDT=OFF,PBAD=DIG,LVP=OFF
// Empfangsfunktion
unsigned char empf(void)
{
static unsigned char dummy;
LATCbits.LATC0 = 1;         // SH/LD = 1: schieben
SSPBUF = dummy;             // Start: Dummy senden
while(!SSPSTATbits.BF);     // warte bis fertig
dummy = SSPBUF;             // Empfangsdaten -> Dummy retten BF = 0
LATCbits.LATC0 = 0;         // SH/LD = 0: laden
return dummy;               // Rückgabe
}
// Sendefunktion
void send (unsigned char x)
{
static unsigned char dummy;
LATCbits.LATC1 = 0;         // laden
SSPBUF = x;                 // Start: Daten senden
while(!SSPSTATbits.BF);     // warte bis fertig
dummy = SSPBUF;             // Dummy lesen löscht BF
LATCbits.LATC1 = 1;         // RCL = 1: übernehmen
}
```

```
void main(void)
{
 TRISA = 0;                    // Port A ist Ausgang
 TRISC = 0b110101000;          // x,x,aus,ein,aus,x,aus,aus
 SSPCON1 = 0b00100010;         // x,x,SSP ein,low, SSP Master Fosc/64
 SSPSTATbits.SMP = 0;          // Abtastung in Taktmitte
 SSPSTATbits.CKE = 1;          // fallende Flanke
 LATCbits.LATC0 = 0;           // RC0 = Sender-SH/LD=0: laden
 LATCbits.LATC1 = 1;           // RC1 = Empfänger-RCK=1: Übernahme
 while(1)                      // Testschleife
 {
  LATA = empf();               // Empfangsdaten am Port A ausgeben
  send(~PORTB);                // negierten Port B senden
 }
}
```

C-Programm zum Testen des SSP-Betriebs

7.6.2 Der I²C-Betrieb

Über den I²C-Bus (**I**nter **I**ntegrated **C**ircuit) können über 100 IC-Bausteine miteinander verbunden werden. Beispiele:

- Buscontroller (PCD8584) als Mastereinheit,
- Treiber für LCD-Anzeigen (PCF6566 und PCF8576),
- Echtzeituhr mit Kalender (PCF8573),
- digitale Ein/Ausgabeeinheit (PCF8575) für 8bit parallele Daten,
- analoge Ein/Ausgabeeinheit (PCF8591) mit 8bit A/D- und D/A-Wandlern sowie
- RAM-Speicher (PCF8570) und EEPROM-Bausteine (ST24C08).

Alle Komponenten eines Systems werden parallel an die beiden bidirektionalen Busleitungen SCL (**S**erial **CL**ock line) für den Takt und SDA (**S**erial **DA**ta line) für Daten bzw. Adressen angeschlossen (*Bild 7-27*). Der Ruhezustand der Busleitungen ist High, der Standard-Bustakt beträgt 100 kHz.

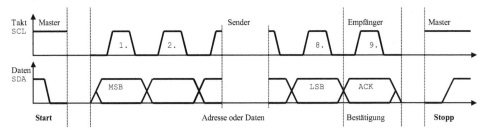

Bild 7-27: Übertragung von Daten bzw. Adressen über den I²C-Bus

Der *Master* liefert die Startbedingung (SCL = High, SDA fallende Flanke), den Übertragungstakt SCL und die Stoppbedingung (SCL = High, SDA steigende Flanke). Ein *Slave* wird durch den Master über eine Adresse freigegeben; er kann, getaktet durch SCL, Daten auf die Datenleitung SDA legen und das Bestätigungssignal ACK (**ACK**nowledge) liefern. Ein *Sender* legt Daten, im Falle eines Masters auch Adressen, auf die Datenleitung SDA. Ein *Empfänger* übernimmt die Daten und bestätigt den Empfang mit dem Signal ACK = Low. Änderungen von Daten- bzw. Adressbits sind nur während des Low-Zustandes von SCL zulässig; während SCL = High muss die Datenleitung SDA stabil sein. Nach der Startbedingung sendet der Master eine 7bit Slave-Adresse gefolgt von einem Richtungsbit R/W (**R**ead = High, **W**rite = Low); dies muss vom adressierten Slave mit ACK = Low bestätigt werden. Dann folgen die Daten, die entweder der Master sendet und der Slave bestätigt oder der Slave sendet und der Master bestätigt.

Die I^2C-Schnittstelle kann sowohl als Master als auch als Slave senden und empfangen. Bausteine ohne diese Schnittstelle müssen die entsprechenden Zustände bzw. Flanken mit Befehlen ausgeben bzw. kontrollieren. Die Beispiele behandeln den Baustein PIC 18F2220 im Master-Betrieb.

Der I^2C-Betrieb wird in den Steuerregistern SSPCON1 und SSPCON2 sowie im Statusregister SSPSTAT programmiert und angezeigt.

SSP-Steuerregister **SSPCON1** für den I^2C-Betrieb im SFR-Bereich

Bit 7	Bit 6	Bit 5	Bit 4	Bit 3	Bit 2	Bit 1	Bit 0
RW – 0	RW – 0	RW – 0	RW – 0	RW – 0	RW – 0	RW – 0	RW – 0
WCOL	**SSPOV**	**SSPEN**	**CKP**	**SSPM3**	**SSPM2**	**SSPM1**	**SSPM0**
Anzeige Buskollision beim Senden (nur Master) 0: nicht 1: aufgetr.	Anzeige Empfänger Überlauf (nur Slave)	Freigabe MSSP-Port 0: gesperrt **1: frei**	Freigabetakt im Slavebetrieb	Betriebsarten im I^2C-Betrieb 0 0 0 0 bis 0 1 0 1: für den SSP-Betrieb 0 1 1 0: I^2C-Slave 7bit Adresse 0 1 1 1: I^2C-Slave 10bit Adresse **1 0 0 0**: I^2C-Master Takt=Fosc/(4*(SSPADD + 1)) 1 0 1 1: I^2C-Master 1 1 1 0: I^2C-Slave 7bit Adresse mit Interrupt 1 1 1 1: I^2C-Slave 10bit Adresse mit Interrupt			

SSP-Steuerregister **SSPCON2** für den I^{2}C-Betrieb im SFR-Bereich

Bit 7	Bit 6	Bit 5	Bit 4	Bit 3	Bit 2	Bit 1	Bit 0
RW - 0	RW - 0	RW - 0	RW - 0	RW - 0	RW - 0	RW - 0	RW - 0
GCEN	**ACKSTAT**	**ACKDT**	**ACKEN**	**RCEN**	**PEN**	**RSEN**	**SEN**
Freigabe General Call nur Slave	Anzeige Ack-Status 0: empf. 1: nicht	Ack-Daten 0: Bestätg. 1: nicht	Ack-Bestätig. 0: nicht 1: Ack senden	Freigabe Empfang 0: nicht 1: frei	Stoppbed. 0: nicht 1: senden	wiederh. Startbed. 0: nicht 1: senden	Startbed. 0: nicht 1: senden

SSP-Anzeigeregister **SSPSTAT** für den I^{2}C-Betrieb im SFR-Bereich

Bit 7	Bit 6	Bit 5	Bit 4	Bit 3	Bit 2	Bit 1	Bit 0
RW - 0	RW - 0	R - 0	R - 0	R- 0	R - 0	R - 0	R - 0
SMP	**CKE**	**D/A**	**P**	**S**	**R/W**	**UA**	**BF**
Steuerung der Flankensteilheit 0: frei 1: aus	SMBus-Eingabe 0: gesperrt I2C-Bus 1: frei SMBus	nur für Slave	Anzeige Stoppbit 0: nicht 1: erkannt	Anzeige Startbit 0: nicht 1: erkannt	Anzeige Master Sendung 0: nicht 1: läuft	Anzeige nur Slave	Anzeige Pufferstatus **Sendung:** 0: Puffer leer 1: Sendung **Empfang:** 0: Puffer leer 1: Empfang beendet

Für die zu sendenden und die empfangenen Daten gibt es nur einen Pufferspeicher, dessen Zustand im Bit BF angezeigt wird; das Schieberegister ist nicht zugänglich,.

SSP-Pufferspeicher **SSPBUF** Adresse im SFR-Bereich

Bit 7	Bit 6	Bit 5	Bit 4	Bit 3	Bit 2	Bit 1	Bit 0
Sendebyte / Empfangsbyte							

Im Masterbetrieb ist das Adressregister des Slavebetriebs mit der programmierbaren Baudrate des Taktes zu laden. Für den Standard-Bustakt von 100 kHz und einen Systemtakt von 4 MHz (Quarz) beträgt der zu ladende Baudratenfaktor nach Angaben des Herstellers 0x09.

SSP-Adressregister **SSPADD** Adresse im SFR-Bereich

Bit 7	Bit 6	Bit 5	Bit 4	Bit 3	Bit 2	Bit 1	Bit 0
Baudrate im Masterbetrieb							

Das Anzeigebit BF (*buffer full*) des Statusregisters SSPSTAT kann nur zur Kontrolle des Pufferspeichers verwendet werden. Dagegen zeigt das Interrupt-Anzeigebit SSPIF in PIR1

sowohl das Ende einer Daten- oder Adressübertragung als auch das Ende einer Start-, Stopp-
und Bestätigungsbedingung an. Beispiel:

```
; Start-Bedingung ausgeben
              bsf     SSPCON2,SEN ; Startbedingung ausgeben
send1         btfss   PIR1,SSPIF  ; überspringe wenn fertig
              goto    send1       ; warte bis fertig
              bcf     PIR1,SSPIF  ; Fertig-Anzeige löschen
```

Initialisierung der Schnittstelle vor der Übertragung:
- In TRISC die Anschlüsse SCL (RC3) und SDA (RC4) als Eingänge programmieren.
- In SSPCON1 mit SSPEN=1 und SSPMx=1000 den Masterbetrieb einschalten.
- In SSPCON2 mit ACKDT=0 das Bestätigungsbit (*acknowledge*) festlegen.
- In SSPSTAT mit SMP=0 und CKE=0 Kontrolle und I^2C-Verhalten programmieren.
- Baudratenfaktor nach SSPADD laden.

Senden eines Bytes im Master-Betrieb:
- Startbit ausgeben,
- Slave-Adresse mit Richtungsbit **0** (Write) senden und Bestätigung erwarten,
- Daten senden und Bestätigung erwarten und
- Stoppbit ausgeben.

Empfang eines Bytes im Master-Betrieb:
- Startbit ausgeben,
- Slave-Adresse mit Richtungsbit **1** (Read) senden und Bestätigung erwarten,
- Daten empfangen und Bestätigung ausgeben und
- Stoppbit ausgeben.

Das Beispiel *Bild 7-28* benutzt einen I^2C-Baustein PCF8574A zur Eingabe und Ausgabe von
8bit parallelen Daten. Die oberen vier Bitpositionen der Adresse sind vom Hersteller des
Bausteins mit 0 1 1 1 festgelegt, die folgenden drei Bitpositionen werden durch Beschal-
tung der Anschlüsse A0, A1 und A2 eingestellt. Das letzte Adressbit R/W ist 0, wenn in den
Baustein geschrieben wird, und 1, wenn der Baustein gelesen wird. Die acht Leuchtdioden
wurden direkt an die Ausgänge angeschlossen. Dadurch schaltet ein Low die Leuchtdiode an
und ein High schaltet sie aus. Die bidirektionalen Anschlüsse D7 bis D0 sind mit Leuchtdioden zur Ausgabe und mit Kippschaltern zur Eingabe von Daten beschaltet. Im Ausgabebetrieb müssen die Schalter offen sein. Im Eingabebetrieb müssen die Ausgangstreiber High
sein.

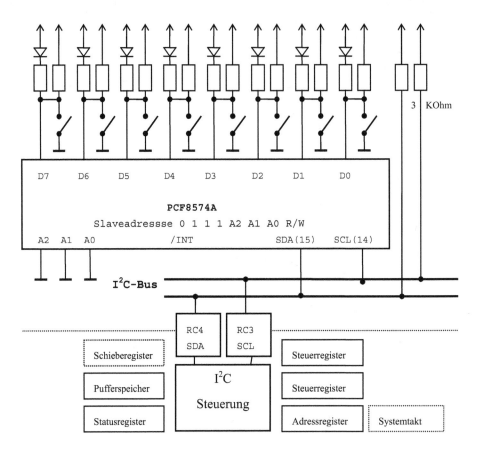

Bild 7-28: PIC 18F2220 mit I²C-Ein/Ausgabebaustein PCF8574A

Das Beispiel sendet für RC0=1 die am Port B eingestellten Daten komplementiert an den I²C-Baustein und gibt für RC0=0 die von ihm empfangenen Daten auf dem Port A aus.

```
; k7p15.asm Test I2C-Betrieb mit Ein/Ausgabebaustein PCF8574A
; RC0=1:senden Port B -> Ext. LED   RC0=0: empfangen Ext. Schalter -> Port A
    LIST      P=18F2220, F=INHX32 ; Baustein und Fileformat
    #include  P18F2220.inc        ; Standard Header File von Microchip
    CONFIG    OSC=HS,PWRT=ON,WDT=OFF,PBAD=DIG,LVP=OFF ; Konfiguration
slavesend      EQU      B'01110000' ; Adresse PCF8574A B_0=0: Write to slave
slaveempf      EQU      B'01110001' ; Adresse PIF8574A B_0=1: Read from slave
RES_VEC        CODE     0x0000      ; Reset-Startadresse
               goto     start       ;
HPI_VEC        CODE     0x0008      ; Interrupt-Einsprung
               goto     start       ; nicht besetzt
LPI_VEC        CODE     0x0018      ; Interrupt-Einsprung
               goto     start       ; nicht besetzt
```

```
                CODE            ;
start           setf    TRISB       ; Port B ist Eingang
                clrf    TRISA       ; Port A ist Ausgang
                movlw   0x0F        ; A und B sind digitale Ports
                movwf   ADCON1      ;
                bsf     TRISC,RC0   ; RC0 ist Eingang
                call    init        ; I2C-Schnittstelle initialisieren
loop            btfss   PORTC,RC0   ; springe bei 1 zum Senden
                goto    loop1       ; springe bei 0 zum Empfangen
                movff   PORTB,WREG  ; Eingaben Port B -> W-Register
                comf    WREG,w      ; komplementieren
                call    send        ; und -> Empfänger-LEDs
                goto    loop        ;
loop1           call    empf        ; Sender-Schalter -> W-Register
                movwf   LATA        ; auf Port A ausgeben
                goto    loop        ;
; Intitalisierungs-Unterprogramm I2C-Masterbetrieb
init            clrf    WREG        ; 256*4*1us = 1 ms Wartezeit
init1           nop                 ; 1 Takt
                decf    WREG        ; 1 Takt
                bnz     init1       ; 2 Takte
                bsf     TRISC,SDA   ; SDA (RC4) ist Eingang
                bsf     TRISC,SCL   ; SCL (RC3) ist Eingang
                movlw   B'00101000' ; x,x,I2C ein,x, I2C-Master
                movwf   SSPCON1     ; nach I2C-Steuerung
                bcf     SSPCON2,ACKDT; Bestätigungsbit nach Empfang
                bcf     SSPSTAT,SMP ; Anstiegskontrolle ein
                bcf     SSPSTAT,CKE ; I2C-Betrieb nicht SMBus
                movlw   0x09        ; Bustakt 100 kHz bei Quarz 4 MHz
                movwf   SSPADD      ; Bustakt im Masterbetrieb
                return              ;
; Empfangs-Unterprogramm -> W-Register
empf            bcf     PIR1,SSPIF  ; Fertig-Anzeige löschen
; Start-Bedingung ausgeben
                bsf     SSPCON2,SEN ; Startbedingung ausgeben
empf1           btfss   PIR1,SSPIF  ; überspringe wenn fertig
                goto    empf1       ; warte bis fertig
                bcf     PIR1,SSPIF  ; Fertig-Anzeige löschen
; Slave-Empfangs-Adresse senden
                movlw   slaveempf   ; Slave-Empfangs-Adresse -> WREG
                movff   WREG,SSPBUF ; Start Slave-Adresse senden
empf2           btfss   PIR1,SSPIF  ; überspringe bei fertig
                goto    empf2       ; warte bis fertig
                bcf     PIR1,SSPIF  ; Fertig-Anzeige löschen
; Datenbyte empfangen
```

```
                bsf     SSPCON2,RCEN; Empfangszustand ein
empf3           btfss   PIR1,SSPIF  ; überspringe bei fertig
                goto    empf3       ; warte bis fertig
                bcf     PIR1,SSPIF  ; Fertig-Anzeige löschen
                movff   SSPBUF,WREG ; empfangene Daten abholen
                bcf     SSPCON2,RCEN; Empfang aus
; Bestätigungsbit senden
                bsf     SSPCON2,ACKEN; Bestätigung an Slave
empf4           btfss   PIR1,SSPIF  ; überspringe bei fertig
                goto    empf4       ; warte bis fertig
                bcf     PIR1,SSPIF  ; Fertig-Anzeige löschen
; Stopp-Bedingung ausgeben
                bsf     SSPCON2,PEN ; Stoppbedingung ausgeben
empf5           btfss   PIR1,SSPIF  ; überspringe wenn fertig
                goto    empf5       ; warte bis fertig
                bcf     PIR1,SSPIF  ; Fertig-Anzeige löschen
                return              ;
; Sende-Unterprogramm W-Register senden
send            movff   WREG,PRODL  ; W-Register mit Daten retten
                bcf     PIR1,SSPIF  ; Fertig-Anzeige löschen
; Start-Bedingung ausgeben
                bsf     SSPCON2,SEN ; Startbedingung ausgeben
send1           btfss   PIR1,SSPIF  ; überspringe wenn fertig
                goto    send1       ; warte bis fertig
                bcf     PIR1,SSPIF  ; Fertig-Anzeige löschen
; Slave-Sende-Adresse senden
                movlw   slavesend   ; Slave-Sende-Adresse -> WREG
                movff   WREG,SSPBUF ; Start Slave-Adresse senden
send2           btfss   PIR1,SSPIF  ; überspringe bei fertig
                goto    send2       ; warte bis fertig
                bcf     PIR1,SSPIF  ; Fertig-Anzeige löschen
; Datenbyte senden
                movff   PRODL,SSPBUF; gerettete Daten ausgeben
send3           btfss   PIR1,SSPIF  ; überspringe bei fertig
                goto    send3       ; warte bis fertig
                bcf     PIR1,SSPIF  ; Fertig-Anzeige löschen
; Stopp-Bedingung ausgeben
                bsf     SSPCON2,PEN ; Stoppbedingung ausgeben
send4           btfss   PIR1,SSPIF  ; überspringe wenn fertig
                goto    send4       ; warte bis fertig
                bcf     PIR1,SSPIF  ; Fertig-Anzeige löschen
                return              ;
                END                 ;
```

Assemblerprogramm zum Testen des I^{2}C-Betriebs

```c
// k7p15.c Test I2C-Betrieb mit Ein/Ausgabebaustein PCF8574A
// RC0=1:senden Port B -> Ext. LED   RC0=0:empfangen Ext. Schalter -> Port A
#include <p18cxxx.h>
#pragma config OSC=HS,PWRT=ON,WDT=OFF,PBAD=DIG,LVP=OFF
#define SLAVESEND 0b01110000 // Adresse PCF8574A B_0=0: Write to slave
#define SLAVEEMPF 0b01110001 // Adresse PIF8574A B_0=1: Read from slave
// Intitalisierungsfunktion I2C-Masterbetrieb
void init(void)
{
 unsigned char i;
 for(i=250; i != 0; i--);    // Wartezeit ca. 1 ms
 TRISCbits.TRISC4 = 1;       // SDA (RC4) ist Eingang
 TRISCbits.TRISC3 = 1;       // SCL (RC3) ist Eingang
 SSPCON1 = 0b00101000;       // x,x,I2C ein,x, I2C-Master
 SSPCON2bits.ACKDT = 0;      // Bestätigungsbit nach Empfang
 SSPSTATbits.SMP = 0;        // Anstiegskontrolle ein
 SSPSTATbits.CKE = 0;        // I2C-Betrieb nicht SMBus
 SSPADD = 0x09;              // Bustakt 100 kHz bei Quarz 4 MHz
}
// Empfangsfunktion liefert Zeichen
unsigned char empf(void)
{
 static unsigned char dummy;
 PIR1bits.SSPIF = 0;         // Fertig-Anzeige löschen
 // Start-Bedingung ausgeben
 SSPCON2bits.SEN = 1;        // Startbedingung ausgeben
 while(!PIR1bits.SSPIF);     // warte bis fertig
 PIR1bits.SSPIF = 0;         // Fertig-Anzeige löschen
 // Slave-Empfangs-Adresse senden
 SSPBUF = SLAVEEMPF;         // Slave-Empfangs-Adresse
 while(!PIR1bits.SSPIF);     // warte bis fertig
 PIR1bits.SSPIF = 0;         // Fertig-Anzeige löschen
 // Datenbyte empfangen
 SSPCON2bits.RCEN = 1;       // Empfangszustand ein
 while(!PIR1bits.SSPIF);     // warte bis fertig
 PIR1bits.SSPIF = 0;         // Fertig-Anzeige löschen
 dummy = SSPBUF;             // empfangene Daten abholen
 SSPCON2bits.RCEN = 0;       // Empfang aus
 // Bestätigungsbit senden
 SSPCON2bits.ACKEN = 1;      // Bestätigung an Slave
 while(!PIR1bits.SSPIF);     // warte bis fertig
 PIR1bits.SSPIF = 0;         // Fertig-Anzeige löschen
 // Stopp-Bedingung ausgeben
 SSPCON2bits.PEN = 1;        // Stoppbedingung ausgeben
 while(!PIR1bits.SSPIF);     // warte bis fertig
```

```
 PIR1bits.SSPIF = 0;        // Fertig-Anzeige löschen
 return  dummy;
}
// Sendefunktion
void send(unsigned char x)
{
 PIR1bits.SSPIF = 0;        // Fertig-Anzeige löschen
 // Start-Bedingung ausgeben
 SSPCON2bits.SEN = 1;       // Startbedingung ausgeben
 while(!PIR1bits.SSPIF);    // warte bis fertig
 PIR1bits.SSPIF = 0;        // Fertig-Anzeige löschen
 // Slave-Sende-Adresse senden
 SSPBUF = SLAVESEND;        // Slave-Sende-Adresse
 while (!PIR1bits.SSPIF);   // warte bis fertig
 PIR1bits.SSPIF = 0;        // Fertig-Anzeige löschen
 // Datenbyte senden
 SSPBUF = x;                // gerettete Daten ausgeben
 while(!PIR1bits.SSPIF);    // warte bis fertig
 PIR1bits.SSPIF = 0;        // Fertig-Anzeige löschen
 // Stopp-Bedingung ausgeben
 SSPCON2bits.PEN = 1;       // Stoppbedingung ausgeben
 while(!PIR1bits.SSPIF);    // warte bis fertig
 PIR1bits.SSPIF = 0;        // Fertig-Anzeige löschen
}
// Hauptfunktion
void main (void)
{
 TRISA = 0;                 // Port A ist Ausgang
 ADCON1 = 0x0f;             // A und B sind digitale Ports
 init();                    // I2C-Schnittstelle initialisieren
 while(1)                   // Arbeitsschleife
 {
  // RC0 = 1: empfangen   RC0 = 0: senden
  if(PORTCbits.RC0) LATA = empf(); else send(~PORTB);
 }
}
```

C-Programm zum Testen des I²C-Betriebs

8 Die PIC10-Familie

Die Bausteine der PIC10-Familie zeichnen sich durch geringe Abmessungen sowie niedrigen Preis aus und werden vorwiegend als programmierbare Logikbausteine (**P**rogrammable **I**ntegrated **C**ircuit) eingesetzt. Dieses Kapitel beschreibt nur die Besonderheiten gegenüber der im Kapitel 3 ausführlich behandelten PIC16-Familie.

In der PDIP-Ausführung der Controller PIC 10F20x, die auch von den führenden Versandhändlern angeboten werden, sind von den acht Anschlüssen nur sechs belegt. Beispiel für den PIC 10F206:

```
(nicht belegt)  N/C  1     8  GP3  /MCLR Vpp
              Vdd  2     7  Vss  (Gnd)
TOCKI COUT FOSC4 GP2  3     6  N/C  (nicht belegt)
    ICSPCLK Cin- GP1  4     5  GP0  Cin+
```

Baustein	Flash-Wörter	RAM-Bytes	Ein/Ausgabe	Eingabe	8bit Timer	Komparator
PIC 10F200	256	16 ab 0x10	GP0,GP1,GP2	GP3	TOCKI	nein
PIC 10F202	512	24 ab 0x08	GP0,GP1,GP2	GP3	TOCKI	nein
PIC 10F204	256	16 ab 0x10	GP0,GP1,GP2	GP3	TOCKI	Cin+,Cin-,COUT
PIC 10F206	512	24 ab 0x08	GP0,GP1,GP2	GP3	TOCKI	Cin+,Cin-,COUT

Für die Bausteine ohne Komparator entfallen die Anschlussbelegungen COUT, Cin- und Cin+. Die Betriebsspannung Vdd kann zwischen 2.0 und 5.5 Volt liegen. Die wichtigsten Unterschiede zur PIC16-Familie sind:

- durchgehender Flash-Bereich ohne Seitenaufteilung (*pages*),
- durchgehender File-Bereich ohne Bankaufteilung (*banks*),
- kein EEPROM-Bereich,
- anstelle der Interruptsteuerung Beendigung des Wartezustandes (*sleep*) durch Änderungsereignisse (*wake-up*) ,
- interner kalibrierbarer Systemtakt ohne externen Quarz und
- beschränkte Timer- und Komparatorfunktionen.

8.1   Die SFR-Register

Die SFR-Register liegen auf den unteren Speicherplätzen des File-adressierbaren Bereichs. Den Steuerregistern TRISTG und OPTION sind keine Adressen zugewiesen, sondern sie können nur über besondere Befehle geladen werden.

Name	Adresse	Reset-Startwert	Anwendung
INDF	0x00	xxxx xxxx	Datenregister der indirekten Adressierung
TMR0	0x01	xxxx xxxx	Timer0-Register
PCL	0x02	1111 1111	Befehlszähler
STATUS	0x03	00-1 1xxx	Statusregister
FSR	0x04	111x xxxx	Adressregister der indirekten Adressierung
OSCCAL	0x05	1111 1110	Oszillatorkalibrierungsregister
GPIO	0x06	---- xxxx	Parallelschnittstelle
CMCON0	0x07	1111 1111	Komparator-Steuerregister
TRISTG	-	---- 1111	Tristate-Steuerregister laden mit Befehl TRIS 6
OPTION	-	1111 1111	Optionsregister laden mit Befehl OPTION

Das Statusregister enthält Anzeigebits für die Reset-Auslösung sowie für die Ergebnisse von Operationen, die sich mit bedingten Sprung- und Verzweigungsbefehlen auswerten lassen.

Statusregister **STATUS** Adresse 0x03

Bit 7	Bit 6	Bit 5	Bit 4	Bit 3	Bit 2	Bit 1	Bit 0
RW - 0	RW - 0	RW - 0	R - 1	R - 1	RW - x	RW - x	RW - x
GPWUF	**CWUF**	-	**/TO**	**/PD**	**Z**	**DC**	**C**
Anzeige GPIO 0: nicht 1: aufget.	Anzeige Kompar. 0: nicht 1: aufget.		Anzeige Watchdog 0: aufget. 1: nicht	Anzeige Powerdown 0: Zustand 1: nicht	Zero (Null) Nullanzeige 0: **nicht** Null 1: ist Null	Digit Carry Halbübertrag 0: kein Carry 1: Carry	Carry/Borrow 0: kein Carry 1: Carry

Das **Z**-Bit ist 0, wenn das Ergebnis ungleich Null ist (nein).
Das **Z**-Bit ist 1, wenn das Ergebnis gleich Null ist (ja).

Das **C**-Bit speichert den Übertrag der werthöchsten Stelle (Bit 7).
Das **DC**-Bit speichert den Übertrag der wertniedrigeren Dezimalstelle (Bit 3 nach Bit 4).

Addition: C bzw. DC gleich 0: *kein* Übertrag/Überlauf
               C bzw. DC gleich 1: Übertrag/Überlauf

Subtraktion: C bzw. DC gleich 0: Borgen/Unterlauf weil Differenz negativ
               C bzw. DC gleich 1: *kein* Borgen/Unterlauf weil Differenz positiv

Das Optionsregister ist nicht adressierbar, sondern kann nur mit dem Befehl OPTION aus dem W-Register geladen, aber nicht gelesen werden.

Optionsregister (nicht adressierbar)

Bit 7	Bit 6	Bit 5	Bit 4	Bit 3	Bit 2	Bit 1	Bit 0
W - 1	W - 1	W - 1	W - 1	W - 1	W - 1	W - 1	W - 1
/GPWU	**GPPU**	T0CS	T0SE	PSA	PS2	PS1	PS0
Wake-up für GP0 GP1 GP3 0: frei 1: gesp.	Pull-up für GP0 GP1 GP3 0: aus 1: ein	Timer0 Taktquelle 0: intern 1: extern	Timer0 externe Taktflanke 0: steigend 1: fallend	Vorteiler für 0: Timer0 1: Watchdog	Vorteiler Timer0 0 0 0: durch 2 0 0 1: durch 4 .... 1 1 0: durch 128 1 1 1: durch 256		Vorteiler Watchdog 0 0 0: durch 1 0 0 1: durch 2 .... 1 1 0: durch 64 1 1 1: durch 128

Die Prozessoren der PIC10-Familie besitzen keine Interruptsteuerung, sondern lassen sich nur mit dem Befehl sleep in einen stromsparenden Powerdown-Zustand versetzen, der im Bit /PD mit einer 0 angezeigt wird und der durch folgende Ereignisse durch ein wake-up (Aufwachen!) mit einem **Reset** verlassen werden kann:

- Potentialwechsel an einem der GPIO-Eingänge angezeigt im Bit GPWUF,
- Potentialwechsel am Komparatorausgang angezeigt im Bit CWUF oder
- Überlauf des Watchdog Timers angezeigt im Bit /TO.

Ein externer Takt bzw. Quarzanschluss ist nicht vorgesehen; der intern erzeugte Systemtakt beträgt 4 MHz entsprechend einem Befehlstakt von 1 MHz. Ein vom Hersteller eingestellter Korrekturwert steht nach dem erstmaligen Start des Bausteins im W-Register zur Verfügung, kann aber beim Löschen des Bausteins zerstört werden. Der Benutzer kann sich die durch vier geteilte Ozillatorfrequenz am Ausgang GP2 ausgeben lassen und einen eigenen Korrekturwert bestimmen.

Oszillatorkalibrierungsregister **OSCCAL** Adresse 0x05

Bit 7	Bit 6	Bit 5	Bit 4	Bit 3	Bit 2	Bit 1	Bit 0
RW - 1	RW - 1	RW - 1	RW - 1	RW - 1	RW - 1	RW - 1	RW - 0
CAL6	**CAL5**	**CAL4**	**CAL3**	**CAL2**	**CAL1**	**CAL0**	**FOSC4**
Kalibrierwert als vorzeichenbehaftete Dualzahl 0 1 1 1 1 1 1: Maximalfrequenz 0 0 0 0 0 0 0: mittlere Frequenz 1 0 0 0 0 0 0: Minimalfrequenz							GP2 Ausgang für ¼ Oszillatorfrequ. 0: GP2 ist Port 1: Oszillatorausg.

Das **Konfigurationswort** legt die Betriebsbedingungen des Bausteins fest. Es wird im Assemblerprogramm mit der Direktive __CONFIG definiert und über die Ladedatei .hex der Programmiereinrichtung übergeben, mit der sich die Vorgaben noch ändern lassen. Das 12bit Konfigurationswort des PIC 12F20x hat beispielsweise folgenden Aufbau:

Bit 11 bis Bit 5	Bit 4	Bit 3	Bit 2	Bit 1	Bit 0
–	1	1	1	1	1
nicht verwendet	**MCLRE**	**/CP**	**WDTE**	–	–
	Anschluss Stift 8 0: Port GP3 1: Reset	Codeschutz 0: eingeschaltet 1: kein Schutz	Watchdog Timer 0: aus 1: eingeschaltet		

Das Beispiel konfiguriert den Anschluss Stift 8 als Porteingang und schaltet den Codeschutz und den Watchdog Timer aus. Die Symbole werden wie die SFR-Register und Bitbezeichnungen der Definitionsdatei des Herstellers entnommen.

```
      #include    P10F206.inc   ; Standard Header File von Microchip
      __CONFIG    _MCLRE_OFF & _CP_OFF & _WDT_OFF ; Konfiguration
```

Die Anschlüsse GP0, GP1 und GP2 müssen für den Portbetrieb durch Sperren des Timers und des Komparators besonders freigegeben werden. Das einführende Beispiel programmiert die drei Portanschlüsse für die digitale Ein/Ausgabe und gibt auf GP0 den durch 10 geteilten Befehlstakt aus.

```
; k8p1.asm Test PIC 10F206 digitale Ein/Ausgabe Port GPIO
; Ausgabe GP2 GP1 GP0 verzögerter Dualzähler GP0: Befehlstakt / 10
      LIST        P=10F206      ; Controller
      #include    P10F206.inc   ; Standard Header File von Microchip
      __CONFIG    _MCLRE_OFF & _CP_OFF & _WDT_OFF ; Konfiguration
zael  EQU         0x08          ; Zähler
      ORG         0             ; Programm-Flash
start movlw       B'11111000'   ; GP3=ein GP2 GP1 GP0 = aus
      TRIS        6             ; nach Tristateregister
      movlw       B'10000000'   ; wake-up aus, pull-up ein, Timer0 int. Takt
      OPTION                    ; x bei int. Takt, Vorteiler Timer0, Teiler 1:2
      bcf         CMCON0,CMPON  ; Komparator aus: GP2 GP1 GP0 digitale E/A
      clrf        zael          ; Zähler löschen
; Arbeitsschleife GP0: 5 Takte High / 5 Takte Low  Teiler durch 10
loop  movf        zael,w        ; 1 Takt Zähler nach W-Register
      movwf       GPIO          ; 1 Takt W-Register nach Port
      incf        zael,f        ; 1 Takt Zähler erhöhen
      goto        loop          ; 2 Takte
      END                       ;
```

8.2 Die Assemblerprogrammierung

Der 12bit Befehlssatz der PIC10-Prozessoren hat einen anderen Aufbau als die Befehlssätze der PIC12- und PIC16-Familien, jedoch stimmen ihre symbolischen Bezeichnungen überein. Gegenüber dem Befehlssatz der PIC16-Familie fehlen die beiden arithmetischen Befehle `addlw` und `sublw` sowie die Rücksprungbefehle `return` und `retfie`. Die beiden zusätzlichen Befehle `option` und `tris` speichern den Inhalt des W-Registers in das Optionsregister bzw. in das Tristateregister des Parallelports. Mit der 5bit Adresse der direkten File-Adressierung lassen sich alle 32 möglichen Register ohne Bankumschaltung erreichen.

Speicheroperationen mit Literal- und direkter File-Adressierung

Befehl	Operand	Z	D	C	W	T	Wirkung
movlw	Konstante				1	1	speichere Konstante nach **w**-Register
movwf	Register				1	1	speichere **w**-Register nach **f**-Register
movf	Register, **w**	Z			1	1	speichere **f**-Register nach **w**-Register
movf	Register, **f**	Z			1	1	speichere **f**-Register nach **f**-Register (Testbefehl für **f**-Reg.)
swapf	Register, **w**				1	1	vertausche **f**-Registerhälften und speichere nach **w**-Register
swapf	Register, **f**				1	1	vertausche **f**-Registerhälften und speichere nach **f**-Register
clrw		Z			1	1	lösche **w**-Register
clrf	Register	Z			1	1	lösche **f**-Register
nop					1	1	no operation (tu nix)
option							speichere **w**-Register nach OPTION-Register (nur PIC10)
tris	Register						speichere **w**-Register nach Tristate-Register (nur PIC10)

Arithmetische Operationen mit Literal- und direkter File-Adressierung

Befehl	Operand	Z	D	C	W	T	Wirkung
~~addlw~~							*Befehl für PIC10-Familie nicht implementiert*
addwf	Register, **w**	Z	D	C	1	1	**w**-Register + **f**-Register, speichere Summe nach **w**-Register
addwf	Register, **f**	Z	D	C	1	1	**w**-Register + **f**-Register, Summe nach **f**-Register
~~sublw~~							*Befehl für PIC10-Familie nicht implementiert*
subwf	Register, **w**	Z	D	C	1	1	**f**-Register − **w**-Register, Differenz nach **w**-Register
subwf	Register, **f**	Z	D	C	1	1	**f**-Register − **w**-Register, Differenz nach **f**-Register
incf	Register, **w**	Z			1	1	incrementiere (+1) **f**-Register, Summe nach **w**-Register
incf	Register, **f**	Z			1	1	incrementiere (+1) **f**-Register, Summe nach **f**-Register
decf	Register, **w**	Z			1	1	decrementiere (-1) **f**-Register, Differenz nach **w**-Register
decf	Register, **f**	Z			1	1	decrementiere (-1) **f**-Register, Differenz nach **f**-Register

Logische Operationen mit Literal- und direkter File-Adressierung

Befehl	Operand	Z	D	C	W	T	Wirkung
andlw	Konstante	Z			1	1	**w**-Register UND Konstante, speichere nach **w**-Register
andwf	Register, **w**	Z			1	1	**w**-Register UND **f**-Register, speichere nach **w**-Register
andwf	Register, **f**	Z			1	1	**w**-Register UND **f**-Register, speichere nach **f**-Register
iorlw	Konstante	Z			1	1	**w**-Register ODER Konstante, speichere nach **w**-Register
iorwf	Register, **w**	Z			1	1	**w**-Register ODER **f**-Register, speichere nach **w**-Register
iorwf	Register, **f**	Z			1	1	**w**-Register ODER **f**-Register, speichere nach **f**-Register
xorlw	Konstante	Z			1	1	**w**-Register EODER Konstante, speichere nach **w**-Register
xorwf	Register, **w**	Z			1	1	**w**-Register EODER **f**-Register, speichere nach **w**-Register
xorwf	Register, **f**	Z			1	1	**w**-Register EODER **f**-Register, speichere nach **f**-Register
comf	Register, **w**	z			1	1	NICHT **f**-Register, speichere nach **w**-Register
comf	Register, **f**	z			1	1	NICHT **f**-Register, speichere nach **f**-Register

Schiebeoperationen mit direkter File-Adressierung

Befehl	Operand	Z	D	C	W	T	Wirkung
rlf	Register, **w**			C	1	1	rotiere **l**inks **f**-Register und Carry, speichere nach **w**-Reg.
rlf	Register, **f**			C	1	1	rotiere **l**inks **f**-Register und Carry, speichere nach **f**-Reg.
rrf	Register, **w**			C	1	1	rotiere **r**echts **f**-Register und Carry, speichere nach **w**-Reg.
rrf	Register, **f**			C	1	1	rotiere **r**echts **f**-Register und Carry, speichere nach **f**-Reg.

Bitoperationen mit direkter File-Adressierung

Befehl	Operand	Z	D	C	W	T	Wirkung
bcf	Register, Bit				1	1	lösche (**c**lear) Bitposition im **f**-Register
bsf	Register, Bit				1	1	setze (**s**et) Bitpositon im **f**-Register

Systemoperationen

Befehl	Operand	Z	D	C	W	T	Wirkung
clrwdt					1	1	Watchdog Timer zurücksetzen
sleep					1	1	Controller in Wartezustand versetzen

Bedingte Sprung- und Zähloperationen

Befehl	Operand	Z	D	C	W	T	Wirkung
btfsc	Register,Bit				1	1/2	bit test f-Register, überspringe Befehl bei clear (0)
							2 Takte wenn Bit 0 und nächster Befehl übersprungen wird
							1 Takt wenn Bit 1 und nächster Befehl ausgeführt wird
btfss	Register,Bit				1	1/2	bit test f-Register, überspringe Befehl bei set (1)
							2 Takte wenn Bit 1 und nächster Befehl übersprungen wird
							1 Takt wenn Bit 0 und nächster Befehl ausgeführt wird
incfsz	Register, w				1	1/2	incrementiere (+1) f-Register, Summe nach w-Register
							und überspringe Befehl, wenn Summe Null (zero) ist
							2 Takte für Summe Null und Sprung über Befehl
							1 Takt für Summe nicht Null und nächster Befehl ausgef.
incfsz	Register, f				1	1/2	incrementiere (+1) f-Register, Summe nach f-Register
							und überspringe Befehl, wenn Summe Null (zero) ist
							2 Takte für Summe Null und Sprung über Befehl
							1 Takt für Summe nicht Null und nächster Befehl ausgef.
decfsz	Register, w				1	1/2	decrementiere (−1) f-Register, Differenz nach w-Register
							und überspringe Befehl, wenn Differenz Null (zero) ist
							2 Takte für Differenz Null und Sprung über Befehl
							1 Takt für Differenz nicht Null und nächster Befehl ausgef.
decfsz	Register, f				1	1/2	decrementiere (−1) f-Register, Differenz nach f-Register
							und überspringe Befehl, wenn Differenz Null (zero) ist
							2 Takte für Differenz Null und Sprung über Befehl
							1 Takt für Differenz nicht Null und nächster Befehl ausgef.

Der Programmspeicher umfasst maximal 512 Bytes und ist nicht in Seiten aufgeteilt. Der unbedingte Sprungbefehl goto enthält die volle 9bit Sprungadresse. Das SFR-Register PCL (Adresse 0x02) zeigt auf die unteren acht Bitpositionen des Befehlszählers. Unterprogramm-aufrufe mit call und einer 8bit Adresse sind nur für die unteren 256 Adressen möglich. Der Hardwarestapel kann maximal zwei Rücksprungadressen aufnehmen.

Sprung- und Unterprogrammoperationen

Befehl	Operand	Z	D	C	W	T	Wirkung
goto	Ziel				1	2	unbedingter Sprung zum Ziel, lade PC mit Zieladresse
call	Ziel				1	2	Unterprogramm aufrufen, Rücksprungadresse nach Stapel
retlw	Konstante				1	2	Rücksprung und speichere Konstante nach w-Register
~~return~~							Befehl für PIC10-Familie nicht implementiert
~~retfie~~							Befehl für PIC10-Familie nicht implementiert

Die indirekte File-Adressierung wird über die SFR-Register FSR (Adresse 0x04) und INDF (Adresse 0x00) ohne Bankumschaltung durchgeführt.

8.3   Die Peripherie-Einheiten

Die **Parallelschnittstelle** GPIO (**G**eneral **P**urpose **I**nput **O**utput) *Bild 8-1* benutzt die gleichen Anschlüsse wie der Timer0 und der Komparator. Diese übersteuern die im Tristateregister programmierte Richtung. Für eine Freigabe aller vier Schnittstellenanschlüsse nach
dem Einschalten der Versorgungsspannung sind folgende Maßnahmen erforderlich:

- Im Konfigurationswort schaltet _MCLRE_OFF den Anschluss GP3 als Eingang.
- Im Oszillatorkalibrierungsregister OSCCAL schaltet FOSC4=0 (Vorgabe) den Anschluss
  GP2 als Peripherieport für den Timer0, den Komparator oder die parallele Ein/Ausgabe.
- Im Komparatorsteuerregister CMCON0 schaltet CMPON=0 den Komparator aus und die
  Anschlüsse GP0 und GP1 als Parallelports; GP2 kann noch Timereingang sein.
- Im Optionsregister schaltet T0CS=0 den Timer0 auf internen Takt und gibt GP2 für die
  parallele Ein/Ausgabe frei.

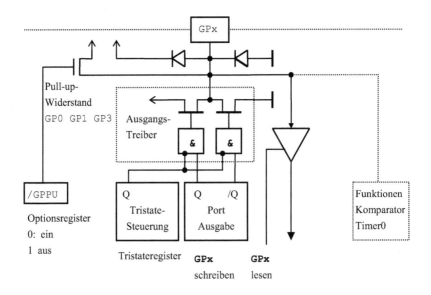

Bild 8-1: Die Parallelschnittstelle des PIC 10F206

- Eine 0 im Tristateregister programmiert den entsprechenden Anschluss als Ausgang, für
  eine 1 arbeitet er als Eingang. Nach einem Reset ist die Schaltung mit einer 1 als Eingang
  voreingestellt. Dabei sind beide Ausgangstransistoren abgeschaltet, der Anschluss ist hochohmig (tristate), wenn er nicht mit dem Pull-up-Widerstand auf High gehalten wird.
- Beim Schreiben in den Ausgangsspeicher werden die Daten bis zum nächsten Schreibvorgang gespeichert. Ist der Ausgangstreiber als Ausgang programmiert, so wird eine 0
  als Low und eine 1 als High ausgegeben.

- Beim Lesen des Eingangs wird der Zustand des Anschlusses über einen getakteten Eingangspuffer eingegeben. Ein High am Anschluss erscheint als 1, ein Low erscheint als 0.
- Beim Rücklesen eines Ausgabewertes ist zu beachten, dass zwischen der Ausgabe und der Eingabe mindestens ein nop-Befehl zur Zeitverzögerung einzufügen ist. Bei einem stark belasteten High-Ausgang kann das Potential soweit absinken, dass ein Low zurückgelesen wird.
- Im Optionsregister kann für jeden Potentialwechsel an GP0, GP1 oder GP3 ein wake-up Reset programmiert werden.

Für die Belastung von **Ausgängen** gibt es zwei Gesichtspunkte:
- Im Treiberbetrieb bei einem Anschluss von Leuchtdioden oder Relais kann jeder Ausgang maximal 25 mA nach High oder nach Low treiben; jedoch ist der Gesamtstrom aller drei Portausgänge auf maximal 75 mA begrenzt.
- Im Logikbetrieb bei einem Anschluss von Logikbausteinen ist die Low-Ausgangsspannung bis zu einer Belastung von 8 mA kleiner als 0.6 Volt; die High-Ausgangsspannung ist bis zu einer Belastung von 3 mA größer als 4.3 Volt. Damit lassen sich etwa fünf Standard-TTL-Lasten treiben.

Die **Eingangspotentiale** sind abhängig vom Eingangspuffer:
- Bei einem TTL-kompatiblen Eingang ist Low < 0.8 Volt und High > 2 Volt, die Umschaltschwelle liegt bei ca. 1.6 Volt.
- Bei einem Schmitt-Trigger-Eingang gibt es zwei Umschaltschwellen, je nachdem, ob von Low nach High oder von High nach Low geschaltet wird. Sie liegen nach Herstellerangaben etwa bei 1 Volt und max. 4 Volt.

Das SFR-Register **GPIO** (Adresse 0x06) dient in den unteren vier Bitpositionen zur parallelen Ein/Ausgabe. Das auf der gleichen Adresse liegende Tristateregister kann nur mit dem Befehl tris mit den Richtungsbits aus dem W-Register geladen werden. Das Beispiel schaltet die Parallelschnittstelle (*Bild 8-2*) ein und programmiert die drei Anschlüsse GP2, GP1 und GP0 als Ausgänge, die über invertierende Treiber drei Leuchtdioden mit Vorwiderständen ansteuern. Am Eingang GP3 befindet sich ein entprellter Taster

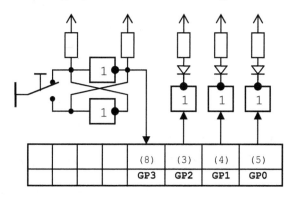

Bild 8-2: Parallelschnittstelle mit Eingabetaster und LED-Anzeigen

Bei einem Reset startet der Befehlszähler auf der obersten Flash-Adresse und führt den dort
vorprogrammierten Befehl aus, der das W-Register mit einem vom Hersteller ermittelten
Kalibrierungswert für den internen Oszillators lädt. Der folgende Befehl wird dann von der
Adresse 0x000 ausgeführt. Das Beispielprogramm gibt bei jedem Tastendruck zwei Bits des
Kalibrierungswertes auf den beiden wertniedrigsten Leuchtdioden aus.

```
; k8p2.asm Test PIC 10F206 Kalibrierungsbyte zyklisch ausgeben
        LIST        P=10F206        ; Controller
        #include    P10F206.inc   ; Standard Header File von Microchip
        __CONFIG    _MCLRE_OFF & _CP_OFF & _WDT_OFF ; Konfiguration
kali    EQU         0x08            ; Kalibrierungsbyte
zael    EQU         0x09            ; Zähler
aus     EQU         0x0A            ; Ausgabebyte
        ORG         0               ; Programm-Flash
start   movwf       kali            ; Kalibrierungsbyte retten
        movlw       B'11111000'     ; GP3=ein GP2 GP1 GP0 = aus
        TRIS        6               ; nach Tristateregister
        movlw       B'10000000'     ; wake-up aus, pull-up ein, Timer0 int. Takt
        OPTION                      ; x bei int. Takt, Vorteiler Timer0, Teiler 1:2
        bcf         CMCON0,CMPON    ; Komparator aus: GP2 GP1 GP0 digitale E/A
loop    movlw       4               ; Zähler für
        movwf       zael            ; 4 x 2 Operationen
loop1   movf        kali,w          ; Kalibrierungsbyte
        movwf       aus             ; nach Ausgabespeicher
        bsf         aus,GP3         ; Bit_3 High
        bsf         aus,GP2         ; Bit_2 erst High für Zähler 3 2 1
        btfss       zael,2          ; 1. Durchlauf zael = 100 = 4 ?
        bcf         aus,GP2         ; nein: Bit_2 = Low
        movf        aus,w           ; Ausgabespeicher
        movwf       GPIO            ; nach Port
; warte auf Taster GP3 für nächste Ausgabe
loop2   btfsc       GPIO,GP3        ; fallende Flanke ?
        goto        loop2           ; nein
loop3   btfss       GPIO,GP3        ; steigende Flanke ?
        goto        loop3           ; nein
; Kalibrierungsbyte 2 bit zyklisch rechts
        bcf         STATUS,C        ; Carry = 0
        btfsc       kali,0          ; überspringe für Bit_0 = 0
        bsf         STATUS,C        ; Carry = 1 für Bit_0 = 1
        rrf         kali,f          ; zyklisches 8bit Schieben nach rechts
        bcf         STATUS,C        ; Carry = 0
        btfsc       kali,0          ; überspringe für Bit_0 = 0
        bsf         STATUS,C        ; Carry = 1 für Bit_0 = 1
        rrf         kali,f          ; zyklisches 8bit Schieben nach rechts
        decfsz      zael,f          ; Durchlaufzähler - 1
```

```
        goto    loop1        ; weiter bei nicht Null
        goto    loop         ; neuer Durchlauf bei Null
        END                  ;
```

Die auf drei Ausgänge beschränkte Parallelschnittstelle lässt sich durch die serielle Ansteuerung eines Schieberegisters wie z.B. 74HC595 erweitern (*Bild 8-3*). Bei jeder steigenden
Flanke am Eingang SCK werden die am Eingang SER anliegenden Daten übernommen, und
der Inhalt des Schieberegisters wird um eine Bitposition nach rechts verschoben. Eine steigende Flanke am Eingang RCK speichert den Inhalt des Schieberegisters in den Ausgabespeicher, an den acht Leuchtdioden angeschlossen sind. Mit dem Ausgang QH' lässt sich die
Schaltung um weitere Schieberegister erweitern (kaskadieren).

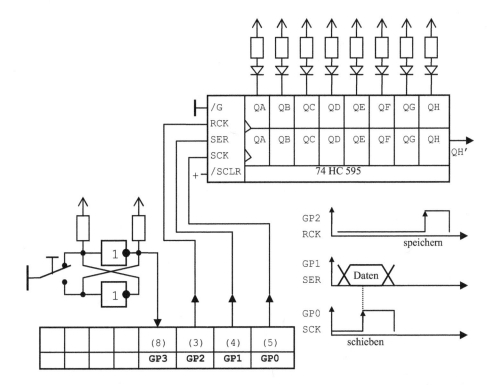

Bild 8-3: Porterweiterung durch ein externes Schieberegister

Das Beispiel erhöht mit jedem Tastendruck am Eingang GP3 einen internen Dualzähler um
1, der mit einem Unterprogramm auf den acht Leuchtdioden des Schieberegisters ausgegeben wird.

```
; k8p3.asm Test PIC 10F206 Porterweiterung mit Schieberegister 74HC595
; Taste an GP3 Dualzähler erhöhen
```

```
      LIST        P=10F206      ; Controller
      #include    P10F206.inc   ; Standard Header File von Microchip
      __CONFIG    _MCLRE_OFF & _CP_OFF & _WDT_OFF ; Konfiguration
zael  EQU         0x08          ; Hauptprogramm: Dualzähler
takt  EQU         0x09          ; Unterprogramm: Taktzähler
schieb EQU        0x0A          ; Unterprogramm: internes Schieberegister
; Unterprogramm liegt vor dem Hauptprogramm
      ORG         0             ; Programm-Flash
      goto        start         ;
; Unterprogramm W-Register seriell auf 74HC595 ausgeben
seraus movwf      schieb        ; Ausgabebyte nach Schieberegister
      comf        schieb,f      ; Komplement wegen Katodenansteuerung
      movlw       8             ; 8 Schiebetakte
      movwf       takt          ; nach Taktzähler
      bcf         GPIO,GP2      ; Übernahmetakt Low
seraus1 bcf       GPIO,GP0      ; Taktausgang Low
      rlf         schieb,f      ; Carry <- MSB
      bcf         GPIO,GP1      ; Datenausgang Low
      btfsc       STATUS,C      ; Datenbit 0:  Low bleibt
      bsf         GPIO,GP1      ; Datenbit 1:  Datenausgang High
      bsf         GPIO,GP0      ; Taktausgang High: steigende Taktflanke
      decfsz      takt,f        ; Taktzähler - 1, überspringe bei Null
      goto        seraus1       ; weiter bei nicht Null
      bsf         GPIO,GP2      ; Übernahmetakt High: steigende Übernahmeflanke
      retlw       0             ; Rücksprung
; Hauptprogramm
start movlw       B'11111000'   ; GP3=ein GP2 GP1 GP0 = aus
      TRIS        6             ; nach Tristateregister
      movlw       B'10000000'   ; wake-up aus, pull-up ein, Timer0 int. Takt
      OPTION                    ; x bei int. Takt, Vorteiler Timer0, Teiler 1:2
      bcf         CMCON0,CMPON  ; Komparator aus: GP2 GP1 GP0 digitale E/A
      movlw       B'00001000'   ; Anfangszustand RCK SER SCK Low
      movwf       GPIO          ; aus Port ausgeben
      clrf        zael          ; Zähler löschen
; Arbeitsschleife: bei Taster an GP3 Ausgabezähler + 1
loop  movf        zael,w        ; Zähler nach W-Register
      call        seraus        ; und ausgeben
; warte auf Taster GP3 für nächste Ausgabe
loop1 btfsc       GPIO,GP3      ; fallende Flanke ?
      goto        loop1         ; nein
loop2 btfss       GPIO,GP3      ; steigende Flanke ?
      goto        loop2         ; nein
      incf        zael,f        ; Zähler erhöhen
      goto        loop          ; neuer Durchlauf bei Null
      END                       ;
```

Für eine 16bit Ausgabe wird an den Ausgang QH' der Eingang SER eines weiteren Schiebe-registers angeschlossen; die Taktsignale sind parallel zu schalten. Über den I²C-Bus lassen sich mit nur zwei Ausgängen parallele Ein/Ausgabe-Bausteine, Analog/Digitalwandler und serielle EEPROM-Bausteine betreiben.

Die **Peripherieeinheiten Timer0 und Komparator** (*Bild 8-4*) müssen sich drei Anschlüsse mit der parallelen Schnittstelle GPIO teilen. Nach dem Einschalten (Power-on Reset) hat der Komparator den Vorrang vor den anderen Einheiten.

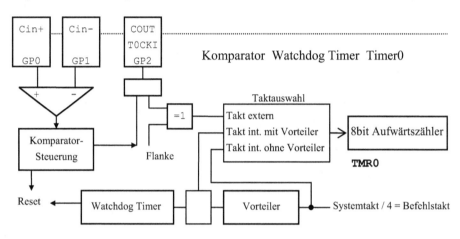

Bild 8-4: Die Peripherieeinheiten des PIC 10F206

Der **Timer0** wird im Optionsregister eingeschaltet und programmiert. Er besitzt im Gegen-satz zu Timern anderer Bausteine keine Möglichkeit, einen Überlauf zu erkennen.

Optionsregister (nicht adressierbar)

Bit 7	Bit 6	Bit 5	Bit 4	Bit 3	Bit 2	Bit 1	Bit 0
W – 1	W – 1	W – 1	W – 1	W – 1	W – 1	W – 1	W – 1
/GPWU	GPPU	T0CS	T0SE	PSA	PS2	PS1	PS0
Wake-up für GP0 GP1 GP3 0: frei 1: gesp.	Pull-up für GP0 GP1 GP3 0: aus 1: ein	Timer0 Taktquelle 0: intern 1: extern	Timer0 externe Taktflanke 0: steigend 1: fallend	Vorteiler für 0: Timer0 1: Watchdog	Vorteiler Timer0 0 0 0: durch 2 0 0 1: durch 4 . . . . 1 1 0: durch 128 1 1 1: durch 256	Vorteiler Watchdog 0 0 0: durch 1 0 0 1: durch 2 . . . . 1 1 0: durch 64 1 1 1: durch 128

Der laufende Zählerstand des Timers ist im Register **TMR0** (Adresse 0x01) verfügbar. Mit dem Bit /CMPT0CS des Komparatorsteuerregisters kann der Komparator als Taktquelle dienen. Der Vorteiler wird entweder dem Timer0 oder dem Watchdog Timer zugeordnet.

Ist der **Watchdog Timer** mit dem Bit `WDTE` $= 1$ des Konfigurationswortes eingeschaltet, so muss er in regelmäßigen Abständen durch den Befehl `clrwdt` beruhigt werden. Die Auslösung eines Resets durch den Watchdog Timer wird im Bit `/TO` des Statusregisters durch eine 0 angezeigt.

Der **Analogkomparator** vergleicht die Größe zweier analoger Eingangsspannungen und liefert am Ausgang eine logische Aussage über größer oder kleiner. Diese wird im Steuerregister angezeigt und kann auf dem Anschluss `COUT` (GP2) ausgegeben werden.

Komparatorsteuerregister **CMCON0** Adresse 0x07

Bit 7	Bit 6	Bit 5	Bit 4	Bit 3	Bit 2	Bit 1	Bit 0
R - 1	RW - 1	RW - 1	RW - 1	RW - 1	RW - 1	RW - 1	RW - 1
CMPOUT	/COUTEN	POL	/CMPT0CS	CMPON	CNREF	CPREF	/CWU
Anzeige	Ausgabe	Polarität	Takt Timer0	Komparat.	Neg.Ref.	Pos. Ref.	Wake-up
0: V+ < V-	0: COUT	0: invert.	0: Komparat.	0: aus	0: intern	0: Cin-	0: frei
1: V+ > V-	1: keine	1: nicht	1: Bit T0CS	1: ein	1: Cin-	1: Cin+	1: gesp.

Bei jedem Wechsel des Komparatorausgangs kann ein wake-up Reset ausgelöst werden, der im Bit `CWUF` des Statusregisters mit einer 1 angezeigt wird. Wird der Komparatorzustand auf dem Anschluss `COUT` ausgegeben, so kann jeder Komparatorwechsel als externer Takt für den Timer0 programmiert werden.

Beispiele für Anwendungen des Timers und des Komparators finden sich in den Abschnitten 3.9.2 der PIC16-Familie sowie 7.2.2 und 7.5 der PIC18-Familie.

9   Anwendungen

9.1   Schaltungstechnik

Im Gegensatz zu bipolaren Schaltungen, die relativ hohe Steuerströme erfordern, arbeiten MOS-Schaltungen (*metal oxide semiconductor*) mit spannungsgesteuerten Feldeffekttransistoren, die nur geringe Steuerströme benötigen. Man unterscheidet:

- PMOS-Schaltungen mit selbstsperrenden P-Kanal-Transistoren,
- NMOS-Schaltungen mit selbstsperrenden N-Kanal-Transistoren und
- **CMOS-Schaltungen** (*Complementary MOS*; *Bild 9-1*), bestehend aus einem PMOS- und einem NMOS-Transistor. Das zur Vereinfachung dargestellte Schaltbild eines CMOS-Schalters ist nicht genormt!

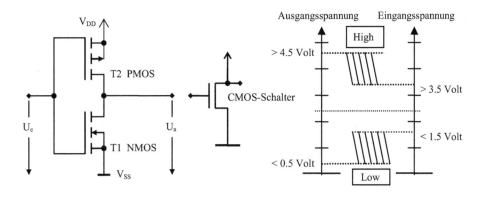

Bild 9-1: CMOS-Schaltung als Inverter und Toleranzgrenzen

Für eine Eingangsspannung $U_e = V_{SS}$ leitet der P-Kanal-Transistor T2 und die Ausgangsspannung U_a ist gleich der Betriebsspannung V_{DD}. Für eine Eingangsspannung $U_e = V_{DD}$ leitet der N-Kanal-Transistor T1 und die Ausgangsspannung U_a ist gleich dem Bezugspotential V_{SS}. Die Umschaltschwelle liegt etwa bei der halben Betriebsspannung. Nur beim Umschalten fließt ein geringer Ladestrom, im stationären Zustand ist die Stromaufnahme nahezu Null. Die Toleranzangaben beziehen sich auf Verbindungen zwischen CMOS-Bausteinen.

Die **Portanschlüsse** (*Bild 9-2*) der PIC-Controller sind wie der Baustein in CMOS-Technik ausgeführt. Am Eingang befinden sich zwei Schutzdioden gegen Überspannungen größer als die Betriebsspannung Vcc und gegen negative Eingangsspannungen.

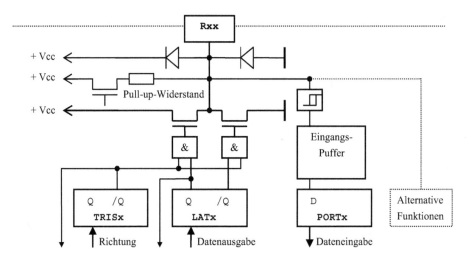

Bild 9-2: Modell eines Controller-Portanschlusses

Die *Ausgangsschaltung* besteht aus zwei CMOS-Schaltern mit Tristate-Verhalten. Für eine 1 im Richtungsbit TRISx sind beide Ausgangstransistoren abgeschaltet; dies ist der Anfangszustand nach Reset. Eine 0 im Richtungsbit TRISx gibt die Ausgabe frei. Eine 1 im Datenbit LATx legt den Ausgang auf High-Potential; eine 0 im Datenbit legt den Ausgang auf Low. Die Höhe der Ausgangsspannung ist abhängig von der Belastung. Man unterscheidet:

- den Logikbetrieb, bei dem der Ausgang die für die angeschlossenen Logikeingänge erforderlichen High- bzw. Low-Spannungen liefern muss und
- den Treiberbetrieb z.B. für Leuchtdioden oder Relais, bei dem der Ausgangsstrom durch die thermische Belastbarkeit des Bausteins begrenzt wird.

Die *Eingangsschaltung* besteht aus einem vom Systemtakt synchronisierten Eingangspuffer. Am PORTx erscheint das am Anschluss Rxx anliegende Potential unabhängig vom Zustand von LATx. Ein Low-Potential ergibt eine logische 0, ein High ergibt eine logische 1.

Für *alternative Funktionen* (z.B. Timer-Ausgang oder Analogeingang) muss der Portanschluss tristate und ohne internen Pull-up-Widerstand programmiert werden.

Die folgenden Angaben über die elektrischen Eigenschaften der Eingangs- und Ausgangsschaltungen sind nur Richtwerte, die das allgemeine Verhalten der PIC-Controller beschreiben. Für besondere Anwendungsfälle müssen die Handbücher des verwendeten Bausteins herangezogen werden. Gleiches gilt für die an den Anschlüssen betriebenen Logikbausteine.

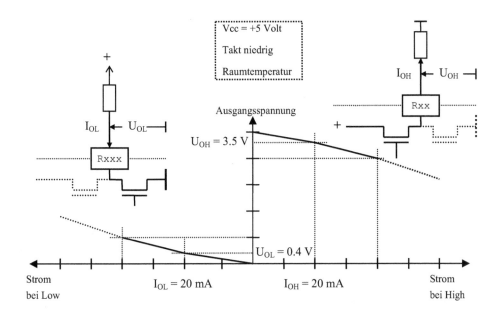

Bild 9-3: Ausgangskennlinien eines Ports (Richtwerte!)

Die in *Bild 9-3* dargestellten Ausgangskennlinien sind nur Richtwerte und beziehen sich auf eine Versorgungsspannung von 5 Volt und normale Betriebsbedingungen. Für die Stromaufnahme des Bausteins ohne Portbelastung werden im aktiven Betrieb und bei 4 MHz Systemtakt etwa 10 mA angegeben. Die Toleranzgrenzen in *Bild 9-4* sind nur Richtwerte!

Charakteristische Eigenschaften der Portanschlüsse aus einem Handbuch des Herstellers:

- Eingangsspannung für High größer 3.0 Volt bei einem Strom von ca. 1 μA.
- Eingangsspannung für Low kleiner 1.0 Volt bei einem Strom von ca. 1 μA.
- Eingangshysterese ca. 0.5 Volt.
- Ausgangsspannung für High größer 3.5 Volt bei einem Strom von 20 mA.
- Ausgangsspannung für Low kleiner 0.4 Volt bei einem Strom von 20 mA.
- Maximaler Strom eines Anschlusses 25 mA bei High und bei Low.
- Maximaler Gesamtstrom eines Ports 100 mA bei High und bei Low.
- Maximaler Gesamtstrom aller Ports 200 mA bei High und bei Low.

Für einen aktuellen Anwendungsfall sollte das Handbuch des eingesetzten Bausteins herangezogen werden, da sich die Portanschlüsse in ihrem elektrischen Verhalten (TTL-Kompatibilität, Schmitt-Trigger-Eingang oder Open-Drain-Schaltung) stark voneinander unterscheiden können.

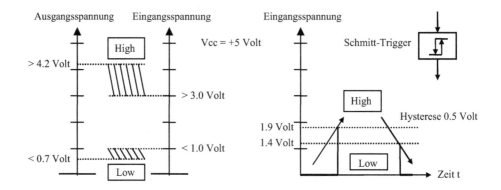

Bild 9-4: Toleranzgrenzen und Hysterese eines Ports (Richtwerte!)

Die Tabelle zeigt zur Orientierung Angaben über die Belastung von Standard-Logikbausteinen und Peripherieanschlüssen der PIC-Controller (Spalte IO-Pin) aus den Handbüchern der Hersteller. Die Ströme sind Absolutwerte ohne Angabe einer Richtung.

Lastangabe	*TTL*	*LS*	*ALS*	*HCT*	*IO-Pin*
Eingangs-High-Spannung	> 2.0 Volt	> 2.0 Volt	> 2.0 Volt	> 2.0 Volt	**> 3.0 Volt**
Eingangs-Low-Spannung	< 0.8 Volt	< 0.8 Volt	< 0.8 Volt	< 0.8 Volt	**< 1.0 Volt**
Ausgangs-High-Spannung (Standard)	> 2.4 Volt	> 2.4 Volt	> 2.4 Volt	> 4.9 Volt	**> 4.2 Volt**
Ausgangs-Low-Spannung (Standard)	< 0.4 Volt	< 0.4 Volt	< 0.4 Volt	< 0.1 Volt	**< 0.7 Volt**
Eingangs-High-Strom (Fan-In = 1)	0.04 mA	0.02 mA	0.02 mA	1 µA	**1 µA**
Eingangs-Low-Strom (Fan-In = 1)	1.6 mA	0.4 mA	0.1 mA	1 µA	**1 µA**
Ausgangs-High-Strom (Standard)	0.4 mA	0.4 mA	0.4 mA	5..20 mA	**20 mA**
Ausgangs-Low-Strom (Standard)	16 mA	8 mA	8 mA	5..20 mA	**20 mA**
max. High-Strom als Treiber	ca. 0.5 mA	ca. 0.5 mA	ca. 0.5 mA	> 25 mA	**ca. 25 mA**
max. Low-Strom als Treiber	ca. 20 mA	ca. 20 mA	ca. 20 mA	> 25 mA	**ca. 25 mA**

In Anwendungen, bei denen die Treiberfähigkeit der Portanschlüsse nicht ausreicht oder für Lasten mit höheren Betriebsspannungen als +5 Volt sind Treiberschaltungen nach *Bild 9-5* erforderlich.

Für kleine Lasten und Betriebsspannungen eignen sich bipolare Transistoren, die meist zusammen mit der Versorgungsspannung Vcc = 5 Volt des Controllers betrieben werden können. Für höhere Belastungen und Betriebsspannungen werden oft MOSFET-Transistoren eingesetzt. Relais zur Potentialtrennung erfordern eine parallele Freilaufdiode und gegebenenfalls ein RC-Glied zur Unterdrückung von Störimpulsen, die durch Funken an den Schaltkontakten auftreten können. Die serielle 20mA-Schnittstelle verwendet Optokoppler zur Potentialtrennung.

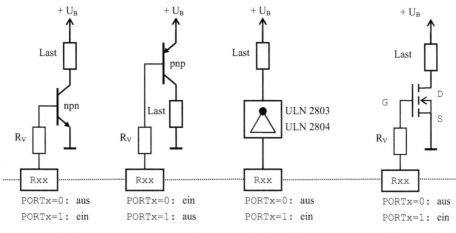

Treibertransistoren · Integrierte Treiberschaltungen · MOSFET-Treiber

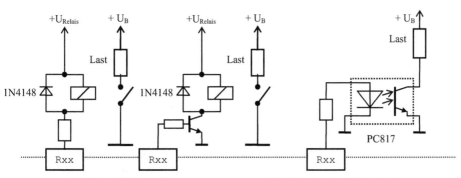

Relais zur Potentialtrennung · Optokoppler zur Potentialtrennung

Baustein	max. U_B	max. I	Anwendung
npn-Transistor BC 337	50 V	0.8 A	schaltet Last nach Ground
pnp-Transistor BC 327	50 V	0.8 A	schaltet Last nach $+U_B$
npn-Transistor BD 677	60 V	4 A	Darlington schaltet Last nach Ground
pnp-Transistor BD 678	60 V	4 A	Darlington schaltet Last nach $+U_B$
ULN 2803 und ULN 2804	95 V	0.5 A	8 Darlingtontransistoren in einem Gehäuse nach $+U_B$
IRL3705N MOSFET	55 V	80 A	Schalten großer Lasten
74LS47	15 V	24 mA	Siebensegmentdecoder aktiv Low, LED an Vcc
CD 4511	-	25 mA	Siebensegmentdecoder aktiv High , LED an Gnd
74HC595	6 V	25 mA	Schieberegister seriell ein, parallel aus
Reedrelais (Beispiel!)	5 V	500 Ω	Schaltspannung max. 200 V Schaltleistung max. 15 W
Optokoppler PC817	35 V	50 mA	Potentialtrennung

Bild 9-5: Treiberschaltungen und Bausteine (Auswahl)

9.2   Anzeigeeinheiten

Eine **Leuchtdiode** (LED = **L**icht **E**mittierende **D**iode, Lumineszenzdiode) ist eine Halbleiterschaltung, die beim Betrieb in Durchlassrichtung Licht abstrahlt; die Farbe ist abhängig von der Dotierung. Bei Überstrom in Durchlassrichtung und beim Betrieb in Sperrrichtung für Spannungen über 3 bis 5 Volt kann die Diode zerstört werden.

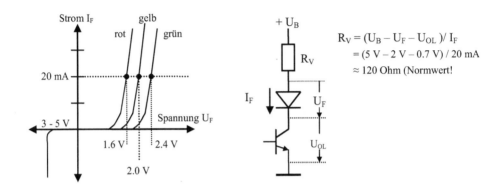

Bild 9-6: Kennlinien (nicht maßstäblich) und Schaltung von Leuchtdioden

Die Stärke des abgegebenen Lichts in der Einheit cd (Candela) ist abhängig vom Strom in Durchlassrichtung I_F (*forward*). Für einen Nennstrom von z.B. 20 mA geben die Hersteller einen Spannungsabfall U_F von z.B. 2.0 V (gelbe LED) an, aus dem der für den Betrieb erforderliche Vorwiderstand bestimmt werden kann. Ein Dauerbetrieb über dem angegebenen Nennstrom beschleunigt die Alterung der LED; die Helligkeit nimmt mit der Zeit stark ab. Für einen Impulsbetrieb durch eine Multiplexansteuerung ist nicht der Spitzenstrom, sondern der die Erwärmung verursachende Mittelwert des Stroms maßgeblich. Bei parallel geschalteten LEDs benötigt jede einen eigenen Vorwiderstand. Bei einer Reihenschaltung ist der gemeinsame Widerstand aus der Summe der Teilspannungen zu berechnen; gegebenenfalls ist die Betriebsspannung zu erhöhen.

Die strahlende aktive Fläche von ca. 1 bis 5 mm^2 wird in eine farblose oder eingefärbte Kunststoffhülle eingegossen, deren Form die Strahlungscharakteristik bestimmt. Als Abstrahlwinkel bezeichnet man den Winkel, um den die LED in der Strahlachse geschwenkt werden kann, bis die Lichtstärke auf die Hälfte des maximalen Wertes abgesunken ist. Für den Spektralbereich des emittierten Lichts wird meist eine mittlere Wellenlänge λ in der Einheit nm angegeben. Die Kenndaten der in der Tabelle *Bild 9-7* aufgeführten Leuchtdioden sind nur Richtwerte aus dem Katalog eines Elektronikversands.

Bauform	Farbe	λ	Lichtstärke	Winkel	U_F	I_F	Bemerkung
Standard	rot	660 nm	5 mcd	30 Grad	1.6 V	20 mA	allgemeine Anzeige
	gelb	585 nm	5 mcd	30 Grad	2.0 V	20 mA	
	grün	565 nm	5 mcd	30 Grad	2.4 V	20 mA	
Low-Current	rot	660 nm	5 mcd	30 Grad	1.6 V	2 mA	niedrige Stromaufnahme
	gelb	585 nm	5 mcd	30 Grad	2.0 V	2 mA	
	grün	565 nm	5 mcd	30 Grad	2.4 V	4 mA	
hell	rot	643 nm	320 mcd	9 Grad	1.9 V	30 mA	hohe Leuchtkraft
	gelb	590 nm	750 mcd	9 Grad	2.0 V	30 mA	
	grün	565 nm	240 mcd	9 Grad	2.4 V	30 mA	
	blau	466 nm	210 mcd	9 Grad	3.9 V	20 mA	
superhell	rot	625 nm	5000 mcd	30 Grad	2.0 V	20 mA	Beleuchtungszwecke
	gelb	590 nm	5000 mcd	30 Grad	2.6 V	20 mA	
	grün	520 nm	7200 mcd	30 Grad	4.0 V	30 mA	
	blau	470 nm	2100 mcd	30 Grad	4.0 V	20 mA	
	weiß		9200 mcd	20 Grad	4.0 V	20 mA	

Bild 9-7: Kenndaten von Leuchtdioden aus dem Katalog eines Elektronikversands (Auswahl)

Sonderbauformen:

- Leistungs-LEDs für Beleuchtungszwecke (Power-LEDs) liefern Lichtstärken von einigen Tausend Candela und Lichtströme von einigen Hundert Lumen bei Strömen bis zu 1 A.
- Flächen-LEDs enthalten mehrere gleichfarbige Elemente in einem gemeinsamen Gehäuse von z.B. 10 x 20 mm.
- LED-Arrays enthalten mehrere LEDs als Reihe (Bargraf), als Punktmatrix oder als Siebensegmentanzeige.
- SMD-LEDs werden meist ohne Linse in flacher Bauform ausgeführt.
- LED-Streifen enthalten miteinander verbundene SMD-LEDs auf flexiblen Leiterbahnen für Dekorationszwecke.
- LED-Leuchten mit Lampenfassungen für Klein- und Netzspannung ersetzen in zunehmendem Maße Glühlampen.
- Blink-LEDs enthalten Schaltungen für eine Blinkfrequenz von 1 bis 3 Hz und können ohne Vorwiderstand betrieben werden.
- LEDs mit integriertem Vorwiderstand werden für verschiedene Betriebsspannungen geliefert.
- Mehrfarben-LEDs enthalten mehrere Leuchtdioden für zwei (Duo-LED) oder drei (RGB-LED) Farben in einem farblosen Gehäuse.

Bei der direkten Ansteuerung einzelner Leuchtdioden nach *Bild 9-8* sollten die maximalen Ausgangsströme einer Portleitung, eines Ports und des gesamten Bausteins beachtet werden, notfalls sind Treiber erforderlich.

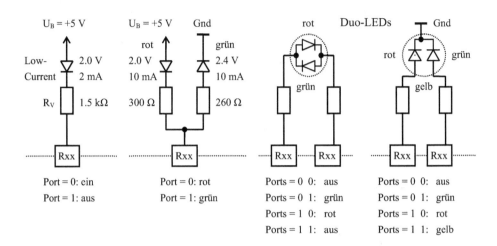

Bild 9-8: Direkte Ansteuerung von Einzeldioden (Beispiele)

Low-Current-Leuchtdioden lassen sich problemlos direkt an den Portausgängen sowohl nach High als auch nach Low betreiben. Leuchtdioden der Standardausführung mit 20 mA Strom in Durchlassrichtung können durch entsprechende Vorwiderstände in der Stromaufnahme reduziert werden. Duo-Leuchtdioden in der Antiparallelschaltung mit zwei Anschlüssen werden zwischen zwei Portausgängen betrieben. Die Ausführung mit drei Anschlüssen fasst die beiden Katoden zusammen und kann bei Ansteuerung beider Dioden eine Mischfarbe erzeugen. Bei RGB-Dioden (**R**ot **G**rün **B**lau) werden für jede der drei Farben beide Anschlüsse herausgeführt. Durch eine Steuerung der Helligkeit mit drei Digital/Analogwandlern oder drei PWM-Ausgängen lassen sich alle Mischfarben erzeugen (Full-Color-LED). *Bild 9-9* zeigt die Dimensionierung der Vorwiderstände einer Bandanzeige und einer Duo-LED. Die berechneten Widerstandswerte wurden durch Normwerte ersetzt.

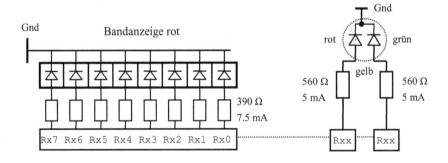

Bild 9-9: Bandanzeige und Duo-Leuchtdiode mit Vorwiderständen

Siebensegmentanzeigen mit gemeinsamer Katode nach *Bild 9-10 links* werden anodenseitig nach High geschaltet. Bei Ausführungen gemeinsamer Anode nach *Bild 9-10 rechts* sind die einzelnen Katoden nach Low zu schalten.

Bei direkter Ansteuerung über einen Parallelport ist eine Codetabelle erforderlich, mit der sich zusätzlich zu den Dezimalziffern auch Buchstaben wie z.B. die Hexadezimalziffern von A bis F und weitere Sonderzeichen anzeigen lassen.

BCD-zu-Siebensegment-Decoder reduzieren die Anzahl der Portausgänge auf vier gegenüber sieben bei direkter Ansteuerung der Segmente. Decoder, die anstelle des häufig eingesetzten 74LS47 für die Codierungen von 1010 bis 1111 die Hexadezimalziffern von A bis F liefern, sind die nur schwer erhältlichen Typen TIL311 (TI), NE589 (Philips) und 9386. Eine Alternative wäre ein entsprechend programmierter Controller, der eine 4bit Eingabe in eine 7bit Ausgabe umsetzt. Abschnitt 9.6.1 beschreibt dazu ein Beispiel. Der Decoderbaustein CD 4511 mit nach High schaltenden Ausgängen liefert für die Pseudotetraden von 1010 bis 1111 Leerstellen.

Weitere Einsparungen an Leitungen liefern Schieberegister mit serieller Eingabe und paralleler Ausgabe, die sich fast beliebig kaskadieren lassen und die gleichzeitig als Treiber dienen. Dabei steigt jedoch der Programmieraufwand erheblich an. Ein Beispiel für eine Schaltung mit vier seriellen Schieberegistern wird in Abschnitt 9.6.3 verwendet.

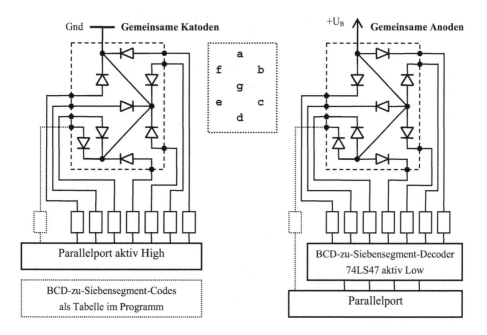

Bild 9-10: Siebensegmentanzeigen mit gemeinsamer Katode bzw. gemeinsamer Anode

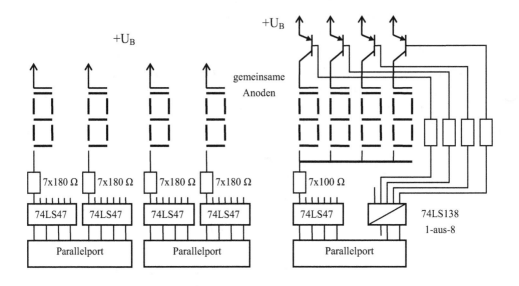

Bild 9-11: Statische und dynamische Ansteuerung mehrstelliger Siebensegmentanzeigen

Die **statische** Ausgabe *Bild 9-11 links* ist programmtechnisch einfach. Die Daten werden als BCD-codierte Dezimalzahlen in den Ausgabeport geschrieben und bleiben dort bis zu einer neuen Ausgabe gespeichert. Die **dynamische** Multiplexsteuerung *Bild 9-11 rechts* bedeutet für das Programm, dass durch einen interruptgesteuerten Timer im Takt von einigen Millisekunden eine neue Stelle eingeschaltet werden muss. Die Flimmergrenze liegt bei etwa 15 Hz, für die Dimensionierung der Vorwiderstände und Treiber sowie für die Dauer einer Stellenanzeige sind Versuche erforderlich. Abschnitt 9.6.3 zeigt dazu ein Beispiel.

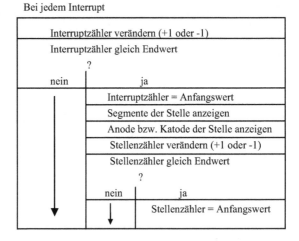

Bild 9-12: Das Multiplexverfahren mit Timer-Interrupt

Leuchtdiodenfelder z.B. für Anzeigetafeln werden als Diodenmatrix ausgeführt und im Multiplexverfahren betrieben. In der Schaltung nach *Bild 9-13 links* liefern pnp-Transistoren die Anodenströme für die Zeilen. Auf der Katodenseite legt eine integrierte Schaltung ULN 2804 mit acht Darlingtontransistoren die vier Spaltenleitungen auf Low. Bei einer Erweiterung der Schaltung durch einen 1-aus-16-Decoder z.B. 74LS154 und Ausnutzung aller acht Katodentreiber lassen sich 128 Leuchtdioden mit vier Zeilen-Auswahlleitungen und acht Spaltenleitungen betreiben. Die auszugebenden Symbole werden Tabellen entnommen.

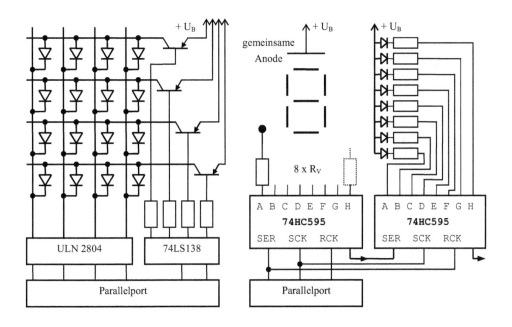

Bild 9-13: Diodenmatrix und serielle Schieberegister zur LED-Ansteuerung

Den geringsten Aufwand an Leitungen benötigt die Schaltung nach *Bild 9-13 rechts*, in der mit einer Daten- und zwei Taktleitungen zwei hintereinander geschaltete Schieberegister (seriell ein/parallel aus) eine Siebensegment- und eine Bargraf-Anzeige ansteuern. Mit jeder steigenden Flanke an SCK werden die an SER anliegenden Daten übernommen und in beiden Registern um eine Bitposition nach rechts verschoben. Eine steigende Flanke an RCK speichert den Inhalt der Schieberegister in die Ausgabespeicher. Der als Tabelle zu definierende Zeichensatz der Siebensegmentanzeige lässt neben den Hexadezimalziffern weitere Buchstaben und Sonderzeichen zu. Die Schaltung lässt sich um weitere Schieberegister erweitern (kaskadieren) und kann z.B. dazu verwendet werden mit einem PIC10, der nur vier Portleitungen hat, eine mehrstellige Dezimalanzeige anzusteuern. Gegenüber dem Multiplexverfahren ist die Anzeige statisch; die Daten bleiben in den Flipflops der Schieberegister bis zur nächsten Ausgabe gespeichert. Ein Beispiel mit vier seriellen Schieberegistern wird in Abschnitt 9.6.3 verwendet.

LCD-Anzeigen (**L**iquid **C**rystal **D**isplay, Flüssigkristall-Anzeige) bestehen aus zwei Glas-scheiben, die mit durchsichtigen Elektroden beschichtet sind. Der vollflächigen Rückseite (Backplane) stehen auf der Vorderseite die anzuzeigenden Elemente wie z.B. die Segmente einer Dezimalanzeige gegenüber. Beim Anlegen einer Wechselspannung drehen sich die Flüssigkristalle zwischen den Scheiben so, dass der Bereich zwischen den Elektroden dunkel erscheint; im spannungslosen Zustand ist der Bereich hell. Reflexive LCD-Anzeigen sind nur für Auflicht geeignet, da das von vorn einfallende Licht an der Rückseite reflektiert wird. Transflexive LCD-Anzeigen können zusätzlich von hinten beleuchtet werden. Transmissive Systeme werden nur von hinten beleuchtet.

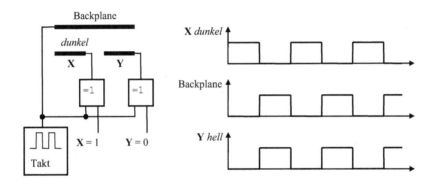

Bild 9-14: Modellschaltung zur Ansteuerung einer LCD-Anzeige

LCD-Anzeigen dürfen nur mit Wechselspannungen von ca. 30 bis einigen Hundert Hertz und von etwa 3 bis 6 Volt betrieben werden; beim Anlegen einer Gleichspannung können sich die Elektroden zersetzen. In der Modellschaltung *Bild 9-14* erscheint das mit **X** bezeichnete Element *dunkel*, da beide Elektroden immer auf entgegengesetztem Potential liegen. Das mit **Y** bezeichnete Element wird gleichphasig angesteuert und bleibt *hell*. Im Gegensatz zu stromgesteuerten Leuchtdioden nehmen Flüssigkristall-Anzeigen wegen der Spannungssteu-erung nur geringe Ströme im Bereich von einigen μA auf und eignen sich daher vorzugswei-se für den Batteriebetrieb.

In der Bauform mit herausgeführten Segmenten *Bild 9-15* für zwei, dreieinhalb oder vier Stellen ist zur Erzeugung der Wechselspannungen eine Taktsteuerung erforderlich, die vom Controller durch einen Timer oder von einer externen Schaltung geliefert werden muss. Der TTL-Decoder 74LS47 der links dargestellten Schaltung arbeitet invertiert aktiv Low, daher wird auch das Backplane-Signal durch die XOR-Schaltung mit einem fest auf High liegen-den Eingang invertiert. Wesentlich stromsparender arbeiteten die BCD-zu-Siebensegment-Decoder in CMOS-Technik, die in der Mitte des Bildes dargestellt sind. Abschnitt 9.6.2 zeigt die direkte Ansteuerung der Segmente durch ein Programm.

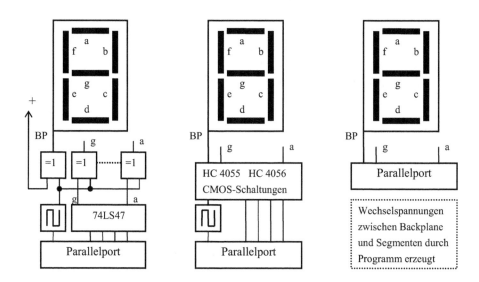

Bild 9-15: Segmentansteuerung von LCD-Anzeigen

Alphanumerische LCD-Module für die Anzeige von Buchstaben, Ziffern und Sonderzeichen ähnlich einem PC-Bildschirm gibt es in Ausführungen von ein bis vier Zeilen und bis zu 40 Zeichen pro Zeile. Die Ansteuerung erfolgt wie in *Bild 9-16* über ein paralleles Businterface mit sechs Portleitungen oder über eine serielle Schnittstelle.

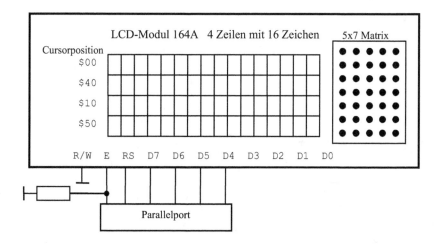

Bild 9-16: Alphanumerische LCD-Anzeige für 64 Zeichen in vier Zeilen

Eine alphanumerische LCD-Anzeige besteht aus einer Pixelmatrix, die von einem speziellen Controller über Zeilen- und Spaltentreiber angesteuert wird. Die darzustellenden ASCII-Zeichen gelangen über eine Busschnittstelle in einen internen DDRAM (Display Data RAM) und werden über einen Festwertspeicher CGROM in die entsprechenden Pixelpunkte umgesetzt. In einem CGRAM (Character Generator RAM) kann der Benutzer eigene Zeichen definieren. Neben den anzuzeigenden Daten werden dem Controller auch Steuerkommandos übergeben, für deren Ausführung jedoch einige Zeit erforderlich sein kann. LCD-Anzeigen werden von mehreren Herstellern in unterschiedlichen Versionen angeboten, so dass in jedem Anwendungsfall das entsprechende Datenblatt heranzuziehen ist. Das folgende Beispiel beschreibt das LCD-Modul 164A des Herstellers Displaytech, das mit einem standardmäßigen Controller HD44780 / KS0073 ausgerüstet ist.

Die auszugebenden Daten (ASCII-Zeichen) und Steuerkommandos werden der LCD-Einheit über eine Busschnittstelle übergeben. Im 8bit Betrieb werden Daten und Kommandos in einem Zugriffszyklus über D7 bis D0 übertragen. Im 4bit Betrieb sind zwei Zugriffe über D7 bis D4 erforderlich, D3 bis D0 bleiben frei. Der erste Zyklus überträgt die höherwertigen Bitpositionen Bit 7 bis Bit 4, der zweite Zyklus die niederwertigen Bitpositionen Bit 3 bis Bit 0. Die in der Tabelle *Bild 9-17* genannten Kommandos und Ausführungszeiten sind Richtwerte für den 4bit Betrieb.

warten	*Kommando*	*Code*	D7	D6	D5	D4	D3	D2	D1	D0
5 ms	Initialisierung (ein Zugriff) 3 mal	$30	0	0	**1**	**1**	x	x	x	x
5 ms	4bit Bus einstellen (ein Zugriff)	$20	0	0	**1**	**0**	x	x	x	x
50 µs	4bit Bus, Zeilen und Matrix Zeilen: N=0: 2 (1) N=1: 4(2) Matrix: F=0: 5x7 F=1: 5x10		0	0	**1**	**0**	N	F	x	x
50 µs	4bit Bus 4 Zeilen 5x7 Matrix	$28	0	0	1	0	1	0	0	0
50 µs	Display und Cursor einstellen Display: D=0: ein D=1: aus Cursor: C=0: ein C=1: aus Blinken: B=1: ja B=0: nein		0	0	0	0	**1**	D	C	B
50 µs	Display Cursor ein, nicht blinken	$0E	0	0	0	0	1	1	1	0
5 ms	Display löschen	$01	0	0	0	0	0	0	0	**1**
5 ms	Cursor home (links oben)	$02	0	0	0	0	0	0	**1**	x
50 µs	Display oder Cursor schieben S=0: Cursor S=1: Display R=0: links R=1: rechts		0	0	0	**1**	S	R	x	x
50 µs	Cursor nach links schieben	$10	0	0	0	1	0	0	0	0
50 µs	Cursor nach rechts schieben	$14	0	0	0	1	0	1	0	0
50 µs	Cursor auf Adresse positionieren	$xx	**1**	a	a	a	a	a	a	a
50 µs	Daten vom Bus lesen R/W = 0									

Bild 9-17: Kommandos und Ausführungszeiten für LCD-Anzeigeeinheiten (Richtwerte)

Die Initialisierung der Anzeige nach dem Einschalten der Versorgungsspannung bzw. nach einem Reset kann für den *4bit Bus* (D7 bis D4) in folgenden Schritten erfolgen:

- Nach dem Einschalten mindestens 50 ms warten.
- Steuerbyte $30 mit einem Zugriff übertragen und mindestens 5 ms warten.
- Steuerbyte $30 mit einem Zugriff übertragen und warten.
- Steuerbyte $30 mit einem Zugriff übertragen und warten.
- Steuerbyte $20 für 4bit Bus mit einem Zugriff übertragen und warten.
- Zwei Zugriffe: 4bit Bus, Displayzeilen und Matrix einstellen und warten.
- Zwei Zugriffe: Display und Cursor einstellen und warten.

Nach der Initialisierung sind weitere Kommandos zum Löschen der Anzeige und zur Positionierung des Cursors erforderlich. Die Daten werden als ASCII-Zeichen in den internen DDRAM übertragen und an der augenblicklichen Cursorposition angezeigt. Die Übertragung der Kommandos und Daten wird von Signalen zeitlich gesteuert, die von außen anzulegen sind.

- Signal **R/W** (Read/Write): R/W = 0: LCD liest vom Bus R/W = 1: LCD gibt auf Bus aus.
- Signal **RS** (Register Select): RS = 0: Kommando übertragen RS = 1: Daten übertragen.
- Signal **E** (Enable): Übernahme der Buszustände mit fallender Flanke.

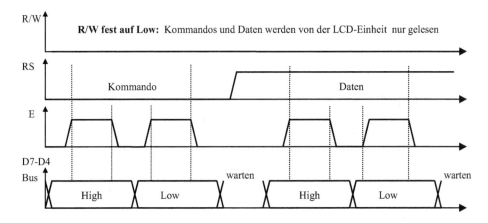

Bild 9-18: Timing der Busschnittstelle für R/W = 0 (nur lesen) im 4bit Betrieb

Der zeitliche Verlauf der Bussignale *Bild 9-18* gilt nur für den 4bit Busbetrieb. Die Zykluszeit soll ca. 1 µs betragen. Das Übernahmesignal E soll ca. 500 ns lang High sein, bevor es mit fallender Flanke die Buszustände übernimmt. Die Signale RS und R/W sowie die Daten bzw. Kommandos sollen ca. 200 ns lang vor der Übernahme stabil anliegen. In den meisten Anwendungen wird durch R/W = Low auf die Übergabe der intern gespeicherten Daten und eines Busyflags verzichtet, mit dem die Ausführung eines Kommandos erkannt werden könnte. Abschnitt 9.6.4 zeigt ein Programm zur Ansteuerung einer LCD-Anzeige.

9.3   Eingabeeinheiten

Mechanische Kontakte von Tastern, Schaltern und Relais, die in vielen Anwendungen zur Eingabe verwendet werden, neigen wie in *Bild 9-19* dargestellt zum Prellen.

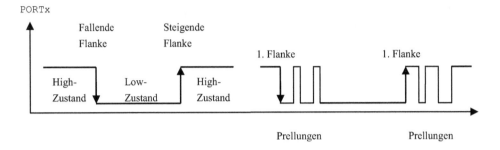

Bild 9-19: Prellungen mechanischer Kontakte

Ein prellender Kontakt liefert sowohl beim Schalten von High nach Low als auch von Low nach High nicht nur eine, sondern mehrere Flanken. Je nach Konstruktion und Betätigung der Kontakte erscheinen bis zu 20 Flanken innerhalb einer Zeit von 1 bis 100 ms. Zum Entprellen dienen hardwaremäßig Flipflops oder softwaremäßig Warteschleifen. Für die Flipflop-Schaltungen *Bild 9-20* sind Umschaltkontakte erforderlich.

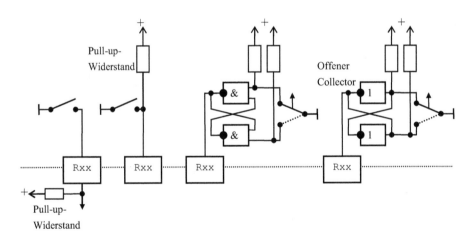

Bild 9-20: Eingabeschalter mit Pull-up-Widerständen und entprellte Taster

Tastaturen *Bild 9-21* werden als Matrix angeordnet und können, oft zusammen mit einer Anzeige-Einheit, direkt am Parallelport betrieben werden.

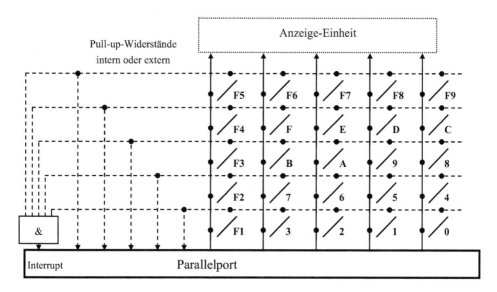

Bild 9-21: Tastaturmatrix für 16 Hexadezimaltasten und neun Funktionstasten

Bild 9-22 zeigt das Struktogramm der Tastaturabfrage mit einem Codezähler.

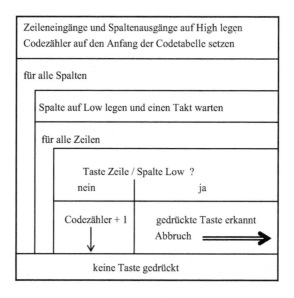

Bild 9-22: Struktogramm einer Tastaturabfrage

Die fünf Zeileneingänge werden durch interne oder externe Pull-up-Widerstände auf High gehalten. Dann legt man nacheinander einen der fünf Spaltenausgänge auf Low-Potential. Durch Rücklesen der Zeilenpotentiale kann man erkennen, ob die Taste im Kreuzungspunkt von Zeile und Spalte betätigt wurde und die Zeilenleitung auf Low gelegt hat. Der mitlaufende Codezähler dient dazu, den Tastencode einer Tabelle zu entnehmen. Eine zyklische Abfrage der Tastatur im Millisekundenbereich löst das Problem des Tastenprellens. Legt man alle Spaltenausgänge auf Low, so würde die Betätigung einer Taste genügen, um den Ausgang der UND-Verknüpfung aller Zeilenleitungen auf Low zu legen und einen Interrupt auszulösen. Das Serviceprogramm müsste dann die auslösende Taste nach dem Abtastverfahren ermitteln. Abschitt 9.6.4 zeigt ein Tastenfeld aus fünf Spalten und fünf Zeilen nach dem Abtastverfahren ohne Interruptauslösung.

Da immer nur eine Spalte ausgewählt und eine Zeile ausgewertet wird, liegt es nahe, den Aufwand an Portleitungen durch externe Auswahlschaltungen zu verringern. Die Schaltung *Bild 9-23* wählt die auf Low zu legende Spalte mit einem 1-aus-8-Decoder und die abzufragende Zeile mit einem 8-zu-1-Datenselektor aus. Damit lassen sich 64 Tasten mit nur sieben Portleitungen auswerten.

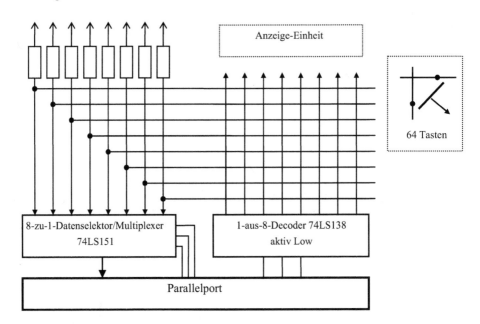

Bild 9-23: Tastaturmatrix mit 64 Tasten

Der Datenselektor wählt mit dem an drei Steuereingängen anliegenden Code einen von acht Eingängen aus, der zum Ausgang durchgeschaltet wird. Ein 6bit Zähler von 0 bis 63, der am Parallelport ausgegeben wird und die abzufragende Taste auswählt, kann gleichzeitig als Codezähler für die Tabelle der Tastencodes dienen.

PC-Tastaturen enthalten eine Tastaturmatrix, die von einem speziellen Controller ausgewertet wird, der einen Tastencode an den PC sendet. *Bild 9-24* zeigt die Anschlussbelegung der beiden üblichen Steckverbindungen und das Zeitdiagramm der synchronen seriellen Schnittstelle. Neuere Ausführungen werden über die USB-Schnittstelle angeschlossen.

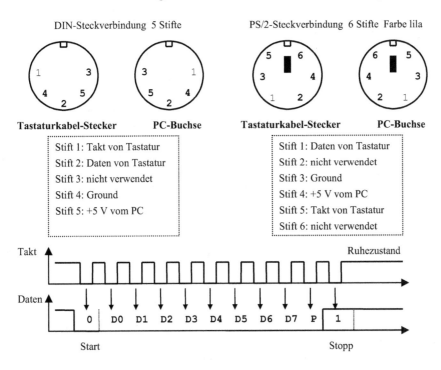

Bild 9-24: Anschlussbelegung der AT-Tastaturverbindungen und Zeitdiagramm eines Datenbytes

Im Ruhezustand sind die von der Tastatur ausgehenden Takt- und Datenleitungen High. Die Übertragung eines Datenbytes beginnt mit der fallenden Taktflanke; die Datenbits sind im Low-Zustand des Taktes gültig. Das Startbit ist immer Low, dann folgen acht Datenbits, das Paritätsbit und das Stoppbit, das immer High ist. Wenn keine neuen Daten übertragen werden, gehen Takt- und Datenleitung in der Ruhezustand High über. Die Low- und die High-Zeiten des Taktes liegen im Bereich von 20 bis 80 µs. Bei einer Programmierung von Tastaturfunktionen laufen die Daten in umgekehrter Richtung vom PC zur Tastatur.

Bei Betätigung einer Taste (*make*) sendet der Tastaturcontroller den Scancode der Taste, der beim Festhalten der Taste (*auto-repeat*) in Abständen von ca. 100 ms wiederholt wird. Beim Lösen der Taste (*break*) sendet der Tastaturcontroller das Break-Zeichen 0xF0 gefolgt vom Scancode der Taste. Der Scancode der Standardtasten besteht aus einem Byte; der Scancode von Funktionstasten beginnt mit dem Steuerzeichen 0xE0 gefolgt von ein bis fünf und mehr Bytes. Durch Schalter oder durch Programmierung lassen sich mehrere Scancode-Zeichensätze einstellen. *Bild 9-25* zeigt Beispiele eines Standardzeichensatzes (Code 2).

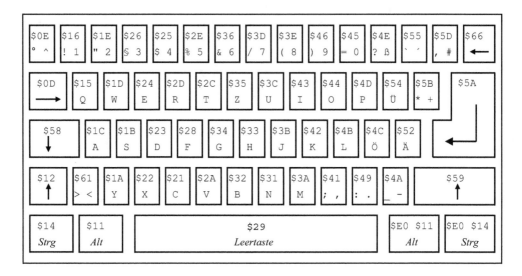

Bild 9-25: Beispiele für die Scancodes einer PC-Tastatur

Die Scancodes der Steuer- und Funktionstasten werden in dem Bild hexadezimal mit dem vorangestellten Zeichen **$** anstelle von **0x** dargestellt; sie müssen durch Versuche an einer aktuellen Tastatur ermittelt werden. Die asynchrone USART-Schnittstelle ist wegen der synchronen Übertragung zum Empfang der Datenbytes nicht geeignet.

Der Tastaturcontroller liefert nur den Scancode der betätigten Taste ohne Berücksichtigung der Zustandstasten Umschalten (*Shift*), Steuerung (*Strg*) und Alternativzeichen (*Alt*), bei denen immer zwei Tasten gleichzeitig betätigt werden. Die Umsetzung des Scancodes in den ASCII-Code erfolgt mit Tabellen unter Berücksichtigung der Zustandstasten.

9.4   Analoge Schnittstellen

Analoge Schnittstellen verbinden den digital arbeitenden Controller mit seiner analogen Umwelt. Dazu sind fast alle PIC-Bausteine mit einem **Analogkomparator** ausgestattet, der jedoch nur einen Vergleich zweier Analogspannungen auf kleiner bzw. größer gestattet. Die **Analog/Digitalwandler** der als Beispiel behandelten Bausteine PIC 16F876 und PIC 18F2220 liefern einen 10bit digitalen Wert bei einer Wandlungszeit von ca. 10 bis 30 μs.

Die fehlenden **Digital/Analogwandler** lassen sich durch die Ausgabe eines PWM-Signals (**P**uls-**W**eiten-**M**odulation) ersetzen, das gegebenenfalls durch ein RC-Glied geglättet werden muss. *Bild 9-26* zeigt eine andere Lösung mit einem R2R-Netzwerk, das an einen parallelen Port angeschlossen wird. Als Bauelemente sollte man möglichst Präzisionswiderstände mit gleichem Widerstandswert zwischen 10 und 100 kΩ verwenden. Das Beispiel bildet den Wert R von 5 kΩ aus einer Parallelschaltung des Wertes von 2R = 10 kΩ.

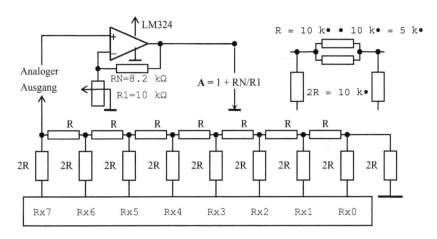

Bild 9-26: Digital/Analogwandler mit einem R2R-Netzwerk am Parallelport

Liegen alle Portausgänge auf Low, so beträgt die Spannung am Analogausgang 0 Volt. Liegen alle Portausgänge auf High, so ist die Ausgangsspannung im unbelasteten Zustand gleich der Versorgungsspannung V_{cc} des Controllers. Die Auflösung beträgt bei einer Versorgungsspannung von 5 Volt und 8 bit etwa 19.6 mV. Mit einem nachgeschalteten Operationsverstärker wird die Ausgangsspannung angehoben oder in den bipolaren Bereich verschoben sowie der Ausgangsstrom erhöht. Für höhere Ansprüche sollten D/A-Bausteine verwendet werden, die meist mit integrierten Operationsverstärkern ausgerüstet sind.

Für besondere Anwendungen müssen Schnittstellenbausteine, die für einen parallelen Peripheriebus bestimmt sind, mit den Parallelschnittstellen eines Controllers betrieben werden. Die Bausteine enthalten auf der Busseite:

- parallele Datenbusanschlüsse für die Eingabe und Ausgabe der Daten, z.B. D0 bis D7 für 8bit Daten,
- parallele Adressbusanschlüsse für die Auswahl von mehreren Registern, z.B. A0 für die Auswahl eines Lese- und eines Schreibregisters sowie
- Steueranschlüsse für die Lese- bzw. Schreibimpulse, die meist aktiv Low sind.

Beispiele sind der in *Bild 9-27* dargestellte 8bit Analog/Digitalwandler AD 670 und der 8bit Digital/Analogwandler ZN 428.

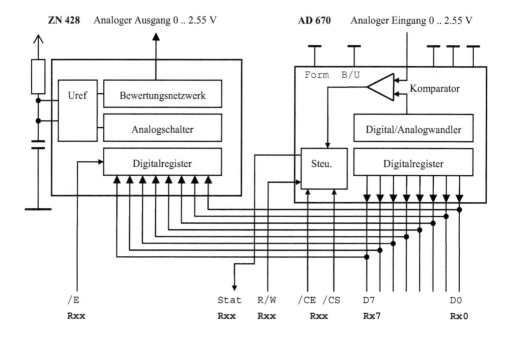

Bild 9-27: Parallele analoge Schnittstellenbausteine an einem Controllerport

Die Datenbusanschlüsse beider Bausteine werden in dem Beispiel parallel geschaltet und an einen Port des Controllers angeschlossen. In einem Schreibzyklus ist der Port als Ausgang zu betreiben, in einem Lesezyklus als Eingang. Der Steuereingang /E wählt mit einem Low-Signal den Digital/Analogwandler aus, die Steuereingänge /CE und /CS geben mit einem Low-Signal den Analog/Digitalwandler frei.

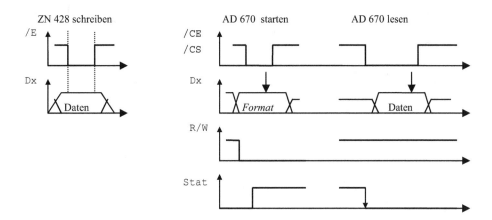

Zum Schreiben des Ausgabewertes in den *Digital/Analogwandler* ZN 428 werden die Daten über einen 8bit Port ausgegeben und mit einem Low-Impuls am Eingang /E in den Baustein übernommen. Für die dargestellte Referenzspannung ergibt der Wert 255 eine Ausgangsspannung von +2.55 Volt.

Der *Analog/Digitalwandler* AD 670 hat eine Wandlungszeit von 10 µs. Die Anschlüsse Form (Format) und B/U (BPO/UPO) werden für ein vorzeichenloses unipolares Datenformat eingestellt. Die Komparatoreingänge werden so beschaltet, dass eine Eingangsspannung von +2.55 Volt den digitalen Wert 255 ergibt.

Die Wandlung wird mit dem Eingang R/W Low und einem Low-Impuls an den Freigabeeingängen /CE und /CS gestartet, die Steuerung liest dabei die beiden Formateingänge. Am Ende der Wandlung geht der Statusausgang Stat auf Low und die gewandelten Daten können mit dem Eingang R/W High und einem Low-Impuls auf den Auswahleingängen /RD und /CS ausgelesen werden.

Ein weiteres Beispiel für den Betrieb eines externen Peripheriebausteins mit parallelen Busanschlüssen ist das alphanumerische LCD-Modul des Abschnitts 9.2 LCD-Anzeigen. Die in den Datenblättern der Bausteinhersteller angegebenen Betriebsbedingungen der Steuersignale sind im Programm durch Bitoperationen nachzubilden, da für den parallelen Bus standardmäßig keine Peripheriefunktionen zur Verfügung stehen. Abschnitt 9.6.4 betreibt eine LCD-Anzeige an einem 4bit Bus.

Für den Betrieb serieller Peripheriebausteine stehen nicht bei allen PIC-Bausteinen die Peripheriefunktionen der seriellen Schnittstellen USART, SSP und I²C zur Verfügung. Wenn also die entsprechenden Funktionen fehlen oder nicht zum Timing der seriellen Bausteine passen, sind auch hier wieder Bitoperationen erforderlich.

Für Controller mit nur einer geringen Anzahl von freien Portleitungen können externe Peripheriebausteine seriell angeschlossen werden. Der als Beispiel dienende 12bit Digital/Analogwandler LTC 1257 (*Bild 9-28*) wird mit drei Anschlussleitungen betrieben.

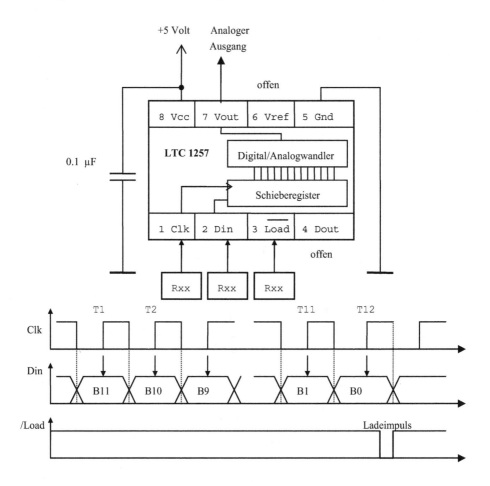

Bild 9-28: Anschluss des seriellen Digital/Analogwandlers LTC 1257

Die Daten werden im seriellen Format mit dem werthöchsten Bit MSB zuerst dem Eingang Din zugeführt und mit der steigenden Taktflanke in einem Schieberegister gespeichert. Ein Ladeimpuls überträgt den digitalen Wert in den internen parallelen Digital/Analogwandler. Die dargestellte Schaltung arbeitet mit einer internen Referenzspannung, die von der Versorgungsspannung abgeleitet wird. Der größte 12bit Eingangswert $FFF = 4095 ergibt eine Ausgangsspannung von ca. 2.05 Volt.

Der als Beispiel dienende 12bit Analog/Digitalwandler LTC 1286 (*Bild 9-29*) arbeitet nach dem Verfahren der schrittweisen Näherung und wird mit drei Anschlussleitungen betrieben.

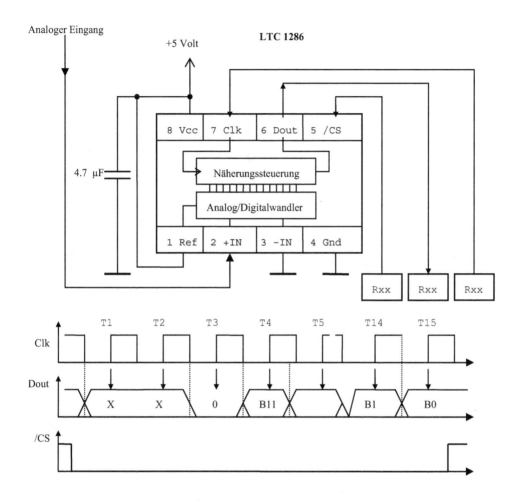

Bild 9-29: Anschluss des seriellen Analog/Digitalwandlers LTC 1286

Die Wandlung beginnt mit einem Low am Auswahleingang /CS. Die beiden ersten Clk-Takte speichern die analoge Eingangsspannung (*sample*). Während der schrittweisen Näherung (*convert*) wird das sich ergebende Bit seriell herausgeschoben. Der dritte Takt liefert immer eine 0, dann kommen die Datenbits beginnend mit der werthöchsten Bitposition MSB. In der dargestellten Betriebsart wird die Messung mit /CS High beendet. Legt man in der dargestellten Schaltung den differenziellen −IN-Eingang auf Ground, so ergibt eine Spannung von +5 Volt am +IN-Eingang einen digitalen Wert von $FFF = 4095.

9.5   Sensoren und Aktoren

Als **Sensoren** werden hier Messfühler zur Umwandlung von physikalischen Größen wie z.B. Temperatur oder Licht in elektrische Größen bezeichnet, die mit der Peripherie des Controllers erfassbar sind. Digitale Sensoren liefern Impulse oder Frequenzen zur Auswertung durch Timer. Die Ausgangsspannungen analoger Sensoren können mit der Analogperipherie gemessen werden. Messwertaufnehmer liefern die physikalische Größe bereits als Zahlenwert in dualer oder binärer Form (BCD-Code). Sie lassen sich in besonderen Bauformen auch an einem seriellen Bussystem wie z.B. dem I^{2}C-Bus betreiben. Von der Vielzahl der auf dem Markt befindlichen Sensoren können hier nur einige Beispiele herausgegriffen werden. Als Fundgrube erweisen sich die Kataloge und Homepages der im Anhang genannten Elektronikversandhäuser, von denen sich auch Datenblätter und Applikationsschriften herunterladen lassen.

Bild 9-30 zeigt als Beispiel für einen **digitalen Sensor** die Messung von Pendelschwingungen mit einem Reedkontakt. Dieser besteht aus Kontaktzungen in einem abschlossenen Gehäuse, die von einem äußeren magnetischen Feld betätigt werden. Eine Hohlkugel von 40 mm Durchmesser aus Stahl wurde an einem ca. 1 m langen Faden in Pendelschwingungen versetzt. Ein unten befestigter Dauermagnet betätigte einen Reedkontakt, der die Impulse lieferte. Die Prellzeit an beiden Flanken betrug maximal 1 ms.

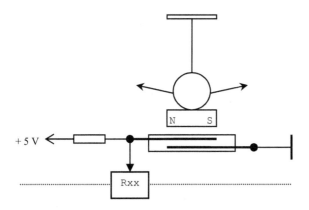

Bild 9-30: Reedkontakt als digitaler Sensor

Ein weiteres Beispiel für digitale Sensoren sind prellfrei arbeitende Gabellichtschranken nach *Bild 9-31*. Sie bestehen aus einer Infrarotleuchtdiode und einem Fototransistor, die sich im Abstand von 3 bis 10 mm gegenüber stehen. Ist der Lichtstrahl auf den Sensor gerichtet, so ist der Transistor niederohmig und die Spannung am Emitterwiderstand liegt in der Nähe der Betriebsspannung. Tritt nun ein Objekt in den Lichtstrahl ein, so wird der Transistor hochohmig und der Ausgang geht gegen Ground. Mit zwei Lichtschranken lässt sich die Richtung bestimmen, in der sich das Objekt bewegt.

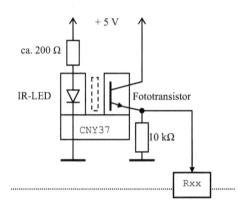

Bild 9-31: Gabellichtschranke als digitaler Sensor

Ein Beispiel für **analoge Sensoren** sind temperaturabhängige Widerstände. Bei einem Heißleiter (NTC = **N**egativer **T**emperatur **C**oeffizient) nimmt der Widerstand mit steigender Temperatur ab, bei einem Kaltleiter (PTC = **P**ositiver **T**emperatur **C**oeffizient) nimmt er mit steigender Temperatur zu. Der Widerstandswert bei Raumtemperatur liegt je nach Bauform zwischen 1 kΩ und 100 kΩ. Die Linearisierung der Widerstands-Temperatur-Kennlinie kann entweder schaltungstechnisch oder durch Tabellen im Programm erfolgen. *Bild 9-32* zeigt die Linearisierung durch einen Parallelwiderstand sowie einen bereits weitgehend linearisierten Fühler aus Halbleitermaterial mit einer Spannungsänderung von ca. 10 mV pro Grad Celsius.

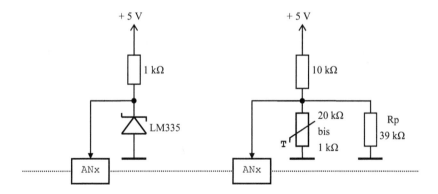

Bild 9-32: Temperatursensoren an analogen Controllereingängen

Messwertaufnehmer liefern die zu messende physikalische Größe als Zahlenwert. Ein Beispiel ist das in *Bild 9-33* dargestellte LCD-Temperatur-Modul, das mit einer 1.5-Volt Batterie betrieben wird. Es ermittelt in einem Abstand von 1 bis 10 sek die Temperatur im Bereich von -20 bis +70 Grad Celsius und gibt sie mit einem Vorzeichen und einer Nachkommastelle auf einer LCD-Anzeige aus. Gleichzeitig erscheint der Messwert im BCD-Code zusammen mit einem Takt an zusätzlichen Ausgängen und kann dort von einem Controller in Empfang genommen und ausgewertet werden.

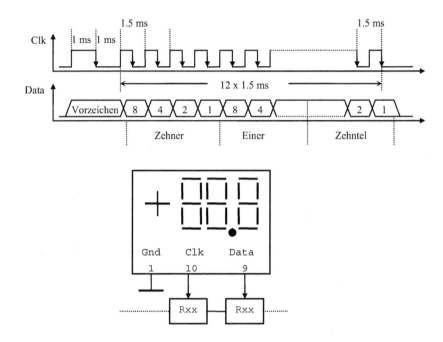

Bild 9-33: Temperaturerfassung mit einem Messwertaufnehmer

Als **Aktoren** werden hier Systeme bezeichnet, die von einem Controller angesteuert physikalische Wirkungen auslösen. Beispiele sind Summer für Tonfrequenzen und Motoren als Antriebe. Bei der Auswahl können auch hier die Kataloge und Homepages der im Anhang genannten Elektronikversandhäuser herangezogen werden, von den sich auch Datenblätter und Applikationen herunterladen lassen.

Die Ansteuerung von Aktoren ist in den meisten Fällen mit dem Schalten induktiver Lasten wie z.B. Relaisspulen und Motorwicklungen verbunden. Die dabei entstehenden induzierten Gegenspannungen können Überspannungen und Störungen in den Controllerbausteinen verursachen. Als Abhilfemaßnahmen dienen Freilaufdioden, RC-Schaltungen sowie eine Potentialtrennung mit Optokopplern.

Ein einfaches Beispiel ist ein Summer oder Lautsprecher, der direkt oder über einen Treiber mit einer Tonfrequenz angesteuert wird. Diese kann mit einem interruptgesteuerten Timer oder von einem Compare-Ausgang erzeugt werden.

Beispiele für motorische Antriebe sind Gleichstrommotoren, Schrittmotoren und Stellmotoren. Die Drehzahl einfacher Gleichstrommotoren wird meist mit dem PWM-Ausgang eines Timers eingestellt. Bei einer Auflösung von 8bit lassen sich 255 Drehzahlen einstellen.

Bild 9-34 zeigt die Ansteuerung eines einfachen Summers und eines Kleinmotors mit den Compare- bzw. PWM-Ausgängen eines Timers über integrierte Treiberbausteine, die höhere Betriebsspannungen als die Versorgungsspannung V_{cc} des Controllers zulassen. Für Wechselstrommotoren höherer Leistung verwendet man Relais oder Schütze.

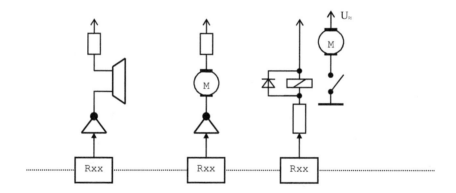

Bild 9-34: Ansteuerung eines Summers und von Motoren

Ein **Schrittmotor** besteht im Prinzip aus einem Rotor mit mehreren am Umfang verteilten Dauermagneten und einem Stator mit Magnetpolen, die von stromdurchflossenen Wicklungen erregt werden. Dabei folgen die Dauermagnete des Rotors dem umlaufenden Statorfeld. Bei jeder Ansteuerung der Statorwicklungen bewegt sich der Rotor um genau einen Winkelschritt weiter.

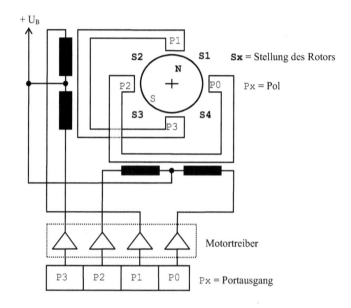

Bild 9-35: Ansteuerung eines Schrittmotors im Unipolarbetrieb

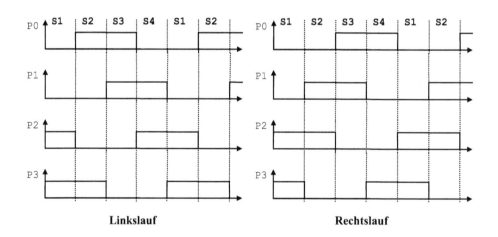

Bild 9-36: Zeitdiagramme zur Ansteuerung eines Schrittmotors im Unipolarbetrieb

Diese schrittgenaue Positionierung wird z.B. für die Steuerung von Druckern, Scannern, Plottern, Robotern und anderen elektromechanischen Antrieben verwendet. Durch Mitzählen der Schritte kann man jederzeit die Position des Antriebs bestimmen. *Bild 9-35* zeigt das Prinzip eines Zweiphasenschrittmotors mit vier Wicklungssträngen bei einer unipolaren Ansteuerung; *Bild 9-36* enthält die Zeitdiagramme im Vollschrittbetrieb.

Von vier Ausgängen eines Parallelports werden über Motortreiber die Erregerwicklungen der vier Pole des Stators angesteuert. Bei Umschaltung der Stromrichtung in den Wicklungssträngen kehrt sich auch die Richtung des magnetischen Flusses in den Statorpolen um. Die Reihenfolge der Ansteuerung ist so zu wählen, dass im Stator ein rotierendes Magnetfeld entsteht, das die Dauermagneten des Rotors „mitzieht". Betrachtet man die Zeitdiagramme des im *Bild 9-36* dargestellten Vollschrittbetriebs, so sind für die dargestellten vier Rotorstellungen folgende Bitmuster auszugeben (0 = Strom ein, 1 = Strom aus):

- Stellung **S1**: `1100 = 0x0C`
- Stellung **S2**: `1001 = 0x09`
- Stellung **S3**: `0110 = 0x06`
- Stellung **S4**: `0011 = 0x03`

Die Reihenfolge, in der die Bitmuster die Statorwicklungen ansteuern, entscheidet über die Drehrichtung (Linkslauf bzw. Rechtslauf). Die Zeit zwischen zwei Ansteuerungen bestimmt die Anzahl der Schritte in der Sekunde, also die Drehzahl bzw. Schrittfrequenz. Beim Anlaufen und Abbremsen muss der Motor zur Erhöhung des Drehmomentes mit verminderter Schrittfrequenz gegenüber dem Dauerlauf betrieben werden. Dies bedeutet eine längere Wartezeit zwischen der Ausgabe der Steuermuster.

9.6   Projekte

9.6.1   Projekt Hexadezimaldecoder

Für die Ausgabe von Dezimalzahlen verwendet man Siebensegmentanzeigen, die mit Decodern wie z.B. 74LS47 angesteuert werden. Diese bestehen aus einem statischen Logiknetzwerk, das am Eingang den 4bit BCD-Code der Ziffer übernimmt und am Ausgang die Signale zur Ansteuerung der sieben Segmente liefert. Das interne Netzwerk des 74LS47 ist so aufgebaut, dass für die sechs Pseudotetraden von 1010 bis 1111 nicht verwertbare Sonderzeichen auf der Anzeige erscheinen.

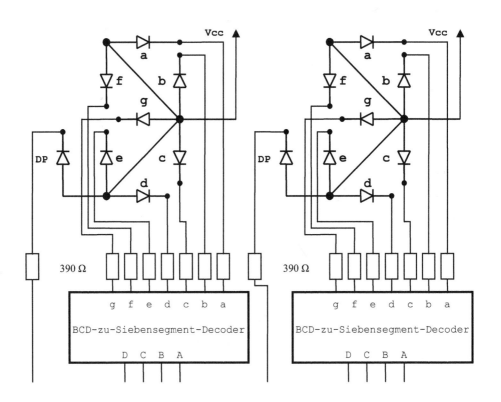

Bild 9-37: Zweistellige Siebensegmentanzeige mit zwei BCD-zu-Siebensegment-Decodern

In einer bestehenden Schaltung *Bild 9-37* waren die beiden BCD-zu-Siebensegmentdecoder 74LS47 durch einen einzigen Controller zu ersetzen, der für die sechs Pseudotetraden von 1010 bis 1111 anstelle der Sonderzeichen die Hexadezimalziffern von A bis F liefert. In die Ansteuerung der Dezimalpunkte DP sowie in die Sonderfunktionen der Decoderbausteine wie Lampentest und Dunkelsteuerung sollte nicht eingegriffen werden. Die Tabelle zeigt die darzustellenden Zeichen und die auszugebenden Bitmuster, die wegen der Katodenansteuerung der Segmente invertiert werden müssen.

Segmente

x	g	f	e	d	c	b	a
R7	R6	R5	R4	R3	R2	R1	R0

Controller-Ausgabeport

Zeichen	Bitmuster	Zeichen	Bitmuster	Zeichen	Bitmuster	Zeichen	Bitmuster
	x0111111 invertiert: x1000000 0x40		x0000110 invertiert: x1111001 0x79		x1011011 invertiert: x0100100 0x24		x1001111 invertiert: x0110000 0x30
	x1100110 invertiert: x0011001 0x19		x1101101 invertiert: x0010010 0x12		x1111101 invertiert: x0000010 0x02		x0000111 invertiert: x1111000 0x78
	x1111111 invertiert: x0000000 0x00		x1100111 invertiert: x0011000 0x18		x1110111 invertiert: x0001000 0x08		x1111100 invertiert: x0000011 0x03
	x0111001 invertiert: x1000110 0x46		x1011110 invertiert: x0100001 0x21		x1111001 invertiert: x0000110 0x06		x1110001 invertiert: x0001110 0x0E

Bild 9-38: Bitmuster für die Ausgabe von Hexadezimalziffern von 0 bis 9 und von A bis F

Die beiden Decoderbausteine 74LS47 wurden aus den Sockeln entfernt und durch eine Platine in Fädeltechnik ersetzt, auf der sich der Controller befand. Eine logische 1 am Portausgang liefert ein High-Potential, das wegen der gemeinsamen Anode das Segment ausschaltet. Es wird durch eine logische 0 mit einem Low-Potential eingeschaltet. Dabei können durch die in der Schaltung verbliebenen Vorwiderstände max. 5 Volt / 390 Ω gleich 13 mA in den Portanschluss hineinfließen. Bei acht Eingängen für die beiden BCD-Codes und 14 Ausgängen für die beiden Siegensegmentanzeigen war ein Controllerbaustein mit mindestens 22 Portleitungen erforderlich.

Als Lösung wurde ein PIC 16F873 mit 28 Anschlüssen gewählt, der für diese einfache Aufgabe unterfordert ist. *Bild 9-39* zeigt die beiden Decodersockel und den Controller in der Einbaulage sowie das Assemblerprogramm zur Umcodierung.

```
; k9p1.asm  PIC 16F873 hexa nach Siebensegment zweistellig
; Port A: Ausgabe Segmente a-f links
; Port B: Eingabe B7..B4: BCD-links B3..B0: BCD-rechts
; Port C: Ausgabe Segmente a-g links g rechts
        LIST      P=16F873          ; Baustein
#include    "c:\programme\microchip\MPASM Suite\p16F873.INC" ;  Header File
  __CONFIG _CP_OFF & _DEBUG_OFF & _WRT_ENABLE_OFF & _CPD_OFF & _LVP_OFF &
_BODEN_ON & _PWRTE_ON & _WDT_OFF & _XT_OSC  ; externer Taktresonator
;
links   EQU      0x20    ; Siebensegmentausgabe links
rechts  EQU      0x21    ; Siebensegmentausgabe rechts
akku    EQU      0x22    ; Schieberegister
;
        ORG      0       ; Reset-Einsprung
        goto     start   ;
        ORG      4       ; Interrupt-Einsprung
        goto     start   ; nicht verwendet
        ORG      5       ;
start   movlw    0x07    ; Port A ist digitale Ein/Ausgabe
        BANKSEL ADCON1   ;
        movwf    ADCON1  ;
        BANKSEL TRISA    ;
```

```
        clrf    TRISA   ; Port A ist Ausgang
        BANKSEL TRISC   ;
        clrf    TRISC   ; Port C ist Ausgang
        BANKSEL PORTA   ; Registerbank für alle drei Ports und F-Register
; Arbeitsschleife
loop    movf    PORTB,w ; Hexacode vom Port B lesen
        andlw   0x0f    ; Maske 0000 1111 rechts
        call    ctab    ; umcodieren
        movwf   rechts  ; nach Ausgabe rechts
        swapf   PORTB,w ; Hexacode vertauscht vom Port B lesen
        andlw   0x0f    ; Maske 0000 1111 links
        call    ctab    ; umcodieren
        movwf   links   ; nach Ausgabe links ausser Bit_6 = g-Segment
        movwf   akku    ; retten für Schiebeoperation
        rlf     akku,w  ; Bit_7 <- Bit_6 g-Segment links
        andlw   0x80    ; Maske 1000 0000
        iorwf   rechts,f ; g-Segment links -> Bit_7 rechts
        movf    links,w ; Segmentcode links
        movwf   PORTA   ; nach Port A ausgeben
        movf    rechts,w; Segmentcode rechts
        movwf   PORTC   ; nach Port C ausgeben
        goto    loop    ; neuer Durchlauf
;
; Tabellen-Unterprogramm
ctab    addwf   PCL,f   ; Adressrechnung
        DT      0x40,0x79,0x24,0x30,0x19,0x12,0x02,0x78,0x00,
                0x18,0x08,0x03,0x46,0x21,0x06,0x0e ; Codetabelle
        END             ;
```

Bild 9-39: Schaltung und Assemblerprogramm des Hexadezimaldecoders (PIC 16F873)

9.6.2   Projekt Direktansteuerung einer LCD-Anzeige

Bei der direkten Ansteuerung einer LCD-Siebensegmentanzeige durch einen Controller müssen die Wechselspannungen vom Programm erzeugt werden. Mit dem Backplane-Signal BP in der werthöchsten Bitposition B7 ergibt sich der in *Bild 9-40* dargestellte Ablauf mit einem Warte-Unterprogramm, das durch einen Timerinterrupt ersetzt werden könnte.

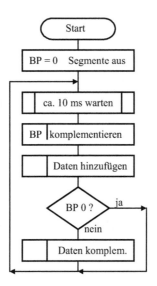

Bild 9-40: Erzeugung der Segmentwechselspannungen im Programm

In der Schaltung *Bild 9-41* steuern nur drei Portleitungen eine vierstellige LCD-Anzeige mit vier seriellen Schieberegistern. Die Schaltung kann als Ausgabemodul für einen übergeordneten Controller dienen, der an den drei noch freien Anschlüssen die auszugebenden Daten übergibt. Da im Gegensatz zu handelsüblichen BCD-zu-Siebensegment-Decodern die Symbole in Tabellen frei definiert werden, lassen sich Buchstaben und Sonderzeichen generieren, die normalerweise nicht zur Verfügung stehen. Das Testprogramm gibt einen 32bit Dualzähler hexadezimal aus, die Ziffern von A bis F sind in der Codetabelle enthalten.

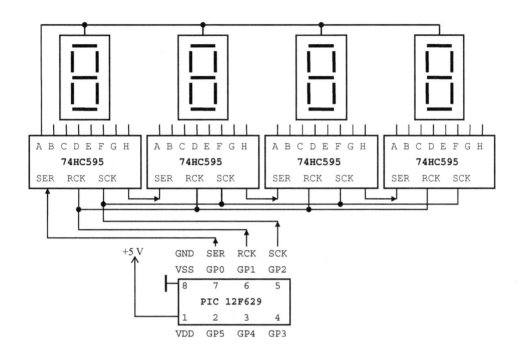

Bild 9-41: Serielle Ansteuerung einer vierstelligen LCD-Anzeige

```
; k9p2.asm PIC 12F629 4stellige LCD-Anzeige Test Hexazähler
; Schieberegistersteuerung GP0=SER GP1=RCK GP2=SCK
; Eingänge GP3 GP4 GP5 frei für Anwendung
; interner Takt 4 MHz
        LIST            P=12F629        ; Controller
#include     "c:\programme\microchip\MPASM Suite\P12F629.inc" ; Header File
   __CONFIG _CP_OFF & _WDT_OFF & _BODEN_ON & _PWRTE_ON & _INTRC_OSC_NOCLKOUT &
_MCLRE_OFF & _CPD_OFF
takt    EQU     .4000000        ; Systemtakt 4 MHz
ser     EQU     GP0             ; serieller Dateneingang
rck     EQU     GP1             ; Übernahmetakt
srck    EQU     GP2             ; Schiebetakt
schiez  EQU     0x20            ; Schiebezähler für Ausgabe
durchl  EQU     0x21            ; Durchlaufzähler Low
durchh  EQU     0x22            ; Durchlaufzähler High
urett1  EQU     0x23            ; Hilfsspeicher
urett2  EQU     0x24            ; Hilfsspeicher
aus1    EQU     0x25            ; Ausgabemuster Stelle links aussen
aus2    EQU     0x26            ; Ausgabemuster Stelle links innen
aus3    EQU     0x27            ; Ausgabemuster Stelle rechts innen
```

```
aus4     EQU     0x28         ; Ausgabemuster Stelle rechts aussen
ein      EQU     0x29         ; Einerstelle rechts aussen
zehn     EQU     0x2A         ; Zehnerstelle rechts innen
hund     EQU     0x2B         ; Hunderterstelle links innen
taus     EQU     0x2C         ; Tausenderstelle links aussen
         ORG     0            ; Programm-Flash
         goto    start        ;
         ORG     4            ; Interrupt-Einsprung
         goto    tictac       ; Timer-Interrupt
         ORG     8            ; Hauptprogramm
start    movlw   B'00000111'  ; Analogkomparator aus
         banksel CMCON        ; Bank für CMCON
         movwf   CMCON        ;
         movlw   B'11111000'  ; x x GP5 GP4 GP3 = ein GP2 GP1 GP0 = aus
         banksel TRISIO       ; Bank für TRISIO
         movwf   TRISIO       ; nach Tristateregister
         movlw   B'00001000'  ; Anfangszustand RCK SER SCK Low
         banksel GPIO         ; Bank für GPIO
         movwf   GPIO         ; aus Port ausgeben
; 8bit Timer0-Interrupt 4 MHz / 4 = 1 MHz / 64 / 256 = 61 Hz = 16 ms
         movlw   B'10000101'  ; Pull-up aus,x,Takt int,x,Vorteiler,Teiler 64
         banksel OPTION_REG   ; Bank für OPTION_REG
         movwf   OPTION_REG   ; Timer0 Betriebsart
         movlw   B'10100000'  ; GIE=1 T0IE=1 Interrupt frei
         movlw   1 << GIE | 1 << T0IE ; Interrupt frei
         banksel INTCON       ; Bank für INTCON
         movwf   INTCON       ; Timer0-Interrupt frei
         banksel GPIO         ; Bank 0 für alle weiteren Register
; alle Segmente ein,  Punkte aus
         clrf    durchl       ; Durchlaufzähler löschen
         clrf    durchh       ;
         movlw   0x7F         ; 0111 1111 BP und Punkte Low  Segmente High
         movwf   aus1         ; BP low
         movwf   aus2         ; DP aus
         movwf   aus3         ; DP aus
         movwf   aus4         ; DP aus
loop     movf    durchl,w     ; W = Durchlaufzähler Low
         andlw   0x0f         ; Maske 0000 1111
         movwf   ein          ; Einer
         swapf   durchl,w     ; W = Durchlaufzähler Low vertauscht
         andlw   0x0f         ; Maske 0000 1111
         movwf   zehn         ; Zehner
         movf    durchh,w     ; W = Durchlaufzähler High
         andlw   0x0f         ; Maske 0000 1111
         movwf   hund         ; Hunderter
```

```
        swapf   durchh,w      ; W = Durchlaufzähler High vertauscht
        andlw   0x0f          ; Maske 0000 1111
        movwf   taus          ; Tausender
        goto    loop          ;
; Timer0-Interrupt-Einsprung alle 16 ms
tictac  movwf   urett1        ; W-Register retten
        movfw   STATUS        ; Statusregister
        movwf   urett2        ; retten
; Ziffern nach Siebensegmentcode
        movf    ein,w         ; W = Einerstelle
        call    tab1          ; nach Siebensegmentcode 0xxx xxxx
        movwf   aus4          ; nach Ausgabe
        btfsc   durchl,0      ; überspringe bei Bit_0 = 0
        comf    aus4,f        ; komplementiere  Bit_0 = 1
        movf    zehn,w        ; W = Zehnerstelle
        call    tab1          ; nach Siebensegmentcode 0xxx xxxx
        movwf   aus3          ; nach Ausgabe
        btfsc   durchl,0      ; überspringe bei Bit_0 = 0
        comf    aus3,f        ; komplementiere  Bit_0 = 1
        movf    hund,w        ; W = Hunderterstelle
        call    tab1          ; nach Siebensegmentcode 0xxx xxxx
        movwf   aus2          ; nach Ausgabe
        btfsc   durchl,0      ; überspringe bei Bit_0 = 0
        comf    aus2,f        ; komplementiere  Bit_0 = 1
        movf    taus,w        ; W = Zehnerstelle
        call    tab1          ; nach Siebensegmentcode 0xxx xxxx
        movwf   aus1          ; nach Ausgabe
        btfsc   durchl,0      ; überspringe bei Bit_0 = 0
        comf    aus1,f        ; komplementiere  Bit_0 = 1
; 4 Ausgaberegister 32bit rotieren und ausgeben
        movlw   .32           ; Schiebezähler
        movwf   schiez        ; für 32 Takte laden
        bcf     GPIO,rck      ; RCK Übernahmetakt Low
tictac1 bcf     GPIO,srck     ; SRCK Schiebetakt Low
        rlf     aus1,w        ; kopiert Bit_7 nach Carry
        rlf     aus1,f        ; 32bit rotieren
        rlf     aus2,f        ;
        rlf     aus3,f        ;
        rlf     aus4,f        ;
        bcf     GPIO,ser      ; SER Daten Low
        btfsc   STATUS,C      ; Datenbit 0: SER = Low bleibt
        bsf     GPIO,ser      ; Datenbit 1: SER = High
        bsf     GPIO,srck     ; SRCK Schiebetakt steigende Flanke
        decfsz  schiez,f      ; Taktzähler - 1 überspringe bei Null
        goto    tictac1       ; weiter bei nicht Null
```

```
        bsf      GPIO,rck     ; RCK Übernahmetakt steigende Flanke
; nächsten Durchlauf invertiert vorbereiten
        comf     aus1,f       ;
        comf     aus2,f       ;
        comf     aus3,f       ;
        comf     aus4,f       ;
        incf     durchl,f     ; Durchlaufzähler Low erhöhen
        btfsc    STATUS,Z     ; überspringe bei Z=0 ungleich Null
        incf     durchh,f     ; bei Z=1 Null Highzähler erhöhen
        movfw    urett2       ; Statusregister
        movwf    STATUS       ; zurück
        swapf    urett1,f     ; Rettungsregister vertauschen
        swapf    urett1,w     ; vertauscht nach W-Register
        bcf      INTCON,T0IF  ; Timer0-Anzeige löschen
        retfie                ; Rücksprung aus Serviceprogramm
; warte Wartezeit W-Register * 1 ms durch Timer-Interrupt ersetzt
warte   movwf    urett1       ; W-Register retten
        movwf    urett2       ; nach Faktor
        movf     urett2,f     ; Faktor testen
        btfsc    STATUS,Z     ; Faktor Null ?
        goto     warte3       ; Z = 1: ja: abweisend
warte1  movlw    (takt/.80000); 1 Takt Ladewert für 1 ms
warte2  goto     $+1          ; 2 Takte
        goto     $+1          ; 2 Takte
        goto     $+1          ; 2 Takte
        goto     $+1          ; 2 Takte
        goto     $+1          ; 2 Takte
        goto     $+1          ; 2 Takte
        goto     $+1          ; 2 Takte
        goto     $+1          ; 2 Takte
        addlw    -1           ; 1 Takt  w - 1 -> w
        btfss    STATUS,Z     ; 1 Takt   für W nicht Null
        goto     warte2       ; 2 Takte für W nicht Null
        decfsz   urett2,f     ; Faktor - 1 springe bei Null
        goto     warte1       ; Faktor nicht Null: noch 1 ms
warte3  movf     urett1,w     ; W-Register zurück
        return                ; Rücksprung
; Konstantentabelle W=Ziffer 0-9 -> W=7-Segment-Code
tab1    addwf    PCL,f        ; Abstand im W-Register
  DT 0x3f,0x06,0x5b,0x4f,0x66,0x6d,0x7d,0x07,0x7f,0x67 ; retlw-Befehle 0..9
  DT 0x77,0x7c,0x39,0x5e,0x79,0x71                     ; retlw-Befehle A..F
        END                   ;
```

Bild 9-42: Assemblerprogramm zur direkten Ansteuerung von LCD-Segmenten (PIC 12F629)

9.6.3   Projekt Würfelspiel

Spielregeln für ein Würfelspiel mit zwei Würfeln, deren Augen summiert werden:

- Zwei Würfel werden gleichzeitig geworfen.
- Beträgt beim ersten Wurf die Summe der Augen 7 oder 11, so ist das Spiel gewonnen.
- Beträgt die Summe der Augen dagegen 2 oder 3 oder 12, so ist das Spiel verloren.
- Anderenfalls wird das Spiel mit weiteren Würfen fortgesetzt, bis die Summe der Augen für gewonnen den Vorgabewert des ersten Wurfes oder für verloren den Wert 7 erreicht.

Für das Spiel wurden folgende Anzeige- und Bedienelemente (*Bild 9-42*) entworfen.

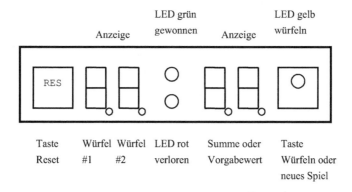

Bild 9-42: Anzeige- und Bedienelemente eines Würfelspiels

Die Taste *Reset* bringt den Controller und das Spiel in die Grundstellung, in der die gelbe Leuchtdiode zum Betätigen der Würfeltaste auffordert. Sie wird mit dem Reset-Eingang des Controllers verbunden.

Die Taste *Würfeln* lässt die beiden Würfel rollen oder startet ein neues Spiel. Sie wird mit einem Eingang des Controllers verbunden.

Die drei Leuchtdioden geben den Zustand des Spiels an. *Grün* für gewonnen, *rot* für verloren und *gelb* als Aufforderung zur Eingabe der Würfeltaste.

Die vierstellige Siebensegmentanzeige gibt die Augen der beiden Würfel sowie die Summe der Augen bzw. den Vorgabewert aus. Die Dezimalpunkte der Würfelanzeigen können den Spielzustand – erster Wurf oder Folgewürfe – markieren. Die Software besteht aus einer hardwareabhängigen Ausgabesteuerung und einer davon unabhängigen Spielsteuerung, die sich mit einem Zustandsgraph (*Bild 9-43*) beschreiben lässt.

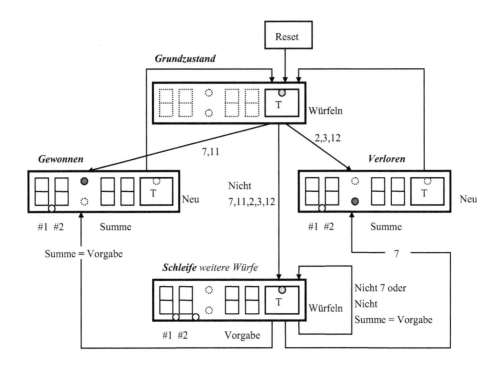

Bild 9-43: Zustandsgraph der Spielsteuerung

Der *Grundzustand* ergibt sich nach dem Einschalten der Versorgungsspannung oder durch die Reset-Taste. Die vier Ziffernanzeigen sind dunkel, die gelbe Leuchtdiode zeigt, dass mit der Taste T gewürfelt werden kann. Die Zustände *Gewonnen* und *Verloren* kehren durch die Neutaste wieder in den *Grundzustand* zurück.

Der Zustand *Gewonnen* wird durch die grüne Leuchtdiode angezeigt. Er wird erreicht, wenn die Summe der beiden ersten Würfe den Wert 7 oder 11 ergibt. Dieser wird an den beiden rechten Stellen angezeigt, auf den beiden linken Stellen erscheinen, durch den Dezimalpunkt getrennt, die beiden Einzelwürfe #1 und #2. Die gelbe Leuchtdiode ist ausgeschaltet, mit der Taste T erfolgt der Neustart in den Grundzustand.

Der Zustand *Verloren* wird durch die rote Leuchtdiode angezeigt. Er wird erreicht, wenn die Summe der beiden ersten Würfe den Wert 2 oder 3 oder 12 ergibt. Dieser wird an den beiden rechten Stellen angezeigt, auf den beiden linken Stellen erscheinen, durch den Dezimalpunkt getrennt, die beiden Einzelwürfe #1 und #2. Die gelbe Leuchtdiode ist ausgeschaltet, mit der Taste T erfolgt der Neustart in den Grundzustand.

Alle anderen Summen führen in den Zustand *Schleife*, der durch die beiden linken Dezimalpunkte gekennzeichnet wird. An den beiden linken Stellen erscheinen die beiden aktuellen Einzelwürfe #1 und #2, rechts bleibt die Summe des ersten Wurfes als Vorgabe für den Gewinn stehen. Der Schleifenzustand wird nur verlassen, wenn die Summe der beiden Würfel entweder den Vorgabewert (Gewinn) oder den Wert 7 (Verlust) erreicht. Aus den Zuständen *Gewonnen* bzw. *Verloren* führt die Taste Neustart wieder zurück in den *Grundzustand.*

Mit einer optionalen Testfunktion lässt sich die Gleichverteilung der Würfelaugen und der Gewinne bzw. Verluste überprüfen. Nach einer vorgegebenen Anzahl von Spielen (z.B. 10) oder nach längerem Drücken der Eingabetaste (z.B. > 1 sek) im Grundzustand erscheint der Zustand *Statistikausgabe*, in dem die Gesamtzahl der Spiele, die Gewinne und Verluste sowie die Häufigkeit ausgegeben werden, mit der die Augen der beiden Würfel „zufällig" geworfen wurden. Durch eine direkte Katodenansteuerung der Siebensegmentanzeigen lassen sich die Buchstaben **SP** für **Sp**iele, **GE** für **Ge**winne, **UE** für **U**v**e**rluste sowie ein hoch bzw. tief gestelltes Karo □ als Sonderzeichen für die beiden Würfel darstellen. Dann geht das System zurück in den Grundzustand. Die optionale Ausgabe der Statistik (*Bild 9-44*) kann mit der RES-Taste abgebrochen werden.

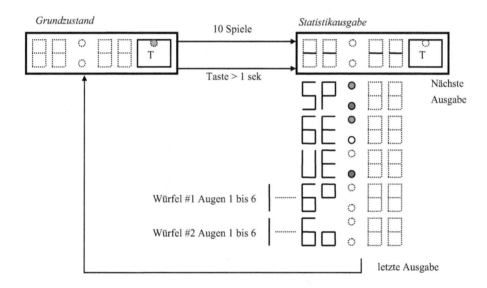

Bild 9-44: Optionale Ausgabe der Statistik

Aus dem Zustandsgraphen ohne die Zusatzfunktion Statistik lässt sich der vereinfachte Programmablaufplan *Bild 9-45* für die Assemblerprogrammierung ableiten. Das Unterprogramm Rollen liefert die Summe der beiden Würfelaugen. Nicht dargestellt sind die Unterprogramme zur Anzeige der Werte.

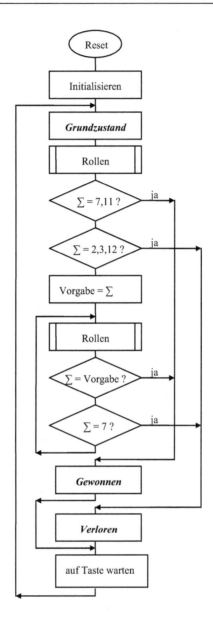

Bild 9-45: Programmablaufplan der Spielsteuerung

In der C-Programmierung wäre es nur mit der „verbotenen" goto-Anweisung möglich, die Zustände *Gewonnen* bzw. *Verloren* direkt anzuspringen. Die im Struktogramm dargestellte Lösung behandelt die beiden Zustände in jeweils zwei getrennten Blöcken. Anstelle der Laufmarke im Zustand *Schleife* könnte diese auch mit break abgebrochen werden. Die Funktion rollen liefert die Summe der beiden Würfelaugen.

Ausgabe (und Timer) initialisieren					
Unendliche Spielschleife					
Grundzustand einstellen					
summe = rollen()					
summe == 7,11	summe == 2,3,12	sonst *Schleife*			
		vorgabe = summe lauf = wahr			
		solange lauf == wahr			
		summe = rollen()			
		summe == vorgabe	summe == 7	sonst	
Gewonnen	***Verloren***	***Gewonnen*** lauf = falsch	***Verloren*** lauf = falsch	↓	
warten auf Taste					

Bild 9-46: Struktogramm der Spielsteuerung

Die **Hardwarelösung** (*Bild 9-47*) benötigt 20 Ein/Ausgabeleitungen für den Betrieb des Würfelspiels. Sie lässt sich mit den Bausteinen PIC 16F876 und PIC 18F2220 realisieren.

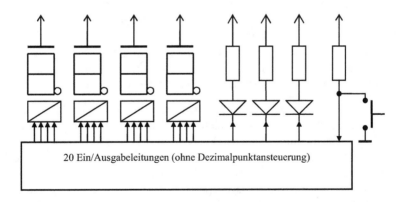

Bild 9-47: Statische Ansteuerung der Siebensegmentanzeigen und Leuchtdioden

Die Lösung mit dem geringsten Hardwareaufwand (*Bild 9-48*) steuert die Multiplex- und Leuchtdiodenausgabe über zwei Schieberegister mit seriellen Eingängen und parallelen Ausgängen. Nach dem Verfahren der seriellen SSP-Schnittstelle sind nur eine Datenleitung, eine Leitung für den Schiebetakt und eine zusätzliche Leitung für den Übernahmetakt erforderlich. Zusammen mit einem direkten Eingang für den Taster *Würfeln* lässt sich das Spiel mit vier Leitungen der 8poligen Bausteine PIC 12F675 oder PIC 10F206 realisieren.

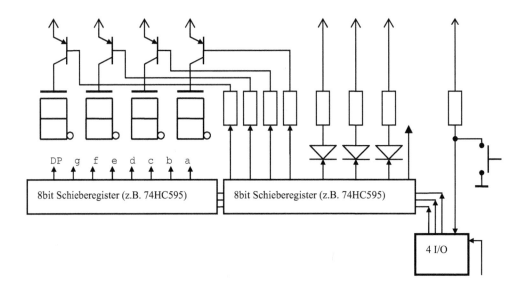

DP g f e d c b a

8bit Schieberegister (z.B. 74HC595)   8bit Schieberegister (z.B. 74HC595)

4 I/O

Bild 9-48: Multiplexansteuerung der Anzeige mit Schieberegistern und drei Leitungen

Die acht parallelen Ausgänge des linken Schieberegisters steuern die Katoden der Siebensegmentanzeigen, bei denen alle entsprechenden Segmente parallel geschaltet sind. Durch die Direktansteuerung lassen sich nicht nur Ziffern, sondern auch Buchstaben und Sonderzeichen darstellen. Die Dezimalpunkte DP können den Zustand des Spiels anzeigen. Das rechte Schieberegister wählt die anzuzeigende Stelle nach dem 1-aus-4-Verfahren aus und schaltet die Leuchtdioden zur Anzeige des Spielzustandes. Ein Eingang des Controllers und ein Ausgang des rechten Schieberegisters sind noch für Erweiterungen frei.

Die Programmierung des Spielverlaufs entsprechend dem Programmablaufplan (Assembler) oder Struktogramm (C-Programm) ist relativ unabhängig vom verwendeten Controllerbaustein. Aus der Wartezeit auf die fallende Flanke des Würfeltasters lässt sich ein „zufälliger" Wert für den ersten Würfel ableiten, aus der Wartezeit auf die steigende Flanke des zweiten Würfels. Die Programmierung der Ausgabe beschränkt sich bei der ersten Hardwarelösung auf das Speichern der Werte in Ausgabeports. Bei der Multiplexlösung ist ein Timer zur periodischen Umschaltung der Anzeigestelle erforderlich. Das Serviceprogramm wird im

Abstand von 2 ms aufgerufen und gibt das Bitmuster für die Ansteuerung der Katoden, den Zustand der Leuchtdioden und das Bitmuster der Anodensteuerung seriell aus.

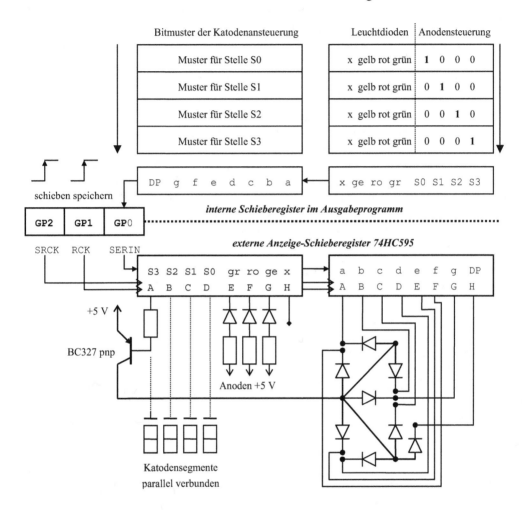

Bild 9-49: Multiplexsteuerung über zwei serielle Schieberegister (PIC 12F675)

Das serielle Schieberegister 74HC595 schiebt das am Eingang SERIN anliegende Bit mit der steigenden Flanke des Schiebetaktes SRCK um eine Bitposition weiter, der Ausgang des linken Schieberegisters ist mit dem Eingang des rechten Registers verbunden. Ein 16bit Wort wird mit 16 Schiebetakten übernommen. Die parallele Ausgabe erfolgt erst mit der steigenden Flanke des Speichertaktes RCK, sie bleibt bis zur nächsten steigenden Speicherflanke erhalten. Die Takteingänge SRCK und RCK der beiden Register sind miteinander verbunden.

Die drei Leuchtdioden zur Anzeige des Spielzustands werden durch ein Low an den Katoden *ein*geschaltet; bei High sind sie *aus*. Im Programm werden die entsprechenden Bitpositionen mit einer **1** als *ein* gekennzeichnet und vor der Ausgabe invertiert. Von den vier Siebensegmentanzeigen wird jeweils eine durch ein Low ausgewählt, das den Transistor durchschaltet und die gemeinsame Anode auf High legt. Die Katoden sind durch ein Low *ein*geschaltet und bei High *aus*. Im Programm werden die Anoden und Katoden durch eine **1** als *ein* gekennzeichnet und vor der Ausgabe invertiert. Mit Widerständen (z.B. 100 Ohm) im Katodenkreis wird die Helligkeit der Siebensegmentanzeige eingestellt.

Das durch den Timernulldurchgang aufgerufene Serviceprogramm setzt die auszugebenden Daten in internen Schieberegistern zusammen und erzeugt die Taktsignale zum Schieben und Speichern für die externen Schieberegister. Das beim Würfeln wichtige Problem des Zufalls lässt sich durch einen durchlaufenden Zähler im Bereich von 1 bis 6 lösen, der bei der „zufälligen" Betätigung der Eingabetaste durch den Benutzer abgebrochen wird. Das Unterprogramm `rollen` liefert die Augen und die Augensumme der beiden Würfel, die von den Unterprogrammen `ausli` und `ausre` in die Ausgabestellen gebracht werden. Das Unterprogramm `ziffer` enthält die Tabelle für die Umcodierung der BCD-Ziffern von 0 bis 9 in den Siebensegmentcode.

```
; k9p3.asm  PIC 12F675 Würfelspiel ohne Statistik
; Eingabe: GP4 = Würfeltaste  GP3/MCLR = Reset
; Ausgabe: GP0 = SERIN  GP1 = RCK  GP2 = SRCK
#include "c:\programme\microchip\MPASM Suite\P12F675.INC" ; Header File
    __CONFIG _CP_OFF & _WDT_OFF & _BODEN_ON & _PWRTE_ON & _INTRC_OSC_NOCLKOUT &
_MCLRE_ON & _CPD_OFF
takt    EQU     .4000000     ; Systemtakt intern ca. 4 MHz
serin   EQU     0            ; GP0 serielle Eingabe Schieberegister
rck     EQU     1            ; GP1 Speichertakt Schieberegister
srck    EQU     2            ; GP2 Schiebetakt Schieberegister
taste   EQU     4            ; GP4 Würfeltaste
; Symbole für Registervariablen
wretter EQU     0x20         ; Rettung W-Register in ISR
sretter EQU     0x21         ; Rettung Status in ISR
anoden  EQU     0x22         ; Bitmuster für Anodentreiber
schian  EQU     0x23         ; Schiebemuster Anoden
schika  EQU     0x24         ; Schiebemuster Katoden
schize  EQU     0x25         ; Schiebezähler
leds    EQU     0x26         ; Zustand der LEDs x ge ro gr 0 0 0 0
stell0  EQU     0x27         ; Stelle S0 rechts
stell1  EQU     0x28         ; Stelle S1 rechts mitte
stell2  EQU     0x29         ; Stelle S2 links mitte
stell3  EQU     0x2a         ; Stelle S3 links
wurfli  EQU     0x2b         ; Würfel links  1..6
wurfre  EQU     0x2c         ; Würfel rechts 1..6
summe   EQU     0x2d         ; Summe 2..12
vorga   EQU     0x2e         ; Vorgabewert 2..12
```

```
whigh    EQU      0x2f          ; High-Wartezähler
wlow     EQU      0x30          ; Low-Wartezähler
;
         ORG      0             ; Programm-Flash
         goto     start         ; Reset-Einsprung
         ORG      4             ; Interrupt-Einsprung
         goto     timer         ;
; Parallelschnittstelle GPIO programmieren
start    movlw    B'11111000'   ; x x GP5 GP4 GP3 = ein  GP2 GP1 GP0 = aus
         banksel  TRISIO        ;
         movwf    TRISIO        ; nach Tristateregister
         banksel  ANSEL         ;
         clrf     ANSEL         ; A/D-Wandler aus: GPIO digitaler Port
         movlw    B'00000111'   ;
         banksel  CMCON         ;
         movwf    CMCON         ; Analogkomparator aus: GPIO digitaler Port
; Startwerte einstellen
         banksel  GPIO          ; Bank 0 für GPIO und Registervariablen
         movlw    B'00111000'   ; Anfangszustand RCK SER SCK Low
         movwf    GPIO          ; aus Port ausgeben
         movlw    B'00001000'   ; Steuermuster für Anoden
         movwf    anoden        ;
         movlw    stell0        ; Adresse Stelle S0 beginnt
         movwf    FSR           ; nach Zeiger auf Stellenmuster
; Timer0: Sytemtakt 4 MHz : 4 : 8 : 256 = 488 Hz = 2 ms
         movlw    B'00000010'   ; x x intern x Timer0 Teiler 8
         banksel  OPTION_REG    ;
         movwf    OPTION_REG    ;
         bsf      INTCON,T0IE   ; Timer0 Interrupt frei
         bsf      INTCON,GIE    ; alle Interrupts global frei
         banksel  GPIO          ;
; Spielschleife Grundstellung
spiel    clrf     stell0        ; Ausgabe löschen
         clrf     stell1        ;
         clrf     stell2        ;
         clrf     stell3        ;
         movlw    B'01000000'   ; LED gelb=an  rot=aus gruen=aus
         movwf    leds          ;
; erster Wurf Einzelwürfe und Summe ausgeben
         call     rollen        ; Augen nach wurfli wurfre summe
         call     ausli         ; Würfelaugen ausgeben
         movf     summe,w       ; W = 2..12
         call     ausre         ; Summe ausgeben
; erster Wurf Auswertung
         movf     summe,w       ; W = Würfelsumme
```

```
        movwf   vorga           ; nach Vorgabewert für Folgewürfe
        addlw   -.7             ; auf 7 testen
        btfsc   STATUS,Z        ; überspringe bei Z = 0: nicht 7
        goto    gewonnen        ; Z = 1: war 7 gewonnen
        addlw   .7              ; Testsubtraktion aufheben
        addlw   -.11            ; auf 11 testen
        btfsc   STATUS,Z        ; überspringe bei Z = 0: nicht 11
        goto    gewonnen        ; Z = 1: war 11 gewonnen
        addlw   .11             ; Testsubtraktion aufheben
        addlw   -.2             ; auf 2 testen
        btfsc   STATUS,Z        ; überspringe bei Z = 0: nicht 2
        goto    verloren        ; Z = 1: war 2 verloren
        addlw   .2              ; Testsubtraktion aufheben
        addlw   -.3             ; auf 3 testen
        btfsc   STATUS,Z        ; überspringe bei Z = 0: nicht 3
        goto    verloren        ; Z = 1: war 3 verloren
        addlw   .3              ; Testsubtraktion aufheben
        addlw   -.12            ; auf 12 testen
        btfsc   STATUS,Z        ; überspringe bei Z = 0: nicht 12
        goto    verloren        ; Z = 1: war 12 verloren
; Folgewürfe bis Vorgabe oder 7
spiel1  call    rollen          ; Augen nach wurfli, wurfre und summe
        call    ausli           ; Augen ausgeben
        bsf     stell2,7        ; Dezimalpunkt hinter Stelle links mitte an
        bsf     stell0,7        ; Dezimalpunkt hinter Stelle rechts an
        movf    summe,w         ; neue Summe untersuchen
        addlw   -.7             ; auf 7 testen
        btfsc   STATUS,Z        ; überspringe bei Z = 0: nicht 7
        goto    verlor7         ; Z = 1: war 7 verloren
        addlw   .7              ; Testsubtraktion aufheben
        subwf   vorga,w         ; gleich Vorgabewert ?
        btfsc   STATUS,Z        ; überspringe bei Z = 0: nicht getroffen
        goto    gewonnen        ; Z = 1: getroffen
        goto    spiel1          ; neuer Versuch
; Spiel entschieden
gewonnen movlw  B'00010000'     ; LED gelb=aus rot=aus gruen=an
        movwf   leds            ;
        goto    weiter          ; neuer Durchlauf
verlor7 movlw   .7              ; 7 ist verloren
        call    ausre           ; 7 rechts anzeigen
verloren movlw  B'00100000'     ; LED gelb=aus rot=an gruen=aus
        movwf   leds            ;
weiter  call    rollen          ; Taste ohne Auswertung
        goto    spiel           ; Grundstellung
;
```

```
; Unterprogramm Ausgabe wurfli wurfre Würfelaugen links
ausli   movf    wurfli,w      ; W = 1..6
        call    ziffer        ; umcodieren
        movwf   stell3        ; nach Stelle links
        bsf     stell3,7      ; Dezimalpunkt hinter Stelle links an
        movf    wurfre,w      ; W = 1..6
        call    ziffer        ; umcodieren
        movwf   stell2        ; nach Stelle links mitte
        return                ;
; Ausgabe zweistellig aus W-Register rechts ausgeben
ausre   addlw   -.10          ; - 10 Testsubtraktion
        btfss   STATUS,C      ; überspringe bei C=1 war positiv > 9
        goto    ausre1        ; war negativ < 10
        call    ziffer        ; Einer umcodieren
        movwf   stell0        ; nach Stelle rechts
        movlw   0x06          ; Ziffer 1
        movwf   stell1        ; nach Stelle mitte rechts
        goto    ausre2        ; weiter mit Auswertung
ausre1  addlw   .10           ; Testsubtraktion aufheben
        call    ziffer        ; Einer umcodieren
        movwf   stell0        ; nach Stelle rechts
        clrf    stell1        ; Stelle mitte rechts löschen
ausre2  return                ;
;
; Timer-Einsprung für Multiplexanzeige
timer   movwf   wretter       ; W-Register retten, keine Flags
        movf    STATUS,w      ; Statusregister nach W-Register
        movwf   sretter       ; Statusregister retten
; Schieber zusammensetzen
        movf    INDF,w        ; Katodenmuster Ziffer + DP
        incf    FSR,f         ; nächste Adresse
        movwf   schika        ; nach Katodenschieber
        comf    schika,f      ; Komplement
        movf    anoden,w      ; Stellen-Anoden
        iorwf   leds,w        ; LED-Anoden mischen
        movwf   schian        ; nach Anodenschieber
        comf    schian,f      ; Komplement
; Schleifenkontrolle für vier Dezimalstellen
        bcf     STATUS,C      ; Carry löschen
        rrf     anoden,f      ; Anodenmuster rechts
        btfss   STATUS,C      ; überspringe bei Carry = 1 herausgeschoben
        goto    timer1        ; Carry = 0: weiter
        movlw   B'00001000'   ; Steuermuster für Anoden
        movwf   anoden        ;
        movlw   stell0        ; Adresse Stelle S0 beginnt
```

```
        movwf   FSR           ; nach Zeiger auf Stellenmuster
timer1  movlw   .16           ; Schiebezähler 16 dezimal
        movwf   schize        ;
        bcf     GPIO,rck      ; Speichertakt Low
; Schiebeschleife für 16 Bits
timer2  bcf     GPIO,srck     ; Schiebetakt Low
        bcf     GPIO,serin    ; Datenbit Low
        btfsc   schika,7      ; überspringe wenn Datenbit Low
        bsf     GPIO,serin    ; bei High Datenbit setzen
        bsf     GPIO,srck     ; steigende Flanke Schiebetakt
        rlf     schian,f      ; Anoden nach links
        rlf     schika,f      ; Katoden nach links
        decfsz  schize,f      ; Schiebezähler - 1 überspringe bei Null
        goto    timer2        ; bei ungleich Null weiter schieben
; Übernahmetakt und Rücksprung
        bsf     GPIO,rck      ; steigende Flanke Speichertakt
        bcf     GPIO,srck     ; Schiebetakt Low
        bcf     GPIO,rck      ; Speichertakt Low
        movf    sretter,w     ; Statusregister nach W-Register
        movwf   STATUS        ; Statusregister zurück
        swapf   wretter,f     ; Rettung vertauschen, keine Flags geändert
        swapf   wretter,w     ; Rettung vertauscht nach W-Register,keine Flags
        bcf     INTCON,T0IF   ; Timer0 Interrupt Anzeige löschen
        retfie                ; Rücksprung aus Serviceprogramm
;
; Tabellen-Unterprogramm W = binär nach W = BCD-Ziffer 0 .. 9
ziffer  addwf   PCL,f         ; Rücksprungadresse berechnen
  DT  0x3f,0x06,0x5b,0x4f,0x66,0x6d,0x7d,0x07,0x7f,0x6f ; retlw-Befehle 0..9
;
; Unterprogramm würfeln nach wurfli wurfre summe
rollen  nop
        banksel GPIO          ;
        movlw   6             ; Startwert
        movwf   wurfli        ; Würfel links
rollen1 btfss   GPIO,taste    ; überspringe bei Taste High
        goto    rollen2       ; weiter bei Taste Low
        decfsz  wurfli,f      ; -1 und überspringe bei Wurf Null
        goto    rollen1       ; nicht Null
        goto    rollen        ; bei Null wieder mit 6 beginnen
rollen2 call    warte         ; zum Entprellen
rollen3 movlw   6             ; Startwert
        movwf   wurfre        ; Würfel rechts
rollen4 btfsc   GPIO,taste    ; überspringe bei Taste Low
        goto    rollen5       ; weiter bei Taste High
        decfsz  wurfre,f      ; überspringe bei Wurf Null
```

```
          goto     rollen4      ; nicht Null
          goto     rollen3      ; bei Null wieder mit 6 beginnen
rollen5 call       warte        ; zum Entprellen
          movf     wurfli,w     ; linker Wurf -> W-Register
          addwf    wurfre,w     ; + rechter Wurf -> W-Register
          movwf    summe        ; nach Würfelsumme
          return                ;
;
; Unterprogramm warte ca. 10 ms bei 4 MHz Systemtakt 1 us Befehlstakt
warte   movlw      .10          ; Faktor 10
          movwf    whigh        ; High-Wartezähler
warte1 movlw       .250         ; Anfangswert
          movwf    wlow         ; Low-Wartezähler
; innere Schleife 4*250 = 1000 us = 1 ms
warte2 decf        wlow,f       ; 1 Takt Zähler - 1
          btfss    STATUS,Z     ; 1 Takt bei Z=0: nicht Null sonst überspringe
          goto     warte2       ; 2 Takte bei Z=0: nicht Null
warte3 decfsz      whigh,f      ; Faktor - 1 überspringe bei Null
          goto     warte1       ; bei nicht Null neuer Durchlauf
          return                ; bei Null Rücksprung
          END                   ;
```

Bild 9-50: Assemblerprogramm zum Würfelspiel ohne Statistikausgabe (PIC 12F675)

Die Schaltung *Bild 9-51* wurde in Fädeltechnik auf einer Platine im Europaformat (160 x 100 mm) aufgebaut. Das Bild zeigt links oben die Stromversorgung aus einem Steckernetzteil. Von dem Controller PIC 12F675 in der Mitte der Platine führen drei Leitungen zu den beiden seriellen Schieberegistern. Der mit RES beschriftete linke Taster führt auf den RESET-Eingang GP3/MCLR des Controllers, der rechte Eingabetaster mit der gelben Leuchtdiode ist an den Eingang GP4 angeschlossen.

Bild 9-51: Aufbau des Würfelspiels in Fädeltechnik

9.6.4   LCD-Anzeige und Tastenfeld

Die in Abschnitt 9.2 beschriebene LCD-Anzeige wird in vielen Anwendungen zur Ausgabe von Texten und Zahlen eingesetzt. Sie kann mit vier Daten- und zwei Steuerleitungen über einen Parallelport angesteuert werden. Für die Eingabe von Kommandos für Gerätefunktionen und für die Eingabe von Zahlen verwendet man die in Abschnitt 9.3 beschriebenen Tastenfelder. *Bild 9-52* zeigt die universell verwendbare Schaltung eines LCD-Moduls für vier Zeilen zu je 16 Zeichen sowie einem Tastenfeld aus 25 Tasten. Die Steuerung übernimmt ein PIC 18F2220, für den ersatzweise auch ein PIC 16F876 verwendet werden könnte.

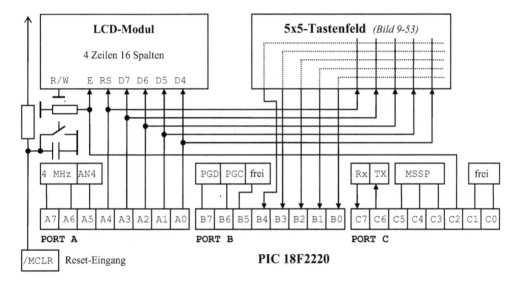

Bild 9-52: 4x16-LCD-Anzeige und 5x5-Tastenfeld (PIC 18F2220)

Die Dateneingänge des **LCD-Moduls** werden im 4bit-Betrieb an die Ausgänge A3 bis A0 angeschlossen. Der Ausgang A4 liegt am Steuereingang RS und unterscheidet zwischen der Übertragung eines Kommandos bzw. eines Datenbytes. Die Übertragung erfolgt mit der fallenden Flanke des E-Signals am Ausgang C2. Der Pull-down-Widerstand von 1 bis 10 kΩ sorgt dafür, dass der Eingang, der nach dem Einschalten tristate ist, vor der Programmierung der Schnittstelle auf festem Low-Potential liegt. Der Eingang R/W des LCD-Moduls liegt fest auf Low; es können keine Daten bzw. Statussignale ausgelesen werden.

Die fünf Spaltenleitungen des **Tastenfeldes** werden von den Ausgängen A4 bis A0 gesteuert; die Zeilenleitungen sind an die Eingänge B4 bis B0 geführt. *Bild 9-53* zeigt die Lage der Tasten und ihre Beschriftung. Durch die Doppelfunktion der Ausgänge A4 bis A0 können während der Abfrage des Tastenfeldes keine Daten oder Kommandos zum LCD-Modul übertragen werden.

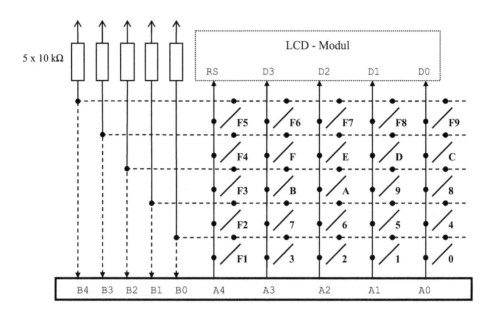

Bild 9-53: Die Tastenbelegung des 5x5-Tastenfeldes

In der Codetabelle des Assembler-Unterprogramms bzw. der C-Funktion `tget` sind den Funktionstasten Fx die Zahlen von 1 bis 9 und den Ziffern- und Buchstabentasten die entsprechenden ASCII-Codes zugeordnet. Jedoch entspricht die Codetabelle der Programmbeispiele nicht genau der Zuordnung in Bild 9-53, da in der Schaltung die Anschlüsse A0 mit A3 und A1 mit A2 vertauscht wurden.

Die folgenden Portanschlüsse werden in den Beispielprogrammen durch die Konfigurationseinstellungen voreingestellt und könnten für andere Anwendungen umprogrammiert werden:

- Der Eingang RE3/**MCLR**/Vpp (Stift 1) ist als Reset-Eingang voreingestellt und mit einem RC-Glied (10 kΩ / 10 µF) sowie einem Reset-Taster beschaltet. Er könnte wahlweise auch als Porteingang dienen.
- Die Anschlüsse A7 und A6 sind als Eingänge für einen 4-MHz-Quarz eingestellt und könnten bei internem Takt als Portleitungen verwendet werden.

Das Assemblerhauptprogramm (*Bild 9-54*) und die C-Hauptfunktion `main` (*Bild 9-55*) legen die Konfigurationsparameter sowie die Richtung der Portleitungen fest, geben nach der Initialisierung eine Nachricht auf dem LCD-Modul aus und warten auf die Betätigung des Tastenfeldes. Die ASCII-Codes der Ziffern- und Buchstabentasten werden unverändert auf dem LCD-Modul ausgegeben. Von den neun Funktionstasten wird nur die Taste F9 zum Löschen der Anzeige verwendet. Die Funktionen werden im Anschluss an die Programmlisten erklärt.

```
; k9p4.asm Projekt 4 PIC 18F2220 LCD-Modul und Tastenfeld
; Port A: A7-A6: 4-MHz-Quarz  A5-A0: Ausgänge LCD-Modul / Spalten
; Port B: B7-B5: ICSP         B4-B0: Eingänge Zeilen
; Port C: C7-C6: RX-TX V.24   C5-C3: MSSP C2=E C2-C0: frei für Tastatur
  LIST    P=18F2220, F=INHX32      ; Baustein und Hexafile
#include <P18F2220.INC>            ; Definitionsdatei
  CONFIG IESO=ON,  FSCM=ON,  OSC=HS   ; Quarz-Oszillator 4 MHz
  CONFIG BOR=OFF,  PWRT=ON,  WDT=OFF  ; Watchdog aus
  CONFIG MCLRE=ON, PBAD=DIG, CCP2MX=C1 ; RESET PBx=digital
  CONFIG DEBUG=OFF, LVP=OFF, STVR=OFF  ; Debug:aus
; Variablenbereich mit EQU vereinbart
temp    EQU     0               ; temporäres Hilfsregister
amus    EQU     1               ; Ausgabemuster für Spalten
zeil    EQU     2               ; Tasten-Zeilenzähler
spal    EQU     3               ; Tasten-Spaltenzähler
codz    EQU     4               ; Tasten Codezähler
codr    EQU     5               ; Tasten Coderetter in tget wenn Taste gedrückt
curpos  EQU     6               ; laufende Cursorposition
; Programmbereich
        ORG     0x000           ; Programm-Flash
        goto    start           ; Sprung zum Programmanfang
        ORG     0x008           ; Interrupt-Einsprung hohe Priorität
        goto    start           ; nicht besetzt
        ORG     0x018           ; Interrupt-Einsprung niedere Priorität
        goto    start           ; nicht besetzt
        ORG     0x028           ; Programmanfang
start   lfsr    FSR2,0xff       ; FSR2 = Software-Stapelzeiger in Bank 1
        bcf     LATC,RC2        ; RC2 = Freigabesignal E auf Low legen
        movlw   B'11111011'     ; C7-C3=Eingang C2=E=Ausgang C1-C0=Eingang
        movff   WREG,TRISC      ;
        movlw   B'11100000'     ; A7-A5=Eingang A4=RS=Ausgang A3-A0=Ausgang
        movff   WREG,TRISA      ;
        movlw   B'11111111'     ; B7-B0=Eingang
        movff   WREG,TRISB      ;
        call    lcdini          ; LCD-Modul initialisieren
        movlw   '>'             ; Prompt >
        call    lcdput          ; W-Register -> LCD-Modul
        movlw   LOW text1       ; Meldung
        movff   WREG,TBLPTRL    ; String-Adresse nach TBLPTR
        movlw   HIGH text1      ;
        movff   WREG,TBLPTRH    ;
        call    lcdputs         ; String -> LCD-Modul
; Testschleife Tastencode nach LCD-Anzeige
loop    call    tget            ; Tastaturkontrolle mit warten auf Freigabe
        movf    WREG,f          ; Rückgabe in W auf Null testen
```

```
            bz       loop          ; W = 0: keine Taste
            movff    WREG,temp     ; Zeichencode nach Hilfsregister temp retten
            movlw    .9            ; Code der Funktionstasten 1 bis 9 ?
            cpfsgt   temp          ; überspringe bei Code > 9 keine Funktionstaste
            goto     loop1         ; Code <= 9 Funktionstaste 1 - 9
; ASCII-Code 0-9 und A-F der Zifferntasten auf LCD ausgeben
            movff    temp,WREG     ; WREG = ASCII-Code
            call     lcdput        ; Zeichen nach LCD-Modul
            goto     loop          ; Schleife bis neue Taste
; Code der Funktionstasten F1 bis F9 auswählen
loop1       cpfseq   temp          ; überspringe bei Code = 9 Funktionstaste F9
            goto     loop2         ; nicht Code 9 weiter auswählen
; Funktionstaste F9 = LCD-Modul löschen
            movlw    0x01          ; Display löschen
            call     lcdcom        ;
            movlw    0x02          ; Cursor home
            call     lcdcom        ;
            clrf     curpos        ; Cursorposition links oben Zeile 1
            goto     loop          ; neue Eingabe
; Funktionstasten F1 bis F8
loop2       nop                    ; hier weiter machen
            goto     loop          ; neue Eingabe
; LCD-Unterprogramme
; lcdini LCD-Modul initialisieren
lcdini      movff    WREG,POSTDEC2 ; W-Register -> Stapel
            movlw    .250          ; Zähler für 250 ms
lcdini1     call     war1ms        ; 1 ms warten
            decfsz   WREG,f        ; Zähler - 1 überspringe bei Null
            goto     lcdini1       ; weiter bei nicht Null
            movlw    B'00110011'   ; Startcode | Startcode
            call     lcdcom        ; 8bit Kommando zweimal ausgeben
            movlw    B'00110010'   ; Startcode | 4bit Code
            call     lcdcom        ; Codes ausgeben
            movlw    B'00101000'   ; 4bit Code | 4 Zeilen | 5x7 Matrix
            call     lcdcom        ; Codes ausgeben
            movlw    B'00001110'   ; Display on | Cursor on | Blink off
            call     lcdcom        ; Codes ausgeben
            movlw    B'00000110'   ; Cursor inc | Display not shift
            call     lcdcom        ; Codes ausgeben
            movlw    B'00000010'   ; Cursor home
            call     lcdcom        ; Code ausgeben
            movlw    B'00000001'   ; Display clear
            call     lcdcom        ; Code ausgeben
            clrf     curpos        ; Cursorposition links oben
            movff    PREINC2,WREG  ; Stapel -> W-Register
```

```
        return              ;
; lcdcom W-Register Kommando -> LCD-Modul
lcdcom  movff   WREG,POSTDEC2 ; W-Register -> Stapel
        swapf   WREG,f        ; High <-> Low: zuerst High -> LCD
        movff   WREG,LATA     ; High-Nibble -> LCD
        bcf     LATC,RC2      ; RC2=E=Low
        bcf     LATA,RA4      ; RA4=RS=Low Kommando
        bsf     LATC,RC2      ; RC2=E=High steigende Flanke
        call    war1ms        ; 1 ms warten
        bcf     LATC,RC2      ; RC2=E=Low fallende Flanke
        swapf   WREG,f        ; Low <-> High: dann Low -> LCD
        movff   WREG,LATA     ; Low-Nibble -> LCD
        bcf     LATA,RA4      ; RA4=RS=Low Kommando
        bsf     LATC,RC2      ; RC2=E=High steigende Flanke
        call    war1ms        ; 1 ms warten
        bcf     LATC,RC2      ; RC2=E=Low fallende Flanke
        clrf    LATA          ; alle Ausgänge LATA Low
        call    war10ms       ; 10 ms warten
        movff   PREINC2,WREG  ; Stapel -> W-Register
        return              ;
; lcdput W-Register Daten -> LCD-Modul
lcdput  movff   WREG,POSTDEC2 ; W-Register -> Stapel
        swapf   WREG,f        ; High-Low -> Low-High (zuerst -> A3-A0)
        movff   WREG,LATA     ; High-Nibble -> LCD
        bcf     LATC,RC2      ; RC2=E=Low
        bsf     LATA,RA4      ; RA4=RS=High Daten
        bsf     LATC,RC2      ; RC2=E=High steigende Flanke
        call    war1ms        ; 1 ms warten
        bcf     LATC,RC2      ; RC2=E=Low fallende Flanke
        swapf   WREG,f        ; Low-High -> High-Low (dann -> A3-A0)
        movff   WREG,LATA     ; Low-Nibble -> LCD
        bsf     LATA,RA4      ; RA4=RS=High Daten
        bsf     LATC,RC2      ; RC2=E=High steigende Flanke
        call    war1ms        ; 1 ms warten
        bcf     LATC,RC2      ; RC2=E=Low fallende Flanke
        clrf    LATA          ; alle Ausgänge LATA Low
        call    war10ms       ; 10 ms warten
        call    lcdcur        ; Cursorkontrolle in curpos  TEST
        movff   PREINC2,WREG  ; Stapel -> W-Register
        return              ;
; lcdputs Stringadresse TBLPTRU:TBLPTRH:TBLPTRL bis Endemarke -> LCD
lcdputs movff   WREG,POSTDEC2 ; W-Register -> Stapel
lcdputs1 tblrd*+              ; Zeichen -> TABLAT Adresse + 1
        movf    TABLAT,f      ; auf Endemarke Null testen
        bz      lcdputs2      ; Null: nicht ausgeben
```

```
          movff   TABLAT,WREG     ; Zeichen nach W
          call    lcdput          ; W -> LCD-Modul
          goto    lcdputs1        ; nächstes Zeichen
lcdputs2  movff   PREINC2,WREG    ; Stapel -> W-Register
          return                  ;
; lcdcur Cursorkontrolle in Variable curpos = 0 in lcdini
lcdcur    movff   WREG,POSTDEC2   ; W-Register -> Stapel
          incf    curpos          ; nächste Cursorposition
          movlw   0x10            ; Ende der ersten Zeile ?
          subwf   curpos,w        ; Cursorposition - 0x10 -> W
          bnz     lcdcur1         ; nein: weiter testen
; Cursor war am Ende der ersten Zeile
          movlw   0x40            ; Cursor auf Anfang der zweiten Zeile
          goto    lcdcur4         ;
lcdcur1   movlw   0x50            ; Ende der zweiten Zeile ?
          subwf   curpos,w        ; Cursorposition - 0x50 -> W
          bnz     lcdcur2         ; nein: weiter testen
; Cursor war am Ende der zweiten Zeile
          movlw   0x10            ; Cursor auf Anfang der dritten Zeile
          goto    lcdcur4         ;
lcdcur2   movlw   0x20            ; Ende der dritten Zeile ?
          subwf   curpos,w        ; Cursorposition - 0x20 -> W
          bnz     lcdcur3         ; nein: weiter testen
; Cursor war am Ende der dritten Zeile
          movlw   0x50            ; Cursor auf Anfang der vierten Zeile
          goto    lcdcur4         ;
lcdcur3   movlw   0x60            ; Ende der vierten Zeile ?
          subwf   curpos,w        ; Cursorposition - 0x60 -> W
          bnz     lcdcur5         ; nein: kein Zeilenende erreicht
; Cursor war am Ende der vierten Zeile
          movlw   0x00            ; Cursor auf Anfang der ersten Zeile
lcdcur4   movff   WREG,curpos     ; neue Cursorposition
          iorlw   0x80            ; W = Kommando Cursor positionieren
          call    lcdcom          ;
lcdcur5   movff   PREINC2,WREG    ; Stapel -> W-Register
          return                  ;
; Warteschleifen zur Zeitverzögerung
; war1ms ca. 1 ms warten  4 MHz Quarz  1 MHz Systemtakt
war1ms    movff   WREG,POSTDEC2   ; W-Register -> Stapel
          movlw   .250            ; Faktor 250 * 4 = 1000 us = 1 ms
war1ms1   nop                     ; 1 Takt
          decfsz  WREG,f          ; 1 Takt  dec und überspringe bei Null
          goto    war1ms1         ; 2 Takte weiter bei nicht Null
          movff   PREINC2,WREG    ; Stapel -> W-Register
          return                  ;
```

```
; war10ms ca. 10 ms warten 4 MHz Quarz 1 MHz Systemtakt
war10ms  movff   WREG,POSTDEC2  ; W-Register -> Stapel
         movlw   .10            ; Faktor 10
war10ms1 call    war1ms         ; 1 ms warten
         decfsz  WREG,f         ; dec Zähler überspringe bei Null
         goto    war10ms1       ; weiter bei nicht Null
         movff   PREINC2,WREG   ; Stapel -> W-Register
         return                 ;
; Tastenfeld 5x5 auswerten
; taste Rückgabe W=0:keine  W=1-25: Code ohne warten
taste    movlw   .1             ; Beginn mit 1
         movff   WREG,codz      ; Codezähler Anfangswert 1
         movlw   .5             ; Zähler für
         movff   WREG,spal      ; 5 Spalten
         movlw   B'11111110'    ; Spaltenmuster
         movff   WREG,amus      ; laufendes Ausgabemuster
         movff   amus,LATA      ; Anfangsmuster RA0 Low
; Spaltenschleife
taste1   movlw   .5             ; Zähler für
         movff   WREG,zeil      ; 5 Zeilen
         movff   PORTB,WREG     ; Lesen Zeilenmuster nach W-Register
; Zeilenschleife
taste2   rrcf    WREG,f         ; Zeilenbit nach Carry schieben
         bnc     taste3         ; C = 0: Zeilenbit Low Taste gedrückt
         incf    codz,f         ; C = 1: Zeilenbit High Codezähler + 1
         decfsz  zeil,f         ; dec Zeilenzähler überspringe bei Null
         goto    taste2         ; bis alle Zeilen abgefragt
         rlncf   amus,f         ; Spaltenmuster links Low rotieren ohne Carry
         movff   amus,LATA      ; neue Spalte
         decfsz  spal,f         ; dec Spaltenzähler überspringe bei Null
         goto    taste1         ; Spaltenzähler 0: nächstes Muster abfragen
; keine Taste erkannt
         clrf    codz           ; Codezähler = 0: keine Taste gedrückt
; Rückgabe des Tastencodes in W
taste3   movff   codz,WREG      ; codz = WREG = 0: keine Taste gedrückt
         return                 ; Rückgabe 0 oder Tastencode 1-25 in W
; tget Rückgabe W=0:keine W=1-9  W=ASCII warten auf Taste lösen
tget     call    taste          ; W = Tastencode bei gedrückt
         movf    WREG,f         ; W auf Null testen
         bz      tget           ; W == 0: keine Taste gedrückt warten
         movff   WREG,codr      ; W /= 0: Taste gedrückt Code retten
         call    war10ms        ; 10 ms warten zum Entprellen
; Warteschleife bis Taste gelöst
tget1    call    taste          ; Rückgabe W = Tastenzustand
         movf    WREG,f         ; W auf Null testen
```

```
        bnz      tget1          ; W /= 0: Taste immer noch gedrückt
; Tastencode nach Funktionscode 1-9 bzw. ASCII-Zeichencode
        call     war10ms        ; 10 ms warten zum Entprellen
        movlw    LOW tabbi      ; Tabellenadresse Low
        movwf    TBLPTRL        ; nach Zeiger
        movlw    HIGH tabbi     ; Tabellenadresse High
        movwf    TBLPTRH        ; nach Zeiger
        movlw    UPPER tabbi    ; Tabellenadresse Oben
        movwf    TBLPTRU        ; nach Zeiger
        movff    codr,WREG      ; W = Abstand = Code
        addwf    TBLPTRL,f      ; Tabellenadresse + Abstand
        clrf     WREG           ; Carry bleibt
        addwfc   TBLPTRH,f      ; + Übertrag
        addwfc   TBLPTRU,f      ; + Übertrag
        tblrd*                  ; Tabellenwert auslesen und
        movff    TABLAT,WREG    ; nach W
tget2   return                  ; Rückgabe in  W=1-9 | W=ASCII
tabbi   DB       0,'3','7','B','F',6,'2','6','A','E',7,
        DB          '1','5','9','D',8,'0','4','8','C',9,1,2,3,4,5,0;
; Konstantenbereich
text1   DATA     " Test ",0     ; Text mit Endemarke
        END                     ;
```

Bild 9-54: Assemblerprogramm zum Testen der Grundfunktionen (PIC 18F2220)

```
// k9p4.c Projekt 4 PIC 18F2220 LCD-Modul und Tastenfeld
// Port A: A7-A6: 4-MHz-Quarz  A5-A0: Ausgänge LCD-Modul / Spalten
// Port B: B7-B5: ICSP         B4-B0: Eingänge Zeilen
// Port C: C7-C6: RX-TX V.24   C5-C3: MSSP  C2=E C2-C0: frei für Tastatur
#include <p18cxxx.h>                    // System setzt <p18f2220.h> ein
#pragma config IESO=ON,FSCM=ON,OSC=HS       // Quarz-Oszillator
#pragma config BOR=OFF,PWRT=ON,WDT=OFF      // Watchdog aus
#pragma config MCLRE=ON,PBAD=DIG,CCP2MX=C1 // RESET PBx=digital
#pragma config DEBUG=OFF,LVP=OFF,STVR=OFF  // Debug aus
unsigned char curpos = 0;              // Cursorposition global
// Wartefunktionen für Systemtakt=4-MHz-Quarz  Befehlstakt 1 MHz = 1us
void war1ms(void)                 // Wartezeit ca. 1 ms
{
 static unsigned char i;          // Durchlaufzähler
 for (i=200; i!=0; i--);          // 200*5 us = 1 ms
}
void war10ms(void)                // Wartezeit ca. 10 ms
{
 static unsigned char i,j;        // Durchlaufzähler
 for (j=10; j!=0; j--) for (i=200; i!=0; i--); // 10*200*5 = 10 ms
```

```c
}
// LCD-Funktionen
void lcdcom (unsigned char x)     // Kommando ausgeben
{
 x = (x << 4) | (x >> 4);         // swap High-Nibble zuerst an A3-A0
 LATCbits.LATC2 = 1;              // E = High
 LATA = x;                        // High-Nibble nach LCD-Modul
 LATAbits.LATA4 = 0;              // RS = Low: Kommandoausgabe
 war1ms();                        // 1 ms warten Impulslänge
 LATCbits.LATC2 = 0;              // E = Low: fallende Flanke
 x = (x << 4) | (x >> 4);         // swap dann Low-Nibble an A3-A0
 LATCbits.LATC2 = 1;              // E = High
 LATA = x;                        // High-Nibble nach LCD-Modul
 LATAbits.LATA4 = 0;              // RS = Low: Kommandoausgabe
 war1ms();                        // 1 ms warten Impulslänge
 LATCbits.LATC2 = 0;              // E = Low: fallende Flanke
 war10ms();                       // 10 ms warten
}
void lcdcur(void)                 // Cursorkontrolle
{
 curpos++;                        // nächste Cursorposition
 if (curpos == 0x10) { curpos = 0x40; lcdcom(0x80 | 0x40); } // 1. -> 2.
 if (curpos == 0x50) { curpos = 0x10; lcdcom(0x80 | 0x10); } // 2. -> 3.
 if (curpos == 0x20) { curpos = 0x50; lcdcom(0x80 | 0x50); } // 3. -> 4.
 if (curpos == 0x60)                                          // 4. -> 1.
 { curpos = 0x00; lcdcom(0x02); lcdcom(0x01); } // Cursor home und clear
}
void lcdput (unsigned char x)     // Datenbyte ausgeben
{
 x = (x << 4) | (x >> 4);         // swap High-Nibble zuerst an A3-A0
 LATCbits.LATC2 = 1;              // E = High
 LATA = x;                        // High-Nibble nach LCD-Modul
 LATAbits.LATA4 = 1;              // RS = High: Datenausgabe
 war1ms();                        // 1 ms warten Impulslänge
 LATCbits.LATC2 = 0;              // E = Low: fallende Flanke
 x = (x << 4) | (x >> 4);         // swap dann Low-Nibble an A3-A0
 LATCbits.LATC2 = 1;              // E = High
 LATA = x;                        // High-Nibble nach LCD-Modul
 LATAbits.LATA4 = 1;              // RS = High: Datenausgabe
 war1ms();                        // 1 ms warten Impulslänge
 LATCbits.LATC2 = 0;              // E = Low: fallende Flanke
 war10ms();                       // 10 ms warten
 lcdcur();                        // neue Cursorposition
}
void lcdputs (unsigned char *zeiger)    // nullterminierten String ausgeben
```

```
{
 while(*zeiger != 0) lcdput(*zeiger++); // bis Endemarke Null
}
void lcdini(void)                       // LCD initialisieren 4bit Bus 4 Zeilen
{
 unsigned char i;                       // Zählvariable
 for (i=1;i<=250;i++)war1ms();          // 250 ms warten
 lcdcom(0x33);                          // Startcode 3 | Startcode 3
 lcdcom(0x32);                          // Startcode 3 | 4bit-Code 2
 lcdcom(0x28);                          // 4bit-Code 2 | 2/4 Zeilen | 5x7 Matrix
 lcdcom(0x0e);                          // Display on  | Cursor on  | Blink off
 lcdcom(0x06);                          // Cursor inc  | Display not shift
 lcdcom(0x02);                          // Cursor home
 lcdcom(0x01);                          // Display clear
}
// Tastenfeld-Funktionen Rückgabe=0: keine Taste
unsigned char taste(void)               // Rückgabe bei gedrückt ohne warten
{
 unsigned char i, j, tind = 1, mein = 0; // Zähler Tastenindex Zeilenmuster
 unsigned char static maus;             // Schiebemuster statisch!
 maus = 0b11111110;                     // Schiebemuster Spalten Anfangswert
 for (i = 1; i <= 5; i++)               // Spaltenschleife Spaltenmuster ausgeben
 {
  LATA = maus;                          // eine Spalte auf Low legen
  _asm NOP _endasm;                     // Assembler NOP-Befehl
  mein = PORTB;                         // Zeilen rücklesen
  for (j = 1; j <= 5; j++)              // Zeilenschleife Zeilenmuster auswerten
  {
   if ( (mein & 0x01) == 0)            // Taste Low erkannt
   {
    war10ms();                          // 10 ms entprellen
    return tind;                        // Tastencode 1 - 25 zurückliefern
   } // Ende if
   mein >>= 1;                          // Taste High: nächste Zeile
   tind++;                              // Tastenindex erhöhen
  } // Ende j-Zeilenschleife
  Rlncf(maus, 1, 1);                    // Systemmakro: rotiere links ohne Carry
 } // Ende i-Spaltenschleife
 war10ms();                             // 10 ms entprellen
 return 0;                              // Rückgabe = 0: keine Taste gedrückt
} // Ende taste                         //
unsigned char tget(void)                // Rückgabe bei gelöst mit warten
{
 unsigned char tab[26] = \
 { 0,'3','7','B','F',6,'2','6','A','E',7, \
```

```
    '1','5','9','D',8,'0','4','8','C',9, \
    1,2,3,4,5 };                    // Tasten-Codetabelle
 unsigned char code;               // rettet Rückgabecode bei gedrückt
 while (1)                         // warte solange keine Taste gedrückt
 {
  code = taste();                  // Tastaturabfrage
  if (code != 0) break;            // Abbruch bei gedrückter Taste
 };                                //
 while (taste() != 0);            // warte solange Taste gedrückt
 return tab[code];                 // Rückgabe bei Taste gelöst
}
// Hauptfunktion
void main (void)
{
 unsigned char tcode;              // Tastencode retten
 unsigned char meldung [] = " Willkommen! "; // Prompt
 TRISA = 0b11100000;               // A7-A5 Eingänge  A4-A0 Ausgänge
 TRISB = 0b11111111;               // B7-B0 Eingänge
 TRISC = 0b11111011;               // C7-C3 Eingänge  C2 Ausgang C2-C0 Eingänge
 lcdini();                         // LCD-Modul initialisieren
 lcdput(0x3e);                     // Prompt > ausgeben
 lcdputs(meldung);                 // String nach LCD-Modul ausgeben
 while(1)                          // Testschleife Tasten nach LCD-Anzeige
 {
  tcode = tget();                  // warten auf Taste gelöst
  if (tcode > 9) lcdput(tcode);// Zifferntasten 0-9 | A-F nach LCD-Anzeige
  else
  switch(tcode)                    // Auswahl der Funktionstasten 1-9
  {
  case 1: break;                   // Tasten 1 - 8 nicht auswerten
  case 2: break;
  case 3: break;
  case 4: break;
  case 5: break;
  case 6: break;
  case 7: break;
  case 8: break;
  case 9: lcdcom(0x01); lcdcom(0x02); curpos = 0; // LCD löschen Cursor oben
  } // Ende else switch
 } // Ende while
} // End main
```

Bild 9-55: C-Programm zum Testen der Grundfunktionen (PIC 18F2220)

Die Unterprogramme bzw. Funktionen war1ms und war10ms enthalten Warteschleifen zur Zeitverzögerung von 1 ms und 10 ms. Die Zähler sind fest auf einen Befehlstakt von 1 MHz entsprechend einer Verzögerungszeit von 1 µs eingestellt.

Die LCD-Unterprogramme bzw. -Funktionen wurden mit einem LCD-Modul 164A des Herstellers Displaytech mit einem standardmäßigen Controller HD44780 getestet. Für Module und Controller anderer Hersteller sind entsprechende Änderungen erforderlich, die den Datenblättern zu entnehmen sind. Das Programm lcdini initialisiert das LCD-Modul auf die Parameter 4bit-Bus, 2/4 Zeilen, 5x7-Matrix, schaltet das Display ein und löscht es. Der Cursor wird auf den Anfang der obersten Zeile positioniert.

Das Programm lcdcom sendet ein Kommando an das LCD-Modul. Die Übertragung beginnt mit der High-Hälfte des Kommandobytes, dann folgt der Low-Teil. Die Steuerleitung RS liegt fest auf Low. Die Übernahme erfolgt mit der fallenden Flanke des E-Signals. Das Programm lcdput sendet ein ASCII-Zeichen. Es entspricht der Funktion lcdcom mit dem Unterschied, dass die Steuerleitung RS auf High liegt. Das Unterprogramm lcdcur kontrolliert den Cursor, der am Ende jeder Zeile neu positioniert werden muss. Das Programm lcdputs gibt einen nullterminierten String aus.

Das Programm lcdcur übernimmt die Cursorkontrolle in einer globlen Variablen curpos, da am Ende einer Zeile ein nicht sichtbarer Bereich oder eine nicht anschließende Zeile liegt.

0x00	**1. Zeile**	0x0F	0x10	Es folgt Zeile 3
0x40	**2. Zeile**	0x4F	0x50	Es folgt Zeile 4
0x10	**3. Zeile**	0x1F	0x20	Nicht sichtbar
0x50	**4. Zeile**	0x5F	0x60	Nicht sichtbar

Am Ende der untersten Zeile wird das Display gelöscht und der Cursor auf den Anfang der obersten Zeile positioniert.

Die Tastenfeld-Unterprogramme bzw. -Funktionen beginnen mit der rechten Spalte und untersten Zeile und liefern den Code der ersten auf Low liegenden Taste. Mehrfachbelegungen wie z.B. durch *SHIFT* oder *CTRL* oder *ALT* sind in der einfachen Version nicht möglich und müssten wie bei PC-Tastaturen mit besonderen Codes realisiert werden. Die Funktion taste liefert eine 0 zurück, wenn keine Taste gedrückt wurde, sonst den Tastencode 1 bis 25 der ersten gedrückten Taste. Sie kehrt nach der Abtastung sofort an das aufrufende Programm zurück und entspricht der Konsolfunktion kbhit. Im Gegensatz dazu wartet die Funktion tget, bis eine Taste gedrückt *und* wieder gelöst wurde und entspricht damit der Konsolfunktion get. Sie liefert die Codes 1 bis 9 der Funktionstasten bzw. die ASCII-Codes der Ziffern 0 bis 9 oder A bis F zurück.

10   Anhang

Literatur und Bezugsquellen

[1] Elektor
     Elektor-Verlag GmbH, Aachen
     ISSN 0932-5468
     Artikel über Projekte mit PIC-Controllern

[2] ELV journal
     Fachmagazin für angewandte Elektronik
     ELV Elektronik AG, Leer
     Projekte mit PIC-Controllern

[3] Harth, Wolfram und Lehmann, Stefan
     PIC-Microcontroller-Programmierung
     Verlag mitp, REDLINE GMBH, Heidelberg
     ISBN 3-8266-1632-4
     BASIC-Programmierung mit iL-TROLL-System (PIC 16F872)

[4] Kohtz, Dieter
     Messen, Steuern und Regeln mit PIC-Mikrocontrollern
     Franzis-Verlag, Poing
     ISBN 3-7723-6157-9
     Schaltungen und Assemblerprogramme für die PIC16-Familie

[5] König, Anne und Manfred
     Das große PIC-Mikro Handbuch
     Franzis-Verlag, Poing
     ISBN 3-7723-5995-7
     Assemblerprogrammierung für PIC10, PIC18 und rfPIC

[6] Mumm, Thorsten
     PICs für Einsteiger
     Franzis-Verlag, Poing
     ISBN 3-7723-4994-3
     Assemblerprogrammierung für PIC12

[7] Microchip Firmenschriften
     www.microchip.com
     Handbücher, technische Anleitungen und Entwicklungssoftware zum Herunterladen

[8] Conrad Electronic GmbH
     Klaus-Conrad-Straße 2
     92530 Wernberg-Köblitz
     www.conrad.de
     Entwicklungssysteme und Bauteile

[9] Reichelt Elektronik
     Elektronikring 1
     26452 Sande
     www.reichelt.de
     Entwicklungssysteme und Bauteile

Abkürzungen in den Registertabellen

Die Buchstaben *vor* dem Strich geben an, wie im Programm auf die Bitposition des Registers zugegriffen werden kann:

R = Bit lesbar   **W** = Bit beschreibbar   **C** = Bit nur löschbar   **S** = Bit nur setzbar
U = Bit wird nicht verwendet

Die Zeichen *nach* dem Strich zeigen den Vorgabewert nach dem Einschalten bzw. Reset:

0 = Bit ist gelöscht   **1** = Bit ist gesetzt   **x** = Bit ist unbestimmt

In dem Beispiel des Sender-Steuerregister **TXSTA** sind die mit RW – 0 gekennzeichneten Bitpositionen lesbar und beschreibbar sowie mit einer 0 vorbesetzt. Das mit U – 0 angegebene Bit wird nicht verwendet und ist mit einer 0 vorbesetzt. Die Bitposition R – 1 kann nur gelesen werden und wird mit einer 1 übergeben. Das System löscht das Bit als Zeichen dafür, dass das Schieberegister voll ist.

Bit 7	Bit 6	Bit 5	Bit 4	Bit 3	Bit 2	Bit 1	Bit 0
RW – 0	RW – 0	RW – 0	RW – 0	U – 0	RW – 0	R – 1	RW – 0
CSRC	TX9	TXEN	SYNC	–	BRGH	TRMT	TX9D

Befehlsliste der PIC16- und PIC12-Familie

Befehl	Operand	Z DC C	W	T	Wirkung
addlw	Konstante	Z DC C	1	1	Konstante + W-Register -> W-Register
addwf	F-Register, w | f	Z DC C	1	1	W-Register + F-Register -> W-Register oder F-Register
andlw	Konstante	Z	1	1	Konstante & W-Register -> W-Register
andwf	F-Register, w | f	Z	1	1	W-Register & F-Register -> W-Register oder F-Register
bcf	F-Register, Bit		1	1	Bitposition im F-Register löschen (0)
bsf	F-Register, Bit		1	1	Bitposition im F-Register setzen (1)
btfsc	F-Register, Bit		1	½	überspringe wenn Bit im F-Register gelöscht (0)
btfss	F-Register, Bit		1	½	überspringe wenn Bit im F-Register gesetzt (1)
call	Unterprogramm		1	2	Unterprogrammaufruf, Rückkehradresse nach Stapel
clrf	F-Register	1	1	1	F-Register in allen Bitpositionen löschen (0)
clrw		1	1	1	W-Register in allen Bitpositionen löschen (0)
clrwdt			1	1	Watchdog Timer und Vorteiler zurücksetzen (löschen)
comf	F-Register, w | f	Z	1	1	1er-Komplement F-Register -> W-Register oder F-Reg.
decf	F-Register, w | f	Z	1	1	F-Register − 1 -> W-Register oder F-Register
decfsz	F-Register, w | f		1	½	F-Register − 1 -> W-Register oder F-Register überspringe wenn Ergebnis Null ist
goto	Ziel		1	2	unbedingter Sprung zum Ziel (Seite beachten!)
incf	F-Register, w | f	Z	1	1	F-Register + 1 -> W-Register oder F-Register
incfsz	F-Register, w | f		1	½	F-Register + 1 -> W-Register oder F-Register überspringe wenn Ergebnis Null ist
iorlw	Konstante	Z	1	1	Konstante | W-Register -> W-Register
iorwf	F-Register, w | f	Z	1	1	W-Register | F-Register -> W-Register oder F-Register
movf	F-Register, w | f		1	1	speichere F-Register nach W-Register oder F-Register
movlw	Konstante		1	1	speichere Konstante nach W-Register
movwf	F-Register		1	1	speichere W-Register nach F-Register
nop			1	1	no operation (tu nix)
retfie			1	2	Rücksprung aus Interruptserviceprogramm
retlw	Konstante		1	2	Konstante -> W-Register und Rücksprung aus Unterpr.
return			1	2	Rücksprung aus Unterprogramm
rlf	F-Register, w | f	C	1	1	rotiere F-Register und Carry links, -> W-Reg. oder F-Reg.
rrf	F-Register, w | f	C	1	1	rotiere F-Register und Carry rechts, -> W-Reg. od. F-Reg.
sleep			1	1	Controller in Wartezustand (Schlaf) versetzen
sublw	Konstante	Z DC C	1	1	Konstante − W-Register -> W-Register
subwf	F-Register, w | f	Z DC C	1	1	F-Register − W-Register -> W-Register oder F-Register
swapf	F-Register, w | f		1	1	vertausche F-Registerhälften -> W-Register oder F-Reg.
xorlw	Konstante	Z	1	1	Konstante ^ W-Register -> W-Register
xorwf	F-Register, w | f	Z	1	1	W-Register ^ F-Register -> W-Register oder F-Register

PIC10-Familie: es entfallen addlw, sublw, return, retfie; dafür option, tris

Befehlsliste der PIC18-Familie

Befehl	Operand	,a	NVZDC	W	T	Wirkung
addlw	Konstante		NVZDC	1	1	Konstante + W-Register -> W-Register
addwf	F-Register, w | f		NVZDC	1	1	W-Register + F-Register -> W-Register oder F-Register
addwfc	F-Register, w | f		NVZDC	1	1	W-Register + F-Register + Carry -> W-Reg. od. F-Reg.
andlw	Konstante		N Z	1	1	Konstante & W-Register -> W-Register
andwf	F-Register, w | f		N Z	1	1	W-Register & F-Register -> W-Register oder F-Register
bc	Ziel			1	½	verzweige relativ bei Carry = 1 (Überlauf/Borgen)
bcf	F-Register, Bit			1	1	Bitposition im F-Register löschen (0)
bn	Ziel			1	½	verzweige relativ bei N = 1 (negativ)
bnc	Ziel			1	½	verzweige relativ bei Carry = 0 (kein Überlauf/Borgen)
bnn	Ziel			1	½	verzweige relativ bei N = 0 (nicht negativ)
bnov	Ziel			1	½	verzweige relativ bei V = 0 (kein Überlauf)
bnz	Ziel			1	½	verzweige relativ bei Z = 0 (nicht Null)
bov	Ziel			1	½	verzweige relativ bei V = 1 (Überlauf)
bra	Ziel			1	2	verzweige immer relativ (unbedingt)
bsf	F-Register, Bit			1	1	Bitposition im F-Register setzen (1)
btfsc	F-Register, Bit			1	½	überspringe wenn Bit im F-Register gelöscht (0)
btfss	F-Register, Bit			1	½	überspringe wenn Bit im F-Register gesetzt (1)
btg	F-Register, Bit			1	1	Bitposition im F-Register komplementieren
bz	Ziel			1	½	verzweige relativ bei Z = 1 (Null)
call	Ziel			2	2	Unterprogrammaufruf ohne Rettung von Registern
call	Ziel, FAST			2	2	Unterprogrammaufruf W, STATUS, BSR retten
clrf	F-Register	1		1	1	F-Register in allen Bitpositionen löschen (0)
clrwdt				1	1	Watchdog Timer und Vorteiler zurücksetzen (löschen)
comf	F-Register, w | f		N Z	1	1	1er-Komplement F-Register -> W-Register oder F-Reg.
cpfseq	F-Register			1	⅓	überspringe wenn F-Register == W-Register
cpfsgt	F-Register			1	⅓	überspringe wenn F-Register > W-Register
cpfslt	F-Register			1	⅓	überspringe wenn F-Register < W-Register
daw			DC	1	1	BCD-Dezimalkorrektur im W-Register
decf	F-Register, w | f		NVZDC	1	1	F-Register − 1 -> W-Register oder F-Register
decfsnz	F-Register, w | f			1	½	wie **decf** jedoch überspringe wenn Ergebnis nicht Null
decfsz	F-Register, w | f			1	½	wie **decf** jedoch überspringe wenn Ergebnis Null ist
goto	Ziel			2	2	unbedingter Sprung zum Ziel
incf	F-Register, w | f		NVZDC	1	1	F-Register + 1 -> W-Register oder F-Register
incfsnz	F-Register, w | f			1	½	wie **incf** jedoch überspringe wenn Ergebnis nicht Null
incfsz	F-Register, w | f			1	½	wie **incf** jedoch überspringe wenn Ergebnis Null ist
iorlw	Konstante		N Z	1	1	Konstante | W-Register -> W-Register
iorwf	F-Register, w | f		N Z	1	1	W-Register | F-Register -> W-Register oder F-Register
lfsr	FSRx, Adresse			2	2	lade FSR0 FSR1 FSR2 mit Adresse

Befehl	Operand , a	NVZDC	W	T	Wirkung
movf	F-Register, w | f	N Z	1	1	speichere F-Register nach W-Register oder F-Register
movff	F-Reg. , F-Reg.		2	2	speichere F-Register nach F-Register
movlb	Konstante		1	1	speichere Konstante nach BSR Bankauswahlregister
movlw	Konstante		1	1	speichere Konstante nach W-Register
movwf	F-Register		1	1	speichere W-Register nach F-Register
mullw	Konstante		1	1	Konstante * W-Register -> PRODH : PRODL
mulwf	F-Register		1	1	F-Register * W-Register -> PRODH : PRODL
negf	F-Register	NVZDC	1	1	2er-Komplement F-Register -> F-Register
nop			1	1	no operation (tu nix)
pop			1	1	Rückkehrstapelplatz freigeben
push			1	1	Rückkehrstapelplatz belegen
rcall	Ziel		1	2	relativer Unterprogrammaufruf
reset		NVZDC	1	1	System und alle Flags zurücksetzen
retfie			1	2	Rücksprung aus Interruptserviceprogramm
retfie	FAST		1	1	Rücksprung aus Service, Rückladen W, STATUS, BSR
retlw	Konstante		1	2	Konstante -> W-Register und Rücksprung aus Unterpr.
return			1	2	Rücksprung aus Unterprogramm
return	FAST		1	2	Rücksprung aus Unterprogr., Rückl. W, STATUS, BSR
rlcf	F-Register, w | f	N Z C	1	1	rotiere F-Reg. und Carry links, -> W-Reg. oder F-Reg.
rlncf	F-Register, w | f	N Z	1	1	rotiere F-Register links, -> W-Register oder F-Register
rrcf	F-Register, w | f	N Z C	1	1	rotiere F-Register und Carry rechts, -> W-Reg. od. F-Reg.
rrncf	F-Register, w | f	N Z	1	1	rotiere F-Register rechts, -> W-Register oder F-Register
setf	F-Register		1	1	F-Register in allen Bitpositionen setzen (1)
sleep			1	1	Controller in Wartezustand (Schlaf) versetzen
subfwb	F-Register, w | f	NVZDC	1	1	W-Register − F-Register − /Carry -> W-Reg. od. F-Reg.
sublw	Konstante	NVZDC	1	1	Konstante − W-Register -> W-Register
subwf	F-Register, w | f	NVZDC	1	1	F-Register − W-Register -> W-Register oder F-Register
subwfb	F-Register, w | f	NVZDC	1	1	F-Register − W-Register − /Carry -> W-Reg. od. F-Reg.
swapf	F-Register, w | f		1	1	vertausche F-Registerhälften -> W-Register oder F-Reg.
tblrd*			1	2	lade TABLAT indirekt, TBLPTR bleibt
tblrd*+			1	2	lade TABLAT indirekt, TBLPTR + 1
tblrd*-			1	2	lade TABLAT indirekt, TBLPTR − 1
tblrd+*			1	2	TBLPTR + 1, lade TABLAT indirekt
tblwt*			1	2	speichere TABLAT indirekt, TBLPTR bleibt
tblwt*+			1	2	speichere TABLAT indirekt, TBLPTR + 1
tblwt*-			1	2	speichere TABLAT indirekt, TBLPTR − 1
tblwt+*			1	2	TBLPTR + 1, speichere TABLAT indirekt
tstfsz	F-Register		1	½	überspringe wenn F-Register gleich Null
xorlw	Konstante	N Z	1	1	Konstante ^ W-Register -> W-Register
xorwf	F-Register, w | f	N Z	1	1	W-Register ^ F-Register -> W-Register oder F-Register

Stiftbelegung PIC16F876

/MCLR Vpp	1	28	RB7 PGD
RA0 AN0	2	27	RB6 PGC
RA1 AN1	3	26	RB5
RA2 AN2 VREF-	4	25	RB4
RA3 AN3 VREF+	5	24	RB3 PGM
RA4 T0CKI	6	23	RB2
RA5 AN4 /SS	7	22	RB1
VSS (Gnd)	8	21	RB0 INT
OSC1 CLKIN	9	20	VDD (+4 - 5.5V)
OSC2 CLKOUT	10	19	VSS (Gnd)
RC0 T1OS0 T1CKI	11	18	RC7 RX DT
RC1 T1OSI CCP2	12	17	RC6 TX CK
RC2 CCP1	13	16	RC5 SDO
RC3 SCK SCK	14	15	RC4 SDI SDA

Stiftbelegung PIC18F2220

/MCLR Vpp RE3	1	28	RB7 KBI3 PGD
RA0 AN0	2	27	RB6 KBI2 PGC
RA1 AN1	3	26	RB5 KBI1 PGM
RA2 AN2 VREF- CVR	4	25	RB4 KBI0 AN11
RA3 AN3 VREF+	5	24	RB3 AN9 CCP2
RA4 T0CKI C1OUT	6	23	RB2 AN8 INT2
RA5 AN4 /SS C2OUT	7	22	RB1 AN10 IN1
VSS (Gnd)	8	21	RB0 AN12 IN0
OSC1 CLKI RA7	9	20	VDD (+4 - +5.5V)
OSC2 CLKO RA6	10	19	VSS (Gnd)
RC0 T1OS0 T1CKI	11	18	RC7 RX DT
RC1 T1OSI CCP2	12	17	RC6 TX CK
RC2 CCP1 P1A	13	16	RC5 SDO
RC3 SCK SCK	14	15	RC4 SDI SDA

Rangfolge der C-Operatoren (Auswahl)

Rang	Richtung	Operator	Wirkung
1	--->	( )	Funktionsaufruf bzw. Vorrangklammer
	--->	[ ]	Feldelement
	--->	.	Strukturvariable . Komponente
	--->	->	Strukturzeiger -> Komponente
2	<---	~ !	bitweise Negation bzw. negiere Aussage
	<---	+ -	*unär:* positives bzw. negatives Vorzeichen
	<---	++ --	+1 bzw. -1 vor bzw. nach Bewertung
	<---	@	*unär:* Adressoperator
	<---	*	*unär:* Indirektionsoperator
	<---	(typ)	*unär:* Typumwandlung
	<---	sizeof (Bezeichner)	Operandenlänge in der Einheit byte
3	--->	* / %	Multiplikation bzw. Division bzw. Divisionsrest
4	--->	+ -	Addition bzw. Subtraktion
5	--->	<< >>	schiebe logisch links bzw. rechts
6	--->	< <= > >=	vergleiche Ausdrücke miteinander
7	--->	== !=	vergleiche Ausdrücke auf Gleichheit bzw. Ungleichheit
8	--->	&	bitweise logisches UND von Ausdrücken
9	--->	^	bitweise logisches EODER von Ausdrücken
10	--->	|	bitweise logisches ODER von Ausdrücken
11	--->	&&	logisches UND zweier Aussagen
12	--->	||	logisches ODER zweier Aussagen
13	<---	*Bed* ? *ja* : *nein*	bedingter Ausdruck
14	<---	= *op* =	Zuweisung erst Operation dann Zuweisung
15	--->	,	Folge von Ausdrücken

C-Schlüsselwörter und -Anweisungen (Auswahl)

Bezeichner	Anwendung	Beispiel
char	Datentyp ganzzahlig 8 bit	`char wert, tab[16];`
int	Datentyp ganzzahlig 16 bit	`int zaehler;`
float	Datentyp reell	*compilerabhängig*
double	Datentyp reell	*compilerabhängig*
short	Datentyp einfache Genauigkeit	`short int a, b, c;`
long	Datentyp hohe Genauigkeit	`long int d, e, f;`
void	Funktion ohne Ergebnis bzw. Parameter	`void init(void) {    }`
signed	Datentyp vorzeichenbehaftet	`signed char x;`
unsigned	Datentyp vorzeichenlos	`unsigned int i;`
const	konstante Daten, nicht änderbar	`const char x = 0xff;`
static	Daten auf fester Adresse anlegen	`static char x;`
auto	Daten auf Stapel (automatisch) anlegen	`auto char x;`
volatile	Daten von außen änderbar (SFR-Register)	`volatile char x;`
register	Daten möglichst in Registern anlegen	`register char x;`
near	statische Variable in Access-Bank	*C18-Compiler*
far	statische Variable in RAM-Bank	*C18-Compiler*
ram	statische Variable im RAM-Bereich	*C18-Compiler*
rom	Konstante im Flash-Datenspeicher	*C18-Compiler*
struct	Strukturdaten definieren	`struct{ `*Komponenten*` } `*Variable;*
union	Uniondaten definieren	`union{ `*Komponenten*` } `*Variable;*
typedef	neuen Datentyp definieren	`typedef char byte;`
for()	Zählschleife	`for(i=0; i<10; i++)` `{ `*Anweisungen*` }`
while()	bedingte Schleife	`while(x != 0)` `{ `*Anweisungen*` }`
do...while()	wiederholende Schleife	`do` `{ `*Anweisungen*` } while(x != 0);`
break	Schleife oder `case`-Zweig abbrechen	`if (x == 0) break;`
continue	aktuellen Schleifendurchlauf abbrechen	`if (x == 0) continue;`
goto	springe immer zum Sprungziel	`susi: `*Anweisung;* `goto  susi;`
return	Rückkehr aus Funktion mit Ergebnis	`return wert;`
if()	einseitig bedingte Anweisung	`if (a) x = 0;`
if()..;else..;	zweiseitig bedingte Anweisung	`if (a) x=0; else x=1;`
switch()	Fallunterscheidung	`switch (x){ `*Zweige*` }`
case	Zweig einer Fallunterscheidung	`case 10: y = 0; break;`
default	Vorgabe, wenn kein Fall zutrifft	`default: y = 0xff;`
main(){ . . . }	Hauptfunktion mit Startadresse	`void main(void){ `*Anweisungen*` }`
{ . . . }	Blockanweisung	`{ `*Anweisungen*` }`

ASCII-Codetabellen (Schrift Courier New)

Dezimale Anordnung:

	0	1	2	3	4	5	6	7	8	9
0_ :										
1_ :										
2_ :										
3_ :				!	"	#	$	%	&	`
4_ :	(	)	*	+	,	-	.	/	0	1
5_ :	2	3	4	5	6	7	8	9	:	;
6_ :	<	=	>	?	@	A	B	C	D	E
7_ :	F	G	H	I	J	K	L	M	N	O
8_ :	P	Q	R	S	T	U	V	W	X	Y
9_ :	Z	[	\	]	^	_	`	a	b	c
10_ :	d	e	f	g	h	i	j	k	l	m
11_ :	n	o	p	q	r	s	t	u	v	w
12_ :	x	y	z	{	|	}	~		Ç	ü
13_ :	é	â	ä	à	å	ç	ê	ë	è	ï
14_ :	î	ì	Ä	Å	É	æ	Æ	ô	ö	ò
15_ :	û	ù	ÿ	Ö	Ü	ø	£	Ø	×	ƒ
16_ :	á	í	ó	ú	ñ	Ñ	ª	º	¿	®
17_ :	¬	½	¼	¡	«	»	▒	▒	▓	|
18_ :	┤	Á	Â	À	©	╣	║	╗	╝	¢
19_ :	¥	┐	└	┴	┬	├	─	┼	ã	Ã
20_ :	╚	╔	╩	╦	╠	═	╬	¤	ð	Ð
21_ :	Ê	Ë	È	ı	Í	Î	Ï	┘	┌	█
22_ :	▄	¦	Ì	■	Ó	ß	Ô	Ò	õ	Õ
23_ :	µ	þ	Þ	Ú	Û	Ù	ý	Ý	¯	´
24_ :	-	±	_	¾	¶	§	÷	¸	°	¨
25_ :	·	¹	³	²	■					

Hexadezimale Anordnung:

	_0	_1	_2	_3	_4	_5	_6	_7	_8	_9	_A	_B	_C	_D	_E	_F
$0																
$1																
$2		!	"	#	$	%	&	`	(	)	*	+	,	-	.	/
$3	0	1	2	3	4	5	6	7	8	9	:	;	<	=	>	?
$4	@	A	B	C	D	E	F	G	H	I	J	K	L	M	N	O
$5	P	Q	R	S	T	U	V	W	X	Y	Z	[	\	]	^	_
$6	`	a	b	c	d	e	f	g	h	i	j	k	l	m	n	o
$7	p	q	r	s	t	u	v	w	x	y	z	{	|	}	~	
$8	Ç	ü	é	â	ä	à	å	ç	ê	ë	è	ï	î	ì	Ä	Å
$9	É	æ	Æ	ô	ö	ò	û	ù	ÿ	Ö	Ü	ø	£	Ø	×	ƒ
$A	á	í	ó	ú	ñ	Ñ	ª	º	¿	®	¬	½	¼	¡	«	»
$B	░	▒	▓	│	┤	Á	Â	À	©	╣	║	╗	╝	¢	¥	┐
$C	└	┴	┬	├	─	┼	ã	Ã	╚	╔	╩	╦	╠	=	╬	¤
$D	ð	Ð	Ê	Ë	È	ı	Í	Î	Ï	┘	┌	█	▄	¦	Ì	▀
$E	Ó	ß	Ô	Ò	õ	Õ	µ	þ	Þ	Ú	Û	Ù	ý	Ý	¯	´
$F	-	±	_	¾	¶	§	÷	¸	°	¨	·	¹	³	²	■	

Escape-Sequenzen und ASCII-Steuercodes

Zeichen	hexadezimal	dezimal	ASCII	Anwendung
\a	0x07	7	BEL	Bell = Alarm = Hupe
\b	0x08	8	BS	Backspace = Rücktaste
\n	0x0A	10	LF	Line Feed = Zeilenvorschub
\r	0x0D	13	CR	Carriage Return = Wagenrücklauf
\f	0x0C	12	FF	Form Feed = Seitenvorschub
\t	0x09	9	HT	Horizontaler Tabulator = Tab-Taste
\v	0x0B	11	VT	Vertikaler Tabulator

Sinnbilder für Ablaufpläne und Struktogramme

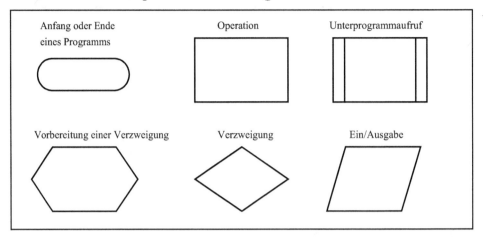

Bedingte Ausführung	Alternative Ausführung	Fallunterscheidung

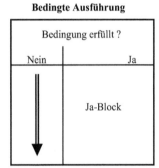  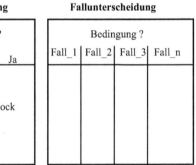

Unbedingte Schleife   **Bedingte Schleife**   **Wiederholende Schleife**   **Kontrolle in der Schleife**

Liste der Assemblerbeispiele

Name	Baustein	Aufgabe	Seite
k8p3	10F206	Porterweiterung durch externes Schieberegister 74HC595	407
k9p1	16F873	**Projekt** Zwei Hexa/Siebensegmentdecoder	444
k9p2	12F629	**Projekt** Direkte Segmentansteuerung von LCD-Anzeigen	447
k9p3	12F675	**Projekt** Würfelspiel	458
k9p4	18F2220	**Projekt** LCD-Anzeige und Tastenfeld	467

Liste der C-Programmbeispiele (PIC 18F2220)

Name	Aufgabe	Seite
k6p1	Einführendes Beispiel Ein/Ausgabe Parallelport und Dualzähler	262
k6p3	System-Makros und System-Funktionen Rlncf und Delay10KTCYx	274
k6p4	Byte- und Bitoperationen für Ports	280
k6p5	Taktunabhängige Wartefunktion für 1 Millisekunde warte1ms	291
k6p6	Taktunabhängige Wartefunktion für max. 13 Sekunden wartexms	292
k6p7	Dual- nach BCD-Umwandlung Funktion dual3bcd	292
k6p8	BCD- nach Dual-Umwandlung Funktion bcd2dual	293
k6p9	Binärcode- nach ASCII-Umwandlung Funktion bin2ascii	294
k6p10	ASCII- nach Binärcode-Umwandlung Funktion ascii2bin	295
k6p12	Prellungen aufzeichnen und zählen	299
k6p13	Umcodierung mit direktem Tabellenzugriff	300
k6p14	Umcodierung mit Tabellensuchen	301
k6p15	EEPROM-Zugriffe mit Funktionen EEread und EEwrite	305
k6p16	USART-Zeichenfunktionen und Stringfunktionen	315
k6p18	USART-Ein/Ausgabefunktionen für Zahlen	320
k6p19	Nichtpriorisierte Interruptsteuerung mit INT0-Interrupt	324
k6p20	Priorisierte Interruptsteuerung mit INT1- und INT2-Interrupt	325
k7p2	Timer0 periodischer Interrupt	340
k7p3	Timer1 Counterbetrieb zählt Signalflanken	343
k7p4	Timer2 Überlaufanzeige softwarekontrolliert	345
k7p5	Timer3 mit externem Uhrenquarz	348
k7p6	Capture-Betrieb fallende Flanken messen	352
k7p7	Compare-Betrieb Rechtecksignal ausgeben	355
k7p8	PWM-Betrieb Rechtecksignal variabler Frequenz und High-Zeit	359
k7p9	USART Empfängerinterrupt	367
k7p10	USART-Funktionen für Zeichen und Strings mit #include einfügen	369
k7p11	Test des Analog/Digitalwandlers	376
k7p12	Test des Analogkomparators	379
k7p13	Analogkomparator mit Referenzspannungsausgang	381
k7p14	SSP-Betrieb mit zwei Schieberegistern 74HC595	387
k7p15	I^2C-Betrieb mit I^2C-Baustein PCF8574A	395
k9p4	**Projekt** LCD-Anzeige und Tastenfeld	472

11　Register